O ESPELHO E
A LÂMPADA

FUNDAÇÃO EDITORA DA UNESP

Presidente do Conselho Curador
Herman Jacobus Cornelis Voorwald

Diretor-Presidente
José Castilho Marques Neto

Editor-Executivo
Jézio Hernani Bomfim Gutierre

Assessor Editorial
Antonio Celso Ferreira

Conselho Editorial Acadêmico
Alberto Tsuyoshi Ikeda
Célia Aparecida Ferreira Tolentino
Eda Maria Góes
Elisabeth Criscuolo Urbinati
Ildeberto Muniz de Almeida
Luiz Gonzaga Marchezan
Nilson Ghirardello
Paulo César Corrêa Borges
Sérgio Vicente Motta
Vicente Pleitez

Editores-Assistentes
Anderson Nobara
Henrique Zanardi
Jorge Pereira Filho

M. H. ABRAMS

O ESPELHO E A LÂMPADA:
TEORIA ROMÂNTICA E TRADIÇÃO CRÍTICA

Tradução
Alzira Vieira Allegro

Revisão técnica
Carlos Eduardo Ordelas Berriel

© 1953 by Oxford University Press, Inc.
© 2010 da tradução brasileira
Título original: *The Mirror and the Lamp*

A presente tradução da obra *O espelho e a lâmpada*, publicada originalmente no idioma inglês em 1953, é publicada através de acordo com a Oxford University Press, Inc.

This translation of *The Mirror and the Lamp*, originally published in English in 1953, is published by arrangement with Oxford University Press, Inc.

Direitos de publicação reservados à:
Fundação Editora da UNESP (FEU)
Praça da Sé, 108
01001-900 – São Paulo – SP
Tel.: (0xx11) 3242-7171
Fax: (0xx11) 3242-7172
www.editoraunesp.com.br
www.livrariaunesp.com.br
feu@editora.unesp.br

CIP – Brasil. Catalogação na fonte
Sindicato Nacional dos Editores de Livros, RJ

A14e

Abrams, M. H. (Meyer Howard), 1912-
   O espelho e a lâmpada: teoria romântica e tradição crítica / M. H. Abrams; tradução Alzira Vieira Allegro. – São Paulo : Editora Unesp , 2010.
   482 p.

   Tradução de: The mirror and the lamp
   Inclui bibliografia e índice
   ISBN 978-85-393-0067-9

   1. Romantismo.   2. Romantismo na arte.   I. Allegro, Alzira Vieira. II. Título.

10-4130.   CDD: 809.9145
                                                      CDU: 82.02

Editora afiliada

Para Ruth

É preciso ir ainda mais além: que a alma traia a si mesma, se renda e se torne a atividade por excelência; que o espelho se transforme em lâmpada.

William Butler Yeats

Sumário

Notas da tradutora   13
Prefácio   15

Introdução: apresentação das teorias críticas   19
   Algumas coordenadas da crítica da arte   22
   Teorias miméticas   24
   Teorias pragmáticas   32
   Teorias expressivas   41
   Teorias objetivas   47

A imitação e o espelho   51
   A arte é como um espelho   52
   Os objetos de imitação: o ideal empírico   57
   O ideal transcendental   66

Analogismos românticos entre arte e mente   71
   Metáforas de expressão   72
   A emoção e os objetos da poesia   79
   Metáforas mutáveis da mente   84

O desenvolvimento da teoria expressiva da poesia e da arte   105
   Si vis me flere...   106
   Longino e os longinianos   108

  Linguagem primitiva e poesia primitiva 115
  A forma lírica como norma poética 123
  A teoria expressiva na Alemanha: ut musica poesis 128
  Wordsworth, Blair e The Enquirer 136
  Teoria expressiva e prática expressiva 140

Variedades da teoria romântica: Wordsworth e Coleridge 143
  Wordsworth e o século XVIII 147
  Coleridge: sobre poemas, poesia e poetas 160

Variedades da teoria romântica: Shelley, Hazlitt, Keble e outros 173
  Shelley e o platonismo romântico 174
  Longino, Hazlitt, Keats e o critério da intensidade 182
  Poesia como catarse: John Keble e outros 189
  A semântica da linguagem expressiva: Alexander Smith 202

A psicologia da invenção literária: teorias mecanicista e organicista 211
  A teoria mecanicista da invenção literária 214
  A fantasia mecânica e a imaginação orgânica de Coleridge 225
  A imaginação associativa no período romântico 238

A psicologia da invenção literária: gênio inconsciente e crescimento orgânico 247
  Gênio natural, inspiração e dom 250
  Gênio natural e crescimento natural na Inglaterra do século XVIII 265
  Teorias alemãs do gênio vegetal 269
  A invenção inconsciente na crítica inglesa 284
  Coleridge e a estética do organicismo 290

Literatura como revelação da personalidade 301
  O estilo e o homem 304
  Polissemia subjetiva, objetiva e romântica 313
  O subjetivo e o objetivo na teoria inglesa 320
  O paradoxo de Shakespeare 323
  Milton, Satã e Eva 330
  A chave para o coração de Homero 338

O critério da fidelidade à natureza: fantasia, mito e metáfora   349
    A verdade e o poético maravilhoso   351
    A lógica do distanciamento da verdade empírica   356
    O poema como heterocosmo   361
    Verdade e metáfora poéticas   378
    Personificação e mito para Wordsworth e Coleridge   385

Ciência e poesia na crítica romântica   395
    Positivismo versus *poesia*   397
    O arco-íris de Newton e o arco-íris do poeta   401
    Verdade e sinceridade poéticas   414
    Poesia: nem verdadeira nem falsa   424
    O uso da poesia romântica   432

Referências bibliográficas   445
Índice remissivo   459

Notas da tradutora

Produzir uma versão em português de *The Mirror and the Lamp*, originalmente publicado em 1953, representou enorme desafio; uma tradução da obra de M. H. Abrams, mais de meio século depois da publicação original, certamente pode sugerir a emergência de anacronismos de ordem diversa, considerando não apenas o tempo que se passou como também leituras (e releituras) no intermédio, estejam elas no repertório do tradutor, estejam elas no repertório do leitor.

Em seu estudo da teoria romântica inglesa, M. H. Abrams abarca um universo de tão amplas referências que o processo tradutório exigiu pesquisa em diversas áreas relativas à teoria crítica de literatura, além de conhecimento "técnico" – linguístico, histórico, filosófico e outros mais. Muitas das decisões tomadas foram, evidentemente, arbitrárias e pessoais; muitas delas, apesar de seguirem os ditames do bom senso, podem gerar estranhamento, seja por algum equívoco cometido, seja por falta de maior familiaridade com a área sob análise.

Quanto ao título, mais especificamente, *O Espelho e a Lâmpada*, ele sugere uma relação poderosa, estimulada pelo (relativamente) falso cognato "lamp", constituindo-se, assim, em uma imagem coerente com os tempos contemporâneos. No entanto, como a obra remete a outros tempos, optou-se, no decorrer do ato tradutório, por utilizar termos como "luz" ou "feixes de luz" quando das discussões acerca da invenção poética – que remonta a Platão e se concentra sobretudo nos séculos XVIII e XIX na Inglaterra – e das reflexões de Abrams acerca da produção de poesia no Romantismo inglês; da mente como refletora de objetos externos para a mente como projetor luminoso dos objetos por ela percebidos – esse é o caminho percorrido, segundo o autor, no inventar poético.

Diversas foram as situações contextuais que geraram (ou ainda podem gerar para o leitor) ambiguidade no ato da leitura – como ocorreu durante a tradução. As decisões tomadas buscaram, na medida do possível, aclarar o (plausível) significado em questão. Várias foram também as situações em que uma tradução (quase) literal se impôs. Em casos especiais, para melhor compreensão, foram incluídas notas de rodapé.

É importante enfatizar que, na tradução dos fragmentos de poemas incluídos na obra, a preocupação maior foi com a preservação do conteúdo, mais do que com a forma, uma vez que todos os excertos foram utilizados pelo autor para iluminar uma ideia sob discussão; não houve qualquer pretensão de se oferecer uma tradução poética ideal (considerando, por exemplo, questões de prosódia, como métrica, rima etc.), mas sim uma tradução *possível*, com o benefício do *status* de domínio público que as respectivas obras de origem detêm. A tradução desses fragmentos se justifica, já que, com algumas exceções (indicadas em nota de rodapé), não foram encontradas traduções correspondentes em português. Também foram traduzidos, além das epígrafes, os excertos em francês e alemão; aqueles em latim foram preservados no original, considerando que sua ocorrência em textos acadêmicos é bastante comum.

Os títulos das inúmeras obras mencionadas no livro e que, de acordo com pesquisa efetuada, não têm tradução em língua portuguesa, receberam um título possível, sempre indicado entre colchetes, porém, somente na primeira ocorrência; quanto àquelas obras já traduzidas, são mencionadas apenas com seu título em português.

Caminhar cuidadosamente ao lado do original e encontrar o ponto de equilíbrio para tornar o texto inteligível foram a preocupação maior. Salvo "delitos" eventualmente cometidos, o produto final aí está e espera ter sua utilidade para o estudioso da tradição crítica e da teoria romântica da literatura inglesa.

Prefácio

O desenvolvimento da teoria literária à época de Coleridge significou, em uma medida surpreendente, a formação da mentalidade crítica moderna. Havia muitas diferenças importantes entre, digamos, a *Art of Poetry* [Arte da Poesia], de Horácio, e a crítica do dr. Johnson; entretanto, havia também uma continuidade discernível nas premissas, nos objetivos e nos métodos. Essa continuidade foi rompida pelas teorias de escritores românticos – ingleses e alemães – e suas inovações incluem muitos dos pontos de vista e procedimentos que fazem a diferença característica entre a crítica tradicional e a crítica de nossa própria época, inclusive alguma crítica que professe ser antirromântica.

A preocupação maior deste livro é com a teoria da poesia inglesa e, em menor grau, com a teoria das outras grandes artes, durante as primeiras quatro décadas do século XIX. Ele dá ênfase às diretrizes comuns que nos justificam na identificação de uma crítica especificamente 'romântica', porém, acredito, não ao preço de negligenciar as muitas diferenças significativas entre os autores que se preocuparam com a natureza da poesia ou da arte – sua gênese psicológica, sua constituição e tipos, seus critérios principais e sua relação com outras preocupações humanas básicas. Em sua maior parte, o livro trata principalmente dos críticos originais e de influência mais duradoura no período em detrimento de críticos comuns, que, muitas vezes, tinham uma influência mais imediata, embora mais curta, sobre o público leitor em geral.

Com o intuito de enfatizar a posição essencial daquele período na história geral da crítica, discuti a teoria romântica inglesa em um contexto intelectual amplo e tentei não perder de vista o panorama da estética do século XVIII, da qual a estética romântica foi, em parte, uma extensão, e contra a qual ela foi, mais ainda, uma reação deliberada. Descrevi algumas das relações da teoria crítica inglesa com o pensamento estrangeiro, sobretudo com as especulações altamente sugestivas provenientes, àquela época, da Alemanha, iniciando com Herder e Kant, quando a Alemanha substituiu Inglaterra e França como a principal exportadora de ideias para o mundo ocidental. Também caminhei livremente no tempo, retornando às origens gregas e romanas do pensamento estético e discutindo várias ideias críticas atualmente em voga. Finalmente, empenhei-me, embora de forma breve, em detectar as origens de ideias românticas relevantes, não apenas em discussões estéticas anteriores, mas também na filosofia, na ética, na teologia e nas teorias e descobertas das ciências naturais. Na estética, como em outros territórios de investigação, inovações radicais frequentemente acabam sendo ideias migrantes que, em seu *habitat* intelectual nativo, são lugar-comum.

O título do livro identifica duas metáforas comuns e antitéticas da mente, uma comparando-a a um refletor de objetos externos, a outra comparando-a a um projetor luminoso que contribui com os objetos que percebe. A primeira dessas metáforas era típica de boa parte do pensamento desde Platão até o século XVIII; a segunda tipifica a concepção romântica prevalente da mente poética. Tentei não levar essas e várias outras metáforas menos a sério quando ocorrem na crítica que quando ocorrem na poesia, pois em ambas as províncias o recurso à metáfora, embora direcionado a diferentes propósitos, é talvez igualmente funcional. O pensamento crítico, como o de todas as áreas de interesse humano, tem sido, em uma medida considerável, um pensamento a partir de paralelos, e o argumento crítico tem sido, na mesma medida, um argumento a partir da analogia. Como este estudo indicará, muitos dos conceitos mais profícuos no esclarecimento da natureza e dos critérios de arte não foram encontrados simplesmente no exame de fatos estéticos, mas parecem ter emergido da exploração de analogismos úteis, cujas propriedades foram, por transferência metafórica, afirmadas em relação a uma obra de arte. Desse ponto de vista, o deslocamento da crítica neoclássica para a romântica pode ser formulado, de forma preliminar, como uma alteração radical nas metáforas típicas do discurso crítico.

Trazer à superfície analogias submersas lança sobre fatos antigos uma perspectiva nova e, parece-me, reveladora. Talvez a tentativa possa merecer os encômios precisos que dr. Johnson concedeu a Lord Kames: Ele "adotou o método correto em seu *Elements of Criticism* [Elementos da crítica]. Não quero com isso dizer que ele nos tenha ensinado alguma coisa, mas ele nos contou coisas antigas de uma nova maneira". Há, entretanto, muitas formas úteis de se abordar a história da crítica. Tentei usar as formas que me pareceram as mais pertinentes e restringir a análise de metáforas básicas a problemas em que essa abordagem prometesse esclarecimento genuíno.

Este livro teve suas origens distantes em um estudo das obras de Johnson e Coleridge, sob a orientação encorajadora de I. A. Richards, da Universidade de Cambridge, e foi desenvolvido na Universidade Harvard, com a orientação e o estímulo de meu mentor e amigo, o saudoso Theodore Spencer. Nos mais de dez anos durante os quais o trabalho caminhou, assumi muitas obrigações intelectuais, as quais estão indicadas no texto e nas notas. Desejo aqui agradecer a Rockfeller Fellowship, que me deu suporte de valor incalculável por um ano, durante o qual pude me atualizar juntando linhas que haviam se rompido após a guerra, e à Universidade Cornell, que me concedeu uma bolsa de estudos para desenvolver minha pesquisa. Desejo também registrar meus agradecimentos pela assistência material de muitos colegas e amigos. Victor Lange e Israel S. Stamm ajudaram a abrir caminho pela diversidade da crítica alemã; e Harry Caplan, James Hutton e Friedrich Solmsen foram fontes valiosas de informação acerca de assuntos clássicos e medievais. Tive acesso a todos os recursos disponíveis das bibliotecas da Universidade Cornell e da Universidade Harvard; e agradeço a H. H. King, do pessoal da Biblioteca Cornell, que ficou à minha disposição graças a uma subvenção da Cornell Graduate School, e que me deu excepcional assistência, verificando citações e resolvendo muitas questões de bibliografia. Richard Harter Fogle e Francis E. Mineka contribuíram com várias sugestões úteis. William Rea Keast empenhou-se em ler o manuscrito completo em um período em que ele se encontrava assoberbado com outros afazeres; o livro beneficiou-se muitíssimo de seus conhecimentos da história e dos métodos de crítica. Com minha esposa tenho a dívida maior, por sua firmeza e sua inesgotável disposição, enquanto fazia e refazia a mais laboriosa das tarefas necessária para a conclusão deste livro.

Uma parte do material incorporado ao Capítulo "A psicologia da invenção literária: teorias mecanicista e organicista" foi publicada em um artigo – "Archetypal Analogies in the Language of Criticism", [Analogias arquetípicas na linguagem da crítica] – no *The University of Toronto Quarterly*, em julho de 1949.

M. H. A.

Universidade Cornell
Verão de 1953

Introdução:
apresentação das teorias críticas

> Boswell: "Então, senhor, o que é poesia?"
> Johnson: "Ora, senhor, é muito mais fácil dizer o que poesia
> não é. Todos sabemos o que é a luz, mas não é fácil descrever
> o que ela é".
> J. Boswell, The Life of Samuel Johnson

> É marca do homem esclarecido buscar precisão em cada
> categoria de coisas até onde a natureza do assunto admite.
> Aristóteles, Ética a Nicômaco

Propor – e responder – questões estéticas quanto à relação entre a arte e o artista, mais do que em relação à natureza externa, ao público ou aos requisitos internos do próprio trabalho, foi a tendência típica da crítica moderna até algumas décadas atrás, e esta continua a ser a tendência de muitos – talvez a maioria – dos críticos atuais. Esse ponto de vista é muito novo se comparado à história de 2.500 anos da teoria ocidental da arte, pois sua emergência como uma abordagem abrangente da arte, compartilhada por um grande número de críticos, não tem mais do que um século e meio. A proposta deste livro é historiar a evolução e (no início do século XIX) o triunfo, em suas variadas formas, dessa mudança radical para a perspectiva do artista no alinhamento do pensamento estético, e descrever as principais teorias alternadas com as quais essa abordagem teve que competir. De maneira particular, minha preocupação concentra-se nas consequências decisivas dessas novas posições da crítica para identificação, análise, avaliação e criação de poesia.

O campo da estética apresenta uma dificuldade especial para o historiador. Teóricos recentes da arte têm, com certa facilidade, apregoado que muito, se não tudo, do que foi afirmado por seus predecessores é ambíguo, caótico, fantasioso.

"O que se conhece sob o nome de filosofia da arte" pareceu a Santayana "pura verborragia". D. W. Prall, autor de duas excelentes obras sobre o assunto, achava que a estética tradicional "é, na verdade, apenas uma pseudociência ou uma pseudofilosofia".

> Sua matéria é instável e enganosa como os sonhos; seu método não é nem lógico nem científico; também não é genuína e empiricamente factual... não pode ser testada na prática e não tem uma terminologia ortodoxa que faça dela uma superstição honesta ou um culto eficaz e satisfatório. Não é útil aos artistas criativos e nem oferece suporte aos diletantes que a avaliam.[1]

E em seu *Princípios de crítica literária*, I. A. Richards intitulou o primeiro capítulo "O caos das teorias críticas", e lá justificou o atributo pejorativo, citando como "ápices da teoria crítica" mais de uma dezena de afirmações isoladas e violentamente discrepantes sobre a arte – de Aristóteles até os tempos atuais.[2] Com o otimismo de sua juventude, o próprio Richards tentou criar uma base sólida de avaliação literária na ciência da psicologia.

É verdade que o curso da teoria estética mostra a medida completa da retórica e da logomaquia que parecem ser parte inseparável do discurso humano acerca de tudo aquilo que realmente importa. Porém, grande parte de nossa impaciência diante da diversidade e do aparente caos na filosofia da arte está assentada em uma demanda da crítica por algo que ela não pode fazer, ao preço de desconsiderar muitos de seus poderes genuínos. Precisamos, ainda, enfrentar todas as consequências da percepção de que a crítica não é uma ciência física, nem mesmo psicológica. Ao iniciar e terminar em um apelo aos fatos, qualquer boa teoria estética é, de fato, empírica em método. Seu objetivo, entretanto, não é estabelecer correlações entre fatos que nos permitirão prever o futuro pela referência ao passado, mas estabelecer princípios que nos permitirão justificar, ordenar e esclarecer nossa interpretação e avaliação dos fatos estéticos em si mesmos. E, conforme veremos, esses fatos acabam mostrando a curiosa e cientificamente condenável propriedade de serem alterados de maneira visível pela natureza dos próprios princípios que deles invocam apoio. Considerando, portanto, que muitas afirmações críticas de fatos são, em parte, relativas à perspectiva da teoria dentro da qual

---

1 Introdução a *Philosophies of Beauty*, org. E. F. Carritt (Oxford, 1931), p.ix.
2 (5.ed.; Londres, 1934), p.6-7. A mudança de ênfase feita posteriormente por Richard está evidenciada em sua afirmação de que "A 'Semântica' que se iniciou encontrando contrassenso em tudo pode acabar se tornando uma técnica para ampliar o entendimento" (*Modern Language Notes*, LX, 1945, p.350).

ocorrem, elas não são "verdadeiras", no sentido estritamente científico de se aproximarem do ideal de serem verificáveis por qualquer ser humano inteligente, seja qual for seu ponto de vista. Contudo, qualquer esperança quanto ao tipo de acordo básico da crítica que aprendemos a esperar das ciências exatas está fadada ao insucesso.

Ainda assim, uma boa teoria crítica tem seu próprio tipo de validade. O critério não é a verificabilidade científica de suas proposições únicas, mas o âmbito, a precisão e a coerência dos *insights* que ela gera nas propriedades de trabalhos de arte singulares e a adequação com que ela explica diversos tipos de arte. Tal critério justificará não apenas uma, mas diversas teorias válidas, todas à sua própria maneira autoconsistentes, aplicáveis e relativamente adequadas à gama de fenômenos estéticos; porém, não se deve condenar essa diversidade. Uma lição que aprendemos de uma pesquisa sobre a história da crítica, na verdade, é a grande dívida que temos com a variedade da crítica do passado. Ao contrário da avaliação pessimista de Prall, essas teorias não foram fúteis. Como concepções operacionais do assunto, dos fins e da ordenação da arte, elas foram muito úteis na moldagem das atividades de artistas criativos. Até mesmo uma filosofia estética tão abstrata e aparentemente acadêmica como a de Kant contribuiu para modificar o trabalho de poetas. Em tempos modernos, novas ramificações em literatura têm sido quase invariavelmente acompanhadas de novos julgamentos críticos, cujas inadequações próprias algumas vezes ajudam a formar as qualidades típicas das realizações literárias correlatas, de tal forma que se nossos críticos não tivessem discordado com tanta veemência, nossa herança artística, sem dúvida, teria sido menos rica e variada. Além disso, o próprio fato de que qualquer teoria crítica bem fundamentada altera, em alguma medida, as percepções estéticas que se propõe a descobrir, é uma razão do valor que ela tem para o aficionado da arte, pois ela pode abrir seus sentidos a aspectos de uma obra que, em princípio, outras teorias com diferente foco e diferentes categorias de discriminação negligenciaram, subestimaram ou obscureceram.

A diversidade de teorias estéticas, entretanto, dificulta muito o trabalho do historiador. Não é apenas o fato de que a resposta a perguntas como "O que é arte?" ou "O que é poesia?" é discordante. O fato é que muitas teorias de arte não podem, de forma alguma, ser prontamente comparadas, porque elas carecem de um território comum onde possam se encontrar e colidir. Elas parecem desproporcionais porque são articuladas em termos diversos – ou em termos idênticos com significação diversa – ou porque são parte integrante de sistemas mais amplos de pensamento, que diferem em suposições e procedimentos. Como resultado, torna-se difícil achar o ponto exato onde elas coincidem, onde se incompatibilizam, ou até mesmo os aspectos que estão sendo levados em questão.

Assim, precisamos, antes de qualquer coisa, encontrar uma estrutura de referência simples o bastante, que seja facilmente administrável e flexível o suficiente para que, sem violência indevida contra qualquer um dos conjuntos de declarações sobre a arte, possa traduzir tantos conjuntos quanto possível em um único plano de discurso. Muitos escritores corajosos o bastante para empreender a história da teoria estética conseguiram atingir esse objetivo, convertendo silenciosamente os termos básicos de todas as teorias em seu próprio vocabulário filosófico favorito, mas esse procedimento distorce de maneira indevida a matéria de estudo e simplesmente multiplica os problemas a serem elucidados. O método mais promissor é adotar um esquema analítico que evite impor sua própria filosofia, utilizando as distinções básicas e que já são comuns ao maior número possível das teorias a serem comparadas e, em seguida, aplicar o esquema com cautela, com a preocupação constante de introduzir distinções conforme a necessidade do propósito à mão.

Algumas coordenadas da crítica da arte

Considerando uma obra de arte em sua totalidade, quatro elementos são diferenciados e salientados por um ou outro sinônimo em quase todas as teorias que pretendem ser abrangentes. Primeiro, trata-se da *obra*, o produto artístico em si mesmo. E já que esse é um produto humano, um artefato, o segundo elemento comum é o artífice, o *artista*. Em terceiro lugar, a obra costuma ter um assunto que, direta ou indiretamente, deriva de coisas existentes – é sobre, ou significa, ou reflete algo que seja, ou que tenha alguma relação com um conjunto objetivo de situações. Esse terceiro elemento, consista ele de pessoas e ações, ideias e sentimentos, coisas materiais e eventos ou essências supersensíveis, é frequentemente denotado pela palavra que vale para todas as obras – "natureza"; mas, em vez de utilizá-la, recorramos ao termo mais neutro e abrangente: *universo*. Como último elemento, temos o *público*, ou seja, ouvintes, espectadores ou leitores aos quais a obra se dirige, ou a cuja atenção, de qualquer forma, ela se torna acessível.

Com base nessa estrutura de artista, obra, universo e público, desejo apresentar várias teorias para efeitos de comparação. Para enfatizar a artificialidade do projeto e, ao mesmo tempo, tornar mais fácil a visualização das análises, organizemos as quatro coordenadas em uma figura conveniente. Para tanto, utilizemos um triângulo, com a obra de arte – a coisa a ser explicada – no centro.

Embora qualquer teoria razoavelmente adequada leve em consideração todos os quatro elementos, quase todas elas, conforme veremos, apontam de forma discernível apenas para uma; ou seja, um crítico tende a extrair de um desses termos as principais categorias que o levem a definir, classificar e analisar uma obra de arte, bem como os principais critérios pelos quais ele julga seu valor. A aplicação desse esquema analítico, portanto, sistematizará tentativas de explicação da natureza e do valor de uma obra de arte em quatro amplas categorias. Três delas explicarão a obra de arte relacionando-a, sobretudo, com outra coisa: o universo, o público ou o artista. A quarta explicará a obra considerando-a isoladamente, como um conjunto autônomo, cuja significação e valor são determinados sem qualquer referência além dela própria.

Contudo, localizar a diretriz principal de uma teoria crítica é apenas o início de uma análise adequada. Por exemplo, essas quatro coordenadas não são uma constante, são variáveis; elas diferem em significação conforme a teoria na qual ocorrem. Considere o que denominei *universo* como exemplo. Em qualquer teoria isolada, os aspectos da natureza que o artista supostamente imita – ou é instigado a imitar – podem ser particularidades ou tipos, e podem ser apenas os aspectos belos ou morais do mundo, ou mesmo qualquer aspecto, sem discriminação. Pode-se afirmar que o mundo do artista é o mundo da intuição imaginativa, ou do senso comum, ou da ciência natural; e pode-se considerar que esse mundo inclui – ou não inclui – deuses, bruxas, fantasias e ideias platônicas. Consequentemente, teorias que assentem em atribuir ao universo representado o controle básico sobre uma obra de arte legítima podem variar da recomendação do realismo mais inflexível ao idealismo mais remoto. Cada um dos outros termos que utilizamos, conforme veremos, também varia, tanto em significado como em funcionamento, dependendo da teoria crítica na qual ele ocorre, do método de raciocínio que o teórico costuma usar e da "visão de mundo" explícita ou implícita da qual essas teorias são parte integrante.

Seria possível, sem dúvida, criar métodos mais complexos de análise que, mesmo em uma classificação preliminar, pudessem fazer distinções mais sutis.[3] En-

---

3 Para uma análise sutil e elaborada das diferentes teorias críticas, cf. Richard McKeon, Philosophic Bases of Art and Criticism, *Critics and Criticism, Ancient and Modern.*, org. R. S. Crane (The University of Chicago Press, Chicago, 1952).

tretanto, multiplicando as *differentiae*, ou dessemelhanças, aguçamos nossa capacidade de estabelecer distinções ao custo da maleabilidade fácil e da possibilidade de fazer generalizações iniciais mais amplas. Para nossos propósitos de estudo histórico, o esquema que proponho possui essa virtude importante, pois nos possibilitará apresentar o atributo absolutamente essencial que muitas teorias do início do século XIX possuíam em comum: recorrer com persistência ao poeta para explicar a natureza e os critérios da poesia. Nos últimos tempos, os historiadores vêm sendo orientados a falar apenas de "romantismos" – no plural; mas de nosso ponto de vista, uma crítica claramente romântica acaba surgindo, embora permaneça uma unidade em meio a uma variedade.

Teorias miméticas

A orientação mimética – explicação da arte como sendo essencialmente imitação de aspectos do universo – foi, com toda a probabilidade, a mais remota teoria estética; mas mimese estava longe de ser um conceito simples quando do seu primeiro registro nos diálogos de Platão. As artes da pintura, poesia, música, dança e escultura, afirma Sócrates, são todas imitações.[4] "Imitação" é um termo relacional, significando dois elementos e alguma correspondência entre eles. Entretanto, embora em muitas teorias miméticas posteriores tudo esteja encerrado dentro de duas categorias, o imitável e a imitação, o filósofo dos diálogos platônicos opera tipicamente com três categorias: a primeira é aquela das ideias eternas e imutáveis; a segunda, refletindo esta, é o mundo dos sentidos, natural ou artificial; e a terceira categoria, por sua vez refletindo a segunda, compreende coisas como sombras, imagens na água e em espelhos, e as belas artes.

Ao redor dessa retroação de três fases – complicada ainda mais por várias distinções suplementares, bem como pela exploração que faz da polissemia dos termos-chave que utiliza –, Platão elabora sua brilhante dialética.[5] Porém, dos argumentos cambiantes emerge um padrão recorrente, exemplificado na famosa passagem do décimo livro d'*A República*. Quando discute a natureza da arte, Sócrates argumenta que há três camas: a ideia, que "é a essência da cama" e que é feita por Deus, a cama feita pelo carpinteiro e a cama encontrada em um quadro. Como poderíamos descrever o pintor dessa terceira cama?

---

4 *Republic* (trad. para o inglês de Jowett) x. 596-7; *Laws* ii. 667-8, vii. 814-5.
5 Cf. Richard McKeon, Literary Criticism and the Concept of Imitation in Antiquity, *Critics and Criticism*, org. Crane, p.147-9. O artigo mostra as várias mudanças no uso do termo "imitação" por Platão, as quais serviram de armadilha a muitos críticos posteriores, da mesma forma como fizeram com aqueles espíritos precipitados que envolveram Sócrates em controvérsia.

Penso, disse ele, que podemos, com justiça, designá-lo imitador daquilo que os outros fazem.

Muito bem, eu disse; então, podemos chamar de imitador aquele que é o terceiro na ordem da natureza?

Com toda a certeza, disse ele.

E o poeta trágico é um imitador e, portanto, como todos os outros imitadores, ele está triplamente afastado do rei e da verdade?

Tudo indica que sim.[6]

A partir da posição inicial de que a arte imita o mundo da aparência e não da essência, infere-se que obras de arte têm um *status* inferior na ordem das coisas existentes. Além disso, já que o campo das ideias é o *locus* supremo não apenas da realidade, mas de valor, a determinação de que a arte se encontra em segundo plano em relação à verdade automaticamente estabelece que ela está, da mesma forma, distante do belo e do bem. Apesar da dialética elaborada – ou, com mais precisão, por meio dela –, a filosofia de Platão continua a ser uma filosofia de padrão único, pois todas as coisas, inclusive a arte, são, em última instância, julgadas pelo critério básico de sua relação com as mesmas ideias. Por essas razões, o poeta compete inescapavelmente com o artesão, o legislador e o moralista. De fato, qualquer um desses pode se considerar o poeta mais verdadeiro ao atingir com sucesso aquela imitação das ideias que o poeta tradicional tenta atingir sob condições fadadas a levá-lo ao fracasso. Assim, o legislador pode responder aos poetas que procuram permissão para entrar em sua cidade: "Oh, Estrangeiros,

> nós também, de acordo com nossa capacidade, somos poetas trágicos, e nossa tragédia é a melhor e a mais nobre, pois nossa condição plena é uma imitação da melhor e mais nobre das vidas, que afirmamos ser, de fato, a própria verdade da tragédia. Vós sois poetas e nós somos poetas... rivais e antagonistas no mais nobre dos dramas..."[7]

E a opinião pobre sobre a poesia comezinha com a qual estamos envolvidos com base em seu caráter mimético fica simplesmente confirmada quando Platão indica que os efeitos dela sobre o público ouvinte são negativos porque ela representa aparência em vez de verdade e nutre os sentimentos em vez de nutrir a razão, ou, ao demonstrar que o poeta, quando compõe (como faz Sócrates, induzindo o pobre e obtuso Íon a admitir), não pode depender de sua arte e de seu

---

6 *Republic* x. 597.
7 *Laws* vii. 817.

conhecimento, mas precisa atender à inspiração divina e à perda de sua mente racional.[8]

Dessa maneira, os diálogos socráticos não contêm qualquer estética propriamente dita, pois nem a estrutura do cosmo de Platão nem o método de sua dialética nos permitem considerar poesia como poesia – como um tipo especial de produto que tem seus próprios critérios e razão de ser. Nos diálogos há apenas uma direção possível e apenas uma questão; isto é, o aperfeiçoamento da condição social e da condição do homem; de tal forma que a questão da arte jamais pode ser separada de questões de verdade, justiça e virtude. "Pois importante é o tema em questão", diz Sócrates ao concluir sua discussão de poesia, em *A República,* "mais importante do que aparenta ser – se o homem é bom ou mau".[9]

Na *Poética,* Aristóteles também define poesia como imitação. "A poesia épica e a tragédia, bem como a comédia, o ditirambo e a maioria das composições com flauta e lira são – todas elas – consideradas, como um todo, modos de imitação"; e "os objetos que o imitador representa são ações...".[10] Porém, a diferença entre a maneira como o termo "imitação" opera em Aristóteles e em Platão distingue-os radicalmente em suas considerações sobre a arte. Na *Poética,* assim como nos diálogos platônicos, o termo deixa implícito que uma obra de arte é construída conforme modelos prévios na natureza das coisas, mas depois que Aristóteles ceifou o outro mundo das ideias paradigmáticas, não há mais nada de negativo nesse fato. Imitação tornou-se também um termo específico das artes, distinguindo-as de tudo mais no universo e, dessa forma, liberando-as de incompatibilidade com outras atividades humanas. Ademais, em sua análise das belas artes, Aristóteles introduz ao mesmo tempo distinções suplementares de acordo com o objeto imitado, o ambiente da imitação e a forma – dramática, narrativa ou mista, por exemplo – em que se realiza a imitação. Ao explorar sucessivamente essas distinções no objeto, nos meios e na forma, ele consegue, em primeiro lugar, distinguir poesia de outros tipos de arte, e, em seguida, diferenciar os vários gêneros poéticos, tais como o épico, o dramático, a tragédia e a comédia. Quando ele focaliza o gênero da tragédia, o mesmo instrumento analítico é aplicado para a discriminação das partes constitutivas do todo individual: enredo, personagem, pensamento, e assim por diante. A crítica de Aristóteles, portanto, não é apenas crítica da arte como arte, independente da arte de governar, do ser e da moralidade, mas também da poesia como poesia, e de cada tipo de poema pelos critérios adequados à natureza

---

8 *Republic* x. 603-5; *Ion* 535-6; cf. *Apology* 22.
9 *Republic* x. 608.
10 *Poetics* (trad. para o inglês de Ingram Bywater) I. 1447^a, 1448^a. Sobre a imitação na crítica de Artistóteles, cf. McKeon, The Concept of Imitation, op. cit., p.160-8.

particular de cada um. Como resultado desse procedimento, Aristóteles deixou para a posteridade um arsenal de instrumentos de análise técnica de formas poéticas e de seus elementos que, desde então, tornaram-se indispensáveis aos críticos, por mais diversos que sejam os usos a que esses instrumentos sejam submetidos.

Uma qualidade notável da *Poética* é a maneira como a obra de arte é considerada em várias de suas relações externas, e a cada uma delas é concedida sua devida função como uma das "causas" da obra. Tal procedimento culmina em um alcance e uma flexibilidade que fazem o tratado resistir a uma classificação precipitada em qualquer tipo específico de alinhamento. Por exemplo, a tragédia não pode ser plenamente definida e nem podem os determinantes totais de sua construção ser compreendidos sem se levar em consideração seu efeito apropriado sobre o público: a realização específica do "prazer trágico", que é "o de piedade e medo".[11] É óbvio, entretanto, que o conceito mimético – a referência de uma obra ao tema que ela imita – é fundamental no sistema crítico de Aristóteles, mesmo que seja *primus inter pares*. Seu caráter de imitação de ações humanas é o que define as artes em geral, e o tipo de ação imitada serve como um importante diferencial em um gênero artístico. A gênese histórica da arte remonta ao natural instinto humano de imitação e à natural tendência de encontrar prazer na contemplação de imitações. Até mesmo a unidade essencial a qualquer obra de arte tem uma base mimética, já que "a imitação é sempre de uma coisa", e em poesia, "a história como imitação de uma ação deve representar uma ação, um todo completo...".[12] E a "forma" de uma obra – o princípio condutor que determina a escolha, a ordem e os ajustes internos de todas as partes – é derivada, por sua vez, da forma do objeto imitado. É a fabulação ou o enredo, "que é a finalidade e o propósito da tragédia"; é, "por assim dizer, a sua alma", e isso porque

> a tragédia é essencialmente uma imitação, não de pessoas, mas de ação e de vida... Afirmamos que a tragédia é sobretudo a imitação de uma ação, e que é principalmente em nome da ação que ela imita os agentes pessoais.[13]

Se voltarmos ao nosso diagrama analítico, outro aspecto geral da *Poética* reclama nossa atenção, sobretudo quando temos em mente a orientação distintiva da crítica romântica. Enquanto Aristóteles faz uma partilha (embora seja uma partilha desigual) entre os objetos imitados, os efeitos emocionais necessários sobre o público e as exigências internas do próprio produto, como determinantes desse

---

11 *Poetics* 6. 1449^b, 14. 1453^b.
12 Ibid., 8. 1451^a.
13 Ibid., 6. 1450^a-1450^b.

ou daquele aspecto de um poema, ele não atribui uma função determinativa ao poeta em si. O poeta é a causa eficiente indispensável, o agente que, com sua habilidade, extrai a forma das coisas naturais e a impõe sobre um ambiente artificial. Contudo, suas faculdades pessoais, sentimentos ou desejos não são invocados para explicar o tema ou a forma de um poema. Na *Poética*, o poeta é convocado apenas para esclarecer a divergência histórica entre as formas cômicas e as trágicas e para receber conselho quanto a certos instrumentos auxiliares para a construção do enredo e para a escolha da dicção.[14] No pensamento de Platão, o poeta é considerado do ponto de vista da política, não da arte. Quando os poetas surgem pessoalmente, todos os grandes, com uma cortesia extravagante, são descartados da República ideal; em aplicação posterior, um número um pouco maior deles é admitido ao segundo lugar das *Leis*, mas com um repertório radicalmente reduzido.[15]

Por um longo período depois de Aristóteles, a "imitação" continuou a ser um item importante no vocabulário crítico – na verdade, até o século XVIII. A importância sistemática dada ao termo diferia muito de um crítico para outro; os objetos do universo que a arte imita, ou deveria imitar, eram de maneiras variadas concebidos como reais ou, em algum sentido, como ideais; e, desde o início, houve uma tendência em se substituir a "ação" de Aristóteles como o principal objeto de imitação por elementos como o caráter humano, o pensamento ou até mesmo seres inanimados. Contudo, principalmente depois do resgate da *Poética* e do grande impulso nos estudos de teoria estética na Itália do século XVI, sempre que um crítico era instigado a adentrar os fundamentos e a formular uma definição abrangente de arte, o predicado com frequência incluía o termo "imitação", ou um dos termos paralelos, não importando as diferenças que pudessem sugerir, todos eles voltados para a mesma direção: "reflexão", "representação", "simulação", "disfarce", "cópia" ou "imagem".

No decorrer de quase todo o século XVIII, o princípio de que a arte é imitação parecia quase óbvio demais para necessitar de iteração ou prova. Como afirmou Richard Hurd em seu *Discourse on Poetical Imitation* [Discurso sobre a imitação poética], publicado em 1751:

> Toda *poesia*, concordando com Aristóteles e com os críticos gregos (para não se pensar que faltam autoridades em um assunto tão simples), é, propriamente falando, *imitação*. Ela é, de fato, a mais nobre e a mais ampla das artes miméticas; tem por objeto toda a criação e abrange todo o circuito do ser universal.[16]

---

14 Ibid., 4. 1448^b, 17. 1455^a-1455^b.
15 *Republic* iii. 398, x. 606-8; *Laws* vii. 817.
16 *The Works of Richard Hurd* (Londres, 1811), II, 111-2.

Até mesmo os supostamente radicais proponentes do "gênio original", na segunda metade do século, achavam, de maneira geral, que a obra de um gênio, mesmo sendo original, não deixava de ser uma imitação. *"Imitações"*, escreveu Young em seu *Conjectures on Original Composition* [Conjeturas sobre a composição original], "são de dois tipos: da natureza e de autores. À primeira chamamos de *Originais*." O gênio original, na verdade, acaba sendo uma espécie de investigador científico: "O vasto campo da natureza abre-se diante dele e ele pode caminhar desimpedido, fazer as descobertas que puder... até onde a natureza visível o permitir."[17] Posteriormente, o reverendo J. Moir, um radical em suas exigências de originalidade em poesia, considerava gênio aquele que possuía a habilidade de descobrir "mil novas variações, contrastes e semelhanças" nos "fenômenos comuns da natureza" e afirmou que o gênio original sempre oferece a "impressão idêntica àquela que recebe".[18] Nessa identificação da tarefa do poeta como uma inovação em descoberta e uma particularidade em descrição, percorremos uma grande distância, que nos separa da concepção aristotélica de mimese, exceto a esse respeito, porque a crítica ainda confia em um ou outro aspecto do mundo particular como a fonte essencial e o assunto da poesia.

Em vez de acumular citações e mais citações, é melhor voltar ao século XVIII e mencionar algumas discussões sobre imitação que são de interesse especial. Meu primeiro exemplo é o crítico francês Charles Batteux, cuja obra *As belas artes reduzidas a um mesmo princípio* (1747) caiu nas boas graças na Inglaterra e exerceu enorme influência na Alemanha, assim como em seu país de origem. As regras da arte, ponderava Batteux, agora tão numerosas, devem com certeza ser redutíveis a um único princípio. "Imitemos os verdadeiros físicos", apregoa ele, "que fazem experimentos e, com base nestes, fundam um sistema que os reduz a um princípio".

Batteux propõe "começar com uma ideia clara e distinta" – um princípio "simples o bastante para ser assimilado instantaneamente, e amplo o bastante para absorver todas as pequenas e detalhadas regras" –, o que fornece uma pista suficien-

---

17 Edward Young, *Conjectures on Original Composition*, org. Edith Morley (Manchester, 1918), p.6, 18. Cf. também William Duff, *Essay on Original Genius* (Londres, 1767), p.192n. John Ogilvie concilia o gênio criativo e a invenção original com o "grande princípio da *imitação poética*" (*Philosophical and Critical Observations on the Nature Characters, and Various Species of Composition*, Londres, 1774, I, 105-7). Joseph Warton, conhecido proponente de uma "imaginação ilimitada", do entusiasmo, do "romântico, do belo e do selvagem", ainda concorda com Richard Hurd em que a poesia é "uma arte cuja essência é a imitação" e cujos objetos são "materiais animados, externos ou internos" (*Essay on the Writings and Genius of Pope*, Londres, 1756, I, 89-90). Cf. Robert Wood, *Essay on the Original Genius and Writings of Homer* (1769), Londres, 1824, p.6-7, 178.

18 Originality, *Gleanings* (Londres, 1785), I, 107, 109.

te para perceber que ele seguirá não o método de Newton, o físico, mas o de Euclides e Descartes. De acordo com sua ideia clara e distinta, Batteux investigou diligentemente os críticos franceses tradicionais até que, afirma ele com toda a sinceridade, "ocorreu-me examinar Aristóteles e sua *Poética*, de que eu havia ouvido comentários elogiosos". Em seguida, veio a revelação: todos os detalhes se ajustavam perfeitamente. A origem desse *insight*? – nada além do "princípio de imitação que o filósofo grego estabeleceu para as belas artes".[19] Essa imitação, entretanto, não é da realidade crua do dia a dia, mas da *"belle nature"*, ou seja, *"le vraisemblable"* [o verossímil], formado pela composição de traços tomados de coisas individuais para compor um modelo que possua "todas as perfeições que puder receber".[20] A partir desse princípio, Batteux segue adiante, de maneira prolixa, mas com muito rigor, para extrair, uma por uma, as regras de estilo – as regras gerais tanto para poesia e pintura quanto as regras particulares para os gêneros especiais, pois

> a maioria das regras conhecidas reverte à imitação e forma uma espécie de cadeia por meio da qual a mente apreende no mesmo instante consequências e princípio, como um todo perfeitamente coeso, em que todas as partes se sustentam de maneira mútua.[21]

Ao lado desse clássico exemplo de estética dedutiva *a priori*, desejo colocar um documento alemão, o *Laokoon*, de Lessing, publicado em 1766. Lessing empenhou-se em desfazer a confusão na teoria e na prática entre poesia e as artes gráfica e plástica que, acreditava ele, resultava de uma aceitação plácida da máxima de Simônides, com sua afirmação de que "pintura é poesia silenciosa, e poesia é pintura que fala". Seu próprio procedimento, promete Lessing, será testar continuadamente a teoria abstrata contra o "exemplo individual". Repetidas vezes ele ridiculariza os críticos alemães por confiarem na dedução. "Nós, alemães, não temos carência de livros de métodos. Mais do que qualquer outra nação, somos peritos em dedução, a partir de algumas explicações verbais específicas e na mais bela ordem, de qualquer coisa que desejarmos." "Quantas coisas seriam provadas como incontestáveis na teoria, se um gênio não conseguisse provar o contrário em fatos!"[22] Assim, a intenção de Lessing é estabelecer princípios estéticos por meio de uma lógica indutiva deliberadamente oposta à de Batteux. Não obstante, concordando com Batteux, Lessing conclui que a poesia, não menos que a

---

19 Charles Batteux, *Les Beaux Arts réduits à un même principle* (Paris, 1747), p.i-viii.
20 Ibid., p.9-27.
21 Ibid., p.xiii. Sobre a importância do lugar ocupado pela imitação nas primeiras teorias neoclássicas francesas, cf. René Bray, *La formation de la doctrine classique em France* (Lausanne, 1931), p.140 e ss.
22 Gotthold Ephraim Lessing, *Laokoon*, org. W. G. Howard (Nova York, 1910), p.23-5, 42.

pintura, é imitação. A dessemelhança entre essas artes resulta de sua diferença em ambiente, o que impõe distinções necessárias nos objetos que cada uma delas pode imitar. Contudo, embora a poesia consista de uma sequência de sons articulados no tempo mais do que de formas e cores fixas no espaço e – embora, em vez de ser limitada, como a pintura, a um momento estático, porém fecundo – seu poder especial seja a reprodução de ação progressiva, Lessing reitera com relação a ela a fórmula-padrão: *Nachahmung* [imitação] ainda é para o poeta o atributo "que constitui a essência de sua arte".[23]

No decorrer do século, vários críticos ingleses começaram a investigar cuidadosamente o conceito de imitação e acabaram descobrindo (ao contrário de Aristóteles) que as diferenças em ambiente entre as artes eram tantas que excluíam todas, exceto um pequeno número delas, da classificação de miméticas em qualquer sentido mais restrito. A tendência pode ser mostrada por meio de alguns exemplos. Em 1744, James Harris ainda sustentava, em *A Discourse on Music, Painting, and Poetry* [Um discurso sobre música, pintura e poesia], o argumento de que a imitação era comum a todas as três artes. "Elas se harmonizam porque são todas miméticas ou imitativas. Elas diferem entre si enquanto imitam por meios diferentes..."[24] Em 1762, Kames afirmou que "de todas as belas artes, apenas a pintura e a escultura são, por natureza, imitativas"; a música, como a arquitetura, "é produtora de originais e não cópia da natureza"; ao passo que a língua copia da natureza apenas naqueles casos em que "imita som ou movimento".[25] E, em 1789, em dois ensaios cuidadosamente fundamentados, antepostos à sua tradução da *Poética*, Thomas Twining confirmou essa distinção entre as artes cujos meios são "icônicos" (na terminologia empregada mais tarde pelo semiólogo de Chicago, Charles Morris), no sentido de que elas são semelhantes àquilo que denotam, e aquelas que são significantes apenas por convenção. Somente as obras em que a semelhança entre a cópia e o objeto é tanto "imediata" quanto "óbvia", argumenta Twining, podem ser descritas como imitativas em sentido estrito. Poesia dramática, portanto, na qual imitamos fala por fala, é o único tipo de poesia que é apropriadamente imitação; a música deve ser excluída da lista das artes imitativas; e ele conclui afirmando que a pintura, a escultura e as artes de desenho em geral são "as únicas artes *óbvia e essencialmente* imitativas".[26]

---

23 Ibid., p.99-102, 64.
24 *Three Treatises*, in *The Works of James Harris* (Londres, 1803), I, 58. Cf. Adam Smith, Of the Nature of that Imitation which Takes Place in What Are Called the Imitative Arts, *Essays Philosophical and Literary* (Londres, s.d.), p.405 e ss.
25 Henry Home, Lord Kames, *Elements of Criticism* (Boston, 1796), II, I (capítulo XVIII).
26 Thomas Twining, org., *Aristotle's Treatise on Poetry* (Londres, 1789), p.4, 21-2, 60-1.

O conceito de que arte é imitação, portanto, desempenhou um papel importante na estética neoclássica; porém, uma análise mais profunda mostra que, na maior parte das teorias, ele não exerceu o papel dominante. Arte, costumava-se dizer, é imitação – mas imitação que é apenas instrumental com o fim de produzir efeitos sobre um público. De fato, a quase unanimidade com que os críticos pós-renascentistas louvaram e ecoaram a *Poética* de Aristóteles é enganosa. O foco de interesse havia se deslocado e, em nosso diagrama, essa crítica posterior está principalmente orientada não a partir da obra em direção ao universo, mas a partir da obra em direção ao público. A natureza e as consequências dessa mudança de direção estão claramente indicadas no primeiro clássico da crítica inglesa, escrito mais ou menos no início da década de 1580, por *Sir* Philip Sidney: *Defesas da poesia*.

Teorias pragmáticas

> Poesia, portanto, é a arte da imitação; por isso, Aristóteles utilizou o termo *mimese*, o que significa uma representação, uma falsificação ou uma figuração – falando de maneira metafórica: um quadro que fala; e com esse objetivo, instruir e deleitar.[27]

Embora Aristóteles tenha sido invocado, essa não é uma formulação aristotélica. Para Sidney, a poesia, por definição, tem um propósito: produzir certos efeitos no público. Ela é imitativa apenas como um meio para o fim imediato de deleitar, e acaba deleitando, tudo indica, apenas como um meio de atingir o fim supremo de instruir, pois os "poetas corretos" são aqueles que "imitam tanto para deleitar como para instruir, e deleitam para instigar os homens a receber de bom grado essa generosidade, porque, sem prazer, dela eles fugiriam como se estivessem fugindo de um estranho."[28] Como consequência, no decorrer do referido ensaio, as necessidades do público tornam-se o território fértil para o estabelecimento de critérios e distinções críticas. Com a finalidade de "instruir e deleitar", os poetas imitam não "o que é, foi ou será", mas apenas "o que pode e deve ser", de tal forma que os próprios objetos de imitação passam a garantir o propósito moral. O poeta distingue-se – e é alçado a um plano acima – do filósofo moral e do historiador por sua capacidade de instigar seus ouvintes mais vigorosamente a praticarem

---

27 *Sir* Philip Sidney, An Apology for Poetry, *Elizabethan Critical Essays*, org. G. Gregory Smith (Londres, 1904), I, 158.
28 Ibid., I, 159.

a virtude, uma vez que ele acopla "a noção geral" do filósofo ao "exemplo particular" do historiador. Enquanto dissimula sua doutrina em uma história, ele induz até mesmo "homens maus, impiedosos", sem que eles o saibam, a praticarem o bem, "como se tomassem um medicamento com sabor de cereja". Os gêneros poéticos são discutidos e classificados a partir da perspectiva do efeito moral e social que cada um pode produzir: o poema épico, dessa forma, mostra-se como o rei da poesia, porque é o que "mais inflama a mente com o desejo de ser digno", e até mesmo a poesia lírica amorosa inferior é concebida como um instrumento para persuadir uma donzela da sinceridade da paixão daquele que a ama.[29] Uma história da crítica poderia ser escrita com base única e exclusivamente nas sucessivas interpretações de passagens relevantes da *Poética* de Aristóteles. Nesse caso, sem qualquer sentido de pressão, Sidney segue seus guias italianos (que, por sua vez, haviam tido contato com a obra de Aristóteles por meio dos espetáculos de Horácio, de Cícero e dos Pais da Igreja), moldando, um após outro, os pontos-chave da *Poética* para que se ajustem ao seu próprio arcabouço teórico.[30]

Por questões de conveniência, podemos chamar de "teoria pragmática" a crítica que, como a de Sidney, está orientada para atingir um público, uma vez que ela vê a obra de arte sobretudo como um meio para se atingir um fim, um instrumento para que algo seja feito, e tende a julgar seu valor conforme seu sucesso na obtenção daquele objetivo. Há, com certeza, maior discrepância em termos de ênfase e de detalhe, mas a tendência central do crítico pragmático é conceber um poema como algo feito com o intuito de produzir respostas precisas em seus leitores; é considerar o autor do ponto de vista dos poderes e da disciplina que ele deve ter a fim de alcançar esse objetivo; é basear a classificação e a anatomia dos poemas sobretudo nos efeitos especiais que cada tipo e cada componente possa alcançar; e é deduzir as normas da arte poética e dos cânones de apreciação crítica a partir das necessidades e demandas legítimas do público ao qual a poesia é endereçada.

A perspectiva, muito do vocabulário básico e muitos dos tópicos característicos da crítica pragmática originaram-se da teoria clássica da retórica, pois a retórica fora universalmente considerada um instrumento de persuasão do público, e muitos teóricos concordavam com Cícero no sentido de que, para persuadir, o orador deveria aquietar, informar e instigar a mente de seus ouvintes.[31] O grande

---

29 Ibid., I, 159, 161-4, 171-80, 201.
30 Cf., p. ex., seu uso da afirmação de Aristóteles de que a poesia é mais filosófica do que a história (I, 167-8), e de que as coisas penosas podem se tornar mais agradáveis por meio de imitações (p.171); e sua deturpação do termo central de Arisóteles, *praxis* – as ações que são imitadas pela poesia –, para expressar a ação moral que um poema instiga o leitor a realizar (p.171).
31 Cícero, *De oratore*, II. xxviii.

exemplar clássico da aplicação da perspectiva retórica à poesia foi, sem dúvida, *Arte poética,* de Horácio. Conforme Richard McKeon aponta,

> a crítica de Horácio está orientada principalmente para instruir o poeta sobre como manter seu público em seus assentos até o final, como induzir aplauso e ovação, como agradar a uma plateia romana, e da mesma forma, como agradar a toda e qualquer plateia e conquistar a imortalidade.[32]

Naquela que se tornou para críticos posteriores a passagem focal da *Arte poética,* Horácio recomendava que "o objetivo do poeta é ou beneficiar ou agradar, ou fundir em apenas um o útil e o agradável". O contexto mostra que Horácio considerava o prazer como o propósito principal da poesia, pois ele recomenda o útil meramente como um meio para fornecer prazer aos mais velhos que, em contraste com os jovens aristocratas, "condenam o que não contém lição aproveitável".[33] Todavia, *prodesse* e *delectare,* instruir e agradar, juntamente com outro termo tomado da retórica, *movere,* instigar, serviram durante séculos para agregar sob três categorias a soma dos efeitos estéticos sobre o leitor. O equilíbrio entre esses termos sofreu modificações com o decorrer do tempo. Para a esmagadora maioria dos críticos renascentistas, como foi para *Sir* Philip Sidney, o efeito moral era o objetivo derradeiro, do qual o deleite e a emoção eram coadjuvantes. Desde a época dos ensaios críticos de Dryden até o século XVIII, o deleite tendia a se tornar o fim último, embora poesia sem utilidade fosse, com frequência, considerada inferior, e os moralistas otimistas acreditassem, com James Beattie, que, se a poesia instrui, ela acaba agradando mais eficazmente.[34]

Observando um poema como uma "criação", um artifício destinado a afetar um público, o crítico pragmático típico está interessado em formular os métodos – a "habilidade, ou a arte do fazer", usando a expressão de Ben Jonson – para alcançar os efeitos desejados. Esses métodos, tradicionalmente compreendidos sob o termo *poesis,* ou "arte" (em expressões como "a arte da poesia"), são formulados como preceitos e regras cujo fundamento consiste ou do fato de que eles são derivados das qualidades das obras cujo sucesso e longevidade deram prova de sua adaptação à natureza humana ou do fato de que eles foram fundamentados diretamente nas leis psicológicas que governam as reações humanas em geral. As regras, portanto, são inerentes às qualidades de cada obra de arte superior, e quando

---

32 *The Concept of Imitation,* op. cit. p.173.
33 Horácio, *Ars Poetica,* trad. para o inglês de E. H. Blakeney, in *Literary Criticism, Plato to Dryden,* org. Allan H. Gilbert (Nova York, 1940), p.139.
34 *Essays on Poetry and Music* (3.ed.; Londres, 1779), p.10.

excertos delas são extraídos e codificados, essas regras servem também para guiar o artista na sua criação e os críticos na avaliação de qualquer produto futuro. "Dryden", afirmou Dr. Johnson, "pode ser apropriadamente considerado o pai da crítica inglesa, o autor que primeiro nos ensinou a determinar, com base em princípios, o mérito da composição".[35] O método utilizado por Dryden para estabelecer esses princípios foi o de mostrar que a poesia, como a pintura, tem a finalidade de agradar; que a imitação da natureza é o meio geral de se atingir esse objetivo; e que as regras servem para especificar os meios para se cumprir essa finalidade em detalhes:

> Tendo, assim, demonstrado que a imitação agrada e por que ela agrada em ambas as artes, conclui-se que algumas regras de imitação são necessárias para se obter esse fim, porque sem regras não pode haver arte, da mesma forma como uma casa não pode existir se não houver uma porta que nos conduza para dentro dela.[36]

A ênfase nas regras e nos princípios de uma arte é inerente a toda crítica que se fundamenta nas exigências de um público e sobrevive hoje nas revistas e manuais de orientação a autores novatos sobre "como escrever histórias de sucesso". Entretanto, manuais com regras baseadas no mínimo denominador comum do público consumidor moderno são apenas caricaturas grosseiras dos complexos e sutilmente racionalizados ideais neoclássicos da arte literária. No início do século XVIII, o poeta podia confiar no gosto depurado e no conhecimento especializado de um limitado círculo de leitores, fossem eles contemporâneos romanos de Horácio à época do imperador Augusto, ou de Vida, na corte papal de Leão X, ou de cortesãos de Sidney, durante o reinado da rainha Elizabeth I, ou do público londrino de Dryden e Pope, ao passo que, na teoria, as vozes até mesmo dos melhores juízes contemporâneos eram subordinadas à voz das respectivas épocas. Alguns críticos neoclássicos estavam também certos de que as regras da arte, embora empiricamente derivadas, eram, no final das contas, validadas ao se conformarem àquela estrutura objetiva de normas cuja existência garantia a ordem racional e a harmonia do universo. Em sentido restrito, conforme John Dennis deixou explícito o que era com frequência implícito, a Natureza "não é nada mais do que a Regra e a Ordem e a Harmonia que encontramos na Criação visível"; portanto, a "Poesia, que é imitação da Natureza", deve manifestar as mesmas propriedades. Entre os antigos, os renomados mestres escreviam não

---

35 Dryden, *Lives of the English Poets*, org. Birkbeck Hill (Oxford, 1905), I, 410.
36 Parallel of Poetry an Painting (1695), *Essays*, org. W. P. Ker (Oxford, 1926), II, 138. Cf. Hoyt Trowbridge, The Place of Rules in Dryden's Criticism, *Modern Philology*, XLIV (1946), p.84 e ss.

para agradar a uma Assembleia tumultuada e transitória, ou a um Punhado de Homens, chamados compatriotas. Eles escreviam para seus companheiros do Universo, para todos os Países e todas as Épocas... Eles tinham plena convicção de que, com exceção da Ordem harmônica que sustenta o Universo, nada mais poderia difundir suas Obras Imortais para a Posteridade...[37]

Embora discordassem quanto às regras específicas, e embora muitos críticos ingleses repudiassem alguns requisitos franceses formais, como a unidade de tempo e de lugar, e a pureza da comédia e da tragédia, todos, com exceção de alguns críticos excêntricos do século XVIII, acreditavam na validade de algum conjunto de regras universais. Em meados do século, popularizou-se a demonstração e a exposição de todas as principais regras pertinentes à poesia, ou mesmo às artes em geral, em um único sistema crítico. O raciocínio pragmático padrão geralmente empregado pode ser estudado de forma adequada no conciso tratamento que James Beattie faz dele em seu *Essay on Poetry and Music as they affect the Mind* [Ensaio sobre poesia e música, conforme elas afetam a mente] (1762) ou, de maneira ainda mais sucinta, na *Dissertation of the Idea of Universal Poetry* [Dissertação sobre a concepção da poesia universal] (1766), de Richard Hurd. A poesia universal, qualquer que seja seu gênero, assevera Hurd, é uma arte cuja finalidade é o máximo deleite possível. "Quando falamos de poesia como *arte*, estamo-nos referindo à *maneira ou ao método de tratar de um assunto da forma mais agradável e prazerosa como ele se apresenta a nós.*" E essa ideia, "se mantida sempre à vista, irá nos revelar todos os mistérios da arte poética. Há apenas que se expandir a ideia do filósofo e aplicá-la conforme ditar a ocasião". Dessa importante premissa, Hurd desenvolve três propriedades essenciais a toda poesia, caso se pretenda que ela gere o maior prazer possível: linguagem figurada, "ficção" (o que quer dizer distanciamento do que é real ou empiricamente possível) e versificação. O modo e o grau em que essas três qualidades universais devem ser combinadas em qualquer tipo de poesia, entretanto, dependerá de sua finalidade peculiar, porque cada gênero poético deve explorar aquele prazer especial que, de maneira genérica, ele está ajustado para atingir. "Porque a arte de cada *tipo* de poesia é apenas essa arte geral modificada conforme a *natureza* de cada um, isto é, conforme a finalidade mais imediata e subordinada pode respectivamente necessitar."

---

37 *The Advancement and Reformation of Modern Poetry* (1701), in *The Critical Works of John Dennis*, org. E. N. Hooker (Baltimore, 1939), I, 202-3. Sobre a inferência que Dennis faz de regras específicas a partir da finalidade da arte, que seria "deleitar e transformar a mente", cf. *The Grounds of Criticism in Poetry* (1704), ibid., p.336 e ss.

Pois o nome de poema será dado a cada composição, cujo propósito principal é *agradar,* desde que seja construído de forma a gerar *todo* o prazer que seu gênero ou *espécie* possa permitir.[38]

Com base em passagens isoladas de seu *Letters on Chivalry and Romance* [Cartas sobre cavalaria e aventuras romanescas], Hurd é geralmente considerado um crítico "pré-romântico". Porém, na íntegra de seu credo poético em "Idea of Universal Poetry" [Noção de poesia universal], a lógica rigidamente dedutiva que Hurd emprega para "desdobrar" as regras da poesia a partir de uma definição básica, permitindo que "a razão da coisa" anule a evidência da prática real dos poetas, coloca-o, na Inglaterra, muito próximo do método geométrico de Charles Batteux, mas sem o aparato cartesiano do crítico francês. A diferença é que Batteux expande suas regras a partir da definição de poesia como imitação da *belle nature,* enquanto Hurd o faz a partir da definição de poesia como a arte de tratar de um tema de forma a oferecer ao leitor o máximo de prazer; e isso requer que ele assuma possuir um conhecimento empírico da psicologia do leitor, pois se a finalidade da poesia é gratificar a mente, afirma Hurd, o conhecimento das leis mentais é necessário para que sejam estabelecidas suas regras, que não são "senão os vários MEIOS que a experiência considera como sendo mais propícios para tal propósito".[39] Considerando que Batteux e Hurd, entretanto, têm em mente racionalizar o que é principalmente um conjunto comum de saber poético, não precisamos nos surpreender com o fato de que, embora eles partam de pontos diferentes, seus caminhos muitas vezes coincidem.[40]

Todavia, para apreciar o poder e o conhecimento de que uma crítica pragmática refinada e flexível é capaz, precisamos deixar esses sistematizadores abstratos de métodos e princípios correntes e nos voltar para um crítico prático como Samuel Johnson. A crítica literária de Johnson supõe, de maneira aproximada, a estrutura de referência crítica que já descrevi. Mas Johnson, que suspeita de

---

38 Dissertation on the Idea of Universal Poetry, *Works,* II, 3-4, 25-7. Para um argumento semelhante, cf. Alexander Gerard, *An Essay on Taste,* (Londres, 1759), p.40.

39 Idea of Universal Poetry, *Works,* II, 3-4. Sobre a base racional subjacente à crítica de Hurd, cf. o artigo de Hoyt Trowbridge, Bishop Hurd: A Reinterpretation, *PMLA,* LVIII (1943), p.450 e ss.

40 P. ex., Batteux "deduz" da ideia de que a poesia é a imitação não de uma realidade simples, mas de *la belle nature,* que sua finalidade apenas pode ser a de "deleitar, instigar, tocar – em uma palavra, o prazer" (*Les Beaux Arts,* p.81, 151). De modo inverso, do fato de a finalidade da poesia ser o prazer, Hurd infere que o dever do poeta é "ilustrar e adornar" a realidade, e delineá--la "nas mais agradáveis formas" (Idea of Universal Poetry, *Works,* II, 8). Com o objetivo de investigar evidências de plágio entre poetas, o próprio Hurd, em outro ensaio, desloca seu fundamento e, como Batteux, parte de uma definição de poesia como imitação, especificamente, das "formas mais belas das coisas" (Discourse on Poetic Imitation, *Works,* II, 111).

teorizações rígidas e abstratas, aplica o método, recorrendo de forma constante a exemplos literários específicos, fazendo deferência às opiniões de outros leitores e, principalmente, demonstrando confiança em suas próprias e qualificadas respostas ao texto. Como resultado, os comentários de Johnson acerca de poetas e poemas ofereceram, de maneira persistente, um ponto de partida para críticos posteriores, cuja estrutura de referência e juízos particulares mostram uma diferença radical do que propõe o próprio Johnson. Como exemplo de seu procedimento, que é especialmente interessante porque mostra como a noção de imitação da natureza é coordenada com o juízo da poesia quanto à sua finalidade e efeitos, consideremos aquele monumento da crítica neoclássica de Johnson, *Prefácio a Shakespeare*.

Em seu *Prefácio*, Johnson se propõe a estabelecer a posição de Shakespeare entre os poetas e, para tanto, é levado a classificar as habilidades naturais de Shakespeare em relação ao nível geral de estilo e produção artística no período elisabetano e a medir essas habilidades, por sua vez, "pela sua proporção em relação à habilidade geral e coletiva do homem".[41] Contudo, tendo em vista que os poderes e a excelência de um autor podem ser inferidos apenas a partir da natureza e da superioridade das obras que ele produz, Johnson dedica-se a um exame geral do teatro de Shakespeare. Nessa avaliação sistemática das obras em si, acreditamos que, para Johnson, mimese mantém um padrão de autoridade como critério. Repetidas vezes ele sustenta que "essa, portanto, é a glória de *Shakespeare*: seu teatro é o espelho da vida", e também da natureza inanimada: "Ele foi um minucioso pesquisador do mundo inanimado... *Shakespeare*, seja seu tema a vida ou a natureza, mostra claramente que viu com os próprios olhos".[42] Porém, Johnson também argumenta que "a finalidade do escrever é instruir; a finalidade da poesia é instruir com prazer".[43] É a essa função da poesia e ao efeito demonstrado de um poema sobre seu público que Johnson concede prioridade como critério estético. Se um poema não gera prazer, seja qual for seu *status*, ele não tem valor algum como obra de arte. Entretanto, Johnson insiste com um moralismo ardoroso que já deve ter parecido antiquado a leitores contemporâneos – o poema deve agradar sem violar os padrões de verdade e virtude. Portanto, Johnson separa aqueles elementos nas peças de Shakespeare que foram introduzidos para satisfazer aos gostos locais e efêmeros do público bastante incivilizado de seu próprio tempo ("Ele sabia", afirmou Johnson, "como fazer para agradar ao máximo")[44] daqueles ele-

---

41 *Johnson on Shakespeare*, org. Walter Raleigh (Oxford, 1908), p.10, 30-1.
42 Ibid., p.14, 39. Cf. p.11, 31, 33, 37 etc.
43 Ibid., p.16.
44 Ibid., p.31-3, 41.

mentos que eram proporcionais aos gostos dos leitores comuns de qualquer época. E já que em obras que "se dirigem integralmente à observação e à experiência, nenhum outro teste pode ser aplicado além daquele da duração e da continuidade da estima", a longa sobrevivência de Shakespeare como poeta "lido sem qualquer outro motivo que não o desejo de satisfação" é a melhor prova de sua grandeza artística. Johnson justifica essa sobrevivência com o princípio subsidiário de que "nada pode agradar a muitos, e por muito tempo, exceto as representações da natureza em geral". Shakespeare mostra a "espécie" eterna do caráter humano, movido por "aquelas paixões e princípios gerais pelos quais todas as mentes são estimuladas".[45] Assim, a superioridade de Shakespeare em apresentar o espelho da natureza em geral acaba sendo, no longo prazo, justificada pelo critério supremo do magnetismo que essa realização garante para o gosto duradouro do público literário em geral.

Várias observações e juízos individuais de Johnson revelam um jogo do argumento entre os dois princípios da natureza do mundo que o poeta deve refletir e a natureza e necessidades legítimas do público do poeta. Na maioria das vezes, os dois princípios contribuem para uma única conclusão. Por exemplo, tanto a natureza empírica do universo quanto a do leitor universal demonstram a falácia daqueles que condenam Shakespeare por misturar cenas cômicas e trágicas. As peças de Shakespeare, afirma Johnson, revelam "o verdadeiro estado da natureza sublunar que compartilha o bem e o mal, a alegria e a dor, misturadas e combinadas em uma variedade infinita". Além disso, "o drama combinado pode transmitir todo o ensinamento da tragédia ou da comédia" porque se aproxima mais "daquilo que aparenta ser a vida", ao passo que a objeção de que a mudança de cena "deseja, finalmente, o poder de instigar" é um raciocínio plausível, "tido como verdadeiro até mesmo por aqueles que na experiência diária sentem-no como falso".[46] Contudo, quando a verdadeira condição dos assuntos sublunares colide com a obrigação do poeta perante seu público, este último é a corte de apelação final. O defeito de Shakespeare, diz Johnson, é

> que ele parece escrever sem qualquer propósito moral... Ele não faz uma distribuição justa do bem ou do mal, e nem sempre tem o cuidado de mostrar no virtuoso uma

---

45 Ibid., p.9-12.
46 Ibid., p.15-7. Cf. também a defesa que Johnson faz de Shakespeare por violar o decoro de personagem-tipo, recorrendo à "natureza" como oposta ao "acidente"; e por quebrar as unidades de tempo e lugar, recorrendo tanto à experiência real de ouvintes dramáticos quanto ao princípio de que "os maiores benefícios de uma peça são copiar a natureza e orientar a vida" (ibid., p.14-5, 25-30). Cf. *Rambler* n.156.

desaprovação do malvado... Sempre foi dever do escritor tornar o mundo melhor, e a justiça é uma virtude independente de tempo ou espaço.⁴⁷

A orientação pragmática, ordenando o objetivo do artista e o caráter da obra de acordo com a natureza, as necessidades e as fontes de prazer no público caracterizaram, de longe, a maior parte da crítica desde a época de Horácio até o século XVIII. Portanto, mensurada, seja pela sua duração, seja pelo número de seus adeptos, a visão pragmática, compreendida em uma perspectiva mais ampla, tem sido a principal atitude estética do mundo ocidental, porém inerentes a esse sistema estavam os elementos de sua desintegração. A retórica antiga havia legado à crítica não apenas a sua ênfase no impacto sobre o público, mas também (já que sua preocupação maior era treinar o orador) a atenção detalhada em relação aos poderes e atividades do próprio orador – sua "natureza" ou poderes e talento inatos, distintos de sua cultura e de sua arte, e também em relação ao processo de invenção, disposição e expressão envolvidos em seu discurso.⁴⁸ Com o passar do tempo e sobretudo depois das contribuições psicológicas de Hobbes e Locke no século XVII, mais atenção passou a ser dispensada à constituição mental do poeta, à qualidade e à intensidade de seu "gênio" e ao movimento de suas faculdades mentais no ato da composição. No decorrer da maior parte do século XVIII, a capacidade inventiva e imaginativa do poeta tornou-se completamente dependente, para seus materiais – para suas ideias e "imagens" –, do universo externo e dos modelos literários de que o poeta dispunha para imitar; enquanto a ênfase persistente em sua necessidade de julgamento e de arte – os substitutos mentais, com efeito, das necessidades de um público letrado – mantinha o poeta sob o controle estrito do público para cujo deleite ele exercitava sua capacidade criadora. Gradativamente, porém, a ênfase foi-se deslocando cada vez mais para o gênio natural do poeta, para sua imaginação criativa e espontaneidade emocional, à custa dos atributos opostos de julgamento, erudição e restrições engenhosas. Como consequência, o público pouco a pouco recuou para o segundo plano, dando lugar ao próprio poeta e a seus próprios poderes mentais e necessidades emocionais como a causa pre-

---

47 Ibid., p.20-1. A lógica aparece ainda mais claramente no trabalho anterior de Johnson sobre "obras de ficção", in *Rambler* n.4, 1750 (*The Works of Samuel Johnson*, org. Arthur Murphy, Londres, 1824, IV, 23): "a imitação da natureza é legitimamente considerada a maior virtude da arte; porém, é necessário distinguir as partes da natureza que são mais adequadas à imitação" etc. Para uma análise detalhada dos métodos críticos de Johnson, cf. W. R. Keast, The Theoretical Foundations of Johnson's Criticism, *Critics and Criticism*, org. R. S. Crane, p.389-407.
48 Ver o excelente resumo sobre os complexos movimentos da crítica neoclássica inglesa, escrito por R. S. Crane, English Neoclassical Criticism, *Critics and Criticism*, p.372-88.

dominante e até mesmo como o propósito e o teste da arte. Nessa época, outros avanços, que discutiremos mais adiante, também ajudaram a deslocar o foco de interesse crítico do público para o artista e, assim, a introduzir uma nova direção para a teoria da arte.

Teorias expressivas

"Poesia", anunciava Wordsworth em seu prefácio a *Lyrical Ballads* [Baladas líricas], de 1800, "é o transbordamento espontâneo de sentimentos intensos". Ele pensou a respeito dessa formulação o suficiente para utilizá-la duas vezes no mesmo ensaio e, utilizando-a como ideia base, fundamentou sua teoria dos temas apropriados, da linguagem, dos efeitos e do valor da poesia. Quase todos os grandes críticos da geração romântica inglesa propuseram definições ou afirmações-chave mostrando um alinhamento paralelo que ia da obra para o poeta. Poesia é transbordamento, expressão ou projeção do pensamento e dos sentimentos do poeta; ou, colocando de outra maneira (na formulação variante principal), poesia é definida em termos do processo imaginativo que modifica e sintetiza as imagens, os pensamentos e os sentimentos do poeta. A essa linha de pensamento, em que o próprio artista se torna o principal elemento gerador tanto do produto artístico quanto dos critérios pelos quais ele deverá ser julgado, denominarei teoria expressiva da arte.

Estabelecer a data em que esse ponto de vista se tornou predominante na teoria crítica, como marcar o ponto em que o laranja se torna amarelo no espectro de cores, deve ser um procedimento um pouco arbitrário. Conforme veremos, uma abordagem da orientação expressiva, embora isolada na história e parcial em sua abrangência, pode ser encontrada já na discussão que Longino faz do estilo sublime, que tem suas principais fontes no pensamento e nas emoções do orador; e é recorrente sob uma forma variante em uma breve análise que Bacon faz de poesia, afirmando que ela pertence à imaginação e "acomoda as manifestações das coisas aos desejos da mente". Até mesmo a teoria de Wordsworth, ficará claro, está muito mais engastada em uma matriz tradicional de interesses e ênfases e, portanto, é menos radical do que as teorias de seus seguidores da década de 1830. Porém, o ano 1800 é um número bem redondo, e o Prefácio de Wordsworth é um documento conveniente por meio do qual se pode sinalizar, na Inglaterra, o deslocamento que a crítica expressiva da arte faz do mimético e do pragmático.

Em termos gerais, a tendência central da teoria expressiva pode ser resumida da seguinte maneira: uma obra de arte é essencialmente o interior transformado em exterior, o resultado de um processo criativo que opera sob o impulso do sentimento e incorpora o produto combinado das percepções, pensamentos e sentimentos do poeta. A principal fonte e tema de um poema, portanto, são os atributos e ações da própria mente do poeta; ou, se são aspectos do mundo exterior, o são apenas conforme são convertidos de fatos em poesia por meio dos sentimentos e operações da mente do poeta. ("Portanto, Poesia...", escreveu Wordsworth, "emana de onde deve emanar, da alma do Homem, comunicando suas energias criativas às imagens do mundo exterior.")[49] A causa soberana da poesia não é, como se vê em Aristóteles, uma causa formal, determinada sobretudo pelas ações humanas e qualidades imitadas; também não é, como na crítica neoclássica, uma causa final, o efeito pretendido sobre o público. Pelo contrário, é uma causa eficiente – o impulso dentro do poeta, cujos sentimentos e desejos buscam expressão, ou a compulsão da imaginação "criativa" que, como Deus criador, tem sua fonte interna de movimentos. A tendência é por categorizar as artes levando em consideração quão adaptáveis são seus meios à expressão não deturpada dos sentimentos ou poderes mentais do artista, e por classificar os tipos de arte e avaliar seus exemplos pelas qualidades ou estados mentais dos quais eles são um sinal. Dos elementos constitutivos de um poema, aquele da dicção, especialmente as figuras de linguagem, torna-se fundamental; e a grande questão é se essas são a expressão natural da emoção e da imaginação ou o arremedo deliberado das convenções poéticas. O primeiro teste ao qual todo poema deve se submeter não é mais "É fiel à natureza?", ou "Está adequado aos requisitos tanto dos melhores juízes ou da humanidade em geral?", mas um critério que olha em outra direção, qual seja, "É sincero? É genuíno? Harmoniza-se com a intenção, o sentimento e o real estado mental do poeta enquanto ele compõe?". A obra deixa então de ser considerada como principalmente um reflexo da natureza, real ou aperfeiçoada; o espelho posto diante da natureza torna-se transparente e concede ao leitor *insights* da mente e do coração do próprio poeta. A exploração da literatura como indicador da personalidade manifesta-se pela primeira vez no início do século XIX; é a consequência inevitável do ponto de vista expressivo.

As fontes, detalhes e resultados históricos dessa reorientação da crítica em suas várias formas serão a preocupação principal no restante deste livro. Por agora, enquanto temos alguns dos fatos iniciais ainda recentes na memória, desejo mostrar o que ocorreu com relação a elementos significativos da crítica tradicional nos ensaios *What is Poetry?* [O que é poesia?] e *The Two Kinds of Poetry* [Os dois tipos de poesia], escritos por John Stuart Mill em 1833. Mill dependeu em gran-

---

49 *Letters of William and Dorothy Wordsworth: The Middle Years*, org. E. de Selincourt (Oxford, 1937), II, 705; 18 jan. 1816.

de parte do Prefácio de Wordsworth para as *Lyrical Ballads,* mas nos trinta anos seguintes a teoria expressiva havia emergido da rede de qualificações em que Wordsworth a colocara com o maior cuidado, e havia desenvolvido seu próprio destino sem obstáculos. A lógica de Mill, ao responder à questão "O que é poesia?", não é *more geometrico* como a de Batteux, nem rigidamente formal, como a de Richard Hurd; não obstante, sua teoria acaba sendo tão dependente de um princípio central como a deles, pois quaisquer que sejam suas pretensões empíricas, a suposição inicial de Mill acerca da natureza essencial da poesia permanece, embora de forma silenciosa, sempre efetiva na seleção, interpretação e ordenação dos fatos a serem explicados.

A proposição inicial da teoria de Mill é: Poesia é "a expressão ou articulação do sentimento".[50] A exploração dos dados da estética, partindo desse ponto, leva, entre outras coisas, às seguintes alterações radicais nos grandes lugares-comuns da tradição crítica:

(1) *Os gêneros poéticos.* Mill reinterpreta e inverte a categorização neoclássica dos gêneros poéticos. Como a expressão mais pura de sentimentos, a poesia lírica revela "mais grandeza e peculiaridade do que qualquer outra". Outras formas são amalgamadas por elementos não poéticos, sejam eles descritivos, didáticos ou narrativos, que servem meramente como ocasiões convenientes para a expressão poética de sentimentos, seja pelo poeta, seja por um de seus personagens inventados. Para Aristóteles, a tragédia fora a mais nobre forma de poesia, e a trama, representando a ação sendo imitada, fora sua "alma", enquanto a maioria dos críticos neoclássicos concordava que, quer avaliada pela grandeza do tema ou do efeito, a épica e a tragédia são o rei e a rainha das formas poéticas. Como um indicador da revolução nas normas críticas, vale notar que, para Mill, a trama torna-se uma espécie de mal necessário. Um poema épico, "enquanto épico (isto é, narrativo)... não é, de forma alguma, poesia", mas apenas uma estrutura adequada para a maior diversidade de passagens genuinamente poéticas, ao passo que o interesse na trama e na história "apenas como uma história" caracteriza estágios primitivos da sociedade, das crianças e dos adultos civilizados "mais superficiais e vazios".[51] O mesmo ocorre com as outras artes: na música, na pintura, na escultura e na arquitetura, Mill faz uma distinção entre aquilo que é "simples imitação ou descrição" e aquilo que "expressa sentimento humano" e, portanto, é poesia.[52]

---

50 *Early Essays by John Stuart Mill,* org. J. W. M. Gibbs (Londres, 1897), p.208.
51 Ibid., p.228, 205-6, 213, 203-4.
52 Ibid., p.211-7.

(2) *Espontaneidade como critério*. Mill acata a respeitável hipótese de que a suscetibilidade emocional de um homem é inata, mas seu conhecimento e sua habilidade – sua arte – são adquiridos. Com base nisso, ele divide os poetas em duas classes distintas: poetas que nasceram poetas e poetas que se tornam poetas, ou aqueles que são poetas "por natureza" e aqueles que são poetas "por cultura". A poesia natural é identificável porque "é o próprio Sentimento empregando o Pensamento apenas como meio de expressão". Por outro lado, a poesia de "uma mente cultivada, mas não naturalmente poética", é feita com um "objetivo distinto", e dentro dele, o pensamento permanece como o objeto conspícuo, por mais envolvido que esteja por um "halo de sentimento". Poesia natural, então, é "poesia em sentido muito mais elevado do que qualquer outra, pois... aquilo que constitui poesia, sentimento humano, penetra muito mais amplamente nela do que na poesia de cultura". Entre os modernos, Shelley representa o poeta nato, e Wordsworth, o poeta que se fez poeta; e com ironia inconsciente, Mill volta o critério do próprio Wordsworth – "transbordamento espontâneo de sentimento" – contra seu defensor. A poesia de Wordsworth "tem muito pouco da aparência de espontaneidade: o poço nunca está cheio a ponto de transbordar".[53]

(3) *O mundo exterior*. Uma vez que um produto literário meramente imita objetos, ele não é, de forma alguma, poesia. Portanto, no que diz respeito à poesia, a referência ao universo exterior desaparece da teoria de Mill, exceto na medida em que objetos sensíveis possam servir de estímulo ou "ocasião para a geração de poesia" e, então, "a poesia não está no objeto em si", mas "em um estado mental" no qual ele é contemplado. Quando um poeta descreve um leão, ele "está descrevendo o leão de forma declarada, exceto o estado de arrebatamento do espectador", e a poesia deve ser fiel não ao objeto, mas à "emoção humana".[54] Assim, separados do mundo exterior, os objetos significados em um poema tendem a ser considerados como não mais do que um equivalente projetado – um símbolo ampliado e articulado – do estado mental do poeta. A poesia, afirma Mill em um enunciado que antecipa T. E. Hulme e estabelece as bases teóricas para a prática de simbolistas que vão de Baudelaire a T. S. Eliot, incorpora-se "em símbolos, que são as representações mais próximas do sentimento no exato contorno dentro do qual ele existe na mente do poeta".[55] Em uma resenha que fez dos primeiros

---

53 Ibid., p.222-31.
54 Ibid., p.206-7.
55 Ibid., p.208-9. Cf. Hulme, "Se é verdadeira no sentido preciso... a totalidade da analogia é necessária para exprimir a exata curva do sentimento ou da coisa que se deseja expressar" (Romanticism and Classicism, *Speculations*, Londres, 1936, p.138).

poemas de Tennyson, Mill diz que ele prima pela "pintura de cenas no mais elevado sentido do termo"; e isso não é

> o mero poder de produzir aquela espécie de composição bastante insípida geralmente denominada poesia descritiva... mas o poder de *criar* cenários de acordo com algum estado do sentimento humano, tão ajustado a ele que passa a ser o seu símbolo incorporado, e a convocar o próprio sentimento com uma força que somente poderá ser superada pela realidade.[56]

E como uma indicação do grau em que as inovações dos românticos persistem como os lugares-comuns dos críticos modernos – até mesmo daqueles que sugerem fundamentar sua teoria em princípios antirromânticos –, vale notar o quão surpreendente é o paralelo entre a passagem acima e um célebre comentário feito por T. S. Eliot:

> A única maneira de expressar emoção em forma de arte é por meio de um "correlativo objetivo"; em outras palavras, um conjunto de objetos, uma situação, uma cadeia de eventos que serão a fórmula daquela emoção *particular*; de tal maneira que quando os fatos exteriores, que devem culminar em experiência sensorial, forem dados, a emoção é imediatamente evocada.[57]

(4) *O público*. Não menos drástico é o destino do público. De acordo com Mill, "Poesia é sentimento, confessando-se a si mesma em momentos de solidão". O público do poeta se reduz a um único membro, consistindo do próprio poeta. "Toda poesia", segundo Mill, "é da natureza do solilóquio". O objetivo de produzir efeitos sobre outros homens, que durante séculos havia sido o traço que definia a arte poética, agora opera precisamente com função oposta: invalida um poema provando que, em vez de poema, ele é retórica. Quando

> o ato de expressão do poeta não é, em si mesmo, o fim, mas um meio para um fim – isto é, pelos sentimentos que ele próprio exprime, operar sobre os sentimentos ou sobre a crença ou a vontade de outro, – quando a expressão de suas emoções... tem traços também daquele propósito, daquele desejo de criar uma impressão sobre outra mente, então ele deixa de ser poesia, e torna-se eloquência.[58]

---

56 Resenha escrita em 1835 sobre *Poems Chiefly Lyrical* (1830) e *Poems* (1833), de Tennyson, in *Early Essays*, p.242.
57 Hamlet, *Selected Essays* 1917-32 (Londres, 1932), p.145.
58 *Early Essays*, p.208-9. Cf. John Keble, *Lectures on Poetry* (1832-41), trad. para o inglês de E. K. Francis (Oxford, 1912), I, 48-9: "Cícero é sempre o orador" porque "ele sempre tem em mente

Do ponto de vista romântico há, na verdade, algo singularmente fatal para o público. Ou, em termos de causas históricas, pode-se conjeturar que o desaparecimento de um público leitor homogêneo e sensível tenha fomentado uma crítica que, em princípio, reduziu a importância do público como determinante de poesia e de valor poético. Wordsworth ainda insistia em que "Poetas não escrevem para poetas apenas, mas para Homens", e que cada um de seus poemas "tem um propósito digno", mesmo que se conclua que o prazer e a utilidade para o público sejam uma consequência automática do transbordamento *espontâneo* do sentimento, desde que as associações apropriadas entre pensamentos e sentimentos tenham sido estabelecidas de antemão pelo poeta.[59] Keats, entretanto, afirmou claramente: "Jamais escrevi uma única linha de Poesia pensando no público".[60] "O poeta é um rouxinol", dizia Shelley, "que se acomoda na escuridão e, com sons melodiosos, canta para se consolar em sua própria solidão; seus ouvintes são como homens arrebatados pela melodia de um músico invisível".[61] Para Carlyle, o poeta substitui plenamente o público como gerador de normas estéticas.

> Em geral, o gênio tem seus próprios privilégios; ele seleciona uma órbita para si mesmo; e que essa não seja nunca excêntrica; se for realmente uma órbita celestial, nós, meros sonhadores, precisamos, por fim, nos aquietar; precisamos parar de depreciá-la e começar a observá-la e a avaliar suas leis.[62]

A evolução é completa, do poeta mimético, ao qual é atribuído o papel mínimo de segurar um espelho diante da natureza, ao poeta pragmático que, quaisquer que sejam seus dotes naturais é, no final, avaliado por sua capacidade de satisfazer o gosto do público, ao Poeta como Herói de Carlyle, o escolhido que, por ser "uma Força da Natureza", escreve conforme necessita e, pelo nível de homenagem que evoca, serve como medida do respeito e do gosto de seu *leitor*.[63]

---

o teatro, o auditório, o público"; ao passo que Platão é "mais poético do que o próprio Homero" porque "ele escreve para deleitar a si mesmo, não para conquistar a opinião dos outros".

59 Prefácio a *Lyrical Ballads, Wordsworth's Literary Criticism*, org. N. C. Smith (Londres, 1905), p.30, 15-16.
60 *Letters*, org. Maurice Buxton Forman (3.ed.; Nova York, 1948), p.131 (para Reynolds, 9 abr. 1818).
61 Defence of Poetry, *Shelley's Literary and Philosophical Criticism*, org. John Shawcross (Londres, 1909), p.129.
62 Jean Paul Friedrich Richter (1827), *Works*, org. H. D. Traill (Londres, 1905), XXVI, 20.
63 Cf. *Heroes, Hero-Worship, and the Heroic in History*, in *Works*, V, especialmente p.80-5, 108-12. Cf. a indignada objeção de Jone Very à inferência de que uma vez que a opinião geral se deleita com Shakespeare, "seu objetivo era agradar... Rebaixamos aqueles que o mundo decla-

Teorias objetivas

Em suas aplicações práticas, todos os tipos de teorias até agora descritos tratam da obra de arte em si mesma, em suas partes e nas relações mútuas que elas mantêm, não importa se as premissas sobre as quais esses elementos são discriminados e avaliados as relacionem sobretudo com o espectador, com o artista ou com o mundo exterior. Contudo, há também um quarto procedimento, a "orientação objetiva", que, em princípio, considera a obra de arte isolada de todos esses pontos de referência exteriores, analisa-a como uma entidade autossuficiente constituída de suas partes em suas relações internas e se propõe a julgá-la unicamente por critérios intrínsecos ao seu próprio modo de ser.

Esse ponto de vista tem sido comparativamente raro na crítica literária. Uma primeira tentativa de análise de uma forma de arte que é tanto objetiva quanto abrangente ocorre na parte central da *Poética* de Aristóteles. Optei por discutir a teoria da arte de Aristóteles sob o título de teorias miméticas porque ela parte do conceito de imitação e faz frequentes referências retroativas a ela. Tal é a flexibilidade do procedimento de Aristóteles, entretanto, que, depois que ele isolou o gênero "tragédia" e estabeleceu sua relação com o universo, como imitação de certo tipo de ação, e com o público, por meio da observação do efeito purificador da piedade e do medo, seu método torna-se centrípeto e assimila esses elementos externos em atributos da obra propriamente dita. Nessa segunda consideração de tragédia como um objeto em si mesmo, as ações e os agentes que são imitados voltam à discussão como trama, personagem e pensamento que, juntamente com a dicção, a melodia e o espetáculo, constituem os seis elementos de uma tragédia. Até mesmo a piedade e o medo são reconsiderados como aquela qualidade agradável, própria da tragédia, distinta dos prazeres característicos da comédia e de outras formas.[64] A obra trágica em si mesma pode agora ser analisada formalmente como um todo autodeterminante, constituído de partes, todas elas organizadas ao redor de uma parte controladora, a trama trágica – ela própria uma unidade em que os incidentes que a compõem estão integrados pelas relações internas de "necessidade ou probabilidade".

Como uma abordagem bastante abrangente, a orientação objetiva estava ainda dando seus primeiros passos no final do século XVIII e no início do século XIX.

---

rou poetas quando admitimos qualquer outra causa para seu cantar além da ação divina e original da alma em humilde obediência ao Espírito Santo que eles invocam" [Shakespeare (1838), *Poems and Essays*, Boston e Nova York, 1886, p.45-6].

64 "Não é todo tipo de prazer que se deve exigir da tragédia, mas apenas o prazer que é próprio a ela. O prazer trágico é aquele da piedade e do medo" (*Poetics* 14. 1453[b]).

Veremos mais adiante que alguns críticos estavam empenhados em explorar o conceito do poema como um heterocosmo, um mundo em si mesmo, independente do mundo no qual nascemos, cujo propósito não é instruir ou agradar, mas simplesmente existir. Alguns críticos, sobretudo na Alemanha, estavam ampliando a fórmula de Kant, cujo princípio era que uma obra de arte revela *Zweckmässigkeit ohne Zweck* (intencionalidade sem intenção), juntamente com o conceito proposto por ele de que a contemplação da beleza é desinteressada e desconsidera a questão da utilidade. No entanto, eles ignoravam a típica referência que Kant faz de um produto estético às faculdades mentais do criador e do receptor. Conforme afirmava Poe, o objetivo de considerar um poema um "poema *per se*... escrito unicamente pelo prazer de escrevê-lo",[65] isolado de causas externas e propósitos ocultos, veio a se constituir como um elemento das diversas doutrinas geralmente agrupadas por historiadores sob o título de "Arte pela Arte". E com ênfases e adequações divergentes, e em grande variedade de contextos teóricos, a abordagem objetiva da poesia tornou-se um dos mais importantes elementos da crítica inovadora das últimas duas ou três décadas. A observação de T. S. Eliot, de 1928 – "quando consideramos poesia, precisamos considerá-la em primeiro lugar como poesia e não como outra coisa" – é amplamente aceita, por mais que a crítica do próprio Eliot se distancie desse ideal; e ela é, com frequência, ligada ao aforismo de MacLeish quanto ao verso: "Um poema não deve significar/Mas ser". A sutil e incisiva crítica da crítica pelos neoaristotelianos de Chicago e sua proposta de um mecanismo ajustado para lidar com poesia como tal foram muito efetivas em relação a um propósito similar. Em sua "crítica ontológica", John Crowe Ransom vem exigindo o reconhecimento da "autonomia da obra em si mesma, existindo por si e para si mesma";[66] campanhas vêm sendo organizadas contra "a heresia pessoal", "a falácia intencional" e "a falácia afetiva"; o respeitado manual *Teoria da literatura*, de René Wellek e Austin Warren, propõe que a crítica lide com um poema *qua* poema, independentemente de fatores "extrínsecos"; e visões semelhantes estão sendo exprimidas com frequência cada vez maior, não apenas nos nossos meios literários, mas também em publicações acadêmicas. Na América, pelo menos, algum tipo do ponto de vista objetivo já foi bem longe, a ponto de deslocar seus rivais, como o modo dominante da crítica literária.

De acordo com nosso esquema de análise, então, há quatro grandes coordenadas. Cada uma delas pareceu, a várias mentes argutas, adequada para uma crítica

---

65 The Poetic Principle, *Representative Selections*, org. Margaret Alterton e Hardin Craig (Nova York, 1935), p.382-3.

66 Cf. John Crowe Ransom. *The World's Body* (Nova York, 1938), especialmente p.327 e ss., e Criticism as Pure Speculation, *The Intent of the Critic*, org. Donald Stauffer (Princeton, 1941).

satisfatória da arte em geral. E, considerada como um todo, a progressão histórica, desde seu início até os primeiros anos do século XIX, tem sido da teoria mimética de Platão e (de uma maneira qualificada) Aristóteles até a teoria pragmática, perdurando desde a combinação da retórica, com a poética da era helenística e romana durante quase todo o século XVIII, até a teoria expressiva da crítica romântica inglesa (e, um pouco antes, a alemã).

Evidentemente, a crítica romântica, como a de qualquer período, não foi uniforme em sua perspectiva. Em 1831, por exemplo, Macaulay (cujo pensamento, de maneira geral, pendia para modelos tradicionais) ainda insistia, como regra eterna, "fundamentada na razão e na natureza das coisas", que "poesia é, conforme já foi dito há mais de dois mil anos, imitação", e estabelece a diferença entre as artes com base em seus diversos ambientes e objetos de imitação. Assim, em um ensaio repleto de bordões – e de uma maneira pouco civilizada –, ele emprega o princípio mimético para justificar a exaltação que faz de Scott, Wordsworth e Coleridge, em detrimento dos poetas do século XVIII, porque eles imitam a natureza com mais exatidão, e ataca as regras neoclássicas de correção pelo fato de que elas "tendem a fazer... imitações menos perfeitas do que, de outra forma, poderiam ser".[67] O modo de crítica que submete a arte e o artista ao público também continuou a florescer, geralmente de forma vulgarizada, entre jornalistas influentes, como Francis Jeffrey, que se propuseram a articular os padrões literários da classe média e a manter imaculado o que Jeffrey chamou de "a pureza do caráter feminino".[68]

Todavia, não são esses os inovadores escritos críticos que contribuíram para o caráter predominante do que Shelley, em seu "Uma defesa da poesia", chamou de "o espírito da época"; e a diferença radical entre os pontos de vista típicos das críticas neoclássica e romântica continua inequívoca. Considere produções representativas, como aquelas das décadas de 1760 e 1770 – como o *Prefácio a Shakespeare*, de Johnson, *Elements of Criticism*, de Kames, *On the Idea of Univer-*

---

67 Moore's *Life of Lord Byron*, in *Critical and Historical Essays* (Everyman's Library; Londres, 1907), II, 622-8.
68 *Edinburgh Review*, VIII (1806), 459-60. Sobre o uso que Jeffrey faz de uma elaborada estética associacionista para justificar a exigência de que um autor ou artista tenha como objetivo "proporcionar o máximo [de prazer] e ao maior número de pessoas possível", e que ele "ajuste suas produções conforme regras de dicção que podem ser deduzidas" de uma investigação das preferências mais amplas do público, ver seu *Contributions to the Edinburgh Review* (Londres, 1844), I, 76-8, 128; III, 53-4. Para justificativas contemporâneas, nos campos sociológico e moral, para a instauração de um governo delicado na república das letras, cf., p. ex., a resenha de John Bowring sobre *Poems*, de Tennyson, in *Westminster Review*, XIV (1831), 223; *Lockhart's Literary Criticism*, org. M. C. Hildyard (Oxford, 1931), p.66; Christopher North (John Wilson), *Works*, org. Ferrier (Edimburgo e Londres, 1857), IX, 194-5, 228.

sal Poetry [Sobre o conceito de poesia universal], de Richard Hurd, *The Art of Poetry on a New Plan* [A arte da poesia em um novo plano], (de autoria dúbia), *Essays on Poetry and Music* [Ensaios sobre poesia e música], de Beattie, e os oito primeiros *Discourses* [Discursos], de *Sir* Joshua Reynolds. Coloque esses junto das grandes investigações da poesia e da arte da geração romântica: os Prefácios e os ensaios colaterais de Wordsworth, *Biographia Literaria*, e as palestras shakespearianas de Coleridge, "On Poetry in General" [Sobre poesia em geral] e outros ensaios de Hazlitt, até mesmo o platonista *Uma defesa da poesia*, de Shelley; em seguida, acrescente a esse grupo documentos posteriores, como "Characteristics" [Características], e as primeiras resenhas literárias de Carlyle, dois ensaios de J. S. Mill sobre poesia, *Lectures on Poetry* [Palestras sobre poesia], de John Keble, e *What is Poetry?*, de Leigh Hunt. Qualquer que seja a continuidade de certos termos e tópicos entre membros individuais das duas épocas e por mais importantes que sejam as diferenças metodológicas e doutrinais que dividam os membros dentro de um único grupo, uma inovação decisiva separa a crítica na Era de Wordsworth da crítica na Era de Johnson. O poeta deslocou-se para o centro do sistema crítico e assumiu muitas das prerrogativas que haviam sido praticadas por seus leitores: a natureza do mundo em que ele se encontrava e os preceitos e exemplos herdados de sua arte poética.

A IMITAÇÃO E O ESPELHO

*Este, pois, é o louvor a Shakespeare: seu teatro
é o espelho da vida.*
Samuel Johnson

É o espectador, não a vida, que a arte realmente espelha.
Oscar Wilde

*Essas palavras são inúteis e metafóricas. É o que ocorre com a
maioria das palavras – Não há o que fazer!*
Percy Shelley

No décimo livro d'*A República*, Sócrates se propõe a explicar a verdadeira natureza da poesia e imediatamente introduz uma analogia. Aquele que faz uma cama ou uma mesa verdadeira trabalha de acordo com as ideias dessas coisas. Porém, o artista tem outra maneira – mais fácil – de fazer essas e todas as outras coisas.

Qual é essa maneira?
Uma maneira bem simples, ou melhor, há muitas maneiras como isso pode ser rápida e facilmente realizado, mas nenhuma mais rápida do que aquela de girar várias vezes um espelho – em pouco espaço de tempo seria possível fazer, no espelho, o Sol e o firmamento e a Terra e você próprio, e outros animais e plantas e todas as outras coisas das quais estamos falando agora.[1]

---

1 *Republic* x. 596.

E a partir das propriedades de tais imagens obtidas através do espelho, Platão continua a desenvolver várias consequências pouco elogiosas acerca do caráter e do valor de arte.

Essa não é uma ilustração fortuita, pois em seus escritos Platão alude repetidas vezes à analogia do refletor, seja ele um espelho, a água ou outros daqueles simulacros menos perfeitos das coisas a que denominamos sombras. Estas ele usa para esclarecer as inter-relações de tudo que há no universo: das coisas – naturais ou artificiais – com seus protótipos, ou ideias; e das imitações de coisas, inclusive aquelas pertencentes às artes, com os seus modelos no mundo dos sentidos. De maneira geral, seria possível dizer que Platão introduziu o refletor apenas para ilustrar um conceito acabado da natureza da arte e do cosmo, e a principal questão a ser levantada é se o exemplo é apropriado. Contudo, há outra questão prática e importante: não apenas "Quão adequada é a analogia com o conceito?", mas "Em que medida esse conceito pode ter sido gerado a partir da analogia?".

A arte é como um espelho

Tradicionalmente, a tarefa de análise da natureza e função da metáfora tem sido atribuída ao estudioso da retórica e ao crítico de literatura. A metáfora, entretanto, viva ou moribunda, é um elemento inseparável de todo discurso, inclusive do discurso cuja finalidade não é nem persuasiva nem estética, mas descritiva e informativa. Os sistemas metafísicos em particular são intrinsecamente metafóricos, e, em um livro publicado recentemente, Stephen C. Pepper distingue cada uma das principais visões de mundo como sendo uma espécie de sinédoque prodigiosa, demonstrando que o todo do universo é igual a uma de suas partes.[2] Nem mesmo da linguagem tradicional das ciências naturais se pode afirmar que seja totalmente literal, embora seus termos-chave não sejam muitas vezes reconhecidos como metáforas até que, no decorrer dos tempos, a adoção geral de uma nova analogia autorize uma perspectiva da natureza da anterior. E na crítica de poesia, a metáfora e a analogia, embora menos evidentes, não são menos funcionais do que na própria poesia. Um dos objetivos especiais deste livro é enfatizar, na história da crítica, o papel exercido por certos modelos conceituais mais ou menos submersos – o que denominamos "analogias arquetípicas" – como auxiliares na seleção, interpretação, sistematização e avaliação dos fatos relativos à arte.

---

2 Stephen C. Pepper, *World Hypotheses* (Berkeley e Los Angeles, 1942); cf. também Dorothy M. Emmet, *The Nature of Metaphysical Thinking* (Londres, 1945).

Enquanto muitas analogias expositivas, conforme propõe a opinião corrente, são casuais e ilustrativas, algumas poucas parecem recorrentes e não ilustrativas, mas *constitutivas*: elas geram o plano base e os elementos estruturais essenciais de uma teoria literária ou de qualquer outra teoria. De maneira semelhante, elas selecionam e moldam aqueles "fatos" que uma teoria abarca, pois fatos são *facta*, coisas feitas tanto quanto coisas encontradas, e feitas em parte pelas analogias por meio das quais observamos o mundo como se fosse através de uma lente. "Pergunto-me", comentou uma vez Coleridge, "por que fatos nunca foram chamados de coisas teimosas?... Fatos, sabemos bem, não são verdades; não são conclusões; não são nem mesmo premissas, mas da natureza e partes de premissas".[3]

Qualquer área de investigação, contanto que careça de conceitos anteriores para lhe fornecer estrutura e uma terminologia expressa com a qual possa ser conduzida, pode parecer ilógica à mente inquiridora – um vazio ou uma arrebatadora e enganosa confusão. Nossa estratégia comum é, de forma mais ou menos deliberada, olhar em volta e buscar objetos que ofereçam paralelos a aspectos vagamente percebidos da nova situação, usar o mais conhecido para elucidar o menos conhecido, discutir o intangível em termos do tangível. Esse procedimento analógico parece típico de muitos projetos intelectuais. Há uma boa dose de sabedoria no modo habitual de se perguntar "Qual é a natureza disso?", isto é: "*Como* é isso?". Tendemos a descrever a natureza de algo por meio de símiles e metáforas, e os meios de veiculação dessas figuras recorrentes, quando analisados, com frequência acabam sendo os atributos de um analogismo implícito por meio do qual estamos visualizando o objeto que descrevemos. E, se estou certo, o uso deliberado que Platão faz do analogismo e da parábola difere menos em tática do que em sinceridade daquele que fazem outros investigadores.

Recorrer a um espelho para iluminar a natureza de uma ou outra arte continuou a ser a estratégia favorita entre os teóricos estéticos muito depois de Platão. Nas especulações renascentistas, a referência a um espelho é frequente e explícita. "Como deveria a pintura ser chamada", perguntou Alberti, "senão o manter um espelho diante do original como na arte?".[4] Da Vinci apela repetidas vezes a um espelho para ilustrar a relação com a natureza tanto de um quadro como da mente do pintor.

> A mente do pintor deve ser como um espelho que sempre toma a cor da coisa que reflete e que é preenchido por tantas imagens quantas são as coisas colocadas diante

---

3 Coleridge, *Table Talk* (Oxford, 1917), p.165; 27 dez. 1831.
4 Conforme citado em K. E. Gilbert e H. Kuhn, *A History of Esthetics* (Nova York, 1939), p.163.

dele... Ninguém pode ser um bom mestre se não tiver o poder universal de representar na sua arte todas as variedades das formas que a natureza produz.[5]

Na literatura universal encontramos *Mirror of the World* [Espelho do mundo], de Caxton, *The Mirror of Minds* [O espelho das mentes], de Barclay, *Glass of Government* e *The Steele Glass* [Espelho do governo e Espelho de aço], de Gascoigne; há espelhos de tolos e espelhos para magistrados. O analogismo tornou-se popular sobretudo para a comédia, o primeiro representante do realismo literário, e muitos críticos – italianos e ingleses – citavam as palavras que Donato, escrevendo no século IX, havia atribuído a Cícero, de que a comédia é "uma cópia da vida, um espelho dos costumes, um reflexo da verdade". Assim, em resposta à pergunta *"Quid sit comoedia?*, Ben Jonson coloca na boca de Cordatus, profundo conhecedor do drama, a suposta opinião de Cícero de que é *imitatio vitae, speculum consuetudinis, imago veritatis".*[6]

No final do século XVIII, importantes críticos continuaram a ilustrar o conceito de imitação pela natureza de um espelho. Dr. Johnson gostava desse paralelo e achava que era marca de suprema excelência o fato de Shakespeare "segurar diante de seus leitores um espelho fiel dos costumes e da vida".[7] Em 1751, o bispo Warburton glosou o pensamento de Pope de que "A Natureza e Homero eram, achava ele, iguais", com o comentário de que Virgílio "teve a prudência de contemplar a natureza no local onde ela era vista de maneira mais vantajosa, recolhida em todo o seu charme no translúcido espelho de Homero".[8] Rousseau fundamentou sua análise da imitação dramática na passagem em que Platão havia inferido a natureza da imitação a partir dos atributos de uma imagem-espelho.[9] O bispo Hurd introduziu seu comentário ampliado sobre a poesia em geral, citando a definição de Aristóteles – de arte como imitação – para, em seguida, recorrer ao espelho de Platão e demonstrar como essa imitação se realiza:

> Novamente: da infinita variedade dessas *formas originais*, alvos constantes do olhar do poeta – aquelas que mais atraem sua atenção –, sua faculdade mimética ativa instiga-o a convertê-las em *imagens* belas e vivas. Essa operação mágica o filósofo *divino*... ilustra de maneira suprema pela similitude com um *espelho; "que",* diz ele, *"conforme*

---

5 *Leonardo Da Vinci's Notebooks*, org. Edward McCurdy (Londres, 1906), p.163; cf. p.165, 167, 169.
6 *Every Man out of His Humor*, III, VI, p.201 e ss. Sobre a ampla aceitação dessa definição, cf. *The Great Critics*, org. J. H. Smith e E. W. Parks, p.654; e *Elizabethan Critical Essays*, org. G. G. Smith, I, p.369-70.
7 Preface to Shakespeare (1759), *Johnson on Shakespeare*, p.11. Cf. também *Rambler* n.4.
8 *The Works of Alexander Pope*, org. Elwin e Courthope (Londres, 1871), II, p.90.
9 J. J. Rousseau, De L'Imitation théatrale, *Oeuvres completes* (Paris, 1826), XI, p.183 e ss.

você vira e opõe ao mundo circundante, apresenta-lhe instantaneamente um SOL, ES-TRELAS *e um* FIRMAMENTO".[10]

Quando elucidou sua concepção de poesia n'*A República*, o próprio Platão fez referência a imagens em um espelho, depois à obra de um pintor e, finalmente, aplicou as distinções extraídas de ambas as ilustrações para definir o caráter mimético da poesia. A progressão é significativa. O espelho como um analogismo da poesia sofre do evidente defeito de ter imagens fugazes. Antes da invenção da fotografia, a obra de um pintor era o melhor exemplo disponível de algo que capta e retém uma imagem de semelhança. Um quadro, portanto, enquanto em si mesmo uma obra de arte, era um acessório útil ao espelho para iluminar a qualidade mimética menos óbvia de uma arte como a poesia, que, por meio da significação das palavras, reflete indiretamente o mundo visível.

Plutarco popularizou a frase de Simônides: "pintura é poesia silenciosa e poesia é um quadro que fala". Essa frase e a de Horácio, "*ut pictura poesis*", retiradas de seu contexto e distorcidas para promover um paralelismo abrangente entre as duas artes, tornaram-se axiomas da sabedoria estética popular. Como afirma com bastante pertinência Irving Babbitt, "é raro ler um tratado crítico, seja sobre arte, seja sobre literatura, escrito entre meados do século XVI e meados do século XVIII, sem encontrar uma menção elogiosa ao símile de Horácio... [ou] à expressão equivalente daquela criada por Simônides".[11] Em 1758, ainda parecia a dr. Johnson que

> dos paralelos que foram feitos por perspicácia e curiosidade, alguns são literais e verdadeiros, como aqueles entre poesia e pintura... que diferem apenas no sentido de que um representa coisas por marcas permanentes e naturais, e o outro por sinais acidentais e arbitrários.[12]

O efeito provável sobre a Renascença e a teoria artística posterior e a prática de fazer elaboradas comparações entre os detalhes de um quadro e de um poema têm sido observados com frequência. Para nossos propósitos presentes, é suficiente notarmos que o apelo à pintura corroborou o conceito de que a poesia é um reflexo de objetos e eventos.

É difícil determinar até que ponto as preocupações e descobertas típicas da teoria estética foram favorecidas pelo modelo conceitual do refletor, fosse ele aberta

---

10 A Discourse on Poetical Imitation, *Works*, II, p.111-2.
11 Irving Babbitt, *The New Laokoon*. (Boston e Nova York, 1910), p.3. Para detalhes, cf. W. G. Howard, Ut Pictura Poesis, *PMLA*, XXIV (1909), p.40-123; R. W. Lee, Ut Pictura Poesis: The Humanistic Theory of Painting, *Art Bulletin*, XXII (1940), p.197-269.
12 *Idler* n.34.

ou secretamente efetivo na determinação do foco e das condições da análise crítica. Em uma extremidade, temos as inferências simples e óbvias que Platão faz do espelho como analogismo. Por exemplo, uma imagem-espelho é apenas um simulacro de um objeto forçado, ilusoriamente, a representar três dimensões em duas: daí o *status* inferior de arte como mera aparência, muito distante da verdade. Também a função única de um espelho é produzir uma imagem perfeita e precisa: assim, quando poetas como Homero e Ésquilo partem da verdade das coisas, não temos alternativa senão dizer que eles faltam com a verdade. Tais critérios são suficientes para o propósito de Platão, que, de forma alguma, diz respeito não ao valor da arte em si mesma, mas sim à demonstração de que a liberdade do artista não pode ser experimentada em um estado fechado, formado com base em um modelo permanente, seja ele o estado perfeito d'*A República*, seja o praticamente perfeito estado das *Leis*. Na outra extremidade, temos a *Poética*. A força peculiar da análise que Aristóteles faz da tragédia consiste do grau em que ele consegue desenvolver um conjunto de distinções que, se não escapam inteiramente da analogia, são apropriadas para um poema considerado como um objeto de seu próprio gênero e com um fim em si mesmo.[13] Entre esses dois polos, encontramos as teorias pós-aristotélicas que, quase sem exceção, retrocederam aos conceitos de mimese, muito mais próximos dos atributos de um refletor literal.

A perspectiva oferecida por esquemas conceituais mais recentes permite-nos discriminar certas tendências comuns a muitos daqueles teóricos que, entre os séculos XVI e XVIII, viam a arte como imitação e mais ou menos como um espelho. Seja como for, a analogia ajudou a centralizar o interesse no assunto de uma obra e em seus modelos da realidade, contra uma relativa negligência da influência modeladora das convenções artísticas, dos requisitos inerentes à obra de arte única e da individualidade do autor. Ela estimulou a percepção de uma dicotomia entre aqueles elementos de uma obra que são manifestamente representativos do mundo real e aqueles elementos adicionais, verbais e imaginativos, considerados apenas "ornamentais", introduzidos para propiciar maior satisfação ao leitor; promoveu também uma preocupação com a "verdade" da arte, ou, de alguma maneira, sua correspondência com os assuntos que ela supostamente reflete.

A longa sobrevida do refletor como arquétipo demonstra sua adequação e poder de sugestão como ponto de partida para a teoria estética. A doença endêmica do pensamento analógico, entretanto, é o endurecimento das categorias, pois, como afirmou Coleridge, "Nenhum símile anda sobre quatro patas". Analogismos são,

---

13 Pode ser relevante o fato de que, n'*A Retórica*, Aristóteles classifica a afirmação de Alcidamus de que a *Odisseia* é "um belo espelho da vida humana" como uma metáfora frígida, pois é improvável e obscura (*Rhetoric* III. iii. 1406^b).

por natureza, apenas paralelos parciais, e a própria acuidade de foco propiciada por um arquétipo providencialmente escolhido torna marginais e ilusórias aquelas qualidades de um objeto que extrapolam suas categorias fundamentais. Ao mesmo tempo em que uma obra de arte, por exemplo, é muito semelhante a um espelho, ela é, em aspectos importantes, muito diferente, e poucos críticos conseguiram manter flexíveis as categorias estéticas derivadas, da mesma forma como não responderam adequadamente a dados exteriores ao seu alcance imediato. A história da crítica moderna, conforme veremos, pode, em parte, ser contada como a busca de paralelos alternativos – um heterocosmo ou "segunda" natureza, o transbordamento de uma fonte, a música de uma harpa eólica, uma planta em crescimento – que evitariam algumas das incômodas implicações do espelho e trariam melhor compreensão dos aspectos e relações de um objeto estético que esse arquétipo marginaliza ou omite.

Os objetos de imitação: o ideal empírico

O teórico que sustentou que a arte refletia a natureza dedicou-se a olhar "lá fora", em vez de olhar dentro do artista, em busca do assunto de uma obra. Ele esteve, a um só tempo, confrontado com o fato manifesto de que a imagem raramente é um fac-símile de qualquer objeto particular ou evento do mundo externo e algumas vezes apresenta ao espectador uma espécie de ser do qual não existe absolutamente qualquer modelo no mundo dos sentidos. Esse distanciamento entre arte e realidade sempre foi um problema primordial para a filosofia estética e a principal base para as investidas de escritores indiferentes ou hostis à arte, afirmando que ela é trivial ou decididamente perniciosa. Defensores tanto clássicos como neoclássicos da arte resolveram o problema, argumentando que a poesia imita assuntos, qualidades, tendências ou formas não reais, mas selecionadas, que se encontram no interior ou atrás do real – elementos verídicos na constituição do universo, que são de maior valor do que a própria realidade, crua e preterida. Ao refletir esses elementos, o espelho mantido diante da natureza reflete o que, em oposição à "natureza real", os críticos ingleses com frequência chamavam de "natureza aperfeiçoada", "intensificada", ou "refinada", ou como na expressão francesa, *la belle nature*. Isso, dizia Batteux, não é "*le vrai qui est; mais le vrai que peut être, le beau vrai, qui est représenté comme s'il existait réellement, & avec toutes les perfections qu'il peut recevoir*"[14] [o verdadeiro que é, mas o verdadeiro que pode

---

14 Les Beaux Arts, p.27.

ser; o belo verdadeiro, que é representado como se existisse de fato; e com todas as perfeições que pode receber]. Fiéis ao seu ponto de vista pragmático, muitos teóricos do século XVIII acrescentaram que a justificativa para esse procedimento estava na necessidade de agradar (e, algumas vezes, esclarecer) o leitor. "Nada agrada a pessoas de bom gosto", dizia Hume, "senão a natureza retratada em todos os seus encantos e ornamentos, *la belle nature*".[15] James Beattie resumiu a opinião prevalente quando afirmou:

> Pois eu presumo – já há muito tempo era evidente – que o propósito da Poesia é agradar... e, consequentemente, que a poesia deve ser, não de acordo com a natureza real, mas de acordo com a natureza aperfeiçoada a um nível tal que seja consistente com a probabilidade e adequado ao propósito do poeta. E, por isso, chamamos Poesia de IMITAÇÃO DA NATUREZA.

Dr. Johnson também sustentava a opinião de que, em termos morais, o espelho deve ser seletivo: é necessário "distinguir aquelas partes da natureza que são mais apropriadas para imitação", pois seria "tão seguro pousar o olhar imediatamente na humanidade quanto em um espelho que mostra tudo o que se apresenta, sem favoritismo".[16]

Na crítica recente, como, em certa medida, na teoria da pintura do princípio do Renascimento, o conceito de que arte é imitação, juntamente com sua analogia com um espelho, com frequência indica uma demanda por realismo artístico; mas na crítica neoclássica esses conceitos eram componentes regulares da teoria de que arte é "ideal", no sentido geral de que representa adequadamente um aperfeiçoamento das coisas conforme as encontramos. A natureza específica do ideal – daqueles elementos no universo considerados objetos apropriados para a imitação artística – foi descrita de várias formas, mas essas descrições ajustam-se facilmente em duas classes principais. A primeira é uma teoria empírica do ideal artístico, do qual a *Poética*, de Aristóteles, foi o protótipo. Ela sustenta que os modelos e formas de imitação artística são selecionados ou abstraídos dos objetos de percepção sensorial. A outra é uma teoria transcendental, derivada de Platão ou, mais precisamente, de filósofos posteriores cuja teoria estética é elaborada em parte com blocos extraídos dos diálogos desse pensador. Essa teoria especifica os objetos de arte adequados para serem Ideias ou Formas que são talvez acessíveis pela

---

15 Of Simplicity and Refinement in Writing, *Essays Moral, Political and Literary*, org. T. H. Green e T. H. Grose (Londres, 1882), I, p.240.
16 *Essays on Poetry and Music* (3.ed.; Londres, 1779), p.86-7; Johnson, *Rambler* n.4, in *Works*, IV, p.23.

via do mundo dos sentidos, mas são, fundamentalmente, transempíricos, mantendo uma existência independente em seu próprio espaço ideal e disponível apenas ao olhar da mente.

O poeta, dizia Aristóteles, não descreve "a coisa que aconteceu, mas uma espécie de coisa que poderia acontecer... Daí a poesia ser algo mais filosófico e de maior importância do que a história, já que afirmações nela contidas são de natureza mais universal, enquanto as da história são de natureza particular". O exato significado dessa famosa doutrina somente foi interpretado com o auxílio limitado de outras passagens da *Poética*. Usando como referência outros escritos de Aristóteles, o professor McKeon reconstrói a intenção do filósofo da seguinte maneira:

> Na imitação, o artista separa alguma forma da matéria à qual ela está unida na natureza – não é, entretanto, a forma "substancial", mas alguma forma perceptível pelas sensações – e junta-a novamente à matéria da arte que ele cria, ao ambiente que ele usa... A arte imita a natureza; a forma unida à matéria no mundo físico é a mesma forma expressa na matéria da arte.[17]

Muitos críticos do século XVIII fizeram menção à passagem de Aristóteles, mas poucos a interpretaram de acordo com a filosofia de causas formais e materiais. Em vez disso, eles forneceram diversas explicações do ponto em que a arte parte do real, e um único crítico com frequência propunha várias explicações, que ele apresentava como formulações alternativas ou como aplicáveis a diversos tipos de assunto poético ou de gêneros poéticos. Ao mesmo tempo, essa explicação era uma norma: considerava-se que, dessa maneira, a boa arte diferia do mundo como ele é; e toda arte, para ser boa, *precisa* diferir dessa maneira. A seguir estão as principais descrições empíricas daquela "natureza" que deve ser imitada pela arte:

(1) Objetos ou aspectos agradáveis e belos de coisas existentes. René Rapin formulou essa doutrina simples em seus estudos sobre Aristóteles: para um poeta, "não basta exibir a *Natureza*, que, em certos locais, é *rústica* e *desagradável*; ele precisa separar *nela* o que é *belo* daquilo que *não é*".[18] E Richard Hurd, após citar Aristóteles acerca da imitação, prossegue, explicando que "o ofício do gênio não é outro senão o de selecionar as formas mais bonitas das coisas e apresentá-las no devido *local* e na devida *circunstância*...".[19]

---

17 Literary Criticism and the Concept of Imitation *Critics and Criticism*, org. R. S. Crane, p.162.
18 *Reflections on Aristotle's Treatise of Poesie*, trad. para o inglês de Rymer (Londres, 1694), p.57.
19 Discourse on Poetical Imitation. *Works*, II, p.111.

(2) Objetos sintetizados de partes encontradas separadamente na natureza. Os proponentes dessa doutrina, um pouco mais complexa, do ideal combinado fazem referência – com uma unanimidade que torna a indiferença ao tédio a condição *sine qua non* da pesquisa – à velha história do pintor Zeuxis, que (na versão de Plínio), quando desejou representar Juno, "fez todas as jovens donzelas do lugar se despirem para um exame e escolheu cinco delas, a fim de adaptar em seu quadro os pontos mais louváveis na forma de cada uma".[20] Enquanto "a história representa o que realmente aconteceu na natureza", diz o autor de um ensaio algumas vezes atribuído a Oliver Goldsmith,

> o escultor ou o estatuário compôs as diferentes proporções na natureza a partir de um grande número de sujeitos diferentes, cada um dos quais individualmente ele achou imperfeito ou defeituoso em algum ponto em particular, embora belo em todo o restante; e, a partir dessas observações, corroborado pelo gosto e juízo, ele criou um protótipo ideal de acordo com o qual sua ideia foi modelada e executada.

Todos conhecem a história de Zeuxis, o famoso pintor de Heracleia...[21]

(3) A tendência central, ou média estatística, da forma de cada espécie biológica. Essa fórmula foi aplicada especialmente à representação de objetos visuais nas artes plásticas, uma questão de configuração no espaço mais do que dos princípios intangíveis da psicologia e ação humanas e, portanto, em teoria, capaz de determinação precisa. "De uma experiência reiterada e uma comparação cuidadosa dos objetos na Natureza", afirmou Joshua Reynolds, o mais rematado intérprete desse conceito, "um artista torna-se, se assim posso me expressar, possuído da ideia daquela forma central, da qual qualquer desvio é deformidade".[22] Onze anos mais tarde (1759), na edição de número 82 da revista *Idler*, Reynolds havia descrito a forma central em termos estatísticos. A hipótese inicial é que se pode dizer que "cada espécie da criação animal bem como da vegetal possui uma forma fixa ou determinada, na direção da qual a Natureza se inclina continuamente". Dentro de cada espécie "a Natureza produz a beleza perfeita com mais frequência do que... qualquer outra espécie de deformidade". Reynolds ilustra sua premissa

---

20 *Naturalis historia*, XXXV, 36. Sobre a popularidade da história de Zeuxis na Renascença, cf. Panofsky, *Idea*, p.24 e ss.
21 On the Cultivation of Taste. *The Works of Oliver Goldsmith*, org. J. W. M. Gibbs. Londres, 1884, I, p.337-8. Cf., p. ex., Batteux, *Les Beaux Arts*, p.45 e ss.; e Beattie, *On Poetry and Music*, p.105-6.
22 Terceiro discurso. *The Literary Works*, org. H. W. Beechy. Londres, 1855, I, p.334. Para uma doutrina semelhante em *De statua* de Leon Battista Alberti, cf. Blunt, *Artistic Theory in Italy*, p.17-8.

por meio da analogia do pêndulo vibrando em planos diferentes sempre a partir do mesmo ponto central. Traduzindo na linguagem estatística dos tempos atuais, pode-se dizer que a forma ideal é o "modo" – que é ao mesmo tempo o valor central e mais frequente – em uma distribuição normal das variáveis estatísticas de uma característica biológica.

(4) O tipo humano genérico, mais do que o individual. Poderia parecer que, quando o neoclássico fez um levantamento da humanidade – da China ao Peru –, ele viu um mundo de homens idênticos, um pouco diversificados fisicamente por um incremento de diferenças locais e individuais. "Há uma tal uniformidade na condição do homem", conforme Johnson definiu o prevalente lugar-comum de sua época, "considerada em separado das decorações e disfarces acidentais, que há pouquíssimas possibilidades de bem ou mal, mas é comum à espécie humana".[23] Ao mostrar esses aspectos em que todos os homens foram, são e sempre serão os mesmos, um artista tem a melhor e mais acessível garantia de que seus escritos interessarão tanto ao público de sua época como ao de toda e qualquer época, pois "nada pode agradar a muitos, nem agradar por longo tempo, senão representações justas de natureza geral. Costumes particulares podem ser conhecidos de poucos e, portanto, apenas poucos podem julgar o quão bem foram copiados".[24] Dessa maneira, é demonstração da superioridade de Shakespeare que seus personagens "ajam e falem por influência daquelas paixões e princípios gerais que agitam todas as mentes... Nos escritos de outros poetas, uma personagem com frequência é um indivíduo; nos de *Shakespeare* trata-se geralmente de uma espécie".[25]

(5) Os aspectos proeminentes, uniformes e familiares do mundo exterior e interior. Nas descrições dos objetos do sentido, de acordo com a famosa máxima de Imlac, o poeta "não enumera as nervuras da tulipa"; isto é, ele deve representar apenas aquelas qualidades visuais amplas, de massa, forma, cor, luz e tons pelas quais qualquer pessoa identifica a classe – homem, árvore, tulipa – da qual o indivíduo é um membro. Como Imlac prossegue:

---

23 *Rambler* n.60 (1750), in *Works*, IV, 383. Cf. A. O. Lovejoy, "Nature" as Aesthetic Norm, *Essays in the History of Ideas* (Baltimore, 1948), p.70-1.

24 Preface to Shakespeare, *Johnson on Shakespeare*, p.11. Cf. Reynolds, Terceiro discurso, *Literary Works*, I, 338; e Beattie, op. cit., p.107.

25 Ibid., p.11-2. A poesia, diz Johnson (*Rambler* n.36, in *Works*, IV, p.237-8), "tem mais a ver com as paixões do homem, que são regulares, do que com seus hábitos, que são variáveis". Na interpretação de James Beattie, as ideias da poesia são "mais gerais do que singulares; mais frequentemente retiradas da observação de uma espécie ou classe de coisas, do que copiadas de um indivíduo". E, de acordo com Aristóteles, esse é o caso "pelo menos na maioria das vezes" (*On Poetry and Music*, p.56).

Ele deve mostrar em seus retratos da natureza características relevantes e memoráveis de tal forma que lembrem o original a cada mente; e deve desconsiderar as sutilezas menores que um pode ter observado e outro pode ter negligenciado, em favor das características que são igualmente óbvias à contemplação e à desatenção.[26]

A análise racional dessa doutrina, conforme ela é encontrada em Johnson e Reynolds, é que um leitor não se sentirá satisfeito a menos que seja relembrado do que ele próprio já viu.[27] Além disso, considerava-se que, quando definido de forma ampla, o conceito de imitação incluía não apenas as pessoas e as coisas do mundo como um todo, mas também sentimentos e pensamentos. Poetas, como escreveu Joseph Warton, em 1756, imitam "objetos materiais ou animados, externos ou internos". E, com base na suposição de que, sejam objetos, sejam ideias, "estão igualmente abertos à observação de todos e são absolutamente semelhantes", ele conclui que todas as descrições "fiéis e justas, PRECISAM SER UNIFORMES E SEMELHANTES".[28] Considerando uma premissa análoga da uniformidade básica da natureza humana e a inferência extraída dessa premissa, de que a aceitação de uma ideia é a melhor evidência de sua validade e de seu interesse duradouro, surge a opinião, muito familiar nas análises de Pope, de que

> True Wit is Nature to advantage dressed,
> What oft was thought, but ne'er so well expressed.

> [Inteligência poética verdadeira é a Natureza bem vestida,
> O sempre imaginado, jamais com tanta destreza exprimido.]

Para alguns críticos posteriores, parece que a ênfase neoclássica no típico, uniforme, notável e familiar como ideais de imitação poética torna a originalidade, ou até mesmo a diversidade, impossível; que, em última análise, a doutrina sugere que todos os poemas sérios devem ter um único herói, o homem comum, apresentado em um ambiente generalizado, exprimindo platitudes, descrevendo o que todos os homens já viram e mostrando os princípios permanentes de ação huma-

---

26 Johnson, *Rasselas*, in *Works*, III, p.329.
27 Cf. *Rambler* n.36; e Reynolds, Décimo primeiro discurso, *Literary Works*, II, p.22-3.
28 Joseph Warton, *Essay on the Writings and Genius of Pope* (3.ed.; Londres, 1772), I, p.89. A passagem é baseada na exaustiva demonstração de Hurd, em seu "Discourse on Imitation", de que a uniformidade da percepção e do pensamento em todos os homens torna inevitável que os escritos dos poetas reproduzam uns aos outros tanto em relação a sentimentos quanto em relação a descrições. Johnson apresentou uma tese semelhante em *Rambler* n.143, escrito em 1751, o mesmo ano do "Discourse" de Hurd.

na em situações que poderiam ocorrer a qualquer um. O que sempre nos passa despercebido, entretanto, é que o particular e o circunstancial não foram empregados como contrários simples e exclusivos do geral e do uniforme. Conforme Reynolds afirmou, "aquele que não expressa particularidades, não expressa absolutamente nada";[29] e, em muitos excertos, esses críticos propuseram chegar ao geral por meio de justa seleção daquelas particularidades que a maioria possui. Ademais, conforme R. S. Crane instila em nossa mente, o teórico neoclássico tendia a propor o padrão de excelência estética – como o de excelência moral – em termos de uma média entre extremos ou, de outra maneira, em termos de uma conjunção de qualidades opostas.[30] Tomada em seu contexto pleno, a recomendação do típico, do geral e do familiar como requisitos básicos de arte geralmente acaba acompanhada de uma afirmação da necessidade de qualidades alentadoras de individualidade, particularidade e também de inovação.

A visão global de Johnson é muitas vezes mal interpretada porque ele geralmente mantém sua argumentação do único ponto ou documento em questão, apelando somente para o princípio geral conforme requer o caso. Embora louve as personagens de Shakespeare, por exemplo, porque elas são espécies, posteriormente ele prossegue afirmando que "personagens amplas e gerais assim não eram diferenciadas e preservadas com muita facilidade; ainda assim, talvez nenhum outro poeta jamais tenha mantido suas personagens mais distintas umas das outras".[31] A admoestação de Imlac ao poeta para descrever as propriedades gerais e imagens familiares da natureza deve ser tomada em conjunto com a exaltação que Johnson faz de Shakespeare como "um investigador arguto do mundo inanimado", cujas "descrições sempre têm algumas peculiaridades", juntamente com sua admiração por James Thomson, porque ele "ao mesmo tempo abarca o amplo e observa o infinitesimal" e combina uma "vasta extensão de visões gerais" com uma "enumeração de variedades circunstanciais".[32] E, embora Johnson mencio-

---

29 Décimo primeiro discurso, *Literary Works*, II, p.22.
30 R. S. Crane, English Neoclassical Criticism, *Critics and Criticism*, p.380-1. Para uma aplicação esclarecedora desse modelo de explicação a aspectos da crítica de Johnson, cf. a nota de W. R. Keast em *Philological Quaterly*, XXVII (1948), p.130-2; cf. também, do mesmo autor, Johnson's Criticism of the Metaphysical Poets, *ELH*, XVII (1950), p.63-7.
31 Preface to Shakespeare, *Johnson on Shakespeare*, p.13. Nas páginas 37-9, Johnson discute o "cuidado da observação e a precisão da distinção" com os quais Shakespeare separa o modo de vida e as disposições naturais de suas personagens. Sobre a filosofia subjacente de Johnson acerca da uniformidade na variedade da espécie humana, cf. *Adventurer* n.95, in *Works*, III, p.213-9.
32 *Johnson on Shakespeare*, p.39; Life of Thomson, *Lives of the Poets* (org. Hill), III, p.299. "Nada na arte", escreveu Reynolds, o grande proponente da Beleza ideal, "requer mais... dessa habilidade de discriminação que pode, apropriadamente, ser chamada de gênio, do que o manobrar entre ideias gerais e individualidade..." (*Literary Works*, II, p.322).

ne o que disse La Bruyère – "viemos a esse mundo tarde demais para produzir qualquer coisa nova" – em descrição ou em sentimento, ele, não obstante, refuta a versão de Pope acerca de inteligência genuína como simplesmente "o que sempre se pensou", e substitui por uma "definição mais adequada", exprimida como uma união de extremos. Inteligência, afirma ele, é aquilo "que é, ao mesmo tempo natural e novo", e "embora não óbvio, é, em sua primeira produção, reconhecido como justo".[33] (A doutrina de Johnson poderia ser parafraseada da seguinte forma: os melhores pensamentos em poesia são tão proporcionais à natureza humana essencial que, ao serem anunciados pela primeira vez, chegam a todos os homens como se novidades fossem reminiscências.) A originalidade, portanto, é superior, desde que não exclua seu oposto; assim, Johnson reserva seu melhor louvor para passagens como as quatro estrofes da *Elegia*, de Gray, que, diz ele, "para mim são originais: jamais vi essas noções em qualquer outro lugar; ainda assim, aquele que as lê aqui se convence de que sempre as sentiu".[34]

Quando se lê a obra de Johnson por completo em vez de considerar passagens selecionadas, pode-se dizer que ele localiza a grandeza maior e mais rara na representação do tipo individualizado, do circunstancialmente geral e do familiar novo. Não obstante, Johnson, e mais ainda Reynolds, Hurd e outros defensores do que A. O. Lovejoy chama de estética "uniformitária", concedem o lugar mais proeminente ao segundo termo em cada um desses pares de opostos; as normas que despontam com mais força, conforme lemos sua crítica aplicada, são o típico, o geral e o familiar. Alguns dos contemporâneos de Johnson reverteram esse equilíbrio com relação, pelo menos, às descrições da cena visível e colocaram mais ênfase no papel da particularidade para a obtenção da excelência poética. Assim, Joseph Warton afirmou que "o uso, a força e a excelência da linguagem certamente consistem em levantar imagens *claras, completas e circunstanciais*"; e advertiu que "acho que posso perceber muitos sintomas, mesmo entre autores eminentes, de distanciamento dessas representações *verdadeiras, estimulantes e minúsculas* da Natureza, e de *insistência em generalidades*".[35] E, entre extremistas (poucos em

---

33 *Rambler* n.143, in *Works*, VI, p.14; Life of Cowley, *Lives of the Poets*, I, p.20. Johnson opõe-se à originalidade dos pensamentos dos poetas metafísicos somente porque mostrar apenas a metade de uma virtude estética é incorrer em um equívoco: eles "são sempre novos, mas raramente naturais".

34 Life of Gray, *Lives of the Poets*, III, p.442. Também Thomson "tem direito a um grande elogio: seu modo de pensar e de expressar seus pensamentos é original" (Life of Thomson, *Lives of the Poets*, III, p.298). Sobre esse assunto, cf. também Scott Elledge, "The Background and Development in English Criticism of the Theories of Generality and Particularity", *PMLA* (1947), p.147-82.

35 *Essay on Pope* (Londres, 1782), II, p.222-3, 230; cf. I, 40.

número, deve-se notar, e de influência limitada), a declaração bipolar de normas estéticas cedeu lugar a uma nova formulação em termos de um valor único. O apelo de Edward Young por originalidade, inovação, individualidade e "singularidades" não se qualifica por referência à necessidade de qualidades contrárias. O reverendo J. Moir que, em 1785, organizou seus artigos fugidios em uma coletânea intitulada *Gleanings*, é praticamente desconhecido como crítico, mas ninguém além dele prega uma doutrina mais radical, mesmo que menos eloquente do que Young. "Uniformidade de temperamento e maneiras", escreveu ele em um ensaio – *Genius of Poetry* [Gênio da poesia] –, "em toda situação os tolos têm dignificado com o nome de filosofia, mas os homens de bom senso sabem que é puro enfado". Basta discutir a doutrina da natureza humana uniforme como a base para padrões de excelência estética; a doutrina que agrada aos homens naquilo que aparenta familiar não se sai melhor. "A mente do homem aprecia variedades – e está igualmente repleta delas. Desgostamos da maioria das coisas, se não de todas elas, na proporção em que as conhecemos."[36] Em um pequeno ensaio, *Originality* [Originalidade], Moir combina essas visões com a tradição do gênio original. Gênio é aquele que possui tal acuidade de percepção que "a cada nova investigação dos fenômenos mais comuns e familiares da natureza descobre mil novas variações, distinções e semelhanças". Opondo-se às composições de "mentes comuns", que "nunca particularizam ou examinam os objetos de seus respectivos sentidos", afirma Moir, "o gênio original nunca pousa no geral, nunca corre em círculo, mas transmite em atributos vívidos, ardentes e permanentes a idêntica impressão que recebe".[37]

Na época de Johnson, então, encontramos padrões para a arte que variam da ênfase básica à tipicalidade, generalidade e "grandes ares" até a recomendação irrestrita da particularidade, da singularidade e de uma microscópica descrição do detalhe. Para nossos propósitos, entretanto, é importante observar que essas discussões e discrepâncias aconteceram sobretudo dentro de uma única tendência estética. Quer a arte deva representar uma síntese de belezas dispersas, humanidade genérica, formas medianas e imagens familiares, quer características únicas, particularidades não detectadas e refinamentos ultravioleta – todas essas formas e qualidades são concebidas como inerentes à constituição do mundo exterior, e a obra de arte continua a ser considerada como um tipo de refletor, embo-

---

36 *Gleanings* (Londres, 1785), I, p.29-30. Na Alemanha, Novalis afirmaria: "quanto mais pessoal, local, temporal e peculiar um poema é, mais próximo ele está da essência da poesia" (*Romantische Welt: Die Fragments*, org. Otto Mann, Leipzig, 1939, p.326).
37 Ibid., p.107, 109. Cf. também o resumo de Elizabeth L. Mann sobre "The Problem of Originality in English Literary Criticism, 1750-1800", *Philological Quaterly*, XVIII (1939), p.97-118.

ra seja um refletor seletivo. O próprio artista é muitas vezes imaginado como o agente que segura o espelho diante da natureza, e até mesmo a originalidade de um gênio é explicada em grande parte pelo fato de ele possuir entusiasmo e acuidade para inventar (no sentido básico de "descobrir") aspectos do universo e da natureza humana até então negligenciados, e engenhosidade imaginativa para combinar e exprimir elementos familiares de maneiras novas e surpreendentes. O mundo da natureza, dizia Sidney, "é de latão, os poetas somente fornecem ouro"; mas as dinâmicas da transformação, até onde são discutidas, consistem não das tensões emocionais e imaginativas peculiares ao poeta, mas das legítimas necessidades humanas, comuns ao poeta e ao público, para edificação e deleite.

O ideal transcendental

Plotino, por exemplo, mostrou como um filósofo poderia preservar a estrutura do universo de Platão e, ainda assim, evitar o menosprezo que este demonstra pelas artes ao, simplesmente, permitir que o artista ignore o mundo sensível a fim de imitar as ideias em primeira mão. Por meio desse artifício, imagina-se que a obra de arte reflete o ideal de forma mais acurada do que o faz a própria natureza imperfeita.

> Ainda assim, as artes não devem ser desprezadas com base no argumento de que elas criam imitando objetos naturais; pois... precisamos reconhecer que elas não oferecem qualquer reprodução nua da coisa vista, mas retornam às ideias das quais a própria Natureza se origina e, além disso, que muito do seu trabalho é somente seu; as artes são receptáculos de beleza e acrescentam beleza onde ela falta na natureza. Assim Fídias fez o Zeus, sem base em qualquer modelo dentre as coisas dos sentidos; ele apreendeu a forma que Zeus deveria ter se escolhesse tornar sua presença visível.[38]

Essa justificativa neoplatônica para a arte se distanciar da realidade teve efeitos profundos quando foi revigorada com muita força na teoria estética da Itália do século XVI.[39] Aí estava um argumento para resgatar a arte do domínio dos fluxos e das sombras e elevá-la a um patamar de eminência sobre todas as buscas humanas, em conexão íntima com as ideias e com o próprio Deus. O artista, sendo um artífice, tornou-se (em uma nova e significativa metáfora estética) um criador, pois se dizia algumas vezes que, de todos os homens, o poeta é o que mais se

---

38 *Enneads*, trad. para o inglês de Stephen MacKenna (Londres, 1926), V. viii. I.
39 Cf. Erwin Panofsky, *Idea* (Leipzig, 1924).

assemelha a Deus, porque ele cria de acordo com aqueles modelos sob os quais o próprio Deus modelou o universo. Dessa maneira, a teoria das ideias, que Platão usara para rebaixar o artista tradicional a um nível de utilidade social inferior àquele de um sapateiro honesto, tornou-se – e continua até hoje – o recurso por meio do qual um crítico alcança a estratosfera do panegírico das artes.

Outro efeito dessa versão do ideal artístico foi, potencialmente, não menos importante. Desde o início, teóricos pós-Platão tendiam a atribuir domicílio duplo às ideias; além da região de sua subsistência transcendental, elas ganharam um endereço secundário dentro da própria mente humana. As artes, Plotino declarara, "voltam às ideias das quais a própria Natureza se origina", mas em uma estátua "essa forma não está no material; ela está no autor antes mesmo de entrar na pedra".[40] E mais de dois séculos antes, em uma passagem que acabou se tornando a mais importante fonte do conceito, Cícero havia recorrido ao próprio Platão como testemunha de que a arte imita as ideias, e que as ideias residem na mente. Nenhuma beleza em arte, diz ele, pode se igualar à beleza da qual ela é uma cópia, e esse modelo não é acessível aos sentidos externos, mas apenas ao pensamento e à imaginação.

> Nem [Fídias] quando ele moldou Júpiter ou Minerva, teve diante de seus olhos um modelo para seguir detalhadamente, mas em sua própria mente ele teve uma extraordinária ideia do belo, que ele contemplou e na qual fixou sua atenção; e para reproduzi-lo, ele guiou sua arte e sua mão... A essas formas das coisas Platão denomina *ideias*... e essas, sustenta ele, não surgem ocasionalmente em nossas mentes, mas estão sempre presentes na razão e na inteligência; outras coisas nascem, morrem, fluem, desaparecem e nunca permanecem por muito tempo na mesma condição.[41]

Tanto na Renascença quanto posteriormente, a estética platônica seguiu essa tradição e costumava localizar as ideias tanto dentro quanto fora da mente. Nesse momento, é uma questão de consequência, tanto para a teoria estética quanto para a prática, se as ideias devem ser procuradas em seu próprio espaço ideal ou se é preciso voltar o olho da mente para o interior. No último caso, a obra é concebida como imitação de algo dentro do próprio artista; e quando o critério para isso é, assim, tanto intuitivo quanto introspectivo, a arte prontamente desliza suas amarras para o mundo público da experiência sensorial e começa, ao contrário, a depender de uma visão pessoal e subjetiva. Como mostra Erwin Panofsky, é signifi-

---

40 *Enneads*, V. viii. I.
41 *Ad M. Brutum Orator* ii. p.8-10. Cf. Seneca, *Epistle* LXV.

cativo que o neoplatonismo na teoria da arte atingiu seu zênite concomitantemente com o clímax do Maneirismo na prática da arte. A transição do ideal empírico para o intuitivo pode, com plausibilidade, estar correlacionada com a transição do naturalismo compacto de Leonardo Da Vinci para as paisagens retorcidas e figuras atenuadas de El Greco, o qual, de acordo com a lenda, recusara-se a sair de uma sala escura porque "a luz do dia perturbava sua luz interior".[42]

Com certeza, o platonismo da Renascença garantiu a impessoalidade da visão do artista, fazendo provisão metafísica para ligar a ideia na mente individual às ideias universais e imutáveis do padrão do mundo. A conexão poderia ser estabelecida por meio da postulação da existência de traços de memória do arquétipo divino, supostamente gravados no intelecto antes do nascimento; ela foi algumas vezes defendida por uma elaborada analogia ótica, de acordo com a qual raios de beleza arquetípica, fluindo do semblante de Deus, refletem-se em três espelhos – um nos anjos, um segundo na alma dos homens, e um terceiro no mundo material.[43] Entretanto, sem a necessidade de verificar a norma interna empiricamente, essa garantia não era de forma alguma segura, e a mente temporal do homem é um reservatório traiçoeiro para uma ideia eterna e imutável. Ele se torna vulnerável à contaminação pelo pessoal e idiossincrático, e o êxtase suprarracional da introspecção neoplatônica pode ser sutilmente substituído por emoções mais mundanas. Podemos rastrear um pouco desse processo depois do Renascimento, nas estranhas metamorfoses que a ideia sofreu em algumas variedades da metafísica e estética alemãs após o século XVIII,[44] quando ela foi deslocada de seu domicílio permanente além da lua para dentro do tumultuado ambiente das paixões humanas, ou mesmo para dentro das estranhas profundezas do abismo inconsciente da mente. Em 1774, Werther, de Goethe, manifesta algo dessa mudança. "Sinto", escreve ele, "que nunca fui melhor artista do que agora".

> Meu bom amigo! quando a escuridão se abate sobre mim, e a terra ao meu redor e o paraíso habitam minha alma sob a forma da mulher amada; então, muitas vezes penso com ardor: Oh, se pudesses apenas expressar, se pudesses expressar nessa folha tudo o

---

42 Panofsky, op. cit., p.56.
43 Esse esquema, desenvolvido no importante comentário de Ficino sobre *O Banquete*, foi aplicado à teoria da arte por Giovanni Lomazzo, *Idea del tiempo della pittura*, 1590. Cf. Panofsky, op. cit., p.52 e ss. e p.122 e ss.; cf. também Nesca Robb, *Neoplatonism of the Italian Renaissance*, Cap. III.
44 P. F. Reiff atribui a Plotino uma influência formativa crucial sobre os primeiros teóricos românticos, principalmente sobre Novalis e Schelling e, por intermédio deles, sobre os Schlegel. Cf. Plotin und die Deutsche Romantik, *Euphorion*, XIX (1912), p.591-612.

que vive tão intensamente dentro de ti, que pudesse tornar-se o espelho de tua alma, como se tua alma fosse o espelho do Deus infinito!⁴⁵

A ideia divina irradiada de Deus para o espelho da alma, e então projetada na página escrita, combinava com as fantasias eróticas e emoções exaltadas do artista herói do movimento alemão *Sturm und Drang* [tempestade e ímpeto].

A versão transcendental do ideal na arte tornou-se conhecida dos críticos ingleses do século XVIII com a tradução de Cícero e, com bastante frequência, também com as análises de críticos platonistas italianos.⁴⁶ De vez em quando, ouvimos ecos diretos da doutrina, como, por exemplo, quando John Dennis interpreta como violência o verso de Horácio, *"Respicere exemplar vitae morumque jubebo"* [mandarei considerar o exemplo da vida e dos costumes], como um conselho para "não mostrar homens em particular... mas consultar aquele original inato e aquela ideia universal que o Criador fixou na mente de cada criatura racional", um comentário mais tarde repetido por Richard Hurd.⁴⁷ As implicações metafísicas dessa maneira de pensar, entretanto, eram estranhas aos teóricos mundanos e de mente empírica do neoclassicismo inglês. Quase sem exceção, esses autores psicologizaram a ideia platônica e empiricizaram a forma de atingi-la. *Sir* Joshua Reynolds nos fornece um exemplo interessante. Falando do alto de sua eloquência na peroração a um discurso celebrando a mudança da Royal Academy para Somerset Place, ele diz: "A beleza que buscamos é geral e intelectual; é uma ideia que subsiste apenas na mente; a visão jamais a notou e a mão jamais a expressou".⁴⁸ Desde Coleridge, essa passagem e outras semelhantes vêm sendo citadas

---

45 *Die Leiden des jungen Werthers*, anotação feita em 10 de maio de 1771.
46 Cf. a análise feita por L. I. Bredvold, 'The Tendency toward Platonism in Neo-Classical Esthetics', *ELH*, I (1934), p.91-119.
47 *The Critical Works of John Dennis*, I, 418. A doutrina de Horácio, afirma Hurd, coincide com a afirmação de Aristóteles de que a poesia é mais filosófica do que a história, e refuta o argumento de Platão de que "a imitação poética está a uma grande distância da verdade". "Pois, ao abstrair das existências tudo o que, de maneira peculiar, respeita e discrimina o *individual*, a concepção do poeta, como se estivesse negligenciando os objetos particulares intermediários, captura – até onde pode – e reflete a ideia arquetípica divina, tornando-se, assim, ela própria a cópia ou imagem da verdade" (Notes on the Art of Poetry, *The Works of Richard Hurd*, I, p.255-7).
48 Nono discurso, *Literary Works*, II, 4. Coleridge sustentava a opinião de que Reynolds se rebelou contra a teoria e a prática tradicionais de seu tempo porque "havia bebido muito na fonte do platonismo" (*The Philosophical Lectures*, org. Kathleen Coburn, Nova York, 1949, p.194); cf. também Bredvold, The Tendency toward Platonism. Para um corretivo dessas concepções, cf. Hoyt Trowbridge, Platonism, e *Sir* Joshua Reynolds, *English Studies*, XXI (1939), p.1-7; cf. também a introdução de Elder Olson a *Longinus on the Sublime and* Sir *Joshua Reynolds, Discourses on Art* (Chicago, 1945), p.xiii-xviii.

como evidência do "platonismo" de Reynolds. O próprio Reynolds, contudo, deixa claro que o idioma transcendental é para ele apenas uma maneira laudatória de falar, não para ser tomado literalmente. Em seu *Terceiro Discurso*, ele cita Proclo, juntamente com a passagem-modelo de Cícero, acerca da Ideia de beleza na mente, e, em seguida, com muito cuidado, leva seus alunos a uma interpretação que conciliará essas afirmações com uma filosofia empírica. "Admiração intensa", diz ele, "raramente promove conhecimento".

> Devemos considerar, e devemos louvar aquela força de expressão vívida, que é necessária para transmitir com intensidade total o mais alto senso do mais completo efeito da arte, tomando cuidado, ao mesmo tempo, para não perder em termos de admiração vaga aquela solidez e aquela verdade de princípio único sobre as quais podemos raciocinar e talvez nos capacitarmos a praticar.

Sua própria posição é que "essa grande perfeição ideal e essa beleza não devem ser procuradas no azul infinito, mas na terra". O único procedimento para encontrá-la é "um longo hábito de observar o que qualquer conjunto de objetos da mesma espécie tem em comum", o que resultará em "uma ideia abstrata de suas formas mais perfeitas do que qualquer original".[49]

A ênfase na localização intelectual de ideias artísticas acostumou os críticos a formar o conceito da obra de arte como um espelho invertido de modo a refletir aspectos da mente do artista; ocasionalmente, ela foi transposta em declarações caracterizando a arte como uma forma de expressão ou de comunicação. Reynolds, por exemplo, chegou a afirmar: "A imitação é o meio e não o fim da arte; ela é empregada pelo Escultor como linguagem por meio da qual suas ideias são apresentadas à mente do espectador".[50] Porém, sejam essas ideias consideradas réplicas de arquétipos transcendentais, sejam, como no caso de Reynolds, definidas como abstração de elementos análogos de uma classe de itens sensíveis, elas mantêm sua base teórica na natureza do universo exterior. Tomada dentro de seu contexto, essa afirmação de Reynolds está muito distante das doutrinas mais específicas da geração subsequente de críticos, no sentido de que o conteúdo da arte tem origem interna e suas influências modeladoras não são as Ideias ou os princípios informando a estrutura cósmica, mas as forças inerentes às emoções, aos desejos e ao crescente processo imaginativo do próprio artista.

---

49 *Literary Works*, I, p.330-3; cf. ibid., p.351. Sobre redução semelhante da Ideia intelectual à psicologia empírica, cf. Beattie, op. cit., p.54-5; e *Sir Richard Blackmore, Essays upon Several Subjects* (1716) I, p.19-21.
50 Décimo discurso, *Literary Works*, II, 8.

Analogismos românticos entre arte e mente

> *– Eu não disse? – comentou Flask – sim, não irá demorar muito e a cabeça dessa baleia estará dependurada do lado oposto à da cachalote.*
> *Não se passou muito tempo, e o que Flask havia dito se confirmou. Como ocorrera antes, o Pequod inclinou-se repentinamente na direção da cabeça da cachalote, e agora com o contrapeso de ambas as cabeças, a quilha recuperou o equilíbrio, o que, acredite, demandou enorme esforço. Dessa maneira, quando, de um lado, você ergue a cabeça de Kant, você vai nessa direção, mas, então, se, do outro lado, você ergue a cabeça de Kant, você retorna novamente, mas em um estado absolutamente lamentável.*
>
> Melville, Moby Dick

"Poesia é o transbordamento espontâneo de sentimentos intensos." A metáfora de Wordsworth, "transbordamento", sugere a analogia física subjacente a um receptáculo – uma nascente ou fonte natural, talvez – do qual transborda água. Esse recipiente é, sem dúvida, o poeta; os materiais de um poema provêm de dentro e não consistem expressamente nem de objetos nem de ações, mas dos sentimentos fluidos do próprio poeta. Uma teoria coerente de poesia que tenha como ponto de partida esse tipo de analogia, em vez da imitação, favorecerá, claramente, ênfases e critérios muito distintos. Agora, a direção aponta para o artista; o foco de atenção está na relação dos elementos da obra com o seu estado mental, e a sugestão, sublinhada pelo termo "espontâneo", é que a dinâmica do transbordamento é inerente ao poeta e, talvez, fora de seu controle. O próprio Wordsworth ancorou sua teoria no mundo exterior ao manter que "Sempre me empenhei em observar constantemente meu assunto", e declarou que a emoção era recolhida em tranquilidade e que a espontaneidade do seu transbordamento era apenas a recompensa de um processo prévio de pensamento deliberado. Ele concluiu também que, já que esse pensamento encontrou e tornou instintiva a conexão dos sentimentos do poeta com assuntos realmente importantes aos homens, o transbordamento final só pode alcançar um "propósito digno" com relação ao público do poeta. As consequências latentes extremas no analogismo central que Wordsworth estimulou na Inglaterra – a eliminação, para todos os propósitos práticos, das condições do mundo dado, os requisitos do público, e o controle, por propósito e arte conscientes como determinantes essenciais de um poema – não surgiram naquele país senão três décadas mais tarde, com críticos como Keble, Carlyle e John Stuart Mill.

Metáforas de expressão

Repetidas asserções românticas acerca da poesia ou da arte em geral giram em torno de uma metáfora que, como "transbordamento", significa o interior transformado em exterior. O mais frequente desses termos foi "expressão", utilizado em contextos que indicavam uma atualização do significado da raiz *ex-pressus*, de *ex-premere* – "espremer", "pressionar para fora". Conforme escreveu A. W. Schlegel em 1801, fazendo referência aos sinais vocais do sentimento, "A palavra expressão [*Ausdruck*, em alemão] é escolhida de maneira notável por isto: o interior é pressionado para fora como se houvesse uma força estranha a nós".[1] "Poesia", disse John Stuart Mill, é "expressão ou externalização de sentimento";[2] e "externalizar", por sua vez, deriva do inglês antigo *"out"* [fora] e seu termo cognato em alemão *"aüssern"*. "Observe agora o aspecto total da poesia", registrou um contemporâneo anônimo na *Blackwood's Magazine*; "ele é *essencialmente* a *expressão da emoção*".[3] Em sua versão do princípio, o reverendo John Keble concentra-se na força sugerida em "expressão", e elabora uma definição de poesia como

---

1 A. W. Schlegel, *Vorlesunger über schöne Literatur und Kunst* (1801-4), Deutsche Litteraturdenkmale des 18. und 19. Jahrhunderts (Stuttgart, 1883), XVII, 91. No latim clássico, quando o termo *expremere* era utilizado em referência ao discurso, a metáfora já havia desaparecido e adquirido o sentido de "significar". Cf. J. C. La Drière, Expression, *Dictionary of World Literature*, org. J. T. Shipley (Nova York, 1943), p.225-7.
2 What is Poetry? (1833), *Early Essays*, p.208.
3 The Philosophy of Poetry, *Blackwood's*, XXXVIII (1835), p.833. Sobre a identidade do autor, cf. p.149.

catarse pessoal, que ele opõe à mimese de Aristóteles, como ela fora tradicionalmente interpretada.

> Poesia é a expressão indireta em palavras, mais adequadamente em palavras métricas, com alguma emoção, ou estilo dominante, ou sentimentos incontroláveis, cujo prazer direto está, de alguma forma, reprimido...
> Aristóteles, como se sabe, considerava a *Imitação* a essência da poesia... *Expressão*, dizemos nós, em vez de *imitação*; pois o último termo claramente transmite uma noção fria e inadequada do que pretende o escritor...[4]

Essas definições, correntes na década de 1830, harmonizam-se no sentido de que a poesia expressa emoção; mas, anteriormente, naquele mesmo século, havia uma variedade de opiniões quanto a que elementos mentais são mais precisamente externalizados em um poema. A definição comum das belas artes, escreveu Coleridge em "Poesy or Art" [Poesia ou arte] (1818), é que todas elas, "como a poesia, expressam propósitos intelectuais, pensamentos, concepções, sentimentos, que têm sua origem na mente humana".[5] "Poesia é a música da linguagem", escrevera Hazlitt no ano anterior, "expressando a música da mente".[6] Shelley afirmava que "poesia, em sentido geral, pode ser definida como 'a expressão da imaginação'";[7] e no mesmo ano (1821), Byron queixou-se a Tom Moore: "Nunca consigo fazer as pessoas entenderem que poesia é a expressão de uma *paixão ardente*".[8] Finalmente, Leigh Hunt conciliou essas diferenças com uma definição simples que, como observou David Masson, é "construída com base no princípio de não omitir nada que qualquer um gostasse de ver incluído".[9] Poesia (para citar a definição de Hunt apenas em parte) é "a articulação de uma paixão pela verdade, beleza e poder, incorporando e ilustrando suas concepções pela imaginação e pela fantasia e modulando sua linguagem com base no princípio de variedade na uniformidade".[10]

---

4 Resenha de *Life of Scott*, de Lockhart (1838), in *Occasional Papers and Reviews* (Oxford e Londres, 1877), p.6, 8.
5 *Coleridge's Miscellaneous Criticism*, org. T. M. Raysor (Cambridge, Mass., 1936), p.207.
6 Resenha de Coleridge, *Biographia Literaria*, in *Complete Works of William Hazlitt*, org. P. P. Howe, XVI, 136.
7 *Shelley's Literary and Philosophical Criticism*, org. John Shawcross, p.121.
8 *Works of Lord Byron*, org. E. H. Coleridge e R. E. Prothero (Londres e Nova York, 1898-1904); *Letters and Journals*, V, 318.
9 *Wordsworth, Shelley, Keats and Other Essays* (Londres, 1874), p.202.
10 An Answer to the Question "What is Poetry?", *Imagination and Fancy* (Nova York, 1848), p.1.

Os contemporâneos de Wordsworth foram inventores férteis de outros termos paralelos a "transbordamento" e "expressão", e, com frequência, o mesmo autor nos apresenta uma variedade dessas alternativas. Para Mill, por exemplo (e cada um desses termos poderia ser duplicado em vários outros críticos), poesia não é apenas uma "expressão" e uma "externalização", mas "a demonstração de um estado ou estados da sensibilidade humana", e também "dos pensamentos e palavras em que a emoção incorpora espontaneamente a si mesma".[11] *Sir* Walter Scott inclui esta última metáfora em uma descrição rara entre os principais críticos da época, porque, ao caracterizar arte como comunicação, ela equipara o público à pressão dos sentimentos do próprio artista como uma causa da produção artística. O pintor, o orador e o poeta, cada um tem o desejo de

> estimular no leitor, ouvinte ou espectador uma riqueza de sentimento semelhante àquela que existia em seu próprio peito, antes de ser corporificada por seu lápis, voz ou caneta. É o objeto do artista, em suma... comunicar da melhor maneira que cores e palavras podem fazê-lo, as mesmas sensações sublimes que ditaram sua própria composição.[12]

Tipicamente, Byron prefere metáforas mais ousadas, vigorosas e opulentas.

> Thus to their extreme verge the passions brought
> Dash into poetry, which is but passion...[13]

[Assim, as paixões, conduzidas ao seu extremo,
Lançam-se na poesia, que nada é além de paixão...]

Em um nível ainda mais titânico, Byron introduz um vulcão como analogia; poesia "é a lava da imaginação, cuja erupção impede um terremoto".[14] E é também Byron quem oferece o interessante paralelo entre a criação poética e o nascimento de uma criança, originando uma progênie poética ao mesmo tempo separável e combinada com o espírito e sentimentos do poeta-pai (ou seria poeta-mãe?).

---

11 What is Poetry?, *Early Essays*, p.208, 203, 223.
12 Essay on the Drama (1819), *The Prose Works* (Edimburgo e Londres, 1834-36), VI, 310.
13 *Don Juan*, IV, CVI.
14 Carta a Miss Milbanke, 10 nov. 1813, *Works, Letters and Journals*, III, 405. Analogias semelhantes também foram utilizadas por críticos mais austeros. O reverendo W. J. Fox, resenhando o poema de Ebenezer Elliott, "Corn Law Rhymer", falou acerca de "humanidade na pobreza, projetando suas próprias emoções" e definiu o verso de Elliott como "lampejos intensos de lava líquida oriunda daquela chama principal, que deve ter se expressado". Conforme citado por F. E. Mineka, *The Dissidence of Dissent* (Chapel Hill, 1944), p.301, 303.

Tis to create, and in creating live
A being more intense, that we endow
With form our fancy, gaining as we give
The life we image, even as I do now.
What am I? Nothing: but not so art thou,
Soul of my thought! with whom I traverse earth,
Invisible but gazing, as I glow
Mix'd with thy spirit, blended with thy birth.
And feeling still with thee in muy crush'd feelings' dearth.[15]

[É para poder criar e, ao criar, poder viver
Um ser mais intenso, que talhe e formato
À fantasia emprestamos – como agora estou a fazer –
Para ganharmos a vida que imaginamos de fato.
O que sou eu? Nada. Tu, no entanto, vejo que és tudo,
Essência de meu pensamento! Contigo percorro o universo,
Invisível, porém meditando, enquanto leve luz eu disperso,
Fundido ao teu espírito, a ti agregado desde o início,
E ainda contigo na angústia extrema de meu suplício.]

Alusões à poesia como representação ou imagem, assim como a analogia implícita de arte com espelho, sobrevivem na crítica do início do século XIX, mas geralmente com uma diferença. O poeta moderno, escreveu W. J. Fox em 1833, "delineia todo o mundo exterior a partir de sua imagem refletida no espelho do pensamento e do sentimento humanos".[16] Muitas vezes, o refletor é invertido e representa um estado da mente mais do que a natureza externa. Assim disse Hazlitt: "é a coincidência perfeita da imagem e das palavras com os sentimentos que possuímos... que gera uma instantânea 'satisfação do pensamento'".[17] Essa versão reorientada da representação poética foi, da mesma forma, corrente na crítica dos escritores românticos alemães. "Poesia", declarou Novalis, "é representação do espírito, do mundo interior em sua totalidade".[18] E com Tieck: "Não são essas plantas nem essas montanhas que desejo copiar, mas meu espírito, meu humor, que me conduz neste exato momento".[19]

---

15 *Childe Harold's Pilgrimage*, III, vi.
16 *Monthly Repository*, 2ª série, VII (1833), p.33; citado por Mineka, op. cit., p.307.
17 On Poetry in General, *Complete Works*, V, 7.
18 *Romantische Welt: Die Fragments*, org. Otto Mann (Leipzig, 1939), p.313.
19 *Sternbald*, in *Deutsche National-Litteratur*, CXLV, p.300.

A utilização da pintura para iluminar o caráter essencial da poesia – *ut pictura poesis* –, tão difundida no século XVIII, quase desaparece na crítica principal do período romântico; as comparações entre poesia e pintura que sobreviveram são fortuitas ou, como no caso do espelho, mostram a tela revertida a fim de refletir a substância interior do poeta.[20] No lugar da pintura, é a música que se torna a arte frequentemente apontada como a que tem profunda afinidade com a poesia; se um quadro parece a coisa mais próxima de uma imagem-espelho do mundo externo, a música, entre todas as artes, é a mais remota; exceto no ecoar trivial de passagens programáticas, ela não duplica aspectos da natureza sensível, nem se pode dizer, em qualquer sentido óbvio, que ela se refira a qualquer situação fora de si mesma. Como resultado, a música foi a primeira das artes a ser geralmente considerada como de natureza não mimética; e na teoria dos escritores alemães da década de 1790, a música veio a ser a arte mais imediatamente expressiva do espírito e da emoção, constituindo a própria vibração e a quididade da paixão tornada pública. A música, escreveu Wackenroder, "mostra-nos todos os movimentos de nosso espírito, descorporificado".[21] Daí a utilidade da música para definir e ilustrar a natureza da poesia, sobretudo da lírica, mas também da poesia em geral, quando essa veio a ser concebida como um modo de expressão. Friedrich Schlegel era da opinião de que quando Simônides, em uma famosa frase, caracterizou a poesia como um quadro que fala, foi somente porque a poesia de sua época era sempre acompanhada de música, e por isso pareceu supérfluo para ele nos lembrar que "poesia era também uma espécie de música espiritual".[22]

De maneira análoga, na Inglaterra, Hazlitt afirmou a respeito da poesia: "É a música da linguagem respondendo à música da mente... Há uma nova conexão entre música e paixão profunda. Os lunáticos cantam".[23] John Keble claramente aponta o grau em que a música substituiu a pintura como o parente mais próximo da poesia, e a concomitante reversão do posicionamento, que passou do universo para o artista. Música e poesia "admite-se universalmente... são irmãs gêmeas", pois a música, dentre todas as artes, é a que mais intimamente se aproxima da poesia "naquele aspecto de seu efeito que se ocupa em penetrar – e trazer à luz – os segredos da alma".[24]

---

20 P. ex., Hazlitt afirma que em *Excursion*, Wordsworth "pinta as emanações de seu próprio coração, os contornos de sua própria fantasia" (*Complete Works*, org. P. P. Howe, Londres e Toronto, 1930-34, XIX, 10). Cf. também Coleridge, *Miscellaneous Criticism*, p.207.
21 *Phantasien über die Kunst* (1709), in *Deutsche National-Litteratur*, CXLV, p.58.
22 *Prosaiche Jugendschriften*, org. J. Minor (Viena, 1882), II, p.257-8.
23 On Poetry in General (1818), *Complete Works*, V, 12. Cf. ibid., XVI, 136.
24 *Lectures on Poetry* (1832-41), trad. para o inglês de E. K. Francis (Oxford, 1912), I, p.47-8.

As passagens citadas até o momento sugerem que poetizar é uma atividade unilateral, envolvendo apenas materiais inerentes ao poeta. Não menos característico da teoria romântica é um conjunto de analogias alternativas sugerindo que a poesia é uma interação, o efeito combinado do interior e do exterior, da mente e do objeto, da paixão e das percepções do sentido. Dessa forma, Shelley ilustra sua definição inicial de poesia como "expressão da imaginação", fazendo referência àquela bugiganga romântica predileta, a harpa eólica. Athanasius Kircher reivindicou para si a invenção desse instrumento em 1650. No decorrer dos cem anos seguintes ela tornou-se uma peça popular da mobília doméstica, e seu som pesaroso, irreal e mágico e, acima de tudo, o fato de que sua música poderia literalmente ser atribuída à natureza fizeram dela o instrumento favorito dos poetas posteriores à metade do século XVIII.[25] Vale notar, entretanto, que não foi senão no século XIX que a harpa eólica se tornou uma analogia para a mente poética, bem como assunto para descrição poética.

> O homem [afirma Shelley] é um instrumento sobre o qual opera uma série de impressões externas e internas, como as flutuações de um vento em constante mudança numa lira eólica, que a move pelo fluir da melodia em constante variação. Há, porém, um princípio dentro do ser humano, e talvez dentro de todos os seres sensíveis, que age de maneira diferente daquele que ocorre no caso da lira, e produz não apenas melodia, mas harmonia, por meio de um ajuste interno dos sons ou dos movimentos então estimulados às impressões que os instigam.[26]

A lira eólica é o poeta, e o poema é o fio musical que resulta da correspondência dos elementos externos e internos, tanto da mudança do vento quanto da constituição e tensão das cordas. Shelley imediatamente explica: quando um selvagem "expressa as emoções produzidas dentro dele por meio de objetos que estão ao seu

---

25 Para a história da harpa eólica e alusões feitas por poetas a ela, cf. Erika von Erhardt-Siebold, Some Inventions of the Pre-Romantic Period and their Influence upon Literature, *Englische Studien*, LXVI (1931-2), p.347-63. Robert Bloomfield, o poeta-lavrador, publicou em 1808 uma antologia de literatura a respeito da harpa eólica; cf. Nature's Music, in *The Remains of Robert Bloomfield* (Londres, 1824), I, p.93-143.

26 Defence of Poetry, *Shelley's Literary and Philosophical Criticism*, org. John Shawcross (Oxford, 1909), p.121. Nas passagens iniciais de *The Prelude*, Wordsworth havia falado em termos semelhantes sobre sua tentativa de poetização (versão de 1805, I, p.101 e ss.): "It was a splendid evening;/ and my soul Did once again make trial of the strength/ Restored to her afresh;/ nor did she want Eolian visitations;/ but the har Was soon defrauded" [Era uma noite esplêndida/ E minha alma, uma vez mais experimentou a força/ A ela restaurada;/ e ela não desejava manifestações eólicas;/ Porém, a harpa foi logo enganada].

redor... a linguagem e os gestos, juntamente com a imitação plástica ou pictórica, tornam-se a imagem do efeito combinado desses objetos e da apreensão que deles ele faz".[27]

Outros críticos utilizaram outras analogias com atributos semelhantes. Hazlitt abre seu mais importante ensaio estético, "On Poetry in General" (1818), com uma definição muito próxima da lira eólica de Shelley, inclusive de suas sugestões de automatismo e de uma harmonia preestabelecida entre estímulo objetivo e resposta poética.

> A melhor noção geral que posso oferecer de poesia é que ela é a impressão natural de qualquer objeto ou evento que, por sua vibração, estimula um movimento involuntário da imaginação e da paixão e produz, por afinidade, uma certa modulação da voz, ou de sons, expressando-a.[28]

Em meio à riqueza de figuras de linguagem – algumas vezes confusas – com que Hazlitt expande e brinca com um ou outro aspecto de seu tema, encontramos o espelho mimético, familiar à teoria estética mais antiga. Contudo, considerando que um espelho, esteja ele voltado para a face do poeta ou para o mundo exterior, pode apenas refletir o que lhe é apresentado de uma única direção, Hazlitt complica a analogia, combinando o espelho com um feixe de luz para demonstrar que um poeta reflete um mundo já banhado por uma luz emocional que ele próprio projetou.

> Nem uma mera descrição de objetos naturais, nem um mero esboço de sentimentos naturais, por mais distintos e potentes que sejam, constitui o propósito final e o objetivo da poesia... A luz da poesia não é apenas uma luz direta, mas também uma luz refletida que, enquanto nos mostra o objeto, lança um esplendor fulgurante ao seu redor...[29]

A palestra de Coleridge, "On Poetry or Art" [Sobre poesia ou arte] (1818), está fundamentada na metafísica de um paralelismo psiconatural de Schelling, de acordo com o qual as essências internas da natureza têm uma espécie de subsistência duplicada como ideias na mente. Essa visão de mundo fornece um novo conjunto de metáforas com as quais se pode transmitir o tema romântico de que a

---

27 Defence of Poetry, ibid., p.121.
28 *Complete Works*, V, 19.
29 Ibid., p.3. Compare a Goethe, in Eckermann, *Gespräche*, 29 jan. 1826: Assim também ocorre com o poeta. Enquanto apenas expressa seus sentimentos subjetivos, ele não merece tal denominação; mas tão logo ele saiba como se apropriar do mundo e expressá-lo, ele é um poeta.

arte é o produto combinado do objetivo e do projetado. A arte é "a conciliadora e mediadora entre a natureza e o homem. Ela tem, portanto, o poder de humanizar a natureza, de infundir os pensamentos e as paixões do homem em tudo aquilo que é objeto de sua contemplação". "A poesia também é puramente humana, pois todos os seus materiais provêm da mente e todos os seus produtos são para a mente." No entanto, "ela faz uso das formas da natureza para evocar, expressar e modificar os pensamentos e sentimentos da mente". E, no que pode ser considerado um resumo desse *leitmotif* do pensamento romântico sobre a arte:

> Agora, então, para deixar essas imagens [da natureza] totalizadas e ajustadas aos limites da mente humana, de modo a obter das próprias formas – e acrescentar a elas – as reflexões morais das quais elas se aproximam, a tornar o externo interno, o interno externo, a tornar a natureza pensamento, e o pensamento natureza – esse é o mistério do gênio nas Belas Artes.[30]

Nessas asserções centrais sobre a natureza da poesia, retiradas de seus contextos teóricos, a principal diferença da crítica anterior é uma diferença na metáfora. Porém, sejamos poetas ou proseadores, não podemos discutir as atividades da mente sem a metáfora. Na geração de Wordsworth e de Coleridge, a transformação das imagens-chave pelas quais os críticos descreveram o processo e o produto da arte é um indicador conveniente para uma revolução abrangente na teoria da poesia e de todas as artes.

A emoção e os objetos da poesia

A referência habitual às emoções e aos processos da mente do poeta como fonte de poesia alterou drasticamente as soluções estabelecidas para aquele problema básico da estética, a discrepância entre o assunto em poesia e os objetos encontrados na experiência. De acordo com a tradição central até aqui, a poesia parte de um fato, sobretudo porque reflete uma natureza que foi recomposta para criar uma beleza sintetizada, ou filtrada, com o intuito de revelar uma forma central ou o denominador comum de um tipo, ou de alguma maneira selecionada e ornamentada para maior deleite do leitor. Para o crítico romântico, por outro lado, embora a poesia

---

30 Conforme reeditado em Coleridge, *Literary's Remains*, in *Biographia Literaria*, org. Shawcross, II, p.253-4, 258. Outra versão mais concisa de um dos cadernos de Coleridge foi publicada em *Coleridge's Miscellaneous Criticism*, p.205-13.

possa ser ideal, o que a distingue do fato é, basicamente, que ela incorpora objetos do sentido sobre os quais os sentimentos do poeta já agiram, transformando-os.

Wordsworth disse: "Sempre me empenhei em olhar constantemente para meu assunto". Essa afirmação é, muitas vezes, entendida como nada além de uma recomendação de exatidão objetiva e particularidade. O "assunto" de Wordsworth, entretanto, não é simplesmente o objeto de sentido particularizado mais do que é o ideal neoclássico.

> A habilidade de observar com exatidão as coisas como elas são em si mesmas, e com fidelidade descrevê-las, não modificadas por qualquer paixão ou sentimento existente na mente daquele que a descreve... embora indispensável a um poeta, é uma habilidade que ele emprega somente em submissão à necessidade, nunca como uma constante, pois seu exercício supõe que todas as qualidades mais nobres da mente são passivas e em estado de sujeição a objetos exteriores.[31]

Foi nessa tese que Wordsworth insistiu vezes seguidas; por exemplo, em 1816: "Em toda a parte, objetos... derivam sua influência não do que eles realmente são em si mesmos, mas do que lhes é conferido pelas mentes dos que estão familiarizados com esses objetos – ou afetados por eles".[32] Seguindo a mesma ideia, Thomas De Quincey declarou, refutando a opinião de Erasmus Darwin de que só é poético o que apresenta uma imagem visual: "O fato, porém, é que nenhuma descrição simples, seja ela visual ou pitoresca, é, em qualquer situação, poesia *per se*, ou exceto na paixão – e através da paixão – que preside".[33] "Poesia descritiva", de acordo com J. S. Mill, em oposição às descrições de um naturalista, "consiste, sem dúvida, de descrição, mas de descrição das coisas como elas parecem ser, não como elas *são*".[34]

Na teoria do século XVIII, o tópico secundário da maneira como os sentimentos podem penetrar e alterar objetos do sentido havia sido discutido sob o título de "estilo", como uma das várias causas justificadoras de certas figuras de linguagem. No século XIX, esse problema desloca-se para uma posição no próprio centro da

---

31 Prefácio a *Poems* (1815), in *Wordsworth Literary Criticism*, p.150. Cf. também p.18, 165, 185.
32 *Letters of William and Dorothy Wordsworth: The Middle Years*, org. E. de Selincourt (Oxford, 1937), II, 705; 18 jan. 1816.
33 Notas a uma tradução parcial de *Laocoön*, de Lessing, in *Collected Writings*, org. David Masson (Edimburgo, 1889-90) XI, 206.
34 What is Poetry?, *Early Essays*, p.207. Para uma antevisão desses argumentos, cf. J. U. [James Usher], *Clio: or, a Discourse on Taste* (2.ed.; Londres, 1769), p.140: "Imagina-se que [o homem da sensibilidade] descreve objetos e ações, enquanto, na realidade, ele descreve a paixão e nos sensibiliza com a imagem de sua própria imaginação". Cf. também J. Moir, *Gleanings*, I, p.97-8.

teoria poética. Frequentemente, o assunto fica em termos de analogia. Os sentimentos projetam uma luz – sobretudo uma luz colorida – sobre objetos do sentido, para que as coisas, conforme dizia Mills, sejam "arranjadas nas cores e vistas através do ambiente da imaginação ativada pelos sentimentos".[35] Ou a metáfora é biológica em vez de ótica; enquanto "ela rememora as visões e os sons que haviam acompanhado as ocasiões das paixões originais", afirmou Coleridge, "a poesia as impregna, por meio das paixões, com um interesse que não é delas próprias".[36] Outras vezes, as descrições são mais explícitas e dão exemplos da forma como objetos do sentido são fundidos e remodelados no cadinho da emoção e da imaginação apaixonada. O artigo "On Poetry in General", de Hazlitt, pode ser lido como se fosse ele próprio um transbordamento espontâneo de sentimento sem sequência lógica, mas incorpora um surpreendente número de ideias estéticas correntes. A imaginação poética, diz ele, representa objetos "conforme eles são moldados por outros pensamentos e sentimentos, formando uma variedade infinita de formas e combinações de força". Agitação, medo, amor – tudo isso distorce ou amplia o objeto – e "as coisas são iguais à imaginação e têm o poder de afetar a mente com um grau semelhante de terror, admiração, deleite ou amor". Como exemplo:

Quando Giácomo diz de Imogênia,

– The flame o' th' taper
Bows toward her, and would under-peep her lids
To see the enclosed lights –

[– A chama da candeia
Curva-se em direção a ela, e espreita sob suas pálpebras
Para ler as luzes interiores –]

essa interpretação apaixonada do movimento da chama, para que se harmonize com os próprios sentimentos daquele que fala, é poesia verdadeira.[37]

---

35 *Early Essays*, p.207. Keble: A poesia "descreve todas as coisas nas cores que a própria mente deseja..." (*Lectures on Poetry*, I, 22). W. J. Fox: "Os estados de espírito mutáveis da mente diversificam uma paisagem com muito mais variedade que a nuvem ou o brilho do sol em todas as suas combinações; e tais estados de espírito são eles mesmos objeto de descrição..." (*Monthly Repository*, LXIII, 1833, p.33).

36 "On Poesy or Art", *Biographia Literaria*, II, 254. Cf. também Hazlitt: "A poesia, o mais elaborado entusiasmo da fantasia e do sentimento", ao "descrever objetos naturais... impregna as impressões do sentido com formas da fantasia..." (On Poetry in General, *Complete Works*, V, p.4-5).

37 On Poetry in General, *Complete Works*, V, 4. Cf. também sua análise dos seguintes versos de Shakespeare: Violets dim/But sweeter than the lids of Juno's eyes/Or Cytherea's breath' [Vio-

De todos os seus contemporâneos, Coleridge foi o que mais se preocupou com o problema de como a mente poética age para modificar ou transformar os materiais dos sentidos sem violar a fidelidade à natureza. Para resolver essa questão, como veremos mais adiante, ele formulou a base de seu sistema crítico, de sua teoria da imaginação. Neste típico excerto, ele considera o papel da emoção no processo de tal transformação:

> Imagens, por mais bonitas que sejam, embora copiadas fielmente da natureza, e com igual exatidão representadas em palavras, por si só, não caracterizam o poeta. Elas só se tornam prova do gênio original quando são modificadas por uma paixão predominante; ou por pensamentos ou imagens correlatos despertados por essa paixão... ou, finalmente, quando uma vida humana e intelectual lhes é transferida do próprio espírito do poeta,

"Which shoots its being through earth, sea, and air."[38]

[Que lança seu ser pela terra, pelo mar e pelo ar.]

O último exemplo de Coleridge da ação modificadora da paixão, aquela paixão que anima o inanimado – a transferência da vida do observador para as coisas que ele observa –, foi a preocupação maior dos poetas e teóricos românticos. "A poesia instila um espírito de vida e movimento no universo", como pensava Hazlitt.[39] "O que é um Poeta?", pergunta Wordsworth, e ele mesmo responde que o Poeta é um homem que

> celebra, mais do que outros homens, o espírito da vida que existe dentro dele; deleitando-se em contemplar volições e paixões semelhantes, conforme manifestadas nos incidentes do Universo, e habitualmente impelido a criá-las quando não as encontra.[40]

Wordsworth dedicou vários de seus melhores poemas e passagens culminantes de *Prelude* [Prelúdio] ao registro e à discussão de tais ocasiões, quando os elementos de perigo e desejo gravados

---

letas pálidas/Porém mais doces do que os olhos de Juno/Ou do sopro de Vênus] como "a intensidade da paixão... moldando as impressões de objetos naturais conforme os impulsos da imaginação..." (Prefácio a *Characters of Shakespeare's Plays*, ibid., IV, p.176-7. Cf. Wordsworth, *Excursion*, I, p.475 e ss.).

38 *Biographia*, II, 16. Cf. ibid., I, 59.
39 On Poetry in General, *Complete Works*, V, 3.
40 Prefácio a *Lyrical Ballads* (acrescentado em 1802), in *Wordsworth's Literary Criticism*, p.23.

did make
The surface of the universal earth
With triumph, and delight, and hope, and fear,
Work like a sea,

[de fato faziam
A superfície da terra universal
Com triunfo, e prazer, e esperança, e temor,
Operar como um oceano,]

A leitura habitual da paixão, da vida e da fisionomia dentro da paisagem é um dos poucos atributos significativos comuns à maioria dos principais poetas românticos. Da mesma forma, na crítica literária, a animação válida de objetos naturais, tradicionalmente tratados como uma forma do instrumento retórico da prosopopeia, ou da personificação, torna-se, então, um indicador importante da faculdade soberana da imaginação e, em si mesma, quase um critério suficiente da poesia em seu nível mais elevado.

No geral, portanto, os críticos românticos substituíram a reprodução do universal e do típico como o traço que distingue a poesia do discurso descritivo pela apresentação de um mundo que está imbuído dos sentimentos do poeta. Porém, mesmo que a questão do ideal em poesia tenha, assim, perdido a posição especial que tinha na teoria anterior, os críticos românticos, de forma alguma, deixaram, em contextos relevantes e em termos adaptados aos seus novos princípios, de questionar o tópico que haviam herdado de seus predecessores. Quanto a isso, a opinião deles ia da formulação platonista de Shelley de que a poesia "revela a beleza nua e adormecida" do mundo "que é o espírito de suas formas",[41] até a violenta marginália de Blake acerca dos *Discourses* de Reynolds, em que "Generalizar é ser Tolo. Particularizar é a Única Distinção de Mérito",[42] para a interpretação que Hazlitt faz do ideal (semelhante à teoria alemã do "característico") como a quin-

---

41 Defence of Poetry, *Shelley's Literary Criticism*, p.155.
42 *Poetry and Prose of William Blake*, org. Geoffrey Keynes (Londres e Nova York, 1939), p.777. Para uma visão radical sobre a necessidade de circunstancialidade descritiva em um poema, ainda expressa na linguagem da crítica do século XVIII, cf. a resenha de *Lady of the Lake*, de Scott, in *Quarterly Review*, III (1810), p.512-3; Scott exemplifica de forma notável "a analogia entre poesia e pintura... O que quer que ele represente tem um caráter de individualidade e é traçado com precisão e minúcia de discriminação". Muito disso é resultado de seu gênio, uma "intensidade e uma agudeza naturais de observação" por meio das quais ele é capaz de perceber "diferenças típicas lá onde o olhar do embotamento não vê nada além de uniformidade". Cf. as passagens de *Glenings*, de Moir, no capítulo anterior.

tessência de um único objeto. O ideal, afirma Hazlitt, que se preocupava sobretudo com o correlativo objetivo do assunto artístico, não é "uma abstração de natureza geral", nem "uma *média* ou proporção média", pois isso seria reduzir todas as produções da arte "a uma abstração vaga e indefinida, que responde à palavra *homem*". O verdadeiro ideal é atingido pela "seleção de alguma coisa ou qualidade dominante de um objeto, e fazer dela o princípio que permeia e regula todo o resto", pois "uma coisa não é mais perfeita porque se torna outra coisa diferente, mas porque *é mais ela própria*".[43] Com as exceções de Blake e Hazlitt, contudo, há pouca propensão por parte dos principais críticos ingleses de seguir os extremistas do século XVIII e substituir as velhas virtudes da generalidade e da universalidade por uma particularidade absoluta, originalidade e singularidade. Wordsworth, por exemplo, concorda com o que lhe foi dito ser a opinião de Aristóteles: o objeto da poesia "é a verdade, não individual e local, mas geral e operante".[44] Coleridge também confirma "o princípio de Aristóteles de que poesia como poesia é essencialmente *ideal*", e que suas personagens precisam possuir "atributos genéricos". Ele repete também a fórmula rotineira do século XVIII, de que a poesia representa uma média justa entre os extremos do geral e do familiar e do individual e inovador, mas reformula-a de acordo com sua própria e típica lógica da fusão e conciliação de opostos. O que é necessário é "uma involução do universal no individual"; a imaginação age conciliando os opostos do "geral com o concreto... o individual, com o representativo; o sentido de inovação e frescor, com objetos antigos e familiares", e, diz ele, "aquela proporção justa, aquela união e interpenetração do universal e do particular... devem sempre permear todas as obras do gênio determinado e da ciência verdadeira".[45]

Metáforas mutáveis da mente

A transição da imitação para a expressão, e do espelho para a fonte, a luz e análogos correlatos não foi um fenômeno isolado. Foi parte de uma mudança correspondente na epistemologia popular – isto é, no conceito do papel desempenhado pela mente na percepção então corrente entre poetas e críticos românticos. E a

---

43 The Ideal, *Complete Works*, XX, p.303-4. Cf. também seus ensaios "Originality" e "On Certain Inconsistencies in *Sir* Joshua Reynolds", *Discourses*. Sobre a discussão acerca da "concretude" na poesia, cf. cap. XI, parte iii.
44 *Wordsworth's Literary Criticism*, p.25.
45 *Biographia*, II, 33n, 12; *The Friend*, in *The Complete Works of Samuel Taylor Coleridge*, org. Shedd (Nova York, 1858), II, p.416.

mudança da concepção dos esquemas da mente e de seu lugar na natureza do final do século XVIII para aquela do início do século XIX é indicada por uma mutação de metáforas quase exatamente paralela à das discussões contemporâneas sobre a natureza da arte.

Os vários analogismos físicos que formam a planta baixa ou esquemas conceituais para aqueles "modos do ser mais íntimo", como Coleridge os chamava, que "não podem ser transmitidos exceto em símbolos de tempo e do espaço",[46] são algumas vezes explicitamente formulados. Outras vezes, eles meramente sugerem sua existência por meio da estrutura das metáforas com as quais os homens fazem referência aos processos mentais. Para elucidar a natureza da percepção dos sentidos, da memória e do pensamento, Platão, por exemplo, recorreu ao reflexo de imagens em um espelho, bem como à pintura, à escrita de caracteres nas páginas de um livro e à gravação de impressões em uma placa de cera.[47] Aristóteles também afirmou que as recepções dos sentidos "devem ser concebidas como se acontecessem da mesma forma como a cera recebe a impressão de um sinete sem o ferro ou o ouro".[48] Assim, John Locke – que, mais do que qualquer outro filósofo, estabeleceu o estereótipo da visão popular da mente no século XVIII – conseguiu iniciar uma guerra contra uma longa tradição de paralelos pré-fabricados, propondo sua definição da mente em processo de percepção como um receptáculo passivo de imagens já formadas, apresentadas do exterior. Em seu *Ensaio*, Locke afirma que a mente se assemelha a um espelho que fixa os objetos que reflete.[49] Ou (sugerindo a *ut pictura poesis* da estética corrente naquele período) ela é uma *tabula rasa* na qual as sensações se escrevem ou se pintam a si mesmas,[50] ou

---

46 *Biographia*, II, 120.
47 P. ex., *Thaeatetus* 191-5, 206; *Philebus* 38-40; *Timaeus* 71-2.
48 *De anima* II, ii, 424ª.
49 Locke, *Essay Concerning Human Understanding*, org. A. C. Fraser (Oxford, 1894), I, 142-3 (II, i, 25): "Nesse detalhe, a compreensão é meramente passiva... Quando essas ideias simples são oferecidas à mente, não é mais possível evitar a compreensão das imagens ou ideias que os objetos colocados diante dela de fato lá produzem; também não podem alterá-las quando já estão gravadas, nem apagá-las para criar novas outras, assim como um espelho também não pode recusá-las, alterá-las ou apagá-las". A comparação da mente, ou pelo menos da "fantasia", com um espelho fora comum na Renascença; cf., p. ex., George Puttenham, *The Art of English Poesie*, in *Elizabethan Critical Essays*, org. G. G. Smith (Oxford, 1904), II, 20; e a discussão de Bacon dessa analogia em seu excerto sobre os Ídolos da mente, *De Augmentis*, V, iv.
50 *Essay Concerning Human Understanding*, I, 121 (II, i, 2): "Suponhamos que a mente seja, como costumamos dizer, uma folha em branco, vazia de todos os atributos, desprovida de qualquer ideia". Cf. o esboço anterior de Locke, *An Essay Concerning the Understanding*, org. Benjamin Rand (Cambridge, Mass., 1931), p.61: a alma "no princípio é uma perfeita *tabula rasa*, totalmente vazia..."

(empregando a analogia da *camera obscura*, em que a luz, penetrando por uma pequena abertura, lança uma imagem da cena externa na parede) os sentidos externos e internos são considerados "as janelas através das quais a luz pode penetrar nessa *sala escura*".

> Pois, parece-me, a percepção não é muito diferente de um armário completamente fechado à luz, com apenas alguns pequenos orifícios que recebem imagens visíveis externas ou ideias de coisas exteriores: se as figuras que penetrassem nessa sala escura permanecessem lá, de tal forma ordenadas que pudessem ser encontradas quando a ocasião se apresentasse, seria muito semelhante à percepção de um homem em referência a todos os objetos da visão e às ideias que eles sugerem.[51]

De forma alternativa, a mente é um "tabuleiro de cera" no qual, semelhantes a lacres, são gravadas sensações.[52]

As analogias para a mente nos escritos tanto de Wordsworth como de Coleridge revelam uma transformação radical. Variadas como são, elas geralmente coincidem quando se trata de descrever a mente em percepção como ativa – e não como uma mera receptora apática – e que contribui com o mundo no próprio processo da percepção deste. *Prelude*, de Wordsworth, completado em 1805, fornece-nos uma antologia dos esquemas mentais cujas características estão de acordo com o plano inicial daquele poema, que, como Coleridge declarou mais de três décadas posteriormente, foi

> acredito, parcialmente sugerido por mim... Ele iria tratar o homem como homem – um tema da visão, da audição, do tato e do paladar, em contato com a natureza externa, e informar os sentidos a partir da mente, em vez de compor uma mente a partir dos sentidos.[53]

O décimo terceiro livro do poema termina, de fato, com a manifestação de um "novo mundo", controlado por leis

> Which do both give it being and maintain
> A balance, an ennobling interchange
> Of action from without and from within;

---

51 Ibid., p.211-2 (II, xi, 17).
52 Ibid., I, 48n e 49. Cf. D. F. Bond, "Neo-Classic Theory of the Imagination", *ELH*, IV (1937), p.248.
53 *Table Talk and Omniana of Samuel Taylor Coleridge* (Oxford, 1917), p.188; 21 jul. 1832. Cf. ibid., p.361 (1812): "a mente produz o sentido, mais do que o sentido produz a mente".

The excellence, pure function, and best power
Both of the object seen, and eye that sees.

[Que tanto lhe concedem vida quanto mantêm
Um equilíbrio, um intercâmbio enobrecedor
De ação de fora e de ação de dentro;
A excelência – função pura e poder maior –
Do objeto contemplado e do olho que contempla.]

A revolução copernicana na epistemologia – se não restringirmos isso à doutrina específica de Kant de que a mente impõe as formas de tempo, espaço e as categorias acerca do "múltiplo sensível", mas o aplicarmos ao conceito geral de que a mente que percebe descobre o que ela própria parcialmente fez – efetivou-se na Inglaterra por poetas e críticos antes de se manifestar na filosofia acadêmica. Assim, definida em termos gerais, a revolução foi uma revolução por reação. Em suas primeiras exposições poéticas da mente formando sua própria experiência, por exemplo, Coleridge e Wordsworth não empregam as fórmulas abstratas de Kant. Em vez disso, eles revertem-nas a metáforas da mente que, na sua maioria, haviam caído em desuso no século XVIII, mas haviam anteriormente sido comuns entre filósofos do século XVII, que se colocavam fora da notável tradição de Hobbes e de Locke – ou a ela mostravam oposição especial. Por detrás desses filósofos estava Plotino e sua figura básica de criação como emanação, em que o Uno e o Bem são habitualmente equiparados a objetos tais como uma fonte transbordante, ou um sol fulgurante, ou (combinando as duas imagens) uma fonte transbordante de luz. "Se alguém estivesse escrevendo um livro sobre a significação filosófica e o uso de símiles", afirmou B. A. G. Fuller, "não duvido que ele teria que considerar isso primeiro, tanto em vista de sua adequação quanto de seu lugar central e função controladora em pensamento".[54] Se Platão foi a principal fonte do arquétipo filosófico do refletor, Plotino foi o principal gerador do arquétipo do projetor; e tanto a teoria romântica do conhecimento quanto a teoria romântica da poesia podem ser consideradas como descendentes remotos dessa imagem-raiz da filosofia plotiniana.

Ao discutir a percepção humana do transbordamento divino, Plotino rejeitou explicitamente o conceito de sensações como "marcas gravadas" ou "impressões" produzidas numa mente passiva, e o substituiu pela visão da mente como um ato e uma força que "irradiam um brilho originário de seu próprio acervo aos objetos dos sentidos".[55] Metáforas semelhantes da mente eram muito comuns na filosofia

---

54 B. A. G. Fuller, *The Problem of Evil in Plotinus* (Cambridge, 1912), p.70.
55 *Enneads*, trad. para o inglês de Stephen MacKenna (Londres, 1924), IV, vi, p.1-3.

dos "platonistas de Cambridge" (mais plotinistas, na verdade, do que platonistas), os quais Wordsworth havia lido e Coleridge havia estudado em profundidade. Nesses autores, a figura familiar do espírito do homem como uma vela do Senhor serviu facilmente para imaginarem o ato da percepção como aquela pequena vela lançando seus feixes de luz no mundo exterior. Citarei excertos de um capítulo de *An Elegant and Learned Discourse of the Light of Nature* [Um elegante e erudito discurso da luz da natureza], de Nathanael Culverwel, porque eles servem como um inventário conveniente de analogias da mente como receptora ou projetora – como um espelho ou feixes de luz. O *Discurso* foi escrito antes de todas as implicações dos principais trabalhos de Hobbes se tornarem conhecidas e aguçarem o ponto em questão, e Culverwell propõe-se a representar "a vós, da forma mais *neutra* possível, o *estado* dessa grande *Controvérsia*". Nessa querela, ele usa Platão e Aristóteles como os principais protagonistas.

"Agora, o *Espírito do homem* é a *Vela do Senhor*", diz ele, pois o Criador, ele próprio "a fonte de Luz", forneceu e adornou essa *"parte inferior do Mundo com Feixes de Luz Intelectuais,* que devem brilhar para *louvor* e *honra* de seu Nome".

> Isso leva os platonistas a verem o *Espírito do Homem* como a *Vela do Senhor* por iluminar e irradiar luz de *objetos*, e lançar *mais luz* sobre eles do que *deles recebe*... E, verdadeiramente, ele pode também imaginar tais *Ideias implantadas*, tais *sementes de Luz* em seu *Olho exterior* como *Princípios seminais* no Olho da *mente*... [Aristóteles] não *precedeu* seu próprio *Conhecimento*... mas professou claramente que sua *Percepção* chegou nua ao Mundo. Ele vos mostra... uma *abrasa tabula*... Isso faz com que ele abra as *janelas dos sentidos* para acolher e entreter as *primeiras auroras*, os primeiros *raios* da *luz da manhã*... Como ele pode perceber, não há quaisquer *cores conatas*, quaisquer *Figuras* ou *Retratos* em seu *Olho exterior*; portanto, ele também não poderia encontrar qualquer sinal em sua *Mente*, enquanto algum *Objeto externo* não criasse alguma impressão sobre... sua *Percepção suave* e *maleável*, preparado de maneira imparcial para toda e qualquer *Impressão*.

A própria conclusão hesitante de Culverwel (pois ele se mostra um pouco inclinado à opinião de que essa é "uma *Questão* que não pode ser *determinada* nesta Vida") é que podemos entender a percepção como um espelho "recebendo *cruamente* e devolvendo *fielmente* todas essas *cores* conforme elas incidem sobre ele. Mesmo assim, os platonistas foram louváveis nisso, pois viam o *Espírito do Homem* como a *Vela do Senhor*; embora tenham se desapontado na época em que ela se acendeu".[56] Para um compromisso absoluto com um idealismo absoluto, ex-

---

56 *The Cambridge Platonists*, org. E. T. Campagnac (Oxford, 1901), p.283-4, 286-7, 292-3.

presso na imagem do espírito do homem como uma fonte que jorra, podemos observar a passagem seguinte, extraída de um ensaio do puritano platonizante Peter Sterry:

> Assim é a Alma, ou Espírito de cada homem, todo o Mundo para Ele. O mundo com todas as variedades de coisas, seu próprio corpo com todas as suas partes e mudanças são ele próprio, sua própria Alma, ou Espírito brotando de sua própria fonte, dentro de si mesmo em todas essas formas e Imagens de coisas que ele vê, ouve, toca, e das quais sente o odor, o sabor, ou que imagina ou compreende... A Alma, muitas vezes observando isso, como Narciso observa seu próprio rosto na fonte, esquece de si mesma, esquece que ela própria é a face, a sombra e a fonte, de tal forma que se *apaixona* por si mesma em sua própria figura irreal.[57]

Como ocorreu com relação aos platonistas ingleses, também em relação aos escritores românticos, a analogia favorita para a atividade da mente em processo de percepção é a de um objeto projetando luz. Wordsworth, descrevendo em *Prelude* suas conversas de infância com a natureza, afirma em uma sequência de metáforas: "Eu ainda preservava minha primeira sensibilidade criativa". "Uma imaginária morada poderosa junto de mim, uma mão modeladora" e então:

> An auxiliar light
> Came from my mind which on the setting sun
> Bestow'd new splendor
>
> [uma luz ancilar
> Despontou em minha mente e ao sol que se punha
> Conferiu novo esplendor ...][58]

---

57 Of the Nature of a Spirit, in V. de Sola Pinto, *Peter Sterry Platonist and Puritan* (Cambridge, 1934), p.161-2. Analogias semelhantes são encontradas em vários escritores da tradição neoplatônica. Cf., p. ex., Boehme, in Newton P. Stallknecht, *Strange Seas of Thought* (Durham, N. C., 1945), p.52. A. O. Lovejoy, em um dos seus primeiros ensaios sobre Kant e os platonistas ingleses ("Kant and the English Platonists"), menciona várias semelhanças entre o "idealismo transcendental" de Kant e os escritos – mais abstratos e menos excessivamente metafóricos que os de Culverwel ou de Sterry – de platonistas ingleses como Cudworth, More, Burthogge e Arthur Collier (*Essays Philosophical and Psychological in Honor of William James*, Nova York, 1908, p.265-302). Esse ensaio, a propósito, concede mais credibilidade do que vários outros estudiosos concederam à reiterada afirmação de Coleridge de que foi por meio de suas primeiras leituras dos platonistas e místicos que ele adquiriu os princípios básicos de seu idealismo – antes mesmo de seus conhecimentos iniciais da filosofia alemã.
58 *The Prelude* (1805), II, p.378 e ss. Cf. também ibid., XIII, p.40 e ss., para a admirável passagem em que Wordsworth vê, na lua nua derramando sua glória sobre as montanhas de Snowdon, "A imagem perfeita de uma mente vigorosa".

Depois de ouvir pela primeira vez *Prelude* lido em voz alta, Coleridge adotou a imagem favorita de Wordsworth do esplendor para descrever seu tema – embora ele tenha combinado a figura dos feixes de luz da mente com a figura da natureza exterior como espelho: "O mais difícil dos temas!"

>...of moments awful,
>Now in thy inner life, and now abroad,
>When power streamed from thee, and thy soul received
>The light reflected, as a light bestowed...⁵⁹

>[...de pungentes momentos,
>Ora dentro de ti, ora no mundo de cá,
>Quando de ti a força fluiu, e a tua alma acolheu
>A luz refletida como uma luz concedida ...]

Mas também essa formulação não está confinada a esses dois amigos; o comunicativo Christopher North, por exemplo, usa a ideia da luz como suporte da asserção de que "criamos, pelo menos nove décimos do que parece existir exteriormente". Os que ponderam sobre as páginas do "Livro vivo da Natureza... percebem com clareza total a beleza e a sublimidade que seus próprios espíritos imortais criam, refletidas de volta neles, seus autores".⁶⁰

A conhecida imagem neoplatônica da alma como fonte, ou um riacho transbordante, é também frequente na poesia romântica, embora essa seja também normalmente retocada para sugerir uma transação bilateral, uma permuta, entre mente e objeto exterior. Wordsworth, que falava de poesia como sendo "transbordamento de sentimento", também falava de tudo o que "viu, ou ouviu, ou sentiu" em sua visita aos Alpes como

---

59 To a Gentleman, ll. p.12 e ss.
60 Tennyson's Poems (mai., 1832), *Works of Professor Wilson*, org. Ferrier (Edimburgo e Londres, 1856), VI, p.109-10. Podemos acrescentar, como imagens representativas fora da corrente da filosofia alemã pós-kantiana, as seguintes passagens de *Monologen* (1800) de Scheleiermarcher, org. F. M. Schiele e Hermann Mulert (2.ed.; Leipzig, 1914), p.9: "Auch die äussere Welt... strahlt in in tausend zarten und erhabenen Allegorien, wie ein magischer Spiegel, das Höchste und Innerste unsers Wesens auf uns zurük" [Também o mundo exterior reflete de volta em alegorias delicadas e sublimes, como um espelho mágico, o mais alto e o mais íntimo de nosso ser]. E p.15-6: "Mir ist der Geist das erste und das einzige: denn was ich als Welt erkenne, ist sein schönstes Werk, sein selbstgeschaffene Spiegel" [Meu é o Espírito, primeiro e único; o que eu reconheço como o mundo é sua obra mais bela, o espelho que ele próprio criou].

but a stream
That flowed into a kindred stream; a gale
Confederate with the current of the soul...[61]

[apenas um regato
que fluía na direção de seu similar; uma tempestade de vento
aliada à corrente da alma...]

Essa imagem de riachos confluentes, como a dos feixes de luz, Coleridge reiterou no poema que escreveu em resposta a *Prelude*.[62] Devemos também levar em consideração especial a imagem da harpa eólica, que tanto Wordsworth quanto Shelley usaram como um constructo da mente em processo de percepção bem como da mente poética em processo de composição.[63] (É uma curiosa guinada da história intelectual que Atanásio Kircher, que reivindicava para si a invenção da lira eólica, também tenha aperfeiçoado a *camera obscura*, empregada como esquema mental por John Locke,[64] de forma que o mesmo homem foi em parte responsável pelos artefatos utilizados para fornecer estrutura a visões antagônicas da mente humana.) Em 1795, Coleridge havia sugerido a harpa como um analogismo para a mente pensante:

And what if all of animated nature
Be but organic harps diversely fram'd,
That tremble into thought, as o'er them sweeps
Plastic and vast, one intellectual breeze,
At once the Soul of each and God of all?

---

61 *The Prelude* (1850 ed.), VI, p.743-5.
62 O tema é "Of tides obedient to external force, And currents self-determined, as might seem, Or by some inner Power" [De correntes obedientes a forças externas/E correntes autodeterminadas, como pode parecer/Ou por algum Poder interno] (To a Gentleman, ll. p.15 e ss.). Cf. a estrofe inicial de "Mont Blanc" em que Shelley equipara o ser dado com o dar ao intercâmbio e à união indistinguível entre água e água; cf. também ll. p.34-40.
63 Para as "visitas eólicas" de poesia de Wordsworth (*Prelude*, 1805, I, 104), cf. sua descrição sobre seu intercâmbio perceptual com os humores da natureza (ibid., III, 136 e ss.): "In a kindred sense Of passion [I] was obedient as a lute/ That waits upon the touches of the wind" [Em um sentido análogo/De paixão [eu] era obediente como um alaúde/Que espera pelo toque do vento]; como resultado de "I had a world about me; 'twas my own,/ I made it..." [Eu tinha um mundo ao meu redor, era meu próprio mundo/Eu o fiz...].
64 Sobre a história da *camera obscura*, cf. Erika von Erhardt-Siebold, Some Inventions of the Pre--Romantic Period, *Englische Studien*, LXVI (1931-2), p.347 e ss.

[E se toda a natureza viva
For somente harpas orgânicas de formas diversas,
Que tremem em pensamento, quando sobre elas
Sopra, plástica e vasta, uma brisa intelectual,
Ao mesmo tempo Alma de cada um e Deus de todos?]

– uma proposta que assim que foi feita foi rejeitada, em respeito tanto à sua noiva quanto ao "Incompreensível", como meras borbulhas "na sempre vã e balbuciante fonte da Filosofia".[65] Mesmo nessa fase de seu pensamento, Coleridge sentia-se aparentemente incomodado com as implicações deterministas que surgiram claramente no uso que Shelley mais tarde faz da mesma imagem. "Somos cercados por um poder", diz Shelley, "como a atmosfera na qual suspende-se uma lira imóvel, que, com seu sopro, visita à vontade nossas cordas silenciosas". Até as "mais majestosas e estupendas qualidades", embora ativas "relativamente a porções inferiores de seu mecanismo", são, não obstante, "escravos passivos de algum Poder mais alto e onipotente. Esse Poder é Deus"; e aqueles que tiveram "sua própria vontade harmonizada... emitem a melodia mais divina, quando o sopro do ser universal toca sua estrutura".[66]

Diversos escritores românticos, então, seja em verso ou prosa, rotineiramente retrataram a mente em processo de percepção, bem como a mente em processo de composição, por meio, algumas vezes, de analogias idênticas de projeção em elementos externos – ou de reciprocidade com eles. De maneira geral, nessas metáforas da mente em processo de percepção, o limite entre o que é dado e o que é concedido é bastante escorregadio para ser estabelecido da melhor maneira possível a partir do contexto individual. Por vezes, como na formulação de Coleridge da "coalescência de assunto e objeto" no ato do conhecimento, não há, nem pode haver, qualquer tentativa de diferenciar a adição mental daquilo que é dado, pois, como na filosofia de Schelling, da qual Coleridge tomou emprestados tais termos, estamos confinados a um conhecimento do produto – como diante das matérias-

---

[65] The Eolian Harp, ll. p.44 e ss. Sobre a intenção de Coleridge de mostrar o idealismo subjetivo de Berkeley nesse excerto, cf. seu *Philosophical Lectures*, org. Kathleen Coburn (Nova York, 1949), p.371; cf. também *Letters*, org. E. H. Coleridge, I, 211.

[66] Essay on Christianity (1815), *Shelley's Literary and Philosophical Criticism*, p.90-1. Posteriormente, em suas notas sobre *Critique of Pure Reason*, de Kant, Coleridge afirmou: "A mente não se assemelha a uma harpa eólica... mas, antes, no que diz respeito a objetos, a um violino ou outro instrumento de poucas cordas, porém com amplo compasso tocado por um músico de Gênio" (Henri Nideker, Notes Marginales de S. T. Coleridge, *Revue de litterature comparée*, VII, 1927, 529). Cf. também *Biographia*, I, 81.

-primas – do amálgama perceptual. Em outros exemplos – como na expressão de Wordsworth acerca de seu estado mental em Cambridge,

> I had a world about me; 'twas my own,
> I made it; for it only liv'd to me,
> And to the God who look'd into my mind –[67]

> [Tive um mundo ao meu redor; era meu mundo,
> Minha criação; ele vivia apenas para mim
> E para o Deus que sondava meu pensamento –]

a sugestão é de uma espécie de incondicionalidade fichteana, em que todos os objetos se decompõem em um produto do Ego. Entretanto, na maioria das passagens, a sugestão é que o conteúdo da percepção é o produto conjunto de dados externos e dados da mente; e, algumas vezes, nos é dada, de maneira muito irregular, a possibilidade de distinguir várias posições da linha entre o interior e o exterior, conforme, em diferentes contextos poéticos, ela avança e retrocede:

(1) Na passagem inicial de "Tintern Abbey", de Wordsworth,

> All the mighty world
> Of eye, and ear, – both what they half create,
> And what perceive,

> [Todo o potente mundo
> Do olhar e do ouvir, – o que eles metade criam
> E metade percebem,]

os elementos criados no ato da percepção podem muito bem não ser nada mais do que as qualidades sensoriais secundárias de Locke. O próprio Wordsworth chama atenção em uma nota explicativa para a fonte dessa passagem em *Night Thoughts* [Reflexões noturnas], de Young. Nossos sentidos, afirmara Young,

---

67 *The Prelude* (1805), III, p.142 e ss. O extremo do subjetivismo, proposto como uma doutrina filosófica, é bastante comum entre os discípulos alemães de Fichte. Assim, Tieck escreve, em *William Lovell* (1795): "Freilich kann alles, was ich ausser mir wahrzunehmen glaube, nur in mir selbst existieren". "Die Wesen sind, weil wir sie dachten." "Das Licht aus mir fällt in die finstre Nacht, Die Tugend ist nur, weil ich sie gedacht." [De fato, tudo aquilo que creio perceber fora de mim existe apenas dentro de mim. Os seres são porque nós os pensamos. A luz vinda de mim cai na noite escura. A virtude existe apenas porque nela pensei.] Cf. Jenisch, *Entfaltung des Subjektivismus*, p.119-21.

Give taste to fruits; and harmony to groves;
Their radiant beams to gold, and gold's bright fire...
Our senses, as our reason, are divine
And half create the wondrous world they see.
But for the magic organ's powerful charm
Earth were a rude, uncolour'd chaos still.
Objects are th'occasion; ours th' exploit...
Man makes the matchless image, man admires...[68]

[Atribuem sabor ao fruto e harmonia aos bosques;
Seus raios fulgurantes ao ouro e ao fogo resplandecente do ouro...
Nossos sentidos, como nossa razão, são divinos
E dividem a criação do mundo esplendoroso que veem.
Não fosse pelo poderoso encantamento do órgão mágico
A terra ainda seria um caos imperfeito, descolorido.
Os objetos se nos apresentam; nossa é a aventura...
O homem cria a imagem incomparável, o homem admira...]

A referência às qualidades secundárias como constitutivas do suplemento que a mente faz à percepção é aqui inequívoca e traz para o primeiro plano um interessante aspecto da tradição lockiana. De fato, embora Locke houvesse dito que, ao adquirir as simples ideias de sentido, a mente, como um espelho, é passivamente receptiva, ele seguiu adiante e estabeleceu outra diferença. Algumas ideias elementares são "correspondências" de qualidades primárias que "estão dentro das próprias coisas": mas as ideias elementares de qualidades secundárias, tais como cores, sons, cheiros, sabores, não têm contrapartida em qualquer corpo externo. No dualismo de Locke, então, temos a noção de que nossa percepção do mundo sensível consiste parcialmente de elementos que refletem as coisas como elas são e parcialmente de elementos que são apenas "ideias na mente" sem "similar com alguma coisa existente do lado exterior".[69] Portanto, Locke, de forma implícita, concedeu à mente uma participação societária ativa na percepção dos sentidos; o que Young fez foi converter isso em uma sociedade ativa de "doação", "produção" e "criação". Nessa substituição metafórica simples, encontramos a excep-

---

68 Night VI (1744), ll. p.423 e ss.
69 *Essay Concerning Human Understanding*, I, p.168-79 (II, viii, 7, 15, 23). Cf. Addison, *Spectator* n.413 (uma espécie de meio termo entre as formulações de Locke e Young); Akenside, *Pleasures of Imagination* (1744), II, p.458-61, 489-514; e as citações em Marjorie Nicolson, *Newton Demands the Muse* (Princeton, 1946), p.144-64.

cionalidade de Locke no processo de se converter a si mesma no que é frequentemente considerado seu oposto epistemológico.

(2) Várias passagens sugerem que os objetos, possuidores de seu complemento integral de qualidades de sentido primárias e secundárias, são fornecidos do exterior, e que um observador acrescenta à percepção aspectos de sentimentos e qualidades estéticas – ou, de qualquer forma, qualquer sentido de beleza ou significação rico, intenso ou profundo na cena visível, "A luz ancilar", que veio da mente de Wordsworth "no sol poente /Concedeu novo esplendor", e intensificou a canção dos pássaros e o murmúrio das fontes.[70] No conhecido texto sobre as "marcas do tempo", quando Wordsworth revisitou uma cena "no abençoado tempo do primeiro amor", veio à sua lembrança

> The spirit of pleasure and youth's golden gleam;
> And think ye not with radiance more divine
> From these remembrances, and from the power
> They left behind?
>   ... this I feel,
> That from thyself it is that thou must give
> Else never canst receive.[71]

> [O espírito do prazer e o fulgor dourado da juventude;
> E não achas que eles trouxeram o mais divino esplendor
> daquelas recordações e da intensidade
> que elas deixaram para trás?
>   ... isso é o que sinto,
> Que deves conceder aquilo que tens
> Ou jamais poderás receber.]

A imagem da mente como projetora de qualidade estética ou de outra qualidade emocional havia sido prenunciada por certos escritores ingleses do século XVIII e foi outra parte da tendência nativa em relação ao conceito de percepção criativa que se desenvolveu dentro dos limites da tradição empírica inglesa. Assim, Hume comparou o vício e a virtude a "sons, cores, calor e frio, que, de acordo com a filosofia moderna, não são qualidades inerentes aos objetos, mas percepções da mente".[72] A mesma coisa ocorreu com o belo, que não é (no exemplo de uma figu-

---

70 *The Prelude* (1805), II, p.362 e ss.
71 Ibid., XI, p.323-34.
72 *Treatise of Human Nature*, org. L. A. Selby-Bigge (Oxford, 1896), p.469 (III, i, i).

ra geométrica) "uma qualidade do círculo... É apenas o efeito que aquela figura produz sobre a mente". E, em seguida, Hume resvala para as figuras alternativas de um projetor de luz, de produção e até mesmo de criação:

> Assim, as claras fronteiras e funções da *razão* e do *gosto estético* são facilmente determinadas... Uma descobre os objetos como eles realmente se apresentam na natureza, sem acréscimo ou redução; o outro tem uma faculdade produtiva, e dourando ou tingindo todos os objetos naturais com as cores emprestadas do sentimento interior, produz, de certa maneira, uma nova criação.[73]

Formulações da mente como projetora de qualidades estéticas são particularmente comuns entre aqueles teóricos do século XVIII que deram a Locke um colorido neoplatônico. Assim brada Akenside, ecoando a metáfora favorita de Plotino:

> Mind, mind, alone, (bear witness, earth and heaven!)
> The living fountains in itself contains
> Of beauteous and sublime –
>
> [A mente, a mente – apenas ela (céu e terra, sejam testemunhas!)
> A fonte viva, dentro de si contém
> O belo e o sublime –]

embora, em uma edição posterior de *Pleasures of the Imagination* [Prazeres da imaginação] ele, prudentemente, tenha substituído "Ele, Deus, o mais alto" por "Mente, apenas Mente", como o manancial das fontes estéticas.[74]

(3) Com muita frequência, entretanto, a mente é retratada pelos poetas românticos como projetora de vida, fisionomia e paixão no universo. O mero postu-

---

73 *An Enquiry Concerning the Principles of Morals*, in *Essays, Moral, Political and Literary*, II, p.263-5. Cf. David Hartley, *Observations on Man* (6.ed.; Londres, 1834), p.231-2 (III, iii, Prop. LXXXIX).

74 (1744), I, p.481 e ss.; (1757), I, p.563 e ss. William Duff, em *Essay on Original Genius*, p.67, descreve "o poder transformador da Imaginação, cujos raios iluminam os objetos que contemplamos... A Imaginação, arrebatada pela contemplação deles, fica apaixonada por sua própria criação". Archibald Alison, em uma obra escrita em 1790 para demonstrar que "as qualidades da matéria são, por si mesmas, incapazes de produzir emoção", mas são percebidas como belas ou sublimes por um processo de associação, pensa que sua doutrina, todavia, coincide com "uma doutrina que desde cedo parece ter diferenciado a escola PLATÔNICA...; que a matéria não é bela em si mesma, mas deriva sua beleza da expressão da MENTE". (*Essays on the Nature and Principles of Taste*, Boston, 1812, p.106, 417-8).

lado de um universo animado não representava novidade alguma; o Deus ubíquo de Isaac Newton, constituindo duração e espaço e sustentando com sua presença as leis de movimento e gravitação, e a *Anima Mundi* dos estoicos e platônicos antigos, são muitas vezes encontrados em convivência amistosa com a poesia-natureza do século XVIII. O que é peculiar na poesia de Wordsworth e de Coleridge não é a atribuição de uma vida e uma alma à natureza, mas a recorrente formulação dessa vida exterior como uma contribuição para a vida e a alma do homem, o observador, ou, de outra forma, como uma reciprocidade constante com ambas. Esse mesmo tópico foi também central na teoria literária desses autores e surge repetidas vezes em suas discussões acerca do assunto da poesia, das análises que fazem do processo imaginativo, e dos seus debates sobre a dicção poética e a legitimidade da personificação e de figuras de linguagem afins.

Encontrar a razão para essa preocupação comum da filosofia da natureza e da arte do início do século XIX não é difícil. Ela foi parte essencial da tentativa de revitalizar o universo material e mecânico que emergira da filosofia de Descartes e Hobbes e que fora pouco tempo depois dramatizada pelas teorias de Hartley e pelos mecanicistas franceses do final do século XVIII. Ao mesmo tempo, foi uma tentativa de superar o sentido da alienação do homem diante do mundo sanando a dicotomia entre assunto e objeto, entre o mundo vital, fixo, pleno de valores da experiência privada e o supostamente extinto mundo da extensão, quantidade e movimento. Estabelecer que o homem compartilha sua própria vida com a natureza era reanimar o universo inerte dos materialistas e, ao mesmo tempo, reconectar de maneira mais efetiva o homem ao seu ambiente.

O objetivo persistente da filosofia formal de Coleridge era substituir por "vida e inteligência... a filosofia do mecanicismo, a qual, em tudo o que é mais digno do intelecto humano, combate a *Morte*". E a vida infundida no movimento mecânico do universo torna-se una com a vida do homem: na natureza, escreveu ele em 1802, "tudo tem vida própria e... somos todos uma *Vida*".[75] Uma ideia semelhante constitui o *leitmotif* de *Prelude*, de Wordsworth. Em uma passagem crucial, por exemplo, Wordsworth descreve como o infante nos braços da mãe, vendo o mundo "iluminado" pelo amor dela, passa a sentir-se em casa no universo.

No outcast he, bewildered and depressed:
Along his infant veins are interfused
The gravitation and the filial bond
Of nature that connect him with the world.

---

75 Carta a Wordsworth, 30 mai. 1815, *Letters*, II, p.648-9; para W. Sotheby, 10 set. 1802, ibid., I, p.403-4.

[Perplexo e desalentado pária ele não é:
Em suas veias de criança fundem-se
A gravitação e os laços filiais
Da natureza que o unem ao universo.]

Porém, existe algo mais do que a mera fusão de sentimento; a criança torna-se integrante do mundo exterior por meio do mais forte de todos os laços, ou seja, participando da criação dele, e assim compartilhando com ele atributos de seu próprio ser. Por meio das faculdades do sentido, a mente cria –

Creator and receiver both,
Working but in alliance with the works
Which it beholds.[76]

[Criadora que também recebe,
Operando sempre em aliança com as obras
Que contempla.]

O apogeu desse processo de domiciliação chegou em seu décimo sétimo ano quando, por um processo que opõe à "indústria analítica", ele viu não apenas seus sentidos e sentimentos, mas sua vida aliada a uma vida impregnada na natureza com um êxtase inefável.

...felt the sentiment of Being spread
O'er all that moves and all the seemeth still.

[...sentiu-se um Ser espraiado
Por tudo o que tem vida e tudo o que parece inerte]

Essa experiência da vida única dentro de nós e do lado de fora anula a divisão entre o animado e o inanimado, entre sujeito e objeto – enfim, até mesmo entre objeto e objeto, no magnífico TUDO É UM do estado de êxtase místico.

then, when the fleshly ear,
O'ercome by humblest prelude of that strain,
Forgot her functions, and slept undisturbed.[77]

---

76 *The Prelude* (ed. 1850), II, p.232-60.
77 Ibid., II, p.382-418. Cf. ibid., (1805), VIII, p.623-30; cf. também Stallknecht, *Strange Seas of Thought*, cap. III. É importante levar em consideração aqui o peso extraordinário que

[então, quando o ouvido mundano,
Dominado pelo modesto prelúdio daquela melodia,
Descuidou de suas funções, e serenamente adormeceu.]

Aqui, Wordsworth refere-se à sua relação com a natureza em termos de "laços filiais"; devemos acrescentar a notável passagem extraída da conclusão do primeiro livro do *The Recluse* [O recluso], em que ele substitui as metáforas familiares por metáforas conjugais. Esse grande empreendimento, a pretendida coroação de sua carreira poética, ele anuncia em termos inequívocos, pretende ser um "verso conjugal" – um prodigioso protalâmio celebrando o casamento da mente e da natureza, a consumação das bodas e a consequente criação (ou procriação?) de um mundo perceptual vivo, "Paraíso, bosques elísios, campos felizes –"

   the discerning intellect of Man,
When wedded to this goodly universe
In love and holy passion, shall find these
A simple produce of the common day.
– I, long before the blissful hour arrives,
Would chant, in lonely peace, the spousal verse
Of this great consummation: –, and, by words
Which speak of nothing more than what we are,
Would I arouse the sensual from their sleep
Of Death, and win the vacant and the vain
To noble raptures; while my voice proclaims
How exquisitely the individual Mind
(And the progressive powers perhaps no less

---

outros poetas românticos, como Coleridge e Wordsworth, colocaram na experiência de *Einfühlung*, ou perda da distinção entre o *self* e o cenário externo. P. ex., Shelley, On Life, *Literary and Philosophical Criticism*, p.56: "Aqueles que estão sujeitos ao estado denominado devaneio sentem como se sua natureza estivesse dissolvida no universo ao seu redor, ou como se o universo estivesse absorvido em seu ser. Eles não têm consciência de qualquer distinção". E Byron, *Childe Harold's Pilgrimage*, III, LXXII: "I live not in myself, but I become Portion of that around me" [Eu vivo não em mim mesmo, mas me torno Parte daquilo ao meu redor]; "the soul can flee,/ And with the sky, the peak, and the heaving plain/ Of ocean, or the stars, mingle, and not in vain" [a alma pode fugir/E, com o céu, o pico, e as lamentações /Do oceano, ou das estrelas, misturam-se, e não é em vão /]. E ibid., IV, CLXXVIII: "I steal /From all I may be, or have been before, /To mingle with the Universe" [Eu roubo/ de tudo o que posso ser, ou que já tenha sido/Para fundir-me ao Universo]. Keats foi extraordinário, no sentido de que sentia uma identificação mais com coisas individuais, como pardais e pessoas, do que com a paisagem como um todo; ver os conhecidos excertos em suas *Letters*, org. M. B. Forman (3.ed.; Oxford, 1948), p.69, 227-8, 241.

Of the whole species) to the external World
Is fitted: – and how exquisitely, too –
Theme this but little heard of among men –
The external World is fitted to the Mind;
And the creation (by no lower name
Can it be called) which they with blended might
Accomplish: – this is our high argument.[78]

Dois dos mais importantes e mais representativos poemas do início do século XIX, "Intimations of Immortality" [Prenúncios de imortalidade], de Wordsworth, e "Desalento: uma ode", de Coleridge, voltam-se para a distinção, na experiência sensorial, entre fatos e adendos. Em ambos os poemas, o tema refere-se a uma aparente mudança nos objetos do sentido e desenvolve-se em termos de esquemas mentais que explicam a mente por analogia com alguma coisa que é ao mesmo tempo projetiva e capaz de receber de volta o produto do que ela dá e do que lhe é dado. A "Ode" de Wordsworth emprega com retumbante sucesso as familiares metáforas óticas de luz e de objetos resplandecentes – feixes luminosos e estrelas. O problema dele é de perda da "luz celestial" e da "glória" proveniente das pradarias, do bosque e do ribeirão. A solução está inerente à figura (não incomum, como sabemos, para os teólogos neoplatônicos) da alma como "estrela de nossa vida", "deixando rastros de glória" ao se erguer, mas gradativamente, no curso da vida em direção oeste, esmaecendo "na luz do dia comum", embora deixando atrás de si reminiscências, que "São ainda a luz-fonte de todo o nosso dia".[79] Contudo, se a maturidade tem suas perdas de "esplendor na relva, de glória na flor", ela tem também suas compensações, e a mente, embora modificada, retém seu poder de intercâmbio radiante com o mundo exterior:

The clouds that gather round the setting sun
Do take a sober coloring from an eye
That hath kept watch o'er man's mortality.

---

78 Incluído no Prefácio a *The Excursion* (1814), ll. p.47-71. A analogia mal disfarçada nesse fragmento, a propósito, apresenta um paralelo interessante com a cabalística e outras teorias esotéricas sobre a geração sexual do mundo.

79 Culverwel, p. ex., associa a conhecida concepção das estrelas de primeira grandeza como existências angelicais à imagem da fonte da luz: "O Criador 'preencheu' *a parte* mais alta do *Universo* com aquelas *Estrelas* de *primeira grandeza;* quero dizer, aqueles *Seres Iridescentes* e *Angelicais* cuja morada é tão próxima da *fonte de Luz*, e bebem continuamente dos *Raios da Glória*..." (*The Cambridge Platonists*, org. Campagnac, p.283).

[As nuvens que se acumulam ao redor do sol poente
Ganham um despojado colorido do olhar
Que não perde de vista a mortalidade do homem]

"Desalento", de Coleridge, por outro lado, memorializa não apenas uma alteração, mas a perda completa do poder de reciprocação da mente, deixando-a em estado de morte em vida, como um receptor passivo da cena inanimada visível. Nas pequenas terceira e quarta estrofes, em que Coleridge reitera cinco vezes a dependência que a vida interior do homem tem da vida da natureza, ele atinge o diapasão completo de metáforas para a mente ativa e contributiva, algumas familiares, outras aparentemente de sua própria lavra. A mente é um manancial, uma fonte de luz, geradora de uma nuvem que transmite chuva vivificante, uma voz melodiosa como a de uma harpa eólica cujo eco se funde aos sons de origem exterior; há até mesmo a sugestão de um enlace wordsworthiano com a natureza. E a quinta estrofe, propondo "felicidade" como condição interior indispensável para o "eflúvio" e retorno da vida, recapitula mais sutilmente todas essas figuras – ótica, acústica, meteorológica e conjugal:

Joy, Lady! is the spirit and the power,
Which, wedding Nature to us, gives the dower
    A new Earth and new Heaven,
Undreamt of by the sensual and the proud –
Joy is the sweet voice, Joy the luminous cloud –
    We in ourselves rejoice!
And thence flows all that charms or ear or sight,
    All melodies the echoes of that voice,
All colours a suffusion from that light.

[É o júbilo, Senhora, o espírito e o portento
Que dando a nós a natureza em casamento,
    Trazem por dotes nova Terra e novo Céu,
Negados à alma sensual, à alma orgulhosa...
O júbilo é a doce voz, a nuvem luminosa,
    O nosso gáudio em noz!
Dele é que flui tudo o que ouvido e olhar seduz
    E toda melodia é um eco de sua voz,
E toda cor é sufusão de sua luz.]*

---

* Tradução de Paulo Vizioli em *Poemas e excertos de "biografia literária" / S. T. Coleridge: introdução, seleção, tradução e notas de Paulo Vizioli*. São Paulo: Nova Alexandria, 1995. (N.T.)

Entretanto, não é senão na resolução da estrofe final, quando Coleridge faz uma prece para que a Dama a quem o poema é endereçado, possa reter o poder que ele perdeu, que encontramos a metáfora maior de um turbilhão. A figura sugere um intercâmbio incessante e circular de vida entre alma e natureza em que é impossível distinguir o que é dado daquilo que é recebido:

> To her may all things live, from pole to pole,
> Their life the eddying of her living soul!
>
> [De polo a polo, tudo só para ela viva
> Com seu viver no vórtice de sua alma viva!]*

Essa versão da mente perceptiva como uma mente que projeta vida e paixão no mundo que apreende é a que mais se aproxima das formulações simultâneas da mente ativa na mais intensa composição poética – como Coleridge insinua quando diz, em "Desalento", que seu fracasso em não poder projetar "a paixão e a vida" indica o "fracasso também de modelador da imaginação". Em resumo, podemos dizer, então, que na teoria de Coleridge (em parte, embora não consistentemente paralela à de Wordsworth), o ato fundamental e já criativo da percepção gera o "mundo frio e inanimado" da multidão sempre ansiosa. Isso mais ou menos coincide com o mundo inerte tanto da filosofia empírica quanto do senso comum, que é percebido apenas enquanto serve aos nossos interesses e objetivos práticos. Esse mundo inclui a prímula amarela de Peter Bell, e nada mais; narcisos movimentando-se ao sabor da brisa, mas não de maneira alegre ou dançante; a lua radiante no céu límpido – com a ressalva de que não é a lua, mas o poeta que "com prazer observa ao eu redor quando os céus estão límpidos". O ato de recriação subsequente e mais poderoso, entre suas outras funções, ao projetar sua própria paixão e vida, transforma o indiferente mundo inanimado em um mundo agradável, unido à vida do homem e, pelo mesmo ato, converte matéria de fato em matéria de poesia – e de acordo com a concepção de Coleridge, na poesia mais nobre, porque ela é produto da "imaginação secundária".

Não podemos deixar o tema dos analogismos românticos da mente sem citar um dos favoritos de Coleridge, e destinado a alterar mais drasticamente as concepções da mente, da arte e do universo do que todos os aparatos de luz, fontes e harpas eólicas que encontramos até agora. Trata-se do arquétipo (potencialmente presente na figura platônica dos "embriões de luz" da mente) representando a mente não como um objeto ou artefato físico, mas como uma planta viva que cresce

---

* Idem. (N.T.)

na percepção de si mesma. Ao mecanismo mental, Coleridge opõe com frequência e de maneira explícita o conceito de vida e crescimento. Em uma passagem importante de *The Statesman's Manual* [O manual do estadista], Coleridge descobre "correspondências e símbolos" da mais alta faculdade humana no crescimento de uma planta e em seu poder de assimilar elementos externos com os quais sua respiração já contribuiu. Observando uma planta num prado florido, ele diz "Sinto-me perplexo, como se houvesse diante de meus olhos o mesmo poder que tem a razão – o mesmo poder em menor grandeza e, portanto, um símbolo estabelecido na verdade das coisas".

> Repare bem! – com o sol nascente, ela começa sua vida exterior e entra em comunhão aberta com todos os elementos, ao mesmo tempo assimilando-os para si mesma e reciprocando-os. Nesse mesmo momento, ela cria raízes e abre suas folhas, absorve e respira, jorra seu vapor refrescante e sua mais delicada fragrância, e exala uma energia restauradora, ao mesmo tempo o alimento e o espírito da atmosfera, na atmosfera que a sustenta. Repare bem!– ao toque da luz, como ela devolve um ar semelhante à luz e, ainda assim com a mesma vibração efetua secretamente seu próprio crescimento, ainda contraindo-se para firmar aquilo que, ao expandir-se, ela havia refinado.[80]

Em qualquer período, a teoria da mente e a teoria da arte tendem a se correlacionar integralmente e a depender de analogismos semelhantes, explícitos ou submersos. Colocando o assunto de maneira esquematizada: para o crítico representativo do século XVIII, a mente perceptiva era um refletor do mundo exterior; o processo inventivo consistia de uma remontagem de "ideias" que eram, literalmente, imagens ou réplicas de sensações; e a obra de arte resultante era, ela própria, comparável a um espelho que apresentava uma imagem selecionada e ordenada da vida. Ao defender a ideia de uma mente projetiva e criativa e, portanto, uma teoria expressiva e criativa da arte, vários críticos românticos reverteram a orientação básica de toda a filosofia estética. Consideremos agora as outras possibilidades inovadoras na planta arquetípica de Coleridge. Sob essa perspectiva, Coleridge via a mente como se ela estivesse crescendo em seus perceptos; para ele, a atividade da imaginação poética era diferente desse processo assimilativo vital, autodeterminante, em grau mais do que em espécie, e assim ele pôde idealizar o produto do gênio artístico como algo que revelava o modo de desenvolvimento e as relações internas de um todo orgânico. Esse, porém, é assunto para capítulo posterior.

---

80 *Lay Sermons*, org. Derwent Coleridge (3.ed.; Londres, 1852), p.75-7. Coleridge acrescenta em uma nota que esse excerto "pode adequadamente servir como conclusão de uma investigação sobre o espírito... sem referência a qualquer dogma teológico".

O DESENVOLVIMENTO DA TEORIA EXPRESSIVA DA POESIA E DA ARTE

> *Depois de um longo silêncio, ele começou a explicar seu plano. "Senhores", diz ele, "este fragmento não é nenhum de seus poemas épicos comuns... não há nenhum de seus Turnos ou Didos aqui; isto é uma descrição heroica da natureza. Apenas peço-lhes que se esforcem em unir suas almas à minha e ouvir com o mesmo entusiasmo com que escrevi... pois os senhores devem saber, cavalheiros, que o herói sou eu mesmo."*
>
> Oliver Goldsmith, Letters from a Citizen of the World

Generalizar acerca de um movimento intelectual amplo e complexo é quase inevitavelmente estabelecer simplificações convenientes que devem ser descritas na sequência. Enfatizei a originalidade da crítica do início do século XIX, em seu contraste com as principais tendências da teoria da arte durante os dois mil anos precedentes. Mesmo que os padrões característicos da teoria romântica fossem novos, muitas de suas partes constituintes são encontradas, desenvolvidas de formas variadas, em autores anteriores. Ao deslocar o foco e a seleção dos exemplos, podemos prontamente mostrar que a estética romântica foi muito mais um exemplo de continuidade do que de revolução na história intelectual. No decorrer do século XVIII, alguns elementos da poética tradicional foram atenuados ou descartados, enquanto outros foram expandidos e sofreram acréscimos variados; ideias que até então eram centrais tornaram-se marginais, e aquelas marginais tornaram-se centrais; novos termos e distinções foram introduzidos até que, passando por fases gradativas, ocorreu uma reviravolta na orientação prevalente do pensamento estético. Um relato resumido desse processo, tanto na Inglaterra como na Alemanha, será útil para esclarecer o que é hereditário e o que é especial na terminologia e nos métodos das várias teorias românticas que se voltam para o conceito de que poesia é a expressão de sentimentos, ou do espírito humano, ou de um estado intenso da mente ou da imaginação. Por uma questão de conveniência, avançarei por tópicos, dispondo separadamente e em sequência desdobramentos que foram, na verdade, concomitantes e interdependentes.

Si vis me flere...

Em sua intenção pragmática, a teoria retórica antiga incorporou diversos elementos que podem ser detectados como componentes centrais da teoria romântica: por exemplo, a atenção à "natureza", ou a habilidade inata do orador e poeta, além de sua arte e das habilidades adquiridas; a tendência a conceber a invenção, a disposição e a expressão do material como poderes e processos mentais, e não apenas como a manipulação manifesta das palavras; e a suposição comum de que ocorrências irracionais ou inexplicáveis, tais como inspiração, insensatez divina ou graça ditosa, são condições indispensáveis da expressão mais notável. O que é particularmente extraordinário, para nosso caso presente, é a ênfase que os retóricos sempre colocaram no papel das emoções na arte da persuasão. Aristóteles afirmou que instigar as emoções dos ouvintes é um dos três modos de garantir a persuasão. Cícero definiu os três objetivos do orador como sendo "conciliar, informar e seduzir o público" e acrescentou que o orador deve, ele próprio, alcançar um estado de arrebatamento se pretende evocar emoções em seus ouvintes, pois "nenhuma mente é tão suscetível ao poder da eloquência a ponto de captar sua intensidade, a menos que o orador esteja, ele próprio, tomado de ardor".[1] Com a intenção de persuadir, Horácio substituiu prazer ou proveito e transferiu o conceito da demonstração e evocação do sentimento do campo da retórica para o da poética:

> Non satis est pulchra esse poemata; dulcia sunto
> Et quocumque volent animum auditoris agunto.
> ...si vis me flere, dolendum est
> Primum ipsi tibi...[2]

---

1 Aristóteles, *Rhetoric* I. I. 1356a; Cícero, *De oratore* II. xxviii, xlv.
2 *Ars poetica*, ll. p.99-103. Aristóteles (*Poetics* XVII. 1455a) já havia aconselhado o poeta praticante a exercer o papel e sentir as emoções de suas personagens, a fim de representá-las de forma mais convincente. Quintiliano, que conhecia a *Arte poética* de Horácio, afirmou que "o principal requisito para instigar os sentimentos dos outros, é... que nós mesmos sejamos instigados" (*Institutes*, III. v. 2, VI. ii. p.25-7). No século XVI, Minturno explicitamente incluiu a "instigação" entre o deleite e a instrução, como sendo o propósito da poesia.

"Se desejais que eu chore, tereis que me mostrar vossa dor primeiro" – ao redor dessa máxima, muitas vezes amalgamada (sobretudo quando se tratava de tragédia) com as afirmações de Aristóteles acerca de evocação e purgação da piedade e do terror, gravitou boa parte da discussão neoclássica do elemento emocional na arte poética. A asserção de que os críticos do século XVIII liam com base apenas na razão é uma grande calúnia. Nenhum leitor de qualquer outra época exigiu da poesia mais emoção, ou emoção mais violenta – e não apenas o sentimentalista, mas o mais judicioso dos leitores também. O elogio que Johnson faz a Shakespeare –

His powerful strokes presiding Truth impressed
And unresisted passion stormed the breast –

[Suas pinceladas poderosas presidem a Verdade gravada
E invade o peito a paixão incontrolada]

não é discurso vazio, conforme demonstra a intensidade da reação de Johnson a *Hamlet* e às cenas finais de *O rei Lear* e *Otelo*. E, pelo menos nas formas líricas, evocar os sentimentos no leitor de forma satisfatória envolvia um estado de espírito anterior por parte do poeta. No poema de Cowley sobre a morte de Hervey, Johnson afirma

Há muito louvor e pouca paixão... Quando ele deseja nos fazer chorar, ele se esquece de, ele próprio, chorar...[3]

Na típica interpretação neoclássica, contudo, não se considerava o eflúvio espontâneo de sentimento no poeta como condição indispensável para a criação de poesia. O poeta – inferia-se – cultiva um estado apropriado de sentimento dentro de si mesmo como um dos diferentes meios aos quais ele recorre para sensibilizar seus leitores. Conforme Boileau expressava o princípio, a paixão precisa *"chercher le coeur, l'échauffe et le remue"* [buscar o coração, aquecê-lo e comovê-lo].

Le secret est d'abord de plaire et de toucher;
Inventez des ressorts qui puissent m'attacher

[O segredo é primeiro agradar e comover;
Invente meios que possam me envolver]

---

3 "Prologue at the Opening of the Theatre Royal, Drury Lane", ll. p.7-8; "Life of Cowley", *Lives of the Poets* (org. Hill), I, p.36-7.

E, para esse fim, o poeta era aconselhado a assumir os sentimentos que desejava evocar; "Pour me tirer des pleurs, if faut que vou pleuriez"[4] [para me tirar do pranto, é preciso que chores]. Invadiu também o conceito romântico o princípio de que o sentimento é a essência da poesia, mas a maneira como Carlyle empregou o bordão horaciano revela a reversão na ênfase e a substituição da destreza pela espontaneidade. A superioridade de Burns, diz Carlyle, é "sua *Sinceridade*".

> A paixão que é registrada diante de nós brilha intensamente em um coração vivo... Ele articula o que está dentro dele; não em resposta a qualquer apelo exterior de vaidade ou de interesse, mas porque seu coração está por demais repleto para ficar silente... Esse é o grande segredo para se encontrar leitores e mantê-los cativos: que aquele que seduz e convence os outros seduza e convença primeiro a si mesmo. A regra de Horácio, *Si vis me flere*, aplica-se em um sentido mais amplo do que o literal.[5]

Longino e os longinianos

Algo semelhante ao que ocorre no século XIX quanto ao deslocamento do público para ceder lugar ao autor como o termo focal de referência pode ser encontrado em um retórico clássico, Longino – o exemplar e a fonte de muitos elementos característicos da teoria romântica. Seu tratado, sem dúvida, não se preocupava especificamente com a poesia, nem com qualquer poema em sua totalidade, mas apenas com a especial qualidade do "sublime", aquela qualidade superior da qual "os maiores poetas e escritores derivam sua eminência". Sua investigação dessa qualidade percorre as divisões convencionais do discurso, bem como do limite entre verso e prosa; sublimidade pode ser encontrada em Homero, Demóstenes, Platão, no Livro do Gênesis e em uma lírica amorosa de Safo. Das cinco fontes do sublime, as duas primeiras – "o poder de formar grandes concepções e a paixão intensa e inspirada" – são, em grande parte, uma questão de gênio nato, em oposição às outras três – linguagem figurada, dicção refinada e composição elevada – as quais são mais uma questão de arte. Desses cinco elementos, o inato e o instintivo desempenham o maior papel; e, se for necessário fazer uma escolha, os supremos, mesmo que imperfeitos produtos do gênio natural, devem ter prioridade em relação àquela mediocridade impecável que pode ser obtida apenas pela arte. Aci-

---

4 *L'Art poétique*, III, ll. p.15-6, 25-6, 142. Cf. Dryden, "Heroic Poetry and Poetic License", *Essays*, org. Ker, I, p.185-6: "*Si vis me flere, dolendum est primum ipsi tibi;* o poeta deve encarnar a paixão que ele se esforça em representar".
5 "Burns", (1828), *Works*, XXVI, p.267-8.

ma de tudo, as emoções são objeto de consideração fundamental entre as fontes da sublimidade, pois "eu afirmaria com confiança que não há tom mais nobre do que aquele da paixão genuína, em seu lugar exato, quando ela explode em um rasgo de entusiasmo selvagem e, por assim dizer, torna as palavras do orador transbordantes de delírio".[6]

Uma conspícua tendência de Longino, portanto, é deslocar-se da qualidade de uma obra para a sua gênese nos poderes e no estado da mente, do pensamento e das emoções do autor. Além disso, mesmo que a linguagem figurada seja, de maneira geral, uma questão de arte, Longino atribui um uso particularmente ousado e frequente de metáforas aos estímulos da paixão no orador, já que "é da natureza das paixões, em seu ímpeto veemente... exigir reviravoltas arriscadas como absolutamente indispensáveis". A quinta fonte de sublimidade, a composição ou arranjo das palavras, é também "um maravilhoso instrumento de articulação elevada e de paixão"; e "por meio da combinação e variação de seus próprios tons, procura introduzir na mente daqueles que estão presentes a emoção que afeta o orador".[7] Em última análise, portanto, a qualidade suprema de uma obra acaba sendo a qualidade refletida de seu autor: "Sublimidade é o eco de uma alma superior".[8]

De várias outras maneiras, Longino prenunciou os temas e métodos que se tornariam familiares na crítica romântica. Sua dependência do êxtase em detrimento da análise como critério de excelência anunciou a substituição do procedimento analítico e judicioso da crítica anterior pelo estilo e sensibilidade. Conforme teremos oportunidade de verificar, a opinião de alguns críticos do século XIX de que apenas o fragmento intenso e necessariamente breve é a quintessência da poesia teve sua origem na ênfase que Longino colocou no arrebatamento resultante da revelação luminosa, da imagem demolidora ou da explosão atordoante da paixão. Nele encontramos, além do mais, a origem de uma nova forma de crítica aplicada, pois os críticos do século XVIII reconheciam Longino, quando falavam dele, como "ele próprio aquele grande Sublime que ele delineia"; ele é o ancestral espiritual do impressionismo crítico.[9] Faz-se necessário apenas substituir o termo

---

6 *On the Sublime*, trad. para o inglês Rhys Roberts, i. 3; viii. 1; xxxiii. 1 – xxxvi. 4; viii. 4. Para uma análise da estrutura conceitual do tratado, cf. Elder Olson, "The Argument of Longinus' *On the Sublime*" *Critics and Criticism*, org. R. S. Crane, p.232-59.
7 Ibid., xxxii, 4; xxxix, p.1-3.
8 Ibid., ix, 2.
9 Acerca dos novos gostos estéticos que se desenvolveram no século XVIII sob a égide de "o sublime", cf. Samuel H. Monk, *The Sublime: A Study of Critical Theories in XVIII-Century England* (Nova York, 1935).

qualitativo de Longino, "sublimidade", pelo termo genérico "poesia", para incorporar muito de *Peri Upsous* ao modelo romântico – embora, curiosamente, o triunfo de sua perspectiva somente tenha ocorrido quando o próprio Longino havia perdido seu prestígio anterior e era raramente citado por críticos praticantes. A consonância de seu tratado com a tradição romântica familiar é a razão por que muitos estudiosos modernos da crítica que consideram Aristóteles esquemático, Horácio mundano e os retóricos insignificantes, respondem a Longino como estimulante e "moderno".

O exemplo crítico de Longino caminhou a passos lentos até se tornar aparente e mostrar seu pleno efeito. Todos os registros do documento estavam desaparecidos até que Robortello o publicou em 1554; e mesmo depois que a tradução de Boileau, em 1674, em suas várias edições, havia acrescentado Longino ao legado geral da crítica clássica, os novos termos e expressões continuaram por um longo tempo a ser acomodados dentro da estrutura da teoria mimética e pragmática sem afetar seu plano geral. Porém, os primeiros e poucos críticos que, graças aos seus interesses literários especiais, imitavam Longino, voltando-se para as aptidões mentais e emocionais do autor como uma importante fonte de efeitos poéticos, demonstraram imediatamente as possibilidades subversivas das ideias longinianas.

John Dennis, o "Senhor Tremendo Longino" da farsa *Three Hours after Marriage* [Três horas após as núpcias], foi o primeiro inglês cuja teoria crítica mostrou o impacto de *Peri Hypsous* nos fundamentos básicos em detrimento dos detalhes. Conforme apresentada em ensaios escritos na virada do século, a estrutura do sistema de Dennis é bastante tradicional. Em *The Advancement and Reformation of Poetry* [O progresso e a reforma da poesia] (1701), ele define poesia como "Imitação da Natureza por meio de um Discurso enternecedor e abundante".[10] Essa imitação tem a finalidade de estimular efeitos no leitor; e, em *The Grounds of Criticism in Poetry* [As razões da crítica poética], escrito três anos mais tarde, Dennis faz uma ilustrativa declaração da estrutura neoclássica de referência crítica:

> Dissemos acima que, como a Poesia é uma Arte, ela deve possuir um certo propósito, e deve haver os Meios apropriados para se atingir esse propósito, e esses Meios são também chamados de Regras... Poesia é, então, uma Arte pela qual um Poeta estimula a Paixão (e por essa razão específica, apraz os Sentidos), a fim de satisfazer e melhorar, deleitar e reformar a Mente... o [propósito] secundário é o Prazer, e o derradeiro é o Conhecimento.

---

10 *The Critical Works of John Dennis*, I, 215.

Em sua renitente defesa das regras tradicionais fundadas nas necessidades presumidas do público, Dennis é mais conservador do que muitos augustanos, e suas inferências de regras particulares são rigidamente silogísticas; portanto: "Pois se o propósito da Comédia é agradar e esse propósito deve ser atingido por meio do *Ridiculum*, então o *Ridiculum* deve englobá-las integralmente".[11]

É na expansão daquele elemento de sua definição que identifica o meio (que ele chama de "o Instrumento") de imitação como um "Discurso enternecedor e abundante", que Dennis elabora os conceitos derivados de Longino, o que coloca certa pressão sobre a estrutura pragmática por ele construída. A paixão é adequadamente justificada como uma forma de comover o leitor, para o fim implícito do prazer e o fim derradeiro da instrução. Entretanto, nas discussões posteriores de Dennis, o elemento emocional torna-se uma parte desproporcional de um poema. A paixão, afirma ele, discerne sua própria Natureza e Caráter. "Portanto", ele acrescenta, provavelmente ecoando o comentário que Milton faz em sua "Letter on Education" [Carta sobre educação], "Poesia é Poesia, porque é mais Ardente e Sensual do que Prosa".[12] Para Dennis, como para muitos críticos do século XIX, é seu caráter emocional e não seu caráter mimético que, na realidade, distingue poesia de prosa:

> A paixão é, portanto, a Marca Característica da Poesia, e, consequentemente, deve estar em toda parte, pois onde um Discurso não é comovente, ele é Prosaico... Pois sem Paixão não pode existir Poesia, da mesma forma como não pode existir a Pintura. E embora o Poeta e o Pintor descrevam Ação, eles devem descrevê-la com Paixão... e quanto mais Paixão houver, melhor será a Poesia e a Pintura...[13]

O que Dennis fez foi elaborar sobre *Peri Hypsous*, tornando as emoções, que para Longino haviam sido apenas uma das várias fontes da singular qualidade da sublimidade, a indispensável – quase suficiente – fonte e marca de toda poesia. Longino, insiste Dennis, equivocou-se quando disse "que Grandeza é, muitas

---

11 Ibid., I, 336, 224.
12 *Advancement and Reformation*, in ibid., I, 215. É provável que não tenha sido por uma conexão acidental que Milton, imediatamente após se referir a Longino, introduziu a incisiva afirmação de que a poesia é "mais simples, sensível e intensa" do que a retórica. Dennis faz referência à carta de Milton para Hartlib mais de uma vez nesse período (ver, *e.g.*, *Critical Works*, I, 333, 335; II, 389); se ele evoca essa passagem, ele antecipa vários críticos românticos ao converter a breve diferenciação que Milton faz entre a retórica e a poesia como instrumentos de educação em uma afirmação sobre o caráter essencial de um poema. Ver, *e.g.*, *Coleridge's Shakespearean Criticism*, I, p.164-6.
13 Ibid., I, p.215-6.

vezes, despida de qualquer Paixão"; sublimidade "jamais existe sem Paixão Ardente", e essa fonte única, de fato, "acomoda todas as Fontes de Sublimidade que Longino estabeleceu".[14]

Na mesma linha de formulações de Dennis, vários outros conceitos longinianos aproximam-se de elementos proeminentes da teoria romântica. Gênio e paixão são assunto da "Natureza", não da arte; a linguagem figurada é considerada "a Linguagem natural das Paixões"; e o metro "pode ser considerado tanto o Pai como o Filho da Paixão". Em consequência, as qualidades de um grande poema revelam algo do autor, pois quanto maiores foram as "Paixões Ardentes... mais elas revelam a Vastidão da Alma e a Excelência da Habilidade do Escritor".[15] Em uma carta escrita em 1814,[16] Wordsworth, que em suas composições iniciais pode ter conhecido Longino, como conheceu Aristóteles – apenas por ouvir dizer – enaltece a teoria das paixões de Dennis. Não há, entretanto, qualquer evidência de que Wordsworth tenha lido Dennis antes do Prefácio de 1800, como também não há motivo para supor que ele o tenha feito, pois haveria previsões muito mais próximas das doutrinas de Wordsworth antes do final do século XVIII.

Dennis, um entusiasta de temas religiosos em poesia, mostrou que Longino havia extraído muitos exemplos de sublimidade de referências à religião pagã, assim como de um exemplo do próprio Livro do Gênesis: "Deus disse: Faça-se a luz; e fez-se a luz". Em meados do século XVIII, outro crítico cuja preocupação específica era com poesia religiosa voltou-se para Longino como seu modelo, e com resultados ainda mais interessantes. Em 1753, o bispo Lowth, sucessor de Joseph Spence na Cátedra de Poesia em Oxford, publicou sob o título *Lectures on the Sacred Poetry of the Hebrews* [Palestras sobre a poesia sacra dos hebreus], as palestras que havia feito entre 1741 e 1750. Esse elaborado e abrangente exame crítico da Bíblia Hebraica, considerado uma coletânea de documentos poéticos, estava destinado a ter um impacto radical no sistema tradicional da crítica. A poesia da Bíblia divergia flagrantemente de muitos dos critérios herdados da prática e preceitos greco-romanos, mas, ao mesmo tempo, sua origem divina e tema reque-

---

14 *The Grounds of Criticism*, in ibid., I, p.359.
15 Ibid., I, p.357, 376, 222, 340.
16 *Letters of William and Dorothy Wordsworth: The Middle Years*, II, 617; cf. II, 633. Em 30 de agosto de 1842, De Quincey escreveu para Alexander Blackwood: "Certa vez coletei os panfletos ridículos (de Dennis) para obsequiar Wordsworth, que (juntamente com S. T. C.) tinha uma 'loucura' absurda por ele". O pedido de Wordsworth para De Quincey, entretanto, não poderia ter sido feito antes da elaboração do Prefácio de 1800. Cf. a útil edição fartamente comentada por E. N. Hooker de *Critical Works of John Dennis*, II, lxxiii, cxxv. Por volta de 1825, Wordsworth demonstrou que havia lido Longino cuidadosamente; cf. Markham L. Peacock Jr., *The Critical Opinions of William Wordsworth* (Baltimore, 1950), p.157-8.

riam a mais alta apreciação de sua grandeza como literatura e também como revelação.[17] Ademais, a Bíblia não traz qualquer exemplo do gênero épico e, conforme Lowth aponta, somente os Cânticos de Salomão e o livro de Jó podem ser considerados uma aproximação, mesmo que rudimentar, da forma dramática. Ao discutir os Profetas, os Salmos e outros textos bíblicos, portanto, Lowth não tem muito a dizer a respeito de tópicos comuns como enredo, personagens ou a tradicional arte da poesia. Sua preocupação dominante é com a linguagem e o estilo – sobretudo com a "sublimidade" que deixa a poesia hebraica sem rival – e também com a fonte desses elementos nas concepções e paixões dos escritores religiosos.

Em sua discussão da qualidade especial do estilo hebraico, Lowth propõe uma distinção entre prosa como a linguagem da razão e poesia como a linguagem da emoção, o que retrocede ao uso da paixão de Dennis para diferenciar linguagem poética de linguagem prosaica, e avança para a afirmação de Wordsworth, de que "Poesia é paixão", o oposto de "Factual, ou Ciência". Como veremos no Capítulo "Variedades da teoria romântica: Shelley, Hazlitt, Keble e outros", essa distinção, no final, levou a uma divisão de todo e qualquer discurso em duas categorias: linguagem "referencial" e linguagem "emotiva".

> A linguagem da razão é fria, moderada, mais humilde do que elevada, bem ordenada e perspícua... A linguagem das paixões é radicalmente diversa: as concepções explodem em uma torrente desordenada, expressando o conflito interior... Em suma, a razão fala literalmente, as paixões falam poeticamente. A mente, agitada por qualquer paixão que seja, permanece fixa sobre o objeto que a instigou; e por estar ansiosa por manifestá-la, não se satisfaz com uma descrição simples e exata, mas adota uma maneira de descrever agradável às suas próprias sensações, esplêndida ou angustiante, jocosa ou desagradável, visto que as paixões naturalmente se inclinam a amplificações; elas expandem e exageram de maneira fabulosa o que quer que habite a mente, e se esforçam para expressá-lo em termos intensos, ousados e majestosos.

Linguagem figurada, portanto, é o produto espontâneo e instintivo do sentimento, que modifica os objetos da percepção; e Lowth zomba daquelas teorias que os retóricos "detalharam com tanta pompa, atribuindo à arte aquilo que, acima de tudo, deve-se apenas e tão somente à natureza".[18]

Lowth já havia anunciado sua adesão à visão de que a poesia tem "utilidade como seu objetivo derradeiro, e prazer como o meio pelo qual aquele fim pode ser

---

17 Para uma discussão detalhada, cf. Vincent Freimarck, *The Bible in Eighteenth-Century English Criticism* (dissertação de doutorado não publicada, Cornell University Library, 1950).
18 *Lectures on the Sacred Poetry of the Hebrews*, trad. para o inglês de G. Gregory (Londres, 1847), p.156.

efetivamente alcançado".[19] Ademais, esses críticos estão certos quando afirmam que poesia é imitação: "Dizem que poesia consiste de imitação; o que quer que a mente humana possa conceber, é função da poesia imitar". Contudo, ambas as proposições, de acordo com Lowth, harmonizam-se com sua visão de que a poesia "deriva sua própria existência das emoções mais intensas da mente". É por isso que de todas as formas de imitação literária, a mais efetiva é aquela que, como "a grande maioria da poesia sacra", reflete não questões externas, mas as afeições do próprio poeta:

> Visto que o intelecto humano sente alegria natural diante de cada espécie de imitação, aquela espécie em particular – que revela sua própria imagem, que se manifesta e retrata aqueles impulsos, inflexões, desordens e emoções secretas, que ele percebe e conhece em si mesmo – certamente irá fascinar e deleitar acima de todas as outras.[20]

Enquanto Lowth exemplifica a tendência bastante comum em sua época de enfatizar a representação poética da paixão, mais do que de pessoas ou ações, ele é admirável por conceber o poema como um espelho que, em vez de refletir a natureza, reflete os cantos mais recônditos da mente do poeta. Não é o chamado entusiasmo dos primeiros poetas, pergunta ele, um "estilo e uma expressão... manifestando a verdadeira imagem de uma mente sobremaneira agitada, quando, por assim dizer, as avenidas secretas, os recessos da alma são escancarados; quando as concepções mais íntimas são reveladas?". Essa autorrevelação é um atributo claro da poesia hebraica, "em parte, pelo menos, se não em sua totalidade".

> Com frequência, em vez de dissimular os sentimentos secretos do autor, ela os expõe à visão pública; e o véu, por assim dizer, ao ser subitamente removido, revela com clareza todas as afeições e emoções da alma, com seus impulsos repentinos, suas manifestações precipitadas e suas inconstâncias.[21]

Essa ênfase na agitação intensa, nos sentimentos secretos, na autorrevelação, e o uso do conceito teológico de discurso "velado" inevitavelmente sugerem os conceitos de poesia que John Keble iria explorar com tanta profundidade quase um século depois. Não é surpresa, portanto, descobrirmos que Keble (que, a propósito, foi o único crítico romântico importante a fazer frequentes

---

19 Ibid., p.16.
20 Ibid., p.184-5, 188.
21 Ibid., p.50, 157; cf. p.174.

referências a Longino) prestou homenagem especial "àquela incomparável série de palestras sobre a poesia sacra dos hebreus, de seu predecessor na Cátedra de Oxford. A linha que vai de Lowth a Keble é direta, assim como a linha que vai de Lowth a outro teólogo que iria alterar profundamente as doutrinas convencionais sobre a natureza da poesia – Johann Gottfried Herder, que reconheceu sua dependência das palestras de Lowth em seu livro *Vom Geist der ebraischen Poesie* [Do espírito da poesia hebraica], publicado em 1782.

Linguagem primitiva e poesia primitiva

Na época de Wordsworth, era procedimento de rotina, quando se caracterizava a poesia, fazer referência à sua suposta origem nos clamores inflamados e, portanto, naturalmente rítmicos e figurativos do homem primitivo. Tal crença deslocou a conjetura de Aristóteles de que a poesia se desenvolveu a partir do instinto humano da imitação, bem como da opinião pragmática de que a poesia foi inventada por sábios para tornar seus ensinamentos civis e morais mais palatáveis e mais memoráveis. A teoria de que a poesia se engendrou na emoção e, mais especificamente, na emoção religiosa, havia sido proposta por John Dennis já em 1704. "A religião, a princípio produziu [poesia], como uma Causa produz seu Efeito... pois as Maravilhas da Religião naturalmente lançaram-nas sobre grandes Paixões, e estas naturalmente lançaram-nas sobre a Harmonia e a Linguagem figurada".[22] Uma teoria semelhante foi ainda mais desenvolvida pelo bispo Lowth. A noção, conforme Steel postulou em seu quinquagésimo primeiro artigo publicado no *The Guardian*, de que "os primeiros poetas foram encontrados no altar" – geralmente incorporada à antiga crença da inspiração divina e com os conceitos longinianos da importância da paixão – esteve muito em voga na última parte do século XVIII.[23]

Muito da opinião acerca da origem emocional da poesia, contudo, teve uma fonte independente nas especulações relativas à origem da linguagem em geral. Em sua maior parte, a teoria linguística herdada dos antigos enfatizava a relação entre palavras e coisas – quer essa relação proviesse da natureza ou de convenções – e geralmente atribuía a origem da linguagem a um edito divino, ou à invenção

---

22 *The Grounds of Criticism*, in *Critical Works*, I, 364.
23 Lowth, *Lectures*, p.30, 50-4. Ver, p. ex., Hildebrand Jacob, *Of the Sister Arts* (Londres, 1734), p.11; John Newbery, *The Art of Poetry on a New Plan* (Londres, 1767), I, i-ii; e o ensaio da *British Magazine* (1762) atribuído a Goldsmith, in *The Works of Oliver Goldsmith*, org. J. W. Gibbs, I, p.341-3.

deliberada de um herói da cultura, ou a um acordo social racional.[24] A grande exceção é a doutrina dos epicuristas, conforme a conhecemos a partir do extraordinário quinto livro de *De rerum natura*. Lucrécio propõe que o homem primordial fora dotado apenas de instintos, paixões e a mera potencialidade da razão; por isso, "supor que alguém... tenha atribuído nomes às coisas e, a partir daí, os homens tenham aprendido suas primeiras palavras, é insensatez". A origem da linguagem foi natural, espontânea e emocional; a raça humana primeiro discerniu as coisas "variando os sons para se adequarem a sentimentos diferentes".

> Portanto, se sentimentos diferentes compelem animais – que não têm o dom da palavra – a expressar sons diferentes, é muito mais natural que os homens mortais devam, então, ter sido capazes de marcar diferentes coisas por um ou outro som.[25]

Lucrécio atribuiu a origem da poesia e de outras formas de arte – diferentes da linguagem – a modos de atividades posteriores e não expressivos. Porém, além dessa opinião, persistiu uma tradição – defendida por escritores amplamente estudados, como Estrabão e Plutarco – que reverteu a cronologia de Lucrécio e sustentou que o verso precedeu a prosa como forma de discurso criativo.[26] A teoria lucreciana de que a linguagem começou como expressão espontânea do sentimento, com certeza em alguma época passada, uniu-se à crença concomitante de que a primeira forma elaborada de linguagem era poética, para transformar-se na doutrina de que a poesia precedeu a prosa *porque* a poesia é a expressão natural de sentimento.

É possível detectar essa fusão nas amplas e sombrias especulações de Giambattista Vico. Ele fizera um meticuloso estudo de Lucrécio quando, no final do século XVII, a filosofia epicurista era moda na *avant garde* dos círculos intelectuais napolitanos.[27] Em seu *Scienza Nuova* [Nova ciência] (1725), Vico citou as costumeiras autoridades clássicas acerca da prioridade da poesia sobre a prosa, bem como relatórios feitos por viajantes concernentes à prevalência de canções entre os índios americanos; fez também referências frequentes aos princípios de

---

24 Várias passagens das teorias grega e romana sobre as origens da linguagem foram compiladas em *Primitivism and Related Ideas in Antiquity*, de Lovejoy e Boas (Baltimore, 1935); cf. especialmente p.207, 221, 245, 371-2, 219-22.
25 *De rerum natura*, trad. para o inglês de W. H. D. Rouse, V, p.1041-90.
26 Strabo, *Geographica*, I, ii. 6; Plutarco, "De Pythiae oraculis", *Moralia* 406 B-F. Para um bom resumo das doutrinas e autoridades nesse assunto no final do século XVII, cf. *Sir* William Temple, "Of Poetry", *Critical Essays of the Seventeenth Century*, org. Spingarn, III, p.79-89.
27 *Autobiography of Giambattista Vico*, trad. para o inglês de T. G. Bergin e M. H. Fisch (Ithaca, N. Y., 1944), p.126; cf. Introdução, p.32, 36.

Longino. Vico audaciosamente desenvolveu esses elementos, entre outros, provenientes de fontes diversas, e constituiu o que chamou de "chave mestra" de sua monumental nova ciência da humanidade: a hipótese de que os homens, no primeiro período depois do dilúvio, pensavam, falavam e agiam pela imaginação e pelo instinto, e, portanto, de forma poética; e que essas primeiras expressões e atividades poéticas continham as sementes de todas as artes, ciências e instituições sociais posteriores. Os gigantes pós-diluvianos, de acordo com Vico, eram dominados pelos sentidos e pela imaginação, não pela razão, e seu primeiro modo de pensamento foi intenso, animista, particularista e místico, em vez de racional e abstrato; portanto, eles "eram, por natureza, poetas sublimes", pois frases poéticas "são formadas com os sentidos das paixões e das afeições, em contraste com frases filosóficas, que são formadas com reflexão e raciocínio".[28] A linguagem articulada desenvolveu-se, em parte, do arremedo vocal de sons naturais, e, em parte, de interjeições "articuladas sob o ímpeto de paixões violentas" – "os primeiros homens ignaros eram levados a articular sons apenas quando movidos por paixões muito violentas". Visto que os homens naturalmente "desafogam grandes paixões por meio do cantar", a linguagem emotiva primordial deve ter sido ao mesmo tempo poesia e canto, e, inevitavelmente, muito figurativa.[29] Assim, argumenta ele em grande estilo, são derrotadas "todas as teorias da origem da poesia, de Platão e Aristóteles a Patrizi, Scaliger e Castelvetro", bem como os dois equívocos comuns dos gramáticos, de que, considerando os tropos como criações engenhosas de escritores, "o discurso em prosa é o discurso apropriado, e o discurso poético inapropriado; e que o discurso em prosa surgiu primeiro, seguido do discurso em verso".[30] Em Vico, como nos longinianos ingleses, o desenvolvimento de uma teoria emocional da poesia está acompanhado de uma tendência em dividir toda a linguagem nas duas categorias básicas do racional e do emocional – prosa e poesia.

Há uma notável correspondência entre as ideias de Vico e a teoria da gênese emocional da linguagem, da poesia e da canção, proposta por Thomas Blackwell em seu *Enquiry into the Life and Writings of Homer* [Investigação da vida e obra de Homero] (1735). Não há, entretanto, qualquer evidência de que Blackwell tenha tomado conhecimento da *Scienza Nuova*, cuja primeira edição havia sido publicada apenas dez anos antes, e, muito provavelmente, a semelhança entre esses teó-

---

28 *The New Science*, trad. para o inglês de T. G. Bergin e M. H. Fisch (Ithaca, NY, 1948), p.63-8, 104-5.
29 Ibid., p.69, 116-8, 134-9.
30 Ibid., p.108, 118; cf. p.142. Essa teoria não impede que Vico também afirme (p.67) que "o mundo, no início, era composto por nações poéticas, pois poesia não é nada além de imitação".

ricos foi resultado de ambos terem dependido dos mesmos textos clássicos, combinados e expandidos sob a influência do grande interesse nas origens, parte do clima intelectual da época.[31] A linguagem começou, supõe Blackwell, com "certos Sons acidentais grosseiros" que o "desprotegido Grupo de Mortais contendores emitia por Acaso", e que eram articulados em um tom mais alto do que aqueles que emitimos hoje, "produzidos, talvez, quando eles os articulavam sob o efeito de alguma *Paixão*, Medo, Espanto ou Dor". Quando, no retorno das paixões motivadoras, eles "juntavam várias dessas Marcas *vocais*, parecia que eles *cantavam*... Por isso, surgiu a Ideia imemorial, que nos parece tão estranha, de que 'a Poesia surgiu antes da Prosa'". A linguagem primitiva, antes da formação da sociedade, deve ter sido repleta das metáforas mais arrojadas, já que esse é o caráter natural de "Palavras tomadas integralmente da Natureza crua e inventadas sob o efeito de alguma Paixão, como Terror, Ira ou Desejo (que prontamente provocam Sons nos Homens)". Com o avanço da sociedade humana e a conquista de uma segurança tolerável, surgiram as novas emoções de admiração e surpresa, e as palavras da humanidade, então, "expressam esses Sentimentos". Dessa fase, os turcos, os árabes e os índios americanos de nossos dias são sobreviventes representativos; eles pouco falam, e quando o fazem, é geralmente com emoção, e quando "dão livre vazão a uma Imaginação exacerbada, eles são poéticos e muito metafóricos".[32]

Teorizar a respeito de origens poéticas e linguísticas tornou-se ocupação popular entre autores escoceses de meados do século XVIII – Blair, Duff, Ferguson e Monboddo, entre outros – que tinham em comum um fascinante interesse na reconstrução da gênese e desenvolvimento primitivo das artes e instituições humanas. (Homens "que gostam muito de falar daquilo que não conhecem" – essa é a maneira cáustica como dr. Johnson caracterizava esses historiadores especulativos.[33]) Thomas Blackwell, provavelmente, fora professor de alguns desses homens no Marischall College, em Aberdeen, e, com certeza, os círculos intelectuais tanto de Aberdeen quanto de Edimburgo conheciam seu trabalho sobre Homero. Vários desses teóricos escoceses sustentavam a noção de que a poesia fora instintiva e emocional na sua origem, mas contemporânea, ou quase, ao surgimento da

---

31 Embora M. H. Fisch pense que é "quase inacreditável" que Blackwell e seus seguidores não tenham sido diretamente influenciados por Vico, ele também chama atenção para o fato de que não há qualquer referência inglesa a Vico antes de Coleridge (*Autobiography of Vico*, Introdução, p.82-4).

32 *Enquiry into the Life and Writings of Homer* (2.ed.; Londres, 1736), p.38-44. Blackwell se refere frequentemente a vários dos escritores clássicos que serviram de referência a Vico, inclusive Lucrécio e Longino.

33 *Rambler* n.36, in *Works*, IV, 233.

linguagem propriamente dita.³⁴ Nessa época, a discussão mais elaborada sobre a gênese emocional da arte, contudo, foi de autoria de um inglês, John Brown. Em *A Dissertation on the Rise of Poetry and Music* [Uma discussão sobre a emergência da poesia e da música] (1763), Brown buscou o desenvolvimento da arte na "Vida selvagem, que a Natureza inculta governa", e onde sentimentos intensos como amor, alegria, ódio e dor, "expulsos pelos três Poderes da *Ação, Voz* e *Sons* articulados", no curso do tempo se refinam a si mesmos transformando-se em uma obra de arte combinada, que é, ao mesmo tempo, canção, dança e poesia.³⁵

O que, mais tarde, o filólogo alemão Max Müller chamou jocosamente de teoria-"palhaçada" das origens da linguagem e da poesia, recebeu aceitação internacional no decorrer do século XVIII. Já em 1746, Condillac introduziu essas ideias na França, em seu *Essai sur l'origine des conaissances humaines*³⁶ [Ensaio sobre a origem do conhecimento humano]. Em sua obra póstuma, *Ensaio sobre a origem das línguas*, Rousseau, cuja ênfase geral sobre o primado do instinto e dos sentimentos influenciou a teoria emotiva da arte, afirmou de forma insistente que, uma vez que o homem começou, não pela razão, mas pelo sentimento, as primeiras palavras foram gritos extorquidos pela paixão, e a primeira forma de linguagem era semelhante a canções – inflamada, figurativa – e, portanto, linguagem de poetas, não de geômetras.³⁷ Na Alemanha, Hamann combinou uma visão mística da inspiração divina da linguagem no Jardim do Éden com a suposição de que esse discurso pristino era musical e poético.³⁸ Seu jovem contemporâneo, Herder afirmou, em 1772, que a linguagem fora tanto expressiva quanto mimética em sua origem e, portanto, duplamente poética:

---

34 Ver, p. ex., Hugh Blair, *Critical Dissertation on the Poems of Ossian* (1763), in *The Poems of Ossian* (Nova York, s.d.), p.89-91; cf. também Blair, *Lectures on Rhetoric*, Conferências VI e XXXVIII. Cf. Adam Ferguson, *Essay on the History of Civil Society*, 1767 (7.ed.; Boston, 1809), p.282-6. Um tratamento conciso acerca desses grupos escoceses e suas reflexões linguísticas e estéticas pode ser encontrado em Lois Whitney, "English Primitivistic Theories of Epic Origins", *Modern Philology*, XXI (1924), p.337-78. As reflexões sociológicas mais gerais feitas por eles estão descritas em Gladys Bryson, *Man and Society: The Scottish Inquiry of the Eighteenth Century* (Princeton, 1945).

35 *A Dissertation on the Rise... and Corruptions of Poetry and Music* (Londres, 1763), p.25-8. Sobre esse assunto, cf. René Wellek, *The Rise of English Literary History* (Chapel Hill, NC, 1941), p.70-94.

36 Trad. para o inglês de Thomas Nugent (Londres, 1756), p.169-82, 227-30. Cf. Paul Kuehner, *Theories on the Origin and Formation of Language in the Eighteenth Century in France*, University of Pennsylvania, Dissertações (Philadelphia, 1944).

37 *Oeuvres complètes* (Paris, 1825), XI, p.221-4.

38 *Schriften*, org. Roth e Wiener (Berlim, 1821-43), II, p.258-9; VII, 10.

O que tantos dos antigos anteciparam e tantos dos modernos repetiram, a saber, que a poesia é mais antiga do que a prosa, pode ser, então, explicado. O que, afinal, foi a primeira linguagem senão uma coletânea dos primeiros elementos da poesia? Uma imitação da natureza ressonante e ativa, sempre em movimento, extraída das interjeições de todos os seres, e revigorada por interjeições dos sentimentos humanos.[39]

E o conceito de que a fala e a poesia foram co-originais na pressão dos sentimentos, e de que mesmo em suas formas desenvolvidas elas são análogas como expressão do espírito, tornou-se lugar-comum nas especulações linguísticas da geração romântica alemã.[40]

Foi, então, amplamente difundida na segunda metade do século a teoria de que, embora em seu estágio desenvolvido, a poesia havia se tornado sobretudo a arte de administrar meios elaborados para atingir propósitos deliberados; em seu estado natural e primitivo ela fora uma irrupção inteiramente instintiva de sentimentos. Um importante aspecto dessa forma de pensar foi que o âmbito da poesia denotado pelos termos "primitivo" ou "natural" era, para muitos críticos e historiadores, extraordinariamente amplo, diverso e vagamente definido. As suposições eram que, conforme Blair afirmou, "a humanidade jamais suporta características semelhantes como fez aquela do início das sociedades", e também que "não é da idade do mundo, mas da condição da sociedade que devemos julgar épocas semelhantes".[41] Com base nisso, dizia-se que os primeiros – ou os supostamente primeiros – documentos das mais diferentes culturas e em períodos muito distantes entre si com frequência revelavam os atributos uniformes da mente primitiva: os épicos de Homero, os escritos sagrados dos hebreus (que Lowth considerava "os únicos espécimes de poesia primitiva e genuína"),[42] as odes rúnicas, e (depois que caiu no conhecimento público) a eloquência elegíaca de Ossian. Os poetas de povos culturalmente "primitivos" do mundo contemporâneo – o índio americano, o habitante dos mares do Sul, o jovem selvagem de Gray repetindo seus "números vagos selvagemente doces nas infindáveis florestas do Chile" –

---

39 *Treatise upon the Origin of Language* (Londres, 1827), p.45-6. Tanto Hamann quanto Herder conheciam *Homer*, de Blackwell (cf. Louis Whitney, "Thomas Blackwell, A Disciple of Shaftesbury", *Philological Quaterly*, V, 1926, p.196-7). Herder também cita Condillac e Rousseau.
40 Ver, p. ex., A. W. Schlegel, *Briefe über Poesie, Silbenmass, und Sprache, Sämtliche Werke*, VII, p.112-26, 136-53; e Eva Fiesel, *Die Sprachphilosophie der deutschen Romantik* (Tübingen, 1927), especialmente p.47-84.
41 *Dissertation on Ossian*, p.91, 108.
42 *The Sacred Poetry of the Hebrews*, p.36. Para a concepção de poesia primitiva no século XVIII, cf. Wellek, *The Rise of English Literary History*, p.61 e ss.

eram algumas vezes colocados dentro da mesma categoria. Esses menestréis, por sua vez, eram considerados poeticamente ligados aos criadores populares de baladas da Escócia e da Inglaterra, bem como aos poéticos debulhadores, sapateiros e lavadeiras "naturais" e "sem talento" de tempos modernos, que, afortunadamente, haviam sido protegidos por barreiras sociais das sofisticações da civilização e da arte literária avançada. Finalmente, conforme alguns críticos afirmaram, todos esses cantadores possuíam qualidades em comum com aqueles "talentos naturais" em um ambiente cultural mais desenvolvido, os quais, seja por ignorarem os modelos, seja por força de uma faculdade poética inata, compunham a partir da natureza mais do que a partir da arte – Shakespeare, por exemplo, com seu trinado de "pássaro silvestre nativo", e Spenser, cujo "trinado selvagem", o jovem Thomas Warton comparou favoravelmente até mesmo com a "arte mais radiante" de Pope.[43]

A toda essa mescla de exemplos, percorrendo todo o âmbito de tempo, lugar, proveniência cultural, tipo literário e valor estético, foram com frequência atribuídas certas qualidades poéticas comuns. É a natureza dessas qualidades e seu papel na crítica posterior que torna o que, de outra maneira, seria uma curiosa anomalia de especulação sociológica em uma importante fase no desenvolvimento da teoria crítica. O traço definidor de todos esses poetas era que eles compunham naturalmente, portanto, de forma espontânea, sem artifícios e sem premeditação, seja de objetivo ou de público. Como os aborígines, de cujos gritos, arrancados pela paixão, a poesia havia se originado, dizia-se que esses homens poetizavam sob a pressão de sentimento pessoal; e suas composições eram muitas vezes caracterizadas por diversas metáforas interiores convertidas em exteriores, que se tornariam os termos-chave de muitos ensaios românticos sobre a poesia em geral. A poesia primitiva, disse William Duff em seu *Essay on Original Genius* [Ensaio sobre o gênio original] (1767), "sendo a efusão de uma fantasia ardente e um coração apaixonado, será perfeitamente natural e ORIGINAL"; e o gênio poético das "épocas incultas do mundo" não admite qualquer outra lei "exceto seu próprio e espontâneo impulso, a que ele obedece cegamente".[44] A única arte de Ossian, na opinião de Blair, está em "dar vazão às emoções simples e naturais do coração", e "o coração, quando articula sua linguagem natural, nunca deixa, por compaixão poderosa, de afetar o coração". Sua poesia

---

43 Joseph Warton, "The Enthusiast" (1744), ll. p.133-4. Cf. também Thomas Warton, "The Pleasures of Melancholy" (1745), ll. p.150 e ss., e o texto introdutório de *Observations on the Faerie Queene* (1754), de Thomas Warton.
44 *An Essay on Original Genius* (Londres, 1767), p.270, 282-4.

merece ser designada *A poesia do coração*. É... um coração transbordante, e ele extravasa. Ossian não escrevia, como fazem os poetas modernos, para agradar aos leitores e aos críticos. Ele cantava por amor à poesia e à canção.[45]

Ou, na metáfora alternativa de Adam Ferguson, o poeta primitivo "entrega as emoções do coração, em palavras sugeridas pelo coração, pois ele não conhece outras".[46] O mais importante de tudo é o fato de que muitos desses teóricos da poesia primitiva eram também "primitivistas": eles sustentavam que as qualidades da poesia primitiva são os critérios duradouros da poesia mais elevada em qualquer época. O entusiasmo, a veemência e a intensidade dos produtos de épocas ignaras, afirmava Blair, "são a alma da poesia", e as qualidades fundamentais de Ossian "são as grandes características da verdadeira poesia".[47]

Reconhecidamente, temos nas passagens que citei os materiais dispersos que se tornariam parte da teoria romântica e que ressurgiriam não apenas na doutrina de Wordsworth, de que toda boa poesia é o transbordamento espontâneo dos sentimentos, mas também na teoria básica de críticos que não possuíam qualquer inclinação pelo primitivismo cultural, ou mesmo (como John Stuart Mill), especificamente, antiprimitivistas em suas posições.

Com algumas exceções, que veremos adiante, os teóricos ingleses do século XVIII não expandiram seus registros sobre a poesia antiga de forma a constituir uma teoria sistemática de poesia em geral.[48] Como Dennis e Lowth, em período anterior naquele século, mesmo o primitivista ardente que se propusesse a uma discussão formal e sistemática de poesia e de seus gêneros em geral revertia ao modelo tradicional de análise; e mantinha esse aspecto de sua teoria relativamente isolado da descrição elogiosa da poesia do gênio natural como um modo espontâ-

---

45 *Dissertation on Ossian*, p.150, 175, 107-8.
46 *An Essay on the History of Civil Society*, 1767 (7.ed.; Boston 1809), p.285. A poesia "primitiva" proferida pelos selvagens nobres e pelos camponeses nobres do mundo contemporâneo foi descrita em termos semelhantes. O jovem Burns – "criado", como ele diz, "na rabiça do arado" – até mesmo aplicou o estereótipo (de forma um pouco irônica, talvez) à sua própria poesia inicial. "Quando eu me apaixonei perdidamente, a Rima e a Música foram, de certa maneira, a linguagem espontânea do meu coração. A composição que se segue foi a primeira de minhas realizações... quando meu coração se encheu de simplicidade afetuosa e honesta; puro e sem muita familiaridade com os caminhos de um mundo pernicioso" (*Robert Burn's Commonplace Book*, org. J. C. Ewing e D. Cook, Glasgow, 1938, p.3; abr. 1783). Para opiniões semelhantes de críticos contemporâneos de Burns, cf. *Early Critical Reviews of Robert Burns*, org. J. D. Ross (Glasgow e Edimburgo, 1900).
47 *Dissertation on Ossian*, p.89, 179.
48 A atitude habitual era lastimar o que a poesia havia perdido com o desenvolvimento da arte, do refinamento e das regras, sem ignorar o fato de que ela havia adquirido vantagens compensadoras.

neo de expressão emocional e imaginativa. Em seu *Essay on Original Genius*, William Duff reiterou o antigo paralelo entre poesia e pintura como formas de arte que têm como objetivo a representação de atributos, paixões e eventos; argumentava que "ambos alcançam esse fim por meio da IMITAÇÃO";[49] e dedicou a maior parte de seu ensaio a uma análise extensa e convencional do gênero épico. Em *Lectures on Rhetoric and Belles Lettres* [Palestras sobre retórica e belas artes], de Blair, há uma divisão clara entre aquelas seções que são primitivistas e expressivas e aquelas que são convencionalmente retóricas e pragmáticas na sua ênfase. O colapso da estrutura neoclássica da crítica ocorreu somente quando o conceito de premência e transbordamento dos sentimentos deixou de ser apenas uma parte – e uma parte secundária – da teoria poética, para se tornar o princípio central do todo. Podemos supor que esse evento tenha sido retardado até que, pela primeira vez desde Aristóteles, a épica e a tragédia perderam seu *status* dominante entre os gêneros poéticos e cederam lugar à lírica como o protótipo e a mais representativa e singular forma de poesia em geral.

A forma lírica como norma poética

A forma lírica – utilizada aqui para incluir a elegia, a canção, o soneto e a ode – há muito tempo fora especialmente associada pelos críticos ao estado mental de seu autor. Ao contrário das formas narrativa e dramática, a maioria das líricas não inclui elementos como personagens e enredo, que podem ser prontamente explicados (segundo a interpretação convencional de mimese como espelho) como imitações de pessoas e eventos exteriores. A maior parte das líricas consiste de pensamentos e sentimentos articulados em primeira pessoa, e a pessoa a quem esses sentimentos possam se referir é o próprio poeta.[50] Pouco tempo depois, desenvolveu-se uma clara tendência por depreciar, sobretudo em poemas amorosos e

---

49 *Essay on Original Genius*, p.192n.
50 Na tentativa de classificar cada gênero de poesia de acordo com o princípio mimético, Batteux argumentou, em 1747, que até os poemas líricos, "as músicas dos profetas, os salmos de David, as odes de Píndaro e de Horácio", em um exame superficial, são apenas "un cri du coeur, un élan, où la Nature fait tout, et l'art, rien" [um clamor do coração, um impulso onde a Natureza faz tudo, e a arte, nada]. Como toda poesia, a poesia lírica é uma imitação, mas difere das outras formas por imitar sentimentos em vez de ações (*Les Beaux Arts*, Paris, 1773, p.316-25). Thomas Twining afirmou, em 1789, que Batteux havia expandido os limites da imitação para além de "todas as analogias aceitáveis", pois quando o poeta lírico "está apenas expressando seus próprios *sentimentos*, em sua própria *pessoa*, não consideramos que ele está imitando" (*Aristotle's Treatise on Poetry*, p.139-40).

elegíacos, a expressão de sentimentos que careciam de convicção ou eram obviamente planejados pelo poeta para a ocasião lírica. *Sir* Philip Sidney queixava-se de que muitas das canções e sonetos de sua época não traziam nenhum traço persuasivo de paixão verdadeira sentida pelo autor. Boileau menosprezava os compositores da elegia "Qui s'affligent par art" [Que se afligem por meio da arte]

Il faut que le coeur seul parle dans l'élégie

[Na elegia, é preciso que apenas o coração fale]

Dr. Johnson imputou defeito similar às elegias e aos poemas de amor de Cowley e aproximou a linguagem dos primitivistas da época ao afirmar que "Lycidas não deve ser considerado efusão de paixão verdadeira".[51]

O caráter expressivo algumas vezes atribuído aos poemas líricos não oferecia qualquer desafio real às definições miméticas e pragmáticas da poesia em geral, contanto que as líricas continuassem sendo as trivialidades insignificantes entre os gêneros poéticos. Devido à sua falta de magnitude e de efeito útil, e ao próprio fato de que, em vez de elementos representativos, considerava-se que seu assunto eram, sobretudo, os próprios sentimentos do autor, a elas foi reservado um *status* inferior na escala dos gêneros. Em muitos críticos, a atitude em relação a esses poemas ia da detração à condescendência. Segundo Rapin, "Um Soneto, uma Ode, uma Elegia, um Epigrama e aqueles tipos de Versos menores... geralmente nada mais são do que meros produtos da Imaginação, coisas que uma inteligência superficial, com um pouco de familiaridade com o Mundo, consegue fazer".[52] Temple argumentava que entre os modernos, intelectos que não conseguem produzir poesia heroica contentam-se "com Fragmentos, Canções, Sonetos, Odes e Elegias..."[53]

A sorte ascendente da lírica pode ser datada a partir de 1651, ano em que as "imitações" pindáricas de Cowley irromperam no horizonte literário e inaugura-

---

51 Sidney, *Apology for Poetry*, in *Elizabethan Critical Essays*, org. G. Gregory Smith, I, 201; Boileau, *L'Art poétique*, II, ll. 47, 57; Johnson, *Works*, IX, p.39, 43-5, 152. Cf. também Joseph Trapp, *Lectures on Poetry* (1711-15), trad. para o inglês de William Bowyer (Londres, 1742), p.25. Para conhecer os destinos da poesia lírica na Inglaterra e uma discussão sobre a relevância da corrente longiniana para a teoria e a prática da Ode Pindárica, cf. o excelente artigo de Norman Maclean, "From Action to Image: Theories of the Lyric in the Eighteenth Century", *Critics and Criticism*, org. R. S. Crane, p.408-60.

52 *Reflections on Aristotle's Treatise of Poesie*, trad. para o inglês de Rymer (Londres, 1694), p.4.

53 "Of Poetry" (1690), *Critical Essays of the Seventeenth Century*, org. Spingarn, III, 99. Cf. Hobbes, "Answer to Davenant", ibid., II, 57.

ram a grande voga da "alta Ode" na Inglaterra. Para explicar o entusiasmo subentendido, a impetuosidade e a irregularidade desses poemas, os críticos costumavam invocar o conceito longiniano do sublime e de sua fonte no entusiasmo e na paixão intensa; e atribuir essa qualidade superior a qualquer gênero poético era inevitavelmente engrandecer sua natureza. O pindárico e o pseudopindárico foram logo separados de líricas inferiores e odes menores, e ganharam um lugar ao lado das formas tradicionais maiores. Em 1704, John Dennis agrupou "a poesia Épica, a Trágica e a alta Lírica" como os gêneros literários mais elevados, a serem diferenciados da Poesia menor da comédia, da sátira, "da baixa Ode", da elegia e da pastoral; e o exemplo de Dennis foi logo seguido até mesmo por teóricos mais tradicionais.[54] O prestígio da alta lírica, bem como das outras formas líricas, foi fortemente estimulado pela opinião de que a poesia da Bíblia era sobretudo lírica, e o argumento de que os salmos de Davi, assim como as passagens dos livros narrativos, eram o equivalente hebraico das odes de Píndaro.[55] Com certeza, aqueles que pensavam que a poesia havia se originado no transbordamento dos sentimentos também acreditavam que os primeiros poemas foram líricos – seja proto-ode, seja protoelegia, uma vez que o teórico supunha que as paixões religiosas ou eróticas tivessem sido as que fossem de expressão mais forte e premente. E o crescente interesse crítico pela lírica teve sua contrapartida no gradativo refinamento de seus vários tipos pelos poetas da geração dos Warton, de Gray e de Collins –

Trick'd in antique ruff and bonnet,
Ode, and elegy, and sonnet.

[Com rufo e gorro de tempos pretéritos,
A ode, a elegia e o soneto ganham seus méritos.]

Todas essas forças revelaram-se indiretamente em comentários *en passant* e em juízos críticos que meramente sugeriam a alteração das premissas críticas antes de elas resultarem em uma reconstrução deliberada das bases da teoria poética. Havia

---

54 *The Grounds of Criticism in Poetry*, in *Critical Works*, I, 338. Cf. também, p. ex., Joseph Trapp, *Lectures on Poetry*, Conferência XII, e John Newbery, *The Art of Poetry*, I, 54. Em seu *Dictionnary*, Dr. Johnson distingue a ode "alta" da ode "baixa" por ela possuir "sublimidade, arrebatamento e rapidez de transição".
55 Cf. Lowth, *Lectures*, especialmente caps. XXII, XXV-XXVIII. Cf. também Sidney, *Apology for Poetry*, in *Elizabethan Critical Essays*, org. Smith, I, p.154-5; Cowley, Prefácio a *Pindarique Odes*, in *The Works of Mr. Abraham Cowley* (11.ed.; Londres, 1710), I, p.184.

uma evidente tendência, por exemplo, por identificar como "poesia pura", "poesia mais poética" ou "*la vraie poésie*" aqueles poemas ou passagens especiais que se acreditava serem o produto peculiar da paixão e do êxtase. Pela razão de a grande ode ser a mais arrojada e mais arrebatadora por natureza, Joseph Trapp disse que ela "é, dentre todos os tipos de Poesia, a mais poética". "A ode, por ser a mais antiga forma de poesia, é mais refinada e mais distante da prosa do que qualquer outra forma", escreveu Edward Young em seu Prefácio a *Ocean, an Ode* [Oceano, uma ode] (1728), e o entusiasmo é a sua "alma".[56] Ideia análoga do que constitui poesia quintessencial estava no centro da famosa apreciação crítica de Joseph Warton acerca dos escritos de Pope. Seu veredito de que a "espécie de poesia na qual Pope era brilhante... não é a mais notável da arte" foi um veredicto ao qual até mesmo o mais severo crítico neoclássico não poderia fazer objeções, mas as bases sobre as quais Warton identificou a mais elevada espécie de poesia claramente indicam as novas direções do pensamento crítico. Em contraste ao "Homem do Intelecto" e ao "Homem do Senso", o "Poeta verdadeiro" e escritor de "POESIA PURA" é marcado unicamente por "uma IMAGINAÇÃO criativa e intensa", "*acer spiritus ac vis*". Os exemplos que Warton oferece de poemas que são "essencialmente poéticos" incluem não apenas a épica e o drama, mas uma ode de Akenside, além de "L'Allegro" e "Il Penseroso", de Milton. Pope não escreveu "a espécie mais *poética de poesia*" porque ele não "abandonou-se" à sua imaginação e reprimiu seu "entusiasmo poético". Por isso, Pope não instiga o leitor e, embora seja notável entre o segundo escalão de poetas, "ele não escreveu nada de maneira tão verdadeiramente sublime como *Bard of Gray*"[57] [O bardo de Gray].

Alguns escritores da última parte do século distinguem-se de seus contemporâneos porque deliberadamente se propuseram a revisar as bases da teoria neoclássica de poesia. *Sir* William Jones é lembrado sobretudo como um jurisconsulto liberal e orientalista, pioneiro no estudo de sânscrito. Todavia, em 1772, ele publicou um volume de traduções e "imitações" de poemas árabes, indianos e persas aos quais ele acrescentou o importante "Essay on the Arts Called Imitative" [Ensaio sobre as chamadas artes imitativas]. Lá encontramos uma combinação de

---

56 Trapp, *Lectures on Poetry*, p.203; Young, *Poetical Works* (Boston, 1870), II, 159, 165. Cf. Hurd, *Horace's Art of Poetry* (1750), in *Works*, I, 104: "A poesia, a *Poesia pura*, é a própria linguagem da *Paixão*..." Anna Seward, carta a dr. Downman, 15 março de 1792: "...aquilo que deveria ser sua essência – da poesia, quero dizer –, metáforas, alusões e imagística, é o produto natural de uma imaginação arrebatada e vibrante" (*Letters*, Edimburgo, 1811, III, 121). J. Moir, *Gleanings* (1785), I, 27: "Toda poesia verdadeira é a efusão genuína ou de um coração arrebatado, ou de uma fantasia intensa". Cf. também Paul Van Tieghem, "La Notion de vraie poésie dans lê préromantisme Européen", *Le Préromantisme* (Paris, 1924), I, p.19 e ss.
57 *Essay on the Writings and Genius of Pope*, I, iv-x; II, p.477-8, 481.

todas as tendências que vimos delineando: as ideias derivadas de Longino, a antiga doutrina da inspiração poética, as recentes teorias da origem emocional e afetiva da poesia, e uma maior ênfase na forma lírica e na poesia supostamente primitiva e espontânea de nações orientais. Foi mérito de Jones, penso eu, ser o primeiro escritor inglês a entrelaçar esses fios e tecer uma reformulação explícita e organizada da natureza e dos critérios da poesia e dos gêneros poéticos.

Jones abre seu ensaio rejeitando de maneira inequívoca a "asserção de Aristóteles, de que toda poesia consiste de imitação" – uma daquelas máximas, pensa ele, "repetida milhares de vezes por nenhuma outra razão que não o terem escorregado da pena de um gênio superior". Das artes da poesia e da música "não podemos emitir uma definição precisa... enquanto não tivermos feito algumas observações prévias sobre sua origem"; e ele prossegue oferecendo evidência de que "aquela poesia era originalmente nada mais do que uma intensa e exultante expressão das paixões humanas".[58] Como fizeram vários críticos meio século depois, Jones presume que cada variedade poética teve sua fonte em uma emoção apropriada: a poesia religiosa e a dramática originaram-se na alegria diante das maravilhas da criação, as elegias surgiram da dor, a poesia moral e épica resultou da aversão ao vício, e as sátiras, do ódio. Assim, surge a definição:

> De acordo com os princípios precedentes, podemos definir poesia original e natural como sendo a linguagem das paixões violentas articuladas na medida exata, com tons fortes e palavras significativas.[59]

Claramente, Jones emprega a lírica não apenas como a forma poética original, mas como o protótipo da poesia como um todo, e a partir daí expande o que ocasionalmente havia sido proposto como as diferenças de uma variedade poética, transformando-as no atributo definidor do gênero. Como ele afirma, "ao definir o que deve ser poesia genuína... descrevemos o que ela realmente era entre os hebreus, os gregos e os romanos, os árabes e os persas". É inegável que as líricas, os cânticos e as elegias dos gregos, assim como as "odes sagradas ou os salmos" de Davi, o Cântico de Salomão e as profecias dos escritores inspirados, "são verdadeira e absolutamente poéticas; mas o que Davi ou Salomão imitam em seus poemas divinos? Não se pode dizer que um homem que está realmente alegre ou angustiado imita a alegria ou a angústia".

---

58 *The Works of Sir William Jones* (Londres, 1807), VIII, p.361-4.
59 Ibid., VIII, 371. Cf. a teoria expressiva de John Keble e Alexander Smith sobre os gêneros poéticos descrita no cap. VI, partes iii e iv.

Jones estende o conceito expressivo para a música e a pintura. Mesmo que admitamos, diz ele, a proposição muito dúbia de que os elementos descritivos nessas formas sejam imitação, persiste o fato de que "a mera descrição é a parte menos significante de ambas as artes". Ele prossegue e estabelece uma escala simples por meio da qual mede o valor relativo das partes constituintes de qualquer obra de arte:

> Se os argumentos utilizados neste ensaio têm algum peso, deverá ficar claro que as partes mais notáveis da poesia, da música e da pintura são expressivas das paixões... que as partes menores são descritivas de objetos naturais, e nos afetam sobretudo por substituição.[60]

A teoria de Jones mostra a inversão de valores estéticos que alcançou seu ápice na teoria de John Stuart Mill cerca de sessenta anos mais tarde. Os elementos "imitativos", até então considerados o atributo definidor de poesia ou arte, tornaram-se secundários, se não positivamente apoéticos; em seu lugar, aqueles elementos de um poema que expressam sentimentos se tornaram imediatamente sua característica identificadora e seu principal valor poético.

A teoria expressiva na Alemanha: *ut musica poesis*

Esses avanços não se restringiram à Inglaterra. Na Alemanha, uma conjunção de influências semelhantes produziu um resultado análogo; e no final do século XVIII, foram alemãs, mais que inglesas, as formulações da nova poética, que ganhou aceitação em toda a Europa ocidental.

A enciclopédia de estética, de quatro volumes, *Allgemeine Theorie der schönen Künste* [Teoria geral das belas artes], de J. G. Sulzer, publicada pela primeira vez em 1771-4, é exatamente contemporânea do "Essay on the Arts Called Imitative" e muitíssimo semelhante em teor; Sulzer antecipa muitos detalhes das teorias românticas expressivas, até mais que Jones. A estrutura preliminar da teoria de Sulzer

---

60 Ibid., p.372-6, 379. Dos vários indicadores das mudanças de direção na crítica nas últimas décadas do século, o trabalho de Thomas Barnes intitulado "On the Nature and Essential Characters of Poetry" (1781) é de interesse especial. Como Jones, Barnes refuta a validade de definições da poesia como imitação, ficção ou "a arte de oferecer deleite"; ele recorre ao fato de que "a linguagem *original* do homem era poética", pois toda percepção no início do mundo despertava paixão intensa; ele propõe uma pirâmide de valor poético, na qual "as explosões da natureza honesta, o brilho do sentimento vigoroso" são as propriedades "de *primeira grandeza* da excelência poética". *Memoirs of the Literary and Philosophical Society of Manchester*, I (1785), p.55-6.

é pragmática. "Pode-se considerar cada obra das belas artes como um instrumento pelo qual se produz certo efeito na mente humana".⁶¹ Em muitos de seus artigos, entretanto, Sulzer mostra uma tendência por tomar como ponto de partida de seus princípios a alma do artista no processo de composição – "a arena da poesia", conforme diz ele em "Dichtkunst" [Obra poética], "deve ser procurada no gênio do poeta". O resultado, muitas vezes, é colocar o autor no centro da teoria e tornar o efeito moral e aprazível sobre o público um feliz subproduto da expressão espontânea dos sentimentos do autor.

Como Jones, Sulzer rejeita a doutrina prevalente "desde Aristóteles até nossos dias", de que as artes "se originaram na imitação e sua essência consiste na imitação da natureza". Isso pode ser verdade para as artes gráficas, "mas a eloquência, a poesia, a música e a dança claramente se originaram na plenitude de sentimentos intensos e no desejo de exprimi-los a fim de nos agradar e aos outros também".⁶² Quando o poeta se encontra em um estado de entusiasmo, seus "pensamentos e sentimentos jorram irresistivelmente, transformados em discurso", e ele "volta toda a sua atenção para aquilo que está acontecendo em sua alma; esquece as circunstâncias externas que o envolvem".⁶³ Nessa autoabsorção, o poeta ignora completamente o mundo exterior, exceto seu público real ou possível; de forma que a poesia, ao deixar de ser mimética, quase deixa de ser pragmática. Somente a eloquência, Sulzer diz, como John Stuart Mill também diria depois, "segura constantemente o ouvinte sobre quem ela, perante seus olhos, deseja produzir um efeito".

> O poeta é... colocado dentro de uma paixão, ou, pelo menos, dentro de um certo estado de espírito, pelo seu objeto; ele não consegue resistir ao violento desejo de verbalizar seus sentimentos; ele é transportado... Ele fala, mesmo que ninguém o ouça, porque seus sentimentos não o deixam ficar calado.⁶⁴

O estado de espírito do qual um poema flui naturalmente revela-se em uma fala rítmica que é regularizada como verso e em linguagem figurada e pitoresca, o

---

61 J. G. Sulzer, *Allgemeine Theorie der schönen Künste* (Neue vermehrte zweite Auflage; Leipzig, 1792), prefácio à primeira edição, I, xiii; e "Erfindung", II, 86. Para uma análise da estética de Sulzer, cf. Anna Tumarkin, *Der Ästhetiker Johann Georg Sulzer (Leipzig, 1933)*, e Robert Sommer, *Grundzüge einer Ge-schichte der deutschen Psychologie und Aesthetik (Wurzburg, 1892)*.
62 "Nachahmung", ibid., III, 487.
63 "Dichter", ibid., I, 609.
64 "Gedicht", ibid., II, p.322-3, 325. Sulzer acrescenta que obras que se originam inteiramente de sentimentos simulados e que atingem "o tom e a linguagem da poesia natural por meio de regras" são "malogros que não podem ser classificados de acordo com nenhum gênero natural de discurso" (ibid., p.323, 327).

que é o "efeito natural do estado de espírito poético". Quanto aos gêneros de poesia, Sulzer declara que a tentativa de Aristóteles de discriminá-los por referência ao meio, objeto e maneira de imitação foi sutil, mas inútil. Como alternativa, ele sugere que distingamos as principais formas de poesia com base nos "vários graus do estado de espírito poético, e as subespécies de acordo com as contingências de assunto ou de forma".[65] Detectamos também em Sulzer o quase infalível complemento dessa perspectiva da crítica: a emergência da lírica como o tipo e o epítome da poesia mais pura. A lírica, sustenta Sulzer, foi a forma primordial de poesia; e atualmente, todos os poetas concordam

> que as odes constituem a forma poética mais nobre, que elas exibem as características de um poema do mais alto nível, e são mais puramente um poema do que qualquer outro gênero... A maneira como cada criador de ode em cada exemplo articula seus pensamentos e sentimentos tem em si mais do poético do que... [aquela] do poeta épico ou de qualquer outro poeta.

E da mesma forma como faria Poe mais tarde, Sulzer acredita que a intensidade dessa forma poética quintessencial estabelece um limite para sua magnitude, "pois esse estado da mente, por sua própria natureza, não pode persistir por muito tempo".[66]

Os contemporâneos de Sulzer no período do *Sturm und Drang*, com sua ênfase no gênio original, na independência de regras e nos sentimentos do coração, foram até mais insistentes na autonomia do artista dentro do esquema estético. O jovem Goethe, na verdade, sentiu-se insultado em ver que Sulzer continuava a afirmar, sob qualquer condição, que o objetivo da poesia é "o aperfeiçoamento moral das pessoas".

> Pois a única coisa que importa é o artista, que ele não sinta nada da bem-aventurança da vida, exceto em sua arte, de forma que, absorvido em seu ambiente, lá vive ele com todos os seus sentimentos e poderes. Quanto ao público perplexo, que diferença faz se quando ele deixa de ficar perplexo ele pode justificar por que ficou perplexo?[67]

Herder, que sustentava que a poesia se originou do transbordamento natural de sentimentos primitivos, fez disso a condição de toda poesia genuína. "Assim

---

65 Ibid., II, 325, 328-9. Cf. I, 619; II, 57.
66 "Ode", ibid., III, p.538-9; e "Lírico", III, 299.
67 Resenha de *Die schönen Künste in ihrem Ursprung, aus den Frankfurter gelehrten Anzeigen* (1772), e *Goethe's Sämtliche Werke* (Jubiläums Ausgabe), XXXIII, 17-18. O livro resenhado foi um excerto de *Allegemeine Theorie*, de Sulzer.

também é para o poeta. Ele precisa exprimir sentimentos... É necessário que exprimas o espírito total de teus sentimentos em tuas frases, na ordenação e conexão de tuas palavras".[68] Os críticos pós-kantianos suplementaram os termos tradicionais da retórica e da poética com um vocabulário vasto e complexo, retirado da filosofia recente, e (posicionando-se no "sujeito" ou "espírito", em vez de posicionar-se no "objeto" ou "material") ajustaram a teoria da arte à "revolução copernicana" na metafísica geral. "Cada um que esteja em condições de colocar seu estado de espírito em um objeto", escreveu Schiller a Goethe em 1801, "de maneira que esse objeto me obrigue a transpô-lo para aquele estado de espírito... a esse eu chamo de poeta – um criador".[69] Em suas palestras sobre literatura e arte (1801-2), realizadas em Berlim, A. W. Schlegel, da mesma forma como fez Sulzer, rejeitou as definições de arte como imitação, propostas por Aristóteles e por Batteux; a composição da poesia, ao contrário, afirma ele, "não é outra coisa senão um eterno modo de simbolizar: ou buscamos uma proteção externa para algo espiritual, ou usamos alguma coisa externa para cobrir o interior invisível".[70] Alguns românticos radicais, inspirados pela filosofia de Fichte, entenderam a obra de arte – de uma forma ainda mais absoluta do que o mundo da percepção – como uma expressão do espírito em sua forma pura, natural. Em toda arte genuína, escreveu Novalis em seu *Fragmente* [Fragmentos], "uma ideia, um espírito se realiza, se produz de dentro para fora", e uma obra de arte "é o produto visível de um ego". "Poesia é a representação do espírito, do mundo interior em sua totalidade. Mesmo seu ambiente – as palavras – indica isso, pois elas são a manifestação exterior daquela esfera interior."[71]

Em 1813, no capítulo "De la poésie" [Da poesia], de seu livro *De l'Allemagne* [Sobre a Alemanha], Madame de Staël comunicou aos franceses e a toda a Europa a nova maneira de pensar. Sua versão das doutrinas que aprendera com August Schlegel e outros dos primeiros teóricos românticos é nebulosa e sentimentalizada, mas ela indica a medida em que os pontos de vista críticos eram colaterais, embora nessa época ainda muito independentes, na Alemanha e na Inglaterra. "O dom de revelar pela linguagem o que se sente nas profundezas do coração é muito raro", diz ela, mas o poeta consegue "libertar o sentimento aprisionado no mais fundo da alma; o gênio poético é uma inclinação interior". Dizem

---

68 *Ueber die neuere deutsche Litteratur*, 3ª coleção (1767), *Sämtliche Werke*, I, p.394-5.
69 *Briefwechsel zwischen Schiller und Goethe*, II, p.278-9 (27 mar. 1801).
70 *Deutsche Litteraturdenkmale des. 18. und 19. Jahrhunderts*, XVII, p.91-5.
71 Novalis, *Romantische Welt: Die Fragmente*, p.292, 313; cf. Schleiermacher, *Monologen*, p.23. Sobre esse assunto, cf. Erich Jenisch, *Die Entfaltung des Subjektivismus von der Aufklärung zur Romantik* (Königsberg, 1929).

que a prosa era artificial e a poesia natural: de fato, nações incivilizadas sempre começam com poesia, e assim que uma paixão violenta agita a alma, os homens mais vulgares... apelam à natureza externa por ajuda para que possam expressar o inexprimível que ocorre dentro deles.

Ela própria torna-se lírica acerca do assunto de poesia lírica, que "é exprimida no nome do próprio autor". Para conceber "a verdadeira grandeza da poesia lírica, é necessário divagar em pensamento, adentrando as regiões etéreas... e considerar o universo inteiro como um símbolo das emoções da alma". E de qualquer poeta verdadeiro, pode-se dizer que ele "formula todo o seu poema imediatamente em sua alma; não fossem as dificuldades da linguagem, ele improvisaria, como a sibila e os profetas, os cânticos sagrados do gênio".[72]

O movimento de ideias na crítica alemã do final do século XVIII não pode ser compreendido sem alguma referência às discussões sobre música, uma vez que na transição geral para uma teoria expressiva da estética, a música, na Alemanha, mantinha com os gêneros artísticos a relação que a lírica mantinha com as formas de poesia.

Na seção de abertura de *Poética*, Aristóteles descreveu a maior parte do tocar da lira e da flauta como modos de imitação, e em *A política*, ele caracterizou o ritmo e a melodia como o meio especial que pode apresentar similitude direta com a fúria, a coragem, a temperança e outras qualidades do caráter.[73] Autores neoclássicos, como sabemos, geralmente interpretavam a imitação de forma limitada, como representação em um ambiente que possui algumas propriedades em comum com o assunto que representa. Quando esses teóricos voltaram sua atenção para a música, eles, como Aristóteles, conceberam-na como uma imitação principalmente da paixão – mas, de maneira mais específica, como uma imitação sônica dos ruídos que a paixão produz. Conforme escreveu o abade Du Bos, em 1719:

> A mesma razão que leva o pintor a imitar os traços e as cores da natureza, de forma semelhante leva o músico a imitar as modulações, entonações, lamentos e inflexões da voz; em suma, todos esses sons pelos quais a própria natureza exprime seus sentimentos e paixões.[74]

---

72 *De l'Allemagne* (Paris, 1852), p.140-42, 144.
73 *Politics* viii. 5. Para o pensamento de Platão sobre a natureza mimética da música, cf. *Laws* ii. p.667-70.
74 *Critical Reflections on Poetry, Painting and Music*, trad. para o inglês de Thomas Nugent (Londres, 1748), I ,p.360-1. Du Bos afirma que a música instrumental também pode imitar sons não humanos, como o barulho de tempestades, ventos e ondas (I, p.363-4).

No amontoado de escritos ingleses acerca da música na segunda metade do século,[75] o aspecto mimético dessa arte passou a ser progressivamente minimizado. Havia amplo consenso de que a música instrumental, dissociada das palavras, pode reproduzir apenas som e movimento e é, portanto, imitativa apenas nas passagens triviais em que simula os cantos de pássaros e o murmúrio da água corrente, ou no sentido muito limitado de que os altos e baixos de uma expressão musical estão de acordo com a altura e a profundidade no mundo natural. Como escreveu James Beattie em 1776, os críticos se enganaram ao pensar que, na paixão, a música imita a voz humana. "Que similaridade existe entre *Te Deum*, de Handel, e o tom de voz natural de uma pessoa exprimindo, pela articulação de sons, sua veneração do Caráter Divino e da Providência?" Portanto, com as devidas desculpas a Aristóteles, e não pretendendo mostrar qualquer desrespeito pela música, ele "a eliminaria da lista de artes imitativas".[76] A música, por natureza o ponto fraco na teoria da imitação, conforme essa teoria era geralmente interpretada no século XVIII, foi, assim, por consenso crítico, a primeira das artes a ser desligada do princípio mimético.

Esses críticos concordavam em encontrar a essência da música naquilo que chamavam de "expressão". É importante observar, entretanto, que, na maioria das vezes, esse termo não foi usado para denotar a origem do conteúdo musical nas afeições do compositor, mas seu poder de estimular afeições no ouvinte. Charles Avison, que aparentemente popularizou o uso dessa palavra em seu *Essay on Musical Expression* [Ensaio sobre expressão musical] (1753), definiu expressão como "o poder de instigar todas as paixões mais agradáveis da alma".[77] Ou, como explicou sucintamente Adam Smith, o que havia se tornado um termo técnico:

> O efeito da música instrumental sobre a mente tem sido chamado de sua expressão... Qualquer que seja o efeito que ela produza é o efeito imediato daquela melodia e daquela harmonia, e não de qualquer outra coisa significada e sugerida por elas; elas, na verdade, não significam e não sugerem coisa alguma.[78]

---

75 Para uma breve análise, cf. J. W. Draper, "Poetry and Music in Eighteenth Century Aesthetics", *Englische Studien*. LXVII (1932-3), p.70-85; cf. também H. M. Schueller, "Lit-erature and Music as Sister Arts: An Aspect of Aesthetic Theory in Eighteenth- Century Britain", *Philological Quarterly*, XXVI (1947), p.193-205.
76 *Essays on Poetry and Music*, p.119.
77 (3.ed.; Londres, 1775), p.3. Sobre o território muito limitado que Avison cede à mimese musical, cf. p.52, 60. Para usos semelhantes de "expressão" aplicada à música, cf. Beattie, *Poetry and Music*, p.51-2; e Twining, *Aristotle's Treatise on Poetry*, p.21-2, 60-1.
78 "Of the Nature of that Imitation... in What Are Called the Imitative Arts", *Essays Philosophical and Literary* (Londres, s.d.), p.431.

Portanto, pela linha principal dos teóricos ingleses, a música era definida em termos de seus efeitos, como um ambiente tonal para evocar ou especificar sentimento no ouvinte.

Houve, entretanto, um modo de especulação concomitante que propôs uma interpretação diferente para a "expressividade" da música. É bom lembrar que especuladores das origens da linguagem e da arte, de Vico e Blackwell em diante, sustentavam a opinião de que música e poesia eram filhas gêmeas do afã emocional dos homens primitivos. Alguns teóricos acreditavam que mesmo em sua forma desenvolvida, a música continua essencialmente a expressão formalizada da paixão e que, como consequência, a música é a arte irmã da poesia, e não da pintura, como até então havia sido sugerido na máxima popular, *ut pictura poesis*. Em sua *Dissertation on Poetry and Music* [Dissertação sobre poesia e música] (1763), por exemplo, John Brown apresentou a teoria de que a música havia sido, em sua origem mais rudimentar, a magia encantatória natural da paixão, que essa havia então sido regularizada em melodia, e por meio do desenvolvimento de convenções puramente musicais e do acréscimo de "associações" significativas, havia se tornado, mesmo na ausência de acompanhamento vocal, um veículo inteligível – uma espécie de linguagem – de comunicação das emoções.[79]

Na Inglaterra, contudo, o poema lírico parece ter sido a consideração básica a partir da qual se desenvolveu o conceito de que toda arte é expressão emocional. Na Alemanha, por outro lado, a música veio a ser considerada a arte de expressão mais pura. As primeiras composições musicais, escreveu Herder em 1769, expressavam paixão; e essa expressão, quando ordenada e modulada, "tornou-se a música maior de todas as afeições, uma nova e mágica linguagem dos sentimentos". Música é algo extremamente obscuro em seu significado e, portanto, ainda mais apropriada para os sentimentos, enquanto a expressão pela linguagem, porque os significados das palavras são "arbitrários e, portanto, não tão intimamente associados à natureza dos sentimentos... esclarecerá, mas... apenas para desviar e enfraquecer" a emoção. E Herder volta-se para a música, como críticos anteriores se haviam voltado para a pintura, a fim de especificar o caráter da poesia. Diferente da pintura e da escultura, a poesia

---

[79] (Londres, 1763), p.74-6, 226-7. Para teorias francesas de música como sendo expressiva de sentimento, cf. Rousseau, *Essai sur l'origine des langues*, e "Lettre sur la musique française"; e L. G. Krakeur, "Aspects of Diderot's Aesthetic Theory", *Romanic Review*, XXX (1939), p.257.

é a música da alma. Uma sequência de pensamentos, figuras, palavras e tons é a essência de sua expressão; e nesse sentido ela se assemelha à música... Ode e poesia pastoril, fábula e linguagem da paixão – são todas uma melodia de pensamentos.[80]

Os *Frühromantiker* [pré-românticos] insistiram nessas ideias de Herder ao extremo. Algumas vezes, eles falavam de música como se ela fosse a própria essência e forma do espírito tornado explícito – um jogo de puro sentimento no tempo, inalterado por seu ambiente físico. "Assim é", disse Wackenroder,

> com o misterioso fluir nas profundezas do espírito humano – a linguagem considera e nomeia e descreve as suas mudanças em material estranho a ele; a música faz com que ele jorre diante de nós como se jorrasse em si mesmo... No espelho de sons o coração aprende a conhecer a si próprio.[81]

Novalis também pensa dessa forma: "O músico retira de si mesmo a essência de sua arte – e nem a mais leve suspeita de imitação pode lhe ocorrer".[82] E continuando com A. W. Schlegel: "O músico tem uma linguagem dos sentimentos independente de todo e qualquer objeto externo; na linguagem verbal, pelo contrário, a expressão dos sentimentos sempre depende de sua conexão com a ideia". Até mesmo a poesia lírica precisa se valer da referência a um objeto; assim, ela serve "apenas indiretamente para a expressão dos sentimentos".[83] Os críticos alemães, portanto, tendem a usar a música como o ápice e a norma da expressão pura e não representativa do espírito e dos sentimentos, contra os quais possa medir a expressividade relativa de todas as outras formas de arte. "Música, artes plásticas e poesia são sinônimos", afirmou Novalis em seu enigmático *Fragments*. "A pintura, as artes plásticas são, portanto, nada mais do que figurações [*Figuristik*] de música. Pintura, artes plásticas – música objetiva. Música – música subjetiva ou pintura."[84]

---

80 *Kritische Wälder*, Parte IV, *Sämtliche Werke*, IV, 118, 162, 166. Cf. J. G. Sulzer, "Aus-druck in der Musik", *Allgemeine Theorie*, I, 271; II, 369; III, p.421-2, 575.
81 Phantasien über die Kunst (1799), in *Deutsche National-Literatur*, CXLV, 71. Cf. também Tieck, ibid., p.88-90, 94.
82 *Romantische Welt: Die Fragmente*, p.297-8.
83 *Vorlesungen über Philosophische Kunstlehre* (1798) (Leipzig, 1911), p.136. Cf. Friedrich Schlegel, *Jugendschriften*, I, 62, 356; II, 257-8; e A. W. Schlegel, *Lectures on Dramatic Literature*, p.43-4. Na Inglaterra, há alguns equivalentes posteriores a essa opinião; ver, p. ex., J. S. Mill, *Early Essays*, p.210; e John Keble, *Lectures on Poetry*, I, p.47-8.
84 Novalis, *Romantische Welt*, p.300; cf. p.313. Cf. também Tieck, *Franz Sternbold's Wanderungen* (1798), in *Deutsche National-Literatur*, CXLV, 317. A afirmação de Goethe (*Gespräche*, 23 mar. 1829) de que "arquitetura é música congelada" também pode ser encontrada em Friedrich

A melomania de tantos críticos alemães fornece uma pista para as diferenças, não apenas entre as críticas alemã e inglesa, mas entre a prática literária alemã e a inglesa. Críticos ingleses sustentavam a ideia de que a falta de determinada representação e significado em música puramente instrumental é uma deficiência, e que para atingir pleno efeito, a música deve se casar com a poesia. "Uma bela sinfonia instrumental", disse James Beattie, "é como uma preleção feita com decoro, mas em uma língua desconhecida". Porém, quando as palavras são cantadas na mesma melodia, "toda a incerteza desaparece, a fantasia fica repleta de ideias cruciais, e emoções cruciais se apoderam do coração".[85] Na Alemanha, escritores como Tieck, Wackenroder e E. T. A. Hoffmann (seguindo o exemplo de Herder) exaltaram a música sinfônica como a arte das artes, exatamente porque ela é indefinida, livre de referência ao mundo exterior e, por ser imprecisa, ricamente sugestiva. A tentativa de fazer a literatura aspirar à condição de música motivou a descrição feita por escritores alemães de formas sonantes, fragrância musical e a harmonia de cores, e contribuiu para aquele abandono sinestésico geral que Irving Babbitt interpretaria como um sintoma da dissolução de todos os limites e distinções dos quais uma civilização racional depende.[86] Sob outro aspecto, a literatura foi levada a emular música, substituindo os princípios estruturais da trama, do argumento ou da exposição por uma forma sinfônica – uma melodia de ideias e imagens, uma organização temática, uma harmonia de disposição mental. Esses fenômenos tinham algum paralelo na Inglaterra, nas imagens intersensórias de Keats e Shelley, nas *dream-fugues* de De Quincey e na estrutura quase musical das últimas odes de Coleridge; mas lá o procedimento foi casual e sem uma base lógica na teoria estética. Em ambos os países, não obstante, a investigação do caráter não representativo da música juntou-se a muitas influências colaterais para pressionar e, em seguida, abalar a estrutura da teoria neoclássica, e para reorientar toda a discussão crítica em direção ao novo norte magnético do artista expressivo e criativo.

Wordsworth, Blair e *The Enquirer*

Dois documentos ingleses publicados no final do século XVIII, dos quais Wordsworth pode muito bem ter tomado conhecimento, entrelaçam vários dos fios que discernimos em um padrão muito análogo ao do Prefácio de Wordsworth,

---

Schlegel, in Schelling's *Philosophie der Kunst* e Staël, *Corinne*, IV, iii); cf. Irving Babbitt, *The New Laokoon* (Boston e Nova York, 1910), p.62; e Büchmann, *Geflügelte Worte* (23.ed.; 1907), p.356-7.
85 *Essays on Poetry and Music*, p.150.
86 Cf. *The New Laokoon* (Boston e Nova York, 1910), especialmente cap. VI.

de 1800. Um resumo desses dois trabalhos nos será útil para distinguir tanto as origens como a originalidade de seus preceitos poéticos.

Lectures on Rhetoric and Belles Lettres [Palestras sobre retórica e belas artes], de Hugh Blair, foi publicado em 1783, mas fora estudado na Universidade de Edimburgo nos 24 anos anteriores. Pertencia a uma classe de composição bastante comum após a metade do século, que servia simultaneamente como manual de oratória, composição, poética e estética geral. Os primeiros capítulos exploram tópicos como juízo estético, gênio, o sublime e o belo, e os elementos de estilo; e eles partem do lugar-comum mais em organização do que em conteúdo. Assim, antes de começar uma discussão prolongada e convencional dos gêneros poéticos e suas respectivas regras, Blair insere uma palestra sobre a "Natureza da Poesia", que se distancia da crítica tradicional.

Blair inicia com as questões, "O que é Poesia? e em que ela difere da Prosa?". Ele rejeita a resposta de que a essência da poesia é ficção e que seu traço definidor é a imitação. "A definição mais justa e abrangente que, penso eu, pode ser oferecida de poesia é que 'é a linguagem da paixão, ou da imaginação estimulada, formada, mais comumente, em unidades regulares'". É somente em um codicilo que Blair acrescenta – o que havia até então sido o modo usual de se definir poesia – uma afirmação acerca do efeito pretendido sobre o leitor: "o objetivo precípuo de um poeta é deleitar e despertar uma emoção e, portanto, é à imaginação e às paixões que ele se dirige".[87]

Como evidência da "verdade e justeza da definição", Blair apela para a origem conjetural da poesia e para o tipo de poesia descrita por viajantes como ainda é comum entre povos primitivos, entre os quais se incluem os índios norte-americanos – formas líricas, "efusões rudimentares que a veemência da fantasia ou da paixão sugeriam aos homens incultos". A linguagem dos poetas primevos caracterizava-se pelo "emprego de ousadas figuras de linguagem", pois as palavras apareciam na ordem "mais adequada à cadência da paixão", e os objetos eram descritos não "como realmente eram, mas como a paixão nos faz vê-los". O mesmo impulso ardente instiga "uma certa melodia, ou modulação de som, apropriada às emoções"; dessa forma surgiram tanto a métrica poética como a arte da música. E, ao considerar o efeito dos avanços da civilização sobre a poesia, Blair prossegue e sugere algo que se aproxima da distinção que Wordsworth faz entre a linguagem genuína dos sentimentos e a simulação mecânica dessa linguagem por poetas habilidosos que substituem emoção por ornamento. "Em sua condição original primitiva", a poesia falava

---

87 (Londres, 1823), Conferência XXXVIII, p.511.

apenas e somente a linguagem da paixão, e nenhuma outra; pois da paixão ela se originou... Em épocas posteriores, quando a poesia tornou-se uma arte regular, estudada para reputação e para lucro, os autores... empenharam-se em imitar a paixão, em vez de exprimi-la; tentaram forçar um êxtase em sua imaginação ou suprir a falta de arrebatamento natural, com aqueles ornamentos artificiais que pudessem dar à composição uma aparência esplendorosa.[88]

A primeira das muitas edições das *Lectures*, de Blair, foi publicada enquanto Wordsworth ainda estava na Hawkeshead Grammar-School, e o livro foi largamente utilizado como livro-texto. Não dispomos, entretanto, de qualquer evidência direta de que Wordsworth tenha lido *Lectures*;[89] e um ensaio crítico, que apareceu somente quatro anos antes do Prefácio de Wordsworth, aproxima suas formulações das de Blair de maneira ainda mais extraordinária.

Esse ensaio – "Is Verse Essential to Poetry?" [É o verso essencial à poesia?] – apareceu no *Monthly Magazine*, edição de julho de 1796, como um dos textos de uma série cujo autor se identificou como "The Enquirer". Sabe-se agora que quem escreveu esses textos foi o reverendo William Enfield, ensaísta, antologista e escritor de um livro sobre juízo crítico e estético.[90] O pesquisador cita as *Lectures* de Blair (juntamente com a doutrina platônica da inspiração) como a fonte de sua teoria da poesia. Ele incorpora as opiniões de Blair de que a poesia teve sua gênese "no estado rudimentar da natureza" quando "os homens sentiam paixões violentas e as exprimiam com intensidade" em uma linguagem que "era audaciosa e figurada" e algumas vezes "fluía em uma espécie de melodia espontânea e selvagem", e que, em qualquer época, a "condição exaltada da mente, que a poesia pressupõe, naturalmente instiga um estilo figurado". Ele se equipara a Wordsworth em seus comentários acerca da dicção poética. "Seja qual for a expressão natural e apropriada de qualquer concepção ou sentimento em métrica ou em rima, é natural e apropriada a sua expressão em prosa"; a poesia moderna viola o padrão de dicção de prosa apenas "porque o estilo dos modernos foi refinado ao ponto do

---

88 Ibid., p.512, 513-4, 518.
89 E. C. Knowlton examina a evidência ao explorar a possível conexão entre o tratamento de Blair ao poema pastoral e o de Wordsworth ao poema bucólico: "Wordsworth and Hugh Blair", *Philological Quarterly*, VI (1927), p.277-81. Coleridge tomou emprestado um volume de *Lectures*, de Blair, na Bristol Library em 1796; cf. Paul Kaufman, "The Reading of Southey and Coleridge", *Modern Philology*, XXI (1924), p.317-20.
90 A identificação foi feita em uma nota obituária no periódico *Monthly Magazine*, IV (1797), p.400-2; cf. Lewis Patton, "Coleridge and the 'Enquirer Series'", *Review of English Studies*, XVI (1940), p.188-9. Para as ligações de Coleridge com o periódico, as quais demonstram ser possível que ele tenha lido o artigo de Enfield, cf. Dorothy Coldicutt, "Was Coleridge the Author of the Enquirer Series?", ibid., XV (1939), p.45 e ss.

fastio, o que os leva a preferir os ornamentos vulgares da arte à simplicidade genuína da natureza". Em duas questões importantes, em particular, The Enquirer adota uma posição mais crítica do que fizera Blair. Primeiro, ele considera e rejeita incondicionalmente as formas de definição de poesia que, seja como alternativas, seja como complementos, haviam se constituído como as bases da teoria crítica. "Para Aristóteles, a essência da poesia consistia de imitação", declara ele, citando Vossius, Batteux e Trapp como adeptos modernos dessa doutrina. Outros críticos, como Racine, Hurd e Johnson, "optaram por derivar sua definição de poesia a partir de sua *finalidade*, embora eles não tenham de maneira alguma concordado quanto a se essa finalidade era fundamentalmente instruir ou agradar".

> Os escritores que parecem ter se aproximado mais de uma verdadeira definição de poesia são aqueles que a viam como o produto imediato de uma imaginação vigorosa e uma sensibilidade apurada e chamaram-na de linguagem da fantasia e da paixão... Poetas são ainda considerados homens inspirados pelo poder da imaginação que manifestam a veemente linguagem da imaginação e dos sentimentos.

Em segundo lugar, ele rejeita a distinção de Blair entre poesia e prosa, e substitui uma antítese entre linguagem racional e emotiva, que era destinada a desempenhar importante papel tanto na teoria da poesia quanto na teoria geral da linguagem:

> Os termos *poesia* e *prosa* opõem-se incorretamente um ao outro. O verso é, mais apropriadamente, o contrário de *prosa*; e como a poesia fala a linguagem da fantasia, da paixão e do sentimento, e a filosofia fala a linguagem da razão, são esses dois termos que devem ser considerados como contrários, e a escrita deve ser dividida não em poesia e prosa, mas em *poesia e filosofia*.[91]

Fica claro que boa parte do conteúdo do Prefácio de Wordsworth, de 1800, deriva das ideias que vimos delineando – embora Wordwsworth tenha expandido essas especulações rudimentares em um comentário crítico muito mais sutil, abrangente e filosófico do que qualquer um de seus antecessores no século XVIII. Fica igualmente claro, entretanto, que a teoria de poesia formulada por Wordsworth baseou-se também em sua própria prática como poeta e em seus *insights* quando de seus processos criativos. E não apenas a teoria de Wordsworth, mas a poética

---

[91] *Monthly Magazine*, II (1796), p.453-6. A similaridade com o Prefácio de Wordsworth foi apontada por Marjorie L. Barstow, *Wordsworth's Theory of Poetic Diction*, Yale Studies in English, LVII (1917), p.121-2.

romântica em geral, indiscutivelmente tiveram, em parte considerável, seu caráter especial oriundo do caráter especial dos poemas para os quais ela serviu de hipótese. Essa investigação das raízes da teoria expressiva da poesia, portanto, não seria completa se não levantássemos a questão da maneira como essa teoria se relacionava com a prática poética da época.

Teoria expressiva e prática expressiva

Quando Wordsworth caracterizou toda "poesia de boa qualidade" como o transbordamento espontâneo dos sentimentos, não era, com certeza, a épica ou a tragédia, mas o poema ou um fragmento lírico que ele tinha em mente como modelo. E, na maioria dos teóricos da geração de Wordsworth, a lírica tornou-se a forma poética por excelência e, geralmente, o tipo cujas qualidades conotam poesia em geral. A lírica, afirmava Coleridge – ecoando críticos anteriores, ingleses e alemães – "em sua própria essência é poética"; e John Stuart Mill declarou que "a poesia lírica, como foi a primeira espécie, é também... mais eminente e peculiarmente poesia do que qualquer outra espécie".[92] Por uma progressão natural e gradativa, a pedra rejeitada pelos primeiros teóricos tornou-se a pedra angular do templo da arte.

O recurso à lírica como paradigma da teoria poética – que primeiro se manifestou na época da revitalização da lírica, na geração de Gray, Collins e dos Warton – foi, sem dúvida, acompanhado, no período romântico, de um refinamento dessa forma a um nível de excelência sem precedentes na história literária. Não foi apenas o fato de que poetas românticos exploraram o canto, a elegia e a ode. Eles também mostraram inclinação por liricizar aqueles poemas que Aristóteles havia caracterizado como "dotados de certa magnitude", substituindo personagem, trama ou exposição por outros elementos que antes haviam constituído materiais apenas das formas inferiores. Como afirmou A. C. Bradley a respeito de "The Long Poem in Wordsworth's Age" [O poema longo no período de Wordsworth], "o centro de interesse é interior. Trata-se de um interesse na emoção, no pensamento, na vontade, mais do que nas cenas, nos eventos, nas ações".[93]

Concomitantemente, descobrimos uma tendência em converter o "Eu" lírico do que Coleridge chamava "Eu-representante" no poeta em pessoa – e para expressar experiências e estados de mente, o que pode ser comprovado a partir do

---

92 Coleridge's Shakespearean Criticism, I, 226; Mill, *Early Essays*, p.228.
93 *Oxford Lectures on Poetry* (Londres, 1926), p.183.

testemunho das cartas particulares e diários do poeta. Até mesmo na prática contemporânea de formas narrativas e dramáticas, o leitor é, muitas vezes, convidado a identificar o herói com o autor. A autoprojeção deliberada sob o disfarce da ficção pôs-se em marcha no romance, com *Júlia ou a nova Heloísa*, de Rousseau, abrindo caminho para exemplos posteriores do *roman personnel*, como *Werther*, de Goethe, *Lucinda*, de Friedrich Schlegel, *William Lovell*, de Tieck, e *René*, de Chateaubriand. Entretanto, na Inglaterra, o escritor, em geral, optava por projetar-se no ambiente do verso. Prontamente, os leitores da época descobriram que os heróis de Byron representavam um aspecto de sua própria personalidade satânica. Porém, o auge do que Keats indelicadamente chamou de "sublime egoísta" foi alcançado por Wordsworth. Ele concebeu sua obra-prima incompleta, *The Recluse*, com base em uma analogia com a forma épica tradicional, principalmente com *Paraíso perdido*, de Milton. Contudo, antes de Wordsworth iniciar essa obra, pareceu-lhe "razoável que ele fizesse uma revisão de sua própria mente", e registrasse suas descobertas nos quatorze livros autobiográficos de *Prelude*. E, uma vez escolhido, o tema épico de *The Recluse* acaba por tornar-se muito moderno; ou seja, "as sensações e opiniões", conforme nos diz Wordsworth, "de um poeta vivendo em reclusão", incorporadas em um poema cujas "primeira e terceira partes... consistirão sobretudo de meditações da própria pessoa do Autor".[94] Por fim, em uma passagem que, de maneira um pouco circunspecta, indica a mudança na perspectiva crítica, Wordsworth declara que todos os seus poemas, longos ou curtos, e sobre qualquer tema, devem ser vistos como componentes de uma catedral gótica, da qual o próprio poeta se constitui o princípio de unidade. *Prelude*, diz ele, tem com *The Recluse* a mesma relação "que a antecapela tem com a estrutura principal de uma catedral gótica"; enquanto os poemas menores já publicados

> levarão o Leitor atento a perceber que existe uma tal conexão com a Obra principal que eles podem ser vistos como semelhantes às pequenas células, oratórios e recessos sepulcrais que geralmente estão incluídos nessas edificações.[95]

No período romântico, portanto, muito da poesia mais importante, como quase toda a crítica significativa, tem o poeta como centro. Posteriormente, nesse

---

94 Prefácio a *The Excursion* (1814), in *The Poetical Works*, org. Thomas Hutchinson (Londres, 1928), p.754. Em *The Excursion*, planejado para ser a seção intermediária de *The Recluse*, Wordsworth anuncia que "é utilizada a intervenção de personagens falando, e é adotado algo como uma forma dramática"; porém, como diz de Selincourt, mesmo nesse poema "não apenas o herói, mas também o Solitário e o Vigário eram retratos muito maldisfarçados de seu autor..." (Introdução a *The Prelude*, texto de 1805, org. de Selincourt, Oxford, 1933, p.xi).

95 Prefácio a *The Excursion*, p.754.

mesmo período, alguns críticos passaram a acreditar que, em todas as épocas, as formas poéticas longas haviam sido não apenas expressivas, mas autoexpressivas. Escrevendo na década de 1830, John Keble achava que o poema lírico, se for curto, está sujeito a um humor inconstante e a paixões simuladas e, se escrito em primeira pessoa, ele é relativamente incapaz de fornecer o que Keble chama de "expediente de responsabilidade transferida", sob cujo disfarce um poeta pode livremente expor seus sentimentos íntimos. Keble, portanto, expressa fortes dúvidas quanto a se escritores líricos podem ser classificados entre os que ele denomina "poetas primários". A primazia pertence aos gêneros ficcionais longos do teatro e da épica, em que, considerando que o poeta fala "seus próprios pensamentos pela boca de outro, a modéstia se faz presente, enquanto o coração repleto e agitado encontra alívio".[96] Na versão particular de Keble, a teoria expressiva, que, em seu início, havia elevado a lírica ao *status* de norma poética, superou seu protótipo, e acabou devolvendo-a à sua posição original nos limites mais inferiores da hierarquia poética – embora por razões inteiramente novas e peculiares.

---

96 *Lectures on Poetry*, II, 92, 97.

Variedades da teoria romântica: Wordsworth e Coleridge

> *O que se requer da arte não é uma cópia do universo; copiar uma coisa dessas seria algo desmedido.*
> Rebecca West

> *Não tenho coisa muito boa para dizer de uma definição – o aclamado remédio para a cura dessa desordem... Nessa investigação, somos limitados pelas leis às quais nos submetemos desde o início.*
> Edmund Burke

Uma orientação em teoria estética não é uma ideia, nem mesmo uma premissa, mas uma linha habitual de referência; e achar que os críticos românticos geralmente pensavam no poeta quando falavam acerca da natureza da poesia não justifica a suposição de que eles tinham em comum qualquer conjunto de doutrinas. Como eram simpáticos a ideias de muitas e variadas fontes, os críticos românticos, de fato, mostram mais diversidade de pressupostos filosóficos, vocabulário descritivo, temas dialéticos e juízo crítico do que os autores de qualquer período anterior. O assunto deste e do próximo capítulo será a rica variedade de métodos críticos e recursos discutidos pelos mais importantes teóricos de literatura do início do século XIX.

Como preliminar a essa análise, entretanto, podemos notar que há um número limitado de asserções sobre poesia que surgem com tanta persistência, embora dentro de estruturas teóricas muito distintas, que talvez elas possam ser chamadas de *o complexo romântico de ideias acerca da poesia*. O "movimento romântico" na Inglaterra é sobretudo uma ficção conveniente do historiador, mas um documento, o Prefácio a *Lyrical Ballads,* de Wordsworth, de 1800, escrito para justificar por razões universais um "experimento" em linguagem poética, realmente revela um quê de manifesto romântico. Em parte, o Prefácio (com as passagens e o apêndice que Wordsworth acrescentou em 1802) deve sua posição especial ao fato de que ele apresentou uma série de proposições a respeito da natureza e dos critérios da poesia que foram amplamente adotados por contemporâneos de Wordsworth, inclusive por aqueles que nutriam pouca simpatia pelo que supunham ser os próprios objetivos poéticos de Wordsworth. Todas essas proposições dependem da asserção básica que, de maneira usual, serve como definição de poesia, ou seja, que:

(1) Poesia é a expressão ou o transbordamento de sentimento, ou emerge de um processo de imaginação em que os sentimentos desempenham a parte crucial.

Afirmações nesse sentido, sabemos bem, são encontradas em quase todos os críticos importantes do período e em conjunção mais ou menos informal com teorias filosóficas tão incompatíveis como o sensacionismo e o platonismo de Shelley, o idealismo orgânico de Coleridge e o positivismo de John Stuart Mill.

(2) Como veículo de um estado emocional da mente, a poesia opõe-se não à prosa, mas a asserções de fato não emocionais, ou "ciência".

"Muita confusão", queixava-se Wordsworth, "tem sido introduzida na crítica por essa oposição entre Poesia e Prosa, em vez da oposição mais filosófica entre Poesia e o Factual ou Ciência".[1] Desde a antiguidade, fora comum opor poesia a história e estabelecer essa distinção apenas porque a poesia imita alguma forma do universal ou do ideal em vez de imitar o evento real. O procedimento usual dos críticos românticos era substituir história por ciência como o oposto de poesia, e basear a distinção na diferença entre expressão e descrição, ou entre linguagem emotiva e linguagem cognitiva. Como escreveu um autor na *Blackwood's Magazine* em 1835, "Prosa é a linguagem da *inteligência*; poesia é a linguagem da *emoção*".[2]

(3) A poesia originou-se de articulações primitivas da paixão que, por causas orgânicas, eram naturalmente rítmicas e figuradas.

Na versão de Wordsworth,

> Os primeiros poetas de todas as nações em geral escreveram a partir da paixão provocada por eventos reais; eles escreviam naturalmente, e como homens, por sentirem de forma intensa como sentiam, usavam uma linguagem audaciosa e figurada.[3]

Coleridge acreditava que a poesia, como expressão instintiva de sentimento, deve ter parecido aos homens primitivos uma linguagem mais natural e menos no-

---

[1] *Wordsworth's Literary Criticism*, p.21n.
[2] "The Philosophy of Poetry," XXXVIII (1835), p.828.
[3] *Wordsworth's Literary Criticism*, p.41.

tável do que a prosa; "era a linguagem da paixão e da emoção; é o que eles próprios falavam e ouviam em momentos de júbilo, indignação etc.".[4] Embora os críticos românticos discordassem radicalmente quanto aos méritos da poesia primitiva, muitos deles acatavam a hipótese de que ela teve sua origem numa verbalização inflamada – e não, como havia suposto Aristóteles, em um instinto de imitação.[5]

(4) A poesia está qualificada para exprimir emoções, principalmente porque ela recorre a figuras de linguagem e ritmo, por meio dos quais as palavras, de maneira natural, incorporam e transmitem os sentimentos do poeta.

Em oposição à doutrina anterior, que postulava que linguagem figurada e métrica são sobretudo ornamentos utilizados para intensificar o prazer estético, a opinião romântica típica era aquela expressa por Wordsworth: Não há qualquer necessidade em poesia de se desviar da linguagem comum,

> para intensificação do estilo ou de qualquer dos seus supostos ornamentos, pois se o assunto do Poeta é criteriosamente escolhido, ele o levará, de forma natural e na ocasião apropriada, a paixões, cuja linguagem, se de fato selecionada com muito critério, deve ser necessariamente dignificada, diversificada e viva, com metáforas e figuras.[6]

A partir disso, conclui-se que:

(5) É essencial para a poesia que sua linguagem seja a expressão espontânea e genuína – não elaborada e simulada – do estado emocional do poeta.

Nessa tese, Wordsworth (e de forma cuidadosamente preparada, Coleridge) baseou seu ataque à "adoção mecânica" de figuras de linguagem às quais ele atribuiu a dicção degradada da poesia do século XVIII. Dela depende também o uso romântico geral da espontaneidade, sinceridade e a unidade integrante do pensamento e dos sentimentos como os critérios essenciais da poesia, no lugar de suas contrapartidas neoclássicas – juízo, verdade e adequação – com que a dicção se harmoniza com o falante, com o assunto e o com gênero literário.[7]

(6) O poeta nato distingue-se de outros homens sobretudo por herdar uma intensa sensibilidade e uma grande suscetibilidade à paixão.

Um poeta, segundo Wordsworth, distingue-se de outros homens porque é "dotado de uma sensibilidade mais vívida, de mais entusiasmo e de mais ternu-

---

4 *Miscellaneous Criticism*, p.227. Cf. "On Poesy or Art," *Biographia Literaria*, II, 253.
5 P. ex., "Defence of Poetry," *Shelley's Literary Criticism*, p.121; De Quincey, "Style," *Collected Writings*, X, 171-3; Mill, "What is Poetry?", *Early Essays*, p.203-4; Keble, *Lectures on Poetry*, I, 19-20, 58-9, 65; Jeffrey, Resenha de *Wilhelm Meister* de Goethe, in *Contributions to the Edinburgh Review*, I, 258.
6 *Wordsworth's Literary Criticism*, p.21-2.
7 Cf. cap. X.

ra... um homem satisfeito com suas próprias paixões e escolhas e que se regozija mais do que outros homens no espírito da vida que existe dentro dele".[8] Mais tarde, escrevendo em defesa de Robert Burns, ele acrescentou que essa constituição do gênio, uma vez que o inclina para o prazer, "não é incompatível com o vício, e... o vício conduz ao sofrimento – que se torna mais pungente por causa das sensibilidades que são os elementos do gênio".[9] Coleridge também afirmou que a sensibilidade "tanto profunda quanto fugaz" e a profundidade da emoção são componentes essenciais do gênio, embora ele insistisse que não menos essenciais são as forças opostas de impessoalidade e "energia do pensamento".[10] Shelley insistiu na "sensibilidade delicada" e na vulnerabilidade da tentação do poeta inato, e John Stuart Mill traçou um retrato elaborado do "poeta por natureza" como aquele que herda "sentidos refinados" e "uma constituição nervosa... composta de tal forma a se lançar mais facilmente do que disposições convencionais, seja por causas físicas, seja por causas morais, em *estados* de alegria ou de dor".[11] Depois, Mill afirmou que, com essa textura tão delicada e emocional, o poeta, inevitavelmente, sofre na atual sociedade competitiva –

> não por vaidade mortificada, mas pelo próprio temperamento poético, submetido a arranjos da sociedade, feito por e para naturezas mais rígidas; e em um mundo que, para qualquer um, exceto o insensível, nunca é lugar de contentamento, nem de paz, senão depois de uma árdua batalha.[12]

Nesse período, estamos a caminho do estereótipo do *poète maudit*, investido de um dom de sensibilidade ambíguo, que o torna, ao mesmo tempo, mais abençoado e mais amaldiçoado do que os outros membros de uma sociedade na qual ele é, pela sina de sua herança, um pária.

(7) A mais importante função da poesia é, pela sua capacidade de gratificação, estimular e sutilizar a sensibilidade, as emoções e a compaixão do leitor.

A poesia romântica continua a ser poesia com um propósito, mas em vez de "consolo e doutrina", seu objetivo fundamental agora é o cultivo dos elementos

---

8 *Wordsworth's Literary Criticism*, p.23.
9 Ibid., p.213.
10 *Biographia*, I, 30; II, 14-9.
11 *Shelley's Literary and Philosophical Criticism*, p.156-8; Mill, *Early Essays*, p.259-60; cf. ibid., 221-4, 229-30.
12 "Alfred de Vigny", *Dissertations and Discussions* (Boston, 1864). Sobre essa questão, cf. também *Shelley's Literary Criticism*, p.154-8; Hazlitt, *Complete Works*, V, 129-30; VIII, 83; W. J. Fox. Monthly *Repository* (jan. 1833), p. 31; A. Smith, "The Philosophy of Poetry," *Blackwood's*, XXXVIII (1835), p.835.

afetivos da natureza humana. Como Wordsworth colocou o que se tornou lugar-comum em sua época: "O propósito da Poesia é produzir estímulo em coexistência com uma preponderância de prazer", e seu efeito é "retificar os sentimentos humanos", alargar suas compaixões e produzir ou ampliar a capacidade "de ser estimulado sem a aplicação de estimulantes toscos e violentos".[13]

Essas ou proposições semelhantes vêm, desde o início do século XIX, persistindo, como partes integrantes de uma estética expressiva. Eugene Véron, que em seu *Esthétique*, de 1878, escreve uma das mais completas análises da arte como expressão dos sentimentos, inclui e expande todas as sete teses de Wordsworth. E vários desses pontos, reinterpretados e reorganizados de formas variadas, continuam a ser levantados com significativa intolerância por teóricos cuja ideologia, de outras maneiras, é tão diversa quanto a de Benedetto Croce e I. A. Richards.

Wordsworth e o século XVIII

Wordsworth, portanto, o primeiro grande poeta romântico, também pode ser visto como o crítico cujas influentes ideias, ao fazer dos sentimentos do poeta o centro de referência crítica, marca um ponto decisivo na teoria literária inglesa. É, entretanto, surpreendente que Wordsworth tenha mergulhado com mais plenitude em certas correntes do pensamento do século XVIII do que qualquer outro de seus contemporâneos de renome. Não existe em Wordsworth, por exemplo, quase nada da terminologia da filosofia estética pós-kantiana. É somente em sua poesia, não em sua crítica, que Wordsworth faz a transição da visão do homem e da natureza do século XVIII para o conceito de que a mente é criativa em percepção e integrante de um universo organicamente inter-relacionado. Ademais, relembrar o material do capítulo anterior é identificar até que ponto Wordsworth incorpora em sua teoria poética as especulações do século XVIII acerca da origem emocional da linguagem, das ideias prevalentes sobre a natureza e do valor da poesia primitiva, juntamente com os resultados de um século de avanços em doutrinas longinianas, e substitui por esse amálgama teorias neoclássicas que haviam tomado como base mais substancial Aristóteles, Horácio, Cícero e Quintiliano. Dr. Johnson deve ter se sentido atormentado com a maior parte das conclusões críticas de Wordsworth, mas teria encontrado poucas razões para surpresa tanto no vocabulário técnico como no raciocínio que estabeleceram tais conclusões.

---

13 *Wordsworth's Literary Criticism*, p.16, 32, 27. Cf. cap. XI, parte V.

Wordsworth manteve-se dentro de uma tradição bem definida no plano geral de sua crítica, não menos do que em seus detalhes. No seu Prefácio, Wordsworth recorre a um modelo básico para garantir validade, seja com relação aos objetivos do poeta ou aos critérios do crítico: a natureza comum dos homens, sempre e em toda parte. Esse é o sistema a que A. O. Lovejoy deu o nome de "Uniformitarianismo", e que ele mostrou ser um princípio proeminente nas províncias normativas do pensamento – moral, teológico e político, assim como estético – no século XVII e na maior parte do século XVIII.[14]

Essa linha de pensamento depende da suposição de que a natureza humana, em suas paixões e sensibilidades, não menos do que em sua razão, é em toda parte fundamentalmente a mesma; e ela evoca, como consequência, a ideia de que as opiniões e os sentimentos compartilhados pela humanidade constituem a norma mais confiável da estética e de outros valores. Citando Hugh Blair, em questões de estilo, o padrão deve ser "as reações e os sentimentos comuns dos homens"; "porque o sentimento universal da humanidade é o sentimento natural; e porque é natural, é, por esse exato motivo, o sentimento certo".[15] Muitos críticos do século XVIII estavam de acordo com essa doutrina; e eles também compartilhavam a opinião de que, tendo em vista que os primeiros poetas eram dotados por natureza de todas as faculdades e poderes necessários para escrever poesia de grande valor, as primeiras produções – a *Ilíada*, por exemplo – são, de certa forma, inigualáveis. Dr. Johnson faz Imlac dizer: "Normalmente observa-se que os primeiros autores têm a posse da natureza, e que seus seguidores têm a posse da arte; que os primeiros distinguem-se em força e inventividade, e os últimos em elegância e sofisticação".[16]

Os teóricos que agora destacamos como primitivistas estéticos partiram dessa opinião neoclássica bastante ortodoxa, principalmente quanto a questões de ênfase e detalhe. Primeiro, eles não apenas detectaram como deploraram a substituição da natureza pela arte no curso da história literária e, segundo, eles indicaram que a superioridade do poeta primitivo consistia particularmente da pureza simples e uniforme de seus pensamentos e imaginação, e da confiante espontaneidade e franqueza com que ele exprimia esses sentimentos. "No início das sociedades", conforme afirmava Blair, "não havia nada que reprimisse as paixões [dos homens], nada que controlasse sua imaginação. Eles se mostravam uns aos outros sem disfarce e conversavam e agiam na simplicidade genuína da natureza". Assim,

---

14 Cf. especialmente "The Parallel of Deism and Classicism", *Essays in the History of Ideas* (Baltimore, 1948), p.78 e ss.
15 *Conferência XXXV*, p.472-3; cf. *Conferência II*, p.19-20.
16 Rasselas, in *Works*, III, p.327-8.

porque ela era então livre de restrições e requintes de civilidade, "a poesia, que é filha da imaginação, é, com frequência, mais intensa e radiante nos primórdios da sociedade".[17]

De acordo com uma variante comum desse ponto de vista no século XVIII, os aspectos constitutivos e uniformes – e, portanto, normais – da natureza e produtos humanos podem ser encontrados não apenas em primitivos "cronológicos", mas também em primitivos "culturais", inclusive aqueles que vivem em nações civilizadas, mas estão isolados, por casta ou *habitat* rural, do artifício e das complicações da cultura. Em sua aplicação estética, essa conjetura foi uma razão para, no século XVIII, entrarem em voga poetas camponeses ou proletários – Stephen Duck, o Poeta-Debulhador; Mary Collier, a Poeta-Lavadeira; Henry Jones, o Poeta-Sapateiro – de cujas classes o aspirante a se tornar talentoso foi Robert Burns, o Jovem Poeta-do-Arado.[18]

Wordsworth não foi um primitivista cronológico, pois, diferentemente de Blair, ele não acreditava que em determinados aspectos importantes, o melhor período poético do homem repousa no passado. Em uma carta escrita em 1809 para o periódico de Coleridge, *The Friend* [O amigo], ele chega até a sugerir um compromisso cauteloso com a crença de que, de maneira geral, há um "progresso da natureza humana em direção à perfeição" tanto em dignidade moral quanto em poder intelectual.[19] Entretanto, a teoria crítica que ele sustentou durante os primeiros anos do século XIX, quando formulou seus pronunciamentos literários mais significativos, pode, com toda a justiça, ser classificada como uma forma – embora uma forma altamente desenvolvida e sofisticada – de primitivismo cultural. O padrão básico do valor poético para Wordsworth é a "natureza", e esta, da maneira como ele a via, recebe uma conotação tripla e primitivista: a Natureza é o denominador comum da natureza humana; ela é mais revelada com mais fidelidade entre homens que vivem "de acordo com a natureza" (isto é, em um ambiente culturalmente simples e sobretudo rural); e ela consiste sobretudo de uma simplicidade básica de pensamento e de sentimento e de um modo espontâneo e "des-

---

17 A Critical Dissertation on the Poems of Ossian, in *The Poems of Ossian* (Nova York, s.d.), p.89-90. Para uma discussão sobre o que a poesia ganhou – bem como o que ela perdeu – no progresso da arte e da civilização, cf. *Lectures*, Conferência XXXV, p.469-78.
18 Para uma análise jocosa dessa nova mania e de sua base racional, cf. C. B. Tinker, *Nature's Simple Plan*, p.92 e ss.
19 *Wordsworth's Literary Criticism*, p.62. Em uma passagem em *Principles of Taste*, de R. P. Knight, que menciona as reflexões de Blair sobre a linguagem primitiva, há uma nota manuscrita à margem em que Wordsworth expressa desdém por esse "brincar com a condição selvagem [do homem], com sua condição rural, com sua condição de caçador etc." (E. A. Shearer, "Wordsworth and Coleridge Marginalia", *Huntington Library Quaterly*, I, 1937-8, p.73).

pojado" de articulação dos sentimentos em palavras. Em 1802, ele escreveu ao jovem Christopher North uma carta que revela seu procedimento normativo típico; também nos concede um comentário esclarecedor acerca do Prefácio a *Lyrical Ballads*, que escrevera dois anos antes. "A quem deve a poesia agradar?", perguntou Wordsworth.

> Respondo: à natureza humana, como tem sido [e sempre] será. Mas onde devemos encontrar a melhor medida para isso? Respondo: [de] dentro; desnudando nosso próprio coração, e olhando para fora de nós mesmos, em direção aos [homens] que levam as vidas mais simples e mais de acordo com a natureza; homens que nunca conheceram falsos refinamentos, desejos caprichosos e artificiais, críticas falsas, hábitos demasiadamente delicados de pensamento e sentimentos, ou que, tendo conhecido essas coisas, rejeitaram-nas.

Para encontrarmos "representantes razoáveis da vasta massa da existência humana", precisamos deixar a classe de "cavalheiros, pessoas de posse, profissionais, damas"; precisamos "descer mais, até cabanas e campos, e até às crianças".[20]

Wordsworth não é um expositor ideal; em suas cartas, queixa-se com frequência da dificuldade que sentia em escrever prosa: era, muitas vezes, acometido de cãibra muscular, transpiração nervosa e desânimo espiritual. O argumento do Prefácio a *Lyrical Ballads* não é transparente, mas aclara-se consideravelmente, penso eu, quando reconhecemos quão persistente é sua referência, em cada área da discussão, à norma do que Wordsworth chamava de "natureza humana como ela tem sido [e sempre] será", da qual o humilde habitante do vale de Cumberland supostamente é o semelhante mais próximo que existe. Assim:

(1) O assunto da poesia. Wordsworth nos diz que seu propósito era, acima de tudo, delinear "as primeiras leis de nossa natureza; sobretudo no que se refere à maneira como associamos ideias em estado de exaltação". Para ilustrar essas leis genericamente humanas,

> em geral escolhia-se vida humilde e rústica, porque, nessa condição, as paixões básicas do coração encontram um terreno melhor onde possam atingir sua maturidade, estão mais livres de restrições e falam uma linguagem mais clara e enfática; porque nessa condição de vida nossos sentimentos básicos coexistem em estado de maior simplicidade... porque o estilo de vida rural brota desses sentimentos básicos... e é mais duradouro; e, por último, porque, nessa condição, as paixões dos homens incorporam-se às formas belas e permanentes da natureza... Tal linguagem, oriunda de expe-

---

20 *Wordsworth's Literary Criticism*, p.6-7.

riência repetida e sentimentos naturais, é uma linguagem mais permanente e muito mais filosófica do que aquela que os Poetas usam em seu lugar.²¹

Para Wordsworth, dr. Johnson foi o principal exemplo de crítico inepto, mas é educativo notar quão próximo é o paralelo em conceito e idioma crítico, entre a justificativa de Wordsworth para as personagens de suas baladas e a exaltação que Johnson faz das personagens cômicas de Shakespeare. As personagens de Shakespeare, afirmara Johnson,

> agem com base em princípios oriundos de uma paixão genuína, muito pouco modificadas por formas particulares ... elas são naturais e, portanto, duradouras ... A simplicidade uniforme de qualidades primitivas nem admite acréscimos, nem sofre declínio ...
> Se houver, e acredito que haja, em cada nação, um estilo que nunca se torna obsoleto ... esse estilo, provavelmente, deve se procurado no intercurso comum da vida, entre aqueles que falam apenas para serem compreendidos, sem aspiração à elegância.²²

Wordsworth, portanto, estava bastante de acordo com Johnson no sentido de que o poeta propriamente dito preocupa-se com os elementos gerais e uniformes, as paixões e a linguagem da natureza humana; ele somente diferia com relação ao local onde essas qualidades são mais bem exemplificadas na vida real. Entretanto, essa diferença, na prática, levou a uma drástica ruptura com o decoro poético tradicional. Para Wordsworth, uma mãe malvada, um garoto tolo, ou uma criança que não pode saber a respeito da morte eram assuntos tão adequados para poesia séria quanto Aquiles ou Lear. A representação poética dessas pessoas não pretendia ser uma mudança do universal e normal para o degradado e anormal, como acusaram alguns críticos da época de Wordsworth até nossos dias. Pelo contrário, por uma simples expansão da premissa mais corrente do pensamento neoclássico – uma expansão para a qual houve amplo precedente até mesmo na época de Johnson – Wordsworth, em sua poesia, voltou-se para aqueles sentimentos e pensamentos cuja própria presença em camponeses, crianças e tolos é prova de que eles são marca não apenas das classes esclarecidas, mas de toda a humanidade. Em tais indivíduos, como declarou Wordsworth, "os elementos são simples e pertencem mais à

---

21 Ibid., p.14-5. Wordsworth, originalmente, escrevera "vida pobre e rústica," e só alterou a expressão para "vida humilde e rústica" na edição de 1832. Cf. ibid., p.31: o objeto mais valioso da escrita são "as paixões grandes e universais dos homens, a mais geral e interessante de suas ocupações, e o mundo da natureza". Cf. também uma passagem semelhante em *The Excursion*, I, ll. p.341-7.
22 "Preface to Shakespeare", *Johnson on Shakespeare*, p.19-20.

natureza do que às maneiras, assim como existem agora e, com toda a probabilidade, sempre existirão".[23] Com base nesses motivos, Wordsworth racionalizou a grande e importante amplitude de simpatias literárias e de assunto que ele exemplificou em sua prática poética.

Na teoria de Wordsworth, as "paixões essenciais" e as "expressões despojadas" de pessoas humildes servem não apenas como assunto para poesia, como também para modelo do "transbordamento espontâneo" dos próprios sentimentos do poeta em seu processo de composição. Em última análise, Wordsworth atribui as questões de assunto, dicção, caracterização e todos os elementos de um poema ao que, dentro de seu sistema, é a categoria claramente primitiva:

(2) A natureza do poeta. "Considerando, então, o assunto, em termos gerais, permitam-me fazer uma pergunta: o que significa a palavra Poeta? O que é um Poeta?" A resposta de Wordsworth é que o Poeta é "um homem que fala com os homens", diferente de outros homens, não em espécie, mas simplesmente no grau de sensibilidade, paixão e poder de expressão. Assim, "onde o Poeta fala pela boca de suas personagens", o assunto "irá, de forma natural, e na ocasião apropriada, levá-lo a paixões", cuja linguagem será aquela realmente falada pelos homens. Nas outras ocasiões, "onde o Poeta nos fala em sua própria pessoa e caráter", ele também sente e, portanto, fala como representante da natureza humana uniforme.

> Mas essas paixões e pensamentos e sentimentos são as paixões gerais e os pensamentos e os sentimentos dos homens... O Poeta pensa e sente dentro do espírito das paixões humanas. Como, então, pode sua linguagem diferir em qualquer nível material daquela de todos os outros homens que sentem vividamente e veem com absoluta clareza?[24]

O fato de ter construído poesia com base em seus próprios sentimentos, tornou Wordsworth, conforme ele mesmo compreendeu, especialmente vulnerável à acusação contemporânea de que esses sentimentos poderiam ser peculiares a ele e ligados de maneira excêntrica a assuntos triviais. "Percebo", admitia ele, "que minhas associações devem, algumas vezes, ter sido particulares em vez de gerais". Seu álibi é que, sendo humano, embora ele seja falível, o melhor guia de um poeta para o sentimento humano universal é seu próprio sentimento. Um

---

23 Em uma parte do prefácio que comenta "The Idiot Boy", "The Mad Mother", "We Are Seven" e outros poemas; o trecho foi excluído da edição de 1845. Cf. *Poetical Works*, org. de Selincourt, II, 388n.
24 *Wordsworth's Literary Criticism*, p.21-3, 29-30.

autor não pode, sem correr risco, ceder à "simples autoridade de uns poucos indivíduos, ou mesmo de certas classes de homens... seus próprios sentimentos são seu esteio e apoio".[25]

Na sequência, Wordsworth considera uma possível inferência de sua teoria expressiva de poesia que iria, de fato, um dia se tornar uma justificativa da poesia do círculo social e do simbolismo privado. Não poderia um poeta ter permissão para abandonar uma linguagem universal e "usar uma linguagem peculiar quando estivesse expressando seus sentimentos para sua própria gratificação ou para a gratificação de homens como ele próprio?" A isso Wordsworth faz objeção, no sentido de que "Poetas não escrevem apenas para Poetas, mas para homens"[26] – o que nos leva a uma terceira área de seu argumento:

(3) O público. Wordsworth tinha tanta certeza quanto qualquer crítico neoclássico de que a poesia deve produzir "prazer instantâneo", deve arrebatar as constantes e uniformes suscetibilidades dos homens e que, portanto, como afirmou dr. Johnson, "toda a pretensão a honras poéticas deve ser decidida de acordo com o senso comum dos leitores, não corrompidos por preconceitos literários decorrentes de todos os refinamentos de sutileza e do dogmatismo do saber".[27] Contudo, nesse aspecto, Wordsworth confrontou uma dificuldade, pois um dos principais pontos de seu Prefácio era justificar seus próprios princípios e prática poéticos em oposição à indiferença ou juízo adverso da grande maioria dos leitores de seu tempo. Exatamente paralelo havia sido o dilema crônico de muitos teóricos neoclássicos, que achavam que as implicações igualitárias de uma dependência na voz dos homens em geral colidiam com suas próprias preferências estéticas refinadas. Corajosamente, dr. Johnson depositou sua confiança no leitor comum; mas outros críticos não apenas detrataram o consenso de seu próprio tempo e lugar em favor do consenso dos tempos em geral. Como desqualificaram todos, exceto uns poucos homens, como competentes para falar pelo homem em geral. A sequência lógica por meio da qual essa conclusão surpreendente pode ser alcançada está evidente em *Elements of Criticism*, de Lord Kames. O que é uniforme entre os homens, segundo Kames, "não é apenas invariável, mas também *perfeito* ou *correto*". Entretanto, para determinar o padrão de gosto "comum às espé-

---

25 Ibid., p.36. Rousseau afirmou que o coração, "quand il est sencère, est toujours uniforme" [quando é sincero, é sempre uniforme]; cf. Lovejoy, "Parallel of Deism and Classicism" p.82.
26 *Wordsworth's Literary Criticism*, p.30.
27 Ibid., p.25; Johnson, "Life of Gray," Lives of the Poets (org. Hill), III, 441. Sobre esse assunto em Johnson, cf. W. R. Keast, "Theoretical Foundations of Johnson's Criticism", in Critics and Criticism, org. R. S. Crane, p.402-3.

cies", não podemos "confiar em um gosto local ou transitório; mas no que é o mais geral e o mais duradouro entre nações esclarecidas". Como consequência, não apenas devem os "selvagens" perder seus direitos, mas também "aqueles que dependem de trabalho braçal para sobreviverem", bem como quaisquer outros homens que "por um gosto corrompido não estão qualificados para votar. O senso comum da humanidade deve, então, limitar-se aos poucos que não se inserem nessas exceções".[28]

Wordsworth também emprega uma teoria da exclusão, embora, com certeza, ele reverta a visão tendenciosa de Kames, olhando na direção – em vez de para outro lado – "daqueles que dependem do trabalho braçal para sobreviverem" como o melhor indicador prático do senso geral da humanidade. Conforme ele registrou em carta a Christopher North, a poesia deve agradar à "natureza humana, como tem sido e sempre será", mas isso está muito mal representado por boa parte da natureza humana como ela hoje existe, porque uma grande proporção do público leitor foi corrompida por "falsos refinamentos" e "desejos artificiais". Portanto, em vez de se acomodar, um grande poeta deve

> retificar os sentimentos dos homens, oferecer-lhes novas combinações de sentimentos, tornar-lhes os sentimentos mais estáveis mais puros e mais permanentes; em suma, mais afinados com a natureza...[29]

Com base nesses motivos, escreve Wordsworth na Conclusão a seu Prefácio de 1800, ele acredita que a satisfação de seus objetivos produziria "poesia genuína; em sua natureza, bem adaptada para interessar de forma permanente à humanidade". Quinze anos mais tarde, a "impiedosa hostilidade" com que seus poemas continuavam a ser atacados por alguns críticos levaram-no a expandir essa tese no "Essay Supplementary to the Preface" [Ensaio suplementar ao prefácio]. Dessa vez, ele procede traçando uma distinção entre a voz transitória e falível do "Público" e aquela norma eterna e universal que emerge no decorrer dos tempos como a voz do "Povo".

> Seria resultado do todo que, na opinião do Autor, o julgamento do Povo não deve ser respeitado? A ideia é realmente ofensiva... O Povo já foi justificado e seu panegírico proferido por implicação, quando foi dito acima – que, de *boa poesia*, o *indivíduo*, assim como a espécie, *sobrevive*. E como ela sobrevive senão por meio do Povo? ... A voz que

---

28 Cap. XXV, II, p.383-4, 388-90.
29 *Wordsworth's Literary Criticism*, p.6-7.

emana desse Espírito é aquela *Vox Populi* que a Divindade inspira. Tolo é aquele que pensa que isso é uma aclamação local ou um clamor passageiro – passageiro, mesmo que seja por anos; local, mesmo que venha de uma Nação.[30]

(4) A dicção poética. Em qualquer teoria que define poesia como a expressão dos sentimentos, a questão da dicção tende a se tornar básica, pois os sentimentos do poeta são mais prontamente concebidos para transbordar, não em enredo ou personagens, mas em palavras, e torna-se a tarefa maior do crítico formular os padrões pelos quais a linguagem da poesia deve ser regulada e avaliada.

Que as opiniões de Wordsworth sobre esse assunto – ao qual ele dedicou a maior parte de seu Prefácio – eram peculiarmente enigmáticas e questionáveis, está comprovado pelas infindáveis controvérsias acerca do que ele queria dizer, desde sua época até os dias atuais. Boa parte da dificuldade emerge de sua repetida formulação da norma poética como uma seleção da "linguagem real dos homens", ou "a linguagem realmente falada pelos homens", e da declaração paralela de que não pode haver qualquer "diferença *essencial* entre a linguagem da prosa e a da composição métrica".[31] O contexto total deixa patente que (apesar de alguma hesitação por causa da ambiguidade da palavra "real") a principal preocupação de Wordsworth não é com as palavras tomadas em seu sentido isolado ou com a ordem gramatical do discurso em prosa, mas com os desvios figurativos do discurso literal, e que a principal intenção de Wordsworth é mostrar que tais desvios são justificáveis no verso somente quando eles têm as mesmas causas psicológicas que têm na fala "inartística" do dia a dia. Aqueles que pensaram em frustrar o argumento de Wordsworth, demonstrando que em sua própria poesia ele usa um vocabulário mais amplo e uma ordenação sintática diferente daquela utilizada por um camponês, não entenderam bem a questão. Na teoria de Wordsworth, a relação entre a linguagem de "Tintern Abbey" e a fala de um pastor de Lake Country não é, essencialmente, uma questão de equivalência lexical ou gramatical, mas de equivalência genética. Ambas as formas discursivas, argumentava ele, são exemplos de linguagem realmente falada por homens sob a pressão de sentimentos genuínos.

Mais uma vez o argumento de Wordsworth se esclarece se o observarmos da perspectiva da crítica do século XVIII. Da maneira como é utilizado, o termo "real" como norma da linguagem poética é, na maioria das vezes, intercambiável com o termo "natural" – "a linguagem real da *natureza*" é uma de suas expressões – e "natureza", conforme Wordsworth a utiliza em outras partes, conota vários atri-

---

30 Ibid., p.194, 200-1. Cf. também a distinção de Wordsworth entre "o Povo" e "o Público" (um Ser muito diferente)," in *The Letters: The Middle Years*, I, 169.
31 Ibid., p.11, 20-1; cf. p.13, 18.

butos. Primeiro, a linguagem da natureza não é a linguagem de poetas como uma classe, mas a linguagem da humanidade. Ela não é colorida, como diz Wordsworth, por uma dicção "peculiar a ele como um Poeta individual ou simplesmente pertence a Poetas em geral".[32] Segundo, ela está exemplificada na linguagem exprimida pelos "primeiros poetas", que "escreviam de forma natural e como homens"; e na prosa, o melhor exemplo está nas "expressões simples e despojadas" das paixões básicas de homens que vivem junto à natureza.[33] Terceiro, considerada geneticamente, a linguagem natural é o transbordamento instintivo e espontâneo de sentimentos em palavras e, portanto, opõe-se à adaptação deliberada de meios para se atingir um fim e da adesão a convenções especificamente poéticas que caracterizam a "arte". O requisito essencial que Wordsworth estabelece para esse princípio é a necessidade de "propiciar satisfação", o que envolve uma seleção para remover o que seria "doloroso ou repulsivo na paixão"; porém, ele se apressa em esclarecer, isso não requer que o poeta "adorne ou eleve a natureza" – aquelas palavras "que são emanações da realidade e da verdade".[34]

Em resumo, ao estabelecer o padrão de dicção poética, Wordsworth adota e elabora a velha antítese entre a natureza e a arte e, como os primitivistas estéticos do período anterior, declara-se a favor da natureza. Isso está implícito ao longo do Prefácio e torna-se explícito em seu ensaio tripartido *Upon Epitaphs* [Sobre epitáfios], que teve uma parte publicada em *The Friend*, em 1810, e as outras duas impressas a partir do manuscrito em *The Prose Works of William Wordsworth* [A obra em prosa de William Wordsworth] (1876), de Grosart. Mesmo que o ensaio completo seja o mais longo estudo de crítica validada de Wordsworth e se dedique, como o Prefácio, a combater a noção de que "o que era natural em prosa estaria deslocado em verso",[35] ele não recebeu atenção adequada de estudiosos da teoria literária de Wordsworth.

"Eu defendo" – assim ele inicia a terceira parte do ensaio – "os direitos e a dignidade da Natureza".

> Eu disse que esse nível de excelência é difícil de atingir; e por quê? Porque a natureza é frágil? Não! Onde a alma foi profundamente atingida... não existirá jamais falta de

---

32 Ibid., p.29 (grifos meus).
33 Ibid., p.14, 41.
34 Ibid., p.24.
35 Wordsworth's Literary Criticism, p.113. Ele deixa claro que seu argumento nesse ensaio não se aplica apenas a epitáfios, mas a todas as formas poéticas, uma vez que as "principais sensações do coração humano" são as fontes vitais da composição "nessa e em todos as outras formas" (p.108).

força *positiva;* mas porque o adversário da Natureza (chamemos esse adversário de arte ou qualquer outro nome) é *comparativamente* forte ... [Dos epitáfios em verso de *Elegant Extracts*] dificilmente haverá um que não esteja totalmente manchado pelos artifícios que têm infestado nossos escritos em métrica desde os tempos de Dryden e de Pope.[36]

Está claro que Wordsworth está se opondo à teoria de Pope – e também à sua prática – de linguagem poética. "Inteligência poética verdadeira", havia dito Pope, "é a Natureza bem vestida", e "expressão verdadeira" consiste em dar aos pensamentos seus "trajes" e "adornos" justos e apropriados. "Ela doura todos os objetos, mas não altera nenhum deles." Falso Talento, por outro lado, ocorre quando os poetas são "incompetentes para desenhar A natureza nua... E ocultam com ornamentos sua falta de arte".[37] Para Wordsworth, entretanto, toda essa agudeza intelectual é falsa, e toda arte – no sentido da adequação deliberada de dicção ao sentimento e de ornamento retórico à dicção – serve apenas para perverter o que ele chama de poesia "genuína". Ao rejeitar "arte" no sentido neoclássico do termo, Wordsworth também rejeita o conceito afim de linguagem como roupagem do pensamento, e de figuras como ornamentos da linguagem.[38]

Quando retornamos ao Prefácio e ao Apêndice de *Lyrical Ballads,* achamos que Wordsworth justifica as figuras de linguagem de maneira geral, e os diferentes tipos de figuras em separado, somente quando, em vez de serem "supostos ornamentos", elas são "naturalmente" sugeridas pela paixão.[39] A "dicção poética", explica ele, originou-se naquele período da história da poesia quando, por meio da "adoção mecânica" de figuras de linguagem, os homens "com frequência aplicavam-nas aos sentimentos e pensamentos com os quais não tinham absolutamente qualquer ligação natural". O resultado foi uma linguagem poética (e, nesse ponto, Wordsworth inequivocamente revela que usa "real" como sinônimo de "natural") "que diferia bastante da linguagem real dos homens, em *qualquer situação*", embora com o tempo, "com o gosto dos homens deturpando-se gradativamente, essa linguagem foi recebida como linguagem natural".[40] A mesma antítese entre a linguagem da natureza e a linguagem da arte, com a rejeição da arte, inspira os epítetos que Wordsworth aplica à dicção característica dos poetas do século XVIII. Essa dicção é "artificial" e resulta de "um refinamento falso ou uma

---

36 Ibid., p.122, 128-9.
37 *Essay on Criticism*, II, ll. p.289 e ss.
38 Cf. cap. X, parte v.
39 *Wordsworth's Literary Criticism,* p.18, 22-3; cf. também sua nota a "The Thorn", *Poetical Works,* org. de Selincourt, II, 513.
40 Ibid., p.41, 43.

inovação arbitrária"; dissociada das leis de natureza humana e, portanto, "arbitrária e caprichosa"; "falada mecanicamente" mais do que "proferida instintivamente"; como consequência, ela substitui a linguagem natural e universal dos homens por "uma linguagem familiar", passada adiante de pai para filho, "como herança comum dos Poetas".[41]

Ao mostrar que a teoria de Wordsworth teve suas raízes na doutrina primitivista anterior, não quero, de forma alguma, que pensem que condeno, ou mesmo desqualifico, as realizações de Wordsworth. A tentativa de corrigir tendências anteriores para formalizar e estabilizar a "arte" da poesia enfatizando o elemento antagônico da "natureza" foi historicamente justificável e validada, pelo menos no sentido pragmático de que a teoria era a hipótese operacional e, assim, ajudou a estruturar os procedimentos de um dos maiores e mais originais poetas da linguagem. A crítica de Wordsworth repousa sobre a sólida base de seu reconhecimento da grandeza e da potencialidade das baladas, canções e histórias da tradição oral como modelos literários. Ela repousa também em sua percepção das possibilidades como tema dos modos e da fala dos homens que vivem junto da terra, comparativamente isolados das rápidas mudanças da vida e dos costumes do mundo urbano. E se nem a literatura nem os costumes do povo são "espontâneos" da forma como Wordsworth afirmava, e se sua tentativa de generalizar os atributos dessa literatura e desses costumes para toda a poesia está aberta a grandes objeções, ainda assim Wordsworth, por princípio e exemplo, trouxe para a província literária o suprimento de materiais que, desde então, vem sendo ricamente explorado por autores – de Thomas Hardy a William Faulkner.

Ademais, Wordsworth conseguiu elaborar e qualificar as doutrinas de antigos simpatizantes do primitivo, de forma a convertê-las em uma respeitável e satisfatória, se não em si mesma plenamente adequada, contribuição para a nossa tradição crítica. Com certeza, Wordsworth não concebia o grande poeta como um filho relapso e instintivo da natureza. Da mesma forma como ele desejava que o poeta mantivesse os olhos no tema, e lembrava a ele que escreve não para si mesmo, mas para os homens, da mesma forma ele afirmava que só produz bons poemas o homem que "pensou longa e profundamente, pois nossos contínuos afluxos de sentimento são modificados e controlados por nossos pensamentos, que são, na verdade, os representantes de todos os nossos sentimentos passados". Assim, ele refinou a suposição-chave do primitivismo estético, chegando à noção de uma espontaneidade que é a recompensa da aplicação inteligente e de habilidades adquiridas com muito esforço – uma espontaneidade que, como disse F. R. Leavis, "intervém sobre

---

41 Ibid., p.15, 18-9, 121.

um desenvolvimento complexo", e uma naturalidade "que coroa uma disciplina, seja ela moral ou de outra ordem".[42] A própria prática de Wordsworth, conforme ela é descrita nos *Journals* [Diários] de Dorothy Wordsworth, também fornece ampla evidência de que, uma vez compostos, poemas podem estar sujeitos a um longo e árduo trabalho de revisão. É um ponto forte da teoria expressiva de Wordsworth, portanto, o fato de que ele traz para o campo de ação elementos da concepção mais antiga de que a poesia é uma arte deliberada; é sua peculiaridade que esses elementos são cuidadosamente relegados a uma posição temporal antes ou depois do verdadeiro vir-a-ser do poema, uma vez que no ato imediato da composição, a melhor garantia de "naturalidade", insiste Wordsworth, é que o transbordamento de sentimentos seja espontâneo e isento tanto da adaptação deliberada da linguagem convencional ao sentimento quanto da submissão deliberada de meios linguísticos à realização de efeitos poéticos.

É importante ressaltar, para concluir, que, embora Wordsworth repudie a opinião de que a natureza na poesia deva ser "adornada favoravelmente", ele concorda com a opinião de que ela pode ser "o que com frequência se pensou". Em um caso, Wordsworth supera dr. Johnson em sua exigência de uniformidade, em vez de originalidade, nos materiais da poesia. Johnson, como Wordsworth, estava interessado no verso fúnebre e o havia previsto ao escrever ensaios sobre epitáfios. Johnson havia escolhido uma das composições de Pope para louvor especial, porque nela "dificilmente há uma linha tomada do lugar-comum". Por isso, Wordsworth o repreende:

> Não apenas não é uma falha, mas é requisito básico em um epitáfio: que ele contenha pensamentos e sentimentos que sejam, em sua substância, lugares-comuns, e até mesmo banais. Ele está sedimentado na propriedade intelectual universal do homem, – sensações que todos os homens sentiram e sentem, em algum grau, todo dia e a toda hora; – verdades cujo interesse e importância precisos levaram-nas a serem negligenciadas, como coisas que deveriam cuidar de si mesmas.

A oração seguinte, entretanto, marca o ponto em que os dois teóricos se separam: "Mas é necessário", diz Wordsworth, "que essas verdades sejam *instintivamente* enunciadas ou se ergam imperativamente de circunstâncias".[43]

---

42 F. R. Leavis, "Wordsworth", *Revaluations* (Londres, 1949), p.170.
43 Johnson, "Life of Pope", *Lives of the Poets* (org. Hill), III, 254; *Wordsworth's Literary Criticism*, p.121 (grifos meus); cf. p.89-90, 93-4, 135. "Dissertation on the Epitaphs of Pope", de Johnson, foi originalmente publicado em *Universal Visiter and Memorialist* (1756), reeditado em *Idler* (3.ed.; 1767), e depois inserido como apêndice a "Life of Pope".

Que o grande poeta romântico deva superar o grande crítico neoclássico em sua busca de uniformidade não deverá parecer algo peculiar se nos lembrarmos que Johnson, de sua parte, havia equilibrado sua exigência por verdades comuns, requerendo o que "é ao mesmo tempo natural e *novo*", e se nos lembrarmos também que nenhum dos poetas românticos ingleses compartilhava da opinião de Novalis de que "quanto mais pessoal, local, temporal e singular [*eigentümlicher*] for um poema, mais próximo está ele do centro da poesia".[44] Na Inglaterra, o marco do culto da singularidade e da originalidade havia chegado e passado com *Conjectures* [Conjeturas], de Young. Em sua reivindicação de que o conteúdo da poesia fosse aquilo que é central a toda a humanidade, Wordsworth estava de acordo com Boileau, Pope e Johnson; a substituição de poesia como imitação para dar prazer por poesia como transbordamento de sentimento, contudo, obrigou a uma mudança na aplicação desse critério. Tendo em vista que um poeta é "um homem falando com outros homens", expressar seus sentimentos espontâneos é a melhor maneira de assegurar um conteúdo universal e de satisfazer o que é universal na humanidade. Essa maneira de pensar, dissociada da insistência de Wordsworth de que o olhar do poeta seja mantido em seu assunto, alcançaria seu grandiloquente extremo na formulação de Victor Hugo:

> Hélas! quand je vous parle de moi, je vous parle de vous. Comment ne le sentez-vous pas? Ah! insensé, qui crois que je ne suis pas toi.[45]

> [Ai de mim! Quando te falo de mim, estou falando de ti. Como é que não o percebes? Oh! insensato, que crês que não sou tu.]

Coleridge: sobre poemas, poesia e poetas

Afirmar que a crítica aplicada de Coleridge é independente de seus princípios filosóficos gerais – ou mesmo um escape feliz deles – é um erro comum a coleridgeanos e a muitos anticoleridgeanos também. Considerada em seu extremo, essa opinião resulta na conclusão de que o método crítico de Coleridge "seria nos

---

44 Novalis, *Romantische Welt: Die Fragmente*, org. Otto Mann (Leipzig, 1939), p.326.
45 Préface des Contemplations (1856), *Oeuvres complètes* (Paris, 1882), *Poesie*, V, 2. Cf. Schiller; "Totalität des Ausdrucks wird von jedem dichterischen Werk gefordert, denn jedes muss Charakter haben, oder es ist nichts; aber der vollkommene Dichter spricht das Ganze der Menschheit aus" [A totalidade de expressão é promovida por cada obra poética, pois ela precisa ter personalidade, ou não será nada; mas o poeta completo articula o Todo da humanidade] (*Briefwechsel zwischen Schiller und Goethe*, 4.ed., Stuttgart, 1881, II, 279).

dias de hoje chamado de impressionista" e "é algo semelhante a 'aventuras da alma entre obras-primas', de Anatole France".⁴⁶ Até mesmo T. M. Raysor, em sua indispensável edição da crítica de Shakespeare, feita por Coleridge, é ambíguo quando afirma que na análise que Coleridge faz das teorias de Wordsworth em *Biographia Literaria*, as ideias gerais "são generalizações indutivas baseadas em... experiência pessoal" e "não em qualquer sentido, uma dedução da arte a partir de um sistema metafísico, como aquele ramo da filosofia que chamamos de estética".⁴⁷ O próprio Coleridge repetidas vezes criticou como sendo falsa a oposição absoluta entre dedução e indução. Na crítica, como na ciência, de acordo com sua linha de pensamento, a investigação empírica sem uma "ideia" prévia é inútil, e descobertas só podem ser feitas pelo espírito preparado. Como expressou Coleridge, com seu talento para analogias, a observação é para a meditação exatamente "como olhos, para os quais [a meditação] predeterminou o campo de visão, e aos quais ela comunica um poder microscópico".⁴⁸ E na crítica aplicada, diz ele, "eu consideraria justa e filosófica a investigação na qual o crítico anuncia e se empenha em estabelecer os princípios que ele considera a base da poesia em geral".⁴⁹ A verdade da questão é que além de qualquer crítico de alcance comparável, Coleridge dificilmente considera um fato literário sem referência explícita aos primeiros princípios. Ele nunca completou o sistema filosófico que projetou, que incluía as bases da poesia e da crítica no *omne scibile*, mas prosseguiu no empreendimento o suficiente para demonstrar que suas premissas metafísicas, longe de serem estranhas à sua prática crítica, reaparecem como os princípios críticos básicos que tornam possíveis seus *insights* típicos na constituição e nas características de poemas específicos.

Tanto em sua filosofia como em sua crítica, Coleridge ancora sua teoria na constituição e na atividade da mente criativa.

> Em meu esforço, utilizei uma base sólida, sobre a qual pudesse sedimentar, de forma permanente, minhas opiniões das faculdades componentes da própria mente humana e na sua dignidade e importância relativas. Conforme a faculdade ou fonte da qual o prazer concedido por qualquer poema ou passagem se origina, avaliei o mérito de tal poema ou passagem.⁵⁰

---

46 G. W. Allen e H. H. Clark, *Literary Criticism, Pope to Croce* (Nova York, 1941), p.221. Para outra visão radical, porém não incomum, de que Coleridge é um bom crítico apesar de sua filosofia, cf. R. W. MacKail, Introdução a *Coleridge's Literary Criticism* (Oxford, 1908), p.viii-xviii.
47 *Coleridge's Shakespearean Criticism*, I, xlvii-xlviii, nota.
48 *Biographia*, II, 64.
49 Ibid., II, 85.
50 Ibid., I, 14. Cf. seu ensaio incompleto com o esclarecedor título de "On the Principles of Genial Criticism... Deduced from the Laws and Impulses which Guide the True Artist in the Production

A mente – o *status* relativo e o jogo das faculdades produtivas – é, para Coleridge, fonte e teste da arte ao mesmo tempo. Sua discussão de poesia envolve de maneira tão sistemática suas causas nos processos mentais do poeta que podemos, sem qualquer prejuízo, adiar a discussão de uma série de suas principais ideias, até que passemos a discutir a psicologia romântica da invenção poética. Neste ponto, temos uma oportunidade bastante apropriada para contrastar a teoria de Coleridge com a de Wordsworth, observando como Coleridge – na parte central, mais longa e mais detalhadamente justificada de sua *Biographia Literaria* – aplica seus princípios críticos fundamentais ao exame da teoria e da dicção poéticas de Wordsworth.

A dissensão entre Coleridge e Wordsworth não foi uma reflexão tardia, nem (como, algumas vezes, tem sido aventado) o resultado de um estranhamento entre ambos; foi uma dissensão em termos de princípios, não de detalhes. Apenas dois anos depois do Prefácio de 1800, Coleridge escrevera a Southey que "embora o Prefácio de Wordsworth seja metade filho de meu próprio intelecto, suspeito que aqui e acolá haja uma diferença radical em nossas posições teóricas acerca de poesia; é até o fundo disso que pretendo chegar".[51] A análise que Coleridge faz de Wordsworth na *Biographia*, fica evidente, foi fruto de cerca de quatorze anos de meditação sobre o tópico.

Coleridge deixa claro, na *Biographia*, que ele se opõe não à validade do "experimento" de Wordsworth com um novo estilo poético, mas àquelas passagens que parecem "pleitear a extensão desse estilo para poesia de todos os tipos", e que ele se opõe a tais passagens por achá-las "equivocadas em princípio".[52] A oposição básica que Wordsworth faz entre "natureza", em vários sentidos, e "arte" deve ter sido suficientemente perceptível a qualquer um de seus contemporâneos familiarizados com os padrões da crítica do final do século XVIII. A dialética elaborada de Coleridge pretende em larga medida mostrar que essa oposição não pode ser sustentada e que grandes poemas são "naturais" apenas em um sentido, que envolve aquelas exatas qualidades de propósito, de harmonia entre as partes e o todo, e entre os meios e os fins, além da escolha de convenções especificamente poéticas, que são os traços definidores de uma arte.

---

of His Works" [Sobre os Princípios da Crítica Genial... Deduzidos das Leis e Impulsos que Guiam o Verdadeiro Artista na Produção de Suas Obras], ibid., II, p.219 e ss. Em 17 de outubro de 1815, Coleridge escreveu a Byron que o objetivo de seu *Biographia* era "reduzir a crítica a um sistema por meio da dedução de Causas a partir dos Princípios envolvidos em nossas faculdades" (*Unpublished Letters*, II, 143; cf. ibid., II, p.65-6).

51 *Letters*, I, p.386-7; cf. p.373-5.
52 *Biographia*, II, p.6-8; cf. p.69.

Coleridge inicia seu ensaio crítico explicando suas ideias, "primeiro de um POEMA; e, segundo, da própria POESIA, em *tipo* e em *essência*". Para Wordsworth, a justificativa para o metro poético havia se confirmado como um problema especialmente controverso, porque, embora a linguagem natural dos sentimentos possa ser muito rítmica, o uso, em poesia, de acentos e estrofes muito regulares poderia parecer uma questão não de natureza, mas de artifício e convenção. Consequentemente, ele fora forçado a se desviar das principais linhas de seu argumento e explicar o metro (com uma fórmula semelhante às teorias dos engenhosos ornamentos poéticos que ele atacava) como um "charme" que é "adicionado" à linguagem natural. Tal charme justifica-se porque ele produz um prazer suplementar e atenua a dor das "paixões mais profundas"; sem, entretanto, interferir nas paixões, ou abrir caminho para quaisquer "outras distinções artificiais de estilo". No entanto, argumenta ele, o metro "é meramente acidental à composição".[53] Em oposição a Wordsworth, Coleridge define expressamente um poema de tal forma a tornar o metro um atributo essencial. Assim, ele distingue poemas não apenas de obras científicas ou de história, mas de obras de ficção escritas em prosa:

> A definição final, portanto, assim deduzida, pode ser enunciada da seguinte forma: poema é aquele tipo de composição que se opõe a obras da ciência, ao propor como seu objetivo *imediato* o prazer, não a verdade; e de todos os outros tipos (tendo esse objetivo em comum) ele é diferenciado porque propõe para si mesmo um prazer a partir do *todo* como é compatível com uma gratificação distinta de cada *parte* componente.[54]

Ao definir um poema como um meio para um "objetivo", "propósito", ou "fim" (termos que ele emprega como sinônimos), Coleridge, bem acomodado na tradição da crítica convencional, estabelece a composição de poemas como uma arte deliberada, mais do que como o transbordamento espontâneo de sentimentos. Em uma palestra anterior, ele havia colocado o assunto de forma a incluir a expressão dos sentimentos, porém subordinados a um propósito deliberado:

> É a *arte* de comunicar qualquer coisa que desejamos comunicar, de forma a expressar e produzir entusiasmo, mas com o propósito de conceder prazer imediato; e cada parte é ajustada para oferecer tanto prazer quanto for compatível com a maior parte do todo.[55]

---

53 *Wordsworth's Literary Criticism*, p.21, 31-6, 46.
54 *Biographia*, II, p.8-10.
55 *Shakespearean Criticism*, II, 67 (grifos meus); cf. ibid., I, p.163-6. Essas conferências foram realizadas em 1811-12, e nelas Coleridge não introduziu a distinção entre "poema" e "poesia", que se tornou o principal ponto de *Biographia*.

As partes componentes de um poema, inclusive os sentimentos que ele expressa, são os muitos meios de se atingir o objetivo definido do prazer; e o metro, no contexto dessa discussão, é considerado uma "escolha deliberada e um arranjo artificial" com o propósito de gerar o prazer maior em cada parte de um poema. O metro, todavia, não é, como Wordsworth e muitos teóricos anteriores a ele haviam sustentado, apenas um charme excedente, pois em um todo harmônico e organizado, uma alteração em qualquer parte envolve uma alteração do restante; portanto, "se o metro for excessivo, todas as outras partes devem se harmonizar com ele". "Ilustro... o princípio", argumenta mais adiante, "que *todas* as partes de um todo organizado devem se incorporar às partes mais *importantes e essenciais*".[56]

Encerremos nossas discussões de poemas como produtos métricos acabados, ou (para usar os termos de Coleridge) como "espécies de composição". Nesse ponto, Coleridge realiza uma manobra significativa e altamente característica. "Mas se esse deve ser reconhecido como um atributo satisfatório de um *poema*, temos ainda que buscar uma definição de *poesia*", pois em autores tão diversos quanto Platão, Taylor, Burnet e Isaías, encontramos "poesia da mais alta classe", mesmo que lhe falte o metro e expresse a verdade mais do que ofereça prazer como objetivo imediato; enquanto um poema em si mesmo "não pode ser, ou não deve ser, todo ele, poesia". Para definir o que em outra parte ele chamou de "poesia em seu sentido mais elevado e mais peculiar" – aquelas realizações supremas da mente criativa que podem ser sustentadas apenas em passagens limitadas, seja em prosa, seja em verso –, Coleridge volta-se do produto acabado para sua etiologia no poeta, e de uma definição em termos de fins racionais para uma definição em termos da combinação e movimento das faculdades mentais no processo de composição. Nesse "absolutamente estrito uso da palavra",

> "O que é poesia?" é uma pergunta quase igual a "O que é um poeta?". A resposta a uma está implicada na resposta à outra, pois trata-se de uma distinção resultante do próprio gênio poético...
>
> O poeta, descrito na perfeição *ideal*, põe em atividade a alma completa do homem... Ele difunde um tom e um espírito de unidade que se mistura e (por assim dizer) se *funde*, um no outro, por aquele poder sintético e mágico, ao qual damos o nome particularmente apropriado de imaginação. Esse poder... revela-se no equilíbrio ou na conciliação de qualidades opostas ou discordantes...[57]

---

56 *Biographia*, II, p.9-11, 56 (grifos meus).
57 Ibid., II, 12; *Shakespearean Criticism*, I, 166. R. S. Crane, um dos poucos críticos que tomou a distinção de Coleridge entre poema e posia como mais do que uma demonstração de ingenuidade perversa, esclarece muito a lógica desse capítulo de *Biographia*. Cf. "Cleanth Brooks; or, the Bankruptcy of Critical Monism", *Critics and Criticism*, org. R. S. Crane, p.83-107.

Aqui localizamos o movimento típico da crítica de Coleridge; ele inicia com o produto, mas, depois de certo ponto, encaminha-se para o processo. Enquanto essa preocupação é com o desenvolvimento de termos para a classificação e análise crítica de "espécies de composição", ele readapta ao seu propósito as distinções testadas pelo tempo de ambiente, assunto, dicção e fins, que haviam constituído as principais ferramentas da crítica desde os retóricos antigos. Porém, quando Coleridge se propõe a discutir o problema do estabelecimento de critérios de avaliação de poesia "em seu mais alto... sentido", sua crítica torna-se genética e, ao fazer da mente e dos poderes do poeta o foco de referência estética, ele mostra a consonância de sua visão com a da tendência central de sua época.

Nessa passagem, Coleridge introduziu na crítica inglesa um importante conceito que voltou a desempenhar um papel fundamental nos estudos críticos de nossa própria geração.[58] Trata-se do apelo à incorporação – como critério de excelência poética – de "qualidades opostas ou discordantes" à coexistência de um poema, contanto que elas tenham sido misturadas ou "conciliadas" em uma unidade pelo poder sintético que Coleridge atribui à imaginação. O conceito, é importante notar, não é acidental na crítica de Coleridge, nem mesmo especificamente estético em sua origem. É simplesmente a aplicação, no território da estética, do princípio gerativo que subjaz ao sistema metafísico de Coleridge em sua totalidade.

"Conceda-me uma natureza com duas forças contrárias", escrevera Coleridge em um capítulo anterior de *Biographia*, "uma das quais tende a se expandir infinitamente, enquanto a outra luta para apreender ou *encontrar-se* a si mesma nessa infinitude, e eu farei o mundo de percepções com todo o sistema de suas representações erguer-se à sua frente".[59] Em uma série de teses, ele continuou a desenvolver suas ideias e resumiu os principais conceitos dessa "Filosofia Dinâmica", a fim de, diz ele explicitamente, aplicá-las "à dedução da Imaginação e, com ela, os princípios de produção e de crítica nas belas artes". Devemos começar, diz ele, com "uma verdade autoestabelecida, incondicional e conhecida por sua própria luz". Esse princípio é encontrado no "*SUM* ou EU SOU" – aquele "espírito, *self* e autoconsciência" que pode ser descrito "como uma perpétua autorrenovação de um e mesmo poder em objeto e sujeito, em que um pressupõe o outro, e podem

---

58 Ver, p. ex., I. A. Richards, *Principles of Literary Criticism*, p.239-53; Cleanth Brooks, *Modern Poetry and the Tradition* (Chapel Hill, N. C., 1939), p.40-3, e *The Well-Wrought Urn*, p.17, 230-1; Austin Warren, *Rage for Order* (Chicago, 1948), Prefácio.

59 *Biographia*, I, 196. Aqui, Coleridge segue a formulação de Schelling, mas também lhe era conhecida a concepção sobre a força geradora do conflito de opostos em pensadores anteriores como os Cabalistas, Giordano Bruno, Boehme e Swedenborg.

existir apenas como antíteses". E no poder gerador dessa oposição em perpétua autorrenovação, na mente de um indivíduo, entre sujeito e objeto, entre infinito e finito – na "existência, na conciliação e na recorrência dessa contradição consiste o processo e o mistério de produção e de vida".[60]

O conflito dinâmico de opostos e sua conciliação em um terceiro não se limita ao processo da consciência individual. Conceito semelhante também serve a Coleridge como princípio-base de sua cosmogonia, sua epistemologia e sua teoria da criação poética. É esse o ponto que Coleridge tenta ressaltar em seu comentário enigmático e frequentemente objeto de galhofa: "IMAGINAÇÃO primária acredito ser o Poder vivo e Agente maior de toda a Percepção humana, e como uma repetição na mente finita do ato eterno da criação no infinito EU SOU. Imaginação secundária considero como um eco da anterior".[61] Toda criação genuína – tudo o que não é um simulacro de modelos prontos, ou uma mera remontagem de elementos preordenados em um todo que é novo em seu modelo, mas não em suas partes – deriva da tensão geradora de forças antagônicas, que são sintetizadas, sem exclusão, em um novo todo. Ao criar poesia, portanto, a imaginação ecoa o princípio criador subjacente à natureza. De modo inverso, pode-se dizer que todo o universo, tanto em sua contínua geração "no infinito EU SOU" quanto na repetição desse ato no processo de percepção pelas mentes humanas individuais, consiste, exatamente como faz um grande poema, da resolução produtiva de contrários e discrepâncias.

Na crítica de Coleridge, portanto, a síntese imaginativa de qualidades estéticas discordantes e antitéticas substitui a "natureza" de Wordsworth como o critério de mais alto valor poético; e isso por motivos inerentes à visão de mundo de Coleridge. Críticos neoclássicos, como sabemos, com frequência colocaram a norma estética em termos de uma média, ou uma combinação adequada de extremos. Muitos desses extremos reaparecem na lista de Coleridge dos tipos de contrários harmonizados na poesia, mas convertidos em um novo ritmo triádico de tese-antítese-síntese. A harmonia imaginativa é

> do mesmo, com o diferente; do geral com o concreto; da ideia com a imagem; do individual com o representativo; do senso de novidade e frescor com objetos velhos e familiares; um estado de emoção mais do que comum com uma ordem mais do que comum.[62]

---

60 Ibid. I, p.179-85.
61 Ibid. I, p.183, 202. Essa passagem é analisada sob outro ponto de vista no cap. X, parte iii.
62 Ibid., II, 12. Para alguns exemplos em que Coleridge aplica esse critério a trechos específicos da poesia, cf. o ensaio anterior de Alice D. Snyder, *The Critical Principle of the Reconciliation of Opposites as Employed by Coleridge* (Ann Arbor, Mich., 1918).

Entre outras coisas (e isso nos traz de volta à essência do debate entre Coleridge e Wordsworth), a poesia mais nobre acomoda os opostos da natureza e da arte, e "enquanto funde e harmoniza o natural e o artificial, ela ainda subordina a arte à natureza".

No restante de seu argumento contra a teoria de Wordsworth, Coleridge tenta repetidas vezes demonstrar que essa resolução poética de natureza e arte, no lugar de uma dependência da natureza em estado puro, não é um triunfo vazio da dialética, e pode ser confirmada pelos fatos da composição poética. Note-se primeiro que ele, com muito entusiasmo, coincide com Wordsworth quanto a estabelecer figuras de linguagem válidas na paixão natural – embora essa possa ser a paixão não do poeta propriamente dito, mas de suas personagens inventadas – e na condenação do "artifício" puro de tanta poesia recente. Até onde Wordsworth "demonstrou a verdade da paixão, e a propriedade *dramática* dessas figuras e metáforas nos poetas originais, as quais, privadas de suas razões justificadoras", são "convertidas em meros artifícios de conexão ou ornamento", e até onde ele separou esse último aspecto da "linguagem natural do sentimento intenso", ele "merece todo o louvor, tanto pela tentativa quanto pela execução".[63] O que ele condena, informa-nos Coleridge, é o argumento associado de Wordsworth de que "a dicção adequada para poesia em geral consiste, como um todo, em linguagem tomada, com as devidas exceções... da conversação natural entre os homens sob a influência de sentimentos naturais", e que tal conversação é mais bem exemplificada na "vida modesta e rústica". Contra essa forma de primitivismo cultural, Coleridge argumenta de maneira convincente e em detalhe, primeiro apelando para a violação a esse modelo no assunto e na linguagem de muitos dos próprios poemas de Wordsworth, e, segundo, demonstrando que as condições especiais da vida rural levam à rudeza e à estreiteza mais do que à superioridade de pensamento e linguagem.[64]

Resta ainda a alegação mais geral de Wordsworth de que os padrões da poesia são aqueles da linguagem natural dos sentimentos na fala do dia a dia, e que, em consequência, conforme Coleridge cita Wordsworth, "não há e nem pode haver qualquer diferença essencial entre a linguagem da prosa e a composição métrica".

---

63 Ibid. II, 28. Coleridge, em outra ocasião, afirma que todas as figuras retóricas devem ser justificadas pela condição genética do sentimento; ver, p. ex., ibid., II, 43; *Letters*, org. E. H. Coleridge, I, 374; *Shakespearean Criticism*, II, p.102-4, 122. Entretanto, diz ele, apenas em "seu estado mais inferior" entre as tribos primitivas a arte é "uma mera expressão de paixão por meio de sons que a própria paixão necessita" ("On Poesy or Art", *Biographia*, II, 253). Sobre esse aspecto da discussão, cf. T. M. Raysor, "Coleridge's Criticism of Wordsworth", *PMLA*, LIV (1939), p.496-510.

64 *Biographia*, II, p.29-43.

Coleridge responde que há "modos de expressão" que são "apropriados e naturais" na prosa, mas "desmedidos e heterogêneos em poesia métrica"; e, do outro lado, há uma ordenação de palavras e um uso de figuras de linguagem apropriados a um poema sério que seriam "incorretos e estranhos" em prosa correta.[65]

Em outras palavras, o cânone da naturalidade que se aplica ao discurso comum dos sentimentos não tem qualquer jurisdição obrigatória sobre a "poesia", sobretudo quando isso ocorre no ambiente de um "poema", uma forma de arte que tem seus fins apropriados e seus meios escolhidos (inclusive a dicção) para atingir esses fins. O primeiro esforço de Coleridge agora é resolver as diferenças entre suas definições anteriores de "poesia" e "poema", a fim de demonstrar como a atividade sintetizadora da imaginação pode encontrar expressão em um meio tão elaborado, e por intermédio de um processo que é, ao mesmo tempo, espontâneo *e* deliberado, natural *e* artístico. Ele faz isso suplementando sua análise anterior de um poema acabado em termos de seus próprios fins com uma análise do que ele chama "poesia métrica" – poesia no ambiente de um poema – em termos de suas origens psicológicas. Desse ponto de vista modificado, o metro acaba se tornando um dos produtos desse conflito e a resolução de contrários, que é o princípio genético – a "imaginação" – da poesia como um todo.

> E, primeiro, da *origem* do metro. Eu o determinaria a partir do equilíbrio na mente efetuado por aquele esforço espontâneo que luta para manter sob controle as operações da paixão. Da mesma forma, poderia ser facilmente explicado de que maneira esse antagonismo salutar recebe a assistência da própria condição que ele neutraliza; e como esse equilíbrio entre antagonistas foi organizado no metro... por um ato interveniente da vontade e do juízo, conscientemente e com o objetivo previsto de garantir prazer.[66]

É nesse aspecto, como Coleridge havia dito um pouco antes, que "o senso de satisfação musical, com o poder de produzi-la, é um dom da imaginação". E a partir dessa abordagem, vê-se que aqueles poemas que são poesia genuína se unem e, assim, conciliam tanto a linguagem natural quanto o artifício, tanto a espontaneidade quanto o propósito voluntário. "Como *elementos* do metro devem sua existência a um estado de exaltação exacerbado, também o próprio metro deveria ser acompanhado da linguagem natural de entusiasmo." Não obstante, "como esses elementos são formados *artificialmente* no metro, por um ato *voluntário*, com... intenção", essas condições também "devem se harmonizar e estar copresentes. Deve haver não apenas uma parceria, mas uma união; uma interpenetração da

---

65 Ibid., II, p.45, 49.
66 Ibid., II, p.49-50.

paixão e da vontade, do impulso *espontâneo* e do propósito *voluntário*". Por analogia de raciocínio, aquelas figuras de linguagem que em sua origem primitiva eram inteiramente a expressão natural da paixão, devem ser empregadas de acordo com padrões diferentes e mais complexos no discurso engenhoso de um poema, que tem o propósito de gerar prazer estético.

> Mais uma vez, essa união pode se manifestar somente em uma frequência de formas e figuras de linguagem (a princípio produto da paixão, mas agora filhos adotivos do poder) maiores do que seria desejável ou tolerável, onde a emoção não é voluntariamente encorajada e mantida por uma questão de... prazer... Ela não apenas dita, mas por si mesma tende a produzir um emprego mais frequente de linguagem pitoresca do que seria natural em qualquer outro caso.[67]

Detectamos aqui, entre outras coisas, a tentativa de Coleridge de sutilizar a crueza e suplementar a inadequação da doutrina de que poesia, no momento da criação, é o transbordamento espontâneo do sentimento, *tout simplement*. A linguagem válida de poesia, por exemplo, deve remontar não a uma, mas a duas fontes de sentimentos, das quais a segunda é peculiar à composição poética. Como explica Coleridge: Poesia, "o sr. Wordsworth afirma acuradamente, sempre implica PAIXÃO", e cada paixão tem "seus modos característicos de expressão". Porém, além disso, "o próprio *ato* da composição poética *em si mesmo* é, e tem permissão para sugerir e produzir, um estado incomum de exaltação que, obviamente, justifica e exige uma diferença correspondente em linguagem".[68]

Entretanto, Coleridge concentra sua discussão na contestação da antítese geral entre natureza e arte, que é o substrato de toda a teoria de Wordsworth. Ele dá provas cabais de que tem consciência de que o raciocínio de Wordsworth é apenas uma nova aplicação de uma antiga tendência do pensamento ocidental, pois ele cita contra seu amigo a clássica refutação do ponto primitivista. Trata-se da passagem em que Shakespeare faz Polixeno rejeitar a preferência de Montaigne pela natureza, em oposição à arte, indicando que a arte (a intervenção do planejamento e habilidade do homem) "é a própria natureza". "Podemos", Coleridge conclui,

> em alguma medida aplicar a essa união [impulso espontâneo e propósito voluntário em poesia] a resposta de POLIXENO em *Conto de Inverno* à negligência de PERDITA em relação às flores ornamentais, porque ela havia ouvido dizer,

---

67 Ibid., II, 50. Cf. *Shakespearean Criticism*, I, p.164, 166.
68 Ibid., II, p.55-6. Cf. *Letters*, I, 374.

> There is an art which in their piedness, shares
> With great creating nature.
> *Polixenes:* Say there be;
> Yet nature is made better by no mean.
> But nature makes that mean; so ev'n that art,
> Which, you say, adds to nature, is an art,
> That nature makes.[69]

[Há uma arte que, em seu multicolorido, partilha
Com a natureza criadora.
Polixeno: Seja isso verdade;
Ainda assim, nada aprimora a natureza
Senão ela própria; então, mesmo essa arte
Que, dizes, acrescenta à natureza, é uma arte
Que ela própria cria.]

Em resumo, Coleridge argumenta que a poesia maior é, de fato, produto do sentimento espontâneo, mas do sentimento que, devido a uma tensão produtiva com o impulso da ordem, coloca em movimento a imaginação assimilativa e (equilibrada por seus antagonistas, propósito e juízo crítico, e suplementada pela emoção inerente ao próprio ato da composição) se organiza em um ambiente convencional em que as partes e o todo são adaptados um para o outro e ao propósito de garantir prazer. O paradoxo de que o que é natural em poesia inclui arte e resulta de uma interpenetração de espontaneidade e voluntarismo não é meramente um produto abstrato do arcabouço filosófico de referência de Coleridge. O fato é atestado pelos poetas criativos de todas as épocas que, em vários idiomas, afirmam que escrevem de acordo com um plano prévio e como resultado de habilidades adquiridas por meio de árdua prática, mas que, de vez em quando, a ideia central assume controle e se desenvolve de forma contrária à intenção original, e até mesmo ao seu desejo expresso; não obstante, o retrospecto mostra que eles escreviam melhor do que sabiam.

Observemos a tentativa de Coleridge de ocupar-se com outro aspecto do mesmo problema. Wordsworth havia suposto que não há qualquer alternativa prática entre depender dos estímulos espontâneos oferecidos pela natureza (mais bem exemplificados na fala da gente comum) e das ordens teimosas e arbitrárias do

---

69 Ibid., II, p.50-1. Cf. também H. V. S. Ogden, "The Rejection of the Antithesis of Nature and Art in Germany, 1780-1805", *Journal of English and Germanic Philology*, XXXVIII (1939), p.597-616.

poeta, "das quais não se pode fazer qualquer previsão". A resposta de Coleridge é que existem "princípios de escrita" válidos, dos quais podemos derivar *"regras sobre como julgar o que foi escrito por outros"*.

> Mas e se me perguntarem por que princípios deve o poeta regular seu próprio estilo, se ele não observa com cuidado o tipo e a ordem das palavras que ele ouve no mercado, na vigília, na rua principal ou na terra cultivada? Minha resposta é: por princípios, cuja ignorância ou negligência o acusariam de não ser *poeta,* mas um tolo e presunçoso usurpador do termo! Pelos princípios da gramática, da lógica, da psicologia!

Coleridge não está apelando da natureza pura para as regras codificadas de formas doutrinárias do neolassicismo. Os princípios de gramática, lógica e psicologia se aplicam; mas na prática do poeta, tal conhecimento deve se "tornar instintivo pelo hábito"; em seguida, ele reaparece como "o representante e a recompensa de nossas racionalizações conscientes, nossos *insights* e conclusões, e adquire o nome de ESTILO". Não é pela observação de outras pessoas, mas "pelo poder da imaginação movendo-se sobre o *todo em cada um* da natureza humana", e, portanto, "intuitivamente", que um poeta saberá que linguagem se ajusta aos diferentes estados de emoção, bem como "que intermistura de volição consciente é natural àquele estado; e em que exemplos tais figuras e cores de linguagem degeneram em meras criaturas de propósito arbitrário". No fim, Coleridge demonstra como a poesia pode ser natural e, ainda assim, regular, legítima sem ser legislada, e racionalmente explicável após o fato, embora intuitiva no momento da composição, por meio da substituição do conceito de regras impostas do exterior pelo conceito das leis inerentes ao processo imaginativo:

> Se uma regra pudesse ser estabelecida do *exterior,* poesia deixaria de ser poesia e mergulharia em uma arte mecânica... As *regras* da IMAGINAÇÃO são por si mesmas os próprios poderes de crescimento e produção.[70]

Nesse excerto, Coleridge equipara a regularidade do processo imaginativo ao processo de "crescimento". E, como veremos quando voltarmos à teoria de Coleridge sob um ponto de vista diverso, a "natureza" a que Coleridge – ao contrário do que faz Wordsworth, no fim – apela na arte é basicamente uma natureza biológica. De forma análoga, o conceito de Coleridge acerca de criatividade poética que vimos detalhando – de que o processo que se auto-organiza, assimilando

---

70 *Biographia,* II, p.63-5. Cf. cap. VIII, parte v.

materiais díspares por meio de uma legitimidade inerente em um todo íntegro – toma emprestadas muitas de suas características específicas do modelo conceitual de crescimento orgânico.

Foi, acima de tudo, na sua exploração dessa nova estética do organismo que Coleridge, de maneira mais plena do que Wordsworth, foi o crítico inovador de sua época. Ao mesmo tempo, paradoxalmente, foi porque ele reteve grande parte dos princípios e dos termos críticos do neoclassicismo que Wordsworth minimizara ou rejeitara, que a crítica de Coleridge é muito mais flexível e praticável – mais adequada ao entendimento de uma grande variedade de poemas específicos – do que a de Wordsworth. A estratégia lógica por meio da qual Coleridge conseguiu essa façanha, diferenciando com muita acuidade "poesia" de "poema" é desordenada e certamente levou a muitos mal-entendidos quanto à sua intenção. Todavia, por meio dela, teve o direito de manter sua dupla visão, capaz de, alternadamente, discutir um poema como poema e um poema como um processo da mente. Valendo-se desse dispositivo, ele pode também usar o sugestivo conceito de um poema como um organismo quase natural, sem sacrificar as distinções indispensáveis e os poderes analíticos do conceito de que a composição de poemas é basicamente a arte racional e adquirida de se adaptar partes a outras partes e de se combinar meios para fins previstos. Por meio desse dispositivo, finalmente, ele continuou livre para argumentar que a avaliação de poemas (conforme Bowyer, seu mestre do século XVIII, havia com tanto empenho incutido nele) deve proceder com base na suposição de que poesia tem "uma lógica própria, tão rígida quanto aquela da ciência; e mais difícil, porque... dependente de outras causas – e causas mais fugidias".[71]

---

71 Ibid., I, 4.

Variedades da teoria romântica:
Shelley, Hazlitt, Keble e outros

> *Podeis acreditar! Chego quase a sentir vergonha de confessar a verdade; porém, devo dizer que, com poucas exceções, qualquer um de vós falaria melhor sobre a poesia dos poetas do que eles próprios o fizeram.*
>
> Platão, Apologia

> *A questão deveria ser mais precisamente formulada da seguinte maneira: até que ponto um homem pode ser um... crítico adequado de poesia se ele próprio não é poeta – pelo menos in posse?... Porém, há ainda outra sutileza: supondo que ele não apenas é um poeta, mas um mau poeta, o que dizer?*
>
> Coleridge, Anima Poetae

Four Ages of Poetry [Quatro eras de poesia], de Thomas Love Peacock, foi publicado em 1820 e pode ser lido como uma paródia perspicaz e cáustica dos princípios poéticos de Wordsworth, sobretudo aqueles que ele tinha em comum com os teóricos primitivistas do século anterior. Peacock admite que a linguagem primitiva é naturalmente poética – "o selvagem, de fato, ceceia números e toda a gente rude e incivilizada se expressa de uma maneira a que chamamos poética" –, mas ele próprio chega à conclusão de que poesia é um anacronismo inútil nessa era da razão, da ciência, da metafísica e da economia política.[1] Nessa atual era de latão, o poeta, enquanto revive o barbarismo e a superstição da idade do

---

1 *The Works of Thomas Love Peacock*, org. H. F. B. Brett-Smith e C. E. Jones (Londres, 1934), VIII, 5, 11, p.24-5.

ferro, "propõe voltar à natureza e reviver a idade do ouro". Por uma sequência de entimemas, Peacock parodia a lógica pela qual esse retorno à natureza é normalmente justificado: "Impressões poéticas podem ser recebidas apenas no meio de cenas naturais, pois tudo o que é artificial é antipoético. A sociedade é artificial; portanto, viveremos longe da sociedade. As montanhas são naturais; portanto, viveremos nas montanhas". O argumento de Wordsworth de que "Sempre me empenhei em olhar constantemente para meu assunto" ecoa irreverente no comentário de Peacock de que os *Lake Poets** "intentaram, embora tivessem se afastado do mundo com o desejo expresso de ver a natureza como ela era, vê-la exatamente como ela não era". O próprio Wordsworth, afirma Peacock, "não pôde descrever uma cena debaixo de seus próprios olhos sem inserir nela [alguma] parturição fantástica dos humores de sua própria mente". A doutrina do transbordamento de sentimentos intensos também tem sua contrapartida burlesca. "As inspirações mais elevadas de poesia são resolvíveis em três ingredientes: a linguagem bombástica da paixão descontrolada, a lamúria de sentimentos exagerados, e a cantilena de sentimentos afetados."[2] É inútil investigar as exatas fronteiras entre o sério e o jocoso nesse arguto ensaio. É impossível saber com segurança o que Peacock realmente pensava. Ele tinha a percepção do parodista nato, diante do qual tudo o que se apresenta como afetado se contorce em caricatura. Se ele foi um poeta que zombou de poetas a partir de uma estrutura utilitária de referência satírica, ele também foi um utilitarista que transformou em ridícula a crença na utilidade e na marcha do intelecto, além de um crítico que fez troça dos que desdenhavam a poesia, depois que ele próprio fizera troça da poesia que eles desdenhavam.

Shelley e o platonismo romântico

Peacock foi também um amigo leal, que não hesitou em expor os amigos ao ridículo em seus romances inimitáveis. E foi o Scythrop, de *Nightmare Abbey* [A abadia do pesadelo], que pulou em defesa da poesia contra o ensaio de Peacock, embora – conforme Shelley, espirituosamente escreveu a Peacock – sua defesa

---

* Referência a S. T. Coleridge, W. Wordsworth e R. Southey, que viviam em Lake District, a noroeste da Inglaterra. (N.T.)

2 Ibid. VIII, p.13, 17, 18-21. Para uma defesa contra ataques feitos por críticos da época a alguns dos próprios autores de quem ele faz troça em "Four Ages", cf. o inacabado "Essay on Fashionable Literature", de Peacock, ibid., VIII, p.263-91.

fosse a defesa feita pelo "cavaleiro do escudo da sombra e da lança do diáfano".[3] Shelley, porém, deixou para trás seu senso de humor quando se lançou em seu "Uma defesa da poesia", em 1821, e embora ele se oponha aos argumentos de "Four Ages" mais sistematicamente e em mais detalhes do que uma leitura superficial possa indicar, ele quase nunca escapa da desvantagem que tem aquele que reage à zombaria com um apelo solene às verdades eternas.

Por acaso, Shelley estava lendo *Íon*, de Platão, quando recebeu o artigo de Peacock, e ele havia há pouco traduzido *O banquete*, além de partes de alguns outros dos seus diálogos mais míticos. Há mais de Platão em "Defesa" do que em qualquer outra crítica inglesa, mesmo que seja um Platão que tenha obviamente sido visto pela perspectiva de críticos e analistas neoplatônicos renascentistas. Contudo, Shelley tinha também familiaridade com a teoria poética de Wordsworth e de outros contemporâneos seus,[4] havia sido estudioso profundo dos notáveis psicólogos ingleses e continuou a apoiar a ética benevolística que Godwin havia adotado de seus predecessores ingleses.[5] Em "Defesa", essas várias tradições continuam assimiladas de forma imperfeita; assim, podem-se discernir dois níveis de pensamento na estética de Shelley – um platonista e mimético, o outro psicológico e expressivo – aplicados, de certa forma, alternadamente, a cada um dos tópicos principais sob discussão. A combinação gerou uma teoria crítica articulada livremente, sem dúvida, mas também resultou em um conjunto de passagens magníficas sobre o poder e a glória da arte sem rival pelos outros apologistas da poesia que sucumbiram ao fascínio do quadro do mundo platônico, com suas essências radiantes atrás das sombras fugazes desse mundo do vir-a-ser.

Com relação ao platonismo, encontramos Shelley propondo uma teoria mimética da origem da arte, em resposta à especulação pouco lisonjeira de Peacock

---

3 Carta de 15 de fevereiro de 1821, *Shelley's Literary and Philosophical Criticism*, p.213. "Defence", de Shelley, foi planejado para ser o primeiro de três artigos, mas os outros dois não foram concluídos.

4 Cf. R. B. McElderry Jr., "Common Elements in Wordsworth's 'Preface' and Shelley's 'Defence of Poetry'", *Modern Language Quarterly*, V (1944), p.175-81. Shelley pode também ter se preparado para o encontro com Peacock, fazendo uma releitura de *Apology for Poetry, de Sidney*: as semelhanças entre os dois ensaios foram discutidas por Lucas Verkoren em *A Study of Shelley's "Defence of Poetry"* (Amsterdam, 1937). Menos convincente parece ser a adaptação feita por Shelley da poética de Imlac, conforme expressada em *Rasselas*, de Johnson, por K. N. Cameron, "A New Source for Shelley's 'A Defence of Poetry'", *Studies in Philology*, XXXVIII (1941), p.629-44. Para um resumo das influências platônicas em "Defence", de Shelley, cf. James A. Notopoulos, *The Platonism of Shelley* (Durham, N. C., 1949), p.346-56.

5 Ver, p. ex., os diversos, porém fragmentados, ensaios filosóficos e éticos de Shelley, de 1815: "On Life", "Speculations on Metaphysics" e "Speculations on Morals". Todos eles estão publicados em *Shelley's Literary and Philosophical Criticism*.

de que ela é uma mercadoria inventada pelo bardo que está "sempre pronto a celebrar a força do braço [do rei], sendo primeiro devidamente inspirado pela força do álcool". "Na juventude do mundo", diz Shelley, "os homens dançam e cantam e imitam objetos naturais, observando nessas ações, como em todas as outras, um certo ritmo ou ordem". Essa ordem origina-se na "faculdade [humana] de aproximação com o belo", e pode a si mesma "ser chamada de o belo e o bom".[6] Os objetos imitados pelo grande poeta são as Formas eternas percebidas pelo véu do fato e da particularidade. A Poesia "retira do mundo o véu da familiaridade e revela a beleza nua e adormecida, que é o espírito de suas formas". E o analogismo que Shelley emprega para esclarecer a relação entre imitação e ideal é o clássico do espelho, concebido, como fizeram muitos platonistas da Renascença, para refletir as Ideias mais acuradamente do que o fazem as particularidades do mundo natural.

> Um poema é a própria imagem da vida exprimida em sua verdade eterna... Uma história de fatos particulares é como um espelho que obscurece e distorce o que deveria ser belo: a poesia é um espelho que torna belo o que está distorcido.[7]

O ensaio de Shelley demonstra, em sua forma mais rígida, a tendência a uma estética platônica de cancelar diferenças, ao reduzir tudo a uma única categoria, e ao sujeitar essa categoria a um único padrão de julgamento. Considerando que o domínio das Essências é a morada de todos os modos de valor, "ser poeta é apreender o verdadeiro e o belo; em uma palavra, o bem"; como consequência, qualquer julgamento estético envolve inescapavelmente um julgamento moral e também ontológico. Esses diferentes valores, por sua vez, são, em última análise, os atributos de uma única Forma das Formas; e Shelley vai para além de Platão, aproximando-se de Plotino, para quem todas as considerações haviam sido arrastadas inevitavelmente para o vórtice do Uno. "Um poeta", conforme discute Shelley, "participa do eterno, do infinito, do uno".[8] Mesmo no mais estrito sentido de "poesia", definido como representação no ambiente de linguagem figurada e harmônica, Shelley emprega o termo de modo a incluir os escritos de Platão, Bacon e todos os "autores de revoluções em opinião", bem como Shakespeare, Dante e Milton.[9] Quando, por outro lado, a poesia é definida no que Shelley chama de "o

---

6 *Shelley's Literary and Philosophical Criticism*, p.122-3, 152.
7 Ibid., p.155, 128; cf. p.131, 135.
8 Ibid., p.123-4.
9 Ibid., p.126-8. A linguagem dos poetas é necessariamente metafórica, pois essas figuras de linguagem revelam a unidade existente sob a aparente diversidade do fenômeno ("desvelam a ana-

sentido mais universal da palavra", ela inclui todas as imitações do império da Essência, seja no ambiente de "linguagem, cor, forma", seja no ambiente de "hábitos de ação religiosos ou civis". Dentro desse uso, poesia torna-se uma única categoria com todas as atividades e produtos humanos importantes.

> Porém, os poetas, ou aqueles que imaginam e exprimem essa ordem indestrutível, não são somente autores da linguagem e da música ou da dança, e da arquitetura, da estatuária e da pintura; eles são criadores de leis e fundadores da sociedade civil e inventores das artes da vida, e mestres, que atingem uma certa afinidade com o belo e o verdadeiro, aquela apreensão parcial das operações do mundo invisível chamada religião.[10]

Ironicamente, Platão havia estabelecido que poetas são adversários de estadistas-filósofos na arte da imitação, "rivais e antagonistas no mais nobre dos dramas", mas sempre em uma desvantagem insuperável, porque o poeta tradicional opera a uma dupla distância das Formas das coisas. Na teoria de Shelley, autores de teatro e épica também adentram as Formas eternas, portanto, não são mais rivais inferiores de legisladores e estadistas, mas seus companheiros de trabalho e iguais – mesmo seus superiores, porque a plasticidade da linguagem poética torna-a um meio incomparável para a reprodução sem distorção da "ordem indestrutível".[11]

Shelley prossegue com um sumário da história da poesia e das influências morais que ela recebeu, com a intenção de neutralizar a crítica sério-cômica de Peacock sobre o desenvolvimento da poesia nos quatro períodos. Entretanto, a teoria das Ideias é um instrumento muito insensível para ocupar-se com a história. Se a crítica literária platônica é uma crítica sem distinções reais, a história literária platônica é uma história que, em sua essência, não muda, pois, sob essa perspectiva, a poesia de cada período, desde que seja poesia e não seu simulacro, reaproxima o mesmo modelo inalterado. No ensaio de Shelley, por conseguinte, todos os poemas mais genuínos perdem sua localização particular em tempo e espaço, perdem até mesmo sua identidade e são vistos como se fossem basicamente simultâneos e interconversíveis. Tendo em vista que um poeta participa do eterno e do uno,

---

logia permanente das coisas por meio de imagens que fazem parte da vida da verdade"); e ela é necessariamente "harmoniosa e rítmica", pois é "o eco da música eterna".

10 Ibid., p.124-5. Sobre a diferença entre o "sentido restrito" e o "sentido universal" da palavra "poesia", cf. também p.158. Cf. a análise escarnecedora de Peacock sobre os truques por meio dos quais os poetas antigos adquirem a reputação de serem historiadores, teólogos, moralistas e legisladores, in "The Four Ages", *Works*, VIII, 6.

11 Platão, *Laws* vii. 817; Shelley, "Defence of Poetry", p.125-6.

no que se relaciona às suas concepções, tempo e espaço e número não existem. As formas gramaticais que expressam os humores do tempo e a diferença de pessoas e a distinção de lugar são conversíveis com relação à poesia mais elevada sem prejudicá-la como poesia; e os coros de Ésquilo, e o livro de *Jó* e o *Paraíso* de Dante forneceriam, mais do que quaisquer outros escritos, exemplos desse fato, se os limites deste ensaio não proibissem citações. As criações em escultura, pintura e música são ilustrações ainda mais conclusivas.[12]

Nessa invalidação geral da distinção entre as características de um único poema, entre poemas individuais, entre poemas e os produtos de outras artes, e entre as artes e todos os outros empreendimentos dos homens, é de se esperar com toda a confiança que os gêneros tradicionais de poesia devam também convergir para o mesmo ponto. A comédia, por exemplo, não menos do que a tragédia, deve ser "universal, ideal e sublime". Quanto à tragédia e à épica, é somente por uma lamentável necessidade que elas reproduzem o vício, o mal, a luta e o sofrimento, atributos quase gratuitos dos muitos atributos efêmeros, em vez da genuína perfeição do Uno.

> Mas um poeta considera os vícios de seus contemporâneos uma roupagem temporária que suas criações podem vestir, e que cobrem sem esconder as proporções eternas de sua beleza... Paira a dúvida se a fusão de trajes, hábitos etc. não é necessária para moderar essa música planetária para ouvidos mortais.[13]

Não poderíamos dispensar o ensaio de Shelley de nossa literatura; e como, mais especificamente, uma *defesa* da poesia, ele não tem equivalente retórico. Sua grandeza, entretanto, não é do tipo que, em qualquer nível importante, torna-o útil para a crítica prática de poemas. Por toda a sua música terrena, teria algum ensaio crítico de abrangência e reputação equivalentes deixado de incluir pelo menos uma crítica especificamente *literária*?

Podemos também abrir caminho por meio de "Uma defesa da poesia" para penetrar em outro nível de discussão: aquele em que Shelley se aproxima mais das ideias e da linguagem características dos críticos de seu próprio tempo. Da mesma forma como os neoplatônicos, Shelley sugere que as Ideias têm uma subsistência

---

12 "Defence of Poetry", p.124-5. Poemas isolados, Shelley afirma posteriormente, podem ser considerados "episódios daquele grande poema, o qual todos os poetas – como os pensamentos cooperadores de uma grande mente – têm construído desde o início do mundo" (p.139).

13 Ibid., p.130, 134. Com referência a essa questão do artista e seu difícil equilíbrio entre a "triste realidade" daquilo "que foi" e a representação direta de "belos idealismos de excelência moral", cf. também a dedicatória de Shelley em *The Cenci*, e seu prefácio a *Prometheus Unbound*.

dupla, tanto atrás do véu do mundo material como nas mentes dos homens;[14] e essa visão, podemos recordar, havia, em crítica anterior, algumas vezes resultado em afirmações de que a poesia é uma expressão – bem como uma imitação – de Ideias. Na versão que Shelley oferece dessas opiniões, contudo, o poeta às vezes acaba exprimindo não apenas Ideias platônicas, mas também paixões humanas e outros componentes mentais que ele descreve na forânea psicologia do empirismo inglês.

No segundo parágrafo de seu ensaio, Shelley define poesia "em sentido geral" como "a expressão da imaginação" e desenha o processo com base na analogia de uma harpa eólica, fazendo da poesia o produto combinado de uma impressão externa e um ajuste e contribuição internos. Diante disso, obtemos um registro dos primórdios da poesia, que não é mais simplesmente mimética, mas se assemelha à de Blair e Wordsworth, ao fazer da poesia o produto de uma resposta emocional a objetos sensíveis.

> O selvagem... exprime as emoções nele produzidas pelos objetos circundantes, de maneira análoga; e a linguagem e gestos... tornam-se a imagem do efeito combinado desses objetos e da apreensão que deles é feita. O homem em sociedade, com todas as suas paixões e prazeres, torna-se em seguida o objeto das paixões e dos prazeres do homem; uma classe suplementar de emoções produz um tesouro maior de expressões; e a linguagem, gestos e as artes imitativas tornam-se, ao mesmo tempo, a representação e o meio...

A arte cujo meio é a linguagem é superior àquelas artes cujos meios são cor, forma e movimento, em parte porque a linguagem, produto da imaginação, "é uma representação mais direta das ações e paixões de nosso ser interior". Nesse contexto, Shelley, como muitos de seus contemporâneos, reverte o espelho estético a fim de fazê-lo refletir a luz da mente: a linguagem da poesia "é como um espelho que reflete", mas os materiais das outras artes são "como uma nuvem que arrefece a luz da qual ambas são meios de comunicação".[15]

Uma combinação de platonismo e empirismo psicológico, e dos pontos de vista expressivo e mimético permeia todo o texto de "Defesa". Shelley afirma, por exemplo, que a poesia retira o véu das formas do mundo, mas um pouco mais adiante ele sugere uma possibilidade alternativa: "E quer ela abra sua própria cortina figurada, ou retire do cenário das coisas o véu sombrio da vida, ela igualmen-

---

14 As formas imutáveis, disse Shelley, existem "na mente do Criador, a qual é ela, própria, a imagem de todas as outras mentes" (ibid., p.128; cf. também p.140). Cf. cap. II, parte iii.
15 Ibid., p.121-2, 125.

te cria para nós um ser dentro de nosso ser".[16] Os maiores poemas (incluindo *Paraíso*, de Dante), todos espelhando as Formas universais, são interconversíveis; ainda assim, cada um espelha seu autor em particular, de forma que os escritos de Dante e de Milton "são meramente a máscara e o manto com os quais os grandes poetas caminham pela eternidade ocultos e disfarçados".[17] A "imaginação", da qual a poesia é produto e expressão, é o órgão mental que intui "aquelas formas que são comuns à natureza universal e à própria existência". É também considerada o "princípio da síntese", e, em sua gênese e atividade, essa faculdade acaba por assemelhar-se muito à "imaginação compassiva" desenvolvida pelos moralistas empíricos e associacionistas da Inglaterra do século XVIII para explicar como um indivíduo pode conceber uma identidade com outros indivíduos. Shelley descreve o poeta como aquele que concebe suas Ideias isolado de um público, como um rouxinol, que "canta para se consolar em sua própria solidão"; não obstante, o efeito de sua poesia é essencialmente moral, porque expande e fortalece "o grande meio do bem moral" – aquela imaginação compassiva por meio da qual o homem se coloca "no lugar de outro e de muitos outros". No processo de criação, acredita-se que o poeta ascende "às regiões eternas" para obter seus materiais; mas sua inspiração é também explicada em termos psicológicos como o resultado de "visitações evanescentes de pensamentos e sentimentos", e como um emergir das profundezas subliminares da própria mente criativa. Por fim, Shelley descreve de forma graciosa o processo por meio do qual o assunto é transformado em poesia, utilizando uma metáfora de expressão absolutamente inédita para nós:

> [A poesia] apreende as visões fugazes que atormentam os interlúnios da vida e, velando-os, seja em linguagem, seja em forma, lança-os entre os homens, levando doces novas de felicidade análoga àqueles com quem suas irmãs convivem – convivem, porque não há qualquer portal de expressão oriundo das furnas do espírito por elas habitadas que conduza ao universo das coisas.[18]

Produtos remotos e tortuosos de Ideias platônicas e do cosmo platônico também marcam sua presença em outros comentários estéticos do período. "Nenhum homem de bom Senso", escreveu William Blake, "pode pensar que uma Imitação dos Objetos da Natureza seja a Arte da Pintura". Como a poesia e a música, a pintura deve erguer-se de "representações *facsimile* de substâncias meramente mortais e em decomposição... à sua própria esfera de invenção e concepção imaginá-

---

16 Ibid., p.155-6.
17 Ibid., p.124-5, 145.
18 Ibid., p.120, 129, 131, 153-5.

ria". Essa "Visão ou Imaginação é uma Representação do que Existe Eterna, Real e Imutavelmente", e constitui "naquele Mundo Eterno, as Realidades Permanentes de Cada Coisa que vemos refletida nesse Espelho Vegetal da Natureza".[19] Em seu texto "On Poetry or Art", moldado com base em um ensaio de Schelling, Coleridge empregou o conceito neoplatônico de *natura naturans*, um princípio dinâmico que opera não apenas por detrás de particularidades do mundo externo, mas também na mente do homem. O artista deve copiar não a *natura naturata*, mas a essência "que está dentro da coisa". A co-presença das Ideias da arte tanto na mente como na natureza, entretanto, abriu caminho para Coleridge revelar um virtuosismo dialético. Uma vez que copiar o "*Naturgeist*, ou o espírito da natureza" é equivalente a externalizar a própria "vida e ideias que produzem vida", Coleridge, no espaço de algumas páginas, consegue descrever poesia como uma "imitadora da natureza", como uma arte "para exprimir" elementos "que têm a sua origem na mente humana", e como "uma harmonização entre o externo e o interno".[20] Pela luz intermitente da retórica de Carlyle podemos, algumas vezes, discernir uma cosmologia remotamente análoga; e aqui, como em Shelley, o esquema platônico serve para cancelar qualquer distinção básica entre poetas e todos os outros grandes agentes no palco do mundo. O poeta-herói, juntamente com os deuses-homens, profetas, clérigos e reis, vive "no Verdadeiro, Divino e Eterno, que sempre existe, invisível à maioria, sob o Temporário, o Banal". Carlyle aclama e segue a exposição que faz Fichte do verdadeiro homem literário como um sacerdote que ensina a todos os homens "que toda e qualquer 'Aparência' que vemos no mundo nada mais é do que uma roupagem para a 'Ideia Divina do Mundo', para cobrir 'aquilo que jaz no fundo da Aparência'".[21]

Em conclusão, podemos observar um artigo, "Real and Ideal Beauty" [Beleza real e ideal], publicado anonimamente na *Blackwood's Magazine* de 1853. O autor fundamenta sua teoria no "sistema de beleza do qual pouco se sabe atualmente, e menos ainda se compreende", de Platão. Ele descarta as teorias anteriores de que o ideal é "uma média da humanidade", ou a escolha eclética dos "melhores pontos extraídos de um agrupamento de formas refinadas", e rejeita vigorosamente o sensacionismo de Locke e a estética dos associacionistas de sua própria época.[22] Beleza ideal surge "não de qualquer mera inspeção de detalhes externos, mas de...

---

19 *The Poetry and Prose of William Blake*, p.607, 626, 637-9 (escrito em 1809-10).
20 *Biographia Literaria*, org. Shawcross, II, p.255-9. Os acréscimos fundamentalmente psicológicos que Coleridge faz a "On the Relation of the Formative Arts to Nature", de Schelling, a propósito, não são menos significativos do que aquilo que ele tomou emprestado.
21 *Heroes and Hero-Worship*, in Works, V, p.155-7.
22 *Blackwood's Magazine*, LXXIV (1853), p.728, 738, 744, 748.

um discernimento das verdadeiras ideias de forma das quais a própria mente humana é dotada" – ideias que surgem como "imagem após imagem no espelho da fantasia ou imaginação".[23] Entretanto, quando passa a descrever o processo de composição artística, o autor formula-o com base no analogismo da criação do universo; e agora seu modelo não é o demiurgo de *Timeu*, de Platão, que copiou o mundo a partir de um modelo imutável, mas, antes, o Absoluto de Plotino, que gerou o mundo por um processo de infinita autoemanação. O Uno, disse Plotino, "sendo perfeito... transborda e, assim, sua superabundância produz um Outro". Da mesma forma, agora com o poeta:

> Com o gênio, a criação é uma expansão, um fluir constante da alma – quando ela atenta para mais nada exceto seus próprios estímulos, e junta-se a eles sem pensar no que virá... [A mente] dissolve todas as suas ideias em uma torrente dourada, que ela faz jorrar com uma alegria que não atenta para nada com exceção de si mesma.[24]

Portanto, essa pretendida teoria platônica de criação poética, ao adotar a metáfora-base da filosofia de Plotino, termina em um paralelismo metafórico muito próximo da doutrina naturalista de Wordsworth do transbordamento espontâneo de um sentimento intenso.

Longino, Hazlitt, Keats e o critério da intensidade

A considerar a dimensão em que colocou ênfase preponderante – nas grandes concepções e na paixão veemente do autor, mais do que nas outras e mais "engenhosas" fontes de sublimidade –, Longino vaticinou em tempos clássicos o padrão conceitual que subjaz à típica teoria romântica da poesia em geral. Dentro desse arcabouço, um aspecto da teoria longiniana merece ser destacado porque, nas mãos de certos críticos do início do século XIX, ele foi convertido em um dos mais comuns critérios modernos de valor estético.

Na discussão de Longino, a sublimidade é considerada produto de um momento inspirado de paixão, mais do que de conjetura fria e impassível. O resultado é: (1) Essa qualidade superior de estilo envolve apenas uma pequena passagem de verso e prosa, em oposição à "habilidade em invenção e à ordem e arranjo devidos" que emergem "como o resultado conquistado com muito esforço não de uma coisa

---

23 Ibid., p.745, 748.
24 Ibid., p.753. Cf. *Timaeus* p.28-9.

nem de duas, mas de toda a textura da composição". Consequentemente, os exemplos de Longino acerca da sublimidade variam apenas de uma única frase ou sentença – "Faça-se a luz, e a luz se fez" – a pequenas passagens de Safo, Homero e Demóstenes. (2) Esse fragmento explode subitamente sobre o ouvinte, provocando um efeito de intensidade, choque e esplendor; "reluzindo no momento exato", a sublimidade "difunde tudo diante de si como um raio acompanhado do trovão". A sublimidade de Demóstenes, por exemplo, caracteriza-se por "velocidade, força e intensidade" e "pode ser comparada a um trovão ou a um raio". (3) Nós, ouvintes, reconhecemos o sublime não por um ato de juízo analítico ou comparativo, mas por meio de nosso arrebatamento (*ekstasis*) e do "encantamento que ele lança sobre nós".[25]

A tendência por isolar uma qualidade incomparavelmente poética – "poesia pura", a "poesia de um poema" – e localizar essa qualidade na imagem ou passagem eletrizante e arrebatadora, em vez de localizá-la nos aspectos mais amplos de trama ou intenção, é patente em todos os críticos do século XVIII que sentiram com muita força o impacto de Longino. Escolhendo um exemplo relativamente tardio: ao avaliar a posição de Pope como poeta, Joseph Warton diferencia "Poesia pura", resultado de "uma IMAGINAÇÃO criativa e ardente", dos produtos menores da inteligência e da razão. É, entre outras coisas, porque Pope, depois de sufocar sua imaginação e "entusiasmo poético", "não arrebata seu leitor com muita frequência" que ele está colocado em um patamar abaixo de Homero e Milton, dos quais se pode dizer "que nenhum homem com um verdadeiro espírito poético *é dono de si mesmo enquanto os lê*".[26]

A essas tentativas de desacreditar Pope, Johnson reage com a pergunta: "Se Pope não é um poeta, onde é que se pode encontrar poesia?".[27] Em 1825, entretanto, o editor da edição Oxford de *Works*, de Johnson, embora de outra forma solidário com seu autor, sentiu-se constrangido em usar uma forma expandida dos critérios de Warton para definir os limites da sensibilidade crítica do próprio Johnson:

> Com relação à autoridade de Johnson como crítico, confessamos que ele possuía bem pouco gosto natural por poesia como tal; por aquela poesia da emoção que produz naqueles que a cultivam... uma intensidade de entusiasmo, à qual a linguagem mal pode garantir uma verbalização, à qual a arte não oferece qualquer substância, e que esparge um sonho e uma glória ao nosso redor. Nada disso Johnson sentiu e, portanto, não com-

---

25 *On the Sublime*, trad. para o inglês de W. Rhys Roberts, VIII. 4; I. 4; XII. p.4-5. "O propósito da imagem poética", também afirma Longino, "é o êxtase da descrição retórica vívida" (XV. 2).
26 *An Essay on the Genius and Writings of Pope*, I, iv-v; II, p.477-8.
27 "Life of Pope", *Lives of the Poets* (org. Hill), III, p.251.

preendeu; o que ele desejava era aquele sentimento que é o único e infalível teste da excelência poética. Buscou o didático na poesia e desejou raciocinar em números.[28]

"Intensidade", que desde então passou a competir e, algumas vezes, a suplantar outros termos como "natureza", "verdade" e "universalidade" como critério de primeira grandeza para valor poético, poderia parecer um refinamento romântico da tradição de *Peri Hypsous*. Nesse fragmento, percebemos que aquela norma emerge claramente, aliada a outros princípios oriundos, com certeza, de elementos longinianos – todos eles, desde então, tendo se tornado igualmente familiares: que por algum artifício além do alcance da arte, "poesia como tal", exprime um modo de sentir que é quase inefável; que ela apela, basicamente, à sensibilidade, não ao juízo; e que seu efeito é sugestivo e hipnótico, deixando o leitor em um estado semelhante ao de um sonho.

Considerar poesia referindo-a a momentos supremos de sentimento insustentável e de ímpeto imaginativo fez com que teóricos românticos rotineiramente concentrassem seu foco no fragmento curto e incandescente como manifestação de poesia em seu nível mais elevado. "Quando a composição começa", declarou Shelley, "a inspiração ainda está debilitada", e os poetas precisam preencher as lacunas entre os momentos de intensidade com uma "entretextura de expressões convencionais".[29] Aristóteles afirmara que a trama é a alma da tragédia, e Coleridge sustentava a ideia de que "A paixão deve ser [a] Alma da Poesia"; ou, de outra forma, que a imaginação é "a ALMA que está em toda parte" na obra de um gênio poético. Coleridge enfatiza a integração orgânica efetuada pela imaginação e nega, especificamente, que a proporção de "passagens notáveis" seja "um critério justo de excelência poética". Sua definição de poesia como produto da "alma inteira do homem" em ação, entretanto, leva-o a argumentar que "um poema de qualquer extensão não pode ser, nem deve, todo ele poesia", mas apenas deve "estar em harmonia com as passagens transcendentes";[30] e seus exemplos específicos de poesia imaginativa variam apenas de um dístico em *Vênus e Adonis* à cena da tempestade em *O rei Lear*. Indo além de Coleridge, as citações poéticas e antologias de DeQuincey, Lamb e Hunt fornecem evidência de uma quase total fragmentação de obras poéticas em versos sublimes, excertos e cenas.

O critério favorito de William Hazlitt, *"gusto"*, envolve um lampejo de intensidade tanto na concepção do artista quanto no efeito. Assim, "Milton possuía

---

28 *The Works of Samuel Johnson* (Londres, 1825), VII, X, "Prefatory Notice to the Lives of the Poets".
29 "Defence of Poetry", *Shelley's Literary and Philosophical Criticism*, p.153.
30 *Inquiring Spirit*, org. Kathleen Coburn (Londres, 1951), p.207; *Biographia*, II, p.11-3, 84.

tanto quanto qualquer poeta aquilo que *gusto* significa. Ele elabora a concepção mais intensa das coisas e depois as corporifica por meio de um simples traço de sua pena. A força do estilo é, talvez, sua qualidade maior".[31] A teoria e a prática de Hazlitt, mais do que a de qualquer outro de seus pares críticos, também demonstra outra derivação da ênfase longiniana na receptividade e "encantamento" críticos, mais do que no juízo. Hazlitt, tipicamente, aplica sua crítica não à análise da intenção, ordenação e inter-relação de partes, mas à representação em palavras das qualidades estéticas e nuances de sentimento de uma obra de arte. "Em arte, em estilo, na vida, na fala, decide-se a partir do sentimento e não da razão; ou seja, da impressão de uma variedade de coisas na mente, impressão esta que é verdadeira e bem fundamentada, embora talvez não seja possível analisá-la ou explicá-la nas diferentes particularidades". Em seu ensaio "On Criticism" [Acerca da crítica], Hazlitt repudia tanto a "escola da crítica metafísica ou moderna", que "supõe que a questão *Por quê?* seja repetida ao final de cada decisão", e a escola mais antiga, com seu "modo árido e acanhado de dissecar os esqueletos das obras".

> Uma crítica genuína deveria, conforme eu a vejo, refletir as cores, a luz e a sombra, a alma e o corpo de uma obra – aqui não temos nada além de seu plano e sua exaltação superficiais... Sabemos tudo sobre a obra e nada a respeito dela. O crítico cuida para não frustrar a fantasia do leitor, antecipando o efeito que o autor pretendeu produzir.[32]

O crítico, então, em vez de analisar e investigar causas, propõe-se a formular um equivalente verbal para os efeitos estéticos da obra sob consideração. Muito tempo atrás, Longino havia indicado como isso poderia ser feito, em fragmentos como aquele que define a qualidade da *Odisseia* por meio dos símiles expandidos do sol poente e da maré vazante. Gibbon, para citar um exemplo, havia descrito a inovação na maneira utilizada por Longino para "criticar uma passagem bonita": "Ele me revela seus próprios sentimentos quando o leio; e ele as revela com tamanha intensidade que realmente as comunica".[33] Hazlitt fornece frequentes e notáveis exemplos de suas tentativas mais elaboradas e sutis de apreender em palavras o que ele chama de "as impressões verdadeiras e gerais das coisas", por meio de

---

31 "On Milton's Versification", *Complete Works*, IV, 38. In "Christ Rejected", de West, diz Hazlitt, há, "do começo ao fim, uma absoluta falta daquilo que é denominado *gusto*", em contraste com as pinturas de Rafael, nas quais "cada músculo e cada nervo revela sentimento intenso" (*Complete Works*, XVIII, 33).
32 "On Genius and Common Sense", ibid., VIII, 31; "On Criticism", VIII, p.217-18.
33 Gibson, *Journal*, org. D. M. Low (Nova York, 1929), p.155-6. Addison havia lamentado a ausência de autores que, como Longino, pudessem "adentrar o Espírito e a Alma da boa Escrita" (*Spectator*, n.409); a afirmação prenuncia Hazlitt.

comparações com outras experiências sensoriais e até mesmo de outras modalidades sensoriais. Como exemplo, aqui está um pequeno excerto de sua análise crítica de dois quadros de Ticiano. Cada quadro

> é como uma fração divina de música, ou ergue-se "como uma exalação de ricos perfumes destilados". Nas figuras, na paisagem, na água, no céu, há tons, cores... entrelaçados, formando uma trama como a de Íris... Não há uma linha distinta no quadro – mas um *gusto*, uma refinada elegância de cor é transmitida ao olhar como se fosse o palato, e o diapasão de harmonia encantadora está repleto, a ponto de transbordar.[34]

Estamos já nos encaminhando para o impressionismo crítico; para a declaração de Pater de que o primeiro passo na crítica "é conhecer a própria impressão como ela realmente é", e para exemplos do método, tais como o poema-prosa crítico por meio do qual ele transmite sua impressão da Mona Lisa.

Keats, que achou a "profundidade de estilo" de Hazlitt uma das três coisas a celebrar em sua época, e que, inegavelmente, teve Hazlitt como seu mentor na especulação literária, enfatizou mais do que qualquer outro de seus contemporâneos o aspecto da imagem e intensidade da herança longiniana. "Considero Expressões bonitas como um Amante", disse ele, referindo-se ao teatro de Shakespeare e a *Paraíso perdido*, de Milton. Charles Cowden Clarke fixou para sempre a figura de Keats lendo o quão "extáticas eram sua feição e suas exclamações" nas "passagens mais intensas" do Epithalamion [Epitalâmio], de Spenser, e como, à medida que ia "saltando" pela *Faerie Queene*, "ele escolhia epítetos especiais" pelo que eles sugeriam de "harmonia e poder".[35] Keats argumentava que "a excelência de cada arte está na sua *intensidade*"; e embora ele provavelmente não conhecesse Longino em primeira mão, os três axiomas poéticos que ele anunciou ao editor de seu *Endymion* podiam ser interpretados como um comentário de alguns princípios de *Peri Hypsous:* "1) Penso que a Poesia deveria surpreender por um delicado excesso e não por Singularidade – ela deve tocar o Leitor como uma articulação em palavras de seus pensamentos mais elevados e parecer quase uma Reminiscência". (Longino havia dito que, em contato com o sublime verdadeiro, nossa alma "se enche de alegria e altivez, como se ela própria tivesse produzido o que ouviu".) "2) Seus to-

---

34 *Complete Works*, XX, 388; X, p.32-3. Carlyle descreveu a crítica de Goethe a Hamlet como "a poesia da crítica, pois, de alguma maneira, ela é também uma arte criativa; visando, no mínimo, a reproduzir sob uma forma diversa o produto existente do poeta" ("State of German Literature", *Works*, I, p.61).

35 *Letters of John Keats*, p.368; Charles e Mary Cowden Clarke, Recollections of Writers (Londres, 1878), p.125-6. Cf. também *Letters*, p.65.

ques de Beleza não devem jamais ser pela metade, assim deixando o leitor sem fôlego, em vez de deixá-lo feliz... e isso me conduz a outro postulado: o de que se a Poesia não surge naturalmente como as Folhas surgem em uma árvore, é melhor que não surja de forma alguma".[36]

Em resposta à pergunta de Hunt, "Por que se empenhar em um longo Poema?", Keats justificou o esforço poético constante, mas de tal forma que ainda manifeste sua propensão a fragmentos que surgem com uma sutil subitaneidade. "Não gostam os Amantes de Poesia de ter uma pequena Região por onde perambular, onde possam juntar e escolher, e na qual as imagens sejam tão numerosas a ponto de muitas serem esquecidas e vistas como novas em uma segunda Leitura?"[37] No entanto, em 1838, John Stuart Mill declarou categoricamente que todos os poemas genuínos devem ser "poemas curtos; é impossível que um sentimento tão intenso... possa se sustentar em seu nível mais elevado por muito tempo... um poema longo dará sempre a sensação... de algo artificial e vazio".[38] Na profundidade com que Edgar Allan Poe insistiu nessa concepção uma década depois, um poema longo torna-se "simplesmente uma explícita contradição de termos", e o "efeito absoluto até mesmo da melhor épica do mundo é uma nulidade". A linha de pensamento de Poe, baseada na intensidade como a qualidade definidora de poesia, agora nos é familiar. É desnecessário demonstrar que um poema é um poema, porquanto ele nos estimula intensamente, elevando nossa alma; e todo entusiasmo intenso é, por uma necessidade psíquica, breve. A brevidade, de fato, deve, dentro de seus limites, "estar em proporção direta com a intensidade do efeito pretendido"; e esse efeito é mais detalhadamente definido como algo que tem um "caráter sugestivo" e "que nos faz vibrar até a alma". De acordo com Poe, "Beleza é a única e exclusiva província legítima do poema"; o uso que ele faz de "beleza", mais claramente ainda do que faz Keats, está na linhagem do "sublime" de Longino, em seu significado literal de "elevação".

> Quando, de fato, os homens falam de Beleza, eles querem dizer precisamente não uma qualidade, como se supõe, mas um efeito – eles se referem, em resumo, apenas àquela intensa e pura sublimação da *alma – não* do intelecto, ou do coração – sobre o qual comentei...[39]

---

36 *Letters*, p.71, 108 (grifos meus); Longino, *On the Sublime*, VII, 2.
37 *Letters*, p.52-3. Ele acrescenta, ecoando outra tradição: "Além disso, um poema longo é um teste de invenção que eu considero a estrela polar da poesia. Essa mesma invenção, nos últimos anos, parece ter sido de fato esquecida como excelência poética".
38 "Writings of Alfred de Vigny", *Dissertations and Discussions*, I, p.351-2.
39 Edgar Allan Poe, *Representative Selections*, org. Margaret Alterton e Hardin Craig (Nova York, 1935), "The Poetic Principle", p.378-9, 389; "The Philosophy of Composition", p.367-8, 376.

Por mais que divirjam em outras áreas, os críticos longinianos – de John Dennis em diante – que invocam a elevação da alma e passagens quintessenciais como o principal teste da poesia parecem se unir em certa antipatia pelos escritos de Pope. Matthew Arnold, por exemplo: em seu Prefácio aos Poemas de 1853, ele recorrera à discussão de Aristóteles a respeito de poesia como imitação de uma ação, com o objetivo de atacar tanto o subjetivismo moderno quanto a tendência de julgar poesia por suas partes, em vez de julgá-la pelo todo – por seus "pensamentos e imagens distintos", suas "coisas brilhantes" e os jogos de expressão "que instigam o leitor com um deleite súbito".[40] Todavia, em sua crítica posterior, ele próprio enfatizou "o estilo grandioso" – a sublimidade de Longino, conforme interpretada com o auxílio dos *Discourses*, de Joshua Reynolds – que "é a última matéria no mundo com a qual a definição lida adequadamente"; "é preciso senti-la para saber o que ela significa".[41] O ensaio principal de Arnold, "The Study of Poetry" [O estudo da poesia] (1880), emprega uma escala de medição para poesia que é ajustada principalmente em termos de suas características – "muita sobriedade", "amplidão, liberdade, perspicácia, benevolência", e assim por diante – mas ele complementa essa escala de valores recorrendo a critérios de referência para detectar "alta qualidade poética" em geral. Para esse fim, "pequenos excertos, até mesmo versos isolados, serão suficientes para nós"; e a razão para a preferência de Arnold por passagens concretas em detrimento de análises abstratas é que os atributos de "uma poesia de alta qualidade" são "muito mais bem reconhecidos por serem sentidos no verso do mestre do que por serem lidos atentamente na prosa do crítico". Joseph Warton ficara contente em chamar Pope de poeta, mesmo que apenas um "Poeta da Razão"; mas, ao aplicar o critério de

Absent thee from felicity awhile...
[Afasta-te da felicidade por um momento...]

Arnold conclui que Pope e Dryden não são propriamente poetas, mas "clássicos de nossa prosa".[42] Nos trabalhos de críticos exagerados, o fragmento poético in-

---

40 *The Poetical Works of Matthew Arnold*, org. C. B. Tinker e H. F. Lowry (Oxford, 1950), p.XVII, XXI, XXIII, XXVI.
41 *On the Study of Celtic Literature and on Translating Homer* (Nova York, 1895), p.264.
42 "The Study of Poetry", *Essays in Criticism*, 2ª série, p.17-20, 33-4. Um elemento que Arnold tem em comum com Longino e também com Poe e muitos outros dessa tradição é a ênfase na "alma" como o território do qual a verdadeira poesia deriva e ao qual ela recorre. A poesia de Dryden e de Pope, afirma ele, em uma passagem que T. S. Elliot depreciou, "é concebida e composta pela agudeza mental de ambos; a poesia genuína é concebida na alma".

tenso torna-se explosivo. "Se sinto fisicamente como se o topo de minha cabeça tivesse sido arrancado", disse Emily Dickinson, "então sei que é poesia".[43] A. E. Housman, corroborando a baixa opinião que Arnold tinha da poesia do século XVIII, demonstrou que também ele pertencia ao grupo de esquerda na tradição longiniana. Reconhecemos as antigas marcas distintivas da abordagem. A poesia mais sublime é "transcendente ou majestosa ou intensa; ela arrebata, extasia e inquieta a alma". "Raramente poemas consistem de poesia apenas e nada mais", pois "aquela articulação extraordinária" em geral é combinada com outros ingredientes que concedem uma espécie de prazer não poético. Housman conclui que não consegue definir poesia exceto pelo efeito que ela tem – ou, como ele afirma, "pelos sintomas que ela provoca em nós" – e esses sintomas acabam se transformando em uma síndrome física, ou até mesmo fisiológica: um eriçamento dos pelos, uma precipitação de água nos olhos e a sensação de uma lança perfurando a boca do estômago.[44]

Poesia como catarse: John Keble e outros

Latente no termo "expressão" encontra-se a noção de algo que é pressionado de dentro para fora. A metáfora alternativa, "transbordamento", sugerindo a natureza fluida do sentimento, também envolve uma questão relativa à hidrodinâmica do processo poético. Era de esperar que alguns críticos românticos encontrassem o impulso da composição na pressão do sentimento reprimido, ou na premência de desejos não realizados. E, de forma bastante natural, a descrição que Aristóteles fez do efeito catártico da tragédia sobre a piedade e o medo em seus ouvintes foi generalizada para incluir todas as emoções em todos os tipos de poesia, e silenciosamente deslocada para denotar o custo terapêutico do sentimento no próprio poeta.

Na psicologia popular, há muito tempo considerava-se como axioma que as emoções exercem uma espécie de pressão psíquica e que suprimi-las é sinal de morbidez e expressá-las é medida terapêutica. "Exprime tua dor", aconselhou Malcolm a Macduff,

> the grief that does not speak
> Whispers the o'er fraught heart and bids it break.

---

43 Conforme citado em W. F. Thrall e Addison Hibbard, *A Handbook to Literature* (Nova York, 1936), p.325.
44 *The Name and Nature of Poetry* (Cambridge, 1933), p.12, 34-5, 46-7.

[porque a dor que não fala
Sussurra no coração aflito e quer explodi-lo.]

O crítico elizabetano George Puttenham utilizou esse conceito para explicar um tipo de lírica, a "forma de lamentações poéticas", como um medicamento homeopático por meio do qual o poeta desempenha o papel de médico para seus ouvintes, "transformando (em parte) a própria dor em cura da moléstia".[45] No final do século XVIII, os poetas começaram a afirmar que, em sua experiência, diversos tipos de composição literária lhes serviam como terapia pessoal. Em 1787, Burns escreveu: "minhas Paixões... enfureciam-se como muitos demônios reunidos, até que encontravam vazão em rimas; e, então, estudando cuidadosamente meus versos, como em um passe de mágica, tudo voltava à tranquilidade".[46] Com o objetivo de consolar George e Georgiana Keats, para que não se assustassem com o sereno galanteio por ele dirigido à morte no soneto "Why did I laugh tonight?" [Por que eu ri esta noite?], Keats escreveu a eles após compor o poema: "Fui para a cama e desfrutei de um sono ininterrupto. Com a mente sã deitei-me e com a mente sã levantei-me".[47] Byron declarou: "vez ou outra, apodera-se de mim uma espécie de fúria... e, então, se não escrevo para esvaziar a mente, enlouqueço". Ele não hesitou em estender sua experiência particular a poetas em geral. Poesia

> é a lava da imaginação, cuja erupção impede um terremoto. Dizem que os poetas raramente ou nunca enlouquecem... mas estão, em geral, tão próximos da loucura que não consigo deixar de pensar que a rima é uma maneira extremamente útil de antecipar e prevenir a desordem mental.[48]

Associado a essa visão está o conceito de que a compulsão pela poesia subjaz à desproporção entre os desejos do homem, ou os seus ideais, e o mundo da realidade. Ao definir poesia como imitação, Aristóteles atribuíra sua origem meramente ao instinto humano de imitação e de sentir prazer nas imitações dos outros.[49] Longino, por outro lado, tornou corrente a sugestão de que escritores que alcan-

---

45 *Elizabethan Critical Essays*, org. G. G. Smith (Oxford, 1904), II, 49. Puttenham explica esse efeito nos ouvintes pela analogia com a homeopatia na medicina, "como os Paracelsistas, que curam *similia similibus*, criando uma dor para expelir outra..." (ibid., p.50). Cf. a análise homeopática de Milton sobre a purgação trágica em seu prefácio a *Samson Agonistes*.
46 *Carta a Moore*, 2 ago. 1787, *The Letters of Robert Burns*, org. J. De Lancey Ferguson (Oxford, 1931), I, 112.
47 19 mar. 1819, *The Letters of John Keats*, p.318.
48 *Letters and Journals*, V, 215 (2 jan. 1821). III, 405 (10 nov. 1813).
49 *Poetics* 4. 1448[b].

çam a sublimidade são ativados pelo fato de que "nem mesmo todo o universo é suficiente para o pensamento e a contemplação dentro do alcance da mente humana".⁵⁰ O documento mais importante nesse avanço foi *O progresso do conhecimento*, de Francis Bacon. A utilização de "história fictícia", ou narrativa e ficção dramática, "foi para dar alguma sombra de satisfação à mente do Homem naqueles aspectos em que a Natureza das coisas o nega". A concepção de que o poeta tem o poder de reformar a natureza, oferecendo um mundo dourado em vez de um mundo de latão, fora lugar-comum na crítica renascentista. O que Bacon acrescentou a esse conceito foi uma teoria da dinâmica do processo de idealização nos desejos irresistíveis do homem de "uma Grandeza mais ampla, uma Bondade mais exata e uma variedade mais absoluta do que aquela que pode ser encontrada na Natureza das coisas". Esses desejos redesenham as sombras das coisas quando a realidade se mostra recalcitrante:

> E, portanto, sempre se pensou que [a poesia] tivesse alguma participação da natureza divina, porque ela realmente eleva e erige a Mente, submetendo as manifestações das coisas aos desejos da Mente, ao passo que a razão dobra e arqueia a Mente do homem em direção à Natureza das coisas.⁵¹

Alguns críticos do século XVIII mostravam tendência a fundir as afirmações de Longino e Bacon em uma doutrina única. Com disse Richard Hurd, "fantasia", que é essencial à poesia, deve ser atribuída a "alguma coisa na mente do homem – sublime e grandiosa – que a instiga a ignorar todas as aparências óbvias e familiares, e a simular para si mesma outras aparências mais extraordinárias".⁵² Nesse período, entretanto, todas as teorias desse tipo eram rigidamente definidas. Os desejos que podem moldar com validade a matéria da poesia são aqueles comuns a todos os homens e são restritos aos modos nobres de engrandecer, embelezar, moralizar e multiplicar a variedade de uma natureza estabelecida. De certa maneira, na verdade, os homens desse período supunham que a imaginação retratava as satisfações ficcionais de todos os tipos de desejos, gerais ou pessoais, nobres ou ignominiosos – na atividade que eles algumas vezes chamavam

---

50 *On the Sublime*, trad. para o inglês de W. Rhys Roberts, XXXV. p.2-3.
51 *Advancement of Learning*, Livro II, in *Critical Essays of the Seventeenth Century*, org. Spingarn, I, 6; cf. *De augmentis scientarum*, Livro II, cap. xiii.
52 "On the Idea of Universal Poetry", *Works*, II, p.8-9. Addison, em *Spectator* n.418, explica que é dever do poeta melhorar e aperfeiçoar a natureza, "pois a mente do homem requer algo mais perfeito do que aquilo que lá encontra". Cf. também Reynolds, Discurso XIII, *Works*, II, 78; e John Aikin, *Essay on Song-Writing*, 1772 (nova ed.; Londres, 1810), p.5-6.

de "construir castelos", e nós, de "doce ilusão". Dr. Johnson, por exemplo, tinha plena consciência da enorme desproporção entre o que um homem deseja e o que ele provavelmente obtém, e da força do impulso de compensar a diferença na fantasia; essa observação é o tema de muitos de seus melhores escritos em verso e prosa. "A perigosa prevalência da imaginação", diz ele, revela-se em devaneios, quando um homem "precisa encontrar prazer em seus próprios pensamentos, e precisa ver-se como aquilo que ele não é; afinal, quem se sente satisfeito com o que não é?"

> Ele, então, vagueia em uma futuridade sem limites e seleciona de todas as condições imagináveis que mais deseja para o presente momento, entretém seus desejos com prazeres impossíveis e confere ao seu orgulho um império inalcançável.[53]

Johnson, evidentemente, não tinha a intenção de aplicar sua análise da imaginação na satisfação do desejo ao legitimado papel dessa faculdade na poesia. Nesse território, a função da análise é ilustrar a verdade com um exemplo imaginativo, pois "poesia é a arte de combinar prazer e verdade, convidando a imaginação a auxiliar a razão".[54] Para encontrar uma fusão das fontes da arte e do devaneio, precisamos olhar adiante para certos críticos da geração romântica.

William Hazlitt definia poesia em geral como "a impressão natural de qualquer objeto ou evento... que instiga um movimento involuntário da imaginação e da paixão, e produz, por afinidade, uma certa modulação da voz, ou de sons, exprimindo-o". É a "linguagem da imaginação e das paixões", ou, alternativamente, é "linguagem figurada ou sentimentos naturais, combinados com paixão e fantasia".[55] A tragédia, não menos expressiva do que a lírica, é "a espécie mais ardente" de poesia. E, na forma narrativa, Dante "desperta interesse ao instigar nossa compaixão com a emoção da qual ele próprio está possuído"; sua força poderosa "está em ele combinar sentimentos internos com objetos externos".[56]

Uma das contribuições de Hazlitt à teoria expressiva da poesia é oriunda de seu persistente interesse nas impulsões, nas forças interiores que obrigam a ação humana, inclusive a criação de poesia. Um aspecto notável da era romântica em geral foi o aguçado "Senso Interior", conforme Coleridge chamava as movimentações da mente, e uma nova força, por aqueles poetas e críticos "acostumados a

---

53 *Rasselas*, cap. XLIII, *Works*, III, p.419-21.
54 "Life of Milton", *Lives of the Poets* (org. Hill), I, 170. A exceção especial e inferior é a novela de cavalaria em prosa; cf. *Idler* n.24.
55 "On Poetry in General", *Complete Works*, V, 1, 4, 11.
56 Ibid., p.5, 17-8.

observar o fluxo e refluxo de sua natureza mais íntima, para se aventurarem às vezes nos domínios crepusculares da consciência".[57] O próprio Coleridge não teve rival como analista microscópico da interação de sensações, pensamentos e sentimentos no grupo representativo imediato, ou "fato da mente". Hazlitt diferia de Coleridge no sentido de que sua ocupação psicológica tinha menos a ver com as nuances de um evento mental do que com suas origens e motivações, e, particularmente, com as motivações secretas, invisíveis ao mundo e, algumas vezes, ao próprio agente.

A principal queixa de Hazlitt contra a psicologia corrente do racionalismo e do cálculo hedônico repousa no fato de ela não ter levado em consideração os complexos imperativos intrínsecos ao comportamento. Bentham, dizia ele, "não considerou o vento". "Somos criaturas de imaginação, paixão e teimosia mais do que de razão ou mesmo de egoísmo."[58] Em sua própria teoria, Hazlitt, que havia decidido em sua juventude se tornar filósofo, integrou o princípio de Hobbes de que a ambição de poder é a motivação humana principal, com a disposição de La Rochefoulcauld de procurar o ego escondido atrás da cortina. Seu ensaio "On Depth and Superficiality" [Da profundidade e da superficialidade], publicado em *The Plain Speaker* [O orador honesto], pode ser recomendado como evidência. Lá, Hazlitt desnuda as "intrincadas dobras e as delicadas involuções de nosso narcisismo"; sinaliza a sede de "poder", ou "o absoluto apego à dor e às contrariedades ao interesse que ele desperta", como "a raiz de todo o mal e do pecado original da natureza humana"; e prognostica os mecanismos mentais de supressão e conflito ocultos na descrição da "maneira obscura e intrincada" em que "impressões inconscientes necessariamente colorem e reagem sobre nossas impressões conscientes".[59] Em seu ensaio "On Dreams" [Sobre sonhos], encontramos um claro epítome dos conceitos freudianos da repressão de desejos inoportunos e o alívio parcial de pensamentos inconscientes no sono.

> Algumas vezes podemos descobrir nossos sentimentos tácitos e quase inconscientes com relação a pessoas e coisas da mesma maneira. Não somos hipócritas em nosso sono. O freio é retirado de nossas paixões e nossa imaginação perambula à vontade. Quando acordados, conferimos esses pensamentos emergentes e imaginamos que não os temos. Em sonhos, quando estamos indefesos, eles retornam com segurança e es-

---

57 *Biographia* I, 172-3; II, 120.
58 *Complete Works*, XI, 8; XX, 47, 43. Cf. também ibid., II, 113, e XII, 250-1; e Elizabeth Schneider, *The Aesthetics of William Hazlitt* (Philadelphia, 1933), p.93.
59 Ibid., XII, p.340-53.

pontaneamente. As crianças não dissimulam seus pensamentos diante dos outros; e no sono revelamos o segredo a nós mesmos.⁶⁰

Em diversas passagens, Hazlitt abandona a imaginação poética, como a imaginação do sonhador, à força motivadora de desejos não realizados. No ensaio "On Poetry in General", no qual ele inseriu toda a miscelânea de sua especulação poética, ele deixa claro que

> se poesia é sonho, o material da vida é muito semelhante. Se é ficção, inventada daquilo que desejamos que as coisas sejam e imaginamos que elas o são, porque desejamos que o sejam, não há qualquer outra realidade e nem realidade melhor.

Hazlitt, então, como é sua característica, cita de forma equivocada – de memória – a explicação que Bacon oferece de poesia como sendo "acomodar a manifestação das coisas aos desejos da alma", e interpreta esse princípio de maneira a eliminar a ideia de que a poesia anterior se restringia aos desejos de mais esplendor, variedade e moralidade do que o mundo real pode oferecer. "Moldamos as coisas de acordo com nossos desejos e fantasias, sem poesia, mas a poesia é a linguagem mais enfática que pode ser encontrada para aquelas criações da mente "nas quais o êxtase é muito sutil."⁶¹ Em outro excerto, ele escreve que os poetas vivem em um mundo ideal, onde "apreendem tudo de acordo com seus desejos e fantasias". Ele até sugere que um impulso para a arte é a necessidade de compensar um defeito físico. Assim, os "pés deformados" de Byron contribuíram para seu talento; eles "o fizeram escrever versos como forma de vingança".

> Não há como saber o efeito dessas coisas, dos defeitos que desejamos neutralizar. Seria possível supor que não devemos nada à deformidade de Pope? Ele disse para si mesmo: "Se minha pessoa é disforme, meus versos serão formosos".⁶²

---

60 Ibid., XII, p.23. De Quincey, melhor estudioso de sonhos, dá uma versão ainda mais concisa e surpreendente sobre a teoria do conflito, a amnésia na vigília e a repetição compulsiva, por cada indivíduo, do mito onírico arquetípico, pecador, da raça humana: "Nos sonhos, talvez sob alguns dos conflitos secretos daquele que, no meio da noite, dorme – conflitos clareados à consciência no momento, mas obscurecidos à memória assim que o sonho acaba –, cada criança de nossa misteriosa raça campleta para si mesma a traição da queda primitiva" ("The English Coach", *Collected Writings*, XIII, 304; a passagem chamou minha atenção por causa da citação que dela foi feita em *James Joyce*, de Harry Levin, Norfolk, Conn., 1941, p.158). Teóricos alemães, principalmente Novalis e J. P. Richter, já haviam refletido sobre o misterioso e culpado *self* que nossa consciência acessa em nossos sonhos; cf. cap. VIII.
61 *Complete Works*, V, 3.
62 Ibid., IV, p.151-2; XI, 308; cf. IV, 58.

A essa teoria de que pelo menos alguma literatura é uma forma de *Wunschbild* [ideal], Hazlitt acrescenta a opinião de que ela fornece uma catarse emocional para seu autor. Rousseau já havia confessado que *Júlia ou a nova Heloísa* se originara nos devaneios compulsivos em que ele compensava suas frustrações como amante,[63] e Goethe logo iria descrever em *Poesia e verdade* como suas angústias e decepções na juventude haviam se transformado em *Os sofrimentos do Jovem Werther*, que ele escreveu em quatro semanas "quase inconscientemente, como um sonâmbulo". "Eu me senti, como se após uma confissão geral, outra vez feliz e livre, e com direito a iniciar uma nova vida."[64] O próprio Hazlitt, com sua personalidade complexa e desordenada, esteve muito inclinado ao impulso de confissão pública. Em seu *Liber Amoris* ele deixou extravasarem os humilhantes detalhes de sua paixão não correspondida pela faceira filha do zelador de sua hospedaria, não como em *Werther* ou em *Júlia ou a nova Heloísa*, transformados em ficção, mas sob o único e facilmente penetrável disfarce do anonimato.[65] Por que, pergunta Hazlitt em seu ensaio "On Poetry in General", somos tão "propensos a transformar nossos medos em tormento, quanto a nos deleitarmos em nossas esperanças do bem?" A resposta é: "porque não conseguimos deixar de fazê-lo. O senso de poder é um princípio da mente tão forte quanto a paixão pelo prazer". Sob o título de "o senso de poder", Hazlitt elabora o conceito, que desde então se tornou um elemento familiar em teorias expressivas, da capacidade que tem a arte de controlar, por meio da externalização, a pressão caótica da emoção. "Essa é igualmente a origem da perspicácia e da fantasia, da comédia e da tragédia, do sublime e do patético." Em todas essas formas, a motivação é a sensação de alívio resultante quando identificamos e tornamos consciente e, portanto, administrável, o tormento de sentimentos e desejos inarticulados.

> A imaginação, que dessa forma os incorpora e os molda, fornece um alívio óbvio aos desejos ardentes, indistintos e importunos da vontade. Não desejamos que a coisa seja assim, mas desejamos que ela apareça tal como é. Afinal, o conhecimento é força consciente, e a mente, nesse caso, não é mais a marionete, embora possa ser vítima da fraqueza ou tolice.[66]

---

63 *Confessions*, livro IX.
64 *The Autobiography of Goethe*, trad. para o inglês de John Oxenford (Bohn ed., 1903), I, 511.
65 Cf. P. P. Howe, *The Life of William Hazlitt* (Londres, 1922), p.349-50.
66 "On Poetry in General", *Complete Works*, V, p.7-8. Croce faz uma síntese concisa sobre a forma mais recente dessa doutrina (*The Essence of Aesthetic*, trad. para o inglês de Douglas Ainslie, Londres, 1921, p.21): "Ao elaborar suas impressões, o homem se *liberta* delas. Ao objetificá-las, ele as retira de si mesmo e se torna superior delas". Para uma versão ampliada, cf. Yrjö Hirn, *Origins of Art* (Londres, 1900), p.120 e ss.

A exposição que Hazlitt faz do "senso de poder" pode ter contribuído para a conhecida distinção que De Quincey faz entre "literatura de poder" e "literatura de conhecimento", que ele fez em substituição à distinção de Wordsworth entre "poesia" e "matéria de fato, ou ciência". Na terceira de suas *Letters to a Young Man* [Cartas a um jovem] (1823), em que primeiro expandiu sua tese, De Quincey deu crédito ao próprio Wordsworth por isso, "como para a maior parte da sólida crítica de poesia".[67] Entretanto, a descrição feita por De Quincey sobre a comunicação de poder como a ocasião em que se é "levado a sentir vividamente e com uma conscientização vital emoções que... antes estavam adormecidas e mal beiravam a aurora da consciência", evoca, com mais propriedade, "On Poetry in General", de Hazlitt, publicado apenas cinco anos antes. Sob a influência da teoria tradicional da retórica, da qual De Quincey se orgulhava de ser grande conhecedor, ele fundamentou a antítese inicial entre a literatura de conhecimento e a literatura de poder na relação entre articulação verbal e ouvinte: "a função da primeira é *instruir*; a função da segunda é *instigar*; a primeira é um leme; a segunda um remo ou um velame".[68] Em seu ensaio sobre "Estilo", no entanto, De Quincey substituiu essa distinção pela antítese alemã entre escrita subjetiva e objetiva, e descreveu a discriminação e objetificação dos sentimentos como um processo pertinente ao próprio escritor. Em seu vezo típico de fazer rodeios e galhofas com o assunto, De Quincey (cuja reputação como teórico crítico é superinflada) consegue enlamear ainda mais a já turva distinção. Escrita subjetiva acaba incluindo a extraordinária combinação de teologia, geometria, metafísica e "poesia meditativa"; enquanto as ciências naturais são classificadas com a poesia homérica como formas de escrita objetiva. Porém, a análise de De Quincey sobre a natureza da subjetividade literária merece ser citada:

> Em muitos exercícios subjetivos... o problema que se apresenta ao escritor é o de projetar sua própria mente interior, de produzir conscientemente o que ainda se esconde enredado em muitos sentimentos não analisados; em suma, passar por um prisma e irradiar em elementos distintos o que anteriormente havia sido até mesmo para ele próprio nada além de ideias vagas e confusas, misturadas umas às outras... É feita a apreensão ou aprisionamento consciente do evanescente, a projeção do que é interno, o esboço do que é fluxionário e corpo do que é vago...[69]

---

67 *Collected Writings*, X, 48n. Cf. o ensaio complementar ao prefácio, *Wordsworth's Literary Criticism*, p.198: "Todo grande poeta... deve inspirar e comunicar *poder*".
68 "The Poetry of Pope" (1848), ibid., XI, p.54-5.
69 Ibid., X, p.219-27. Para discussões românticas sobre o subjetivo e o objetivo, cf. cap. IX, parte iii.

De Quincey leva em consideração a existência de um tipo de poesia objetiva; e Hazlitt, embora atribua um papel importante aos desejos pessoais na moldagem do intento poético, insiste que o produto final deve ser particularizado e concreto, e argumenta que a intensidade da resposta emocional do poeta é uma condição para ele apreender e compreender as qualidades essenciais e particularidades sensórias do mundo exterior. Ele também junta à sua teoria um ataque aos seus poetas contemporâneos (incluindo Wordsworth e Byron), que partem da tradição de escrever sobre eles próprios em vez de escrever sobre outros homens e coisas, e assim exprimem humores e sentimentos pessoais sem encontrarem para eles, como podemos agora dizer, um objetivo correlato:

> O grande defeito de um pensamento moderno de poesia é que se trata de um experimento para reduzir a poesia a uma mera efusão de sensibilidade natural; ou, o que é pior, despojá-la tanto do esplendor imaginário quanto da paixão humana, para envolver os objetos mais insignificantes com sentimentos mórbidos e egoísmo voraz das próprias mentes dos autores. Milton e Shakespeare não compreendiam poesia.[70]

Entretanto, um escritor do período romântico não fez qualquer distinção entre poesia objetiva e poesia subjetiva, ou entre expressão e autoexpressão. Tudo, na verdade, que críticos anteriores haviam conjeturado acerca da dinâmica emocional e da função terapêutica da composição poética não foi senão um prelúdio para a amplificação dada a esse tema na crítica do reverendo John Keble.

Keble reexaminou e publicou, em 1844, sob o título *De poeticae vi medica*, as conferências que havia feito quando pertenceu à Cátedra de Poesia em Oxford, entre os anos de 1832 e 1841. As conferências foram proferidas em latim, de acordo com a tradição que persistiu até Matthew Arnold assumir a cadeira, e a qualidade relativamente brilhante que elas revelam é enfatizada pela estratégia do palestrista de destacar uma lírica de Robert Burns de seu contexto em latim, traduzindo-a para o grego teocritano. Keble dedicou seu livro nos termos mais laudatórios a William Wordsworth. Além dos seus muitos ecos da crítica de Wordsworth em detalhes, sua teoria básica é, em parte considerável, uma exploração resoluta do princípio wordsworthiano de poesia como transbordamento espontâneo do sentimento, embora Keble junte a esse princípio ideias de fontes bem diversas e interprete-o de uma forma que Wordsworth jamais pretendeu. Curiosamente, o livro recebeu muito pouca atenção, mesmo depois de sua tradução em inglês por E. K. Francis, em 1912. Não obstante, se levarmos em conta a posição acadêmica

---

70 "On Shakespeare and Milton", *Complete Works*, V, 53.

e oficial de onde foram articuladas, as *Lectures* de Keble devem, sem dúvida, ser consideradas – sob sua superfície religiosa e acanhada – como a crítica mais sensacionalmente radical de seu tempo. Elas contêm opiniões sobre a fonte, a função e o efeito da literatura e sobre os métodos pelos quais a literatura é adequadamente lida e criticada, os quais, quando aparecem em escritos de críticos discípulos de Freud, são ainda considerados como os mais subversivos aos valores e princípios instituídos de crítica literária.

A afirmação mais concisa de Keble quanto ao seu ponto de vista é a definição de poesia que ele propôs em uma resenha de *Life of Scott* [Vida de Scott], de Lockhart, escrita enquanto ele fazia suas palestras em Oxford.

> Poesia é a expressão indireta em palavras, mais precisamente em palavras que seguem um padrão métrico, de alguma emoção incontrolável, de um estilo predominante, ou de um sentimento cuja satisfação direta está de alguma forma reprimida.[71]

Em suas *Lectures on Poetry*, Keble fundamenta sua posição apontando para a origem da poesia nos gritos veementes dos selvagens, e valida essa especulação na maneira arrogante dos primitivistas do século XVIII, mencionando indiscriminadamente exemplos de cantos "primitivos" dos hebreus, dos antigos escandinavos, lapões, polinésios e índios norte-americanos, todos oriundos do "desejo de liberar pensamentos que não conseguiam controlar".[72] Todas as artes, inclusive a música, a escultura e a arquitetura, interligam-se, porque expressam sentimento em meios diferentes; assim, "a poesia da pintura simplesmente consiste da expressão adequada do sentimento do próprio artista".[73]

Do mesmo ponto de partida – que poesia "oferece alívio terapêutico à emoção mental secreta" –, Keble prossegue de uma forma que "tanto quanto sei, não ocorreu a mais ninguém", com o objetivo de reordenar radicalmente os gêneros poéticos. Primeiro, ele faz uma distinção entre a classe de poetas primários "que, espontaneamente movidos por impulso, recorrem à composição para consolo e alívio de uma mente atribulada ou oprimida" e a digna, porém inferior, classe de poetas secundários que "imitam as ideias, a expressão e os critérios dos primeiros". Dentro do território da poesia primária, "conclui-se que haverá tantos tipos de poemas quantas são as emoções da mente humana".[74]

---

71 Resenha de *Life of Scott* (1838), em *Occasional Papers and Reviews* (Oxford, 1877), p.6.
72 *Lectures on Poetry*, trad. para o inglês de E. K. Francis, I, p.19-20; 59-66.
73 Ibid., I, p.42-7.
74 Ibid., I, p.22, 53-4, 87-8. Relevante para os efeitos do ponto de vista expressivo na teoria dos gêneros é a tentativa de Wordsworth, em seu prefácio de 1815, de racionalizar a curiosa classifi-

Com esse subterfúgio de lógica, Keble demole a estrutura dos gêneros que, com modificações e exceções de importância relativamente menor, havia perdurado como alicerce da crítica desde Aristóteles até o período neoclássico. Ele substitui as diferenciações miméticas e pragmáticas baseadas nos assuntos imitados, nos meios e na forma de imitação, e no tipo de efeito a ser causado no público por uma classificação simples fundada nas disposições mentais e nas emoções que um poema exprime. Essa classificação, diz-nos ele, é adaptada da distinção retórica que Quintiliano faz entre *pathos* e *ethos*. *Ethos*, na interpretação de Keble, é uma questão de traços a longo prazo de uma personagem; *pathos* é um impulso transitório de sentimento, breve, intenso e sufocante.[75] Sob o título *pathos*, Keble agrupa as formas tradicionais de lírica, elegia e alguns modos de sátira; sob o título *ethos* ele inclui a épica, o gênero dramático e formas narrativas (produzidos por poetas que, por natureza, "gostam de ação"), bem como as geórgicas e as églogas (produzidas por aqueles dominados pelo amor de "coisas tranquilas, do campo, ou de ambições mais serenas"). E, da mesma maneira como as formas emocionais líricas haviam alvoroçado muito os críticos do século XVIII, que tentaram demonstrar que toda poesia é imitação, agora a tragédia e a épica, representações expandidas de homens em ação, provam-se menos suscetíveis, Keble admite, à sua tentativa de fundamentar poesia no "crescente desassossego de um espírito apaixonado". A solução que ele propõe depende sobretudo da demonstração de que essas formas expandidas são equivalentes projetados de *ethos*, ou os sentimentos e necessidades profundamente enraizados e persistentes que compõem a personalidade permanente do poeta.

> Vemos, portanto, que não há nada de irracional no argumento de que até mesmo uma épica pode servir aos propósitos do poeta mais ardente e aplacar anseios profundos e vitais.
> ...[Tais poemas] refletem o caráter de toda uma existência, e percepções que se tornaram familiares à mente por uma relação de intimidade de longo tempo.[76]

A tese de que poesia é a realização imaginada de desejo pessoal insatisfeito – que havia aparecido como sugestão errática, mas recorrente no que De Quincey descreveu como "a linha abrupta, isolada, caprichosa e... subserviente" da crítica

---

cação de seus poemas naquele volume com base nos "faculdades da mente predominantes na produção deles". Cf. também Markham L. Peacock Jr., *The Critical Opinions of William Wordsworth* (Baltimore, 1950), p.111-2.
75 Ibid., I, p.88-9; cf. Quintiliano, *Institutes* VI, ii.
76 Ibid., I, p.92, 86, 90.

de Hazlitt[77] – está no cerne da teoria poética de Keble. O movimento da imaginação poética, diz ele, "pinta todas as coisas nos tons que a própria mente deseja". De fato, só é sentido como "tocado de sentimento poético" aquilo que "apazigua, por meio de algum consolo sutil, um desejo intenso cuja satisfação é, no presente, negada".[78] E, para Keble, muito semelhante ao que pensa Byron, poesia, em última análise, é a liberação de sentimentos em palavras, concedendo alívio das ameaçadoras pressões internas. Em vez do vulcão de Byron, entretanto, Keble introduz a analogia mecânica menos sensacional (moldada, diz ele, na noção antiga de que inspiração poética é uma forma de insanidade) de uma "válvula de segurança, protegendo os homens de demência verdadeira".[79]

O valor maior de Keble, historicamente considerado, está em sua tese de que há um conflito de motivações na criação poética, e em sua perspectiva de que poesia é, portanto, não uma forma direta, mas uma forma disfarçada de autoexpressão. Esse conceito, conforme sustenta Keble, "é o próprio eixo em torno do qual gira toda a nossa teoria".[80] O impulso de exprimir as próprias emoções é "represado", para usar o termo de Keble, "por uma sutileza instintiva que se retrai para não exteriorizá-las abertamente, com receio de que elas jamais encontrarão solidariedade incondicional".[81] Ocorre, então, um conflito nos poetas entre a necessidade de apaziguamento, de um lado, e os "nobres e naturais" requisitos de dificiência e vergonha, de outro; um conflito que ameaça seu "equilíbrio mental". Poesia é um medicamento prescrito por uma divindade porque, por meio "daqueles métodos indiretos mais familiares aos poetas", ela consegue satisfazer motivações opostas, oferecendo "cura terapêutica a emoções mentais secretas e, ainda assim, sem prejudicar a discrição modesta". Ela é, por conseguinte, "a arte que, sob determinados véus e disfarces... revela as emoções intensas da mente".[82]

Pode parecer estranho que essa radical teoria protofreudiana, que concebe literatura como realização camuflada de desejos, servindo ao artista como uma forma de reação a uma neurose incipiente, surja do ambiente duplamente conservador do alto anglicanismo e da Cátedra de Poesia em Oxford. Contudo, o próprio fato de que Keble era mais teólogo do que crítico pode explicar bem a natureza de

---

77 De Quincey, "Charles Lamb", *Collected Writings*, V, p.231-2.
78 *Lectures on Poetry*, I, p.21-2, 25-6.
79 Ibid., I, p.22, 55-6. Cf. "Review of Lockhart", *Occasional Papers*, p.24. "A poesia épica, portanto, ou qualquer outra forma, pode atuar, como foi dito, como uma válvula de segurança para uma mente plena..."
80 Ibid., I, p.73.
81 "Review of Lockhart", *Occasional Papers*, p.11.
82 *Lectures on Poetry*, I, p.20-2, 47.

sua teoria poética. Ideias, que em teologia – era de esperar – se tornaram algo neutro e inerte, podem se tornar vivas e radicalmente inovadoras quando transferidas – como Keble claramente as transferiu – para o solo forâneo da estética. Em suas frequentes alusões à poesia como algo quase aliado à religião, quase um sacramento, o próprio Keble nos oferece uma pista para a fonte de seus princípios. Ele compara a motivação para a autoexpressão velada em poesia ao instinto que fez os Pais da Igreja tomarem todo o cuidado, temerosos de que "adversários e zombadores obtivessem conhecimento de mistérios sacramentais e do núcleo duro da fé";[83] e seu clássico conceito de autorrevelação velada originou-se de uma posição teológica bem estabelecida com relação à natureza de Deus. Várias práticas religiosas também sugerem o ponto de vista de Keble a respeito da função poética. Há, por exemplo, o paralelo com o conforto terapêutico concedido pela oração, e também com o alívio do peso da culpa na privacidade do confessionário – como líder do Movimento de Oxford, Keble frequentemente lamentava que, na Igreja Anglicana, a confissão auricular era voluntária em vez de ser a regra.[84] O paralelismo entre as teorias poéticas de Keble e as de Freud pode ser visto como mais uma evidência da medida em que a psicanálise é uma versão secularizada de doutrina religiosa e de ritual.[85]

A consonância entre Keble e Freud estende-se para sua análise da psicologia do leitor. Aqueles que se concentram em certos poemas com entusiasmo, diz ele, "acreditam que pousaram, finalmente, em um consolo mental ímpar". E "o prazer peculiar que alguns homens sentem em algum poema será, se analisado, muito dependente", não "do assunto, ou da habilidade de criação", mas "da empatia que eles sentem pelo caráter do autor que, indiretamente, se fez conhecer por seus versos".[86] Aqui é possível encontrar nova evidência do quão inteiramente a poética tradicional se reverte por esse compromisso rígido com a visão de que poesia é autoexpressão. Desfrutar de literatura é resgatar a catarse de seu criador; a questão do gosto se reduz principalmente à harmonia entre as necessidades emocionais do leitor com as daquele escritor em particular; quando o leitor observa a obra, o que ele encontra é um reflexo velado de seu autor. Não é surpresa quando descobrimos mais adiante que, segundo Keble, a principal tarefa da crítica prática

---

83 Ibid., I, p.13, 74.
84 J. T. Coleridge, *Memoir of the Reverend John Keble* (4.ed.; Oxford, 1874), p.302, 313. O próprio Keble, como poeta religioso, tinha uma sensibilidade quase doentia à autoexposição decorrente de publicação. Cf. Walter Lock, *John Keble* (3.ed.; Londres, 1893), p.57.
85 Para um comentário sobre a ligação entre a teoria de poesia de Keble e a religião, cf. Cardinal Newman, "John Keble" (1846), *Essays Critical and Historical*, II, p.442-3.
86 *Lectures on Poetry*, I, 56 (cf. p.66); *Occasional Papers*, p.24-5.

é reconstruir em detalhes, a partir das marcas deixadas em um poema, os sentimentos e o temperamento do poeta que o compôs.

A semântica da linguagem expressiva: Alexander Smith

Há algumas similaridades acentuadas entre as ideias expostas por Keble em suas terceira e quarta palestras, e as hipóteses desenvolvidas por John Stuart Mill nos ensaios exatamente contemporâneos sobre poesia que ele publicou na edição de 1833 do periódico *Monthly Repository*. Como Keble, aparentemente, Mill derivou de Wordsworth muitos elementos de sua teoria; em 1831, ele escreveu a John Sterling, afirmando que ninguém pode confabular com Wordsworth "sem sentir que ele levou a discussão do grande assunto [a teoria da poesia] muito além do que qualquer outro homem o tenha feito".[87] A definição de poesia proposta por Mill, como "a expressão ou articulação de sentimentos", assemelha-se à de Keble. Ambos também separam poesia de oratória com base na justificativa de que um poeta ameniza seus sentimentos sem se referir a um público; ambos detectam a presença de "poesia", ou expressão emotiva, em cada uma das artes não literárias, por sua vez; ambos redefinem os gêneros poéticos com base no tipo de sentimento que expressam; e ambos propõem uma distinção fundamental, por razões afins, entre o que Keble chama de poetas primários e poetas secundários, e Mills chama de poetas por natureza e poetas por cultura. Mill diverge de Keble quando omite quaisquer referências – exceto as mais irrelevantes – à função catártica da poesia e quando, ao contrário, enfatiza – como poderíamos esperar de um discípulo, mesmo que relapso, de Bentham – a distinção de função lógica e de critérios entre a linguagem expressiva da poesia e a linguagem descritiva da ciência.[88]

A semântica da poesia, porém, foi explorada com mais clareza, em mais detalhes e com maior pertinência por um escritor contemporâneo de Keble, que acabou se perdendo completamente de vista na história da crítica e da teoria linguística. Na edição de dezembro de 1835 da *Blackwood's Magazine* foi publicado um artigo intitulado "The Philosophy of Poetry" [A filosofia da poesia], assinado com a inicial "S" que, segundo me informam os atuais editores da revista, foi enviado por um certo A. Smith, de Banf, na Escócia. Por cortesia de um funcionário da prefeitura de Banf, recebi uma nota de um jornal local de cerca de trinta anos atrás descrevendo um certo Alexander Smith que, muito provavelmente, foi o autor do

---

[87] 20-22 out. 1831, *Letters of John Stuart Mill*, org. H. S. R. Elliot (Londres, 1910), I, 11.
[88] Para um resumo da poética de John Stuart Mill, cf. cap. I, parte iv.

artigo – um homem educado no King's College, em Aberdeen, que, devido a problemas de saúde, renunciou a um posto de professor para se tornar agente de correio em Banf de 1827 até sua morte, em 1851. Alexander Smith também publicou em 1835 um tratado – *The Philosophy of Morals* [A filosofia da moralidade] – e um artigo, demolindo as pretensões da "Ética frenológica" na *Edinburgh Review* – edição de janeiro de 1842,[89] mas "The Philosophy of Poetry" é seu único ensaio literário que pude identificar. Ele merece ser republicado integralmente por seu próprio valor e também porque antecipa, até com mais acurácia, a análise de poesia de teóricos semânticos posteriores do que a crítica de Keble antecipa as doutrinas literárias de Freud.

Com equanimidade escocesa, Smith aborda a questão básica: "Onde é que a poesia difere da *prosa?*". Aqueles que consideram poesia "com entusiasmo", lamenta ele, "parecem evitar um exame mais profundo... como se sentissem que poderiam, assim, dissipar uma ilusão encantadora" – uma acusação que talvez exponha a mudança de atitude em relação à poesia desde os tempos em que dr. Johnson a havia observado com seu olhar míope, porém incisivo. O próprio Smith, informa-nos ele, tem suficiente senso do fascínio da poesia para se sentir inclinado à especulação, mas dentro de limites bastantes para permitir a ele persistir em sua especulação "com o máximo de serenidade filosófica".[90]

Considerando que "verso não é essencial à poesia", o problema está em distinguir "*poesia* de prosa".

> A distinção essencial entre poesia e prosa é esta – prosa é a linguagem da *inteligência*; poesia é a linguagem da *emoção*. Na prosa, comunicamos nosso *conhecimento* dos objetos dos sentidos ou do pensamento – na poesia, exprimimos como esses objetos nos *afetam*.

Na sequência de seu ensaio, Smith apresenta uma definição de poesia semelhante à de Mill:

> Observemos agora a composição total da poesia. Ela é a *expressão da emoção*; mas a expressão da emoção *ocorre* por meio de uma linguagem rítmica (pode ser verso ou não) – tons harmoniosos – e de uma fraseologia figurada.[91]

---

89 O artigo, uma longa resenha de *Moral Philosophy* (1840), de George Combe, é identificado como tendo sido escrito por Alexander Smith, de Banf, in *Selections from the Correspondence of the Late Macvey Napier*, org. por seu filho (Edimburgo, 1879), p.371n.
90 "The Philosophy of Poetry", *Blackwood's Edinburgh Magazine*, XXXVIII (1835), 827.
91 Ibid., p.828, 833.

Ele tem a cautela de distinguir poesia de eloquência por uma diferença em objetivos. "Enquanto o único objetivo da poesia é transmitir os *sentimentos* do falante ou do escritor, o da eloquência é garantir *a persuasão de alguma verdade*". Smith também se propõe a demonstrar que sua definição tem alcance suficiente para incluir todos os gêneros poéticos; sua reformulação da classificação tradicional, entretanto, é menos radical do que a de Keble, porque a base de sua distinção não são os tipos de emoção exprimida, mas os tipos de assuntos que evocam as emoções. "Em um poema épico ou narrativo, algum evento – ou cadeia interligada de eventos – é narrado com os diversos sentimentos que surgem da visão de tal evento – ou eventos", e o objetivo de exprimir e evocar sentimentos da forma mais efetiva é suficiente para explicar a seleção, o arranjo e a unidade das partes. Da mesma maneira ocorre com os outros tipos: a poesia será descritiva, didática ou satírica, conforme "transmitir uma expressão dos sentimentos", estimulada por objetos naturais, ou pela "contemplação de verdades gerais", ou pela "percepção da maldade, da insensatez e da fraqueza humanas".[92]

Tais princípios diferem em detalhe mais do que em essência da opinião corrente em meados da década de 1830. A novidade no ponto de partida de Smith consiste na identificação e exame de poesia como, basicamente, uma atividade linguística – como um uso de linguagem do ponto de vista expressivo, em oposição a um ponto de vista cognitivo. "Atos ou estados de inteligência são aqueles em que a mente percebe, crê, compreende, infere, rememora. Atos ou estados de emoção são aqueles em que ela espera, teme, rejubila-se, lamenta, ama, detesta, admira ou repele." Prosa é a linguagem do primeiro desses estados; poesia é a do segundo.[93]

O reconhecimento de que a linguagem tem a capacidade de exprimir emoção é tão antigo quanto a retórica clássica, que argumentava que as palavras evocarão emoções do ouvinte, e, assim, serão persuasivas ao ponto de indicar um estado afetivo análogo no orador. Hobbes e outros empiricistas ingleses haviam apontado para a importância do fato de que palavras, "além da significação do que imaginamos de sua natureza, têm uma significação também da natureza, disposição e interesse do falante".[94] Longinianos do século XVIII, entre os quais Lowth, tendiam a distinguir entre "a linguagem da razão" e "a linguagem das paixões". Edmund Burke, na seção sobre linguagem em seu ensaio *The Sublime and Beautiful* [O sublime e o belo], trouxe tanto os conceitos de retórica quanto a filosofia de

---

92 Ibid., p.835-7.
93 Ibid., p.828.
94 *Leviathan*, org. A. B. Walter (Cambridge, 1904), Parte I, cap. IV, p.21.

Locke em uma relação direta com o problema de como as palavras em poesia podem evocar emoções no leitor:

> Em nossas observações sobre linguagem não distinguimos suficientemente entre uma expressão transparente e uma expressão intensa... A primeira está relacionada com a compreensão; a segunda pertence às paixões. Uma descreve uma coisa como ela é; a outra descreve-a da forma como ela é sentida.[95]

Dentro dessa tradição, a inovação importante de Alexander Smith consiste no fato de que ele, deliberadamente, reverteu o ponto de vista retórico para tornar a evocação de sentimento no ouvinte incidental na expressão de sentimento no poeta; ampliou a discriminação entre linguagem descritiva e linguagem expressiva para encontrar uma dicotomia básica em todo o uso linguístico; identificou poesia em geral com a linguagem da expressão; e, acima de tudo, explorou, de forma muito mais detalhada do que qualquer outro teórico anterior, os problemas linguísticos e lógicos levantados por essa divisão. A discussão de Smith acerca de poesia, portanto, é muito comparável àquela encontrada nos escritos de I. A. Richards, pois Richards também fundamentou tanto sua teoria poética quanto a semântica na oposição entre o uso "simbólico" (ou "científico") de palavras para "o suporte, a organização e a comunicação de referências", e o uso "emotivo" das palavras "para expressar ou provocar sentimentos e atitudes", e seguiu adiante para identificar poesia como "a forma suprema da linguagem emotiva".[96] Antítese semelhante, sob uma variedade de nomes, vem sendo amplamente adotada nos últimos trinta anos como um solvente dos eternos problemas da filosofia, da moralidade, da propaganda, da lei e de todas as outras formas de discurso humano. Rudolph Carnap, por exemplo, em sua conhecida exposição do positivismo lógico em *Philosophy and Logical Syntax* [Filosofia e sintaxe lógica], empenhou-se em demonstrar que não apenas a poesia, mas também a metafísica e a ética normativa são formas de linguagem "expressiva", em oposição a "representativa"; e a explicação de Carnap sobre a diferença entre esses modos de linguagem, embora mais superficial e lacunar em suas partes essenciais, aproxima-se daquela de Alexander Smith.[97]

---

95 *The Sublime and Beautiful*, Parte V, item vii; *The Works of... Edmund Burke* (Londres, 1854), I, p.178-80.
96 C. K. Ogden e I. A. Richards, *The Meaning of Meaning* (3.ed.; Londres, 1930), p.149; I. A. Richards, *Principles of Literary Criticism* (5.ed.; Londres, 1934), p.267, 273.
97 *Philosophy and Logical Syntax* (Londres, 1935), p.26-31. Para a mais completa análise do conceito de linguagem emotiva como uma abordagem das questões da filosofia, cf. C. L. Stevenson, *Ethics and Language* (New Heaven, 1944).

Então, quais são as distinções com que Smith suplementa sua definição inicial de poesia? Primeiro, ele refina a asserção crua de que qualquer exclamação emocional constitui poesia (Hazlitt, por exemplo, havia falado de "imprecações e alcunhas" como "apenas um tipo mais vulgar de poesia").[98] Smith distingue três usos do termo. No sentido básico, "toda expressão de emoção é poesia"; em outro sentido, "somente chamamos de poesia a expressão de emoção que se expande até um certo ponto e assume uma forma peculiar e definida"; em um terceiro sentido, "poesia" é apenas aparentemente um termo descritivo que, na verdade, é laudatório – o que Charles L. Stevenson há pouco tempo chamou de "definição convincente". "Dizemos", escreve Smith, "que uma composição – poética em sua natureza básica – não é *poesia*, quando entendemos que não é poesia de boa qualidade".[99] Em seguida, ele introduz outra distinção, bastante simples, mas fonte fértil de confusão até mesmo em discussões recentes a respeito do tópico, entre a descrição e a expressão de emoção:

> Por *linguagem da emoção*, entretanto, quero dizer a linguagem em que aquela emoção se libera – não a descrição da emoção, ou a afirmação de que ela é sentida... Entre ela e a expressão da emoção, há muito da mesma diferença que existe entre a informação que uma pessoa poderia nos dar da dor física que está sentindo e as exclamações ou gemidos que o seu sofrimento pode provocar nela.

Esse ponto requer maior elaboração. Expressão poética não é "mera *exclamação*. O sentimento só pode ser exprimido de forma a suscitar a compreensão de outros... com referência a uma causa ou objeto provocando aquele sentimento". Dessa maneira, Smith salvaguarda sua teoria da acusação (acusação esta que poderia ser feita com base em alguns excertos pouco cuidadosos nos escritos anteriores de I. A. Richards, embora muitos outros de seus excertos sugiram o contrário) de que "linguagem emotiva" se opõe a "referência" ou, pelo menos, de que a função emotiva é relativamente independente da função referencial.[100] Na análise de Smith, poesia não é não referencial, porém mais do que *meramente* referencial. Ela é, na verdade, rigorosamente dependente, por comunicar sentimento em alusão aos tipos de obje-

---

98 "On Poetry in General", *Complete* Works, V, 7.
99 "The Philosophy of Poetry", p.828. Para uma análise – como um "definição convincente" – da declaração de que "Pope não é um poeta", cf. Stevenson, *Ethics and Language*, p.213.
100 Para um exemplo recente dessa objeção à análise de Richard – há vários exemplos anteriores –, cf. Max Black, *Language and Philosophy* (Ithaca, N.Y., 1949), p.206-9. Em "Emotive Language Still", *Yale Review* (XXXIX, 1949), p.108 e ss., Richard esclarece sua intenção, afirmando que quase todos os usos da linguagem possuem múltiplas funções e são "simultaneamente descritivos e emocionais, ao mesmo tempo referenciais e influentes".

tos que geram esse sentimento; e sua diferença essencial de prosa não consiste da presença ou ausência de referência, mas no propósito para o qual ela foi articulada. Em outras palavras, a poesia pode se distinguir da prosa porque ela emprega referência para um propósito expressivo, em vez de declarativo:

> O caráter essencial, entretanto, de uma narrativa ou descrição poéticas, e que a distingue de uma meramente prosaica, é esse: seu objetivo direto não é transmitir informação, mas sugerir uma questão de sentimento e transmitir esse sentimento de uma mente para outra. Em prosa, o propósito maior do escritor ou enunciador é informar ou mostrar a verdade. A informação pode estimular emoção, mas esse é apenas um efeito acidental.[101]

A dificuldade de discriminação entre os dois usos da linguagem está no fato de que em geral não há qualquer indício verbal ou gramatical para essa diferença de propósitos – "palavras com exatamente o mesmo sentido gramatical e verbal, melhor dizendo, as *mesmas palavras*, podem ser prosa ou poesia... dependendo da maneira como são articuladas, apenas para informar ou para expressar e comunicar emoção". Essa generalização é ilustrada por Smith com uma variedade de excertos como o seguinte:

> "Meu filho Absalão" é uma expressão que tem precisamente o mesmo significado de "meu irmão Dick" ou "meu tio Toby"... Seria difícil dizer que "oh! Absalão, meu filho, meu filho" não é poesia; ainda assim, o sentido gramatical e verbal dos termos é exatamente o mesmo em ambos os casos. A interjeição "oh", e a repetição dos termos "meu filho" nada acrescentam ao significado, porém têm o efeito de transformar palavras que, de outra forma, são apenas sugestão de um fato, na expressão de uma *emoção* de extrema profundidade e interesse...[102]

Os sentimentos exprimidos, diz Smith, podem ser chamados de "alma da poesia. Consideremos, agora, as peculiaridades de sua forma física e sua aparência exterior". Com relação a esse tópico, ele concorda com o que era opinião comum a essa época: metro e rima poéticos "são *apenas arranjos mais artificiais das expressões de sentimento*".[103] Ele argumenta mais adiante que "a linguagem da emoção é

---

101 "Philosophy of Poetry", p.829.
102 Ibid., p.830.
103 Ibid., p.830-1. Smith também emprega a interessante estratégia de mostrar como a poesia perde sua qualidade essencial quando traduzida em uma prosa não rítmica (p.831) e indica que termos como "melodioso", "harmônico" e "musical", quando transferidos da música para a versificação, são apenas metáforas muito distantes (p.832 e ss.).

geralmente linguagem *figurada* ou *imaginativa*", porque "a mente, ansiosa por transmitir não a verdade ou fato com relação ao objeto de sua contemplação, mas seus próprios sentimentos conforme instigados pelo objeto, projeta o fluxo de suas associações à medida que elas emergem de sua fonte". Isso também está de acordo com a opinião estabelecida da época, mas o interesse de Smith no tratamento que dá ao assunto reside no detalhe de sua discussão. Por exemplo, a conexão entre sentimento e figura expressiva, argumenta Smith, não é uma sequência causal de mão única, mas uma interação. "Nem sempre é muito fácil dizer se o sentimento é o pai da imagem pela qual ele se expressa a si próprio, ou se, pelo contrário, a imagem é o pai do sentimento. A verdade parece ser que eles se produzem e se reproduzem um ao outro." E as generalizações de Smith são reforçadas pela sua perspicaz análise de exemplos poéticos específicos. Tomemos, por exemplo, uma parte da *explication de texte* que ele aplicou ao verso de abertura da "Elegy Written in a Country Churchyard", de Thomas Gray: "The curfew tolls the Knell of parting day" [O dobre do sino anuncia o dia que se despede].

> O atributo vital nesse verso, que o constitui poesia, é que não é o simples *fato* ou *verdade* – (isto é, que o dobrar do sino é um sinal do fim do dia) – que as palavras do poeta pretendem comunicar, mas sua emoção diante do fato... Ao som do sino sugerindo o final do dia, ele confere, no momento, o significado do dobre fúnebre que convoca, da vida, uma alma; e o epíteto "que se despede" indica a similitude entre a atual estrutura mental do poeta e aquela sugerida pela interrupção de uma comunicação terna com um ser animado – parceira, amiga, amante.[104]

As inadequações da teoria essencialmente gramatical de Smith, como abordagem dos problemas da poesia em geral, são bastante claras. Ela representa um exemplo extremo da tendência, em teorias expressivas (já evidentes na crítica de Wordsworth), por colocar ênfase na dicção em detrimento de outros componentes poéticos. A classificação de poesia na extremidade de uma mera distribuição bipolar de todas as formas de discurso torna-se apenas um instrumento inacabado para uma análise literária mais específica. Peculiarmente, Smith concentra-se no verso isolado do poema como um todo, e em suas diferenças materiais e formais – rítmicas, sintáticas, figuradas e lógicas – de uma asserção equivalente de fato simples. Ele ignora elementos não linguísticos, como personagem ou enredo, e mal se propõe a explicar por que a poesia "se expande a si mesma", conforme ele diz, e "assume uma forma peculiar e definida". Como resultado, ele não fornece quais-

---

104 Ibid., p.832-5.

quer meios para análise e clarificação da constituição e estrutura de um poema em sua totalidade. Tais limitações, no entanto, são representativas de todas as teorias simplificadas de poesia como expressão de sentimentos, correntes no seu período. Dentro desses limites, Smith revela que tem claro discernimento de algumas questões lógicas fundamentais levantadas por tal teoria, e um incomum senso da necessidade de sempre submeter a teoria a exemplos poéticos, bem como um notável senso de acuidade na análise semântica desses exemplos.

A analítica rigorosa de Alexander Smith serve como contrapeso para a efusão descomplicada e o impressionismo vagamente articulado de alguns escritores desse período – um modo de proceder que algumas vezes tem sido injustamente atribuído à crítica romântica em geral. Com base na premissa de que poesia exprime sentimento, encontramos certos críticos que utilizam a palavra "poesia" em um sentido difuso, não apenas em relação à linguagem que revela sentimento, mas também em relação a sentimentos que não são exprimidos em palavras, e até mesmo em relação a objetos e eventos que são apenas oportunidades típicas para sentimentos. William Hazlitt, por exemplo, tinha propensão a praticar esse tipo de rodeio naqueles tempos em que dava rédeas livres à sua pena jornalística. "Poesia é a linguagem da imaginação e das paixões." Porém, não se encontra poesia apenas em livros; "onde quer que haja um sentido de beleza, ou poder, ou harmonia, como no movimento de uma onda no oceano, no crescer de uma flor... aí está a poesia nascendo". As próprias emoções são poesia. "Medo é poesia, esperança é poesia, amor é poesia, ódio é poesia", e, portanto, para ser poeta, não é necessário nada mais do que viver uma emoção. A criança é poeta "quando pela primeira vez brinca de esconde-esconde", "o camponês, quando para contemplar o arco-íris", e "o avarento, quando abraça seu ouro".[105]

Menciono agora outro crítico para mostrar o quão livremente uma efervescência repentina borbulhou no novo dialeto da poesia como sentimento. Em sua resenha de *Poems* (1832), de Tennyson, John Wilson (Christopher North), sintomaticamente, recusou-se a definir poesia "porque os Cockneys já o fizeram", e, ato contínuo, define-a: "Tudo que não é mera sensação é poesia. Sempre que nossas mentes são criadoras, somos poetas". Os "animais inferiores", uma vez que "modificam matéria em sua imaginação", também são poetas. O pombo selvagem, portanto, sob a pressão de sentimento erótico, torna-se poeta, e até mesmo um besouro zumbindo é um Wordsworth silente, inglório.

---

105 "On Poetry in General", *Complete Works*, V, p.1-2. Devido a essa inconsistência no uso do termo "poesia", Gifford o criticou incisivamente em uma resenha em *Quaterly*; Hazlitt reagiu de forma violenta em uma sarcástica "Letter to William Gifford, Esq." e justificou seu equívoco recorrendo ao uso corrente do termo (*Complete Works*, IX, p.44-6).

Portanto, todos os homens, mulheres e crianças, pássaros, animais e peixes são poetas, mas não versejadores. Ostras são poetas. Ninguém irá negar isso – qualquer um que tenha vivido em Prestonpans e as viu apaixonadamente boquiabertas, em seu leito natural, contemplando o fluxo da maré... Nem é diferente com os caracóis... O besouro, diante do viageiro levado pelo zumbido despreocupado, se conhecêssemos todos os seus sentimentos naquele solilóquio, poderia com toda a segurança ser considerado um Wordsworth.[106]

Embora não tenha a pretensão de que seja mais do que um grande disparate, isso não deixa de ter sua significação para o historiador. A passagem demonstra o tipo de jargão crítico que, na década de 1830, havia se tornado equivalente ao linguajar da imitação, da natureza, das regras, das belezas e dos defeitos dos Dick Minims da geração de Johnson.

---

106 *The Works of Professor Wilson*, org. Ferrier (Edimburgo, 1856), VI, p.109-11.

A PSICOLOGIA DA INVENÇÃO LITERÁRIA: TEORIAS MECANICISTA E ORGANICISTA

Na palavra Razão pode-se ver um daqueles numerosos conjuntos de nomes de entidades fictícias, em cuja criação foram reunidos os esforços do Retórico e do Poeta. Em Razão eles se juntaram para nos dar uma espécie de deusa: *uma deusa na qual outra deusa, a Paixão, encontra uma antagonista constante... Não é com qualquer mitologia desse tipo que se pode transmitir uma instrução clara e correta.*

Jeremy Bentham

O que és, não sabemos;
Com o que te assemelhas mais?
Shelley, A uma cotovia

O que agora chamamos de psicologia da arte teve sua origem quando teóricos em geral começaram a achar que a mente do artista se interpunha entre o mundo dos sentidos e a obra de arte, e começaram a atribuir as diferenças evidentes entre arte e realidade não ao reflexo de uma ideia externa, mas a forças e operações dentro da própria mente. Esse avanço foi, em grande parte, a contribuição dos críticos (e sobretudo dos críticos ingleses) dos séculos XVII e XVIII, que expandiram as breves alusões às faculdades mentais – feitas por teóricos antigos e do Renascimento –, tornando-as uma abrangente psicologia tanto da produção quando da apreciação da arte. Nesse sentido, a crítica inglesa, sem dúvida, participou da tendência da filosofia empírica inglesa. Esta, especificamente, tentou estabelecer a natureza e os limites do conhecimento por meio de uma análise dos elementos e processos da mente. Já no início do século XVII, Francis Bacon incluiu a poesia em seu importante registro do conhecimento humano como uma parte do saber que deve ser explicada por referência à ação da imaginação. Em meados do século, Thomas Hobbes, respondendo ao Prefácio de Davenant para *Gondibert*, introduziu, com base em suas especulações filosóficas anteriores, uma explicação breve e simplificada do lugar da experiência sensorial, da memória, da fantasia e do juízo na produção de poesia.[1] A velocidade com que sugestões desse tipo foram apreendidas e ampliadas foi extraordinária. Cem anos depois, poucos filósofos omitiam a discussão de literatura e outras artes em suas investigações da mente, enquanto quase todos os críticos sistemáticos (em conformidade com a sugestão feita por Hume na introdução ao seu *Tratado da natureza humana*, de que a ciência da natureza humana é preliminar à ciência da crítica, bem como da lógica, da moralidade e da política) incorporaram em sua teoria estética um tratamento geral das leis e operações da mente. Por volta de 1774, Alexander Gerard havia publicado seu *Essay on Genius* [Ensaio sobre o gênio], que permaneceu por um século o mais detalhado e abrangente estudo dedicado especificamente à psicologia do processo criativo.

É necessário notar que havia menos inovação absoluta nessa contribuição à crítica do que pode parecer à primeira vista. Boa parte do procedimento era, muito simplesmente, traduzir os lugares-comuns existentes na retórica e na poética tradicionais para o novo vocabulário filosófico de elementos, faculdades e eventos mentais. Um rápido exame das notas de rodapé de Alexander Gerard, por exemplo, mostra que ele depende de todos os críticos convencionais, de Aristóteles ao bispo Hurd, e que, embora alegue fundamentar sua teoria inteiramente no experimento e na indução, ele normalmente estabelece ou ampara suas generalizações citando a autoridade de *experts*, entre os quais Cícero e Quintiliano, que ganham estatura ainda maior do que Locke e Hume. Além disso, o jargão psicológico é, com frequência, usado normativamente, em vez de descritivamente, e serve muito ao crítico como instrumento para estabelecer padrões de desempenho e avaliação literários. Nessas discussões normativas, termos mentais, como fantasia e juízo, são substitutos sobretudo para conjuntos mais ou menos bem definidos de qualidades opostas na obra de arte objetiva. Como exemplo, quando Rymer escreveu acerca de poetas "orientais" – "Para eles, a *fantasia* é predominante, é selvagem, vasta e desenfreada, sobre ela o *juízo* tem pouco controle ou autoridade; daí decorre que suas concepções são monstruosas, e nada possuem de precisão, nada de similitude ou proporção"[2] –, ele nomeou as faculdades não com o intuito de des-

---

1 C. D. Thorpe, em *The Aesthetic Theory of Thomas Hobbes* (Ann Arbor, Mich., 1940), fornece um comentário dos precedentes e das influências de Hobbes.

2 Prefácio a Rapin, *Critical Essays of the Seventeenth Century*, II, p.165.

crever as operações da mente, mas, de modo sumário, com o intuito de depreciar o que na arte é selvagem e desimpedido e louvar as qualidades contrárias de precisão e decoro. Cerca de setenta e cinco anos mais tarde, Joseph Warton, escrevendo sobre a "imaginação" retratada em *A tempestade*, de Shakespeare, correlaciona esse termo com aproximadamente as mesmas qualidades de primitivismo e irregularidade; suas preferências, entretanto, mudaram. Shakespeare, diz ele, "lá deu rédeas à sua imaginação ilimitada e levou o romântico, o maravilhoso e o primitivo à extravagância mais agradável".[3] A antítese – e o equilíbrio inconstante entre a imaginação, ou fantasia, e o juízo crítico – foi uma das principais bases de discussão dentro das quais os críticos de arte do século XVIII disputaram sua versão da contínua batalha entre convenção e revolta.

Nossa única preocupação neste capítulo, entretanto, será com a psicologia descritiva – o que alguns teóricos gostavam de chamar de "ciência da mente" – e, especificamente, com a tentativa de descrever o que ocorre na mente durante o processo de composição de um poema. Se sondarmos as diferenças de terminologia e detalhes, surpreender-nos-emos ao perceber, de imediato, o quanto os escritores do século XVIII tinham pontos de vista concordantes quanto à concepção básica da psicologia da invenção. Em oposição a essa tradição uniforme de psicologia prévia na Inglaterra, Coleridge representou o centro da revolta. Recentemente, acadêmicos enfatizaram que o próprio Coleridge estava em dívida com o precedente inglês por algumas de suas principais ideias, mas é ilusório realçar a continuidade da amadurecida psicologia da arte de Coleridge com aquela corrente na Inglaterra do século XVIII. Em todos os aspectos essenciais, a teoria da mente, desenvolvida por Coleridge, como a de filósofos alemães seus contemporâneos foi, conforme ele insistiu, revolucionária; ela foi, de fato, parte de uma mudança na maneira habitual de pensar em todas as áreas dos empreendimentos intelectuais – tão incisiva e dramática quanto qualquer outra que a história das ideias pode mostrar.

Já discuti antes acerca do papel da analogia no delineamento da estrutura de uma teoria crítica. Em nenhum outro lugar esse papel é mais visível do que em discussões da psicologia da arte. A única evidência direta com relação à natureza dos processos mentais está naqueles itens obscuros e fugazes acessíveis à introspecção, e esses são "modos do ser mais íntimo", para usar os termos de Coleridge, aos quais "sabemos que os atributos de tempo e espaço não se aplicam e são estranhos, mas que, ainda assim, não podem ser transmitidos, exceto em símbolos de tempo e espaço".[4] Exprimindo nos termos de nossos dias: eventos mentais devem

---

3 *Adventurer* n.93.
4 *Biographia Literaria*, II, p.120.

ser discutidos de forma metafórica, em uma linguagem-objeto desenvolvida para ocupar-se literalmente do mundo físico. Como resultado, nossa concepção desses eventos está peculiarmente sujeita à influência formativa das metáforas físicas em que os discutimos, e das analogias físicas das quais essas metáforas derivam. A natureza básica da transição da crítica psicológica na tradição de Hobbes e Hume para a crítica de Coleridge pode, penso eu, ser esclarecida se a tratarmos como resultado de uma substituição analógica – a substituição, em outras palavras, de um processo mecânico por uma planta viva como o paradigma implícito que governa a descrição do processo e o produto da criação literária. Iniciarei esboçando os principais pontos da teoria dominante antes de Coleridge, contra a qual seus próprios escritos, depois de 1800, foram um protesto contínuo.

A teoria mecanicista da invenção literária

Foi muito relevante para a crítica literária o fato de que a psicologia moderna se desenvolveu em grande parte no século XVII, durante as surpreendentes conquistas dos filósofos naturais no campo da mecânica, pois está claro que o curso da filosofia empírica inglesa foi conduzido pela tentativa mais ou menos deliberada de importar para o campo psíquico o esquema explicativo da ciência física, e assim estender os avanços da mecânica da matéria para a mente.[5] No século seguinte, David Hume deu ao seu *Tratado da natureza humana* o subtítulo "Uma tentativa de introdução do método experimental de raciocínio em assuntos morais", e se propôs a emular Newton, evitando hipóteses e elevando-se "de experimentos meticulosos e precisos" às causas mais simples e universais, a fim de fundar uma ciência da natureza humana "que não será inferior em sua validade e será muito superior em utilidade a qualquer outra dentro da compreensão humana".[6] David Hartley explicou que havia tomado de Newton os conceitos de vibrações, e de

---

5 Sobre as relações entre a teoria da mente, de Hobbes, e a ciência natural contemporânea à epoca, cf. E. A. Burtt, *The Metaphysical Foundations of Modern Physical Science* (Londres, 1925), p.118-27, 297; sobre a base geométrica da topografia da mente no século XVIII, cf. Walter J. Ong, "Psyche and the Geometers; Aspects of Associationist Critical Theory", *Modern Philology*, XLIX (1951), p.16-27.

6 *A Treatise of Human Nature*, org. L. A. Selby-Bigge (Oxford, 1896), p.xx-xxiii. Cf. Hume, *An Abstract of a Treatise of Human Nature*, publicado anonimamente em 1740, org. J. M. Keynes e P. Sraffa (Cambridge, 1938), p.6; cf. também *Enquiry Concerning Human Understanding*, parte I, in Hume, *Essays*, II, p.11-2. N. K. Smith resume as relações de Hume com Newton, que ele admirava mais do que qualquer outro homem, em *The Philosophy of David Hume* (Londres, 1941), p.52-76.

Locke e seus seguidores os conceitos de associação, e alegou ter modelado sua própria pesquisa com base no "método de análise e síntese recomendado e adotado por *Sir* Isaac Newton".[7] Os filósofos cujo interesse estava nas operações da mente literária também reivindicaram os métodos e a certeza da ciência natural. Lorde Kames acreditava ter estabelecido seus "elementos de crítica" examinando "o ramo sensível da natureza humana" e construindo "gradativamente princípios, a partir de fatos e experimentos";[8] e Alexander Gerard declarou que seu objetivo era estender "a ciência da natureza humana" até a *terra incognita* do gênio, e (apesar das dificuldades para conduzir experimentos sobre a mente) "coletar um tal número de fatos relativos a qualquer um dos poderes mentais que possa ser suficiente para gerar conclusões a seu respeito, por meio de um processo de indução justo e regular".[9] A alguns otimistas da última parte do século parecia que as regras para composição e juízo crítico de um poema encontravam sanção em uma ciência da mente que não era menos segura e determinativa do que a ciência da natureza. Em 1776, James Beattie escreveu:

> Não seria menos absurdo para um poeta violar as regras *essenciais* de sua arte e justificar-se apelando ao tribunal de Aristóteles do que seria para um mecânico construir um motor com base em princípios inconsistentes com as leis do movimento, e desculpar-se, rejeitando a autoridade de *Sir* Isaac Newton.[10]

A seguir, em resumo, estão os aspectos da teoria da invenção literária do século XVIII, comum à maioria dos escritores de tradição empírica, que refletem a natureza do seu arquétipo mecânico:

(1) *As partículas elementares da mente*. A psicologia empírica é francamente elementarista em seu método: ela toma como ponto de partida – seus dados básicos – o elemento ou a parte. Supõe-se que todos os múltiplos conteúdos e eventos da mente são analisáveis em um número muito limitado de componentes simples,

---

7 *Observations on Men* (6.ed.; Londres, 1834), p.4-5.
8 *Elements of Criticism*, Introdução, I, 14, p.21-4. Alexander Fraser Tytler, amigo e biógrafo de Kames, expandiu o comentário de Kames sobre as pretensões científicas de *Elements* e afirmou que o método de Kames substituiu o de todos os críticos anteriores, desde Aristóteles até o presente (*Memoirs of the Life and Writings of the Honourable Henry Home of Kames*, 3 vols., Edimburgo, 1814, I, vii, p.377-9, 388-9).
9 *An Essay on Genius* (Londres, 1774), p.1-4. Para outras afirmações de que uma crítica válida deve se basear em leis da mente estabelecidas por indução ver, p. ex., Arthur Murphy, *Gray's Inn Journal*, n.87; Edmund Blake, *On the Sublime and Beautiful*, "On Taste" e Parte I, item XIX; Joshua Reynolds, Discurso VIII, *Works*, I, p.459; George Campbell, *Philosophy of Rhetoric*, 2 vols. (Edimburgo, 1808), I, p.vii-viii, 1, 10.
10 *Essays on Poetry and Music*, p.5-6.

e o procedimento do teórico é explicar estados ou produtos psicológicos complexos como combinações variadas desses átomos da mente. Supõe-se que os elementos exclusivos, ou "ideias", que penetram nos produtos da criação sejam, literalmente, inteiros ou partes, de *imagens* – exatas, embora réplicas esmaecidas das percepções originais dos sentidos.

A premissa de que ideias são imagens está sugerida na caracterização que Hobbes faz do conteúdo do discurso mental como "sentido degradado". No fechado mundo interior concebido por Hume, o único diferencial entre impressões sensoriais e ideias é a maior "força e vivacidade" das primeiras. "Uma", diz ele, "parece ser de certa forma reflexo da outra".[11] A metáfora implícita de uma ideia como uma imagem-espelho da sensação, tão prevalente nas discussões sobre a mente no século XVIII, torna-se explícita na descrição que Gerard faz das ideias na memória: "Como um espelho, ela reflete imagens fiéis dos objetos percebidos anteriormente por nós... Em sua natureza, ela é uma mera copiadora".[12]

Para a corrente filosófica de Locke, as partículas fundamentais não analisáveis do conteúdo mental eram, é claro, as réplicas das qualidades simples dos sentidos – azul, quente, duro, doce, perfume de rosa – mais as réplicas dos sentimentos de prazer e de dor. Porém, quando falavam do fazer poesia, ambos os filósofos e teóricos literários tendiam a tomar como unidade do processo aquele grupo de qualidades simples que constituíam o todo ou um fragmento estilhaçado de um objeto particular do sentido. Além disso, na maioria das discussões acerca da criação poética, essas unidades mentais eram consideradas essencialmente, se não exclusivamente, imagens visuais, réplicas dos objetos da visão. Coleridge comentou com perspicácia que a "filosofia mecânica" insiste em um mundo de objetos mutuamente impenetráveis porque ele sofre de "despotismo da visão";[13] e em teorias literárias esse despotismo era reforçado pela longa tradição retórica de que um falante é mais emocionalmente efetivo quando visualiza e evoca a cena que descreve. Como disse Addison, de forma categórica, na *Spectator* 416: "Na verdade, não podemos ter uma única Imagem na Fantasia que não tenha feito sua primeira Entrada através da Visão". Mais tarde, Lord Kames argumentou que, como as ideias de todos os outros sentidos são "obscuras demais para essa operação", a imaginação, "ao fabricar imagens de coisas que não têm existência", limita-se a dividir e recombinar as "ideias da visão".[14]

---

11 *Treatise*, p.2; cf. p.8-9, 85-6.
12 *Essay on Genius*, p.28.
13 *Biographia*, I, p.74; cf. *Coleridge on Logic and Learning*, p.126-7.
14 *Elements of Criticism*, II, p.403-4 (Apêndice, n.19). Locke (*Essay Concerning Human Understanding*, III, x, 3) assinalou que palavras abstratas como "sabedoria" ou "glória" podem

(2) *Os movimentos e as combinações das partes.* Imagens movem-se em sequência pelo olho da mente. Se elas são recorrentes na mesma ordem especial e temporal da experiência sensorial original, temos a "memória". Entretanto, se as imagens completas dos objetos do sentido são recorrentes em uma ordem diferente, ou se partes segmentadas de tais imagens se combinam em um todo nunca presente ao sentido, temos "fantasia" ou "imaginação" – termos quase sempre usados como sinônimos para se aplicarem a todas as sucessões de ideias não mnemônicas, inclusive aquelas que entram na criação de um poema.

Para tipificar a ação da imaginação, os teóricos com frequência citavam o antigo exemplo dos grotescos mitológicos que obviamente carecem de um precedente nos sentidos.[15] Em 1677, Dryden citou Lucrécio (que, anteriormente, tentara estender o atomismo material às atividades da alma) para estabelecer a possibilidade de retratar "hipocentauros, quimeras e outras coisas bastante bizarras" pela "conjunção de duas naturezas, que têm um ser separado real".[16] Exemplos semelhantes de colocações mentais haviam sido mencionados por Hobbes e foram recolhidos por Hume,[17] e tornaram-se um componente-padrão das discussões críticas da invenção poética. Gerard, por exemplo, indica que mesmo quando a imaginação do poeta "cria" novas totalidades "como as que são próprias dela", as "partes e os membros de suas ideias foram transmitidos em separado pelos sentidos".

> Quando Homero formou a ideia de *Quimera* ele apenas reuniu, em um animal, partes que pertenciam a animais diferentes; a cabeça de um leão, o corpo de um bode e a cauda de uma serpente.[18]

---

ser utilizadas sem "ideias" determinadas – isto é, imagens. Berkeley argumentou que palavras gerais e abstratas evocam paixões sem a intercessão de ideias (*Principles of Human Knowledge*, in *Works*, org. Fraser, Oxford, 1901, I, p.251-2), ao passo que Burke declarou que conversamos não apenas sobre ideias abstratas, mas também "sobre seres reais específicos... sem possuir qualquer ideia acerca deles que tenha se originado na imaginação" (*On the Sublime and Beautiful*, Parte V, item v, in *Works*, I, p.175). Entretanto, até onde sei, a possibilidade de um processo de pensamento desprovido de imagens não fez parte das abordagens do século XVIII sobre a imaginação poética produtiva, mas esteve restrita a discussões sobre a natureza da resposta estética a um poema acabado.

15 P. ex., Lucrécio, *De rerum natura*, IV, p.737 e ss. Agostinho, *De Trinitate* II. 10. Cf. M. W. Bundy, *The Theory of Imagination in Classical and Mediaeval Thought*, Estudos de Língua e Literatura da Universidade de Illinois (1927), XII, p.102, 163.
16 "Heroic Poetry and Heroic Licence", *Essays*, I, p.186-7.
17 Hobbes, *Leviathan*, ed. A. B. Waller (Cambridge, 1904), p.4. Hume, *Treatise*, p.9-10, e *Enquiry*, parte II.
18 *Essay on Genius*, p.98-102.

O conceito de que o processo inventivo, em seus voos mais ousados, consiste da divisão de inteiros sensíveis em partes e da combinação de partes em novos inteiros, uniu até mesmo escolas antagônicas da filosofia do século XVIII. O filósofo escocês Dugald Stewart seguiu a iniciativa de Thomas Reid ao se opor à tendência – de Locke a Hume – de desintegrar todo o conteúdo mental em meras sequências de sensações e ideias, e ao realçar, em vez disso, o conceito de faculdades mentais e "poderes". Ele também prenunciou (e talvez influenciou) Coleridge ao distinguir entre imaginação e fantasia – a fantasia, segundo Stewart, constituindo-se de uma faculdade inferior que oferece materiais sensíveis sobre os quais a imaginação opera com seus complexos poderes de "apreensão", "abstração" e "gosto estético". Não obstante, a análise da imaginação poética de Stewart segue o modelo do século XVIII: seu poder criativo consiste apenas do fato de que ela consegue "fazer uma seleção de qualidades e circunstâncias a partir de uma variedade de objetos diferentes, combinando-os e dispondo-os de modo a formar sua própria nova criação".[19]

Não precisamos nos estender sobre a palavra "criação", utilizada por Stewart, ou "original" e "plástico", as quais também foram associadas a "imaginação" na segunda metade do século, com significado oposto ao atomismo psicológico. Todos esses termos, conforme veremos, acarretaram consequências importantes para a crítica, e o termo "plástico" é especialmente interessante porque foi adotado dos cosmogonistas que, em oposição expressa a uma filosofia puramente atomista e mecânica, o haviam empregado com o sentido de princípio vital, inerente à natureza, que organiza o caos em um cosmo por meio de uma energia que se autodesenvolve.[20] Como termo da psicologia da literatura, portanto, "plástico", desde o início, carregou as implicações latentes da imaginação criativa "esemplástica" de Coleridge. Entretanto, no uso do século XVIII, quando os detalhes são preenchidos, reconhecemos o processo imaginativo padrão, consistindo da divisão e recombinação de partes separadas para formar um todo que pode ser novo em sua ordem, mas nunca em suas partes. A palavra "criar", conforme John Ogilvie advertiu, não pode ser interpretada "como relativa a descobertas puramente *originais*, das quais os sentidos não recebem quaisquer modelos". As ideias de sentido e de reflexo

> são, de fato, pelo que denominamos imaginação plástica, associadas, compostas e diversificadas à vontade... Mas no todo desse processo, a originalidade obviamente re-

---

19 *Elements of the Philosophy of the Human Mind* (Londres, 1792), p.474-9.
20 Para uma análise do uso filosófico do termo "plástico", cf. J. W. Beach, *The Concept of Nature in Nineteenth-Century English Poetry*, p.54-78.

sulta da maneira como objetos são selecionados e combinados para formar, sobre o todo, uma combinação incomum.[21]

(3) *As leis da atração associativa.* Como o princípio que governa a sequência e a conjunção de ideias, e que torna a imaginação "em alguma medida, uniforme consigo mesma todo o tempo e em todos os lugares", Hume – expandindo sugestões encontradas em Aristóteles e em seus predecessores ingleses – propôs o conceito de associação de ideias. "As qualidades das quais surge essa associação e pelas quais a mente é, dessa maneira, transferida de uma ideia para outra, são três, a saber: Semelhança, Contiguidade em tempo ou lugar, e Causa e Efeito".[22] Dez anos mais tarde, em 1749, David Hartley publicou uma versão da teoria associativa, desenvolvida de forma independente de Hume, na qual ele buscou demonstrar rigorosamente que todos os conteúdos e processos complexos da mente são derivados dos elementos de sensação simples, combinados pelo único elo de contiguidade na experiência original. E, com muita rapidez, o conceito geral de associação, embora com afirmações diversificadas do número e tipos de conexões associativas, foi incorporado às teorias convencionais da imaginação literária.[23]

Há um paralelismo evidente entre o modelo básico de atividade mental e os conceitos elementares de matéria, movimento e força que compõem a ciência da mecânica de Newton – embora privada, naturalmente, dos aspectos quantitativos da formulação de Newton. (1) As ideias unitárias da mente correspondem às partículas da matéria de Newton. Ideias, apontava Hume, "podem ser comparadas com a extensão e solidez da matéria", pois, diferente das impressões, elas "são investidas de uma espécie de impenetrabilidade, por meio da qual elas excluem umas às outras e são capazes de formar um composto por sua conjunção, não por

---

21 *Philosophical and Critical Observations on... Composition*, 2 vols. (Londres, 1774), I, p.101-2. Cf. William Duff, *Essay on Original Genius*, p.6-7: "A imaginação é a faculdade que, por meio de seu poder plástico de inventar novas associações de ideias e de combiná-las em uma variedade infinita de possibilidades, pode oferecer sua própria criação". Cf. também Owen Ruffhead, *Life of Pope* (Londres, 1769), p.448; Burke, *On the Sublime and Beautiful*, in *Works*, I, p.58.

22 *Treatise*, p.10-1. Cf. Aristóteles sobre a recordação de algo que foi esquecido, in *Parva Naturalia* 451^b, p.10-20. Hobbes ampliou o papel da associação do ato de rememoração para toda "inferência ou sequência de pensamentos" que compõe um "discurso mental" (*Leviathan*, Parte I, cap. III).

23 Ver, p. ex., Gerard, *Essay on Genius*, p.108-25; e Kames, *Elements of Criticism*, cap. I, p.25-6. Para um estudo sobre como o conceito de associação permeou a teoria literária, cf. a série de artigos de Martin Kallich, in *ELH*, XII (1945), p.290-315; *Studies in Philology* XLIII (1946), p.644-67; *Modern Language Notes*, LXII (1947), p.166-73.

sua mistura".²⁴ (2) O movimento de ideias em sequência ou "séries" é o equivalente mental ao movimento da matéria no espaço físico. (3) O "princípio unificador" ou "força suave" (como Hume caracterizava associação) acrescenta o conceito de uma força que efetua esse movimento, ao passo que as operações uniformes dessa força nas "leis da associação" são análogas às leis uniformes de movimento e gravitação propostas por Newton.

Isso, pelo menos, foi o que parecem ter entendido alguns dos mais sistemáticos teóricos estudiosos da ciência da mente. O próprio Hume traçou o paralelo entre os princípios de associação (embora ele os considerasse uma tendência estatística mais do que uma "conexão inseparável") e a lei da gravidade.

> Esses são, portanto, os princípios de união ou coesão de nossas ideias simples... Existe aqui uma espécie de ATRAÇÃO que, no mundo mental, deverá ter efeitos tão extraordinários quanto tem no mundo natural e, como ocorre nele, revelar-se-á em tantas e tão variadas formas.²⁵

No sistema de paralelismo psicofisiológico de Hartley, a associação de ideias claramente se torna o correlato introspectivo para a operação das leis mecânicas de movimento no sistema nervoso.²⁶ E para um materialista monista radical como Holbach, é claro, a mente desaparece completamente, e seus processos se reduzem à "ação e reação das moléculas ou partículas de matéria minúsculas e insensíveis" daquela área particular da máquina universal que é o cérebro humano.²⁷

(4) *O problema do juízo e da intenção artística.* É a necessidade de fornecer uma explicação satisfatória da ordem e da intenção na obra de arte acabada que desorienta – se não desconcerta – a tentativa de um puro mecanismo mental. O problema agravou-se para o psicólogo da criação no século XVIII, porque, como já afirmei antes, seu procedimento era sobretudo traduzir em termos mentais a teoria da poesia existente, e essa teoria incorporou dois elementos completamente estranhos ao elementarismo e às categorias mecânicas da mente. Um desses elementos foi o conceito aristotélico básico de "forma", e de uma "unidade" ar-

---

24 *Treatise*, p.366. Cf. Newton, *The Mathematical Principles of Natural Philosophy* (Nova York, 1846), p.385: "concluímos que as mínimas partículas de todos os corpos são também ampliadas, compactas, impenetráveis, móveis e constituídas por sua própria *vires inertiae*".
25 *Treatise*, p.10, 12-3.
26 Em *Biographia*, I, 67, Coleridge citou *Sir* James Mackintosh como tendo afirmado que Hartley "estabeleceu com Hobbes a mesma relação que Newton estabeleceu com Kepler; a lei de associação está para a mente como a lei da atração está para a matéria".
27 *The System of Nature*, 4 vols. (Londres, 1797), I, 38-9; cf. p.200 e ss.

tística em que a transposição, remoção ou acréscimo de qualquer parte irá deslocar o todo. O outro foi o conceito retórico e horaciano de arte como, fundamentalmente, um procedimento deliberado, em que o final é previsto desde o início, parte se ajusta a parte e o todo é adaptado para o efeito previsto sobre o leitor. Entretanto, como, por exemplo, apontou Alexander Gerard, segundo os princípios do associacionismo, qualquer ideia isolada "tem alguma relação com um número infinito de outras ideias", de modo que as ideias coligidas meramente de acordo com essa relação "formarão um grande caos" e "não podem ser combinadas em uma obra regular tanto quanto várias engrenagens não podem ser retiradas de diferentes relógios e acopladas para formar uma nova máquina".[28] Explicando de outra forma: se o processo da imaginação é concebido como imagens movidas por causas puramente mecânicas ou eficientes de atração – cada imagem presente atraindo automaticamente a seguinte, conforme o acidente de sua similaridade inerente ou de sua contiguidade na experiência passada –, como podemos explicar que o resultado é um cosmo em vez de um caos? E como podemos explicar a diferença entre as incoerentes associações do delírio e as ordenadas e produtivas associações de um Shakespeare?

O problema equivalente na explicação do projeto do universo físico havia sido o grande obstáculo de uma filosofia mecânica desde os átomos de Demócrito. "Como", perguntara Cícero, podem os epicuristas "afirmar que o mundo foi feito de partículas minúsculas... formando um todo por acaso ou acidente? Mas se a junção de átomos pode formar um mundo, por que não um pórtico, um templo, uma casa, uma cidade, que são obras que envolvem menos trabalho e dificuldade?"[29] No século XVII, a poderosa reabilitação do atomismo nas ciências físicas foi em direção a uma contraênfase – pouco menos acentuada entre os atomistas do que entre seus opositores – na necessidade de um princípio complementar para justificar a ordem manifesta do universo físico. Apesar de sua relutância em construir hipóteses, o próprio Newton, seguindo o exemplo de Boyle e outros de seus predecessores cientistas, resolveu o problema da gênese da lei, da ordem e da beleza da máquina-mundo desenhando, por assim dizer, um *deus ex machina*. "Esse maravilhoso sistema do sol, planetas e cometas", disse ele, "só pode advir da orientação e autoridade de um Ser poderoso e inteligente"[30] – isto é, da execução de um desígnio de um Deus resoluto. E, é óbvio, esse argumento teológico de um plano

---

28 *Essay on Genius*, p.49-50; cf. p.265.
29 *De natura deorum* II, p.37.
30 *Principia*, p.504 (Book III, "General Scholium"); cf. *Opticks* (3.ed.; Londres, 1721), p.377-80, questão 31. Cf. também Burtt, *Metaphysical Foundations of Modern Physical Science*, p.187-96, 280-99.

na natureza física tornou-se um dos conceitos filosóficos mais comuns tanto na poesia quanto na prosa do século XVIII.[31]

Nesse sentido, como em outros, a psicologia mecânica repetiu o modelo da cosmologia mecânica. Em seus oportunos versos sobre os poemas de *Sir* Robert Howard (1660), Dryden – que havia estudado Hobbes, e cuja própria imaginação fora cativada pelo relato lucreciano do caos organizando-se pela conjunção fortuita de átomos – considerou, para refutar depois, o argumento de que o atomismo mental dispensou o equivalente mental da Providência ao explicar a criação de um poema:

> No atoms, casually together hurl'd,
> Could e'er produce so beautiful a world.
> Nor dare I such a doctrine here admit,
> As would destroy the providence of wit.[32]

> [Nenhum átomo, casualmente arremessado
> Jamais produziria mundo tão bem-acabado.
> Nem ouso aqui tal teoria imaginar;
> A providência da perspicácia ela iria arrasar.]

David Hume submeteu o argumento teológico do desígnio a um ensaio admiravelmente arguto em seu *Diálogos sobre a religião natural*. Todavia, em seu *Investigações sobre o entendimento humano*, depois de explicar o papel da associação de ideias, ele achou necessário postular a existência de uma intenção controladora da mente do artista produtivo.

> Em todas as criações do gênio, portanto, é indispensável que o escritor tenha algum plano ou objetivo... algum objetivo ou intenção em seu ponto de partida, se não na composição da obra como um todo. Uma produção sem um plano poderia parecer mais o desvario de um demente do que os esforços sérios de um intelecto e do conhecimento.
> [Eventos ou ações em narrativas] devem estar inter-relacionados na imaginação e formar uma espécie de *Unidade*, a qual pode submetê-los a um plano ou visão, e ser o objeto ou o propósito do escritor em seu primento empreendimento.[33]

---

31 Para a natureza e difusão do argumento teológico, cf. a introdução de N. K. Smith a Hume, *Dialogues Concerning Natural Religion* (Oxford, 1935); e para algumas de suas manifestações na poesia físico-teológica, cf. Marjorie Nicolson, *Newton Demands the Muse* (Princeton, 1946), p.99-106.

32 "To My Honor'd Friend *Sir* Robert Howard", II, p.31-4.

33 *Essays*, II, p.19n. O trecho foi inserido na edição de 1748, mas excluído da edição de 1777 e das posteriores.

Alexander Gerard tentou integrar seu conceito de "intenção principal" à operação mecânica da imaginação, postulando que a presença da intenção fiscalizadora duplica o poder de certos elos associativos e, assim, possibilita que ideias relevantes governem seus rivais irrelevantes.[34] Muitos teóricos da mente, contudo, seguiram o modelo da especulação físico-teológica de uma maneira muito simples e direta: eles simplesmente trouxeram para dentro de casa o Artesão inteligente da máquina-mundo e converteram-no em agente ou faculdade mental (chamada também pelos sinônimos "juízo crítico", "razão" ou "compreensão") que fiscaliza e revê o processo mecânico da associação.

Até mesmo Gerard sentiu-se compelido a suplementar, dessa forma, seu conceito de "intenção principal" como um controle automático sobre a associação imaginativa.

> Cada obra de um intelecto é um todo, constituído da combinação regular de diferentes partes, organizadas de tal forma a se tornarem completamente subservientes a um fim comum... Mas, não importa quão perfeitamente os princípios de associação desempenham essa parte de seu ofício, uma pessoa dificilmente se sentirá segura da pertinência dessa disposição até que ela tenha sido autorizada pelo juízo. A fantasia forma o plano de uma maneira mais ou menos mecânica ou instintiva: o juízo, ao revisá-lo, percebe sua retidão ou suas falhas, como se fosse de forma científica; suas decisões estão fundamentadas em reflexão e mostram uma convicção de sua imparcialidade.[35]

O fragmento é perfeitamente representativo; e com exceção de alguns poucos mecanicistas turrões, como Hartley e Holbach, o psicólogo do século XVIII desenvolveu seu esquema da mente combinando duas analogias. Uma era a analogia de um mecanismo em que as imagens do sentido seguem uma à outra de acordo com as leis da gravitação mental. A outra era a analogia de um artesão inteligente, ou um arquiteto, que faz sua seleção dos materiais assim oferecidos e depois os reúne de acordo com seu plano ou projeto preexistente.

---

34 *Essay on Genius*, p.46-7. No terceiro capítulo de *Leviathan*, Hobbes distinguiu entre uma sequência de pensamento que, como nos sonhos e no devaneio, é controlada apenas por contiguidade em experiência prévia, e uma sequência que é guiada por um "pensamento passional" ou "propósito"; no último caso, temos "a faculdade da invenção". Thomas Reid, refutando a competência do associacionismo puro em explicar qualquer pensamento regular ou inventivo por "atrações e repulsões" inerentes, insistiu que "toda obra de arte tem seu modelo forjado na imaginação", por meio do qual a sequência de pensamento é "guiada e dirigida, de maneira parecida com o cavalo em que cavalgamos" (*Essays on the Intellectual Powers of the Human Mind*, Londres, 1827, p.219-20).

35 *Essay on Genius*, p.84-5. Cf. também Reid, *Intellectual Powers*, p.220; e Duff, *Essay on Original Genius*, p.8-9.

Esse conceito de um planejador teleológico, superposto a um esquema mecânico da mente, foi alcançado a um custo considerável para a esperada "ciência da mente". No sistema-mundo de Newton, uma causa final fora apresentada apenas para explicar a gênese do universo, com a onipresença de Deus a partir de então – excetuando sua rara intervenção na forma de um milagre, ou para corrigir as irregularidades de certos corpos celestiais –, servindo principalmente para garantir a continuidade das leis mecânicas de causa e efeito.[36] No sistema da mente, entretanto, causas finais tinham a permissão de interferir na operação uniforme das leis de associação em cada caso distinto de pensamento pragmático. Além disso, o próprio conceito de um projeto prévio (entendido como uma espécie de imagem-mestra na mente) trouxe um desafio tácito para a suposição empírica básica de que não há conteúdo mental que não tenha penetrado através dos sentidos. Obviamente, esse projeto não poderia ser uma Ideia inata; nem poderia ser oriundo da percepção direta, nem das obras da natureza ou das obras de poetas anteriores, pois isso seria estabelecer um regresso em que, em algum ponto, a criação original tenha de ser introduzida; e criação original, afinal de contas, é o próprio fenômeno que nos dispusemos a explicar.[37]

Os esforços dos associacionistas para enfrentar essas dificuldades no conceito do plano estético são um aspecto muitíssimo interessante de seus escritos. Gerard, por exemplo, seguindo sua rotina normal de converter tópicos de retórica em termos mentais, chega, no decorrer do processo, ao tema da "disposição", que (citando Cícero e Quintiliano) ele descreve como o arranjo ordenado de materiais inventados, formando "a economia do todo". Aqui ele descobre que a distinção entre plano prévio e realização posterior – e o paralelo subjacente entre o processo interno do gênio e as operações sucessivas e deliberadas de um artesão – não se harmonizam com os fatos da observação.

> As operações do gênio ao estruturar seus planos são de um tipo mais perfeito do que as operações da arte ou do afã de executá-las... Um arquiteto projeta um palácio inteiro em um instante; mas quando vai construí-lo, ele precisa primeiramente fornecer os materiais e, depois, levantar as diferentes partes da edificação somente em sequência. Porém, para o gênio, reunir os materiais, organizá-los e aplicá-los, não são operações distintas e sucessivas.

---

36 Burtt, *Metaphysical Foundations*, p.288-93.
37 Ver, p. ex., Gerard, *Essay on Genius*, p.8-9. Algo como o regresso infinito que menciono parece caracterizar a tentativa de uma página, feita por Hartley, de dar uma explicação puramente mecânica da invenção; cf. *Observations on Man*, p.272-3.

Na primeira fase da invenção, "a noção do todo é geralmente imperfeita e confusa", e somente emerge conforme o processo avança. É por isso que "essa faculdade, em suas operações, é mais semelhante à *natureza* do que às menos perfeitas energias da *arte*". E para ilustrar as propriedades especiais das operações da "natureza", Gerard avista um analogismo fértil em implicações para a psicologia literária – o analogismo do crescimento de um vegetal.

> Quando um vegetal absorve umidade da terra, a natureza, ao mesmo tempo e nessa mesma ação, converte essa umidade em nutriente da planta; ela imediatamente circula através de seus vasos e incorpora-se às várias partes. De maneira semelhante, o gênio organiza suas ideias fazendo a mesma operação quase ao mesmo tempo em que as coleta.[38]

Ou seja, quando uma planta toma o lugar de um mecanismo e um artesanato como paradigma do processo criativo, ela autoriza o conceito de um projeto potencial inerente, abrindo-se espontaneamente de seu interior, e incorporando à sua própria natureza os materiais necessários para sua nutrição e crescimento. Conforme veremos, teóricos alemães, sob o estímulo de questões semelhantes, já estavam começando a explorar as possibilidades da planta como arquétipo da imaginação, mas essa ideia caiu em terreno pedregoso na Inglaterra de 1774. O próprio Gerard, persistindo na análise sobre intenção literária, imediatamente retorna para a combinação-padrão de associação mecânica e arquiteto fiscalizador. "Assim, a imaginação", afirma ele, "não é, de forma alguma, um arquiteto incompetente", porque, "ela, em grande medida, por meio de sua própria força e de seu poder associativo, depois de repetidas tentativas e transposições, projeta uma edificação regular e bastante simétrica".[39]

A fantasia mecânica e a imaginação orgânica de Coleridge

Não é senão quatro décadas após o *Essay on Genius*, de Gerard, que vemos na Inglaterra um desenvolvimento pleno do organismo como modelo estético. Para apurar o contraste entre as categorias de psicologia mecânica e orgânica, suspenderei, até o próximo capítulo, a discussão da história geral da teoria orgânica; par-

---

38 Ibid., p.60-4. Comparar esses excertos com a descrição de Akenside sobre a invenção estética, em *Pleasures of Imagination* (ed. de 1744), III, p.312-408 e notas.
39 *Essay on Genius*, p.65.

tirei diretamente para sua aplicação deliberada e elaborada na descrição que Coleridge faz do processo e dos produtos da criação literária.

No cerne da teoria de Coleridge – no terceiro capítulo de *Biographia Literaria* (1817) – está sua lacônica diferenciação entre fantasia e imaginação. Ao contrário da imaginação, a fantasia

> não tem outros opostos com os quais competir, exceto fixidades e delimitações. Fantasia é, na verdade, nada mais do que um modo de Memória emancipado da ordem do tempo e do espaço, desde que seja misturada com, e modificada por, aquela faculdade empírica da vontade que exprimimos com a palavra *ESCOLHA*. Porém, da mesma maneira como a memória comum, a Fantasia precisa receber da lei da associação todos os seus materiais já prontos.

Em seu extenso prolegômeno a esse fragmento, no qual ele revê e discute a história do mecanismo mental até o seu apogeu, com Hartley, Coleridge nos diz expressamente que ele pretende que suas faculdades da memória e da fantasia incorporem tudo o que é válido na teoria associativa do século XVIII, "e, em conclusão, que atribua os ofícios restantes da mente à razão e à imaginação".[40] E, de fato, a descrição de fantasia de Coleridge seleciona, com muita habilidade, as categorias básicas da teoria associativa da criação: partículas elementares, ou "fixidades e delimitações", derivadas dos sentidos, distintas das unidades de memória apenas porque se movimentam em uma nova sequência temporal e espacial determinada pela lei da associação e sujeita a escolha por uma faculdade seletiva – o "juízo" dos críticos do século XVIII.[41] Anteriormente, essa havia sido a explicação cabal da criação poética. Porém, depois de tudo o que pode ser – e foi – explicado dessa forma, Coleridge encontra um resíduo que ele atribui à "imaginação secundária". Essa faculdade

> dissolve, dispersa, dissipa com o fim de recriar; ou onde esse processo torna-se impossível, ainda assim, em todos os eventos ela luta para idealizar e unificar. Ela é essencialmente *vital*, mesmo quando todos os objetos (*como* objetos) estão essencialmente fixos e mortos.

---

40 *Biographia*, I, p.73.
41 Ou seja, Coleridge considera válido não o determinismo de Hartley, mas a combinação da teologia com o mecanicismo – de julgamento que opera nas contribuições da imaginação associativa – que caracterizou a maioria das teorias do século XVIII. Ver, p. ex., ibid., p.73, 76, 81. E p.60: A lei da associação é para o pensamento, "no máximo... o mesmo que a lei da gravitação é para a locomoção. Em todo movimento *voluntário*, primeiro nos opomos à gravidade a fim de nos aproveitarmos dela" (grifo meu).

A importância histórica da imaginação de Coleridge não foi superestimada. Ela foi o primeiro canal importante para o organicismo fluir em direção ao até então cristalino, mesmo que talvez não muito profundo, rio da estética inglesa. (Organicismo pode ser definido como a filosofia cujas principais categorias são metaforicamente derivadas dos atributos de coisas vivas e em crescimento.) Consideremos primeiro as metáforas antitéticas com as quais Coleridge, em várias passagens, discrimina suas duas faculdades produtivas. A memória é "mecânica" e a fantasia, "passiva"; a fantasia é um "espelhamento... repetindo-se simplesmente ou por transposição", e o "poder agregador e associativo", agindo somente "por uma espécie de justaposição".[42] A imaginação, ao contrário, "recria" seus elementos por um processo ao qual Coleridge algumas vezes aplica termos tomados daquelas uniões físicas e químicas muito distantes da conjunção de abstratos impenetráveis naquilo que ele, pensando na filosofia mecânica, chamava de "tijolo e argamassa". Assim, a imaginação é uma "força integradora", que também é "sintética", "permeativa" e "amalgamadora".[43] Outras vezes, Coleridge descreve a imaginação como uma "força assimilativa" e uma "faculdade coadunante"; esses adjetivos são importados da biologia daquela época, em que "assimilar" conotava o processo pelo qual um organismo converte alimento em sua própria substância, e "coadunar" significava "crescer junto para formar um".[44] Com frequência, as discus-

---

42 *Biographia*, I, p.73, 193; *Anima Poetae* (Boston e Nova York, 1895), p.199; *Miscellaneous Criticism*, p.387.

43 *Biographia*, I, p.163, e II, p.12, 123, 264n. É interessante que Coleridge possa ter derivado dos associacionistas aos quais ele se opunha alguns de seus termos para definir a imaginação. Hume, p. ex., afirmou que ideias são impenetráveis, mas que impressões e paixões, "como cores, podem ser perfeitamente combinadas" (*Treatise*, p.366; cf. Gerard, *Essay on Taste*, Londres, 1759, p.171). Hartley alegou que simples ideias de sensação tornam-se associadas em grupos e, "por fim, aglutinam-se em uma ideia complexa", na qual os elementos simples não são mais identificáveis do que os vários ingredientes de um remédio, ou do que as cores primárias de uma luz branca (*Observations on Man*, p.47-8). Cf. Abraham Tucker, *The Light of Nature Pursued* (Cambridge, 1831), I, p.135-8, 190; e Joseph Priestley, *Hartley's Theory of the Human Mind* (2.ed.; Londres, 1790), p.xxxviii. É evidente, porém, que os conceitos de combinação e aglutinação foram pressionados sobre os associacionistas pela própria exigência de seu rígido elementarismo, o qual sustentava que todas as ideias complexas são imagens compostas por réplicas das partes em que os objetos do sentido podem ser racionalmente analisados. Quando tais partes não fossem encontradas por introspecção, afirmava-se que elas haviam sido "fundidas" em uma nova ideia-unidade.

44 Ver, p. ex., *Biographia*, II, p.12-3, 19; *Shakespearean Criticism*, I, p.209, II, p.341; *Letters*, I, p.405; *Anima Poetae*, p.199. Cf. *Theory of Life*, org. Seth B. Watson (Londres, 1848), p.22: "Assimilação" é "a expressão mais em voga no presente" para designar a nutrição "com propósitos de reprodução e crescimento". E p.44: "Se a vida, em geral é definida *vis ab intra, cujus proprium est coadunare plura in rem unicam*". Cf. também sua discussão sobre a "assimilação" como uma metáfora em *Letters*, II, p.710-1.

sões de Coleridge acerca da imaginação são feitas explicitamente em termos de algo vivo, em crescimento. A imaginação é, por exemplo, "essencialmente *vital*"; ela "gera e produz uma forma de si mesma", e suas regras são "os seus exatos poderes de crescimento e produção".⁴⁵ E, nessas passagens, as metáforas de Coleridge para a imaginação coincidem com suas metáforas para a mente em todas as suas operações mais elevadas. Coleridge compara em detalhes a ação da faculdade da razão com o desenvolvimento, assimilação e respiração de uma planta – assim equiparando conhecer com crescer e (para tomar emprestada uma cunhagem de I. A. Richards) "conhecimento" (*knowledge*) com "c(o)re(s)cimento" (*growledge*).⁴⁶

De fato, é extraordinário perceber o quanto a obra crítica de Coleridge apoia-se em termos que são metafóricos para a arte e literais para uma planta; se a dialética de Platão é uma selva de espelhos, a de Coleridge é uma verdadeira selva de vegetação. Basta apenas deixar os veículos de suas metáforas adquirirem vida que será possível ver todos os objetos de crítica se retorcerem surrealisticamente, transformando-se em plantas ou partes de plantas, crescendo em profusão tropical. Autores, personagens, gêneros poéticos, passagens poéticas, palavras, metro e lógica tornam-se sementes, árvores, flores, florescências, frutos, casca e seiva. O fato é que a insistência de Coleridge na distinção entre a imaginação viva e a fantasia mecânica foi apenas uma parte de sua guerra total contra a "Filosofia Mecânico-corpuscular" em todos os *fronts*. Contra essa filosofia ele propôs a mesma objeção que é encontrada nos escritos de um ilustre herdeiro moderno da teoria orgânica: A. N. Whitehead. O esquema foi desenvolvido, disse Coleridge, diante da necessidade de "submeter os vários fenômenos de corpos em movimento a uma construção geométrica", abstraindo todas as suas qualidades menos a figura e o movimento. E "como uma *ficção da ciência*", acrescentou ele, "seria difícil supervalorizar essa criação", mas Descartes a apresentou "como *verdade de fato*: e, em vez de um Mundo *criado* e preenchido com forças produtivas pelo Todo-Poderoso *Fiat*, deixou uma Máquina sem vida rodopiando com a poeira de sua própria Trituração".⁴⁷ Aquilo de que necessitamos em filosofia, escreveu Coleridge a Wordsworth em 1815, é

---

45 *Biographia*, I, p.202, II, p.65; *Miscellaneous Criticism*, p.387-8.
46 Cf. a conclusão do cap. III; e I. A. Richards, *Coleridge on Imagination* (Londres, 1934), p.52.
47 *Aids to Reflection* (Londres, 1913), p.268-9. Cf. Whitehead, *Science and the Modern World* (Cambridge, 1932), p.70: "O século XVII finalmente produziu um esquema de pensamento criado por matemáticos para uso de matemáticos... O enorme sucesso das abstrações científicas... impôs à filosofia a tarefa de aceitá-las como a mais concreta interpretação dos fatos". E p.80: "É preciso outro estágio de realismo temporário, no qual o esquema científico seja remodelado e erigido sobre o conceito final de *organismo*".

a substituição da filosofia do mecanicismo – a qual, em tudo o que é mais digno do intelecto humano, combate a *Morte*, e trapaceia a si mesma ao confundir imagens claras com concepções distintas... – por vida e inteligência (consideradas em suas capacidades distintas da planta até o estado em que a diferença em grau torna-se uma nova espécie (homem, autoconsciência), mas ainda assim não por oposição básica).[48]

Com muita razão, Coleridge foi chamado de mestre do fragmento e acusado de ter uma grande propensão a se apropriar de passagens de filósofos alemães. Não obstante, na crítica, aquilo que utilizou de outros escritores ele expandiu em um instrumento especulativo que, pelo seu poder de *insight* e, acima de tudo, de aplicação na detalhada análise de obras literárias, não encontrou rival entre os teóricos organicistas alemães. E, em um sentido importante, os elementos de sua crítica plenamente desenvolvida, seja ela original ou derivativa, são consistentes – com uma consistência que, na sua base, não é lógica, nem mesmo psicológica, mas analógica; ela consiste de fidelidade ao arquétipo, ou imagem fundadora, à qual ele se dedicou. Essa é a diferença entre o atomístico e o orgânico, o mecânico e o vital – enfim, entre as analogias básicas da máquina e da planta em crescimento. Ao explorar as possibilidades conceituais da última, essa oposição fez com que Coleridge fosse responsável por uma radical transformação em muitas opiniões arraigadas com relação a produção, classificação, anatomia e avaliação de obras de arte. A natureza dessas mudanças pode ser trazida à luz se perguntarmos quais são as propriedades de uma planta, quando diferenciadas daquelas de um sistema mecânico.

Nossa listagem dessas propriedades é muitíssimo simplificada, porque Coleridge já as descreveu para nós nos muitos, embora geralmente ignorados, documentos nos quais ele discute a natureza de coisas vivas. Esses documentos começam com uma longa carta escrita quando ele tinha 24 anos,[49] dois anos antes de sua viagem à Alemanha e de seus estudos de fisiologia e ciências naturais sob a tutoria de Blumenbach; e eles culminam com seu *The Theory of Life* [Teoria da vida], que incorpora vários conceitos dos *Natur-Philosophen* [filósofos da natureza] alemães e das descobertas e especulações dos fisiologistas "dinâmicos" ingleses, como Hunter, Saumarez e Abernethy.[50] Colocar excertos da biologia e da crítica de Coleridge lado a lado é revelar imediatamente quantos conceitos básicos migraram de um território para outro.

---

48 *Letters*, II, p.649. Cf. The *Philosophical Lectures of Samuel Taylor Coleridge*, org. Kathleen Coburn (Nova York, 1949), especialmente as Conferências XII-XIII.
49 Carta a John Thelwall, 31 dez. 1796, *Letters*, I, p.211-2.
50 Cf. Alice D. Snyder, *Coleridge on Logic and Learning* (New Haven, 1919), p.23-32; e *Biographia*, I, p.103-4n., 138.

Quais, então, são as propriedades características de uma planta ou de qualquer organismo vivo?

(1) A planta origina-se de uma semente. Para Coleridge, isso indica que o princípio elementarista se inverte completamente; o todo é primordial e as partes são secundárias e derivadas.

> No mundo, vemos por toda parte evidência de uma Unidade, cujas partes componentes são tão difíceis de explicar que necessariamente pressupõem-na como a causa e condição por existirem *como* essas partes; ou mesmo apenas por existirem... O fato de que a raiz, a haste, as folhas, as pétalas etc. [desse açafrão] estão ligadas à planta deve-se ao Poder ou Princípio antecedente na Semente, que existiu antes que uma única partícula das matérias que constituem o *tamanho* e a visibilidade do açafrão tivesse sido atraída do solo, do ar e da umidade circundantes.[51]

"A diferença entre um corpo inorgânico e um corpo orgânico", disse ele em outro fragmento, "está no seguinte: no primeiro... o todo nada mais é do que uma coleção das partes ou fenômenos individuais", ao passo que no segundo, "o todo é tudo e as partes não são nada".[52] E Coleridge estende o mesmo princípio a fenômenos não biológicos: "Acredite, o que quer que seja pleno, o que quer que seja verdadeiramente orgânico e vivo – lá o todo é anterior às partes".[53]

(2) A planta *cresce*. "Produtividade ou crescimento", disse Coleridge, é a "força primeira" de todas as coisas vivas, e ela se revela como "evolução e extensão na Planta".[54] Essa força não é menor nos poetas maiores. Em Shakespeare, por exemplo, encontramos "*Crescimento* como em uma planta". "Tudo é crescimento, evolução, *gênese* – praticamente cada linha, cada palavra gera a próxima".[55] Comparações parciais e breves de um discurso acabado ou um poema a um corpo animal são encontradas já em Platão e Aristóteles,[56] mas uma teoria organicista altamente desenvolvida, como a de Coleridge, difere desses precedentes no grau em que todos os aspectos da analogia são explorados, e, acima de tudo, na extraordinária ênfase colocada nesse atributo do crescimento. O interesse de Coleridge é insistentemente genético – seja no processo ou no produto – tanto no tornar-se quanto no ser de fato. É por isso que Coleridge raramente discute um poema acabado

---

51 *Aids to Reflection*, p.40-1.
52 *Table Talk*, p.163 (18 dez. 1831).
53 *Philosophical Lectures*, p.196.
54 Monólogo sobre "Life", *Fraser's Magazine for Town and Country*, XII (nov. 1835), p.495.
55 *Shakespearean Criticism*, I, p.233; *Miscellaneous Criticism*, p.89.
56 Platão, *Phaedrus* 264; Aristóteles, *Poetics* 7. Cf. também Longino, *On the Sublime*, XL.

sem olhar em direção ao processo mental que o elaborou; é isso que torna toda a sua crítica peculiarmente psicológica.

(3) À medida que cresce, a planta incorpora à sua própria substância os elementos estranhos e diversos de terra, ar, luz e água. "Veja só!", grita Coleridge com eloquência acerca desse agradável assunto:

> Veja só! – com o sol despontando ela começa sua vida exterior e entra em comunhão aberta com todos os elementos, incorporando-os imediatamente a si mesma e uns aos outros... Veja só! Ao toque da luz ele devolve um sopro semelhante à luz, e, no entanto, com a mesma vibração, efetua seu próprio crescimento secreto e ainda se contrai para fixar o que, ao se expandir, ela havia refinado.[57]

Transferida da planta para a mente, essa propriedade efetua outra revolução na teoria associacionista. Dentro do esquema elementarista, todos os produtos de criação consistiam de recombinações das imagens unitárias do sentido. Na teoria orgânica de Coleridge, as imagens do sentido tornam-se simplesmente materiais dos quais a mente se sustenta – materiais que praticamente perdem sua identidade ao serem assimilados em um novo todo. "A partir da Ideia primeira ou introdutória, como, por exemplo, uma semente, germinam Ideias sucessivas."

> Eventos e imagens, a célere e estimulante maquinaria do mundo exterior, são como a luz, o ar e a umidade para a semente da Mente, que, de outra maneira, iria se decompor e se extinguir. Em todos os processos da evolução mental os objetos dos sentidos precisam estimular a Mente; e a Mente precisa, por sua vez, incorporar e digerir o alimento que, dessa forma, recebe de fora.[58]

Ao mesmo tempo, as "ideias", que na teoria anterior haviam sido réplicas mais pálidas de sensações, metamorfoseiam-se em sementes que crescem no solo das sensações. Com seu "abuso da palavra 'ideia'", Locke parece querer dizer "que o sol, a chuva, o adubo e assim por diante fabricaram o trigo, fabricaram a cevada... Se isso for substituído pela asserção de que um grão de trigo poderia durar para sempre e ser perfeitamente inútil e, para todos os fins, não aparente, não fosse pelo fato de que a benévola luz solar e o solo apropriado chamaram-no para vir à tona – tudo em Locke seria absolutamente racional".[59] Para Coleridge, as ideias da razão e aquelas na imaginação do artista são "ideias vivas e geradoras

---

57 *Statesman's Manual*, Apêndice B, in *Lay Sermons*, p.77.
58 *Coleridge's Treatise on Method*, org. A. D. Snyder (Londres, 1934), p.7; cf. p.37-8.
59 *Philosophical Lectures*, p.378-9.

de vida, que... formam basicamente uma unidade com as causas germinais da natureza".[60]

(4) A planta se desenvolve espontaneamente de uma fonte interna de energia – "efetua", para usar o termo de Coleridge, "seu próprio crescimento secreto" – e organiza-se em sua forma apropriada.[61] Um artefato precisa ser fabricado, mas uma planta se fabrica a si própria. De acordo com um dos modos favoritos de Coleridge de mostrar essa diferença, na vida "a unidade... é produzida *ab intra*", mas no mecanicismo, "*ab extra*". "De fato, a evolução, em contraste com a aposição, ou superindução *ab aliunde*, está implícita na concepção da vida".[62] Nos domínios da mente, essa é precisamente a diferença entre uma "originalidade livre e antagônica" e aquele "mecanismo inerte" que, por imitação servil, impõe uma forma estranha sobre materiais inorgânicos. Como ele diz, ecoando A. W. Schlegel:

> A forma é mecânica quando, em um dado material, imprimimos uma forma predeterminada... como quando a uma massa de argila úmida damos a forma que desejamos que ela retenha ao endurecer. A forma orgânica, por outro lado, é inata; ela toma sua própria forma à medida que se desenvolve de dentro e a inteireza de seu desenvolvimento é uma e sempre a mesma com a perfeição de sua forma exterior.[63]

Nessa propriedade que têm os organismos em crescimento, Coleridge encontra a solução para o problema que, lembramo-nos, havia preocupado os mecanicistas, tanto da matéria quanto da mente; isto é, como explicar a gênese da ordem e da intenção pela operação de leis puramente mecânicas. Dizer – declara Coleridge – que "as partículas materiais possuem esse poder de combinação por atrações recíprocas, repulsões e afinidades eletivas inerentes, e que são elas próprias os artistas conjuntos de suas próprias combinações" é simplesmente deslocar o mistério. Tendo em vista que, pela análise de Coleridge, um organismo é inerentemente teleológico – já que sua forma é endógena e automotora –, a solução que ele propõe do mistério não tem necessidade para o equivalente mental de um arquiteto que faça o projeto preliminar ou inspecione sua construção, pois

---

60 "On Poesy or Art", *Biographia*, II, p.258-9. Cf. *Statesman's Manual*, p.25: "Entretanto, todo princípio é transformado em ato por uma ideia, e toda ideia é viva, produtiva, imbuída de infinitude e (como Bacon observou de maneira sublime) de um poder perpétuo de propagação".
61 *Statesman's Manual*, p.77.
62 *Theory of Life*, p.42; *Church and State*, in *Works*, VI, p.140. Cf. *Coleridge on Logic and Learning*, p.130, e seu monólogo sobre "Life", p.495.
63 *Shakespearean Criticism*, I, p.223-4. Em "Poesy or Art", *Biographia*, II, p.262, Coleridge estabelece a diferença como sendo "entre forma como processo e formato como sobreposição".

aqui está a diferença essencial, o contraste entre um órgão e uma máquina; não apenas a forma característica se desenvolve a partir do poder central invisível, mas a própria massa material é adquirida por assimilação. O poder germinal da planta transmuda o ar fixado e a base elementar de água em relva ou em folhas...[64]

Incidentalmente, pode-se apontar que Coleridge resolveu um problema apenas para cair em outro: se o crescimento de uma planta parece inerentemente deliberado, é um propósito sem alternativa, condenado desde a semente, e desenvolvendo-se até sua forma final sem a superveniência da consciência. "O princípio interior de Crescimento e de Forma individual em cada semente e planta é um *sujeito*", dizia Coleridge. "Mas o homem seria um sonhador se, de outra forma que não poeticamente, falasse de rosas e lírios como sujeitos autoconscientes".[65] Substituir pelo conceito de crescimento a operação do mecanicismo na psicologia da invenção parece simplesmente trocar uma espécie de determinismo por outra; ao passo que substituir o planejador-artesão mental pelo conceito de autogeração orgânica torna difícil, analogicamente, justificar a participação da consciência no processo criativo. Veremos que, em alguns críticos alemães, recorrer à vida vegetal como modelo para o vir a ser de uma obra de arte, havia, na verdade, engendrado o fatídico conceito de que a criação artística é basicamente um processo espontâneo e inconsciente da mente.[66] Coleridge, entretanto, embora admitisse um componente inconsciente na criação, estava determinado a demonstrar que um poeta como Shakespeare "jamais escreveu qualquer coisa sem um projeto".[67] "O que a planta é, graças a um ato que não é dela própria, e inconscientemente", exorta-nos Coleridge, "é isso que deveis vos *tornar*".[68] Na estética de Coleridge, não menos do que em sua ética e teologia, a justificativa do livre-arbítrio é um ponto fulcral –

---

64 *Aids to Reflection*, p.267.
65 Ibid., p.117n.
66 Cf. cap. VIII, parte iii.
67 *Shakespearean Criticism*, II, p.192.
68 *Statesman's Manual*, p.76 (grifos meus); cf. *Biographia*, II, p.257. "Um registro completo dos analogismos reguladores da mente, na concepção de Coleridge, deveria considerar em sua afirmação relativa à conduta ética e religiosa do homem" que "a estrutura perfeita de um homem é a estrutura perfeita de um Estado; e devemos ler *A República* de Platão à luz dessa ideia" (*Statesman's Manual*, Apêndice B, in *Lay Sermons*, p.66. Para uma discussão desse elemento platônico na visão de ordem mental de Coleridge, cf. I. A. Richards, Introdução de *The Portable Coleridge*, Nova York, 1950, p.44-54). Uma questão fundamental na teoria da mente de Coleridge pode ser definida como a tentativa de conciliar as sanções da consciência, da autoridade e da vontade nos elementos judicial, legislativo e executivo do arquétipo do estado político, com os atributos da autoevolução inconsciente e espontânea inerente ao arquétipo alternativo – e no até mais frequentemente empregado – arquétipo da planta em crescimento.

em parte, aparentemente, porque isso vai contra uma tendência inerente ao seu analogismo preferido.

(5) A estrutura que uma planta atinge é uma unidade orgânica. Em contraste com a combinação de elementos separados de uma máquina, as partes de uma planta – da unidade mais simples, em sua íntima integração, intercâmbio e interdependência com seus vizinhos, às estruturas mais amplas e mais complexas – estão relacionadas umas com as outras e com a planta como um todo, de uma forma complexa e peculiarmente intrínseca. Por exemplo, tendo em vista que as partes existentes de uma planta geram novas partes, pode-se dizer que as partes se constituem em suas próprias causas, em um processo cujo ponto final parece ser a existência do todo. Também, enquanto o todo deve seu ser à coexistência das partes, a existência daquele todo é condição necessária para a sobrevivência das partes; se, por exemplo, uma folha é removida da planta-mãe, a folha morre.

Tentativas de definir tais peculiaridades de sistemas vivos, ou a natureza da "unidade orgânica", estão no cerne de todas as filosofias organicistas. Às vezes, Coleridge descreve a relação orgânica com o modelo da famosa fórmula de Kant, no *Teleological Judgment* [Juízo teleológico]; na terminologia utilizada por Coleridge, as partes de um todo vivo são "a tal ponto interdependentes que cada uma é reciprocamente meio e fim", enquanto a "dependência das partes com relação ao todo" se combina com a "dependência do todo com relação às suas partes".[69] Ou, acompanhando Schelling, ele a formula em termos da *lógica* polar da tese/antítese/síntese. "Seria difícil lembrar de qualquer tese e antítese verdadeiras das quais um órgão vivo não seja a síntese, ou melhor, a indiferença."

> O sistema mecânico... conhece apenas distância e proximidade... em resumo, as relações de partículas improdutivas umas com as outras; de tal forma que em cada caso o resultado é a exata soma das qualidades componentes, como em uma soma aritmética... Na vida.. as duas forças opostas componentes realmente se interpenetram e geram uma terceira, incluindo a anterior, *"ita tamen ut sit alia et major".*[70]

---

69 *Theory of Life*, p.44; cf. Kant, *Critique of Judgement*, org. J. H. Bernard (Londres, 1914), p.277, 280.
70 Nota manuscrita, impressa por A. D. Snyder, "Coleridge's 'Theory of Life'". *Modern Language Notes*, XLVII (1932), p.301; e *Theory of Life*, p.63. Como G. E. Moore de maneira descortês caracterizou a tese organicista: "Assim, supõe-se que uma relação "teleológica" seja uma relação que altera as coisas às quais se relaciona de forma que não são essas, mas outras duas as coisas reveladas" ("Teleology", in *Dictionary of Philosophy and Psychology*, org. J. M. Baldwin, II, p.666).

Alternativamente, Coleridge declara que em um organismo o todo se propaga indiviso por todas as partes. "A vida física está em cada membro e em cada órgão do corpo, um todo em cada parte; mas manifesta-se como vida sendo um no todo e assim transformando o todo em um".[71]

Essas fórmulas, como as outras, são devidamente transferidas dos organismos naturais para os produtos orgânicos da criação.

> O espírito da poesia, como todas as outras forças vivas... precisa corporificar-se a fim de se revelar; mas um corpo vivo é, por necessidade, um corpo organizado, – e o que é organização senão a conexão de partes com um todo, de forma que cada parte é ao mesmo tempo fim e meio?[72]

Essa função de sintetizar opostos em um terceiro, em que as partes componentes são *alter et idem,* Coleridge atribui, no terreno estético, à imaginação – "aquela síntese e poder mágico", conforme ele descreve na *Biographia Literaria*, que "se revela no equilíbrio ou na conciliação de qualidades opostas e discordantes". E a afinidade dessa síntese com a função orgânica de assimilar nutrimento valida-se, quando Coleridge prossegue para, logo em seguida, citar a descrição de *Sir* John Davies acerca da alma, que "pode, com leves alterações, aplicar-se – até mesmo mais adequadamente – à IMAGINAÇÃO poética":

> Doubtless this could not be, but that she turns
> Bodies to spirit by sublimation strange,
> As fire converts to fire the thing it burns,
> As we our food into our nature change.[73]

> [Certamente, isso só pode ser porque ela,
> Por estranha sublimação, corpos em alma transforma,
> Assim como o fogo em fogo converte aquilo que ele queima
> E como nosso alimento nossa natureza se torna.]

---

71 *Church and State*, in *Works*, VI, p.101. Cf. *Theory of Life*, p.58.
72 *Shakespearean Criticism*, I, p.223. Cf. Gordon McKenzie, *Organic Unity in Coleridge*, Publicações em inglês, Univ. of California, VII (1939).
73 *Biographia*, II, p.12. Como parte do mote do cap. XIII, "On the Imagination", Coleridge também citou versos de *Paradise Lost*, de Milton (V, p.482 e ss): "Flowers and their fruit/Man's nourishment, by gradual scale sublim'd,/To *vital* spirits aspire: to *animal*:/To *intellectual*!" [Flores e seus frutos/Alimento do homem, sublimado por escala gradativa,/Aspira a espíritos *vitais*: a *animal*/ a intelectual!].

Para Coleridge, portanto, a unidade imaginativa não é uma justaposição mecânica de "partículas improdutivas", nem uma adequação neoclássica de partes em que (conforme Dryden traduziu Boileau), "Cada objeto precisa ser fixado no seu devido lugar" –

Till, by a curious art disposed, we find
One perfect whole of all the pieces joined.[74]

[Até que, ordenado em singular arte, vemos
Um todo perfeito – todas as partes reunidas.]

A unidade imaginativa é uma *unidade orgânica*: um sistema que se autodesenvolve, constituído por uma interdependência viva das partes, cuja identidade não pode sobreviver se elas forem removidas do todo.

É uma característica curiosa de uma filosofia organicista que, com base em sua lógica particular, em que a verdade é alcançada somente por meio da síntese da antítese, ela seja incapaz de negar seu oposto metafísico, mas só pode derrotá-lo assimilando-o em "um terceiro mais elevado", como disse Coleridge, "incluindo ambas as anteriores". Portanto, apesar do entusiasmo de Coleridge com a alteração alquímica operada no universo pela descoberta que ele faz da analogia orgânica, ele não hesitou em recolher e incorporar à sua própria teoria a filosofia mecânica que com tanta veemência refutara. O mecanicismo é falso, não porque não diz a verdade, mas porque não diz toda a verdade. "A grande vantagem de tal revolução", registrou ele em suas anotações, "é que ela não opera por exclusão, mas por uma expansão que inclui o anterior, embora coloque-o sob um novo ponto de vista".[75] A teoria crítica completa de Coleridge, por conseguinte, é deliberadamente sincrética e utiliza não um, mas dois analogismos controladores, um de uma máquina, outro de uma planta; e esses dividem os processos e produtos de arte em duas espécies distintas e, de maneira semelhante, em duas ordens de excelência.

Muitas vezes, Coleridge usa suas lentes bifocais para discriminar e avaliar dois modos de poesia. Um deles pode ser adequadamente explicado em termos mecânicos. Ele tem sua fonte nas particularidades do sentido e das imagens da memó-

---

74 *The Art of Poetry*, I, p.177-80.
75 *Anima Poetae*, p.142-3; cf. também p.124-5. Em *Biographia*, I, p.169-70, ele defende que "uma filosofia verdadeira" deve incorporar os fragmentos de verdade de todos os sistemas existentes – e ele inclui especificamente o sistema mecânico –, todos "unidos em uma perspectiva central". Cf. *Table Talk*, p.157, e *Philosophical Lectures*, p.313: "A natureza não exclui nada... O método oposto, exclusão em vez de subordinação", caracteriza a história dos erros humanos.

ria, e sua produção envolve apenas as faculdades inferiores da fantasia, "compreensão" e "escolha" empírica. É, portanto, obra de "talento" e fica em um nível abaixo do mais alto; seus exemplos são escritos como os de Beaumont e Fletcher, Ben Jonson e Pope. A outra – e maior – classe de poesia é orgânica. Ela tem sua fonte em "ideias" vivas e sua produção envolve as faculdades mais altas da imaginação, a "razão" e a "vontade". Por isso é obra de "gênio", e seus exemplos principais podem ser encontrados nos escritos de Dante, Shakespeare, Milton e Wordsworth, pois, enquanto o talento está "na compreensão" – sendo esta "a faculdade de pensar e formar juízo com base nas informações fornecidas pelo sentido" – o gênio consiste da "ação da razão e da imaginação". Como parte do que aprende da experiência sensorial, o talento tem "a faculdade de se apropriar do conhecimento de outros e de aplicá-lo", mas não "o poder criativo e autossuficiente de um *Gênio* absoluto". A "diferença essencial" está entre "a habilidade modeladora do talento mecânico e a força vital criativa e produtiva do gênio inspirado", resultando em um produto modificado "*ab intra*" em cada parte componente.[76]

"As peças de B[eaumont] e F[letcher]", por exemplo, "são meras combinações sem unidade; no drama shakesperiano há uma vitalidade que cresce e se desenvolve de dentro", de forma que "Shakespeare é o ápice, a amplitude e a profundidade do gênio: Beaumont e Fletcher são o excelente mecanismo, em justaposição e sucessão, do talento".[77] Da mesma maneira, a obra de Ben Jonson "é o produto de uma força acumulativa no autor, e não de um crescimento que vem de dentro".[78] E, para concluir, a seguir está um fragmento como exemplo perfeito do método analógico da crítica aplicada de Coleridge. Os elizabetanos menores, diz ele, meramente tomavam objetos acessíveis ao sentido e os agregavam em novas combinações de partes separadas.

> O que tivesse uma consistência gramática e lógica para o ouvido, o que pudesse ser colocado junto e representado aos olhos, esses poetas tomavam do ouvido e da visão, irreprimidos por qualquer intuição de uma possibilidade interna, exatamente como se um homem pudesse juntar um quarto de uma laranja, um quarto de uma maçã, e a mesma parte de um limão e de uma romã, e fazer tudo parecer uma fruta diferente, redonda e colorida.

---

76 *Table Talk*, p.100; *The Friend*, in *Works*, II, p.164; *Biographia*, I, p.20; *Shakespearean Criticism*, I, p.4-5. Coleridge afirma, de acordo com a lógica do organismo, que gênio e imaginação deveriam incluir, por transcendência, os processos de talento e fantasia, visto que "as faculdades intelectuais superiores só podem operar por meio de uma respectiva energia das faculdades mais baixas" (*Table Talk*, p.269).
77 *Miscellaneous Criticism*, p.44n.; p.88-9. Cf. também *Shakespearean Criticism*, II, p.170-1.
78 Ibid., p.47.

A essa atividade classificadora, Coleridge opõe o processo orgânico: "Mas a natureza, que opera de dentro por evolução e assimilação de acordo com uma lei, não pode fazer isso". Imediatamente, esses conceitos de crescimento, assimilação e lei biológica são traduzidos da natureza para a mente poética.

> Nem poderia Shakespeare, pois também ele trabalhou no espírito da natureza, desenvolvendo o germe interior pelo poder imaginativo conforme uma ideia – pois como o poder de ver está para a luz, da mesma forma uma ideia na mente está para uma lei na natureza.[79]

A imaginação associativa no período romântico

Apesar de seu heroico empenho, Coleridge não conseguiu oferecer obstáculo substancial algum à filosofia elementarista da mente na Inglaterra. A tentativa de explicar todos os conteúdos e ações da mente por um número mínimo de elementos sensoriais e um número mínimo de leis associativas continuou a dominar a psicologia do período. De fato, o sistema só ganhou uma afirmação em sua forma mais detalhada e rígida em 1829, com *Analysis of the Phenomena of the Human Mind* [Análise dos fenômenos da mente humana], de James Mill – "o restaurador e segundo fundador", como dizia seu filho, da psicologia associacionista de Hartley.[80]

Mill, o pai, demonstrava pouco interesse por poesia e, ao formular as leis da associação, não sentiu necessidade de fazer provisão especial para o processo poético. As conexões associativas do poeta não diferem em nada daquelas do comerciante, do advogado ou do matemático; ideias poéticas "sucedem umas às outras, de acordo com as mesmas leis... Elas diferem entre si apenas pelo fato de que as ideias de que são compostas são ideias de coisas diferentes".[81] Quando, em 1859, John Stuart Mill editou o livro de seu pai, embora tivesse inserido correções em muitas outras seções, ele deixou essa observação passar, sem questioná-la. Cerca de 26 anos mais tarde, entretanto, naquele período em que, com muito entusiasmo, se dedicou a desvendar o segredo da poesia, ele escrevera, em aparente contradição à teoria de seu pai:

---

79 Ibid., p.42-3.
80 Prefácio a James Mill, *Analysis of the Phenomena of the Human Mind*, org. J. S. Mill (Londres, 1869), I, p.xii.
81 Ibid., I, p.241-2.

O que constitui o poeta não são as imagens nem os pensamentos, nem mesmo os sentimentos, mas a lei de acordo com a qual eles são convocados. Um poeta é poeta não porque tem ideias de uma espécie em particular, mas porque a sequência de suas ideias está subordinada ao curso de suas emoções.[82]

Porém, o jovem Mill continuou um associacionista, com a mente mais flexível, embora não menos radical do que seu pai. Ele meramente adaptou a teoria anterior à sua própria visão de que poesia é "a expressão ou articulação de sentimento",[83] confiando aos sentimentos o controle total do processo associativo. Que a associação pode envolver não apenas imagens sensoriais como também os sentimentos (eles próprios frequentemente considerados como agregados de prazeres e sofrimentos elementares), era um princípio contemporâneo à moderna forma da própria teoria. Teóricos da tradição associacionista haviam notado também que um sentimento ou estado de espírito pode ajudar a guiar o curso da associação; Gerard, por exemplo, demonstrou que "uma paixão atual" com frequência sugere "sucessão de ideias cuja conexão é derivada não de sua relação entre elas, mas principalmente da sua congruência com a... paixão".[84] A inovação de Mill foi simplesmente tomar o que até então havia sido uma parte e fazer dela a explicação total do processo especificamente poético da criação.

"A quem, então, devemos chamar de poetas?", Mill pergunta, e ele próprio responde: "Àqueles que são constituídos de tal forma que as emoções constituem os elos de associação pelos quais suas ideias, tanto sensoriais como espirituais, conectam-se umas às outras". Ele, especificamente, substitui o projeto determinante ou plano postulado pelos associacionistas anteriores por um sentimento determinante, com o intuito de explicar a formação de um todo estético:

No centro de cada grupo de pensamentos ou imagens será encontrado um sentimento; e os pensamentos ou imagens estão lá apenas porque o sentimento estava lá. Todas as combinações que a mente reúne, todas as figuras que ela pinta, os conjuntos inteiros que a Imaginação constrói com os materiais fornecidos pela Fantasia, estarão em dívida com algum *sentimento* dominante – não da mesma forma como em outras naturezas estão em dívida com um *pensamento* dominante –, por sua unidade e consistência de atributos, pelo que os distingue de incoerências.[85]

---

82 "The Two Kinds of Poetry" (1833), *Early Essays*, p.232.
83 "What is Poetry?", ibid., p.208-9.
84 *Essay on Genius*, p.125-6, 147 e ss. Cf. Hume, *A Dissertation on the Passions*, in *Essays*, II, p.144-5; Kames, *Elements of Criticism*, I, p.27 (cap. I).
85 "The Two Kinds of Poetry", *Early Essays*, p.223, 225. A medida em, na teoria de Mill, a invenção poética era considerada um caso especial de leis de associação gerais pode ser visto pela com-

Nesse fragmento, a imaginação organicista de Coleridge, embora casualmente distinta da fantasia, reduz-se, mais uma vez, a uma faculdade mecânica que combina partículas de ideias, e a unidade alcançada por esse processo não é orgânica, mas de coerência emocional. Nos melhores poemas de Shelley – o exemplo máximo, segundo Mill, do poeta natural – "a unidade de sentimento" é "o princípio harmonizador que uma ideia central é para mentes de outra classe... suprindo a coerência e consistência que, de outra forma, estariam faltando".[86]

Mesmo quando nos voltamos para aqueles contemporâneos da época que eram poetas ou críticos por ofício, encontramos pouco suporte ou compreensão sobre aonde Coleridge pretendia chegar com sua teoria da imaginação. É verdade que encontramos, em discussões românticas específicas da imaginação, uma apreciação superlativa da função e do *status* dessa faculdade; um lapso frequente do que, há bem pouco tempo, fora a utilização quase universal de leis associativas para explicar como ela opera; uma preocupação com a função das emoções na criação poética; e uma ênfase no poder da imaginação poética de modificar os objetos do sentido. Não poucas vezes também ouvimos ecos da antítese de Coleridge entre fantasia e imaginação, mas a distinção é, de maneira geral, inconsistente, e tende a ruir completamente, porque não tem o amparo da subestrutura sólida dos princípios filosóficos de Coleridge.

Seis anos antes da publicação de *Biographia Literaria*, Charles Lamb utilizou um conceito de imaginação para justificar sua preferência pela extraordinária gravura de Hogarth, "Gin Lane", em detrimento da aclamada "Plague of Athens", de Poussin:

> Lá existe mais da imaginação – aquela força que absorve todas as coisas para formar apenas uma – que faz coisas animadas e inanimadas, seres com seus atributos, temas e seus acessórios adquirirem uma cor e servirem a um efeito... As próprias casas... parecem aturdidas – parecem absolutamente vacilantes com o efeito daquele espírito diabólico de êxtase que permeia toda a composição.[87]

---

paração entre a exposição que ele faz sobre as leis gerais em seu *System of Logic* (VI, IV, 3) e sua análise das leis específicas da associação poética em "The Two Kinds of Poetry", p.225, 230.

86 Ibid., p.229. No início de seu processo de desvencilhamento da teoria de Hartley, o próprio Coleridge enfatizou o conceito de associação emocional: "Julgo que a associação depende muito mais da recorrência de condições semelhantes de sentimentos do que de sequências de ideias... Chego a pensar que ideias *nunca* evocam ideias, tanto quanto são ideias". Mas, em vez de considerar essa observação como um acréscimo à doutrina de Hartley, Coleridge a vê como subversiva daquela filosofia como um todo – "e se isso for verdade, o sistema de Hartley é vacilante" (Carta a Southey, 7 ago. *1803, Letters*, I, p.427-8; cf. ibid., I, p.347, e *The Friend*, in *Works*, II, p.415).

87 "On the Genius and Character of Hogarth", *The Works of Charles and Mary Lamb*, org. E. V. Lucas (Londres, 1903), I, p.73-4.

Esse excerto foi, com muita justiça, louvado por Wordsworth; e é seguro supor que Coleridge teria concordado que esse poder de coadunar cada parte, sem deixar de lado qualquer detalhe, e mesmo fazendo as casas prestarem homenagem à paixão, é um dom da imaginação – a faculdade, conforme ele disse, "que transforma os muitos em um".[88] Lamb, porém, embora um crítico literário e sensível, não era inclinado a especulações ou composições teóricas e tem pouca coisa mais a dizer sobre o assunto.

Hazlitt, por outro lado, considerava-se filósofo e crítico, e vários de seus comentários sobre a imaginação poética também se aproximam daqueles feitos por Coleridge. "A imaginação é aquela faculdade que representa objetos, não como eles são em si mesmos, mas como eles são moldados por outros pensamentos e sentimentos, originando uma variedade infinita de formas e combinações de força." Entre as exemplificações dessa faculdade, Hazlitt inclui a favorita de Coleridge: a demência de Lear:

> Novamente, quando [Lear] exclama na cena de delírio, "Vejam só! Até os cãezinhos Tray, Blanche e Sweetheart latem para mim", é a paixão concedendo oportunidade para a imaginação fazer cada criatura associar-se contra ele...[89]

Ademais, Hazlitt, como Coleridge, opunha-se ao atomismo e ao racionalismo analítico da psicologia do século XVIII. Entretanto, sua própria psicologia, conforme pudemos notar no capítulo precedente, era dinâmica, focalizando o *nisus*, as intrincadas premências subjacentes ao comportamento humano, e percebendo a imaginação literária tanto como o órgão de autoproteção solidária quanto como um instrumento compensatório que "oferece alívio óbvio dos vagos e importunos anseios da vontade".[90] Pelo idealismo orgânico de Coleridge Hazlitt não demonstrava qualquer simpatia. Ele escreveu uma resenha depreciativa do *Statesman's Manual* [Manual do estadista], de Coleridge, terminando com uma citação da passagem central em que Coleridge analisava uma planta em crescimento a fim de lê-la "em sentido figurado" em busca de correspondências "do mundo espiritual". A esse excerto Hazlitt deu o título de "Mr. Coleridge's Description of a Green Field" [Descrição do sr. Coleridge de um

---

88 *Anima Poetae*, p.199. Sobre a opinião de Wordsworth a respeito do comentário de Lamb, cf. *Wordsworth's Literary Criticism*, p.162. Cf. também a breve distinção de Shelley entre a razão analítica e a imaginação sintética, in "Defence of Poetry", *Literary and Philosophical Criticism*, p.120-1.
89 "On Poetry in General", *Complete Works*, v, p.4-5.
90 Ibid., p.8.

campo verdejante], e lá ele comenta: "Isso é suficiente. Hobbes observa bem que 'é por meio de palavras apenas que um homem se torna extremamente sábio ou extremamente tolo'".[91]

Voltamos agora para Wordsworth, cuja poesia abrira, pela primeira vez, os olhos de Coleridge para a necessidade de postular a existência de uma faculdade da imaginação; ele havia mantido estreito contato com Coleridge no exato período em que estava amadurecendo sua filosofia antimecanicista, e concordou inteiramente com seu amigo no sentido de que o elementarismo inveterado do pensamento do século XVIII,

> Viewing all objects unremittingly
> In disconnection dead and spiritless;
> And still dividing, and dividing still,
>
> [Vendo todos os objetos incessantemente
> desconexos, inertes e sem vida,
> e ainda se dividindo, e se dividindo ainda,]

promove "uma guerra ímpia contra a própria vida/De nossas próprias almas". Poder-se-ia esperar sem receio que a abrangente diferenciação que Wordsworth faz entre fantasia e imaginação – desenvolvida para sancionar a separação, na edição de 1815, de seus "Poemas da fantasia" de seus "Poemas da imaginação" – mostrasse consonância básica com aquela de Coleridge.

Em um ponto, Wordsworth, na verdade, está totalmente de acordo com Coleridge: na ideia de que, como afirma com seriedade, ele próprio demonstrou que há imaginação em poemas "que têm a mesma inclinação enobrecedora das produções dos homens, nesse gênero, dignas de serem guardadas como lembrança imorredoura".[92] Algumas de suas descrições dessa faculdade são também consonantes com as de Coleridge. Em um símile bastante criativo – ou, pelo menos, como ele o coloca, quando a faculdade é "empregada sobre imagens em uma conjunção por meio da qual elas se modificam umas às outras" – "os dois objetos se unem e se aglutinam em uma comparação justa". Em outros exemplos, a imaginação de Wordsworth, como a de Coleridge, "molda e *cria*, consolidando números em unidade". Dois dos exemplos de imaginação poética de Wordsworth (Lear no urzal, e a descrição de Milton da chegada do Messias à batalha) também

---

91 "Coleridge's Lay Sermon" (1816), ibid., XVI, p.114.
92 Prefácio a *Poems* (1815), *Wordsworth's Literary Criticism*, p.163.

foram posteriormente citados por Coleridge.[93] E, em uma primeira leitura, realmente pareceu a Coleridge, conforme ele nos revela no quarto capítulo da *Biographia*, que a teoria de Wordsworth só diferiu da sua "principalmente talvez porque nossos objetos eram diferentes". Oito capítulos adiante, entretanto, Coleridge exprime opinião diferente: "Após uma leitura mais atenta das observações do sr. Wordsworth sobre a imaginação... acredito que minhas conclusões não são tão afinadas com as dele, quanto, confesso, eu havia pensado".[94]

As razões da frustração de Coleridge com a discussão de Wordsworth não são muito difíceis de encontrar. A imaginação, diz Wordsworth, é criativa; ainda assim, pergunta ele, "não seria menos verdade que a Fantasia, por ser uma faculdade ativa, é também, sob suas próprias leis e em seu próprio espírito, criativa?"[95] Pior ainda, Wordsworth indica não apenas que a fantasia é criativa, mas que a imaginação é *associativa*: ambos os poderes servem igualmente "para modificar, criar e associar". Em determinado ponto, Wordsworth descreve a imaginação como um modo de dissecção e recombinação em quase exatamente os mesmos termos de Dugald Stewart, já mencionado neste capítulo. "Esses processos da imaginação", diz ele, "são levados adiante, seja conferindo propriedades adicionais a um objeto, seja abstraindo dele algumas das que ele realmente possui", assim, permitindo que ele aja na mente "como uma nova existência".[96] Finalmente, Wordsworth discorda, de forma mais específica, da diferenciação de Coleridge, escrita para *Omniana* (1812), de Southey, entre a imaginação como "poder modelador e modificador" e a fantasia como "poder agregador e associativo". "Minha objeção", afirma Wordsworth, é "apenas que a definição é genérica demais."

> Agregar e associar, evocar e combinar, pertencem tanto à Imaginação quanto à Fantasia; porém, ou os materiais evocados e combinados são diferentes, ou eles são reunidos sob uma lei diferente e para um propósito diferente.[97]

A essa afirmação Coleridge sente-se instado a responder na *Biographia*, argumentando que "se, pelo poder de evocar e combinar, o sr. Wordsworth quer dizer

---

93 Ibid., p.159-61; Coleridge, *Table Talk*, 309. Cf. também o comentário de Wordsworth citado em Christopher Wordsworth, *Memoirs of William Wordsworth*, II, p.487: "A imaginação... é a faculdade química por meio da qual elementos das mais diferentes naturezas e das mais distantes origens são combinados em um todo harmonioso e homogêneo".
94 *Biographia*, I, p.64, II, p.193.
95 *Wordsworth's Literary Criticism*, p.165; e p.156: A fantasia se insinua "no âmago dos objetos com atividade criativa".
96 Ibid., p.151, 159.
97 Ibid., p.163.

a mesma coisa – e nada além do que eu quis dizer por agregador e associativo – continuo a negar firmemente que ele pertence à imaginação".[98]

Essa disputa pode parecer muito barulho por uma diferença unicamente verbal, mas do ponto de vista de Coleridge, o vocabulário de Wordsworth mostrou uma tendência regressiva a fundir a imaginação orgânica à fantasia mecânica, descrevendo-a mais uma vez em termos de subtração, adição e associação dos elementos das imagens sensoriais; e, ao fazer isso, Wordsworth havia imprudentemente revelado o segredo da posição delas. Segundo A. N. Whitehead, "Wordsworth em seu ser total exprime uma reação consciente contra a mentalidade do século XVIII", e a poesia-natureza do renascer romântico (cujo melhor exemplo é *The Excursion,* de Whitehead) "foi um protesto em nome da concepção orgânica da natureza".[99] A verdade, entretanto, é que em seus ensaios críticos, Wordsworth conservou muito da terminologia e dos modos de pensar do associacionismo do século XVIII. Porém, para Coleridge, o fracasso metafórico em manter a diferença em espécie entre mecanismo e organismo, no exemplo crucial das faculdades da fantasia e da imaginação, sinalizava a ruína da estrutura dialética de toda a sua filosofia.

A outra degeneração na diferenciação que Coleridge faz está muito evidente na antologia de Leigh Hunt, intitulada *Imagination and Fancy* [Imaginação e fantasia]. No ensaio introdutório de Hunt, a diferença entre essas faculdades resolve-se em uma diferença entre frivolidade e sobriedade na atitude do poeta.

> [Poesia] incorpora e ilumina suas impressões pela imaginação, ou as imagens dos objetos dos quais ela trata... a fim de que possa desfrutar e comunicar o sentimento da verdade que eles possuem em sua máxima convicção e abundância.
>
> Ela os adorna com a fantasia, que é um jogo mais leve da imaginação, ou do sentimento de analogia que chega perto da sobriedade, a fim de que possa rir com o que ama, e mostra como ela pode decorar com ornamentos mágicos.[100]

Procedimento semelhante foi adotado pela maioria dos críticos da teoria da imaginação de Coleridge, quer deplorem quer admirem Coleridge como crítico. Do mesmo modo como fizeram os autores à época de Coleridge, muitos estudiosos posteriores ou têm considerado a diferença entre poesia séria e frívola como

---

98 *Biographia,* I, p.194.
99 *Science and the Modern World,* p.96, 117-8. Coleridge, porém, sentiu-se decepcionado com *The Excursion,* porque não era nem explicitamente antimecanicista, nem sistematicamente organicista em sua filosofia; cf. sua carta a Wordsworth, 30 mai. 1815, *Letters,* II, p.645-9.
100 *Imagination and Fancy* (Nova York, 1848), p.2; cf. p.20-2.

trivial, ou, por razões diversas, têm fundido os dois processos que Coleridge, com tanta meticulosidade, separara.[101] E a ironia final é que I. A. Richards, que toma o significado crucial da distinção entre fantasia e imaginação com mais seriedade do que qualquer crítico desde o próprio Coleridge, e que ataca com veemência esforços anteriores para combinar a distinção, prossegue para fazer quase a mesma coisa. Escrevendo como um benthamita ou um materialista "tentando interpretar... a articulação de um Idealista extremo", ele traduz a diferença entre os produtos das faculdades na diferença em número de "elos" ou "conexões" entre suas "unidades de significado". Essas relações, muito comparáveis aos elos de "similaridade" entre "ideias" na análise associacionista convencional, servem mais uma vez para converter a distinção de Coleridge em espécie, em uma diferença quantitativa ao longo de uma única escala. Porém, Richards difere de outros críticos em sua total consciência do que ele pretende. Ele se propõe deliberadamente a substituir a descrição de Coleridge por uma que ele acha mais adequada e, para seus propósitos, proveitosa, por mais consciente que esteja de que seu "atomismo reanimado – uma contagem de inter-relações" possa "algumas vezes ter sido repulsiva ao próprio Coleridge, como se estivesse sugerindo tratamento mecânico".[102]

A história desse desacordo filosófico cria uma enorme dubiedade quanto a se essa diferença pode algum dia ser resolvida com um argumento racional. Qualquer análise lógica e semântica dos termos-chave da polêmica – "parte", "unidade", "relações", "elos", "similaridades", "coadunação", "crescimento" –, no final, acaba em um apelo aos fatos observados – e com relação a esses fatos há claro desacordo. Quando aqueles de nós que Coleridge (com parca justiça à figura histórica) chamou "aristotélicos" confrontam seu exemplo de uma passagem imaginativa –

Look! how a bright star shooteth from the sky
So glides he in the night from Venus' eye –

[Repare! como uma estrela cadente no céu desliza
Também na noite ele nos olhos de Vênus flutua]

---

101 Ver, p. ex., as citações em I. A. Richards, *Coleridge on Imagination*, p.31-43; cf. também, F. X. Roellinger, "E. S. Dallas on Imagination", *Studies in Philology*, XXXVIII (1941), p.656; F. L. Lucas, *The Decline and Fall of the Romantic Ideal* (Nova York, 1936), p.176. O exemplo mais recente é Barbara Hardy, "Distinction Without Difference; Coleridge's Fancy and Imagination", *Essays in Criticism*, I (1951).
102 *Coleridge on Imagination*, p.18-9, 70, 78-85.

eles veem uma patente combinação de partes; e nós prosseguimos para explicar a diferença entre ela e a interpretação que Coleridge faz de fantasia,

> Full gently now she takes him by the hand,
> A lily prison'd in a gaol of snow,
> Or ivory in an alabaster band;
> So white a friend engirts so white a foe,
>
> [Docemente agora ela o toma pelas mãos,
> Em cativeiro de neve um lírio encerrado
> Ou marfim em um cordel de branquidão
> Amigo tão alvo a tão alvo inimigo abraçado]

como uma questão da mutiplicidade e intimidade das relações entre essas partes. Quando Coleridge, falando pelos "platonistas" – que para ele constituíam o restante da população do planeta –, observou o primeiro par de versos, teve uma percepção de um simples todo, em que as partes constitutivas estão isoladas, muito adequadamente, para propósitos de análise crítica, mas ao preço de alterar seu caráter, e momentaneamente destruir o todo.

Em nossos dias, aqueles que desejam salvar a distinção entre coisas como elas são e coisas como elas parecem ser para alguma outra pessoa, tendem a explicar a renitência de Coleridge nesse assunto, fazendo referência aos elementos não racionais de sua personalidade; F. L. Lucas, por exemplo, supõe que o anseio de Coleridge por unidade "pode ser mera saudade do útero materno".[103] O próprio Coleridge preferia explicar tais diferenças de percepção em termos racionais. "Fatos, como se sabe, não são verdades; eles não são conclusões; não são nem mesmo premissas, mas estão na natureza e em partes de premissas."[104] A diferença fundamental está em que a escolha das premissas iniciais (com frequência, se não estou equivocado, as premissas analógicas) de nosso raciocínio, e a validade da escolha são medidas pela adequação de suas consequências coerentemente inferidas de se fazer o universo inteligível e controlável. Se esse critério incorpora nossa necessidade de tornar o universo emocional e intelectualmente controlável, não é esse o requisito mais importante de todos?

---

103 *Decline and Fall of the Romantic Ideal*, p.164; cf. p.174-5.
104 *Table Talk*, p.165; 27 dez. 1831.

A PSICOLOGIA DA INVENÇÃO LITERÁRIA: GÊNIO INCONSCIENTE E CRESCIMENTO ORGÂNICO

> *Caso se pretenda construir uma casa ou atingir outro objetivo final, é necessário que este e aquele material existam, e é necessário que primeiro isso e depois aquilo seja produzido, e primeiro isso e depois aquilo colocado em movimento, e assim por diante numa sucessão contínua, até que o resultado final e derradeiro seja alcançado, para cujo propósito cada coisa anterior é produzida e existe. O mesmo que ocorre com essas produções da arte também ocorre com as produções da natureza.*
>
> Aristóteles, De partibus animalium

> *Quanto mais profundamente o homem mergulha dentro de si mesmo, na construção e na fonte de seus pensamentos mais nobres, mais ele cobrirá os olhos e os pés e dirá: "Eu sou aquilo que me tornei. Como uma árvore cresci: a semente estava lá, mas o ar, a terra e todos os elementos que eu mesmo não forneci, tiveram que dar a sua contribuição para formar a semente, o fruto, a árvore."*
>
> J. G. Herder, Vom Erkennen und Empfdinden der menschlichen Seele

> *É tudo uma Árvore: a circulação da seiva e das influências, a comunicação mútua de cada minúscula folha com a garra mais inferior de uma raiz e com cada uma das maiores e das mais diminutas partes do todo.*
>
> Thomas Carlyle, The Hero as Poet

Colocar o todo antes da parte, o vivo e em crescimento antes do fixo e inerte, e usar o primeiro para explicar o último é um procedimento intelectual com uma história longa e complexa. Elementos das especulações tanto de Platão como de Aristóteles penetraram no desenvolvimento gradativo de uma filosofia organicista. O Timeu de Platão propunha a doutrina de que o demiurgo havia difundido uma alma através do corpo do mundo; "a partir disso, utilizando a linguagem da probabilidade, podemos dizer que o mundo tornou-se uma criatura viva".[1] O conceito de uma *anima mundi* é recorrente, com muitas variações, nos filósofos estoicos, em Plotino, em Giordano Bruno e outros pensadores do Renascimento italiano, bem como nos eclesiásticos platonizantes ingleses do século XVII. A hipótese aventada por Newton de um Deus ubíquo, desejando o movimento de todos os corpos físicos "dentro de seu sensório uniforme ilimitado",[2] juntamente com a concepção mais puramente platônica de Shaftesbury, "daquele único UNO" que é "alma original, difusa, vital em tudo, animando o todo",[3] tornou-se lugar-comum na prosa e no verso da físico-teologia do século XVIII; e, assim, contribuiu para manter viva a ideia de que o universo é, de alguma maneira, algo vivo, em vez de uma máquina movida por um mecânico ausente. Por fim, a *anima mundi* foi incorporada à Filosofia-Natureza dos românticos alemães. Nas primeiras e mais incipientes versões do conceito, algumas vezes encontrado na teoria da Renascença, dizia-se que o mundo fora, literalmente, um imenso animal em constituição e funções e até mesmo em seu método de procriação. Quando, na teoria alemã, esse conceito foi refinado e o universo considerado não como, literalmente, um animal, mas semelhante a um animal – e somente na medida em que é descrito com a maior relevância por categorias derivadas de organismos vivos e em crescimento –, o antigo mito cosmológico atingiu o *status* de uma metafísica coerente e de longo alcance.

A esse avanço, Aristóteles, por sua vez, deu sua contribuição com os conceitos de que as coisas naturais são distintas daquelas artificiais no sentido de que elas têm uma fonte interna de movimento, em vez de um agente externo eficiente, e que o vir-a-ser biológico é uma determinação progressiva de uma forma que se abre do interior para o exterior. Essas ideias aristotélicas acabaram por fornecer à teoria organicista noções centrais de gênese e desenvolvimento, mas somente após terem sido retiradas de um contexto filosófico que em muitos aspectos era estranho ao pensamento organicista. Em um aspecto, como Werner Jaeger aponta, o interesse de Aristóteles não estava no processo, mas no resultado final do cresci-

---

1 *Timaeus* 30.
2 Cf. Burtt, *Metaphysical Foundations of Modern Physical Science*, p.259. Newton é cuidadoso, entretanto, ao distinguir seu "Senhor absoluto de tudo" da concepção de uma "alma do mundo" (*Principia*, Livro III, "General Scholium", p.504).
3 *Characteristics*, org. J. M. Robertson, II, p.110-2.

mento. "O que interessa a ele é o fato, não de que alguma coisa está *em processo de vir-a-ser*, mas que *alguma coisa* está em processo de vir a ser; que alguma coisa fixa e normativa está abrindo caminho rumo à existência – a forma."[4] Além disso, ampliar as categorias específicas da biologia para todas as outras área da intelecção, à maneira de um organicismo plenamente desenvolvido, viola o princípio metodológico dominante de Aristóteles de que cada ciência tem seu objeto particular e modo de procedimento.

Nos séculos XVII e XVIII, a explicação "teleológica" de Aristóteles acerca da natureza, com sua ênfase em causas formais e finais inerentes, persistiu na ciência da biologia depois de ter sido banida de investigações do mundo físico. Sua sobrevivência lá preparou o cenário para a descoberta, pelos pensadores alemães do final do século XVIII, de que a natureza e os eventos do universo físico em todas as suas partes, e de seres humanos em todos os seus processos e produções, exibe manifestamente as propriedades que, por uma estranha obtusão, haviam sido até então atribuídas unicamente às coisas vivas e em processo de crescimento. O entusiasmo e a energia com que essa descoberta foi praticada foram uma reação natural às ilimitadas pretensões do ponto de vista mecanicista que teóricos radicais haviam forçado para além dos limites teológicos e outros, estabelecidos tanto por Newton como por Descartes. Como descreveu Goethe reagindo a *System of Nature* [Sistema da natureza], de Holbach, entre os membros de seu círculo em Estrasburgo em 1770:

> Não compreendemos como um livro como esse possa ser perigoso. Pareceu-nos tão sombrio, tão cimeriano, tão cadavérico, que achamos difícil suportar sua presença que, como um espectro, nos fez estremecer...
> Quão vazios nos sentimos nesse melancólico e ateísta lusco-fusco em que a terra desapareceu com todas as suas imagens e o firmamento com todas as suas estrelas. Deveria haver uma matéria eterna em movimento eterno, e com esse movimento, direita e esquerda em todas as direções, sem mais coisa alguma, deveriam ser produzidos os fenômenos infinitos da existência.[5]

Repelido de forma semelhante, Friedrich Schelling, filósofo mais sistemático, construiu uma visão de mundo oposta, baseada no conceito do organicismo. Uma vez tornados públicos, os dois esquemas antagônicos revelam uma curiosa história de infiltração mútua. Já que tanto o mecanicismo quanto o organicismo (implicitamente afirmando que todo o universo é igual a algum outro elemento na-

---

4 *Aristotle*, tradução para o inglês de Richard Robinson (Oxford, 1934), p.384.
5 *Dichtung und Wahrheit*, in *Sämtliche Werke*, XXIV, p.52-4 (Parte III, Livro XI).

quele universo) admitem incluir tudo em seu escopo, nenhum deles pode parar enquanto não tiver absorvido completamente o arquétipo do outro. Como consequência, da mesma forma como o mecanicista radical alegava que os organismos eram máquinas de uma ordem mais alta, também o organicista radical, em seu contra-ataque filosófico, sustentava que coisas e processos físicos são simplesmente formas mais rudimentares de organismo.

O assunto de que trato, não obstante, não é a fascinante história da filosofia geral do organicismo, mas apenas a crescente tendência à visão de uma obra de arte, em seu processo de tornar-se e de ser, conforme é dotada de propriedades orgânicas. Será conveniente ordenar essa exposição em torno de três tópicos inter-relacionados, que emergem repetidas vezes como os elementos centrais no desenvolvimento de uma teoria organicista da arte: os tópicos de "gênio nato", de composição inspirada, e do "dom" literário, ou o movimento espontâneo da criação totalmente além do alcance da intenção, método ou regra deliberado. Tais conceitos eram igualmente incompatíveis com a visão neoclássica fundamental de arte como um artifício calculado para ordenar meios em direção aos seus fins e com o esquema mecânico da criação associativa com a qual essa teoria foi com tanta frequência combinada. Como resultado, eles foram, algumas vezes, ignorados ou refutados por teóricos tradicionais; porém, mais habitualmente, foram aceitos como incontestáveis exceto por fatos um pouco anômalos de composição e relegados à periferia da teoria crítica sob a forma de "mistérios" críticos. Esses mistérios da teoria anterior tornaram-se os próprios fatos mais facilmente compreendidos por uma crítica que equiparou o processo artístico ao crescimento espontâneo de uma planta. A significativa transição histórica do ponto de vista de que a construção de uma obra de arte é uma atividade acima de tudo intencional para o ponto de vista de que o seu vir a ser é, basicamente, um processo espontâneo independente de intenção, preceito ou até mesmo intuição foi o corolário natural de uma estética organicista. Porém, fica aparente, assim que tais aspectos "irracionais" da criação artística se ajustaram satisfatoriamente à nova teoria, uma ordem diferente de fatos que até então eram levados em conta com muita facilidade, e que se tornaram, por sua vez, recalcitrantes a uma explicação.

Gênio natural, inspiração e dom

Podemos iniciar com a distinção de Addison, que ele não inventou, mas aperfeiçoou e popularizou, entre o gênio nato – o "gênio natural" – e aquele que se torna gênio. Gênios naturais, uma classe que compreende Homero, Píndaro, os poetas do Velho Testamento e Shakespeare, são os "prodígios da humanidade, que pela simples força de elementos naturais, e sem qualquer assistência de arte ou do saber, produziram obras que encantaram suas respectivas épocas e fascinaram a posteridade". A segunda classe de gênios, diferente em espécie mais do que em excelência, "são aqueles que se formaram de acordo com normas e submeteram a grandeza de seu talento à disciplina e às limitações da arte"; entre eles estão Platão, Virgílio e Milton. Ao gênio nato, Addison associa outros conceitos que recorrem como *leitmotiven* na tradição crítica que estamos investigando. Esses autores caracterizam-se por "um ardor e uma impetuosidade naturais" e "elevados arroubos de imaginação", produzindo obras de arte "majestosamente selvagens e extravagantes", "sublimes" e "inimitáveis, únicas em seu gênero". Eles estão também sujeitos à inspiração: Píndaro, por exemplo, mostra "aquele impulso divino que levanta a mente acima de si mesma, e torna os sons mais do que humanos". Finalmente, Addison ilustra a diferença entre o gênio nato e o artificial, mostrando a diferença entre as plantas em seu estado natural e aquelas em um jardim planejado:

> [O gênio nato] é como um solo fértil em clima agradável, que produz toda uma selva de plantas nobres erguendo-se em milhares de belas paisagens, sem qualquer ordem determinada ou regularidade. Quanto ao outro, é o mesmo solo fértil sob o mesmo clima agradável, que foi projetado em alamedas e jardins ornamentais e moldado na forma e na beleza pela habilidade do jardineiro.[6]

Por trás da tese de Addison, é claro, estava a velha dúvida: se um poeta nasce poeta ou torna-se poeta; como disse Horácio:

Natura fieret laudabile carmen an arte
Quaesitum est.

E muito antes, a inspiração – seja ela vista como uma forma de insanidade celestial ou mundana – era entendida como sendo o acompanhamento constante ou o equivalente real do *ingenium* de que um poeta é dotado por natureza. "É por isso que", segundo Aristóteles, "a poesia demanda um homem com um dom especial, ou alguém com um toque de demência".[7] Essa conjunção de natureza e inspiração

---

6 *Spectator* n.160. Cf. também *Spectator* n.592.
7 *Poetics* 17. 1455ᵃ. Horácio atribuiu a Demócrito a associação (escarnecida por Horácio) entre a habilidade poética inata e a demência (*Ars Poetica* p.295-7. Cf. também Cícero, *Pro Archia* 18). William Ringler detalha a história dessas ideias em "Poeta Nascitur Non Fit", *Journal of the History of Ideas*, II (1941), p.497-504.

tornou-se lugar-comum no Renascimento. O argumento de "Outubro", em *Shepeards Calender* [Calendário de camponeses], de Spenser, é típico: Poesia "não é arte, mas um dom divino e um instinto celestial que não se obtém por lavor e conhecimento, mas é adornada com ambos, que são vertidos na inteligência por um certo *enthousiasmos* e por inspiração celestial".[8] Na versão de Addison, "gênio" passou a significar o poeta completo, bem como o poder poético nato, enquanto o dom inato é considerado não apenas como necessário, mas (em alguns poucos casos) como condição suficiente para a realização da poesia do mais alto nível.

Os Prefácios de Pope à edição de Shakespeare, que ele organizou, e à sua tradução da *Ilíada*, de Homero, têm muitos pontos em comum com *Spectator* 160, de Addison, e provaram ter quase igual influência na teoria posterior. Shakespeare é o poeta supremo da natureza e da inspiração, e também (porque independente de modelos prévios) um original absoluto.

> Se algum autor já mereceu o título de *Original*, esse autor foi Shakespeare. Nem o próprio Homero extraiu sua arte tão diretamente das fontes da Natureza; ela... surgiu para ele não sem algum traço do saber, ou algum esquema de modelos daqueles que vieram antes dele. A poesia de Shakespeare era inspiração de fato: ele não é tanto um Imitador quanto um Instrumento da Natureza; e não é tão justo dizer que ele fala a partir dela, quanto que ela fala por intermédio dele.

A essas ideias Pope junta a de "beatitude", que à sua época, como veremos a seguir, era quase um termo técnico da crítica: em seus "sentimentos", Shakespeare frequentemente mostra "um talento muito peculiar, alguma coisa entre percepção e beatitude". Pope conclui comparando a diferença entre dramas shakespearianos e "dramas mais acabados e regulares" e aquela entre "uma antiga e majestosa peça de arquitetura gótica" e "uma despretensiosa edificação moderna".[9] No entanto, no Prefácio que havia feito à *Ilíada* anteriormente, ele ecoara e expandira o paralelo de Addison entre o gênio nato e uma paisagem natural. A "criação" que caracteriza todos os grandes gênios é equiparável à natureza e, como em jardins mais comuns, a Arte "só pode reduzir as maravilhas da Natureza a uma maior regularidade"; a *Ilíada* é comparada a "um paraíso selvagem" e também a um único item dentro de um jardim – uma árvore em crescimento.

---

8 Cf., p. ex., Thomas Lodge, *Elizabethan Critical Essays*, org. G. G. Smith, I, p.71-2. William Temple discute a relação entre inspiração e gênio nato, e em seguida contrasta Homero e Virgílio como tipos diferentes de "gênio", antecipando a teoria de Addison ("Of Poetry", *Critical Essays of the Seventeenth Century*, org. Spingarn, III, p.80-3).

9 Prefácio a *Works of Shakespeare*, in *The Works of Alexander Pope* (Londres, 1778), III, p.270-2, 285.

Uma obra dessa espécie parece uma árvore potente que surge da semente mais vigorosa, desenvolve-se com esforço, floresce e produz o melhor dos frutos...[10]

As várias ideias associadas ao gênio nato apresentaram vários problemas para os críticos do século XVIII, os quais necessitam nossas considerações:

(1) *Inspiração poética*. Inspiração (ou, em sua forma grega, "entusiasmo") é a mais antiga, mais disseminada e mais persistente explicação da criação poética. Se compararmos as várias formas em que o conceito foi apresentado no decorrer dos séculos, encontraremos uma área recorrente de consonância em meio a diferenças. O ponto com o qual poetas e apologistas de poesia concordam amplamente está na descrição que fazem dos fatos de uma experiência extraordinária a que pelo menos alguns poetas são suscetíveis enquanto compõem; o ponto onde eles divergem está na teoria que apresentam para explicar esses fatos.

Considera-se que a experiência da inspiração poética difere na idealização normal de possuir alguma ou todas essas quatro características: (a) a composição é súbita, fácil e imprevisível. O poema ou a passagem emerge e se completa de uma só vez, sem a intenção prévia do poeta e sem aquele processo que envolve consideração, rejeição e seleção de alternativas e que normalmente se interpõe entre a intenção e a realização; (b) a composição é involuntária e automática; ela vem e vai por sua própria vontade, independentemente da vontade do poeta; (c) no decorrer da composição, o poeta sente uma intensa agitação, em geral descrita como um estado de júbilo e êxtase, mas que, de vez em quando, pode ser torturante e doloroso em sua fase inicial, embora seguido de uma sensação de alívio abençoado e de quietude; (d) a obra acabada é tão pouco familiar e surpreendente ao poeta que parece ter sido escrita por outra pessoa.

A primeira e mais inflexível teoria apresentada para explicar esses fenômenos atribuía o poema a uma ordem proveniente de um visitante sobrenatural. Todos os bons poetas, dizia Sócrates a Íon, o rapsodo, em um diálogo cuja ironia penetrante escapou a muitos leitores posteriores, "compõem seus belos poemas não por arte, mas porque estão inspirados e possuídos". "Quem fala é o próprio Deus que... através deles se dirige a nós."[11] Os cantores hebraicos afirmavam que ardiam para comunicar a palavra de Deus: "Eu ficava em silêncio, até mesmo quando tinha palavras apropriadas... E enquanto eu assim meditava, o fogo ardia e finalmente eu falava com minha própria língua". A tradição posterior incorporou a doutrina

---

10 Prefácio a Ilíada, in ibid., III, p.244-5, 260.
11 *Ion* 533-4. Sobre a história dessa concepção, cf. Alice Sperduti, "The Divine *Nature of Poetry in Antiquity*", *Transactions and Proceedings of the American Philological Association*, LXXXI (1950), p.209-40.

pagã da inspiração aos "mistérios" da fé cristã; e na Renascença, quando a atribuição de poemas seculares a Apolo e às musas havia se tornado sobretudo uma ficção manifesta do sonetista, a tradição da Sagrada Escritura continuou mais vital.[12] Vale mencionar o poema "Not Every Day Fit for Verse" [Nem todo dia é apropriado para poesia], de Robert Herrick, porque ele resume de forma absolutamente clara os fatos alegados para a composição inspirada:

'Tis not ev'ry day, that I
Fitted am to prophesie:
No, but when the Spirit fils
The fantastick Pannicles:
Full of fier; then I write
As the Godhead doth indite.

Thus enrag'd, my lines are hurl'd
Like the Sybell's, through the world,
Look how next the holy fier
Either slakes, or doth retire;
So the Fancie cooles, till when
That brave Spirit comes agen.

[Nem todo dia posso mostrar
Disposição para vaticinar:
Porém, quando a Alma reclama
As fantásticas Panículas em chama,
Então, ardente, minha escrita preparo
Que a Divindade a mim impõe, fique claro.

Então impetuosos, os meus versos,
Como os de Sybell, se projetam no universo,
Veja como em seguida a sagrada chama
Se extingue ou se retira – não mais se inflama;
Então, a Fantasia se acalma, e espera
A Alma valente voltar a rugir como fera.]

---

12 Para outros exemplos, cf. C. D. Baker, "Certain Religious Elements in the English Doctrine of the Inspired Poet during the Renaissance", *ELM*, VI (1939), p.300-23; e Leah Jonas, *The Divine Science* (Nova York, 1940), p.166-71. George Wither (citado por Miss Jonas, p.108), disse que não sabia o que devia escrever "até que, como você, li tudo até o fim... Como se nenhum daqueles textos fosse meu".

A teoria de um impulso criativo sobrenatural, como se perceberá, satisfaz a todos os requisitos de uma boa hipótese; ela é simples, inteligível e abrange todos os fatos. O fato de o poema ser ditado ao poeta por um visitante externo explica sua espontaneidade, sua não intencionalidade e não familiaridade; o fato de o visitante ser divino explica o êxtase decorrente. Porém, hipóteses animistas que atribuíam fenômenos mentais à vontade de um ser sobrenatural saíram de voga no final do século XVII. Qualquer recurso ao "entusiasmo" naquele período era perigoso, pois sugeria o argumento dos desregrados fanáticos religiosos de que tinham acesso privado a Deus. Além disso, a teoria sensacionalista da mente, com sua dependência dos movimentos mecânicos e combinações de imagens conscientes, semelhantes a espelho, não garantia nenhum lugar para os fatos misteriosos nem para a teoria sobrenatural da inspiração. Thomas Hobbes aplaudiu o ataque de Davenant à pretensão de que o poeta é inspirado, e perguntava-se por que um homem "capacitado a falar sabiamente com base nos princípios da natureza e de sua própria meditação prefere que se pense que ele fala por inspiração, como uma gaita de foles".[13] O mais importante, a noção de que alguma poesia é espontânea, estava em desarmonia com a tradição horaciana de que poesia, embora requeira talento natural, é, na prática, uma arte árdua e formal. Em 1576, Castelvetro afirmara com insistência que a noção de êxtase divino havia se originado na ignorância da arte da poesia, e havia sido fomentada pela vanglória de poetas; para escrever um poema de real valor, o poeta precisa trabalhar deliberadamente, precisa "*sapere il perchè*".[14] No século XVIII, o ponto de vista horaciano fora reforçado pelo racionalismo dos neoclássicos franceses e havia em grande parte perdido o colorido platônico do qual fora investido por críticos renascentistas. Johnson era cético em relação tanto à ideia de Gray, de que ele não conseguia escrever senão "em momentos de felicidade", quanto às observações de Richardson acerca de Milton, cuja faculdade poética dependia, segundo ele, de "um *impetus* ou *oestrum*".[15] De acordo com Reynolds, somente aqueles que jamais olham além do produto acabado, para o "longo lavor e aplicação de um número infinito e uma variedade infinita de atos" que entraram na sua composição, concluirão que uma arte pode ser realizada "apenas por aqueles a quem é conferido algum dom da natureza da inspiração".[16]

---

13 Resposta a Davenant, *Critical Essays of the Seventeenth Century*, II, p.59; cf. ibid., p.25.
14 H. B. Charlton, *Castelvetro's Theory of Poetry* (Manchester, 1913), p.22.
15 "Life of Gray", *Lives of the Poets* (org. Hill), XIX, p.433; "Life of Milton", ibid., I, p.138.
16 Sexto Discurso, *Works*, I, p.382. Henry Pemberton, após definir invenção como o poder de evocar e reunir "as imagens e concepções que podem ser úteis para um propósito em questão", nega a "ficção" como inspiração divina (*Observations on Poetry*, 1738, p.47-9).

Muitos poetas do século XVIII, todavia, continuaram a insistir na ideia da inspiração em dísticos refinados e apelaram por assistência divina em invocações que pouco mais eram do que fórmulas puras de "Salve, Musa! et cetera" com que Byron abre um canto de *Don Juan*. E, na maior parte, mesmo os teóricos mais rígidos admitiam a existência da inspiração, mas à sua maneira estimulante e pragmática insistiam em que ela estava sujeita ao controle do juízo crítico, das maneiras e das regras. "Embora o Discurso dele", dissera Rapin, "deva, de alguma forma, se assemelhar àquele de alguém inspirado, ainda assim sua mente precisa estar sempre serena, para que ele possa discernir quando *deixar sua Musa enlouquecida*, e quando controlar seus momentos de êxtase".[17] Aceitando os fatos da composição inspirada, alguns críticos, para explicar seu surgimento, substituíram uma hipótese sobrenatural por uma hipótese natural. A discussão de Alexander Gerard é especialmente interessante porque ela se propõe a fornecer uma explicação psicológica criteriosa do entusiasmo – "um assistente muito comum, se não inseparável do gênio" – sem violar a hipótese da teoria associacionista da mente.

> Quando uma trilha engenhosa de pensamento se apresenta, mesmo que casualmente, ao gênio verdadeiro, por mais ocupado que esteja com alguma outra coisa, a imaginação alça voo com ele com grande rapidez; e com essa rapidez, seu ardor torna-se mais intenso. A velocidade de seu movimento deixa-o em chamas, como a roda de uma carruagem que irradia fogo pela rapidez do seu girar... Seus movimentos tornam-se ainda mais impetuosos, até que a mente seja arrebatada pelo assunto e se entusiasme ao ponto do êxtase. Dessa maneira, a chama do gênio como um impulso divino ergue a mente acima de si mesma e, pela influência natural da imaginação, ativa-a como se ela estivesse inspirada de forma sobrenatural... Ao elevar e avivar a fantasia [ardor entusiástico], concede vigor e atividade ao seu poder associativo, permite que ele prossiga com entusiasmo na busca das ideias necessárias...[18]

Aqui se encontram os fatos tradicionais da inspiração; porém, agora explicados em termos exclusivamente mecânicos de espaço, tempo e movimento: a mais do que comum velocidade do movimento de ideias associadas explica a subita-

---

17 *Reflections on Aristotle's Treatise*, trad. para o inglês de Rymer, p.6.
18 *Essay on Genius* (1774), p.67-9. Longino havia, logo no início, reduzido o mito à psicologia quando afirmou que a paixão genuína "irrompe num violento arroubo de entusiasmo intenso e, por assim dizer, preenche de furor a fala do orador" (*On the Sublime*, VIII. 4, p.59). Expandindo o pensamento de Longino, John Dennis definiu o entusiasmo poético como paixões "cuja causa não é por nós compreendida", pois elas se "originam de Pensamentos que, de forma latente e não observada por nós, carregam com eles a Paixão" (*Advancement and Reformation of Poetry*, in *Critical Works*, I, p.217).

neidade e aparente espontaneidade da composição, enquanto o fenômeno mecânico da fricção serve, de maneira muito oportuna, para explicar sua intensidade e seu arrebatamento.

Para estabelecer um contraste, podemos lançar um olhar cinquenta anos à frente, para a discussão que Shelley faz dos mesmos fenômenos literários. *Four Ages of Poetry*, de Peacock, caiu nas mãos de Shelley enquanto ele lia *Íon*, de Platão. Ele havia anteriormente recomendado ao próprio Peacock a discussão acerca do delírio poético em *Fedro* como antídoto aos "falsos e tacanhos sistemas de crítica que todo empírico poético extravasa" em nosso tempo.[19] Em seu "Uma defesa da poesia", Shelley insiste em que a composição poética válida é incontrolável, automática e inefavelmente jubilosa. "Um homem não pode dizer 'Irei compor um poema'." É "um erro afirmar que os melhores excertos de poesia são produzidos com muito esforço e consideração"; quando eles surgem, as manifestações evanescentes são "enobrecedoras e fascinantes, muito além do que as palavras podem expressar". Shelley ecoa a antiga teoria relativa "às manifestações da divindade no homem" e, como neoplatônicos anteriores, sugere também que a inspiração poética pode ser identificada na contemplação extática das Formas eternas. Mas, então, como é seu hábito, ele, profeticamente, sinaliza com uma terceira hipótese, agora naturalista, segundo a qual a inspiração é um fenômeno empírico da própria mente:

> Pois a mente em processo de criação é como um carvão que está se apagando, e que alguma influência invisível, como um vento intermitente, desperta para um lumiar transitório; essa força surge do interior, como a cor de uma flor que esmaece e muda conforme ela se desenvolveu, e as porções conscientes de nossas naturezas não profetizam nem quando essa força chega, nem quando ela se vai.

E ele prossegue introduzindo um paralelo entre o processo inventivo e o crescimento embriônico.

> Uma estátua grandiosa ou um quadro notável cresce sob o poder do artista da mesma forma como uma criança se desenvolve no útero materno; e a própria mente que guia as mãos na formação é incapaz de explicar a si mesma a origem, as gradações ou os modos do processo.[20]

Embora comece com os fatos platônicos, Shelley termina com uma teoria que não se encontra em Platão. Um poema ou um quadro inspirado é súbito, descomplicado e completo, não porque seja um dom de fora, mas porque cresce a partir de si mesmo, dentro de uma região da mente que é inacessível tanto à consciência

---

19 *Shelley's Literary and Philosophical Criticism*, p.164, 213.
20 "Defence of Poetry", ibid., p.153-5.

como ao controle. O "nascimento e recorrência" da poesia, diz ele novamente, "não têm a conexão necessária com a consciência ou a vontade". E, conforme ele reformula o assunto em uma carta escrita naquele mesmo ano:

> O poeta e o homem são duas naturezas diferentes; embora existam juntos, eles podem não ter consciência um do outro, e ser incapazes de decidir acerca do poder e dos esforços de cada um por qualquer ato reflexo.[21]

O conceito de compartimentação entre a mente criativa e a mente consciente e a descrição da criação inspirada em termos de gestação e crescimento não são incomuns na geração de Shelley, mas estão distantes das interpretações anteriores de inspiração tanto como uma ordem espectral quanto como uma questão de celeridade e calor psíquico. Para detectar o surgimento dessas ideias durante o século precedente, precisamos considerar certas especulações conduzidas em um espírito radical, fora da fonte principal da crítica horaciana e da psicologia associacionista.

(2) *Dom poético*. A crítica neoclássica abriu espaço para outro atributo da invenção, o "dom", que está não somente além do âmbito da arte, como a inspiração, mas até mesmo além da compreensão crítica. O conceito, sob vários termos, fora previsto na antiguidade, e no renascimento italiano *"la grazia"* foi amplamente utilizado para conotar uma qualidade, difícil de ser descrita, que é um dom gratuito da natureza ou dos céus, advindo daí o fato de ser alcançada casualmente, se tanto, e nunca por esforço ou regra.[22] Um termo alternativo para tal qualidade era "beatitude", que Bacon, por exemplo, atribuiu à música e, por extensão, à pintura. "Não que eu não pense que um pintor possa tornar um rosto melhor do que ele jamais tenha sido; mas tal coisa deve ser feita por meio de algo como uma beatitude (como um músico que cria uma melodia suprema), e não por meio de uma regra."[23] Em 1660, em tributo "Ao Honrado Amigo *Sir* Robert Howard, por seus Excelentes Poemas", Dryden elaborou uma lógica poética ao redor desse conceito. A "doçura natural" dos versos de Howard supera sua "arte" e equipara-se às "notas selvagens" – não informadas pela arte – de pássaros libertos. Neles, não há "qualquer sinal de trabalho árduo"; portanto, ou "vossa arte esconde arte",

---

21 Ibid., p.157, e carta a Gisborne, 19 jul. 1821, *Complete Works of Percy Bysshe Shelley*, org. Ingpen e Peck (Londres, 1926), X, 287.

22 Em "A Grace Beyond the Reach of Art", *Journal of the History of Ideas*, V (1944), p.131-50, S. H. Monk investiga o conceito de uma qualidade estética indefinível na Renascença e nas teorias grega e romana de retórica e pintura. Para a prevalência do *je ne sais quoi* na crítica francesa, cf. E. B. O. Borgerhoff, *The Freedom of French Classicism* (Princeton, 1950), especialmente cap. V.

23 "Of Beauty", *Essays*, in *The Works of Lord Bacon* (Nova York, 1864), XII, p.226.

Or 't is some happiness that still pursues
Each act and motion of your graceful Muse.
Or is it fortune's work...?

[Ou é alguma ventura que busca, ditosa,
Cada ato ou cada gesto de sua Musa graciosa.
Ou seria ela mera obra do acaso...?]

Ao atributo do dom foi logo anexada a expressão "não sei o quê", que fora corrente na Espanha e Itália, e posteriormente na França, antes de ser adotada na Inglaterra. Essa qualidade, apontou Bourhous (em um diálogo intitulado "Le je ne sais quoi") é encontrada tanto em objetos naturais como em obras de arte, e é indefinível e imprevisível. "Sa nature est d'être incompréhensible et inexplicable" [sua natureza é ser incompreensível e inexplicável]; é um "mistério", um encantamento em objetos sensíveis "que toca o coração", e que se conhece somente pelos efeitos que produz. "Dom", "beatitude", "mistério" – nessa época, a alteração de ideias estéticas por outras religiosas é inequívoca. O padre Bouhours até se aventura de maneira explícita a equiparar dom estético com a dádiva gratuita da misericórdia, pois o que é dom no sentido da última "senão um *je ne sais quois* sobrenatural que ninguém consegue explicar nem compreender?"[24] Alguns anos mais tarde o conceito recebeu mais sanção ainda por um pai fundador da doutrina neoclássica, René Rapin. Na tradução de *Reflections on Aristotle's Treatise of Poesie* [Reflexões sobre o Tratado de poesia, de Aristóteles], de Rapin, que foi feita por Rymer, encontramos ênfase no caráter enigmático do dom juntamente com uma lista de termos alternativos para essa qualidade que imediatamente passou a ser regularmente usada:

> Não obstante, há, na *Poesia* como em outras *Artes*, certas *coisas* que *não podem ser exprimidas*, que são (por assim dizer) *Mistérios*. Não há Preceitos que ensinem as Graças... veladas, os Encantamentos indistinguíveis, e todo aquele *poder secreto* da *Poesia* que atinge o *Coração*, como não há qualquer *método* que ensine a *agradar*; é puro efeito da *Natureza*.[25]

Também em 1674, Boileau publicou sua prestigiosa tradução de Longino, e logo depois, a doutrina do *je ne sais quoi* fundiu-se ao "êxtase" de Longino e à sua

---

24 *Entretiens d'Ariste et d'Eugène* (1671), org. René Radouant (Paris, 1920), p.196, 199, 201, 209-12; e p.202: essa propriedade é como o próprio Deus, no sentido de que "não há nada mais conhecido no mundo, nem mais obscuro".
25 (Londres, 1694), p.61.

elevação da grandiosidade irregular acima da mediocridade imaculada; e todas essas qualidades reunidas foram atribuídas principalmente aos escritos de um "gênio".[26]

O *locus classicus* em que Pope discute o *je ne sais quoi* em seu *Essay on Criticism* [Ensaio sobre a crítica] é uma versão concisa do que havia ocorrido antes. "Habilidade genuína na escrita", diz Pope, "vem da arte, não do acaso"; não obstante, há um território para a composição que é deixado fora da jurisdição da arte e das normas.

> Some beauties yet no precepts can declare,
> For there's happiness as well as care.
> Music resembles Poetry, in each
> Are nameless graces which no methods teach,
> And which a master-hand alone can reach.

> [Certas belezas não declaram lemas,
> Pois felicidade e desvelo são seus temas.
> Música é como Poesia – ambas, de fato, contêm
> Encantos não declarados, ensinados por ninguém,
> Somente à mão de um mestre é que elas convêm]

Essas maravilhas são uma questão de "licença afortunada" e Pégaso pode

> From vulgar bounds with brave disorder part,
> And snatch a grace beyond the reach of art,
> Which without passing through the judgment, gains
> The heart, and all its end at once attains ...
> Great wits sometimes may gloriously offend,
> And rise to faults true Critics dare not mend.

> [De fronteiras conhecidas, em tumulto partir,
> E aprisionar uma graça que a arte não pode definir.
> Sem receber julgamento, ela até o coração avança
> E o propósito final, de imediato, alcança...
> Grandes talentos, às vezes, em sua glória, insultam,
> Perpetram falhas que Críticos verdadeiros retocar não buscam.][27]

---

26 Cf., p. ex., John Dennis, Remarks on "Prince Arthur", in *Critical Works*, I, p.46.
27 II, i. p.362; I, ii. P.141-60. Cf. também Davenant, Prefácio a Gondibert (1650), *Critical Essays of the Seventeenth Century*, II, p.20.

E, posteriormente, mesmo um pensamento tão racionalista como o de Johnson deixou espaço para a ocorrência, na poesia, de "elegâncias indescritíveis e inexplicáveis que agradam plenamente à fantasia, com a qual nos deleitamos, mas não sabemos como são produzidas, as quais podem muito bem ser chamadas de feiticeiras da alma".[28]

Dentro da arguta província do neoclassicismo, portanto, uma área foi estabelecida para conceder abrigo a certos produtos espontâneos e misteriosos de "natureza" pura. O *je ne sais quoi* em uma obra de arte, reconhecido apenas por intuições de sensibilidade, não pode ser explicado em termos de suas causas, nem pode ser precisamente definido e nem mesmo identificado, exceto por uma locução que é expressão de nossa ignorância. Muitas vezes surge a insinuação de que essas licenças afortunadas têm uma maneira de ocorrer apenas a poetas capazes de planejar bem; mas quando elas, com sorte, ocorrem sem ele saber como, elas o autorizam não somente a ultrapassar as regras existentes, como também a "ofender", ou quebrar essas regras para produzir uma poesia mais sublime do que as regras podem abarcar. A inspiração poética, como já vimos, não mais era atribuída solenemente à Divindade; mas em seu comentário crítico a respeito da descrição que Pope faz do "dom além do alcance da arte", o bispo Warburton, da mesma maneira como fez o padre Bohours, realçou a afinidade entre esses mistérios poéticos e os mistérios suprarracionais e contrarracionais da fé cristã. Pope, afirma ele, aponta para maravilhas que as regras não nos permitem "executar nem apreciar".

> Sendo inteiramente um dom celestial, a arte e a razão não têm qualquer outra participação que não seja a de regular suas operações. Essas sublimidades da poesia (como os mistérios da religião, alguns dos quais estão acima da razão, e alguns contrários a ela) podem ser divididas em duas espécies: as que estão acima das regras e as que são opostas a elas.[29]

Nesse caso, como em muitos outros que este livro discute, os conceitos teológicos foram introduzidos na crítica com um efeito radical. As observações de Warburton sugerem que, na crítica, como na religião, a fé assume o comando quando a razão atinge seu limite, e que, com relação a certas perfeições poéticas, não temos alternativa a não ser a aceitação plena, acreditando naquilo que não podemos provar.

---

28 *Rambler* n.92; cf. "Life of Pope", *Lives of the Poets* (org. Hill), III, p.259; e "Life of Denham", *Lives of the Poets*, I, p.79.
29 Reeditado em *The Works of Alexander Pope*, org. Elwin e Courthope (Londres, 1871), II, p.90.

(3) *Gênio nato*. Como o conceito mais abrangente, o gênio nato envolvia essas questões e também levantava outras. Um poeta dessa ordem, na expressão de Addison, compõe "pelo mero poder de partes naturais", sem precedentes tanto em exemplos concretos como em preceitos e regras codificados. Ainda assim – todos os teóricos concordavam –, é dos produtos de um gênio como esse que os críticos abstraem as regras que aplicam à prática de poetas posteriores. Conforme Pope descreveu a maneira como a "Grécia erudita" estabeleceu suas regras (*Essay on Criticism*, I, p.98-9):

Just precepts thus from great examples giv'n,
She drew from them what they deriv'd from Heav'n.

[Justos preceitos assim extraídos dos maiores exemplos,
Deles ela retirou o que eles extraíram de celestiais templos.]

Por qual processo da mente, entretanto, um gênio nato anuiu às regras sem ter consciência delas? A "invenção" de gênios que, como Homero e Shakespeare – supunha-se –, escreviam em total ausência ou desconhecimento de modelos prévios, também propunha de forma intensa o problema correlato que, como vimos no capítulo anterior, confrontou críticos na formulação da psicologia do gênio "original" em todas as épocas, e em todos os níveis. O problema é: como explicar a origem mental do "projeto" de uma obra literária da qual não existe nenhum protótipo, seja na natureza, seja na arte?

James Harris propõe a questão ao considerar o caso de autores dos quais se pode dizer que "se destacaram, não pela Arte, mas por Natureza; ainda assim, por uma Natureza que deu origem à perfeição da Arte".

> Se esses grandes escritores eram tão notáveis antes que as Regras fossem estabelecidas, ou, pelo menos, não fossem do conhecimento deles, o que lhes guiava o Gênio, quando as Regras (pelo menos para eles) não existiam?

Para críticos que, como Harris, eram suficientemente imbuídos de Platonismo para entreter a possibilidade de as ideias estarem gravadas na mente desde o nascimento, a solução era simples. "Regras existiram desde sempre." "Não podemos admitir que Gênios, embora anteriores aos Sistemas, fossem também anteriores a Regras, porque as Regras, desde o início, existiram em suas próprias Mentes e eram parte daquela Verdade imutável, eterna e ubíqua."[30] Outros críticos,

---

30 *Philological Inquiries* (1780-81), in *Works* (Londres, 1803), IV, p.228-9, 234-5.

cuja ênfase recaía no elemento inventivo da poesia, minimizavam de outras formas a diferença em procedimento para se atingir o padrão de excelência, fosse por originalidade, fosse por imitação, ou fosse antes ou depois da disponibilidade de regras. Assim, Joshua Reynolds, que considerou a questão com alguma minúcia em seu Sexto Discurso, lembrou que gênio é aquele que, enquanto transcende "qualquer regra conhecida e promulgada", ainda opera de acordo com regras mais sutis e tácitas "por uma espécie de senso científico".

> Não pode ser por acaso que criações sublimes são produzidas com qualquer constância ou qualquer certeza, pois essa não é a natureza do acaso; mas as regras pelas quais... os chamados homens de Gênio trabalham, são ou aquelas que eles descobrem por meio de suas próprias e peculiares observações, ou aquelas outras regras, de uma textura tão delicada que não se prestam facilmente a serem exprimidas em palavras.[31]

Críticos com inclinação diversa, entretanto, diferenciavam com acuidade entre o poeta por arte e o poeta por natureza, e buscaram conceitos que pudessem liberar a última categoria inteiramente da dependência de modelos ou de adaptação racional dos meios aos fins. Shakespeare, Pope afirmara, é "um Instrumento da Natureza, e não é mais justo dizer que ele fala a partir dela do que dizer que ela fala por meio dele"; a observação sugere que o poeta pode ser um veículo de forças produtivas fora de sua responsabilidade ou controle, e sugere também o problema de como explicar a operação daquela "natureza" na produção de obras-primas poéticas. Na época em que o próprio Pope viveu, encontramos alguma propensão por identificar o elemento da natureza no gênio nato com aquelas atividades instintivas dos animais que, por se desenvolverem inteiramente a partir de disposições herdadas, são exemplos de comportamento inculto *par excellence*. Muito tempo antes, Milton havia equiparado a criação de Shakespeare (que foi e continuou a ser o principal poeta em torno do qual esses conceitos se desenvolveram) ao cantar instintivo de um pássaro, quando ele descreveu L'Allegro apresentando-se no palco para ouvir

> sweetest Shakespear fancies childe
> Warble his native wood-notes wilde –
>
> [o doce Shakespeare, filho da fantasia,
> Suas silvestres notas gorjear]

---

31 *Works*, I, p.385-7.

uma passagem que mais tarde motivou a pergunta retórica de Joseph Warton em *The Enthusiast*:

What are the lays of artful Addison,
Coldly correct, to Shakespeare's warblings wild?

[Que rimas tem o engenhoso Addison,
Frio e exato, para os gorjeios silvestres de Shakespeare?]

E em 1690, *Sir* William Temple empregou a analogia da "arte" totalmente instintiva das abelhas para ilustrar a essência natural, gratuita, espontânea – o "Dom" – na composição poética.

> A Verdade é que há alguma coisa Libertária demais no *Gênio* para ele se confinar a tantas Regras; e quem quer que pretenda sujeitá-lo a tais Restrições perde tanto seu Espírito quanto seu Dom, que são sempre Inatos, e nunca aprendidos, mesmo que dos melhores mestres... [Poetas] precisam desenvolver gradativamente suas Células com Arte Admirável e, com Labor infinito, extrair delas o mel, separando-o da Cera com tanto Discernimento e Juízo que cabe somente a eles, e a mais ninguém, realizar ou julgar.[32]

Por volta de 1732, Fontenelle, embora admitisse a necessidade de "talento natural" e "entusiasmo" em poesia, contanto que eles continuem sob o controle de uma mente fiscalizadora, achou necessário condenar a tendência a reduzir toda a capacidade poética ao automatismo do instinto cego.

> Como? Aquilo que é mais valioso dentro de nós é aquilo que depende menos de nós... e está na maior consonância com o instinto dos animais? Porque esse entusiasmo e esse *furore*, adequadamente compreendidos, se reduzem a verdadeiros instintos. As abelhas fazem um trabalho, é verdade, absolutamente notável no sentido de que elas o fazem sem reflexão e sem conhecimento.[33]

Entretanto, para explicar as operações da natureza na mente do gênio, outros teóricos passaram da analogia com os instintos de pássaros e insetos para a analogia com o crescimento de um vegetal – uma forma de vida ainda mais inferior, mas, como acabou acontecendo, infinitamente mais fértil em conceitos para a teoria da criatividade artística.

---

32 "Of Poetry", *Critical Essays of the Seventeenth Century*, III, p.83-4.
33 *Oeuvres* (Paris, 1790), I, p.157.

Gênio natural e crescimento natural na Inglaterra do século XVIII

Como apontou A. O. Lovejoy, o termo "natureza", empregado em oposição a "arte", possuía duas áreas principais de aplicação. Com relação à mente do homem, "natureza" designava aquelas qualidades inatas "que são muito espontâneas, não premeditadas, não afetadas por reflexão ou propósito, e livres das amarras das convenções sociais". Com relação ao mundo exterior, designava aquelas partes do universo que vêm a existir independentemente de esforço e inventividade humanos.[34] O elemento da natureza no gênio nato, é claro, foi entendido de acordo com a primeira dessas aplicações; mas era fácil, nessas discussões, efetuar a transição da natureza humana para a natureza exterior e comparar os produtos naturais da mente com os produtos do mundo vegetal. Addison e Pope, devemo-nos lembrar, utilizaram o contraste entre "uma selva de plantas nobres" e um jardim moldado "pela habilidade do jardineiro" para ilustrar a diferença entre as espécies de gênio nato e gênio artístico.[35] Gênio, também dizia o abade de Bos, "é, portanto, uma planta que cresce, por assim dizer, de si mesma; mas a qualidade e a quantidade de seu fruto dependem em grande medida da cultura que ela recebe".[36]

Um documento de importância fundamental no desenvolvimento do conceito vegetal de gênio é *Conjectures on Original Composition*, de Young, publicado em 1759. Os atributos de "gênio nato" descritos nesse ensaio desenvolvem-se, na sua maior parte, de elementos já presentes no ensaio de Addison; a principal inovação está no desprezo – e quase total repúdio – que Young mostra pela base retórica tradicional da arte, que enfatiza a análise, o exemplo, o preceito e a manipulação inteligente de meios em direção a um fim. Por essa razão, para Addison, a classe de gênios artísticos, companheiros dos gênios da natureza, sobrevive apenas na referência desdenhosa de Young ao "gênio acriançado... que, como outras crianças, precisa de cuidados, de educação; caso contrário, não chegará a lugar algum". Um gênio adulto, como Shakespeare, pelo contrário, "surge das mãos da Nature-

---

34 "On the Discrimination of Romanticisms", *Essays in the History of Ideas*, p.238.
35 Cf. também *Spectator* n.414. Esse paralelo foi fortemente estabelecido no século XVIII; Johnson, p. ex., chamava de floresta a composição de Shakespeare, e de jardim a de um "escritor correto e regular" ("Preface to Shakespeare", *Johnson on Shakespeare*, p.34).
36 *Critical Reflections on Poetry Painting and Music* (1719), trad. para o inglês de Thomas Nugent (Londres, 1748), II, 32. O recurso à vida vegetal para ilustrar os processos do gênio foram aceitos sem oposição. Em seu *Remarks on the Beauties of Poetry* (Londres, 1762), p.36, Daniel Webb menciona a descrição que Pope fez de Shakespeare como "um instrumento da natureza" e comenta: "Essas distinções são sutis demais para mim. Nunca serei levado a considerar as belezas de um Poeta sob a mesma luz com que vejo as cores de uma Tulipa".

za... plenamente desenvolvido e maduro", aparentemente dotado desde o nascimento não apenas dos requisitos mentais necessários mas também de conhecimento suficiente. "A aprendizagem é conhecimento tomado de empréstimo; gênio é conhecimento inato, algo muito pessoal." Young confere ao gênio a característica convencional da inspiração – "o gênio sempre foi visto como alguém que compartilha algo divino. *Nemo unquam vir magnus fuit, sine aliquo afflatu divino*" – bem como o poder de efetuar "graças naturais, espontâneas, que permanecem fora do domínio das autoridades do saber e das leis... Há algo na poesia que extrapola a razão da prosa; nela há mistérios que não devem ser explicados, mas admirados".[37]

Um aspecto notável do ensaio de Young é a forma persistente, mesmo que assistemática, como ele faz alusões à arquitetura invisível da criação original, com metáforas relativas ao crescimento de vegetais. A mente do gênio "é um campo fértil e agradável" do qual os "*Originais* são as mais belas flores". "Nada *Original* pode surgir, nada imortal pode maturar, em nenhum outro sol" senão naquele "de nosso próprio gênio". "A evocação dos frutos de um vegetal depende da chuva, do ar e do sol; a evocação dos frutos do gênio não é menos dependente de circunstâncias externas." Esta concisa antítese é surpreendente:

> Pode-se dizer que um *Original* tem uma natureza *vegetal*; ele surge espontaneamente da raiz vital do gênio; ele *se desenvolve*, não é *fabricado*. As *imitações* são, com frequência, uma espécie de produto *manufaturado* por esses *mecânicos – arte* e *labor –* a partir de materiais preexistentes que não fazem parte de sua natureza.[38]

O excerto quase poderia servir de sumário da distinção básica que Coleridge fez, meio século mais tarde, entre o fazer mecânico e o crescimento orgânico, entre o reordenamento de certos materiais por artífices como Beaumont e Fletcher, e a emergência vital de uma forma original nas peças de Shakespeare. Uma diferença importante, sem dúvida, é que para Coleridge (em oposição específica à psicologia do associacionismo bem como a aspectos da teoria neoclássica da arte) os "materiais preexistentes" da fantasia mecanicista compreendem as fixidades e delimitações em toda a percepção sensorial, e não simplesmente os elementos imitados de obras de arte anteriores.

Nenhum dos componentes da antítese de Young é inédito. O termo "mecânico" havia sido empregado com frequência, em sentido depreciativo, para distin-

---

37 Org. Edith J. Morley, p.13-15, 17.
38 Ibid., p.6-7, 11, 21.

guir aqueles elementos em uma obra que meramente se ajustam a regras estruturais, tais como as unidades, do desempenho genuinamente artístico, que compreende encantos mais sutis, e os inspirados e afortunados arroubos da livre imaginação. Addison, por exemplo, assim distinguiu entre "as regras mecânicas" e "o próprio espírito e alma de escrita elegante" – "algo mais essencial à arte, algo que eleva e surpreende a fantasia e confere grandeza à mente do leitor".[39] A inovação de Young está, em primeiro lugar, no fato de que ele estabelece o crescimento de uma planta como o oposto da manufatura mecânica e, em segundo lugar, no fato de que ele utiliza a planta indiscutivelmente como um analogismo do processo e não apenas do produto, da criatividade feliz. Assim, ao transferir a ênfase para o desenvolvimento de uma obra de arte, Young importa da vida vegetal atributos destinados a se transformar em importantes conceitos na estética organicista. Ao contrário de objetos que são "fabricados" por "arte e labor", a obra original é *vital*; ela *cresce espontaneamente* de uma *raiz*, e (por implicação) desenvolve-se a partir de sua forma original, de dentro para fora.

Ademais, Young – não menos fascinado pelo mistério da arte do que *Sir* Thomas Browne pelo mistério da religião – expande o campo das misteriosas graças poéticas até anunciar a divisão da mente criativa em uma superfície consciente e habitual e uma profundidade insondável e inescrutável. "O outro muitas vezes vê em nós", diz ele, "aquilo que nós próprios não vemos; e não poderia estar dentro de nós aquilo que nenhum de nós dois vemos?" Pode até ser possível pensar que Young insinuou que a inspiração poética pode ser explicada como um súbito afloramento desse profundo obscuro da natureza humana.

> Poucos autores de renome não viveram algo dessa natureza nos primeiros bruxuleios de seu talento até então insuspeitado para suas Composições até então obscuras: O escritor começa o seu trabalho como se fosse um meteoro resplandecente na escuridão noturna; fica muito surpreso; mal consegue acreditar que seja verdade... Essa sensação a que me refiro em um escritor poderia favorecer e assim promover a fantasia da inspiração poética.[40]

---

39 *Spectator* n.409. Tanto Rymer quanto Dryden aplicaram o epíteto "mecânico" às unidades e outras regras (*Critical Essays of the Seventeenth Century*, II, 183; *Essays of John Dryden*, II, 158). Pope, em *Guardian* n.78, ironicamente comparou tais "regras mecânicas" ao preparo de pudins. Para a discriminação entre aparências mecânicas e os requisitos mais profundos da grande arte, cf. também Welsted, in *Critical Essays of the Eighteenth Century*, p.364-5; Duff, *Essay on Original Genius*, p.15; Reynolds, Sexto Discurso, *Works*, I, p.386. A distinção permanece em Hazlitt, *Table Talk*, in *Complete Works*, VIII, 82: "Levar esse dom natural para além do alcance da arte é... onde as belas artes começam e a habilidade mecânica acaba"; isso "deve ser ensinado pela natureza e pelo gênio, não por regras ou estudo".

40 *Conjectures on Original Composition*, p.21-3.

Embora, dessa maneira, transfira a origem da poesia inspirada para a própria mente do poeta, Young retém as velhas atitudes apropriadas a uma divindade inspiradora. "Portanto, mergulha no mais profundo de teu ser", exorta ele ao poeta, "adquire intimidade plena com o estranho que mora dentro de ti... deixa teu gênio (se gênio tiveres) despontar como o Sol desponta em meio ao caos; e se eu puder ainda dizer, como um *Índio, Idolatra-o* (embora ousado demais); não obstante, devo dizer pouco mais do que minha segunda regra impõe (a saber) *Reverencia a ti mesmo*." De fato, como ele dissera antes com relação ao mundo intelectual, "*gênio* é aquele deus interior".[41] Portanto, nessa extraordinária composição de um eclesiástico de 76 anos, encontramos prenunciados, mesmo que de forma dispersa, os atributos essenciais do gênio romântico, conforme veremos tipificados por Fichte, Jean Paul e Carlyle. Ele é um homem duplo, composto de elementos cognoscíveis e incognoscíveis, semelhante a Deus, venerável, tão inescrutável a si mesmo quanto aos outros, criativo por processos vitais e espontâneos como o autocrescimento de uma árvore, cuja obra maior, sem ter sido anunciada, emerge da escuridão para a luz de sua consciência.

No avanço em direção à estética orgânica, o terceiro conde de Shaftesbury também foi importante; porém, o foi mais pela natureza de sua forte influência sobre os escritores alemães do que por suas teorias propriamente ditas. O verdadeiro poeta, dizia ele, é um "segundo Criador". "Como aquele artista soberano ou natureza plástica universal, ele forma um todo coerente e proporcional em si mesmo, com a devida sujeição e subordinação das partes constitutivas." Entretanto, apesar do uso que faz de "plástico", Shaftesbury imagina uma natureza formativa, baseada no modelo do demiurgo de Platão, que cria um universo fixo e acabado, de acordo com um modelo perpétuo e imutável. O poeta que imita o criador, modelando sua obra, por sua vez, com base na "forma interna e na estrutura de seu semelhante" é, assim, conforme afirma Shaftesbury, um "arquiteto no gênero".[42] A ênfase estética de Shaftesbury, além disso, está, de maneira consistente com as virtudes horacianas do decoro, do saber, da sólida habilidade, nas "regras da escrita" e na "verdade da arte". Portanto, ele acha Shakespeare grosseiro, incoerente e incompleto "em quase todas as graças e ornamentos", ridiculariza autores que dependem apenas do gênio e argumenta que apenas os leitores medíocres que reagem aos encantos da poesia sem saberem o que os causa farão referência a eles como "*je ne sais quoi*, o ininteligível ou o não sei o quê", e o entenderão como uma "espécie de magia e encantamento que o próprio artis-

---

41 Ibid., p.337, 327.
42 *Characteristics*, org. J. M. Robertson (Londres, 1900), I, p.136.

ta não saberá explicar".⁴³ Foi somente ao dotar sua "Forma interior" de uma espécie de enteléquia, e ao interpretar sua "natureza plástica universal" como um modo de desenvolvimento do interior para o exterior que, posteriormente, os escritores alemães converteram o cosmo acabado e estático de Shaftesbury, seja da natureza, seja da arte, em um processo de desenvolvimento orgânico, nunca acabado e em eterno crescimento.

Há pouca coisa mais acerca da noção organicista na crítica literária inglesa do século XVIII. A única outra passagem importante que conheço é a descrição que faz Gerard do procedimento mental do gênio na formação de seu projeto original. Isso, diz ele, "possui mais semelhança com a natureza em suas operações, do que com... a *arte*", e (relembrando o capítulo anterior) Gerard prosseguiu, interpretando a operação da natureza nos termos de um vegetal organizando-se pela mesma ação através da qual ele absorve e assimila seu alimento.⁴⁴ Para encontrarmos mais desdobramentos desse padrão de ideias estéticas precisamos nos voltar, em primeiro lugar, para a Alemanha, e, em seguida, para os escritos daqueles teóricos ingleses que, eles próprios, haviam sido, em larga medida, germanizados.

Teorias alemãs do gênio vegetal

Um indicador da diferença da atmosfera crítica entre os dois países está no fato de que na Inglaterra, *Conjectures*, de Young, recebeu pouca atenção, enquanto na Alemanha o ensaio teve duas traduções nos dois anos seguintes à sua publicação, em 1759, e tornou-se um documento básico no cânone do movimento *Sturm und Drang*. Atribui-se sua popularidade especial na Alemanha, em parte, à verve e à incondicionalidade com que Young apregoou a independência e originalidade literárias em um país onde os escritores juvenis estavam se agastando com a prolongada sujeição da tradição literária nativa a modelos e regras estrangeiros. Porém, além disso, o pensamento alemão foi muito mais receptivo do que o inglês às sugestões de Young de que uma grande obra de literatura cresce das profundezas impenetráveis da mente do gênio.

---

43 Ibid., I, p.151-2, 172, 180, 214.
44 Cf. p.167. Lord Kames estabeleceu uma comparação anterior, mas passageira, entre unidade artística e relações orgânicas: "Portanto, é necessário que em toda obra, como um sistema orgânico, as partes estejam organizadas de maneira ordenada e mutuamente conectadas, sendo que cada uma delas mantenha uma relação com o todo – mais ou menos íntima, conforme sua finalidade." (*Elements of Criticism*, I, p.32).

A psicologia do empirismo – dominante na Inglaterra – não tinha espaço nem para o conceito de crescimento nem para o conceito do subliminar nas atividades da mente.[45] A psicologia de Leibniz, por outro lado, tão influente na Alemanha na última parte do século XVIII, era favorável a ambos esses conceitos. Leibniz enfatizava a comunidade essencial de todas as mônadas – da alma humana, passando pelas espécies vegetais, até as mônadas de substâncias aparentemente inorgânicas. O real, em oposição à natureza fenomênica, é vivo e orgânico em toda essa hierarquia, e cada mônada, de qualquer grau, é "um eterno espelho vivo do universo", possuindo dentro de si a percepção simultânea de tudo, em toda parte, seja passado, presente ou futuro.[46] O homem distingue-se das ordens inferiores na escala do ser porque à sua alma poucas dessas percepções chegam a um grau suficiente de claridade para alcançar "apercepção" ou consciência. Ainda assim, mesmo na alma humana, a massa de *petites perceptions* que permanecem abaixo da consciência excede imensamente a minúscula área que se torna acessível à consciência. Leibniz descreve esse campo da ideação inconsciente:

> Dentro de nós, a todo momento há uma infinidade de *percepções*, porém sem apercepção e sem reflexão; isto é, mudanças na própria alma, das quais não temos consciência [*s'apercevoir*], porque as impressões são pequenas e numerosas demais ou combinadas de forma íntima demais...[47]

Ademais, de acordo com o princípio da "harmonia preestabelecida", o processo de percepção dentro da cada mônada "sem janela" mantém-se em harmonia com o curso dos eventos exteriores através de uma fonte interna de movimento. Para teóricos de literatura, a província postulada por Leibniz, de percepções confusas ou inconscientes, desenvolvendo-se na mente do homem, em um estado de maior clareza e articulação, tanto ajudou a sugerir quanto ofereceu um *locus*

---

45 Para um ataque à tese de que pode haver pensamento sem consciência, cf., p. ex., Locke, *Essay Concerning Human Understanding*, Livro II, i, p.9 e ss.

46 Leibniz, *The Monadology*, in *The Monadology and Other Philosophical Writings*, trad. para o inglês de Robert Latta (Oxford, 1898), partes 56, 61 e 63. Leibniz também formulou uma distinção entre um corpo orgânico e "uma máquina construída pela habilidade humana", que sempre reverberou na estética alemã. A máquina feita pelo homem "não é uma máquina em cada uma de suas partes", pois é composta de elementos desvirtuados para seu uso presente. "Porém, as máquinas da natureza, isto é, os corpos vivos, são máquinas em suas mais minúsculas partes *ad infinitum*. É nisso que se constitui a diferença entre natureza e arte" (ibid., parte 64). Para assuntos correlatos, cf. James Benziger, "Organic Unity: Leibniz to Coleridge", *PMLA* (LXVI, 1951), p.24-48.

47 Introdução a *New Essays on the Human Understanding*, in *The Monadology*, org. Latta, p.370; cf. *Monadology*, partes 19-21.

óbvio ao qual elas poderiam atribuir a maturação secreta, semelhante à de uma planta, de uma obra de arte na mente do gênio.

Detectamos essa fusão de conceitos estéticos tradicionais com metafísica *leibniziana* no próprio ato da evolução para um esquema orgânico de psicologia literária, na obra de Johann Georg Sulzer, *Allgemeine Theorie der schönen Küntze* [Teoria geral das belas artes], um dicionário de quatro volumes de termos estéticos publicado pela primeira vez em 1771-4. Sulzer inicia seu artigo "Erfindung" [Invenção] explicando a teoria de Leibniz de que nenhuma ideia é absolutamente nova, mas que todas estão presentes na mente em estado de latência até que, em correlação com circunstâncias externas, uma delas torna-se clara o suficiente para atingir a consciência. Buscando as implicações de tal teoria para a invenção estética, Sulzer chega ao "mistério" psicológico de que certas concepções tornam-se claras e se desenvolvem independentemente da intenção ou da atenção do artista.

> É uma coisa admirável, entre outros mistérios da psicologia, que, às vezes, certos pensamentos não se desenvolvem ou não se deixam apreender claramente quando dedicamos nossa total atenção a eles; entretanto, muito tempo depois, quando não os estamos procurando, apresentam-se por sua própria conta, com a maior clareza; portanto, parece que nesse ínterim eles se desenvolveram sem serem notados, como uma planta, e, então, subitamente surgem diante de nós em toda a sua plenitude. Muitas concepções se desenvolvem gradativamente dentro de nós e depois se libertam, como se de sua livre vontade, da massa de ideias obscuras e, de repente, vêm à luz. Todo artista deve confiar em tais expressões de seu gênio e, se nem sempre ele consegue encontrar o que procura com tanto empenho, ele precisa esperar com paciência a maturação de seus pensamentos.[48]

Em seu trabalho "glückliche Äusserungen des Genies" [Feliz expressão do gênio], Sulzer revela-se claramente interessado no convencional mistério literário do *je ne sais quoi* e na "felicidade e desvelo". Mais explicitamente do que Young (cujo ensaio ele também conhecia), ele caracteriza o processo como sendo de autocrescimento e de florescimento e aloca-o para uma região mental refratária à consciência. Em um artigo, "Begeisterung" [Entusiasmo], Sulzer emprega uma hipótese análoga para explicar o mistério correlato da inspiração poética. Ninguém, diz ele, "sondou suficientemente as profundezas da alma humana" para explicar a extraordinária facilidade, plenitude e falta de responsabilidade pes-

---

48 *Allgemeine Theorie der schönen Künste* (2.ed.; Leipzig, 1792), II, p.88, 93-4. Sobre a confiança de Sulzer em Leibniz, cf. Robert Sommer, *Grundzüge einer Geschichte der deutschen Psychologie und Aesthetik* (Würzburg, 1892), p.195 e ss.

soal que todos os artistas de talento nos asseguram sentir algumas vezes no ato da criação.

É algo que se conhece de experiência, mas difícil de explicar: que os pensamentos e ideias que resultam da contemplação persistente de um objeto – sejam eles claros ou obscuros – juntam-se na alma e lá germinam sem serem notados, como sementes em um solo fértil, e, finalmente, no momento apropriado, vêm subitamente à luz... Nesse instante, vemos o objeto relevante – que até então pairava obscuro e confuso diante de nós, como um fantasma amorfo – postando-se diante de nós de forma clara e inteira. Esse é o instante genuíno da inspiração.[49]

Fatos da composição que, como Sulzer aponta, haviam sido anteriormente atribuídos à intervenção de um poder exterior, podem agora ser atribuídos ao secreto florescimento mental de ideias-embrião que, após gerarem sua forma completa, irrompem acima do limiar da consciência.

Esse sistema de pensamento que Sulzer ocasionalmente aplicava a problemas especiais da invenção artística estava, àquela mesma época, sendo ampliado por J. G. Herder de forma a abarcar o universo em todos os seus aspectos e funções. A despeito de ser, em seu todo, um trabalho amorfo com detalhes caóticos, o ensaio de Herder "On the Knowing and Feeling of the Human Soul" [Do saber e sentir da alma humana], publicado em 1778, deve ser considerado um marco decisivo na história das ideias. Herder fez veemente objeção à explicação elementarista e mecanicista da natureza e do homem, do corpo e da mente, posicionando-se a partir da monadologia de Leibniz, do panteísmo de Shaftesbury e das ciências biológicas, sobretudo da teoria de Albrecht Haller de que o aspecto essencial dos organismos vivos é sua *Reizbarkeit* [sensibilidade] – sua capacidade de responder a estímulos externos por um mecanismo de autocontração ou de expansão. O ensaio de Herder, portanto, anuncia a era do biologismo: a partir do momento em que o campo das mais estimulantes e inspiradoras descobertas passou da ciência física para a ciência da vida, a biologia começa a substituir a mecânica cartesiana e newtoniana como a grande fonte de conceitos que, migrando para outras províncias, foram modificando o caráter geral da ideação.

O fenômeno central que Herder sinaliza, a fim de expor a inadequação da visão mecanicista da natureza, é o processo de vida de uma planta:

---

49 *Allgemeine Theorie*, I, 349, p.352-3. Leibniz já havia feito referências casuais ao conceito de *je ne sais quoi* em relação às *petites perceptions*; estas, ele disse, formam um "algo que não sei o quê" (Introdução de *New Essays*, in *The Monadology*, org. Latta, p.372).

Observa com atenção aquela planta, aquela maravilhosa estrutura de fibras orgânicas! Veja como ela se move e faz suas folhas girarem para sorver o orvalho que a refresca! Ele mergulha e retorce sua raiz até que se sustente na vertical; cada arbusto, cada pequenina árvore dobra-se até onde consegue em busca de ar puro; a flor se abre para a chegada de seu noivo, o sol... Com que desvelo fantástico uma planta refina substâncias líquidas estranhas a ela e as torna parte de seu próprio ser, cresce, ama... depois envelhece; gradativamente perde sua capacidade de responder a estímulos e restaurar seu poder, e morre...

A erva absorve água e terra, e refina-as para torná-la seu próprio elemento; o animal faz das ervas menores a seiva animal mais nobre; o homem transforma as ervas e os animais em elementos orgânicos de sua vida, converte-os na operação de estímulos mais elevados, mais belos.[50]

As qualidades dessa planta – seu crescimento, sua capacidade de responder ao seu meio ambiente e incorporar elementos dele à sua própria substância integrante, sua vida autossustentada e, no final, a morte – Herder generaliza, à sua moda desordenada, em categorias de sua visão de mundo. A natureza é um organismo, e o homem, inextricavelmente uma parte daquele todo pleno de vida, é, ele próprio, uma unidade orgânica e indissolúvel de pensamento, sentimento e vontade, manifestando em sua própria vida os mesmos poderes e funções da natureza exterior. Na aplicação à estética, ao contrário de Young e Sulzer, Herder utiliza a planta como protótipo do desenvolvimento de uma forma de arte no solo de seu próprio tempo e espaço, em vez de um protótipo da gênese de uma única obra de arte na mente de um artista. O teatro dos gregos e o teatro de Shakespeare, por exemplo – cada um deles foi além das condições peculiares à sua própria época e ambiente cultural. O produto desse crescimento foi um todo pleno de vida e ricamente variado; e à medida que uma peça de Shakespeare agora evolui diante do leitor, ela pode, por sua vez, ser concebida como um processo em que as partes tardias crescem a partir das primeiras. O Rei Lear, por exemplo, "até mesmo na primeira cena da peça carrega dentro de si todo o embrião do destino que o levará a colher o mais sombrio futuro". Nessa peça, personagens, ações, circunstâncias concomitantes, motivações – "tudo está em movimento, desdobrando-se conti-

---

50 *Vom Erkennen und Emfinden der menschlichen Seele*, in *Sämtliche Werke*, VIII, p.175-6. O excerto assemelha-se à descrição básica de Coleridge sobre a natureza de uma planta no Apêndice B de *The Statesman's Manual*. Há uma passagem semelhante de Giordano Bruno, o mártir preferido de Coleridge, que, dentre todos os filósofos anteriores, foi o que mais se aproximou dos elementos da filosofia romântica da natureza. Cf., p. ex., Bruno, *Concerning the Cause, Principle, and One*, trad. para o inglês de Sidney Greenberg, in *The Infinite in Giordano Bruno* (Nova York, 1950), p.112.

nuamente em um único todo", em que nenhum componente pode ser alterado ou deslocado, e que, como o universo, é preenchido com "uma alma interpenetrante que tudo energiza".[51]

Alternativamente, um gênio individual pode ser imaginado como uma planta que cresce inconscientemente. Esse poeta é tão inconsciente das ideias que germinam em sua imaginação criativa quanto é consciente de seu não *self*, no sentido de que ele continua não tendo consciência de seus próprios poderes e potencialidades.

> A natureza tem rebentos suficientes, mas nós não os percebemos e os esmagamos sob nossos pés porque, na maioria das vezes, valorizamos o gênio por seu amorfismo e por sua maturação precoce demais ou seu crescimento exagerado...
> Toda espécie humana superior dorme, como toda semente boa, em um processo silencioso de germinação que está lá e não tem consciência de si... Como pode o pobrezinho do rebento saber, e como deveria ele saber, que impulsos, poderes, sopros de vida corriam dentro dele no instante em que ganhou vida?[52]

Essa dedução especial a partir do protótipo da planta em crescimento, esclarecendo que o gênio verdadeiro é aquele que nasce para se ruborizar sem ser reconhecido por si próprio ou por outros, até o pleno e imprevisível florescimento de seus poderes, remonta a Edward Young e anuncia o pensamento de Schiller, Fichte e outros teóricos da escola alemã posterior.[53]

Alexander Pope dissera que as obras de Shakespeare, o poeta por natureza, estão para obras mais comuns como uma construção gótica está para uma construção moderna. Em seu ensaio "On German Architecture" [Sobre a arquitetura alemã] (1772), o jovem Goethe, sob a influência das ideias de Herder, descreveu a arquitetura gótica em contraste com edificações feitas conforme as regras, como o produto orgânico do crescimento na mente do gênio. Gênio é aquele "de cuja alma emergem as partes que, em conjunto, evoluíram e formaram um todo eterno", – esse todo na forma como o encontramos representado na Catedral de Estrasburgo. "Pois

---

51 *Von deutscher Art und Kunst* (1773), V, p.217-8, 220-1; cf. também o rascunho anterior, p.238-9.
52 *Vom Erkennen und Empfinden*, VIII, p.223, 226.
53 Em *The Nature of the Scholar* (1805), de Fichte, a Ideia Divina, cuja posse é a marca do gênio, torna-se algo muito semelhante a uma planta internalizada em seu funcionamento. Ela se move "através de sua própria vida essencial", impelindo a todos mesmo contra sua vontade, "como se fossem instrumentos passivos", sem nunca cessar "a atividade espontânea e o autodesenvolvimento até que tenha alcançado... uma forma viva e eficiente". O gênio, porém, permanece modesto, pois essa habilidade "opera com um poder silencioso por um longo tempo antes de atingir a consciência de sua própria natureza" (Fichte, *Popular Works*, trad. para o inglês de William Smith, Londres, 1873, p.138, 163, 165).

há no homem uma natureza formativa" que cria a partir de seus materiais "um todo característico". Tal arte, "quer tenha nascido de puro primitivismo ou de uma sensibilidade cultivada, será sempre um todo completo e pleno de vitalidade".[54]

Goethe destaca-se entre os organologistas no sentido de que ele próprio era um biólogo pesquisador e também teórico da arte. Deliberadamente, ele investigou essas áreas como tipos de atividade que se iluminam mutuamente; cada nova hipótese ou descoberta feita por ele em biologia reaparecia de maneira apropriada na forma de novos princípios ou *insights* organizadores no campo de sua crítica. "Da mesma maneira como observei a natureza", escreveu ele da Itália a Frau von Stein, "também agora observo a arte, e estou chegando aonde venho lutando para chegar há tanto tempo: a uma concepção mais completa das coisas mais nobres que os homens fazem".[55] No diário que marca sua extraordinária visita à Itália, Goethe registra a emergência de sua teoria da metamorfose das plantas – "na botânica deparei com um *en kai pan* que me deixou pasmado" – e continua suas anotações dizendo que também descobriu um princípio para explicar uma obra de arte que é "também um verdadeiro ovo de Colombo", e uma espécie de chave-mestra para a teoria crítica. A analogia entre um organismo natural e uma obra de arte, anteriormente implícita em suas discussões sobre a arquitetura medieval, é agora mais explicitamente aplicada aos produtos da antiguidade clássica, embora com uma nova ênfase na legitimidade do processo natural em ambas as suas manifestações:

> Essas grandes obras de arte, como as maiores obras da natureza, foram produzidas por homens, de acordo com leis naturais e verdadeiras. Tudo o que é arbitrário, imaginativo, se encaixa perfeitamente: aqui está a necessidade, aqui está Deus.[56]

Essa visão da criação artística como um processo da natureza dentro dos domínios da mente torna-se um tema capital na teoria estética de Goethe em sua vida madura. "Uma obra de arte perfeita", escreveu ele em 1797, "é uma obra do espírito humano, e nesse sentido também é uma obra da natureza". Um ano mais tarde ele apontou que a "natureza está separada da arte por um abismo fenomenal, que nem mesmo o gênio pode atravessar sem ajuda externa". Ainda assim, esse hiato pode ser transposto se o artista tiver capacidade

---

54 "Von deutscher Baukunst", *Goethe's Sämtliche Werke*, XXXIII, 5, 9, 11. Sobre a influência de Herder nesse documento, cf. Goethe, *Autobiography*, trad. para o inglês de John Oxenford (Bohn ed.; Londres, 1903), I, 441.
55 Carta de 20 de dezembro de 1786, in *Werke* (Weimar, 1896) IV Abtl., VIII, 100.
56 *Italienische Reise*, 6 set. 1787, *Sämtliche Werke*, XXVII, p.107-8.

de penetrar nas profundezas do objeto bem como nas profundezas de seu próprio espírito, e de produzir em suas obras não apenas algo que seja fácil e superficialmente efetivo, mas na competição com a natureza, algo espiritualmente orgânico [Geistig-Organisches], e de dar à sua obra um tal conteúdo e forma que ela parecerá, ao mesmo tempo, natural e acima da natureza.

E exatamente como ocorreu em suas especulações biológicas, a ênfase de Goethe está no desenvolvimento e na metamorfose de parte em parte e de espécie em espécie; assim, em sua crítica, seu interesse persistente está na gênese e no vir a ser de uma obra de arte. "No final das contas, na prática da arte, só podemos competir com a natureza quando tivermos, pelo menos em alguma medida, aprendido com a natureza como ela procede na formação de suas obras."[57]

A abordagem basicamente estática e taxonômica de Imannuel Kant acerca das questões da arte e das faculdades envolvidas na sua composição parece estar em um ponto extremo das teorias organicistas das *werdenden Gedichts* [poesia em desenvolvimento], embora elementos de sua *Crítica da faculdade de julgar* tenham contribuído significativamente para o desenvolvimento de tais teorias por outras mãos. Sob esse único título, Kant investigou os problemas tanto do gênio produtivo quanto da natureza das coisas vivas, e nesse último campo, em particular, ele deu definição filosófica e maior elaboração a conceitos que antes eram vagos e pouco desenvolvidos. A Goethe, que fez altos elogios ao tratado depois de sua publicação em 1790, pareceu que a junção que Kant fez das questões da poesia e da biologia confirmou sua própria visão de que esses são fenômenos essencialmente paralelos. Kant pretendeu mostrar, conforme escreveu em 1792, "que uma obra de arte deve ser vista como uma obra da natureza, uma obra da natureza deve ser vista como uma obra de arte, e o valor de cada uma deve surgir dela própria e ser considerado nela própria".[58]

Kant desenvolveu toda a sua concepção do gênio produtivo ao redor do problema que, como já vimos neste capítulo, havia desconcertado críticos anteriores: como o gênio consegue formar uma obra de arte sem regras ou um método consciente e, ainda assim, obter um produto do qual críticos posteriores extraem as regras de arte. Esse paradoxo, o filósofo, que havia lido muita crítica tanto em inglês como em alemão, achou apropriado para sua tática favorita de apresentar dilemas

---

57 "Über Wahrheit und Wahrscheinlichkeit der Kunstwerke", *Sämtliche Werke*, XXXIII, 90; "Einleitung in die Propyläen", ibid., 108, 110. Cf. também Eckermann, *Conversations*, 10 jun. 1831.

58 *Kampagne in Frankreich*, in *Sämtliche Werke*, XXVIII, 122; cf. *Einwirkung der neueren Philosophie* (1820), XXXIX, 31. Cf. também a carta a Zelter, de 29 de janeiro de 1830. *Briefwechsel zwischen Goethe und Zelter*, org. F. W. Riemer (Berlim, 1834), V, 380.

dos quais pudesse se libertar. As belas artes, dizia ele, "precisam necessariamente ser consideradas como artes de *gênio*", e gênio deve ser definido como "a aptidão mental inata (*ingenium*) *por meio da qual* a natureza fornece a regra da arte".

O gênio não pode indicar cientificamente como faz seu produto, mas, de alguma forma, fornece a norma como a *natureza*. Por isso, nos casos em que um autor deve um produto ao seu talento, ele próprio não sabe como as *ideias* para esse produto chegaram até sua cabeça, e nem está em seu poder inventar coisa similar a seu bel-prazer ou metodicamente, e comunicá-la aos outros em normas que a colocariam em condições de produzir produtos análogos.[59]

O problema, conforme Kant o elabora, é que o gênio, por meio das operações da "natureza", produz obras exemplares que parecem estar necessariamente de acordo com os fins, embora ele não tenha consciência de nenhum desses fins ou dos meios com os quais possa efetivá-los, e nem está em seu poder desejar ou descrever o processo produtivo. Posteriormente, Kant demonstra que uma espécie de imagem-espelho desse funcionamento paradoxal da "natureza" na mente do gênio deve ser encontrado nessa outra – ou nessa fenomenal – "natureza" dos organismos vivos. O mundo fenomenal em todos os seus elementos é mecânico, inteiramente determinado, uma cadeia de causas e efeitos percebidos de acordo com as formas invariantes impostas sobre o sentido pela compreensão humana. Porém, para tornar inteligíveis para nós mesmos as existências orgânicas nesse mundo fenomenal, somos forçados a vê-las não como um sistema de causas eficientes, mas como "propósitos naturais"; isto é, como se os organismos fossem coisas que se desenvolvem em relação a propósitos inerentes ao próprio organismo e, portanto, não por meio de uma combinação de partes para realizar um plano ou desígnio presciente. Como exemplo representativo desse propósito natural, Kant analisa a constituição orgânica de uma árvore, que ele contrapõe ao funcionamento puramente mecânico de um relógio. Cada árvore tem sua gênese em outra árvore de mesma espécie; conforme ela cresce, ela continua a se gerar a si mesma, compondo e incorporando sua própria substância; e nela, cada parte parece existir tendo em vista as outras partes e o todo, ao mesmo tempo em que o todo, para sobreviver, depende da existência de suas partes.[60]

---

59 *Critique of Aesthetic Judgement*, org. J. C. Meredith (Oxford, 1911), p.168-9. Kant acrescenta que em toda arte, após o material inicial ter sido fornecido pela natureza, deve haver um processo mecânico, sujeito a regras, no qual o material dado é habilidosamente elaborado (p.170-1).
60 *Kant's Kritik of Judgement*, trad. para o inglês de J. H. Bernard (Londres, 1892), p.260-1, 272-80.

Então, como resultado dos esforços empreendidos no século, Kant formula o conceito de organismo natural como imanentemente – embora inconscientemente – teleológico, um "ser que se auto-organiza" e que, detentor tanto de seu "poder de se *movimentar*" como de seu "poder de se *formar*", se desenvolve de dentro para fora e no qual as relações entre as partes e o todo podem ser reformuladas em termos de uma inter-relação de meios e fins. "Um produto organizado da natureza é um produto em que cada parte é reciprocamente propósito (fins) e meios." Kant nos adverte repetidas vezes que esse conceito do organismo como propósito natural é meramente uma filosofia do "como se"; que ela é, nos termos que ele utiliza, não um conceito "constitutivo", mas simplesmente um "conceito regulador do Juízo reflexivo, para conduzir nossa investigação acerca de objetos dessa espécie por meio de uma analogia distante com nossa própria causalidade, de acordo com nossos interesses".[61] Entretanto, para Goethe e para outros organologistas estéticos, provou-se irresistível tornar tal teleologia puramente interna um elemento constitutivo da natureza viva, e então ir além de Kant e identificar claramente o processo e o produto (cujos propósitos estão inconscientemente definidos) da "natureza" na mente do gênio com o crescimento (também com propósitos inconscientemente definidos), e com as complexas interadaptações de meios a fins, de um organismo natural. Assim Friedrich Schlegel descreveu *Wilhelm Meister*, de Goethe, em 1798:

> A verve inerente a essa obra perfeitamente organizada de forma a se constituir em um todo expressa-se a si mesma tanto nas combinações mais amplas como nas menores. Nenhuma pausa é fortuita ou insignificante, e... tudo é, ao mesmo tempo, meio e fim.[62]

Dentre os vários teóricos pós-kantianos, selecionarei dois, Friedrich Schelling e Jean Paul Richter, que fizeram importante contribuição à psicologia do processo criativo. *System of Transcendental Idealism* [Sistema do idealismo transcendental] (1800) parte da antítese entre "sujeito" e "objeto", ou entre o que o autor alternativamente chama "inteligência" e "natureza", "o consciente" e "o inconsciente", "a liberdade" revelada na escolha humana de meios e a "necessidade", revelada pelos processos involuntários da natureza. Essa oposição dinâmica coloca em movimento a dialética de Schelling e, a partir dela, ele "deduz" sucessivamente toda a constituição do mundo natural e todos os poderes da mente. Todavia, afirma Schelling, "o sistema de conhecimento só pode ser considerado

---

61 Ibid., p.280.
62 "Über Goethe's Meister", *Jugendschriften*, org. Minor, II, 170.

concluído quando ele retornar à sua origem". Em outras palavras, ele precisa de um conceito que feche o círculo dialético e resolva a oposição inicial, fundindo inteligência e natureza, consciente e inconsciente, liberdade reflexiva e necessidade irrefletida. Tal conceito Schelling descobre na atividade do gênio ao produzir uma obra de arte; assim, ele pode fazer a triunfante afirmação de que o processo criativo da imaginação é "o *organon* geral da filosofia, e a pedra fundamental de sua abóbada".[63]

Nesse documento típico da filosofia romântica alemã, a extraordinária importância atribuída à criação estética pode ser considerada o ápice de uma tendência geral do período de exaltação da arte acima de todos os outros empreendimentos humanos. Entretanto, o conceito de gênio prestou-se às necessidades metafísicas de Schelling apenas porque ele pôde se apoiar na longa tradição crítica que vimos investigando: aquela segundo a qual o gênio criador funde dentro de si os elementos tanto da arte quanto da natureza, tanto o processo de adaptação dos meios a fins livremente escolhidos de acordo com regras cognoscíveis quanto uma dependência da absoluta espontaneidade independente do conhecimento e controle que ele possa ter. A atividade produtiva, usando a expressão de Schelling, inclui "o que é, de maneira geral, chamado de arte... aquilo que é praticado com consciência, deliberação e reflexão, e pode ser ensinado e aprendido", e também aquilo que não pode "ser alcançado por aplicação ou de qualquer outra forma, mas precisa ser herdado como uma dádiva da natureza".[64] E recorrendo não somente a essa teoria, mas aos fatos a ela subjacentes – o testemunho de artistas em relação à composição "inspirada" e a ocorrência de uma "dom" não prenunciada em uma obra de arte –, Schelling converte o que de outra forma seria uma dança de abstrações pálidas em pelo menos uma teoria potencialmente utilizável da mente criativa.

Os testemunhos de todos os artistas, assevera Scheling, antigamente explicados como inspiração de uma divindade, mostram "que eles são levados involuntariamente à produção de sua obra", e que a completude da obra resulta "em um sentimento de harmonia infinito", que o artista "atribui, não a si mesmo, mas a um dom voluntário de sua natureza".

> O artista é levado à produção involuntária, e mesmo contra uma resistência interna (daí o dizer dos antigos: "*pati Deum*" etc.; portanto, acima de tudo, a ideia da inspiração por meio do sopro de outrem... Não importa quão motivado esteja, o artista, em respeito àquilo que é genuinamente objetivo em sua produção, parece estar sob a influência de

---

63 *System des transcendentalen Idealismus*, in *Sämtliche Werke* (Stuttgart e Augs-burg, 1858), III, p.349.
64 Ibid., p.618.

uma força que o separa de todos os outros homens e o compele a exprimir ou representar coisas que ele próprio não decifra inteiramente e cuja significação é infinita.[65]

O próprio Schelling introduz uma explicação metade metafísica e metade psicológica desses fatos. O que coloca em movimento o processo no poeta é a insistente exigência de realização e acabamento, feita pela contradição fundamental entre o consciente e o inconsciente, operando "nas raízes de seu ser integral". O elemento natural e inconsciente (*bewusstlos*) no ato da criação é o representante interno do desenvolvimento inconsciente de coisas na natureza exterior que, enquanto produtos aparentes do "mecanismo mais irrefletido", são "adaptáveis a fins sem serem explicáveis em termos de fins". O estático sentimento de alívio na conclusão do processo sinaliza a resolução dessa "última e derradeira contradição", por força da qual a "divisão infinita de atividades antagônicas" das quais a filosofia partiu, fica "completamente anulada". E aquela extraordinária faculdade produtiva, somente por meio da qual somos tanto "capazes de pensar como de conciliar contradições", Schelling finalmente – e dramaticamente – a identifica como *die Einbildungskraft* – a imaginação.[66]

Embora não tenha sido o primeiro a introduzir "o inconsciente" no processo artístico, Schelling é, mais do que qualquer outro, responsável por fazer desse termo proteico uma parte inevitável da psicologia da arte. Sua teoria, por exemplo, instigou dois de seus grandes contemporâneos a se manifestarem a respeito dessa questão. Em seu ensaio "Naïve and Sentimental Poetry" [Poesia ingênua e sentimental] (1795), Schiller já havia associado o gênio *"naïve"*, ou natural, aos processos da natureza externa e já havia descrito a poesia resultante (nos termos familiares) como um mistério para o próprio poeta, "um feliz acaso", em que tudo é feito "através da natureza", mais do que através da reflexão, e por uma "necessidade interna" da qual "nada é tão remoto como a vontade arbitrária".[67] Em 1801, quando escreveu a Goethe para discordar de um aspecto da teoria de Schelling, Schiller usou a terminologia do próprio Schelling:

> Receio que, em suas ideias, esses cavalheiros Idealistas dão muito pouca atenção à experiência; nesta, o poeta começa inteiramente com o inconsciente... e a poesia, pare-

---

65 Ibid., p.617.
66 Ibid., p.616-7, 349, 626; cf. também p.612, 621-2. Para a detalhada análise de Schelling sobre a natureza de um organismo vivo, cf. *Ideen zu einer Philosophie der Natur* (1797), in *Sämtliche Werke*, I, p.690 e ss. Naturalmente, Schelling atribuiu ao universo como um todo as propriedades que Kant utilizou para descrever apenas os objetos orgânicos da natureza.
67 "Über naive und sentimentalische Dichtung", *Werke*, org. Arthur Kutscher (Berlim, Goldene Klassiker-Bibliothek, s.d.), VIII, 124, 167.

ce-me, consiste precisamente em conseguir expressar e comunicar esse inconsciente – isto é, transferi-lo para um objeto... O inconsciente unido à percepção constitui o artista poético.

Goethe respondeu que ele próprio iria ainda além: "Acredito que tudo o que o gênio faz como gênio acontece de forma inconsciente. O homem de gênio pode também operar racionalmente, depois de cuidadosa consideração, a partir da convicção, mas tudo isso só acontece de forma secundária".[68]

Nas exclamações órficas de Jean Paul acerca de natureza do gênio, conforme registrado em seu *Vorschule der Aesthetik* [Curso básico de estética] (1804), podemos perceber vagamente alguns traços familiares. Gênio é uma harmonia de todos os poderes do homem e inclui dois aspectos, um do reflexo consciente (*Besonnenheit*) e outro do inconsciente (*das Unbewusste*), "o elemento mais poderoso que existe no poeta". Esse último é um poder inato que, em um homem como Shakespeare, opera "com a cegueira e a certeza de um instinto", inacessível à percepção do próprio artista e relacionado em seu processo com a sabedoria divina "na planta adormecida e no instinto dos animais". Por mais necessária que possa ser, a reflexão, considerada em si mesma, é meramente mecânica e imitativa. Apenas "poesia aparentemente inata e involuntária" fornece o material interior que "torna aquela originalidade feliz que o imitador busca meramente na forma e no estilo".[69]

No conceito do inconsciente de Richter, entretanto, há outro e sinistro componente que o distancia do postulado de Schelling e também concede a ele um lugar importante no desenvolvimento da atual psicologia da arte. Richter, expandindo sugestões anteriores do caos, da escuridão e das misteriosas profundezas na mente criativa, desenvolve o lado noturno do inconsciente, de modo que em seus escritos nos encontramos a meio do caminho entre Leibniz e aquele herdeiro posterior da psicologia profunda do romantismo alemão, Carl Jung. A doutrina de

---

68 *Briefwechsel zwischen Schiller und Goethe* (4.ed.; Stuttgart, 1881), 27 mar. 1801, II, 278; 6 abr. 1801, II, 280. Cf. também a carta de Schiller de 26 de julho de 1800, ibid., II, 243. Para a teoria posterior de Goethe sobre o espírito demoníaco que ativa um gênio, cf. *Conversations with Eckermann*, 8 mar. 1831 e 20 jun. 1831.

69 *Vorschule der Aesthetik*, in *Jean Pauls Sämtliche Werke* (Weimar, 1935), Parte I, vol. XI, p.45-6, 49, 52. Richter também distingue, de forma precisa e minuciosa, "talento" e "gênio", distinção esta que Coleridge associou à oposição entre o mecânico e o orgânico, e assimilou à sua própria antítese fundamental entre fantasia e imaginação. Para uma história da antítese entre talento e gênio, cf. L. P. Smith, *Four Romantic Words*, p.108-12, e Julius Ernst, *Der Geniebegriff der Stürmer und Dränger und der Frühromantik* (Zurique, 1916), p.22, 63, 81-2. Cf. Schelling, *System des transcendentalen Idealismus*, in *Sämtliche Werke*, III, 624.

Leibniz acerca do reino obscuro e caótico das *petites perceptions* fora simplesmente uma hipótese racional para o estabelecimento da possibilidade de ideias universais inatas que, em sua independência tanto da percepção quanto do tempo e espaço fenomênicos podem, de maneira simultânea, corresponder ao que é passado, ou está se tornando passado, ou está por vir. O "inconsciente coletivo" de Jung é igualmente comum a todas as almas humanas e independente de tempo e local, mas também se tornou um abismo primordial de onde emergem os monstros de nossos sonhos e terrores noturnos, e também as visões de nossos fazedores de mitos, de nossos poetas e profetas. Essa experiência, afirma Jung, "surge de profundezas imemoriais; é estranha e fria, multifacetada, diabólica e grotesca. Uma demonstração terrivelmente ridícula do caos eterno". Tais visões, a nosso ver, podem ser "do início das coisas antes da existência do homem, ou das gerações do futuro, que ainda não nasceram".[70] Richter, prenunciando essa evolução, fala do inconsciente como um abismo "cuja existência – mas não a profundidade – podemos ter a esperança de determinar", e como um instinto que tem eternamente "uma presciência de seus objetos e os exige sem consideração de tempo, porque eles existem além dos limites do tempo". Ele é, além disso, a origem comum dos sonhos, o sentido do terror e da culpa, demonologia e mito:

> Não importa como possamos chamar esse anjo supramundano da vida interior, esse anjo da morte do mundano nos homens, ou o modo como consideramos seus sinais; basta que, sob seus disfarces, possamos reconhecê-lo. Ele se revela aos homens profundamente envolvidos em culpa... como um ser diante de cuja presença (e não suas ações) ficamos aterrorizados; a esse sentimento chamamos de medo de fantasmas... Novamente o espírito se mostra como O Infinito, e o homem faz suas preces.
> Ele primeiramente nos deu a religião – o temor da morte – Destino grego – superstição – e profecia... crença em um demônio... romantismo, que incorporou o mundo-espírito, bem como a mitologia grega, aquele espiritualizado mundo do corpo.

Essa fonte de sonhos é também uma fonte da poesia. O gênio, na verdade, "é, em mais de um sentido, um sonâmbulo; na claridade de seus sonhos ele é mais capaz do que quando desperto, e, na escuridão, ele escala cada degrau da realidade".[71]

Os escritos de August Wilhelm Schlegel fornecem um resumo conciso de conceitos alemães sobre a criação organicista e também nos permitem encerrar esta

---

70 C. G. Jung, *Modern Man in Search of a Soul* (Nova York, 1934), p.180-1.
71 *Vorschule der Aesthetik*, XI, p.50-1, 47n. Para outra discussão sobre o enorme abismo do inconsciente, cf. o trabalho inacabado de Richter, *Selina*, in *Sämtliche Werke*, Parte II, vol. IV, p.217 e ss. Richter foi a referência mais importante para as discussões de De Quincey sobre a psicologia profunda do sonhador.

seção com uma nota mais tranquilizadora. Ao contrário da maioria de seus contemporâneos, August Schlegel era muito metódico. Nas conferências que apresentou em Berlim entre 1781 e 1804, ele reuniu e organizou as ideias coligidas de diferentes pensadores – de Leibniz, de Kant a Friedrich Schlegel e Schelling –, removeu um pouco da extravagância resultante, além de boa parte da retórica e, o mais importante, trouxe-as para consideração de questões específicas na história e análise de obras de arte. O verdadeiro filósofo vê tudo "como um eterno devir, um ininterrupto processo de criação". Nenhum organismo vivo pode ser compreendido apenas do ponto de vista do materialismo, porque sua natureza é tal "que o todo deve ser concebido antes das partes", e ele só pode se tornar inteligível como "um produto que se produz a si mesmo", revelando no processo "uma reciprocidade incessante, em que cada efeito torna-se causa de sua causa".[72] E uma obra de arte mostra as propriedades orgânicas de uma obra da natureza, pois a arte, "criando de forma autônoma como a natureza, tanto organizada como organizadora, deve formar obras vivas, que são postas em movimento pela primeira vez não por um mecanismo externo, como um pêndulo, mas por um poder interior como o sistema solar, e que, quando completadas, voltam a si mesmas [*in sich selbst zurückkehren*]". Nesse processo produtivo, Schlegel concorda com Schelling, a natureza instintiva e o juízo consciente operam em conjunto, e "considerar essas atividades como separadas ou sequenciais é destruir todo o organismo da arte". O verdadeiro gênio

> é justamente a união mais estreita da atividade inconsciente com a atividade autoconsciente no espírito humano, do instinto e do propósito, da liberdade e da necessidade.[73]

As palestras que Schlegel fez em Berlim permaneceram em manuscritos por um longo tempo após sua morte, mas suas palestras vienenses *On Dramatic Art and Literature* [Sobre arte dramática e literatura], feitas em 1808 e publicadas em 1809-11, receberam tradução quase imediata para vários idiomas e serviram, em primeira mão, como o principal veículo de familiarização, na Europa Ocidental, com a nova estética alemã. Há menos de pensamento obviamente biológico nessas palestras do que na série anterior; porém, lá, Schlegel aplica a antítese anterior entre mecanicismo e organicismo – que Coleridge achou tão esclarecedora –, en-

---

72 *Vorlesungen über schöne Litteratur und Kunst*, in *Deutsche Litteraturdenkmale des 18. und 19. Jahrhunderts* (Stuttgart, 1884), XVII, 101, 111; XVIII, 59.
73 Ibid., XVII, 102, 83.

tre forma mecânica, obtida pela imposição de regras externas, e forma orgânica, obtida apenas por um processo análogo ao do crescimento natural.

> A forma é mecânica quando é comunicada a qualquer material por meio de uma força externa, meramente como um acréscimo acidental, sem referência ao seu caráter... A forma orgânica, pelo contrário, é inata; ela se revela de dentro, do seu interior, e atinge sua resolução simultaneamente com o desenvolvimento pleno do embrião... Nas belas artes, exatamente como na província de natureza – o artista supremo –, todas as formas genuínas são orgânicas...

Coleridge achou igualmente adequada a insistência dessas palestras no elemento autoconsciente e arguto no processo inventivo de Shakespeare, que Schlegel refinou ao preparar sua análise da arte nas peças individuais de Shakespeare. A atividade de tal gênio, diz Schlegel, "é, com certeza, natural a ele e, em certo sentido, inconsciente"; mas, ele insiste, as composições de Shakespeare também mostram aprendizado, reflexão e controle calculado dos meios para a obtenção de efeitos sobre o público. "Para mim [Shakespeare] é um artista profundo, não um gênio cego e desenfreado. Acredito que o que existe de falatório a respeito desse assunto seja, de maneira geral, pura fabulação, uma fantasia desmedida e impensada."[74]

A invenção inconsciente na crítica inglesa

Em suas *Lectures on Metaphysics and Logic* [Palestras sobre metafísica e lógica], proferidas entre 1836 e 1856, Sir William Hamilton, depois de dar aos filósofos alemães o crédito do desenvolvimento do conceito do inconsciente, afirmou que ele era o primeiro escritor inglês a propor seriamente que "a mente utiliza energias, e está sujeita a modificações, mas de nada disso tem consciência".[75]

---

74 *Vorlesungen über dramatische Kunst und Litteratur*, in *Sämtliche Werke* (Leipzig, 1846), VI, 157, 182. Em seu ensaio sobre *Romeo and Juliet* (1797), A. W. Schlegel já havia demonstrado o talento artístico consciente de Shakespeare. Para um exemplo da tendência contrária em deduções a partir da organicidade do gênio, podemos mencionar a objeção de Novalis de que "os Schlegel, quando falam sobre a intencionalidade e o talento das obras de Shakespeare, negligenciam o fato de que a arte pertence à natureza e é semelhante à natureza autocontemplativa, autoimitativa e autoformativa... Shakespeare não era calculista, não era um estudioso... Não há nada mais insensato do que dizer [sobre suas obras] que elas são obras de arte naquele sentido mecânico e limitado da palavra" (*Romantische Welt: Die Fragmente*, p.355-6).

75 Org. H. L. Mansel e John Veitch (Edimburgo e Londres, 1859-60), I, p.338 e ss. John Stuart Mill, em *An Examination of Sir William Hamilton's Philosophy* (6.ed.; Londres, 1889, p.341 e ss), refutou a validade da evidência de Hamilton para a atividade cerebral inconsciente.

Hamilton estava equivocado, pois a noção de um elemento inconsciente no processo criador já havia se tornado quase lugar-comum na crítica literária inglesa. É bem verdade que nenhum crítico inglês mostrou qualquer progresso importante em relação aos alemães; mas, então, é preciso considerar que esses escritores haviam explorado o assunto com tanta profundidade que até mesmo o monumental estudo de von Hartmann, *The Philosophy of the Unconscious* [A filosofia do inconsciente] (1868), na seção dedicada aos processos inconscientes de, por assim dizer, crescimento do gênio artístico, não apresentou quaisquer ideias que já não haviam sido formuladas na Alemanha meio século antes.

No final do século XVIII na Inglaterra, até mesmo os poetas mais austeros começaram a comprovar uma experiência de versos involuntários e espontâneos. Walter Scott escreveu:

> Ninguém que não tenha tentado o negócio delirante da poesia sabe o quanto ele depende do estado de espírito ou da fantasia... na realidade desapaixonada; escrever bons poemas parece depender de alguma coisa separada da volição do autor. Algumas vezes penso que meus dedos começam a trabalhar por conta própria, independente de minha cabeça.[76]

O axioma de Keats de que a poesia deve surgir "tão naturalmente como as folhas surgem em uma árvore" baseava-se em seu próprio modo de composição que, conforme ele o descreveu para Woodhouse, esperava pelo "momento mais feliz" quando, na plena atividade de todas as suas faculdades, ele podia escrever como alguém "quase inspirado". Com frequência, depois de anotar algum pensamento ou expressão, diz Woodhouse, "Keats, perplexo, tinha a sensação de que aquilo parecia a produção de outra pessoa que não ele próprio... Parecia vir por acaso ou mágica – como algo, por assim dizer, concedido a ele".[77] Os manuscritos de Keats, mostrando muitas correções e inserções, como os de Shelley e outros de seus contemporâneos, demonstram que o *insight* poético de forma alguma impede revisão; entretanto, a maioria dos poetas românticos insistia: em sua gênese, um poema é um *donnée* involuntário e não previsto. O pós-escrito que Wordsworth faz a "The Waggoner", escrito em 1805, pode ser considerado como um suplemento versificado à sua discussão do transbordamento espontâneo de sentimentos no Prefácio de 1800. Por um longo tempo, "escrúpulos oriundos da timidez" impediram a composição desse poema, mas "a Natureza não poderia ser contra-

---

76 Para Lady Louisa Stuart, 31 jan. 1817, *Letters*, VI, p.380-81.
77 Citado do manuscrito de Woodhouse por Amy Lowell, *John Keats* (Boston e Nova York, 1925), I, p.501-2.

dita"; e, negando responsabilidade pessoal, Wordsworth postula um "espírito tímido" como o único causador do verso.

> Nor is it I who play the part,
> But a shy spirit in my heart,
> That comes and goes – will sometimes leap
> From hiding places ten years deep.

> [Não sou eu quem os versos produz,
> É uma alma tímida em meu coração;
> Ela vai e vem – e às vezes, num instante,
> Salta do profundo mais distante.]

E no soneto "A poet! – He hath put his heart to school" [*Um poeta!* – Ele pôs seu coração no pensamento], Wordsworth exortou o poeta a deixar "Tua arte ser natureza", e ilustrou o processo com o crescimento espontâneo de uma flor do campo e uma árvore na floresta.

Outros escritores do período ofereceram elaboradas teorias em prosa para explicar o elemento da "natureza" no ato da composição. Shelley, como já vimos, suplementou o conceito de inspiração como uma visão das Formas eternas com aquele da inspiração como o crescimento de uma obra de arte, semelhante a "uma criança no útero materno", fora dos limites da consciência. No ensaio "Is Genius Conscious of Its Powers?" [Seria o gênio consciente de seu poder?], escrito cinco anos depois de "Uma defesa da poesia", de Shelley, Hazlitt usou uma figura análoga para explicar os fatos tradicionais da composição inspirada e da "felicidade assim como do desvelo".

> A definição de gênio é que ele age inconscientemente; e aqueles que produziram obras imortais fizeram-no sem saber como ou por quê... Correggio, Michelangelo, Rembrandt fizeram o que fizeram sem premeditação ou esforço – suas obras emergiram de suas mentes como algo natural – se questionados por que adotaram esse ou aquele estilo, eles teriam respondido que foi *porque não conseguiam evitá-lo*... O próprio Shakespeare foi um exemplo de sua própria regra, e parece ter devido quase tudo ao acaso... A verdadeira inspiração da Musa... deixa-nos pouco de que possamos nos gabar, pois o resultado mal parece ter sido produzido por nós próprios.[78]

No caso de Correggio, acrescenta Hazlitt, sob um "impulso involuntário, silente", a "obra cresceu sob a mão dele como se crescesse de si mesma". Em outra

---

78 *The Plain Speaker*, in *Complete Works*, XII, p.118-9.

parte, Hazlitt equiparou explicitamente o processo a uma planta em crescimento. O "instinto da imaginação" – a marca do gênio – "opera inconscientemente, como a natureza, e as impressões que recebe são oriundas de uma espécie de inspiração". Mais explicitamente:

Milton nos forneceu uma descrição do crescimento de uma planta:
– So from the root
Springs lighter the green stalk...

[– Então da raiz
Desponta mais delicada a haste verde...]

E acreditamos que essa imagem poderia ser transferida para o lento e perfeito desenvolvimento das obras da imaginação.[79]

O reivindicador radical do automatismo poético foi, evidentemente, William Blake. De seu *Milton*, ele disse em 1803:

Escrevi esse Poema a partir de Ditado imediato – doze ou, algumas vezes, até vinte ou trinta linhas de uma só vez – sem Premeditação e até mesmo contra minha Vontade; o Tempo que isso tomou no processo da escrita foi então interpretado como Não Existente e, assim, Existe um Poema imenso que parece ser o Labor de uma Longa vida, tudo produzido sem Labor ou Análise.[80]

Como seus contemporâneos alemães, Blake deflagrou guerra contra Bacon, Newton e Locke, e, como alternativa ao elementarismo e mecanicismo da "Filosofia dos Cinco Sentidos", voltou-se para a tradição cabalística e para Paracelso, Boehme, Swedenborg e outros autores ocultistas. Como resultado, ele esboçou uma visão de mundo que chegava notavelmente perto daquela da filosofia romântica alemã: uma visão baseada no poder gerador de opostos – "Sem contrários não há progressão" – e terminando na concepção de um universo organicamente inter-relacionado, onde qualquer parte envolve o todo e podemos "ver um Mundo em um grão de areia". Para explicar a composição poética como um ato compulsivo, natural e completo, entretanto, Blake não se valeu desses conceitos; ele reverteu à teoria mais antiga do vaticínio, de uma forma que atesta que ele próprio

---

79 *Lectures on the English Comic Writers* (1819), in *Complete Works*, VI, 109; "Farington's Life of *Sir* Joshua Reynolds" (1820), ibid., XVI, p.209-10.
80 Carta a Thomas Butts, 25 abr. 1803, *Poetry and Prose of William Blake*, p.866-7.

esteve sujeito a uma experiência visionária que beirou a alucinação. "Inspiração e Visão eram, na época, e são agora, e eu espero que sejam sempre, meu Elemento, minha Eterna Morada". "Escrevo", disse ele, "quando recebo ordens dos espíritos, e no momento em que escrevo vejo as palavras voarem ao redor do quarto em todas as direções".[81]

Um crítico britânico, Thomas Carlyle, superou até mesmo seus antepassados alemães nas alegações que apresentou para a absoluta soberania do inconsciente em toda atividade válida, seja no campo literário, político ou moral. Já em 1827, Carlyle, revendo a "nova crítica" (termo de Carlyle) de Kant, Herder, Schiller, Goethe, Richter e dos Schlegel, fez o perspicaz comentário de que um elemento comum nesses vários sistemas era a ênfase dada à poesia como um todo vivo e em crescimento, e que a questão básica com esses críticos era concernente ao misterioso mecanismo por meio do qual "Shakespeare organizava seus dramas".[82] Quatro anos mais tarde, Carlyle anunciou os princípios básicos de sua própria filosofia no ensaio "Characteristics", que ele produziu com linhas extraídas de uma variedade de escritores alemães. Nesse ensaio encontramos o conceito de Schiller do gênio ingênuo como um criador harmônico e inconsequente, adaptado à visão de Fichte de que o gênio é um visionário da Ideia Divina que permanece totalmente alheio a seus poderes e processos, processos estes semelhantes a um crescimento. A marca do desempenho correto é sempre a inconsciência, de forma que, "em geral, 'o gênio é sempre um segredo para si mesmo'".[83] Carlyle também utiliza "inconsciente" à maneira de Richter para representar uma área impenetrável da mente que é a herança do reino primordial do caos, recebida por cada homem. Subjacente à película da consciência encontra-se o "Profundo insondável e ilimitado"; as raízes da vida "se estendem temerosamente até as regiões da Morte e da Noite"; e somente "nessas profundezas soturnas, misteriosas... se algo está para ser criado e não fabricado, o trabalho precisa continuar".[84]

Carlyle preserva resíduos fossilizados de conceitos mais antigos o suficiente para permitir que o estudioso diligente, a partir desse ensaio, reconstrua a história completa da teoria de que as maiores obras de arte são produto do crescimento

---

81 *Poetry and Prose*, p.809; H. C. Robinson, *Diary, Reminiscences, and Correspondence*, org. Thomas Sadler (Boston, 1898), II, 35.
82 "State of German Literature", *Works*, XXVI, p.51-3. Podemos citar aqui a distinção feita por outro germanista, Thomas De Quincey, entre estilo "orgânico" e estilo "mecânico" e sua oposição entre o estilo de Burke, que é guiado pela "necessidade de crescimento", e o do dr. Johnson, que não apresenta nem "processo", nem "evolução" ("Style", *Collected Writings*, X, p.163-4, 269 e ss).
83 "Characteristics" (1831), *Works*, XXVIII, 3, 5.
84 Ibid., p.3-5.

inconsciente. Esse é o processo, diz-nos Carlyle, que uma vez já foi imputado à inspiração divina, e ele próprio continua a interpretá-lo como um "mistério" quase religioso. "A inconsciência é a marca da criação... Tão profundo nessa nossa existência é o significado do Mistério."[85] Associado a esse conceito encontra-se a igualmente antiga antítese entre arte e natureza da qual Carlyle nos oferece também uma lista de opostos paralelos ou sinônimos: cônscio *versus* incônscio, voluntário e intencional *versus* involuntário e espontâneo, manufatura *versus* criação, morte *versus* vida, mecânico *versus* dinâmico.[86] E, persistentemente, na escolha que Carlyle faz de suas figuras de linguagem, discernimos o nível a que o paradigma do crescimento secreto e silencioso de uma planta guiou sua concepção do desenvolvimento totalmente espontâneo e inconsciente de uma obra de arte. Como Carlyle afirma acerca de Shakespeare – que permanece, como já permanecia desde Milton, o exemplo precípuo do poeta por natureza –

> [Shakespeare] é o que eu chamo intelecto incônscio... Novalis comenta muito bem a respeito dele; que aqueles seus Dramas são Produtos da Natureza também... a Arte de Shakespeare não é Artifício; o valor mais nobre dela não está lá por intenção ou pré-plano... As obras desse homem, por mais que ele se empenhe com a maior consciência e premeditação, irão se realizar, crescer além disso, de forma *in*consciente, das profundezas desconhecidas que ele tem dentro de si; – como o carvalho cresce do âmago da Terra, como as montanhas e as águas se moldam a si mesmas com uma simetria fundada nas próprias leis da Natureza... Quanto de Shakespeare jaz escondido... como *raízes*, como seiva e como as forças que atuam secretamente![87]

Como Coleridge antes dele, Carlyle utiliza o epíteto "mecânico" para denunciar não apenas a teoria neoclássica de arte, mas também o quadro que Locke faz da mente como "uma Forma, uma Visibilidade como tivesse sido alguma substância combinada, divisível e agregável",[88] assim como a visão de mundo da ciência newtoniana e do materialismo francês. A enorme diferença entre esses dois pensadores é que Carlyle, estabelecendo "natureza" como norma, interpreta-a de forma a condenar toda "arte", e a indicar como ideal, em todas as preocupações humanas, a confiança no inconsciente e no instinto.

> Pois em todas as coisas vitais, os homens distinguem um Artificial e um Natural... o artificial é o cônscio, mecânico; o natural é o incônscio, dinâmico. Assim como temos

---

85 Ibid., p.5, 16. Cf. p.40.
86 P. ex., ibid., p.6-7, 10, 12.
87 *Heroes and Hero-Worship* (1835), in *Works*, V, p.107-8.
88 "Goethe", *Works*, XXVI, 215.

uma Poesia artificial, e louvamos apenas o natural, da mesma forma temos uma Moralidade artificial, uma Sabedoria artificial, uma Sociedade artificial.[89]

Coleridge e a estética do organicismo

Antes de conhecer a filosofia alemã, Coleridge havia se familiarizado com antecessores importantes da organologia alemã, tais como Plotino, Giordano Bruno e Leibniz, além de Boehme e outros escritores da tradição do ocultismo. Há poucas ideias básicas na cosmologia e na teoria do conhecimento de Coleridge que, de alguma forma, não haviam sido prenunciadas por Schelling, e não pode haver qualquer dúvida de que Coleridge baseou nas formulações de A. W. Schlegel tanto sua antítese central entre a arte mecanicista e a arte organicista como boa parte de sua análise prática sobre Shakespeare e outros dramaturgos. À luz dessa estrutura comum, entretanto, podemos compreender a posição de Coleridge de que nos pensadores alemães ele encontrou aquilo em que já havia pensado e estava a ponto de dizê-lo ele próprio. Com toda certeza, em sua crítica, ele não se apropriou de nada que não tivesse incorporado aos seus próprios princípios, reafirmou pouco que não tivesse aperfeiçoado, e foi mais bem-sucedido do que quaisquer outros de seus predecessores na conversão do conceito organicista da imaginação em um método abrangente e prático de análise e avaliação especificamente literárias.

O pensamento organicista em estética, conforme chegou da Alemanha até Coleridge, não ficou de forma alguma confinado ao processo da criação artística. Ele penetrou todos os aspectos da crítica, algumas vezes fornecendo uma nova formulação e um novo foco para as opiniões existentes, outras vezes gerando novas categorias para registro, interpretação e avaliação de obras de arte. Antes de deixarmos esse assunto, será válido traçar um pequeno esboço de alguns dos aspectos mais relevantes do ponto de vista organicista, fora do domínio da psicologia literária.

(1) *História organicista*. Por meio do transplante da ideia-embrião da mente do poeta para a mente coletiva de uma nação ou de uma época, os teóricos puderam aplicar as categorias organicistas à filogenia, bem como à ontogenia da arte: supõe-se que um gênero artístico ou uma literatura nacional, visto como um *Gesamtorganismus* [organismo total], cresça com o tempo como uma obra única cresce na imaginação do artista individual.

---

89 "Characteristics", *Works*, XXVIII, 13; cf. também p.7, 41.

O ciclo de vida de um organismo – nascimento, maturidade, envelhecimento, morte – havia, é óbvio, sido um dos paradigmas mais antigos sobre os quais a concepção de história se moldou. Em uma organologia desenvolvida, que explora as possibilidades detalhadas das coisas vivas e em crescimento, qualquer produto ou instituição humano é imaginado como se estivesse em processo de germinação, sem qualquer plano ou intenção deliberada de alguém, e como se estivesse realizando seu destino por uma premência interna, alimentando-se dos materiais de seu tempo e lugar, a fim de se multiplicar até chegar à sua forma vital e derradeira. Toda a arte grega – assim escreveu Friedrich Schlegel em 1795-6 – constitui um único desabrochar cuja "semente está fundada na própria natureza humana", e possui uma "força coletiva" como seu princípio dinâmico e orientador. E em seu curso histórico, cada "avanço se desenvolve do anterior como se por iniciativa própria, e contém o embrião completo da fase seguinte".[90]

Nem seria necessário dizer com que imensa força um modo de pensar modelado em uma planta em crescimento estimulou o hábito genético da mente. Desse ponto de vista, compreender qualquer coisa é saber como ela surgiu. Muito do que até então havia sido concebido como Ser é agora visto como um Devir – o próprio universo, em si mesmo, é um processo, e a criação de Deus é um *continuum*. A transformação, em vez de um fluxo heraclitiano sem significado, é compreendida como a emergência ordenada de formas internas e é considerada como constitutiva da própria essência das coisas; e a velha desconfiança da mutabilidade fica anulada. "A Verdade", disse Carlyle, citando Schiller, "*immer wird, nie ist;* nunca *é*, sempre *está sendo*"; e na mudança "não há nada terrível, nada sobrenatural; pelo contrário, ela subjaz à própria essência de nossa sina e nossa vida neste mundo".[91]

Um resultado importante da teoria organicista da história foi ter fornecido uma nova interpretação da teoria do pluralismo cultural. A partir do século XVII, "a doutrina das circunstâncias", aplicada aos monumentos da literatura, havia resultado em uma ampla investigação empírica das condições locais e temporais – físicas ou culturais – que haviam influenciado as épicas de Homero, a Bíblia hebraica, as tragédias de Sófocles ou o teatro de Shakespeare. No século XVIII, foi cada vez mais enfatizada a visão de que os produtos de gênios, tendo em vista que eles são condicionados de diversas maneiras, podem diferir, e sem qualquer dúvida diferem, sem necessariamente se aproximarem ou retrocederem de uma única norma de excelência. "Portanto, julgar Shakespeare com base em regras de Aristóteles", afirmou Pope em 1725, "é como levar um homem a julgamento pelas leis de um

---

90 *Ueber das Studium der Griechischen Poesie*, in *Jugendschriften*, I, 145. Cf. *Gespräch über die Poesie* (1800), ibid., II, p.339.
91 "Characteristics", *Works*, XXVIII, p.38-9.

país quando ele agiu sob as leis de outro".[92] Meio século mais tarde, o pai fundador da organologia histórica, J. G. Herder, substituindo essas figuras de linguagem jurisprudenciais por figuras de linguagem biológicas, mostra quão prontamente a relação de diferentes espécies de plantas com condições diversas de clima e solo se traduzem em uma teoria consumada de relativismo estético. Ao considerar a aplicabilidade das normas de Aristóteles baseadas no teatro local dos gregos à obra de Shakespeare, Herder escreve:

> A primeira e última questão é: "qual é a natureza do solo? A que se adapta ele? O que foi semeado lá? O que é ele capaz de gerar?" – Céus! como estamos distantes da Grécia! A história, a tradição, os costumes, a religião, o espírito do tempo, das pessoas, do sentimento, da língua – como estamos distantes da Grécia!... A natureza, a virtude e a perfeição [da criação de Shakespeare] repousam no fato de que diferem da anterior no sentido de que justamente do solo de seu tempo essa outra planta brotou.[93]

A oposição das categorias vegetais a uma teoria de forma e medida únicas de gênero literário está representada na seguinte passagem, extraída dos manuscritos de Coleridge. Poetas da Renascença italiana e inglesa são

> como belas e majestosas plantas, cada uma com um princípio vital que lhe é próprio, absorvendo e organizando diferentemente o alimento oriundo do solo peculiar em que [cada uma?] se desenvolveu... Em todos os seus tons elas dão testemunho de seu local de nascimento e dos acidentes e condições de seu desenvolvimento interior e sua expansão exterior.[94]

(2) *Avaliação orgânica*. As categorias essenciais do organicismo estimularam critérios importantes e característicos de valor estético, que se opõem à inclinação dominante, no classicismo francês e início do classicismo inglês, pelo simples, pelo claro, pelo harmonioso e pelo completo. Critérios orgânicos geram uma semelhança com as qualidades estéticas que foram coligidas, no decorrer do século XVIII, sob o título de "o sublime", mas são formuladas em termos distintos, e

---

92 Prefácio a *Works of Shakespeare, Works*, III, 273.
93 *Von deutscher Art und Kunst* (1773), in *Sämtliche Werke*, V, p.217-8; o completo desenvolvimento das ideias de Herder pode ser encontrado em seu *Ideen zu einer Philosophie der Geschichte der Menschheit* (1784-91).
94 *Coleridge's Shakespearean Criticism*, I, 242-3. Cf. A. W. Schlegel, *Lectures on Dramatic Art and Literature*, p.340. Cf. também *Shakespearean Criticism*, I, 231, e *Miscellaneous Criticism*, p.159--60. Para sua teoria organicista do Estado inglês, cf. Coleridge, *Church and State*, in *Works*, org. Shedd, VI. Cf. *Lay Sermons*, p.23, e *Table Talk*, p.163-4.

com uma lógica nova. Por exemplo, o crescimento orgânico é um processo aberto, sem fim, cultivando um sentido da promessa do incompleto e da glória do imperfeito. Também, à medida que uma planta incorpora os mais diversos materiais da terra e do ar, da mesma forma o poder sintético da imaginação "se revela", na famosa frase de Coleridge, "no equilíbrio ou conciliação de qualidades *opostas* ou *discordantes*". E somente em uma unidade "mecânica" são as partes nitidamente definidas e fixadas; na unidade orgânica, o que encontramos é uma inter-relação complexa de componentes vivos, indeterminados e em constante mutação.

Consideremos também, nessa aplicação, a versão organicista de Coleridge sobre a Grande Cadeia do Ser, que ele adaptou à sua teoria biológica a partir das especulações de Schelling e Henrik Steffens. Em *The Theory of Life*, Coleridge define a vida como "o poder que se manifesta do interior como um princípio de *unidade* no *múltiplo*", ou "de unidade na *multiplicidade*"; esse poder "une um certo todo em uma totalidade pressuposta por todas as suas partes". (O mesmo princípio, em seus escritos sobre estética, serve para Coleridge definir "o Belo" – "aquilo em que o *múltiplo*, ainda visto como múltiplo, torna-se um", ou, em outras palavras, "Multiplicidade na Unidade".)[95] Dessa definição de vida Coleridge deriva os critérios de classificação de qualquer indivíduo ou espécie na natureza. "A unidade será mais intensa na proporção em que ela constitui cada coisa particular um todo de si mesmo; e mais ainda, novamente, na proporção ao número e interdependência das partes que ela une como um todo." A indicação do *status* de um organismo na escala da natureza, portanto, é resultado de dois fatores, a que ele chama "extensão" e "intensidade" – em outras palavras, inclusão e organização, o número e a diversidade das partes componentes e o hermetismo de sua integração no todo. Mais abaixo na escala, encontram-se os metais, que, como "elementos ou corpos simples", constituem "forma de unidade com o grau mínimo de propensão ao individualismo". No ápice, encontra-se o homem, o "grande e absoluto objetivo da Natureza", sua "derradeira produção da mais elevada e substancial individualidade".[96]

É óbvio que essa escala da natureza pode, sem qualquer dificuldade, ser generalizada em um padrão abrangente de valor – ético e estético. No campo da conduta, esse padrão se manifesta como o ideal faustiano da insaciabilidade, e como a busca incessante de, ao mesmo tempo, incluir e incorporar à própria totalidade a medida mais completa da experiência mais diversa. Para uma obra de arte, a di-

---

95 *Theory of Life*, p.42; "On the Principles of Genial Criticism", *Biographia Literaria*, II, 232. A definição de beleza como "muitas em uma" é uma ideia antiga que prontamente se prestou às premissas biológicas de Coleridge.
96 *Theory of Life*, p.44, 47-50.

mensão da grandeza torna-se, conjuntamente, a riqueza – a quantidade e diversidade – dos materiais componentes, e o nível em que esses estão combinados na interdependência característica de um todo orgânico. Embora toda beleza seja multiplicidade na unidade, o grau de beleza varia diretamente com a multiplicidade: uma obra de arte, segundo Coleridge, será "rica em proporção à variedade de partes que ela mantém na unidade".[97]

Sobre essas bases, Coleridge, como os críticos alemães com quem ele tem muita afinidade, elevou a multiplicidade diversificada na unidade de arte moderna ou "romântica" acima do que ele considerava como a unidade mais simples de materiais mais uniformes nos produtos dos gregos e romanos. A explicação da diferença entre o teatro ateniense e o shakesperiano é "que a própria essência do primeiro consiste da mais rigorosa separação do diferente em espécie; o último agrada [em variedade]".[98] Consequentemente, Coleridge glorificava Shakespeare pelas mesmas qualidades que até mesmo alguns de seus ardorosos admiradores neoclássicos haviam atribuído ao barbarismo de sua época e público. Do ponto de vista da teoria orgânica, a medida da grandeza de Shakespeare é exatamente a diversidade e aparente desarmonia dos materiais de suas peças: a conciliação em unidade entre tragédia e farsa, riso e lágrimas, trivial e sublime, reis e palhaços, estilo elevado e inferior; *pathos* e trocadilhos; e o delineamento na alta tragédia do homem como sendo, ao mesmo tempo, a glória, objeto de escárnio e enigma do mundo. Shakespeare, sustenta Coleridge, alia-se à "grande lei da natureza de que opostos tendem a se atrair e se ajustar um ao outro", e produz um todo "pelo equilíbrio, neutralização, intermodificações e harmonização final de diferentes". E em oposição aos modelos clássicos perfeitamente acabados, encontramos e admiramos nele a promessa infinita do nunca acabado:

> Com base na mesma escala, podemos comparar Sófocles e Shakespeare: no primeiro há uma inteireza, uma gratificação, uma grandeza sobre as quais a mente pode repousar; no segundo, vemos um agrupamento de materiais – grandes e pequenos, suntuosos e despojados – combinados, por assim dizer, a uma insatisfatória quase perfeição, e ainda assim tão promissora de nosso progresso que não a trocaríamos por aquele repouso da mente que habita as formas de simetria em aquiescente admiração do decoro.[99]

---

97 "On Poesy or Art", *Biographia*, II, 255. Cf. também *Table Talk* (27 dez. 1831), p.165; *Inquiring Spirit*, org. Coburn, p.158.
98 *Shakespearean Criticism*, I, p.197-8; cf. *Miscellaneous Criticism*, p.7.
99 *Shakespearean Criticism*, I, 224; II, 262-3; *Miscellaneous Criticism*, p.190. Sobre outras bases teóricas para preferências estéticas semelhantes nessa época cf. A. O. Lovejoy, *The Great Chain of Being* (Cambridge, 1936), cap. X.

Analogias organicistas, juntamente com categorias organicistas de valor, têm ressurgido de forma notável na crítica moderna. Recentemente, por exemplo, Cleanth Brooks anunciou:

> Uma das descobertas fundamentais de nossa época – talvez não seja uma descoberta, mas apenas um resgate – é que as partes de um poema têm uma relação orgânica entre si... As partes de um poema estão relacionadas entre si como as partes de uma planta em crescimento.

Nessa descoberta ele baseia o atual renascimento da crítica prática e a ela atribui "a maior esperança que temos de reacender o estudo da poesia e dos estudos clássicos em geral".[100] Os próprios critérios de primeira ordem de Brooks para poesia – *insight*, ironia, paradoxo e o requisito, em qualquer grande poema, de que uma atitude seja qualificada pelo seu oposto –, como ele próprio aponta,[101] podem ser vistos como ligados ao modelo de Coleridge de conciliação de elementos heterogêneos. Esses critérios, entretanto, foram, nos princípios metafísicos de Coleridge, desvinculados de suas raízes e de seu contexto em uma teoria da arte organicista muito desenvolvida, e também reduzidos, um pouco à maneira do conceito de "ironia romântica" proposto pelos contemporâneos alemães de Coleridge: Friedrich Schlegel e Ludwig Tieck.

(3) *Lei orgânica*. Coleridge seguiu Schelling ao sustentar que a mente do artista, repetindo as operações da natureza externa, onde encontramos uma "coinstantaneidade do plano e da execução", contém dentro de si um propósito inconsciente semelhante. "Por isso, existe dentro do próprio gênio uma atividade inconsciente ou, melhor dizendo, é o gênio no homem de gênio."[102] Portanto, Coleridge, como os teóricos alemães, argumenta que a invenção literária envolve o processo natural, não planejado e inconsciente por meio do qual as coisas se desenvolvem. Porém, Coleridge toma a precaução de evitar a tendência anárquica evidente em alguns rebeldes anteriores contra regras externas ao explorar simultaneamente outra possibilidade na planta em crescimento – o aspecto das leis biológicas.

---

100 "Irony and 'Ironic' Poetry", *College English*, IX (1948), p.231-2, 237. Cf. também "The Poem as Organism", *English Institute Annual*, 1940, p.20-41.
101 Cf. *The Well-Wrought Urn* (Nova York, 1947), p.17.
102 "On Poesy or Art", *Biographia*, II, p.257-8. Sobre o interesse permanente de Coleridge em psicologia dos sonhos, magnetismo animal e outros fenômenos mentais cujas causas residem em um domínio, como disse ele, "abaixo da consciência", cf. *Coleridge's Philosophical Lectures*, Introdução, p.44-7.

Na Inglaterra, como sabemos, a abordagem mais próxima de uma equiparação da criação literária com o crescimento natural fora a de um escritor, Edward Young, que havia, para todos os propósitos práticos, eliminado o aspecto da arte e do procedimento ordenado no conceito do gênio original. A Young, em relação a esse último aspecto, podem estar associados os primitivistas estéticos radicais de meados do século XVIII e que posteriormente caíram na armadilha de supor que há apenas uma *poesis* ou "arte" da poesia, única e universal, e que essa arte é idêntica às formas implícitas nos escritos clássicos. Para esses críticos (assim como para os seus antagonistas, quais sejam, os pouquíssimos críticos ingleses que eram adeptos das normas), a única alternativa a essa espécie singular de arte era a naturalidade, e as únicas alternativas às normas neoclássicas eram a irregularidade, a ilegitimidade e o acaso. Já que Shakespeare, por exemplo, ofereceu entretenimento independentemente de modelos clássicos e normas neoclássicas, a única opção foi atribuir seu sucesso à sua naturalidade como um filhote da natureza, com seus trinados de pássaro silvestre nativo. "A poesia não conhece regras", escreveu Robert Heron. "Não é o Gênio... [da Natureza] superior – seu rei, seu deus?" Fama duradoura só é obtida por uma alma "livre como os ventos que sopram nas montanhas".[103]

A lógica inerente à visão organicista da composição poderia demonstrar que essa escolha entre normas e ausência de normas era um dilema falso. Uma planta cresce independentemente de controles impostos, e ainda assim em rigorosa obediência a leis naturais. Por um raciocínio paralelo, na imaginação do gênio a alternativa a normas externas não é a ilegitimidade, mas a legitimidade inerente ao desenvolvimento orgânico. Essa inferência, muitas vezes sugerida na organologia alemã, desempenhou um papel vital na evolução do pensamento crítico de Goethe, pois ele próprio passara pela fase do antinomianismo estético e moral do *Genieperiode* [período do gênio], o equivalente alemão do movimento de primitivismo cultural no pensamento inglês; e a transição de Goethe para seu "classicismo" posterior ficou marcada, acima de tudo, pela crescente ênfase que ele deu ao reino da lei na arte e na vida – embora, para ele, essa fosse uma lei para o homem construída com base na analogia da lei para as coisas.[104] Como Goethe afirmou durante sua decisiva viagem à Itália, as grandes obras da arte clássica foram produzidas "como as maiores obras da natureza, segundo leis genuínas e

---

103 Robert Heron [John Pinkerton], *Letters of Literature* (Londres, 1785), p.207-8, 212.
104 Cf., p. ex., o décimo nono livro de *Dichtung und Wahrheit*, no qual Goethe descreve a concepção do movimento *Tempestade e ímpeto* sobre gênio como "aquele que declara a si próprio acima de todos os limites". Aqui, porém, ele considera que "gênio é o poder do homem que, por meio de seus feitos e ações, fornece leis e regras".

naturais". E, mais tarde, ele declarou que os artistas "finalmente constroem as normas a partir deles próprios, de acordo com leis da arte que repousam na natureza do gênio modelador do mesmo modo como a grande e universal natureza eternamente mantém suas leis orgânicas".[105]

Quando nos voltamos para Coleridge, vemos que ele, de maneira persistente, colocou em oposição às regras neoclássicas o conceito do reino silencioso da lei na natureza externa vital. No desenvolvimento das árvores há uma lei a que todas as partes obedecem, em conformidade com o "princípio essencial". Assim operava Shakespeare no espírito da natureza, que "opera do interior por evolução e assimilação, de acordo com uma lei"; e "as *regras* da Imaginação", relembramos, são para Coleridge "os próprios poderes de crescimento e produção".[106] Porém, recorrer às leis do crescimento orgânico a partir de normas fez com que Coleridge se confrontasse com outra – e muito séria – questão. A natureza dessa dificuldade é claramente indicada no perspicaz, embora míope ensaio de Walter Pater a respeito de Coleridge como crítico e poeta. Coleridge, comentou Pater, chegou perto de classificar a arte como um organismo natural; e, depois de citar vários excertos relevantes da crítica de Coleridge, Pater incluiu a seguinte objeção:

> O que torna sua visão unilateral é que, segundo ela, o artista tornou-se quase um agente mecânico; em vez daquela fase realmente luminosa e confiante da percepção, o ato associativo na arte da poesia acaba parecendo um processo de assimilação irracionalmente orgânico.[107]

Isto é, as leis do mundo inanimado são fixas e definidas, e operam de forma inconsciente ou sem possibilidade de escolha; então, ao descartar normas externas, Coleridge parece correr o risco de cair em um total automatismo artístico.

Desse perigo Coleridge parecia estar bem cônscio. A atividade inconsciente pode, com efeito, ser "o gênio no homem de gênio", mas, também insistiu ele –

> O que, então, poderíamos dizer? Até mesmo isso: que Shakespeare, não um mero filho da natureza; nenhum autômato de gênio; nenhum veículo passivo de inspiração possuído pelo espírito, ou possuidor dele; primeiro estudou com paciência, meditou com profundidade, compreendeu as minúcias, até que o conhecimento se tornou rotineiro e intuitivo... finalmente, trouxe ao mundo aquele poder estupendo...

---

105 *Italienische Reise (1787), Sämtliche Werke*, XXVII, 108; *Diderot's Versuch über die Malerei* (1798-9), ibid., XXXIII, p.212-3.
106 *Shakespearean Criticism*, II, 170; *Miscellaneous Criticism*, p.43; *Biographia*, II, 65.
107 "Coleridge", *Appreciations* (Nova York, 1905), p.79-80.

Na verdade, a iteração constante e extremamente enfática de Coleridge é que a poesia faz "a alma inteira do homem entrar em atividade"; que a imaginação é "primeiramente posta em ação pela *vontade* e compreensão, e contida sob controle irremissível, embora suave e invisível"; e que "grande como era o gênio de Shakespeare, seu juízo era pelo menos equilibrado".[108] Quando Clarence D. Thorpe defendeu a tese de que nenhum crítico jamais "tivera mais para dizer acerca do valor do intelecto e da razão do que Coleridge",[109] ele apontou para um lado da teoria de Coleridge que Pater, assim como Irving Babbitt e outros que vieram depois dele, ignorou totalmente.

O problema central de Coleridge, portanto, foi utilizar a analogia com o crescimento orgânico para explicar o espontâneo, o inspirado e o autoevolutivo na psicologia da invenção, sem, no entanto, se comprometer com a figura eleita de modo a minimizar a superveniência das qualidades antitéticas de presciência e escolha. A tentativa de Coleridge de conciliar essas antíteses tomou formas variadas. O juízo de Shakespeare, diz ele citando um exemplo, "foi o nascimento e o rebento vivo de seu gênio do mesmo modo como a simetria de um corpo é resultado da sanidade e vigor da vida como força organizadora". Em sua melhor e mais bem argumentada passagem acerca do tema, Coleridge contrasta a "força viva" e a "originalidade livre e antagônica" de Shakespeare com o "mecanismo inerte" de imitadores servis de velhas formas, de modo a fazer o desenvolvimento orgânico legítimo incorporar tanto a arte quanto as regras:

> Não penseis que pretendo opor o gênio a normas... O espírito da poesia, como todas as outras forças vitais, deve, por necessidade, ser circunscrito por regras, mesmo que seja apenas para unir força e beleza. Ele deve se materializar para se revelar a si mesmo; mas um corpo vivo é, necessariamente, um corpo organizado.
>
> Nenhuma obra de um gênio verdadeiro ousa desejar sua forma apropriada; na verdade, esse perigo nem existe, pois ele não deve, e nem pode, ser desprovido de leis! Pois é até mesmo isso que o constitui um gênio – o poder de agir criativamente sob leis que ele mesma cria... A Natureza, o cordial artista-mor, inexaurível em diversos poderes, é igualmente inexaurível em formas... E a mesma coisa é apropriada excelência do poeta que ela escolhe, de nosso próprio Shakespeare, ele próprio uma natureza humanizada, uma compreensão reconfortante conduzindo autoconscientemente um poder e uma sabedoria implícita mais profunda do que a consciência.[110]

---

108 *Biographia*, II, p.19-20, 12; *Shakespearean Criticism*, II, 263 (grifos meus).
109 "Coleridge as Aesthetician and Critic", *Journal of the History of Ideas*, V (1944), p.408.
110 *Coleridge on Logic and Learning*, p.110; *Shakespearean Criticism*, I, p.223-4. Sobre esse assunto, cf. também Charles Lamb, "The Sanity of True Genius" (1826).

"Conduzindo autoconscientemente um poder e uma sabedoria implícita mais profunda do que a consciência." Foi dessa maneira que Coleridge – como A. W. Schlegel – aplicou a teoria baseada no organismo para solucionar os problemas de que, como vimos, aquela teoria foi oriunda: como um gênio, compondo independentemente de exemplos e regras estabelecidos, pode produzir obras que são, ao mesmo tempo, regulares, exemplares e fonte de regras; como, embora escrevendo com aparente liberdade, inspiração e uma feliz espontaneidade, ele, não obstante, segue um processo que acaba se tornando rigorosamente orientado para um fim – em suma, como o elemento da "natureza" no gênio nato pode se harmonizar com sua incontestável realização de uma "arte" extremamente complexa e elaborada. A solução é que o gênio, por mais livre que seja de preceitos anteriores, nunca está livre da lei; conhecimento, diligência e juízo reflexivo como base e complemento da criação são condições necessárias mas não suficientes para a realização estética mais elevada; no fim das contas, o trabalho da imaginação precisa começar de maneira espontânea e ter vida independente e, por sua própria energia, elaborar sua forma final da mesma maneira como cresce uma árvore. Agindo dessa forma sob "leis de sua própria lavra", realizando obras, cada uma das quais é única, o gênio faz as regras pelas quais seus próprios produtos deverão ser julgados; ainda assim, essas leis são universais, às quais ele próprio deve necessariamente obedecer, porque sua composição avança conforme a ordem do universo vital. Tipicamente, nesse modo de crítica romântica, a crença na autonomia completa e na originalidade singular da obra individual caminhou lado a lado com a confiança em princípios universais de valor. Não há, evidentemente, qualquer inconsistência lógica nessa posição. Uma obra de arte pode, em teoria, exigir ser desfrutada por todos e, ainda assim, diferir radicalmente de qualquer outra obra de arte existente.

LITERATURA COMO REVELAÇÃO DA PERSONALIDADE

Shakespeare está acima de todos os autores, pelo menos acima de todos os autores modernos; é poeta por natureza; poeta que mantém diante dos leitores um espelho fiel dos costumes e da vida.
Samuel Johnson

As obras [de Shakespeare] são como muitas janelas através das quais vislumbramos o mundo que existia dentro dele.
Thomas Carlyle

Conhecer uma obra literária é conhecer a alma do homem que a criou – que a criou para que sua alma se tornasse conhecida.
John Middleton Murry

A questão principal, "comum entre os maiores críticos de nosso tempo", afirmou Carlyle em 1827, "é sobretudo de natureza psicológica, a ser esclarecida por meio da descoberta e do delineamento da natureza peculiar do poeta a partir de sua poesia".[1] Não poderia haver antítese mais surpreendente à prática de críticos (com exceção parcial feita a Longino) desde a aurora das especulações sobre a arte no decorrer da maior parte do século XVIII. Contanto que o poeta fosse considerado principalmente um agente que mantém um espelho diante da natureza, ou o criador de uma obra de arte conforme padrões universais de excelência, havia um espaço teórico limitado para a intromissão de traços pessoais em seu produto. Como

---

1 "The State of German Literature", *Works*, I, 51.

resultado, a crítica prática ocupou-se principalmente do poema em si, de sua relação com o mundo que refletia e de sua relação com as normas da escrita e as susceptibilidades do público em que essas normas se basearam. O que se escrevia sobre as vidas de poetas e artistas foi levado adiante como um ramo da biografia geral, com o objetivo de dar memória a homens famosos em todas as áreas das empreitadas humanas. Porém, uma vez que emergiu a teoria de que poesia é sobretudo a expressão de sentimento e um estado de espírito – e até mesmo, em sua forma extrema, que poesia é a gratificação imaginária de um desejo –, um corolário natural iria abordar um poema como uma revelação do que Carlyle chamou de "especialidades individuais" do próprio autor. Em 1800, Schleiermacher escreveu, no idioma do idealismo da época

> Se a introspecção do espírito consigo mesmo é a fonte divina de toda arte plástica e da poesia, e se o espírito encontra dentro de seu próprio ser tudo que ele pode representar em suas obras imortais, não deveria o espírito, em todos os seus produtos e criações que não podem representar nenhuma outra coisa mais, também olhar de volta para si mesmo?[2]

Para o bem ou para o mal, o amplo uso da literatura como um indicador – o mais confiável indicador – da personalidade foi produto da orientação estética característica do início do século XIX.

Antes de tecer comentários acerca dessa estranha inovação, que varreu tudo que havia antes dela em termos de crítica aplicada durante mais de um século, será útil estabelecer algumas distinções gerais. Nossa preocupação será com três tipos de atividade ostensivamente crítica, e embora cada uma delas dependa da mesma premissa de que arte e personalidade são variáveis correlatas, a diferença entre elas é importante. Pode-se ler um autor em busca da explicação de seu trabalho; pode-se também ler um autor independentemente de sua obra; e pode-se também ler uma obra para nela encontrar o seu autor. O primeiro tipo é basicamente uma investigação de causas literárias; *tel arbre, tel fruit* [tal árvore, tal fruto], no dizer de Sainte-Beuve, seu famoso expoente – a tentativa é de isolar e explicar a qualidade especial de uma obra pela referência à qualidade especial da personalidade, da vida, da linhagem e do meio em que viveu o seu autor. O segundo tipo tem objetivo biográfico: propõe-se a reconstruir o autor conforme ele viveu e utiliza o produto literário simplesmente como um registro conveniente a partir do qual se pode inferir alguma coisa sobre sua vida e sua personalidade. O terceiro tipo, entretanto, alega ser mais especificamente estético e avaliativo em propósito: ele considera as qualidades estéticas como uma projeção de qualidades

---

[2] *Monologen*, org. F. M. Schiele, p.22.

pessoais e, em sua forma extrema, vê o poema como uma transparência que se abre e leva diretamente à alma do autor. "Até onde vale o sacrifício", disse Herder já em 1778, "essa *leitura viva*, essa presciência na alma do autor, é o absolutamente *único* modo de ler, e o meio mais profundo de autodesenvolvimento."[3] Ou, na interpretação mais recente e mais moderada desse ideal, exprimida por F. L. Lucas:

> Cada vez mais tenho encontrado, por experiência espontânea, que até mesmo o prazer estético de um poema depende, em minha opinião, da beleza da personalidade vislumbrada nas entrelinhas; do espírito do qual o corpo de um livro é inevitavelmente o eco e o modelo.[4]

No discurso crítico de tais leitores, portanto, as qualidades básicas de um bom poema são, literalmente, atributos da mente e do temperamento de seu criador: sinceridade, integridade, muita seriedade, inteligência, altruísmo – e assim por diante, por meio de todos os recursos caracterológicos da linguagem.

Ademais, pode nos ser bastante útil distinguir o nível em que um crítico investiga a conexão entre arte e temperamento, seja seu objetivo explicativo, biográfico ou avaliativo. Em primeiro lugar, pode-se considerar que um produto literário reflete os poderes, as faculdades e a habilidade de seu criador –

> Immortal flowers of poesy,
> Wherein, as in a mirror, we perceive
> The highest reaches of a human wit,
>
> [Flores imortais da poesia,
> Nelas, como em um espelho, percebemos
> Onde pode chegar o talento humano,]

como, há muito tempo, Christopher Marlowe exprimiu essa quase tautologia. No nível seguinte, considera-se que existe uma particularidade no estilo, ou tendência geral da linguagem, que serve como um indicador da especificidade da disposição mental do autor. Porém, no terceiro nível, a ideia é que o estilo, a estrutura e o assunto da literatura incorporam os elementos mais persistentes e dinâmicos da uma mente particular; as disposições básicas, os interesses, os desejos, as preferências e aversões que dão continuidade e coerência a uma personalidade. Na radical opinião de um crítico de nosso próprio tempo, Edmund Wilson:

---

3 "Vom Erkennen und Empfinden" (1778), *Sämtliche Werke*, VIII, p.208.
4 *The Decline and Fall of the Romantic Ideal* (Nova York, 1936), p.221.

Evidentemente, os elementos verdadeiros de qualquer obra de ficção são os elementos da personalidade do autor: sua imaginação incorpora às imagens das personagens, às situações e cenas, os conflitos fundamentais de sua natureza ou do ciclo de fases pelas quais ela habitualmente passa. As personagens que ele cria são personificações de seus vários impulsos e emoções; e as relações entre elas em suas histórias são realmente as relações entre tais impulsos e emoções.[5]

A correlação do estilo e de certas qualidades restritas de uma obra tanto com os poderes quanto com a disposição de mente do autor aparecem ocasionalmente na retórica e poética clássicas; foi um elemento proeminente na teoria de Longino e tornou-se assunto discutido com bastante frequência na crítica dos séculos XVII e XVIII. A característica distintiva na crítica aplicada de muitos críticos românticos – ingleses e alemães – está no grau com que essa abordagem geral da literatura suplantou outras e, acima de tudo, no desenvolvimento e utilização da interpretação no terceiro desses níveis. Alguns desses críticos chegaram até mesmo a distinguir entre os atributos pessoais que um autor projeta diretamente em sua obra e aqueles que ele mascara e distorce para esconder certos fatos de seus leitores ou de si mesmo. Como resultado, temos uma obra literária dividida entre a referência superficial a personagens, coisas e eventos, e um simbolismo mais importante encoberto, expressivo de elementos da natureza do seu autor. Provido da chave apropriada, o romântico radical acreditava poder decifrar o hieróglifo, penetrar na realidade atrás da aparência e, assim, vir a conhecer um autor com mais intimidade do que seus próprios amigos e sua própria família; mais intimamente até mesmo do que o autor poderia conhecer a si próprio sem essa chave.

O estilo e o homem

A teoria da arte sempre acolheu conceitos que implicam alguma correspondência limitada entre a natureza do artista e a natureza de seu produto. Um exemplo conhecido, a proposição de que a excelência artística só pode ser consequência de excelência moral, foi introduzido por Platão, mas tornou-se mais conhecido dos críticos da Renascença na versão mais simples do geógrafo Estrabão: "Ninguém pode se tornar um bom poeta a menos que tenha primeiramente se tornado um bom homem".[6] O conceito foi prontamente relacionado com a visão de que a

---

5 *Axel's Castle* (Charles Scribner's Sons, Nova York. 1016). p.176.
6 *The Geography of Strabo*, i. 2. 5; trad. para o inglês de H. L. Jones (Loeb Classical Library), I, 63. Cf. *Republic* iii. 400.

arte é um veículo de instrução moral; como disse Ben Jonson, aqueles que irão considerar que um poeta é "um Mestre dos costumes", que pode "estimular todas as grandes virtudes em *homens adultos*", irá "facilmente concluir para eles próprios a impossibilidade de que qualquer homem venha a ser o bom *Poeta* sem ter, primeiro, sido um bom *Homem*".[7] O reverso dessa máxima – que a má poesia é um indicador de uma moral falha – foi, com certeza, dirigido especialmente aos poetas propensos a explorar o indecoroso como assunto; ao passo que esses com frequência ofereciam em sua defesa a máxima contrária, *Lasciva est nobis pagina, vita proba*.[8] Em geral, tais protestos foram em vão. A ideia de que um escritor revela seu caráter moral em sua arte foi mantida por todo o século XVIII e (com interpretações muito divergentes quanto à natureza da moralidade e do modo de sua expressão artística) por Goethe, Coleridge, Shelley, Carlyle, Ruskin, Arnold e ainda outros no século XIX.

Outra tese, prematura e largamente aceita, sugeria que certos aspectos de uma obra refletem mais de traços específicos de um homem do que meramente sua superioridade moral. George Puttenham, em *The Art of English Poesie* [A arte da poesia inglesa] (1589), seguindo amplo precedente na crítica italiana, sustentava a visão de que o estilo é o ornamento e a roupagem da poesia, e como tal, deve ajustar-se à "matéria e assunto" de uma obra literária. No entanto, uma individualidade de linguagem natural e prevalente permanece, independente dos requisitos internos de uma obra, e isso, argumenta Puttenham, é o equivalente literário da fisiognomia, e exprime personalidade:

> E porque esse fluxo contínuo e essa maneira de escrever ou falar mostram a matéria e a disposição da mente dos autores mais do que uma ou algumas palavras ou orações podem mostrar, portanto, lá está por que o estilo é a imagem do homem, *mentis character*... Pois se o homem é austero, sua fala e seu estilo são austeros...; se é frívolo, seu estilo e sua linguagem também o serão...; se é humilde, ou trivial e brando, assim também serão a sua linguagem e estilo.[9]

---

7 *Carta dedicatória de* Volpone, in *Critical Essays of the Seventeenth Century*, org. Spingarn, I, 12.

8 Assim Cowley, defendendo-se como escritor de versos amorosos, insistia que o espelho mimético está voltado rigorosamente para o exterior (Prefácio a *Poems*, 1656, in ibid., II, 85): "Não é nesse sentido que a Poesia é considerada um tipo de Pintura; ela não é o *Retrato do Poeta*, mas de *coisas* e *pessoas* imaginadas por ele. Ele pode ser um *Filósofo* – ou melhor, um *Estoico* – em sua própria prática e aptidão, e ainda assim às vezes falar com a suavidade de uma Safo apaixonada".

9 *Elizabethan Critical Essays*, org. G. G. Smith, II, p.142-3, 153-4. Puttenham acrescenta a interessante sugestão de que "os homens realmente escolhem seus objetos de acordo com a disposição de suas mentes". Cf. também Ben Jonson, *Critical Essays of the Seventeenth Century*, I, 41: A linguagem "emana de nossa parte mais íntima e reservada, e é a Imagem daquela que a

O tratamento do estilo como fisiognomia literária, assim como a roupagem do pensamento, floresceram no decorrer de todo o século XVIII. Pode-se notar que esse conceito encerra duas asserções possíveis: (1) Há uma individualidade quanto aos escritos de um autor que diferencia sua obra daquela de outros autores; reconhecemos uma "qualidade virgiliana" ou uma "qualidade miltoniana". (2) Esse traço literário está associado à personalidade do próprio homem; a qualidade virgiliana de estilo é o equivalente a alguma característica do próprio Virgílio. A relação dessas duas asserções com certas ideias críticas amplamente difundidas no século XVIII necessita de alguns comentários.

A posição de muitos críticos do século XVIII era que uma arte legítima é construída de acordo com modelos universais, de forma a satisfazer sensibilidades que os homens possuem em comum. Porém, muitos críticos deixaram um espaço em sua visão da arte para um "estilo", ou "dicção", epifenomenal, que é peculiar a cada artista. Boswell nos diz que perguntou a dr. Johnson "se havia uma diferença tão clara como essa de estilo de linguagem como há na pintura...?" Johnson respondeu:

> Ora, senhor! Penso que cada homem tem seu estilo peculiar, que pode ser descoberto por meio de um bom exame e de uma comparação com outros; mas um homem precisa escrever bastante para que seu estilo possa ser claramente percebido. Como dizem os lógicos, essa apropriação de estilo é infinita, *in potestate* [em poder], limitada *in actu* [em ato].[10]

Na mais sistematizada de todas as explicações da teoria do uniformitarianismo, o "Discourse on Poetical Imitation" [Discurso sobre a imitação poética], Richard Hurd demonstrou que, devido à "necessária uniformidade da *natureza* em toda a sua aparência, e do *senso comum*, na maneira como ele opera sobre eles", os poetas precisam, todos eles, copiar os mesmos "objetos permanentes", e de acordo com aquela "*forma* que controla cada espécie" de poesia. Ainda assim, até mesmo Hurd reservou um lugar teórico para originalidade e individualidade, não em questões de "*matéria*, mas na MANEIRA de imitar"; isto é, no "ato *geral* ou na maneira de escrever, a que chamamos *estilo*", ou nas "peculiaridades *de frase e dicção*".[11] Se não

---

criou, a mente. Nenhum espelho exprime tão verdadeiramente a forma ou a imagem do homem quanto seu discurso". Para afirmações anteriores dessa ideia, cf. A. Otto, *Die Sprichwörter und sprichwörtlichen Redensarten der Römer* (Leipzig, 1890), p.257.

10 *The Life of Dr. Johnson*, 13 abr. 1778. Cf. John Hughes, *Of Style* (1698), *Critical Essays of the Eighteenth Century*, org. Durham, p.83. Para visões contrárias à existência de um único padrão de excelência em estilo, cf. Elizabeth L. Mann, "The Problem of Originality in English Literary Criticism 1750-1800", *Philological Quarterly*, XVII (1939), p.113-4.

11 *Works of Richard Hurd*, II, p.175-6, 184, 204, 213.

naquilo que é dito, então, no mínimo, em *como* é dito – na forma adverbial, se não no substantivo – a linguagem pessoal de um autor tem permissão de se revelar com toda a legitimidade. Essa distinção está claramente desenhada no corrosivo comentário do bispo Warburton acerca da defesa incondicional que Young faz em seu *Conjectures* da originalidade e singularidade em todos os aspectos de uma obra: "dr. Young é o maior autor de asneiras de nosso tempo. E se ele soubesse que a composição original consiste da dicção e não da matéria, ele teria escrito com bom senso".[12]

Ademais, "estilo é a imagem da personalidade", conforme Edward Gibbon definiu o que foi, com frequência, um ponto de vista correlato.[13] O próprio Hurd havia ido adiante para dizer que estilo literário corresponde a inclinação mental:

> Estilo em escrita, se não se constitui de imitação expressa de algum *modelo*, é o puro resultado da inclinação da mente, e adquire sua característica a partir da qualidade predominante do escritor. Assim, uma expressão *curta e compacta* e uma expressão *difusa e fluida* são as consequências próprias de certas características do talento humano... um humor delicado e elegante apraz com leveza, naturalidade e transparência.[14]

Um autor anônimo, publicando matéria no *British Magazine*, em 1760, portanto, estava totalmente equivocado quando supôs que "até o momento não ocorreu a nenhum crítico que o caráter particular de um autor está estampado em sua obra e pode ser detectado sob o disfarce de diferentes formas em todas as suas criações".[15] Era opinião corrente que, embora poesia seja imitação, o estilo é o homem. Essa asserção não se contradizia, pois – afirmava-se – é a matéria que espelha o mundo, e é a maneira que espelha o homem.

---

12 Citado por Lovejoy, "The Parallel of Deism and Classicism", *Essays in the History of Ideas* (Baltimore, 1948), p.92.
13 *Memoirs*, org. Henry Morley (Londres, 1891), p.35. Curiosamente, a famosa afirmação feita por Buffon, naturalista do século XVIII, "o estilo é o próprio homem" – sempre citada de forma equivocada e sempre mal interpretada para representar a visão de que o estilo reflete a personalidade –, quando lida em seu contexto, não diz nada sobre personalidade. A questão de Buffon é que a única garantia de fama literária não é o conteúdo do conhecimento ou do fato, que é propriedade comum, mas a qualidade do estilo, que é a contribuição individual do autor. Cf. *Discours sur le style* (1753), Paris, 1875, p.25.
14 *Works*, II, 204. Para uma versão mais ampliada dessas doutrinas, cf. J. G. Sulzer, *Allgemeine Theorie der schönen Künste*, artigos "Manier" e "Schreibart; Styl".
15 I (1760), p.363, conforme citado em Mann, "The Problem of Originality", p.115. Escopo semelhante foi conferido à autoexpressão na pintura; cf., p. ex., Du Fresnoy, *De arte graphica*, trad. para o inglês de Dryden (2.ed.; Londres, 1716), p.65; Roland Fréart, Sieur de Chambray, *An Idea of the Perfection of Painting*, trad. para o inglês de J. E[velyn] (Londres, 1668), p.14.

Já no século XVII houve tentativas ocasionais de colocar em uso esse postulado crítico. *Account of the Life and Writings of Mr. Abraham Cowley* [Registro da vida e obra do Sr. Abraham Cowley], escrito em 1668 por Thomas Sprat, é bem representativo. É difícil encontrar outro autor "que tenha se ocupado de tantas Matérias diferentes em tantas espécies diferentes de Estilo".

> Entretanto, é verdade em todos eles que em todos os diversos contornos de seu Estilo há ainda muito da semelhança e da impressão da mesma mente: a mesma modéstia sincera, a mesma liberdade natural e o mesmo vigor tranquilo, as mesmas paixões radiantes e a mesma alegria inocente que se revelaram em todas as suas Maneiras.[16]

Além do mais, a prática estabelecida de traçar paralelos críticos entre escritores de diferentes épocas e lugares encorajou também alguma comparação entre seus temperamentos. No Prefácio que escreveu a *Rei Arthur*, Sir Richard Blackmore afirmou que, em Homero, "o Fogo arde com Calor e Veemência extraordinários... em Virgílio a chama é mais clara e mais branda"; e ele achou que essa disparidade entre a inspiração característica desses autores se refletia na diferença entre seus protagonistas. "Penso que existe entre esses dois grandes Poetas a mesma Diferença que existe entre seus Heróis. Aquiles, o Herói de Homero, é veemente, violento e impetuoso... Eneias, o Herói do Poeta Latino, é um Guerreiro calmo, Sereno."[17] Dryden atacou violentamente Blackmore em seu "Preface to the Fables" [Prefácio às fábulas] (1700), mas não hesitou, no mesmo ensaio, em empregar e expandir o paralelo de Blackmore e a aplicá-lo mais especificamente a propósitos caracterológicos. "Nas obras dos dois autores podemos ler suas maneiras e suas inclinações naturais, que são totalmente diferentes."

> Nossos dois grandes poetas, em sendo tão diferentes em temperamento – um colérico e confiante, o outro fleumático e melancólico –, o que os faz sobressair em suas várias maneiras é que cada um deles seguiu sua inclinação natural tanto na construção do propósito quanto na sua execução. Os próprios heróis revelam seus autores: Aquiles é intenso, impaciente, vingativo... Eneias é paciente, atento, preocupado com seu povo e misericordioso com seus inimigos.[18]

---

16 *Critical Essays of the Seventeenth Century*, org. Spingarn, XI, 119, 128. O próprio Cowley considerou que "é possível ver, no estilo de *Ovídio de Tristão*, a condição triste e rebaixada de estado de *Espírito* com que ele escreveu..." (Prefácio a *Poems*, in ibid., p.81).

17 Londres (1697), p.xv.

18 *Essays of John Dryden*, II, p.251, 253. Dryden, de forma semelhante, compara Ovídio a Chaucer (p.254); cf. também a caracterização feita por Dryden de vários autores latinos em "Preface to Sylvae", 1685.

De maneira muito clara, Dryden, aqui, busca os sinais dos "costumes e inclinações naturais" de um autor para além dos limites do estilo, em qualquer sentido estrito; ele examina a intenção, a caracterização e a ação em uma obra literária. O fragmento reflete o interesse pessoal de Dryden em diferenças individuais. Ele segue, acredito, a mesma direção que qualquer outro crítico seguiria ao longo de quase cem anos, apesar do desenvolvimento vigoroso da arte biográfica, da crescente tendência em avaliar a obra literária de um autor no contexto de sua biografia e da rápida proliferação e refinamento da terminologia relativa à análise psicológica. O procedimento de Johnson, ao escrever o mais famoso dos *Lives* [Vidas] literários, é um bom exemplo.

A tradição dentro da qual Johnson trabalhou – biografia introdutória combinada com comentário crítico – poderia dar a impressão de estar apelando constantemente ao crítico para que acrescentasse dados caracterológicos a partir de evidências nos poemas e utilizasse fatos biográficos para iluminar a poesia. O tratamento que ele dá a um autor importante geralmente se divide em três partes: um registro inicial de fatos biográficos, incluindo a ocasião e a recepção que o público dá a seus poemas mais notáveis; uma avaliação dos atributos intelectuais do poeta e, finalmente, um exame crítico dos próprios poemas. E, à luz da prática romântica ou mesmo de alguns exemplos da vida do próprio Johnson, é de se notar o quão raramente e com que limitação de propósitos e material ele passa de fontes externas para fontes internas de evidência biográfica, ou da análise de um poema e dos recursos e talento do autor evidenciados pelo poema a considerações acerca dos detalhes e idiossincrasias da personalidade do poeta.

Joseph Wood Krutch parece afirmar o contrário em sua respeitada biografia de Johnson. A principal inovação no método de Johnson é que ele, algumas vezes, é levado "a procurar na poesia a personalidade do poeta", e isso, argumenta Krutch, estabelece uma conexão entre a crítica de Johnson e a do período romântico. Ele cita um exemplo.

> "Pope e Swift", observa ele de passagem, "tinham um falso prazer em ideias fisicamente impuras." Nenhuma afirmação poderia ser mais simples, porém, simples como é, é suficiente para sugerir quão prontamente Johnson passava de uma análise da escrita para uma análise do escritor.[19]

---

19 *Samuel Johnson* (Nova York, 1944), p.465-8. Cf. também "Life of Swift", de Johnson, *Lives of the Poets* (org. Hill), III, p.62-3. H. V. D. Dyson e John Butt haviam afirmado anteriormente que "o senso de inseparabilidade entre um homem e suas obras faz de Johnson o primeiro de nossos críticos românticos" (*Augustans and Romantics*, Londres, 1940, p.67).

Porém, nem a suposição crítica nem essa observação específica foram novidade na época de Johnson;[20] nem é esse tipo de comentário um atributo frequente ou distintivo do procedimento crítico de Johnson. É bem verdade que ele gostava muito mais, como dizia, da parte biográfica da literatura, mas isso era típico de seu espírito humanista; sua preocupação, como afirmou Rasselas, era "com o homem" e com uma leitura do que Johnson chamava "o grande livro da humanidade". Krutch também está certo quando nota como traço típico da crítica de Johnson a referência da obra ao intelecto que a produziu. O interesse básico de Johnson, entretanto, não é "romântico" na revelação da personalidade, mas, como W. R. Keast mostrou, um interesse humanista em quanto a obra transmite do conhecimento, da habilidade adquirida e do gênio nato de seu criador, abstraído dos exemplos literários e oportunidades então acessíveis, e avaliados em oposição "à habilidade geral e coletiva do homem".[21] Referência a tais peculiaridades óbvias como as de Swift é geralmente feita na tentativa de descobrir falhas que impediram um autor de reconhecer toda a abrangência de seus poderes. "Há sempre", conforme disse Johnson em um excerto essencial de seu *Prefácio a Shakespeare*, "uma referência silenciosa de obras humanas a habilidades humanas", e "a investigação sobre até que ponto o homem pode estender seus propósitos ou em que categoria ele pode colocar sua força natural é muito mais digna do que pensar sobre em que categoria nós iremos colocar qualquer desempenho específico".[22]

O quão distante o procedimento de Johnson está do uso de um poema como indicador das singularidades da personalidade é algo que pode ser avaliado a partir do comentário sobre essa tentativa, feito por um biógrafo seu contemporâneo. Em seu "Account of the Life and Writings of James Thomson" [Relato da vida e obra de James Thomson], Patrick Murdoch escreveu:

> Costuma-se dizer que se conhece melhor a vida de um bom escritor com a leitura de suas obras, que dificilmente deixam de receber o colorido peculiar de sua personalidade, de suas maneiras e hábitos; o traço distintivo de sua mente, sua paixão dominante, pelo menos lá estarão sem disfarce...

---

20 P. ex., mais de quinze anos antes, James Beattie fora muito mais longe que Johnson ao aplicar a Swift o conceito de que estilo é uma fisiognomia literária: "Sempre vemos o caráter de um autor em suas obras... Todos os retratos [feitos por Swift] sobre a vida humana parecem mostrar que a deformidade e a avareza eram os objetos favoritos de sua atenção, e que sua alma era vítima constante de indignação... Daí se se deixa a natureza manifestar-se livremente, a obra [de um autor], bem como sua fisionomia, revelará um retrato de sua mente" (*On Poetry and Music*, 1762, p.50-2).

21 Prefácio a Shakespeare, *Johnson on Shakespeare*, p.10; veja também W. R. Keast, "The Theoretical Foundations of Johnson's Criticism", p.404-5.

22 Prefácio a Shakespeare, p.30-1.

Quanto às qualidades mais distintivas da *mente* e do *coração* [de Thomson], elas são mais bem representadas em suas obras do que podem ser sob a pena de qualquer biógrafo. Lá, seu amor pela humanidade, pelo seu país e seus amigos, sua devoção ao *Ser Supremo...* resplandecem em cada página.[23]

O comentário de Johnson é breve, pungente e absoluto:

O biógrafo de Thomson observou que se conhece melhor a vida de um autor em sua obra; sua observação não foi apropriada. Savage, que viveu muito tempo com Thomson, me disse uma vez que ouviu uma dama comentar que ela podia apreender de suas obras três partes de sua personalidade: que ele era um "grande amante, um grande nadador e rigorosamente abstêmio"; mas, observou Savage, ele não conhece qualquer outra forma de amor que não seja o sexo; ele talvez nunca tenha entrado em água fria em sua vida; e se entrega a toda extravagância que esteja ao seu alcance.[24]

O nível em que o uso biográfico de literatura originalmente baseava-se no interesse neoclássico pela humanidade e se desenvolveu a partir do conceito retórico de que estilo é uma imagem da mente é revelado na exposição mais completa e sistemática da teoria que encontrei na Grã-Bretanha do século XVIII. Trata-se de um ensaio lido perante a Royal Irish Academy em 1793-4, pelo reverendo Robert Burrowes, com o retumbante título informativo: *On Style in Writing, considered with respect to Thoughts and Sentiments as well as Words, and indicating the Writer's peculiar and Characteristic Disposition, Habits and Powers of Mind* [Sobre a Escrita, considerada com relação a Pensamentos e Sentimentos, bem como a Palavras, e indicativa da Disposição, Hábitos e Poderes da Mente Peculiares e Característicos dos Escritores]. Burrowes sustenta a opinião de que a consideração tradicional de estilo, do ponto de vista de sua adequação ao assunto e ao gênero literário, ignora seu importante uso como a marca distintiva dos "hábitos peculiares de pensamento de um autor". Ele justifica seu próprio empenho com o princípio básico do humanismo neoclássico:

Se o objeto genuíno da humanidade é o homem, uma investigação para descobrir as variedades da mente humana e seus efeitos naturais no estilo de pensamento, detectados por meio das produções literárias e do estilo de linguagem, não poderia deixar de ser extremamente útil.[25]

---

23 *The Works of James Thomson* (Londres, 1788), I, ix. Cf. Beattie, *Poetry and Music*, p.50-1.
24 "Life of Thomson", *Lives of the Poets* (org. Hill), III, p.297-8.
25 *Transactions of the Royal Irish Academy*, V (1795), p.40-1.

Burrowes introduz várias admoestações salutares contra uma busca inescrupulosa dos "hábitos e inclinações" refletidos no estilo. Conclusões extraídas de evidências puramente literárias devem ser validadas por "um acurado registro biográfico", oriundo de fontes externas; portanto, a aplicação do método a antigos autores, sobre os quais poucos fatos estão disponíveis, pode, na melhor das hipóteses, resultar apenas em "conjetura provável". Além disso, formas literárias como a poesia pastoral são convencionais demais e a forma dramática impessoal demais para o autor se revelar nelas.[26] Em seguida, ele passa a listar os tipos de pistas que, dadas as circunstâncias apropriadas, ajudarão o leitor-detetive a detectar as inclinações do autor, e essas anunciarão de forma surpreendente vários estratagemas interpretativos empregados por críticos biográficos posteriores. A seguir estão alguns exemplos:

> Quando um homem deixa a trilha direta, é sempre para seguir algum caminho que ele prefere... As digressões de um autor são, da mesma forma, indicações do que é agradável à sua natureza, pois ele não pode discorrer em detalhes sobre aquilo de que ele não gosta.
> Metáforas e símiles – ele as procurará naquelas fontes com as quais suas ocupações anteriores o familiarizaram e para as quais seus hábitos atraíram sua percepção.
> [Das] várias luzes em que os mesmos objetos aparecem a diferentes escritores e dos diferentes modos como eles os tratam, as diferenças típicas do próprio entendimento que cada um tem deles obviamente emergem...
> A escolha do [seu assunto] é um ato guiado pelos hábitos e inclinações do autor e, portanto, indicativa deles.
> Dizem que o homem é um feixe de hábitos; então, o hábito poderá explicar a frequente recorrência de uma linha de pensamento análoga na mente da mesma pessoa...
> A frequente recorrência de qualquer tema transmite informação da mesma espécie.[27]

Quando, finalmente, Burrowes fornece "alguns espécimens dessa teoria aplicada... nos escritos de autores conhecidos", os resultados são bastante convencionais e desinteressantes. Sua observação mais arguta é que Goldsmith desenhou todas as suas principais personagens com base em um modelo único; todas são constrangedoramente ignorantes do mundo e encantadoramente virtuosas. "Seu Homem de Boa Índole, o Jovem Marlow, e o vigário de Wakefield concordam nesse particular um com o outro, porque também nesse particular eles concordam com o próprio autor."[28] A teoria de Burrowes, perspicaz e orientada para o

---

26 Ibid., p.48, 50.
27 Ibid., p.51-3, 56, 59, 87.
28 Ibid., p.83-4.

empírico como é, representa uma espécie de hipertrofia de um fio da teoria literária neoclássica. Ela surgiu quase ao final do século XVIII e, nesse ínterim, o tecido completo da crítica tradicional havia sido estranhamente reformado pela imersão no mar profundo da especulação metafísica e da estética alemãs.

Polissemia subjetiva, objetiva e romântica

Para permitir uma leitura desenvolta e abrangente de literatura, buscando as nuances da personalidade – o que Walter Pater designava de "crítica imaginativa", esse ato de "criação" que "penetra, por meio de determinado produto literário ou artístico, na constituição mental e interior do criador"[29] – precisamos supor que a estrutura geral de ideias dentro da qual a crítica operava teve de passar por duas mudanças importantes. Primeiro, cada autor deve ser considerado como único, diferente em aspectos essenciais de todos os outros autores. Segundo, não apenas o estilo, mas as características, a ordenação e o assunto completo de uma obra literária precisam ser vistos como construídos pelas forças modeladoras da personalidade de seu autor e, portanto, como elementos que as expressam. Ambas as condições foram preenchidas já na década de 1770, nos escritos de J. G. Herder. "O terreno mais profundo de nosso ser", escreveu ele em seu extraordinário ensaio, *Vom Erkennen und Empfinden der menschlichen Seele* [Sobre reconhecer e sentir a alma humana] (1778), "é individual em sentimentos e em pensamentos... Talvez nenhuma espécie de animal seja tão distinta uma da outra quanto o homem o é de outros homens". Edward Young e alguns outros dissidentes do uniformitarianismo reinante já haviam argumentado que cada homem, ao nascer, é um original e, portanto, satisfaria melhor a intenção estética da natureza escrevendo poemas originais.[30] Herder acrescenta o conceito explícito de que obras genuínas de literatura exprimem a dinâmica do temperamento individual; disso o corolário é que leitura "criativa" usa o texto como uma "Divination in die Seele des Urhebers" (Presciência na alma dos autores).

> Deve-se considerar cada livro como a impressão [*Abdruck*] de uma alma humana viva... O leitor mais discreto e criterioso... empenha-se mais em ler o espírito do autor do que o livro; quanto mais ele avança, mais claro e coerente tudo se torna. A vida de um autor é o melhor comentário sobre seus escritos, contanto que ele seja verdadeiro e esteja em harmonia consigo mesmo...

---

29 Citado por A. C. Benson, *Walter Pater* (Nova York, 1906), p.48-9.
30 Cf. cap. II.

Cada poema, sobretudo um grande poema, uma obra da alma e da vida, é um traidor perigoso de seu autor, e, muitas vezes, quando ele menos acredita que esteja traindo a si próprio. Não apenas é possível discernir, como a plebe diz, as qualidades poéticas do homem, mas também quais dessas faculdades e inclinações foram dominantes; a maneira como ele obteve suas imagens; como ele as regulou e as dispôs junto com o caos de suas impressões; os lugares mais recônditos de seu coração e muitas vezes também o malfadado curso de sua vida... Essa leitura é emulação, um estímulo para a descoberta: escalamos [com o autor] alturas criativas ou então descobrimos o equívoco e o desvio no seu início.[31]

O poema completo, até então uma imagem das maneiras e da vida, tornou-se "um perigoso traidor do autor". Porém, qual foi a fonte da interessante e significativa variante romântica desse conceito, de que poesia não é a expressão direta, mas indireta e mascarada da personalidade do autor – e, portanto, que o autor está e, ao mesmo tempo, não está em seu poema? Pode-se demonstrar, penso eu, que esse paradoxo crítico, quando surgiu, era teológico em sua origem e kantiano no vocabulário filosófico pelo qual se justificou. À terminologia comparativamente descomplicada, oriunda sobretudo da retórica e da poética antigas com que os críticos haviam anteriormente atacado os problemas da arte, críticos alemães, sobretudo na década de 1790, incorporaram uma verdadeira caixa de Pandora de novos termos e conceitos. Esses foram em grande parte importados da epistemologia e da estética de Kant, porém com uma mescla de teólogos cristãos e vários especialistas bem pouco respeitados no campo do misticismo e do ocultismo. Como consequência, sem dúvida, o alcance e a sutileza da análise estética se ampliaram, embora à custa de hachuras nas distinções relativamente simples com as quais os críticos até então se mostravam satisfeitos.

Um dos resultados foi complicar a discussão do grau de impessoalidade ou autoexpressividade da arte por meio da introdução de um conjunto de diferenciações em torno dos termos "subjetivo" e "objetivo". Friedrich Schlegel, aquele profícuo, mas desorganizado pensador que introduziu a distinção entre clássico e ro-

---

31 Herder, *Sämtliche Werke*, VIII, p.207-8; cf. XII, p.5-6. Os *Monologen*, de Schleiermacher, posteriormente apresentaram um raciocínio semelhante. Por muito tempo ele acreditara na uniformidade essencial da natureza humana, até que se tornou evidente para ele sua "intuição maior" de que "cada homem é destinado a representar a humanidade à sua própria maneira, combinando os elementos dela de forma única". Com base nisso, Schleiermacher conclui que a "linguagem também deve objetificar os pensamentos mais interiores... Cada um de nós precisa apenas fazer de sua linguagem algo inteiramente seu e artisticamente apenas uma peça, de modo que [ela]... represente exatamente a estrutura de seu espírito..." (*Soliloquies*, trad. para o inglês de H. L. Friess, Chicago, 1926, p.30-1, 66).

mântico, distinção essa que acabou sendo tanto indispensável como inadministrável para críticos literários e historiadores, também ajudou a popularizar outros opostos que não deixam de ser menos fascinantes – ou menos ambíguos. Durante sua fase de grecomania juvenil, ele tentou isolar as qualidades supostamente opostas das artes antiga e moderna para ressaltar a superioridade da primeira. Ele caracterizou "Das Wesentlich-Antike" [o antigo essencial] por uma variedade de atributos sobrepostos e correlatos; de nosso ponto de vista atual, o mais importante desses atributos foi uma incondicional *Objektivität* [objetividade]. Para Schlegel, esse termo não conota, como o faz hoje, realismo – escrita feita com o olho no objeto –, mas, de maneira específica, exclui o realismo assim como a autoexpressão. Isso quer dizer: a arte objetiva dos antigos, sem referência à realidade ou a interesses particulares, não revela nada mais do escritor individual do que sua capacidade de alcançar a grandeza, de acordo com as leis universais do belo.[32]

Em "das engentümlich Moderne" [o Moderno peculiar], a qualidade identificadora que Schlegel mais frequentemente opõe a *Objektivität* não é *Subjektivität*,[33] mas *das Interessante*. Ele utiliza esse termo em seu sentido antigo, próximo de sua *etymon* [raiz] latina, que significa falta de *des*interessabilidade, e a interferência das atitudes e inclinações do próprio autor em uma obra [*sic*].[34] Considera-se também que a obra de tal poeta (e aqui Schlegel finalmente introduz em sua teoria termos da retórica tradicional) mostra "dicção", ou "um ato da mente e um estado individual de sensibilidade", em oposição a "estilo", que significa um modo impessoal de expressão de acordo com as leis uniformes do belo.[35] E a arte moderna, em sua falta de "universalidade", combina subjetividade e realismo, autorrevelação e "o característico", ou representação de particularidades externas.

> Nessa falta de universalidade, nessa soberania do particular, do característico e do individual, declara-se a tendência radical da poesia e da estrutura estética total dos tempos modernos na direção da interessabilidade.[36]

---

32 Friedrich Schlegel, *Prosaische Jugendschriften*, org. J. Minor (Wien, 1882), I, 81; 140.
33 Kant contribuiu muito para a popularização do uso corrente desses antônimos, que invertem a conotação que eles tinham desde os filósofos escolásticos até Descartes. Este, por exemplo, definiu o "objetivo" como *"in nostra cogitatione"*, *"in sola mente"* e o "subjetivo" como *"in rebus ipsis"*, *"extra nostram mentem"*. Cf. os artigos *Objektiv* e *Subjektiv*, in Rudolf Eisler, *Wörterbuch der philosophischen Begriffe* (4.ed.; Berlim, 1929-30).
34 *Prosaische Jugendschriften*, I, p.81-2.
35 Ibid., I, p.109; também I, p.135. Schlegel, assim, utiliza "dicção" no sentido geralmente atribuído a "estilo" na crítica anterior (Hurd, p. ex., definiu "estilo", lembremo-nos, como "uma inclinação geral ou maneira de escrever"), e reserva o termo "estilo" para uma norma uniforme da linguagem, sem a intrusão das diferenças individuais do próprio autor.
36 Ibid., I, p.109; cf. I, p.80-2.

No decorrer dos anos 1797-8, Schlegel rebatizou *"interessante Poesie"* como *"romantische Poesie"* e, precipitadamente, transferiu a admiração e a lealdade que nutria pelo modo clássico de fazer poesia para o modo mais recente.[37] Nessa famosa conversão, A. O. Lovejoy demonstrou o papel decisivo desempenhado pelo ensaio de Schiller, *Über naive und sentimentalische Dichtung* [Sobre poesia ingênua e sentimental], publicado em 1795.[38] De acordo com Schiller, poesia ingênua, típica dos antigos, é uma representação imediata, detalhada e particularizada da superfície sensorial da vida.[39] O homem moderno, ou o homem "sentimental", por outro lado, não mais em unidade seja com a natureza, seja consigo mesmo, tende a substituir, na poesia, a realidade existente por seu próprio ideal; ele também "não pode sofrer qualquer impressão sem imediatamente observar a função que tal ideal exerce no processo, e, por reflexão, sem projetar – para fora e em oposição ao ideal – aquilo que é próprio deste".[40] Na poesia ingênua, portanto, o poeta é realista, impessoal e fictício; mas na poesia sentimental, o poeta está sempre presente em sua obra e nos convida a dar atenção a ele.

Totalmente descrente, [o poeta ingênuo – antigo ou moderno] foge do coração que o procura, do anseio que quer abraçá-lo... O objeto o possui completamente... Como a Divindade atrás desse universo, ele se coloca atrás de sua obra; ele próprio é a obra e a obra é ele próprio; um homem não deve mais ser digno da obra ou incapaz de dominá-la ou se cansar dela, ou até mesmo querer saber de seu autor.

É o que nos parecem, por exemplo, Homero entre os antigos e Shakespeare entre os modernos... Quando, ainda muito jovem, aprendi a conhecer o último, sua frieza, sua insensibilidade me repeliam... Iludido como fui pela familiaridade com poetas modernos a buscar de imediato o poeta na obra, a encontrar lá o *seu* coração, a refletir *com ele* sobre seu tema – em suma, a ver o objeto no sujeito –, eu não podia tolerar que nesse caso o poeta não pudesse ser apreendido em parte alguma e em parte alguma pudesse corresponder à minha questão [*und mir nirgends Rede stehen wollte*].[41]

---

37 *O Fragment 116* na Athenaeum de 1798, que se inicia com "Die romantische Poesie ist eine progressive Universalpoesie" [A poesia romântica é uma poesia universal] – primeira definição formal de Schlegel para poesia romântica –, novamente enfatiza o realismo combinado com a autorrevelação de seu modo literário: "Sie kann sich so in das Dargestellte verlieren, dass man glauben möchte, poetische Individuen jeder Art zu charakterisiren, sey ihr Eins und Alles; und doch gibt es noch keine Form, die so dazu gemacht wäre, den Geist des Autors vollständig auszudrucken" (*Prosaische Jugendschriften*, II, p.220).
38 Cf. Lovejoy, "The Meaning of 'Romantic' in Early German Romanticism" e "Schiller and the Genesis of German Romanticism", in *Essays in the History of Ideas*.
39 *Über naive und sentimentalische Dichtung*, in *Schiller's Werke*, org. Arthur Kutscher (Berlim, s.d.), VIII, 128, 135, 162; cf. p.167-9.
40 Ibid., p.135, 138, 148.
41 Ibid., p.131-2.

No ensaio de Schiller, Shakespeare – porque "o objeto o possui inteiramente" – é um poeta ingênuo, filho de seu tempo; portanto, ele, como Deus, não é visível em sua obra. Entretanto, exatamente porque concordou que Shakespeare era supremo na representação das particularidades da natureza exterior, Schlegel o colocou no grupo dos modernos, em vez de colocá-lo no grupo dos antigos: ele é "o pináculo da poesia moderna". É, portanto, para Schlegel, Shakespeare mostra inevitavelmente aquele outro sintoma da síndrome moderna: "Em [Hamlet], o espírito de seu autor está no seu grau mais visível". "Com frequência, tem-se observado que a marca original de seu estilo individual é inconfundível e inimitável."[42]

Quanto à questão de Shakespeare, então, os dois críticos, estiveram, no início, em franca oposição: para Schlegel, ele era incorrigivelmente subjetivo, mas para Schiller, absolutamente objetivo. Estudioso dos *Romantiker* [românticos], A. E. Lussky argumentou recentemente, de forma muito convincente, que logo ocorreu a Schlegel que ele e Schiller poderiam ambos estar certos. É possível, pensava Schlegel, que as qualidades literárias de "objetividade" e "interessabilidade" não sejam incompatíveis, de forma que um autor moderno possa, ao mesmo tempo, estar dentro de suas peças – ou indiferente a elas. Essa é uma aparente contradição, mas é uma contradição que foi sancionada por um conceito antigo e persistente acerca da relação de Deus com o universo. E essa estratégia de recorrer à teologia para resolver o paradoxo de Shakespeare foi sugerida pelo próprio Schiller no excerto em que ele compara esse poeta com "a Divindade atrás desse universo", que "fica atrás de sua obra" e, ainda assim, "é ele próprio sua obra".[43]

Lussky considera esse *insight* como a origem do aclamado conceito de Schlegel da "ironia romântica", que argumenta que um autor romântico, enquanto permanece impessoal, ainda assim manifesta seu poder e seu amor em relação à sua criação artística. Eu gostaria, entretanto, de enfatizar um aspecto diferente da conclusão a que Schlegel chegou e observá-lo de um ponto de vista diverso. O que Schlegel fez, na verdade, foi dar novo uso à metáfora renascentista do poeta como criador, com sua analogia implícita entre a criação do mundo por Deus e a criação de um poema pelo artista. Uma vez adotada, essa analogia abriu caminho para a introdução, na crítica, de um rico estoque de ideias correlatas, acumuladas durante séculos de especulação teológica sobre a natureza da atividade de Deus na criação deste mundo. No próximo capítulo examinaremos algumas inferências estéticas importantes relacionadas com as similaridades e diferenças válidas entre o mundo de Deus e o outro mundo, criado pelo poeta. Por ora, eu gostaria de co-

---

42 *Prosaische Jugendschriften*, I, p.107-9.
43 A. E. Lussky, *Tieck's Romantic Irony* (The University of North Carolina Press, Chapel Hill, N. C., 1932), p.67-70.

mentar apenas essa curiosa consequência: nos escritos de Schlegel, o paralelo entre criador e poeta serve como o modelo intelectual para a concepção de um poema como uma projeção camuflada de seu autor.

Basicamente, esse conceito retorna a uma velha ideia da relação de Deus com o universo que Ele criou. O texto primitivo que expressa essa ideia está na Epístola de Paulo aos Romanos, I.20: "Pois desde a criação do mundo os atributos invisíveis de Deus, seu eterno poder e sua natureza divina têm sido vistos claramente, sendo compreendidos por meio das coisas criadas". Os Pais da Igreja no início da Idade Média, alegoristas inveterados, expandiram essa passagem,[44] e, em sua interpretação, o texto paulino foi alterado para significar que o mundo dos sentidos é, de fato, o que parece ser: uma estrutura de objetos físicos; mas é, ao mesmo tempo, um espelho e uma tipologia mística dos atributos – o poder, o amor e a glória – do próprio Criador, pois Deus se revelou a si mesmo em duas manifestações, na Sagrada Escritura e também no Grande Livro da Natureza. E como a Sagrada Escritura tem múltiplos sentidos, incorporando significação tanto literal como tipológica, o mesmo acontece com o Livro da Natureza, embora este possua uma duplicidade peculiar a si mesmo; através do véu de sua superfície tangível, ele também nos revela, "visivelmente invisível", seu Autor. Conforme Milton exprimiu mais tarde o lugar-comum em seu *Paraíso perdido*:

> To us invisible or dimly seen
> In these thy lowest works, yet these declare
> Thy goodness beyond thought, and Power Divine.
>
> [A nós invisíveis, ou apenas vislumbradas
> Em tuas obras menores – inda assim são elas que
> Tua benevolência infinita, teu Poder Divino revelam.]

Alguns autores medievais, como Tomás de Aquino e Dante (em "Carta a *Can Grande della Scala*"), argumentaram que obras seculares da literatura podem, como a Sagrada Escritura, se tornar "polissêmicas" ou sugestivas de tipos tanto literais como variados de verdades alegóricas. Schlegel então propõe o que, diferentemente da teoria medieval, podemos chamar polissemia romântica. Segundo Schlegel, uma obra "romântica" pode ter múltiplos significados, mas no sentido especial de ter, como a criação de Deus, referência bidimensional – tanto exterior quanto inte-

---

44 Para um bom resumo, em outro contexto, sobre o uso do texto paulino por Tertuliano, Agostinho, Origen e outros teóricos cristãos antigos, cf. Ruth Wallerstein, *Studies in Seventeenth-Century Poetic* (Madison, Wis., 1950), p.27-48.

rior, "objetiva" e "subjetiva". Como Lussky havia afirmado: "Deus está para Sua criação assim como o grande artista moderno está para a sua criação literária".

Schlegel pôde concluir – e é evidente que ele o fez – que da mesma forma como Deus, apesar de sua transcendência, é imanente no mundo, mostrando os seus "atributos invisíveis"... "por meio das coisas criadas", da mesma forma o típico autor moderno – Shakespeare nesse caso –, apesar da transcendência de suas obras em virtude de sua objetividade, está claramente imanente nelas e revela sua presença invisível por meio das coisas que fez.[45]

Como veremos adiante, ainda neste capítulo, essa fecunda ideia seria inferida de forma independente e explorada com profundidade muito maior pelo crítico inglês John Keble, mas ela foi claramente formulada várias vezes por Schlegel; por exemplo, no fragmento abaixo, escrito em 1801, que trata dos contos de Boccaccio:

Afirmo que a *novella* serve muito bem para representar um humor e um ponto de vista subjetivos – até mesmo do tipo mais profundo e peculiar – indireta e simbolicamente [*sinnbildlich*], por assim dizer... Mas com que mágica [alguns contos de Cervantes] agitam o mais íntimo de nossa alma e se apoderam dela com beleza divina, exceto em virtude do fato de que em toda parte o sentimento do autor – até mesmo as profundezas mais recônditas de sua individualidade mais secreta – cintila, visivelmente invisível; ou então porque, como em *O curioso impertinente*, ele expressou visões que, por causa de sua grande peculiaridade e profundidade, tinham de ser exprimidas dessa maneira, e somente dessa maneira... Exatamente aquilo que é indireto e velado nesse modo de comunicação pode emprestar-lhe um encanto maior do que qualquer coisa que seja diretamente lírica. De forma semelhante, o próprio conto longo talvez esteja adaptado a essa subjetividade indireta e secreta, porque em outros sentidos ele tende muito para o objetivo.[46]

Aqui, em uma expressão que – com suas alusões ao simbolismo, ao belo divino e a significados velados, e com seu oxímoro "visivelmente invisível" – foi retirada diretamente da tipologia medieval e renascentista, emerge claramente a familiar visão moderna de que certas obras da literatura são sistemas de símbolos duais, apontando em duas direções, que representam de forma ostensiva o mun-

---

45 Lussky, *Tieck's Romantic Irony*, p.69.
46 "Nachricht von den poetischen Werken des Johannes Boccaccio", *Jugendschriften*, II, p.411-2; cf. também ibid., p.151, 157, 348, 360, 370-1. É um indicador da fonte medieval da concepção de Schlegel, a qual ele comenta nesse mesmo ensaio com relação a *Vita di Dante*, de Boccaccio: "Também é notável a visão geral sobre a poesia presente nesse documento. Ele a define como a vestimenta terrena e corpórea de coisas invisíveis e poderes divinos" (ibid., p.407).

do exterior, mas de forma indireta expressam o autor. Em sua forma primitiva, o que agora vemos como a teoria freudiana de literatura foi, sobretudo, resultado da aplicação da hermenêutica medieval a obras seculares de ficção e poesia.

O subjetivo e o objetivo na teoria inglesa

Já está claro que, desde seu primeiro uso na crítica, os termos "subjetivo" e "objetivo" tinham ambos múltiplos e variados significados. Essa ambiguidade complica muito a história das tentativas românticas de utilizar a literatura como um indicador da personalidade; será útil, penso eu, prefaciar essa história com um esboço de algumas das principais variações na aplicação dos termos.

O subjetivo e o objetivo, em suas várias conotações, juntamente com os diversos pares de opostos com os quais esses termos eram muitas vezes associados, serviram como termos históricos e críticos, e, portanto, foram usados alternadamente para definir (1) o caráter manifesto de um período da arte; (2) o caráter geral de uma obra de arte, não importa de que período seja ela; (3) as qualidades estéticas específicas que podem ser encontradas, separadamente ou unidas, em qualquer obra de arte. Um quarto uso desses termos complicou ainda mais o seu papel: (4) subjetivo e objetivo algumas vezes serviram como valores terminais em uma escala que era empregada para classificar vários gêneros de poesia. Nessa aplicação, prenunciada por Friedrich e August Schlegel, a lírica era considerada uma forma totalmente subjetiva, a épica era comumente colocada no extremo oposto da pura objetividade, e o drama era considerado uma forma combinada, em posição mais ou menos intermediária.

Esse complexo de antíteses inter-relacionadas – subjetivo e objetivo, ingênuo e sentimental, clássico e romântico, estilo e dicção, e o restante – migrou para o vocabulário das críticas inglesa e norte-americana, especialmente durante e após a segunda década do século XIX. Alguns ingleses – em especial Coleridge, H. C. Robinson, Lockhart, De Quincey e Carlyle – descobriram esses termos ao ler Schiller, ou os irmãos Schlegel, ou Goethe, no original. Muitos outros, como Hazlitt, dependeram principalmente da tradução que Madame de Staël fez da teoria alemã em seu *L'Allemagne* [A Alemanha] ou das versões inglesas de documentos como as *Lectures on Dramatic Art and Literature* [Palestras sobre arte dramática e literatura], traduzidas em 1815.[47] E, na Inglaterra, esses termos preservaram

---

47 Hazlitt resenhou ambos os livros, bem como *De la littérature du Midi de L'Europe*, de Sismondi's; cf. *Complete Works*, vols. XVI e XIX. Herbert Weisinger, em "English Treatment of the Classical--Romantic Problem" (*MLQ*, VII, 1946, 477-88), fornece um exame muito incompleto sobre o

as variadas aplicações, as ambiguidades e os usos escorregadios que tiveram na Alemanha. "Enfado alemão e afetação inglesa", queixou-se John Ruskin em 1856, "recentemente multiplicaram muito entre nós o uso de duas das mais deploráveis palavras que já foram cunhadas pela importunação dos metafísicos – a saber, 'Objetivo' e 'Subjetivo'. Não existem palavras mais primorosamente inúteis, em todos os sentidos, do que essas."[48]

Deixemos que o uso que Coleridge faz de "subjetivo" e "objetivo" represente para nós um pouco dessa variedade. Quando explica os três adjetivos de Milton, "simples, sensível e arrebatado", considerando-os como uma definição resumida adequada de poesia, Coleridge argumenta que "a segunda condição – sensibilidade – garante aquela estrutura de objetividade, aquela precisão e articulação da imagística", sem o que a poesia evapora no devaneio, enquanto "a terceira condição – arrebatamento – determina que nem os pensamentos nem a imagística deverão ser simplesmente objetivos, mas que a *passio vera* da humanidade deve acalentar e animar ambos".[49] Nesse sentido, não há poesia puramente objetiva, pois a paixão é essencial, e a paixão torna-a mais do que "simplesmente objetiva" e – presume-se –, portanto, subjetiva. Em outra parte, no entanto, Coleridge comprime "objetivo" de maneira a tornar o termo aplicável especificamente à poesia dos antigos; "subjetivo", então, torna-se um termo histórico, caracterizando a poesia medieval e moderna. "É essa interioridade ou subjetividade que, acima de tudo e de maneira fundamental, distingue toda a poesia clássica de toda a poesia moderna."[50] Em um terceiro uso, o termo "subjetividade" é ainda mais reduzido e, ao mesmo tempo, subdividido para conotar atributos que, aparentemente, qualquer poeta ou composição podem possuir:

> Não há qualquer subjetividade na poesia homérica. Há subjetividade do poeta, como de Milton, que é ele próprio perante si mesmo em tudo que escreve; e há subjetividade

---

uso de alguns desses termos na Inglaterra; acréscimos foram feitos por René Wellek, "The Concept of "Romanticism" in Literary History", *Comparative Literature*, I (1949), p.13-6.

48 *Modern Painters*, III, iv, parte I.
49 *Coleridge's Shakespearean Criticism*, I, p.165-6. Em *Biographia Literaria*, I, p.109, Coleridge sustenta ter reintroduzido no inglês as palavras "objetivo" e "subjetivo", que eram "de recorrência constante nas escolas antigas".
50 *Coleridge's Miscellaneous Criticism*, p.148. Sobre "a poesia objetiva dos antigos e o estado de espírito subjetivo dos modernos", cf. *Table Talk*, p.268. Para *distinções contemporâneas à época entre* "subjetivo" e "objetivo", cf.: De Quincey, "Style", *Collected Writings*, X, p.226; Jones Very, "Epic Poetry" (1836), *Poems and Essays*, Boston e Nova York, 1886, p.22; a resenha de W. J. Fox sobre Tennyson, *Monthly Repository*, nova série, VII (1833), p.33; e o ensaio anônimo, "On the Application of the Terms Poetry, Science, and Philosophy", ibid., VIII (1834) p.326.

da *persona*, ou personagem dramática, como em todas as grandes criações de Shakespeare – *Hamlet*, *O rei Lear* etc.[51]

Finalmente, subjetivo e objetivo tornam-se qualidades definidoras de gêneros poéticos, independentemente, parece-nos, de época ou autoria. A elegia

> *pode* tratar de qualquer assunto, mas não pode tratar de nenhum assunto *por si mesmo*; mas sempre e unicamente com referência ao próprio poeta... A elegia é o oposto exato da épica homérica, em que tudo é puramente externo e objetivo, e o poeta é apenas uma voz.
> A verdadeira ode lírica também é subjetiva...[52]

Em conclusão, aqui está uma passagem daquele grande popularizador das ideias alemãs, Henry Crabb Robinson, que, brevemente, inclui vários termos críticos extraídos de Schiller e dos irmãos Schlegel – "objetivo", "subjetivo", "ingênuo", "sentimental", "estilo", "real", "ideal" – e tentativas de conciliar seus vários significados. A fonte é um artigo sobre Goethe, publicado no *Monthly Repository* (1833), um periódico que em sua curta existência incluiu algumas das mais interessantes especulações estéticas de sua época.

> O gênero épico é marcado por essa característica de estilo – que o poeta apresenta seu *objeto* imediata e diretamente, com total desconsideração de sua própria personalidade. Ele é, por assim dizer, um narrador e um cronista indiferente e desapaixonado... A classe oposta de poesia é a *lírica*, em que o poeta fornece principalmente objetos conforme eles se refletem no espelho de sua própria individualidade. E essa, com certeza, é a característica essencial das odes, elegias, canções etc. Essas mesmas classes, designadas de maneira geral como *objetivo* e *subjetivo*, foram chamadas por Schiller de ingênuo e sentimental, e também foram chamadas de real e ideal. De maneira geral, os poetas modernos pertencem à classe subjetiva... O poeta dramático deve unir os poderes de ambas em grau semelhante. No plano de seu drama, na relação entre as personagens, tudo subordinado ao propósito da obra, ele deve ter a imparcialidade épica, mas, na execução, ele é lírico.[53]

---

51 *Table Talk*, p.93-4. Cf. ibid., p.213: Em estilo, "Shakespeare é universal e, de fato, não tem dicção".
52 Ibid., p.280-1. Para classificações contemporâneas dos gêneros poéticos em uma escala de subjetivo/objetivo, cf., p. ex., Macaulay, "Milton" (1825), *Critical and Historical Essays*, I, p.159; Jones Very, "Epic Poetry" (1836), *Poems and Essays*, p.41 e ss; J. Sterling, "Simonides" (1838), *Essays and Tales*, I, p.198-9.
53 Citado por J. M. Baker, *Henry Crabb Robinson* (Londres, 1937), p.210-1. Para a história de *Monthly Repository*, cf. F. E. Mineka, *The Dissidence of Dis-sent* (Chapel Hill, N. C., 1944).

A variabilidade dialética desses termos, por mais confusa que possa parecer ao estudioso da crítica, não foi, nos melhores críticos, resultado de confusão intelectual, mas uma maneira de converter em flexível um instrumento analítico rígido. Por exemplo, o emprego da distinção entre objetividade (no sentido mais comum, envolvendo impessoalidade) e subjetividade de vários tipos, permitiu a Coleridge e a outros expoentes adequar a interpretação caracterológica da literatura ao autor e à obra em particular, e a renunciar a essa interpretação inteiramente quando lidavam com escritores aos quais ela não se aplicava. Alguns radicais, entretanto, não admitiam qualquer limite a esse modo de interpretação. Considerando todo tipo de poesia – de qualquer forma, toda poesia genuína – como uma projeção do pensamento, sentimento e desejo individuais, eles conduziram sua busca da personalidade dos poetas de todas as épocas, escrevendo sob qualquer forma. Poesia que não é "colorida com a personalidade e as inclinações do poeta como se fosse algum aroma misterioso", afirmava Keble, "não é, de forma alguma, poesia".[54] E Newman, que, a esse respeito, era seguidor leal de Keble, traduziu o mesmo conceito em termos de subjetivo e objetivo; toda literatura, em sua representação, é, por definição, subjetiva. Literatura

> é essencialmente uma obra pessoal... [ela] é a expressão das ideias e sentimentos daquela pessoa em especial – ideias e sentimentos pessoais a ela própria... Em outras palavras, a literatura exprime, não a verdade objetiva, como ela é chamada, mas a subjetiva; não coisas, mas pensamentos".[55]

Como fundamento teórico, paremos por aqui. Pretendo dedicar o restante deste capítulo às tentativas feitas no início do século XIX de converter a teoria expressiva em prática crítica e a reconstruir a história de vida e a personalidade de um autor a partir de seus escritos imaginativos. Por respeito à economia, omitirei as discussões de contemporâneos como Byron, que, como todos sabiam, mostrava abertamente seus sentimentos, e irei me concentrar na tentativa de lidar com três poetas olimpianos mais velhos, cada um dos quais apresentando ao crítico biográfico um problema diferente de interpretação: Shakespeare, Milton e Homero.

O paradoxo de Shakespeare

A contenda entre Schlegel e Schiller quanto a se Shakespeare era subjetivo ou objetivo continuou a dividir os críticos ingleses, embora a maioria concordasse

---

54 *Lectures on Poetry*, II, 37.
55 "Literature" (1858), *The Idea of a University* (Londres, 1907), p.273.

mais com Schiller, que dizia que em Shakespeare "era absolutamente impossível apreender o poeta", do que com Schlegel, que dizia que em sua obra "é o espírito do autor que é o mais visível". Um dos temas principais da crítica de Coleridge é sua insistência em que Shakespeare está junto com Homero – e em oposição a Milton, Chaucer e muitos outros poetas – no sentido de que ele mantém seu *self* separado de sua obra. Em uma determinada passagem, Coleridge, como Schiller, aplica a Shakespeare a analogia da relação de Deus com sua criação, embora ele imagine Deus como a Divindade imanente despersonalizada de Spinoza:

> Shakespeare é a divindade spinozista – uma criatividade onipresente... A poesia de Shakespeare é incaracterística; isto é, ela não reflete o Shakespeare indivíduo...

Não obstante, ele não é, como Homero, "objetivo", mas "subjetivo", embora sua subjetividade seja daquele tipo peculiar, a "subjetividade da *persona*, ou personagem dramática",[56] visto que seus personagens são desenhados não pela introdução de tipos a partir de indivíduos externos, mas "pelo simples poder da meditação: ele tinha apenas que imitar certos aspectos de sua própria personalidade... e eles eram, ao mesmo tempo, fiéis à natureza e a fragmentos da mente divina que os desenhou".[57] É possível dizer, portanto, que Shakespeare "imitava certas partes de sua própria personalidade", e, ainda assim, era "universal e, na verdade, não [tinha] 'dicção'".[58]

Coleridge explica de várias maneiras alternadas esse paradoxo da união que existe em Shakespeare entre a subjetividade e uma impessoalidade semelhante à impessoalidade de Deus. Em termos metafísicos (já discutimos isso em capítulo anterior), Shakespeare, em sua meditação retrospectiva, imita não a *natura naturata*, "sua própria natureza, como um indivíduo", mas a *natura naturans*, aquela potencialidade universal "da qual sua própria existência pessoal era apenas uma [modificação]".[59] Reformulando em termos psicológicos do *Einfühlung* [intuição], ele "se projeta e se torna todas as formas de personalidade e paixão humanas... Shakespeare torna-se todas as coisas e, ainda assim, continua sendo

---

56 *Table Talk*. p.92 (12 mai. 1830). Cf. Henry Hallam, *Introduction to the Literature of Europe in the Fifteenth, Sixteenth, and Seventeenth Centuries (1837-9)*, Nova York, 1880, II, p.270.

57 *Shakespearean Criticism*, II, p.117. Cf. Charles Lamb, "On the Tragedies of Shakespeare" (1811), *Works*, org. Lucas, I, p.102-3.

58 *Table Talk*, p. 213 (17 fev. 1833). Cf. *Shakespearean Criticism*, II, 118n: Suas peças são "tudo Shakespeare – e nada Shakespeare". Para as propriedades e os poderes da mente de Shakespeare que podem, todavia, ser detectados a partir de seus textos, cf. a análise de Coleridge sobre *Venus and Adonis*, in *Biographia*, II, p.13-4.

59 *Miscellaneous Criticism*, p.43-4.

ele mesmo".[60] Para explicar o poder peculiar de Shakespeare, Coleridge também utiliza o termo "compaixão", introduzido pelos associacionistas do século XVIII primeiramente como um conceito ético, e depois ampliado – naquele mesmo século –, para explicar como um poeta pode anular o espaço e o isolamento de seu sistema nervoso individual e tornar-se, para essa ocasião, a personalidade que ele contempla:

> A afinidade do poeta com os assuntos de sua poesia é particularmente notável em Shakespeare e em Chaucer; mas o que o primeiro efetua por meio de um ato vigoroso de imaginação e metamorfose mental, o último efetua sem qualquer esforço, meramente por meio da suave alegria de sua natureza. Quão bem parece que conhecemos Chaucer! Quão pouco sabemos de Shakespeare![61]

Como Coleridge, William Hazlitt acreditava que em Milton "detecta-se a intolerância e as opiniões do homem nas criações do poeta", mas Shakspare, quase sozinho entre os poetas, tinha "a faculdade de se transformar a seu bel-prazer naquilo que desejasse... Ele foi o Proteu do intelecto humano".[62] A explicação de Hazlitt sobre a capacidade singular de Shakespeare, entretanto, é feita única e exclusivamente nos termos desenvolvidos a partir da psicologia inglesa. A "vasta alma" de Shakespeare é o maior exemplo de "uma compaixão intuitiva e poderosa".

> Ele foi, com certeza, o menor dos egoístas. Ele não era nada em si mesmo; mas foi tudo o que os outros foram, ou que poderiam vir a ser... Ele tinha apenas que pensar em qualquer coisa para se tornar aquela coisa, com todas as circunstâncias inerentes a ela... Pode-se dizer que o poeta para a época, identifica-se com a personagem que deseja representar, e passa de uma para outra, como a mesma alma que sucessivamente anima corpos diferentes.[63]

E John Keats, o mais intensamente empático entre seus contemporâneos, que admirava Hazlitt e assistiu às suas palestras sobre Shakespeare, exprimiu uma opinião semelhante da impessoalidade de Shakespeare. "O gênio de Shakespeare era de

---

60 *Biographia*, II, 20. Cf. também *Shakespearean Criticism*, I, p.218; II, p.17, 96, 132-3.
61 *Table Talk*, p.294 (15 mar. 1834). Cf. *Biographia*, II, 20. Sobre a história estética do conceito de compaixão, cf. W. J. Bate, "The Sympathetic Imagination in Eighteenth-century English Criticism", *ELH*, XII (1945), 144-64; e *From Classic to Romantic*, cap. V.
62 "On Genius and Common Sense" (1821), *Complete Works*, VIII, p.42.
63 "On Shakespeare and Milton", *Lectures on the English Poets* (1818), in *Complete Works*, V, p.47-8, 50. Cf. J. W. Bullitt, "Hazlitt and the Romantic Conception of the Imagination", *Philological Quarterly*, XXIV, (1945), p.354-61.

uma *universalidade inata* – razão pela qual ele era capaz de desarmar as realizações do intelecto humano sob seu olhar indolente e majestoso."[64] Keats expandiu essa qualidade de forma a definir o caráter poético em geral. "Ele não é ele próprio – ele não tem um *self* – ele é tudo e nada." Um poeta "não tem Identidade – ele está continuamente informando e preenchendo um outro ser".[65]

Críticos que ansiavam por uma profunda familiaridade com Shakespeare, o homem, encontraram em seus sonetos um acesso aparentemente pronto e fácil, visto que, por mais bem-sucedido que Shakespeare tenha sido em manter sua vida privada fora de suas peças e de sua poesia narrativa, não é fato que os sonetos falam em primeira pessoa e, com a intensidade mais convincente, sobre pessoas e eventos explícitos? Suponha apenas que é possível reconhecer na voz lírica a voz do próprio autor; está aberto o caminho para revelações surpreendentes sobre a vida de Shakespeare e seus sentimentos mais profundos.

No século XVIII, os sonetos de Shakespeare, como suas outras composições não dramáticas, haviam sido omitidos da maioria das edições de suas obras completas e foram ignorados ou menosprezados por seus críticos. O comentário de Steevens é bem conhecido: "mesmo as mais efetivas leis que o Parlamento pudesse criar não conseguiriam compelir os leitores a se interessar pelos sonetos". O crescimento do interesse por eles é sincrônico com o desenvolvimento da intolerância biográfica na crítica. Aparentemente, August Wilhelm Schlegel fez a descoberta crucial quando escreveu em um artigo para o *Horen* (1796), de Schiller, que os sonetos "são valiosos sobretudo porque parecem inspirados por um amor e uma amizade que não foram imaginários".[66] Em suas *Lectures on Dramatic Art and Literature*, de 1808, ele elaborou mais a respeito desse tema:

> O que mais se revela nos críticos de Shakespeare é a falta rotineira de discernimento; nenhum deles, até onde sabemos, jamais pensou em se valer de seus sonetos para investigar as circunstâncias de sua vida. Esses sonetos pintam da maneira mais inequívoca a real situação e os sentimentos do poeta; familiarizam-nos com as paixões do homem e contêm até mesmo confissões surpreendentes de seus erros na juventude.[67]

---

64 Nota à margem, citada por Charles e Mary Cowden Clarke, *Recollections of Writers* (Londres, 1878), p.156. Keats sugere, entretanto, que Hamlet "talvez seja mais parecido com Shakespeare em sua vida cotidiana do qualquer outra personagem do autor" (*Letters*, p.347).
65 *Letters*, p.227-8 (27 out. 1818).
66 *Sämtliche Werke*, org. Eduard Böcking (Leipzig, 1846), VII, 38n. Sobre esse assunto, cf. Otto Schoen-Rene, *Shakespeare's Sonnets in Germany*: 1787-1939, tese de doutorado não publicada (Harvard University, 1941).
67 Trad. para o inglês de Black e Morrison (Londres, 1889), p.352.

Depois da tradução que John Black fez das *Lectures*, em 1815, Schlegel era com frequência mencionado como patrono por detetives literários ingleses da história privada de Shakespeare, e em 1827 Wordsworth deu ao grupo o *slogan* – "Com esta chave Shakespeare abriu seu coração".[68] Por volta de 1838, Charles Armitage Brown, que fora amigo íntimo de Keats, escreveu um livro, *Shakespeare's Autobiographical Poems* [Poemas autobiográficos de Shakespeare], que estabeleceu o modelo básico para muitos tratados posteriores. Os verdadeiros apreciadores de Shakespeare, conforme Brown revela as motivações para tais pesquisas, "conheceriam tudo sobre ele; eles o veriam face a face, ouviriam sua voz, estariam em sua companhia, viveriam com ele". A história pessoal que Brown extrai dos sonetos é a agora familiar história envolvendo um amigo querido, um poeta rival e uma amante misteriosa. Parte da conduta moral de Shakespeare, admite Brown, era questionável; mas da sequência como um todo, o crítico produz uma imagem que foi não apenas o padrão para aquele período de bardolatria, mas que ressurge em restaurações modernas do retrato de Shakespeare, como fez Caroline Spurgeon.

> Quando abro as páginas de Shakespeare, minha razão não vê nada que não seja produto de um intelecto superior, auxiliado e fortalecido pela observação mais penetrante e pelo exame mais profundo. Sim, há algo mais... um espírito de benevolência dentro dele... Uma generosidade natural, uma misericórdia inexaurível, um amor intenso por todas as coisas que foram criadas.[69]

Resta dizer alguma coisa sobre aqueles que, em vez de considerarem os sonetos como uma fresta na armadura de impessoalidade de Shakespeare, operaram na suposição de que ele se revela em tudo que escreve. Na Inglaterra, as primeiras décadas do século XIX produziram uma variedade de livros e artigos dedicados à reconstrução das crenças morais, políticas e religiosas de Shakespeare a partir de suas peças. O ensaio de Hartley Coleridge, "Shakespeare a Tory and a Gentleman" [Shakespeare, um conservador e um cavalheiro] (1828), cujo título fala por si mesmo, é representativo. Os dois ensaios de Jones Very sobre Shakespeare (1838) interessam-nos mais do que a maioria. Foram escritos por um jovem norte-americano que acreditava compor a partir do que o Espírito Santo lhe ditava.

---

68 "Scorn not the Sonnet". No ensaio adicionado a seu *Poems*, de 1815, Wordsworth havia afirmado: "Existe um pequeno tomo de poemas variados em que Shakespeare expressa seus próprios sentimentos em sua própria pessoa" (*Wordsworth's Literary Criticism*, p.179).

69 *Shakespeare's Autobiographical Poems* (Londres, 1838), p.3, 45-7, 181. Para uma análise da interpretação biográfica dos sonetos de Shakespeare, cf. a edição de Hyder E. Rollins em *New Variorum Shakespeare* (Filadélfia, 1944), II, Apêndice IV.

Eles contêm vários conceitos críticos que, à época, eram ainda uma relativa novidade até mesmo na Inglaterra, e propõem uma versão inicial da teoria de que Shakespeare deve ser identificado a Hamlet – um Hamlet interpretado não como alguém que sofre de abulia romântica, mas como alguém que teme a morte pelo próprio excesso de paixão pela vida e por ação. Very concorda com a opinião de que o segredo da habilidade criativa de Shakespeare é sua poderosa compaixão projetiva. "Com a mente sempre surpresa de uma criança, ele se transformava no objeto que via", e de maneira tão forte "que parecia que, nesse momento, não havia qualquer outra individualidade". Todavia, é um equívoco supor, em consequência, que o verdadeiro Shakespeare não é nenhuma de suas personagens; ele é *todas* as suas personagens. "Essa visão de Shakespeare nos levará a observar suas personagens como a expressão natural dele mesmo, como as expansões ou ramificações impostas por essa expressão."[70] E a grande dificuldade que encontramos na interpretação de Hamlet deriva do fato de que Shakespeare havia utilizado essa personagem acima de todas as outras "como expressão de seus próprios sentimentos"; a obscuridade da personagem provém "de uma ligação íntima demais com a própria mente de Shakespeare".[71]

Carlyle, porém, foi supremo entre aqueles que liam um autor não pelo que ele produzia, mas pelo que ele era. É verdade que ele adotou a distinção alemã entre dicção e falta de dicção, e a oposição prevalente entre escritores como Byron, "que não pintava nada além de si mesmo", de um lado, e Homero, Shakespeare e Goethe, de outro. Uma característica de Goethe, por exemplo, é sua "universalidade; sua imunidade ao maneirismo".

> Igualmente difícil é descobrir em seus escritos... que tipo de constituição espiritual ele possui, qual é seu temperamento, quais são suas afeições, suas especialidades individuais, pois tudo vive livremente dentro dele: ...ele parece, não esse homem, nem aquele outro, mas um homem. Acreditamos ser essa a característica de um Mestre da Arte de qualquer gênero; e isso é verdadeiro especialmente em relação a todos os grandes Poetas. Quão verdadeiro isso é em relação a Shakespeare e a Homero! Quem sabe, ou pode imaginar, quem era o Homem Shakespeare na primeira, na vigésima leitura cuidadosa de sua obra?[72]

Porém, para Carlyle, a ausência de dicção não era, como para a maioria dos críticos, equivalente à ausência de autorrevelação, mas meramente um desafio

---

70 "Shakespeare", *Poems and Essays*, p.37, 39, 40.
71 "Hamlet", ibid., p.53-5, 60.
72 "Goethe" (1828), *Works*, XXVI, p.245.

maior para o leitor, pois "*moldar,* transformar em *vida* a opinião, o sentimento que possa existir dentro dele em seu sentido mais amplo, acreditamos ser o problema *par excellence* do Poeta". Até nos escritos de Goethe, "como nos escritos de qualquer homem, a personalidade do autor deve estar registrada", e "as opiniões, a personalidade, o caráter de Goethe... com qualquer dificuldade que seja, são e devem ser decifráveis em seus escritos".[73] Tipicamente, Carlyle dá a seus ensaios o nome de um escritor – "Jean Paul Friedrich Richter", "Goethe", "Burns" – e preocupa-se bem pouco com a arte que eles produzem, mas bastante com a vida que tiveram, além de sua qualidade moral e pessoal.

Carlyle opera nessa linha com relação a Shakespeare, "O herói como poeta". Ele aplica à relação entre Shakespeare e seu assunto o velho analogismo do espelho mimético, mas, com um verdadeiro *tour de force* interpretativo, converte a própria perfeição com que Shakespeare reflete o mundo em uma revelação do refletor. "E não seriam a *moralidade* de Shakespeare, seu valor, sua franqueza, sua tolerância, sua honestidade... visíveis lá também? Grandioso como o mundo! Não um precário espelho côncavo-convexo *trincado,* refletindo os objetos com suas próprias convexidades e concavidades, mas um espelho perfeitamente *plano;* isso que dizer, além do mais – se entendermos bem –, um homem honestamente ligado a todas as coisas e a todos os homens – um homem bom." Sua serenidade radiante é notável, embora "aqueles *Sonetos* seus possam até atestar expressamente em quão profundas águas ele caminhou e nadou, lutando pela vida". Entretanto, em contraste, "observe sua jovialidade, sua genuína e transbordante paixão pelo riso!" Tão determinada é a intenção de Carlyle de buscar na literatura uma comunhão de almas que os efeitos sobre os dramas shakespearianos das causas mesmas que haviam até então servido como as qualidades definidoras de uma "arte" – os requisitos de seu ambiente, a natureza de suas convenções e as exigências de seu público – constituem para Carlyle vazios opacos entre os "arroubos de brilho" que iluminam o próprio homem.

> Pois eu digo, das obras de Shakespeare em geral, que não temos nelas qualquer marca característica dele; da mesma maneira como as temos de muitos homens. Suas obras são tantas janelas, através das quais vislumbramos o mundo que existia dentro dele... Esses arroubos, entretanto, nos fazem sentir que a matéria circundante não é resplandecente; que ela é, em parte, temporária, convencional. Oh céus! Shakespeare tinha que escrever para o Globe Playhouse: sua vasta alma tinha que se render, como ocorreu, somente àquele e a nenhum outro modelo. Ela estava com ele, então, como

---

73 Ibid., p.244-6.

está com todos nós. Nenhum homem trabalha exceto sob condições... *Disjecta membra* – isso é tudo o que encontramos de qualquer Poeta ou de qualquer homem.[74]

Foi a partir dessas ideias iniciais que se desenvolveu a mais vasta coleção de biografia conjetural sob a qual qualquer autor já caminhou vacilante em direção à imortalidade. O impressionismo rudimentar do retrato que Carlyle faz de Shakespeare cedeu lugar a detalhes cada vez mais elaborados. À medida que a coleta paciente de evidência externa, apoiada por técnicas de análise de alterações na versificação dos próprios dramas, permitia maior segurança quanto à cronologia dos escritos de Shakespeare, emergiu a biografia desenvolvimentista, em que as peças de Shakespeare são consideradas episódios isolados no imenso drama de sua vida íntima – essa "tragédia das tragédias" como a classificou Frank Harris, "em que 'Lear' é apenas uma cena". Em 1874, Edward Dowden formulou o estereótipo biográfico de "In the Workshop", "In the World", "Out of the Depths", "On the Heights" ["Na oficina de trabalho", "No mundo", "Longe das profundezas", "Nas alturas"] – a vida de Shakespeare contida em *A tempestade*.[75] De acordo com esquemas semelhantes ou alternados, Shakespeare foi decifrado a partir de suas peças por vários críticos competentes, de David Masson a Dover Wilson. Porém, a guerra romântica quanto e se estamos todos justificados em apreender Shakespeare em suas peças está longe de chegar ao seu fim. Antagonistas formidáveis como G. L. Kittredge e E. E. Stoll ainda argumentam, como fizeram Schiller e Coleridge antes deles, que os escritos de Shakespeare revelam apenas o artista, e que Shakespeare, o homem, deve continuar um mistério.

Milton, Satã e Eva

Os críticos românticos foram unânimes em afirmar que, sem a complicação da objetividade e da falta de dicção para encobrir sua imagem, John Milton, conforme afirmou Coleridge, "aparece – ele próprio – em cada linha de *Paraíso perdido*".[76] Os motivos dessa opinião são bastante claros. Naquela época – como

---

74 *On Heroes, Hero-Worship and the Heroic in History* (1841), in *Works*, V, 101, 104, 108-11. Em seu ensaio sobre Shakespeare em *Representative Men* (1850), parcialmente moldado nos *heróis e culto a heróis*, de Carlyle, Emerson não conseguiu descobrir nem mesmo aquelas limitações da autorrevelação das quais Carlyle havia se lamentado. "Que traço de sua mente privada ele escondeu em suas obras?... Longe de ser o menos conhecido, ele é a pessoa, em toda a história moderna, mais conhecida por nós".
75 *Shakespeare: A Critical Study of His Mind and His Art* (Londres, 1875).
76 *Table Talk*, p.92-3; 12 mai. 1830. Cf. *Shakespearean Criticism*, II, 96; e *Biographia*, II, 20.

agora –, Milton, como pessoa, era incomparavelmente mais conhecido do que qualquer poeta anterior. Sua função tripla de político, acadêmico e poeta fizeram dele assunto de vários críticos e biógrafos, e as autodescrições em seus escritos em prosa são tantas e tão extensas que, reunidas, constituem uma autobiografia de dimensões extraordinárias. Ao fundir observações estritamente pessoais com narrativa épica em *Paraíso perdido*, ele convida os críticos a procurarem-no em outras passagens não escritas em primeira pessoa. Seu estilo é relativamente homogêneo, seja ele próprio ou uma personagem criada por ele quem esteja falando; e suas personagens se prestam a interpretação biográfica porque são relativamente poucas e se desenvolvem em pinceladas grandes e nítidas, sem aquela complexidade e variedade infinita que afligiram, quando não intimidaram, aqueles que buscavam o Shakespeare essencial.

O paralelo entre as circunstâncias pessoais de Milton após a Restauração e aquelas de *Samson Agonistes* – do herói derrotado e sem olhos em Gaza – era evidente demais para não ser notado, mesmo no século XVIII.[77] No entanto, a maioria dos críticos românticos preferiu buscar Milton em *Paraíso perdido*, no qual a obtenção do elemento pessoal requeria uma estratégia mais intrincada do que a mera correspondência entre autor e protagonista, além de prometer resultados mais surpreendentes. Não nos esqueçamos que Shakespeare era com frequência equiparado a Deus, o Criador, e até mesmo dotado dos atributos adequados de onisciência, onipotência e benevolência. Um protótipo comum para Milton, entretanto, foi precisamente o Grande Oposto de Deus; mas se o retrato resultante do poeta não se parecia com Deus, também não era o retrato de "um Anjo Caído com toda sua glória obscurecida".

Mais de um século depois que seu grande poema épico foi publicado, ninguém duvidava de que a intenção mais profunda de Milton era, conforme ele a representou, "justificar os meios de Deus para os homens", ou que suas simpatias estavam quase que francamente do lado da Onipotência em Sua supressão da rebelião satânica. Com efeito, houve algum comentário de que, ao escolher uma fábula em que Satã é a figura central, ativa e temporariamente vitoriosa, Milton escorregou e, inadvertidamente, fez dele, em um sentido puramente técnico, o herói épico. Dryden ofereceu essa denúncia em 1697; cerca de sete anos mais tar-

---

77 Thomas Newton, em 1752, comentou sobre o grande lamento de Sansão, começando na linha 594, "Sinto meu espírito cordial arrefecer": "Aqui, Milton, na figura de Sansão, descreve sua própria condição... Ele não poderia ter escrito tão bem senão a partir de seus próprios sentimentos e de sua própria experiência" (*Paradise Regained... To which is added Samson Agonistes*, 2.ed.; Londres, 1753). Cf. seu comentário na linha 90 e *passim*. Cf. também William Hayley, *The Life of John Milton* (Londres, 1835).

de, John Dennis concordou com a ideia de que "o Demônio é apropriadamente o Herói de Milton, porque é ele quem leva a melhor". E, apesar da alegação contrária de Addison, de que o herói é o Messias, e da de Blackmore, de que o herói é Adão, Chesterfield continuou a sustentar em 1749 "com o sr. Dryden, que o Demônio é, de fato, o Herói do poema de Milton, cujo plano, que ele prepara, segue e finalmente executa, é o assunto do poema".[78] Um inimigo político da Grande Rebelião, como dr. Johnson, poderia alegar que o republicanismo de Milton estava fundado em seu temperamental "desejo de independência", e que ele "sentia não tanto o amor à liberdade quanto a repulsa à autoridade",[79] mas por um longo tempo, aparentemente não ocorreu a ninguém correlacionar essa leitura da personalidade de Milton com sua involuntária elevação de Satã à posição de protagonista formal em *Paraíso perdido*.

Mais tarde, ao papel principal de Satã foi dada uma ênfase diferente. Em 1787, Robert Burns, padecendo sob o erro do opressor e a insolência do ofício, deu origem, de maneira muito despreocupada, à atitude do satanismo romântico que, com algumas alterações, ressurgiria logo como byronismo:

> Valorizo tão pouco reis, lordes, eclesiásticos, críticos etc. quanto toda essa respeitável pequena nobreza valoriza minha condição de Poeta... Estou decidido a estudar os sentimentos de uma personagem muito respeitável, o Satã, de Milton – Salve, horror! Salve, mundo do inferno!

E alguns meses mais tarde: "Dá-me um espírito como o de meu herói favorito, o Satã de Milton".[80] Satã tornou-se o herói não por razões técnicas, mas porque o leitor pende mais para o seu lado na batalha entre o paraíso e o inferno.

Esse processo atingiu o ápice com William Blake. Este estava familiarizado com a tradição da significação múltipla da Bíblia, e também com o desenvolvimento de várias formas de criptologia literária na teoria e prática dos cabalistas, de Swedenborg e de outros simpatizantes do ocultismo. Ele próprio tinha o hábito de ler não pelo conteúdo da superfície, mas buscando sempre desvelar alegorias obscuras da condição espiritual do homem. Não é surpresa que pela união desse princípio com sua psicologia protofreudiana, Blake formulou o que é,

---

78 Dryden, "Dedication of the Aeneas", *Essays*, II, p.165; Addison, *Spectator* n.297 (9 fev. 1712); Dennis, *The Grounds of Criticism in Poetry* (1704), *Critical Works*, I, p.334; Carta de Chesterfield a seu filho, 7 fev. 1749, *Letters*, org. Bonamy Dobrée, 6 vols. (Londres, 1932), IV, 1306.
79 "Life of Milton", *Lives of the Poets* (org. Hill), I, 157.
80 Carta de Burns a Mrs. Dunlop (30 abr. 1787), *Letters*, I, 86; e a James Smith (11 jun. 1787), ibid., I, p.95.

acredito eu, o primeiro exemplo daquele modo radical de polissemia romântica em que a significação pessoal latente de um poema narrativo não apenas subjaz, mas também contradiz e anula a intenção da superfície. Na leitura de Blake, a derrota de Satã é interpretada como a vitória lamentável – e geradora de pestilência – da razão repressiva sobre a paixão e desejo do homem, aquela "Energia" que "é Deleite Eterno".

> Aqueles que reprimem o desejo, fazem-no porque o desejo deles é débil o suficiente para ser reprimido; e o repressor ou a razão usurpa seu lugar e comanda os relutantes...
> A história a respeito disso está escrita em *Paraíso perdido*, & o Governante ou a Razão chama-se Messias.

Mais significativo é o admirável pós-escrito de Blake. Lá, a inversão do propósito ostensivo do poema é atribuída a um aspecto do temperamento de Milton, desconhecido do próprio autor, mas revelado pelo fervor inconsciente e pela liberdade com que ele descreveu os assuntos de Satã.

> Observação: A razão por que Milton, preso a grilhões, escreveu sobre Anjos e Deus, e, livre, sobre Demônios e o Inferno, deve-se ao fato de que ele era um Poeta autêntico e pertencia ao Partido do Demônio sem ter conhecimento disso.[81]

Isso foi escrito aproximadamente em 1793. Um quarto de século depois, essa visão ganhou de Shelley a clássica afirmação em seu "Uma defesa da poesia". E seja lá o que for que pensemos agora da interpretação de Shelley – ou sua ignorância – acerca das convicções intelectuais de Milton, o excerto não tem rival na irrefutabilidade com que exprime o difícil problema artístico representado pela correspondência que Milton estabelece entre protagonistas tão absolutamente desiguais. Shelley entendeu como fato esperado que nos épicos tanto de Dante quanto de Milton a superfície narrativa é apenas o envoltório do espírito do próprio poeta.

> As imagens distorcidas de coisas invisíveis que Dante e seu rival Milton idealizaram são meramente a máscara e o manto com que esses grandes poetas caminham através da eternidade encobertos e disfarçados.

Quanto a até que ponto esses poetas "estavam conscientes da distinção que deve ter subsistido em suas mentes entre suas próprias crenças e aquelas do povo em geral", Shelley, diferentemente de Blake, não se compromete. Mas de uma

---

81 *The Marriage of Heaven and Hell*, in *Poetry and Prose*, p.182.

coisa ele tem certeza: *Paraíso perdido*, decifrado de forma adequada, refuta a teologia que pretende adiantar.

> ...O poema de Milton contém dentro de si uma refutação filosófica daquele sistema, ao qual, por uma antítese estranha e natural, representou um importante apoio popular... O Demônio de Milton, como um ser moral, é muito superior ao seu Deus, como um ser perseverante em algum propósito que concebeu como supremo, a despeito da adversidade e da tortura, é para um ser que na indiferente segurança do triunfo certo inflige a mais terrível vingança sobre seu inimigo, não por causa de qualquer ideia equivocada de induzi-lo a se arrepender de uma perseverança na inimizade, mas com a intenção alegada de exasperá-lo para merecer novos tormentos.[82]

Surpreendentemente, precisamos incluir John Keble nesse grupo de críticos, pois, como Johnson, ele é da opinião que Milton é um rebelde por temperamento e que Satã é o herói de *Paraíso perdido*, a fim de sugerir que o primeiro fato foi a causa inconsciente do segundo. Ao contrário de seu herético predecessor nessa linha de pensamento, é desnecessário dizer, o alto prelado observou o fenômeno apenas para deplorá-lo.

> É uma queixa bem conhecida entre muitos dos leitores de *Paraíso perdido*, que lhes é quase impossível deixar de simpatizar com Satã, de alguma forma, como o herói do poema. A explicação mais provável para isso certamente é que o próprio autor participou muito do espírito republicano arrogante e vingativo que ele atribui à personagem e, consequentemente, embora talvez de forma inconsciente, tenha desenhado o retrato com um prazer especial.[83]

Quando Coleridge reconstruiu a personalidade de Milton, suas suposições implícitas foram semelhantes, mas suas descobertas foram discrepantes. Ele concordava, é verdade, com a ideia de que Milton havia se escrito a si mesmo em todas as personagens do poema, inclusive em Satã. Em 1833, Coleridge escreveu:

> Em *Paraíso perdido* – na verdade, em cada um de seus poemas – é o próprio Milton que se vê; seu Satã, seu Adão, seu Rafael, quase sua Eva – são todos John Milton; e é um sentido desse egoísmo imenso que torna enorme o prazer de ler as obras de Milton.[84]

---

[82] *Shelley's Literary and Philosophical Criticism*, p.145-6. No prefácio a "Prometheus Unbound", Shelley chamou Satã de "o Herói do Paraíso Perdido", porém menos "poético" em temperamento do que Prometeu, pois suas virtudes são corrompidas por ambição, inveja e vingança.
[83] *Resenha de The Star in the East*, de Josiah Conder, in *Quarterly Review*, XXXII (1825), p.228-9.
[84] *Table Tolk*, p.267-8.

Todavia, ele havia deixado claro, em uma palestra feita quinze anos antes, que não acreditava que as simpatias secretas de Milton haviam traído o anunciado propósito do poema. "Quanto ao objeto de Milton; – era justificar os meios de Deus ao homem!" A personagem de Satã, conforme Milton pretendia, "é orgulho e indulgência sensual, encontrando no *self* o único motivo para ação". A revelação íntima das simpatias e desejos pessoais de Milton, sugere Coleridge, deve ser encontrada em suas francas descrições da bem-aventurança conjugal no Jardim do Éden:

> Na descrição do próprio Paraíso tem-se o lado radiante de Milton como homem... O amor de Adão e Eva no Paraíso é do maior mérito – fantástico, mas, ainda assim, removido de tudo que é aviltante...
>
> Ninguém se levanta depois da uma leitura criteriosa desse poema imortal sem um profundo senso da grandeza e da pureza da alma de Milton, ou sem sentir o quão suscetível aos prazeres domésticos ele realmente era, a despeito dos desconfortos que realmente resultaram de uma escolha aparentemente infeliz no casamento.[85]

É suficiente ler essa última sentença com o próprio princípio de Coleridge – que um autor subjetivo se escreve a si mesmo em sua obra – no primeiro plano da mente, e uma ideia torna-se irresistível: *de te fabula*. Afinal, que autor foi mais subjetivo do que Coleridge? E a quem poderia se aplicar mais apropriadamente a afirmação de que ele era "suscetível aos prazeres domésticos" apesar de uma "escolha infeliz no casamento"? O que nos leva àquela outra descoberta de que cada um desses retratos de Milton mostra uma notável semelhança com o retratista. Coleridge, desgraçadamente infeliz com Sara Fricker e apaixonado por Sara Hutchinson, viu Milton em dilema semelhante, ansiando por uma esposa atraente e dócil como Eva. Milton, em sua própria imagem antinômica, foi recriado por Blake. E se a Shelley pareceu que Milton projetara sua aversão à tirania na personagem de Satã, a própria vida de Shelley foi uma clássica história de rebelião, de acordo com o quadro psicanalítico: rebelião primeiro contra o pai e, de forma derivada, contra aquelas projetadas figuras paternas, reis e a Divindade. Pareceria, então, que uma interpretação biográfica de uma obra pode, dentro de seus próprios princípios, ser interpretada pela biografia do intérprete; e isso abre a perspectiva de uma regressão sem fim.

Por outro lado, o fato de que essas descrições de Milton diferem não demonstra, por si só, que qualquer um deles esteja necessariamente errado. Uma diversi-

---

85 A décima das *Lectures* de 1818, *Miscellaneous Criticism*, p.163-5. Cf. também a excelente análise de Coleridge sobre a psicologia moral de Satã no Apêndice B de *The Statesman's Manual*, in *Lay Sermons*, p.68-70. Macaulay, escrevendo sobre Milton, em 1825, concordou com a interpretação de Coleridge; cf. *Critical and Historical Essays*, I, p.169-70.

dade – até mesmo uma aparente antítese – de características imputadas pode ser resolvida na ideia de que a natureza humana é multifacetada e, pelo menos, é possível que Milton tenha sido tanto Satã quanto Adão. É exatamente isso que alguns críticos românticos insinuaram.

Como poderíamos esperar, Hazlitt estava seguro de que

> é raro que um homem, mesmo que tenha uma natureza nobre e superior, consiga fazer mais do que transportar seus próprios sentimentos e personalidade, ou alguma paixão proeminente e controladora, para situações fictícias e incomuns.

A essa regra Shakespeare é uma exceção, mas Milton não. "Milton incorporou, por alusão, grande parte de sua história política e pessoal às personagens principais de *Paraíso perdido*... É possível detectar a intolerância e as opiniões do homem nas criações do poeta."[86] Alguns anos antes, em uma análise de *Paraíso perdido*, ele achara a personagem de Satã e das cenas domésticas no Éden de importância equivalente. "Em uma palavra, o interesse do poema emerge da ambição ousada e das paixões selvagens de Satã e do relato da felicidade paradisíaca e de sua perda por nossos primeiros pais." Satã é o herói incontestável – na verdade, "o tema mais heroico que já foi escolhido para um poema". Hazlitt, porém, propôs a teoria, mais sutil do que a maioria, de que Satã exprime uma atitude dual em seu criador: de submissão religiosa e de impaciência diante da autoridade:

> Algumas pessoas podem pensar que ele levou sua liberalidade longe demais e feriu a causa que professou apoiar, fazendo [Satã] a principal pessoa de seu poema. Considerando a natureza de seu assunto, ele estaria igualmente se arriscando a incorrer em seu próprio erro, de sua fé na religião e seu amor pela rebeldia; e talvez cada um desses motivos tenha tido sua grande parte na determinação da escolha de seu tema.

Ao mesmo tempo, Hazlitt mostrou-se mais extravagante e entusiasmado do que Coleridge quando escreveu sobre a felicidade de Adão e Eva. (Não nos esqueçamos de que Hazlitt foi tanto um político radical quanto um marido infeliz.)

> É verdade, há pouca ação nessa parte do poema de Milton; mas há muita serenidade e mais regozijo...
> Que necessidade haveria de ação, se o coração estava pleno de felicidade e de inocência sem ela? Eles nada tinham a fazer, exceto sentir sua própria felicidade e "saber para não mais saber".[87]

---

86 "On Genius and Common Sense", *Complete Works*, VIII, p.42.
87 *Lectures on the English Poets* (1818), ibid., V, p.63, 65-7.

Para citar mais um exemplo: John Sterling, discípulo de Coleridge e Carlyle, era, a esse respeito, um trinitário. Ele formulou um conceito de Milton como a união de Satã, Adão e também Jeová.

> Que as mais grandiosas e as mais triviais das obras de Milton são fragmentos e miradas de seu *self* individual ninguém discute... Sua lógica moral, exaltada até o território da inteligência pura e investida de glória cristalina, constitui – não sugere – os mais dignos seres de seu Paraíso. Suas afeições humanas austeras, profundas, muitas vezes confusas, são os originais de suas personagens mundanas. E sua teimosia intensa e melancólica, como sua sombra lançada por um *flash* de relâmpago sobre a muralha de neve de um cume alpino, fornece os moldes e a estatura demoníaca de suas inclinações ignóbeis.[88]

Então, a hipótese de que Milton revela suas predileções em *Pandemonium* bem como em *Paraíso perdido* não é insustentável, pois não há razão caracterológica por que um rebelde veemente e orgulhoso como Lúcifer não possa ter sido o amante vicário de uma Eva submissa. A questão é: seriam esses traços empiricamente possíveis os atributos verdadeiros do próprio Milton?

Opositores recentes das interpretações satânicas de Milton chamam a atenção para o fato de que não foi senão quando a crença pública na firme subestrutura teológica de *Paraíso perdido* enfraqueceu que o papel de Satã no épico cósmico começou a parecer questionável. Ademais, há quase que invariavelmente uma circularidade nesse procedimento interpretativo: uma seleção de testemunho externo sobre o escritor é utilizada como guia para sua autorrelevação poética, e esses dados são invocados para validar o retrato depois de ele ter entrado na sua composição.

Entretanto, quaisquer que sejam as dificuldades lógicas e empíricas, tentativas de encontrar Milton em *Paraíso perdido* continuaram com inquebrantável energia por parte dos críticos pós-românticos, e mais tarde receberam um impulso adicional com a popularização dos conceitos freudianos. A equiparação que E. M. W. Tillyard faz entre Satã e Milton, ou, pelo menos, com um aspecto de Milton, se fez muito presente em livros de histórias de literatura, embora outros de nossos críticos, como é o caso de alguns de seus protótipos românticos, atribuam a Milton o papel duplo de Satã e Adão. O último é, basicamente, a visão que emerge da prolixa investigação de Denis Saurat em *Milton, Man and Thinker* [Milton, homem e pensador] e que é resumida de forma muito clara por Middleton Murry:

> Há, com certeza, uma exuberância de riqueza poética inconsciente em Milton, da qual a manifestação mais surpreendente é a apaixonada simpatia inconsciente pela in-

---

88 "On the Writings of Thomas Carlyle" (1839), *Essays and Tales*, I, p.340-1.

tensa rebeldia de Satã e as mais encantadoras imagens da inocência sensual de nossos primeiros pais no Paraíso.[89]

Além disso, da mesma forma como a dissensão inicial quanto a se Shakespeare era subjetivo ou objetivo sobrevive em nossos dias, também os críticos modernos que discutem Milton – mesmo aqueles que se opõem a interpretações românticas do homem – não são menos unânimes do que os românticos, no sentido de que Milton se revela em seus poemas. Douglas Bush, por exemplo, escreveu uma crítica vigorosa do uso inescrupuloso da biografia na crítica miltoniana, transformando "conjetura biográfica em fato biográfico", e depois fazendo "dessa conjetura a base de grande parte da análise dos poemas posteriores, sobretudo de *Paraíso perdido*". Não obstante, ele advoga um modo de leitura que é, em si mesmo, um descendente direto da polissemia romântica, traduzindo referência objetiva em revelação espiritual.

> É... essencial, para nossa plena apreciação dos maiores poemas, que compreendamos... o que essas obras tardias representam na evolução espiritual do seu autor: que o revolucionário militante e resoluto perdeu sua fé nos movimentos de massa... que ele aprendeu, por experiência própria, que "Em Sua vontade está nossa paz". Porém, todo o conhecimento essencial recebemos das próprias obras, com a ajuda dos outros escritos de Milton, não de sua biografia.[90]

Para críticos modernos, como foi para Shelley, o grande poema de Milton (e o que mais ele possa ser) é "a máscara e o manto" com que o poeta caminha pela eternidade; eles diferem apenas quanto à natureza do homem atrás de máscara.

A chave para o coração de Homero

Falta relatar as aventuras do mais audacioso, mais obstinado e mais metódico dos exploradores românticos da personalidade. Todos admitiam que Milton era subjetivo; alguns sustentavam que até mesmo Shakespeare era subjetivo; mas o reverendo John Keble buscou a personalidade no que era – por consonância universal – incontestavelmente objetivo: na poesia da antiguidade greco-romana e, acima de tudo, na poesia épica de Homero. Keble não se sentiu em momento al-

---

89 *Studies in Keats New and Old* (2.ed.; Oxford, 1939), p.121.
90 "John Milton", *English Institute Essays*, 1946 (Nova York, 1947), p.11, 18. Cf. também seu *Paradise Lost in Our Time* (Ithaca, N.Y., 1945), cap. III.

gum intimidado pelo fato de que a *Ilíada* havia sido a verdadeira rocha sobre a qual os críticos alemães construíram suas teorias do objetivo e do ingênuo, e nem pelo fato de saber que vários estudiosos contemporâneos seus afirmavam que Homero não era uma pessoa humana, mas uma fusão de mitos – "apenas um nome concreto", como Coleridge afirmou, "para as rapsódias da *Ilíada*".[91]

Recorde-se que o princípio básico de Keble é que a poesia genuína satisfaz desejos conflitantes – a pressão das paixões e dos desejos pessoais de buscar satisfação imaginativa, e a força da modéstia, que evita revelar o *self* privado – pela sua capacidade de "verbalizar com economia e apenas sob véus e disfarces os sentimentos mais recônditos".[92] Toda essa poesia, portanto, tem dupla significação, seja ela a professada dualidade de "simbolismo alegórico", seja ela a dualidade implícita (fundindo referência externa e autoexpressão) do poema ostensivamente não alegórico:

> Portanto, quer no decorrer de todo o poema uma história seja realmente contada em fato e substância, uma outra história manifesta em palavras, o que é típico da Alegoria, quer façamos o verdadeiro teor de um poema depender não tanto das coisas descritas, mas do espírito e temperamento do poeta – em qualquer desses casos está claro que a força e a beleza da poesia genuína são duplas. A razão é que não apenas são os próprios temas diretos do poema exprimidos com lucidez e beleza, mas toda a criação ganha o colorido da personalidade e das inclinações do poeta, bem como um aroma misterioso.[93]

Está claro que Keble (tudo indica que de forma independente de Friedrich Schlegel) chegou à noção de que uma obra de literatura une referência subjetiva e objetiva, transportando conceitos teológicos para dentro da crítica literária. Ele, com certeza, conhecia profundamente os escritos dos Pais da Igreja, e enquanto fazia suas conferências sobre poesia em Oxford, escreveu *Tract 89*, para apoiar esses autores na visão de que, exatamente como a Sagrada Escritura tem múltiplos sentidos, os objetos sensíveis do mundo natural são também *verba visibilia* –

---

91 *Table Talk*, p.93; 12 mai. 1830. Sobre a aceitação, naquela época, da ideia de que o Homero histórico era uma nulidade, cf. Georg Finsler, *Homer in der Neuzeit* (Leipzig e Berlim, 1912), p.202 e ss. Keble considera a possibilidade e a rejeita, *Lectures on Poetry*, I, p.96-9.
92 *Lectures on Poetry*, I, p.25-6, 259.
93 Ibid., II, p.35-7. Há uma passagem curiosamente semelhante nas cartas de Keats: "Uma vida digna para um Homem é uma alegoria contínua, e muito poucos olhos podem ver o Mistério de sua vida – uma vida figurativa como as Escrituras... Shakespeare levou uma vida de Alegoria: suas obras são comentários sobre ela" (Carta a George e Georgiana Keats, 14 fev. – 3 mai. 1819, *Letters*, p.305).

Characters of the great Apocalypse,
The types and symbols of Eternity,
Of first, and last, and midst, and without end,

[Figuras do grande Apocalipse,
Tipos e símbolos da Eternidade,
Da primeira, e da última, e da intermediária, e infinitas mais,]

como Wordsworth exprimiu sua versão secularizada da tipologia antiga.[94] Os dois modos de significação múltipla estão intimamente relacionados, pois "há que se considerar", diz-nos Keble, "em que isso resulta: o Autor da Sagrada Escritura é o Autor da Natureza". Para corroborar essa tese, Keble cita o texto básico da Epístola de Paulo aos Romanos: "As coisas invisíveis d'Ele desde a criação do mundo são claramente visíveis, sendo compreendidas pelas coisas que são feitas". Ele cita também um comentário esclarecedor de Santo Irineu (teólogo do século II, cujas obras completas Keble traduziu para o inglês) para ilustrar "a analogia entre as operações visíveis que Deus faz conosco e Sua administração invisível":

> A Palavra foi feita para ser a distribuidora da graça do Pai para proveito dos homens e por isso Ele fez tantos arranjos... por um lado, mantendo a invisibilidade do Pai, para evitar que a qualquer momento o homem pudesse se tornar um detrator de Deus... por outro lado, revelando manifestamente Deus aos homens por muitos arranjos, para evitar que o homem, afastando-se de Deus, deixe de ser.[95]

No mesmo tratado, Keble decide o assunto para nós, traçando explicitamente o paralelo entre o Criador e o poeta, o cosmo e o poema:

> Se imaginarmos que Poesia em geral significa a expressão de uma mente que transborda, que se liberta, mais ou menos indireta e reservadamente, dos pensamentos e paixões que mais a oprimem... não poderíamos afirmar que [Deus] é, de maneira semelhante, condescendente em ter Sua própria Poesia – um conjunto de associações e significados sagrados e divinos – por meio da qual é Sua vontade envolver todas as coisas materiais?[96]

---

94 Keble, *On the Mysticism Attributed to the Early Fathers of the Church*, n.89 de *Tracts for the Times* (1841) (Oxford e Londres, 1868), p.6, 152; Wordsworth, "The Simplon Pass", II. p.18-20.
95 Ibid., p.152, 169, 189. Cf. também as citações dos Pais, p.56-7, 155-6.
96 Ibid., p.147-8; cf. p.189-90. Para uma conexão anterior entre a máxima retórica de que o estilo revela o homem e a doutrina logosófica de que Deus é em parte revelado em Seu filho, cf. Pierre de la Primaudaye, *L'Académie Françoise* (1577-94), citado em John Hoskins, *Directions for Speech and Style*, org. Hoyt Hudson (Princeton, 1935), p.54-6.

Para Keble, é evidente que, ao criar o mundo, Deus não foi apenas um poeta; ele foi um poeta wordsworthiano, cuja criação foi o espontâneo, porém disfarçado, transbordamento de um sentimento intenso.

Se o processo de composição é, então, concebido como uma espécie de codificação, a tarefa do crítico torna-se uma tarefa de decodificação; e Keble, descaradamente, se dispõe a levantar o véu com que os poetas antigos – gregos e romanos, épicos, trágicos e líricos – haviam discretamente protegido seu eu íntimo. De todos esses poetas, Homero é escolhido para a análise mais penetrante. "Não conhecemos nenhum outro escritor", Keble declara com confiança, "que, em praticamente cada fragmento de seu poema, mostre de maneira mais simples e mais franca a sua personalidade e os seus sentimentos".[97]

Na Inglaterra, Carlyle é o único além de Keble que zombava daquilo que este chamava de mero "ornamento e boniteza" (isto é, poesia como tal), e que fazia uma obstinada leitura de poesia em busca da personalidade do autor. O procedimento biográfico de Keble, no entanto, é tão metódico e detalhado quanto o de Carlyle é impressionista e panorâmico. No processo de reconstrução do temperamento de Homero, por exemplo, Keble padece para catalogar o que chama "testes dos preconceitos e das inclinações de um autor" – em outras palavras, princípios para raciocinar partindo de efeitos literários e chegando a causas psicológicas, com propósitos não diferentes dos famosos cânones de indução que seu contemporâneo, John Mill, propôs para descobrir relações causais em geral. Robert Burrowes, lembramo-nos, havia antes definido para pesquisadores alguns aspectos das maneiras como o estilo reflete o homem, mas é altamente improvável que Keble tenha lido *The Transactions of the Royal Irish Academy* [As transações da Academia Real Irlandesa]. Tendo em vista que os princípios de Keble continuam, ainda em nossos dias, a ser suposições de críticos biográficos, e tendo em vista que eles nunca ganharam um inventário mais explícito e completo, será bem proveitoso resumir a exposição de Keble e também complementá-la dando a cada princípio um nome conveniente:

(1) *O Cânone do Tema Significante*. O primeiro indício da inclinação de um autor deve ser encontrado por meio de uma "análise cuidadosa do plano da obra, tanto no seu todo como em seus detalhes". Do "assunto da *Ilíada*" e do "curso do próprio poema", por exemplo, Keble infere que Homero "tinha em sua vida a mesma atitude que tiveram seus velhos heróis", mas que, vivendo em uma época posterior, ele "se voltou para a composição a fim de apaziguar, de alguma forma, sua obsessão turbulenta, ardente, pelo passado e heróis desapareci-

---

97 *Lectures on Poetry*, I, p.93.

dos".⁹⁸ A teoria subjacente de Keble aqui, como em toda a sua pesquisa, é que cada personalidade tem uma chave única, "um caráter ou elemento prevalente, o centro de atração", que constitui seu "gosto ou paixão dominante".⁹⁹ Os antecessores desse conceito, obviamente, foram a antiga teoria dos humores e sua sucessora histórica, a ideia de "uma paixão dominante". Ele iria continuar a existir, entre estudiosos especialistas posteriores das inclinações literárias, como a *faculté première* de Sainte Beuve, o "caráter essencial", de Arnold, e a "fórmula pessoal", de Pater.

(2) *O Cânone da Identificação com o Herói.* Keble também sustenta a ideia de que "nada parece ter maior valor e importância quando se busca avaliar o gênio e as qualidades do poeta como um todo do que uma familiaridade profunda com a personagem a quem ele intencionalmente concede o papel principal". Do autor de *Ilíada*, "pode-se dizer com segurança que, se não tivesse sido Homero, ele teria desejado ser Aquiles".¹⁰⁰ Às vezes, os sentimentos do herói duplicam os de seu criador como resultado de um processo a que Keble chama "transferência da paixão e das inclinações do próprio poeta para as personagens reais". De fato, Keble chega a reverter a avaliação tradicional da lírica como a mais subjetiva e da épica como a mais objetiva das formas poéticas. "Nosso julgamento da disposição verdadeira e da atitude dos escritores líricos é geralmente mais difícil de estabelecer", porque os "sentimentos mais íntimos do poeta" se esquivam para não se manifestarem ostensivamente em uma expressão lírica em primeira pessoa. Poetas dramáticos e épicos, por outro lado, podem se valer do "expediente da responsabilidade transferida".

> Opiniões são exprimidas, julgamentos são feitos, louvores e críticas são repartidos, mas não como as elocuções de Homero ou Ésquilo, porém como as de um Aquiles ou de um Prometeu... Quando um homem expressa seus próprios pensamentos pela boca de outro, observa-se o comedimento, enquanto o coração repleto, agitado, encontra alívio.¹⁰¹

---

98 Ibid., I, p.95, 100. Mesmo a escolha inicial do gênero poético já é um indicador do caráter, pois o poeta "amante da ação" cria épicos ou dramas, enquanto o poeta "que ama as coisas tranquilas, o campo, ou as atividades calmas" irá escrever geórgicas ou éclogas (ibid., p.92).
99 Resenha de *Life of Scott* (1838), de Lockhart, in *Occasional Papers*, p.25-6.
100 *Lectures on Poetry*, I, p.122, 147; cf. p.107.
101 Ibid., II, p.36, 97, 99. Uma passagem de Charles Lamb um pouco anterior a essa é surpreendentemente semelhante na concepção e em sua estrutura: Um escritor habilidoso sugere e tece "com sua própria identidade as aflições e os sentimentos de outrem, fazendo muitos de si mesmo, ou reduzindo muitos a si mesmo... E como o dramaturgo mais intenso evita incorrer em equívoco, ele que indubitavelmente, sob o véu da paixão exprimida por outro, muitas vezes dá

(3) *O Cânone do Fervor*. Mudando para "outros testes por meio dos quais as inclinações e preferências dos grandes poetas costumam se revelar", Keble cita como um indicador significativo de um poeta "os temas sobre os quais ele discorre com entusiasmo". Passagens que, por sua *energia*, seu fervor, e pela liberdade e riqueza de sua versificação se destacam do contexto, de acordo com a aplicação dos preceitos de Longino, tendem a se ancorar de maneira muito particular em sentimentos pessoais. "Quando o poeta aborda assuntos que ele considera superiores e que são diletos à sua alma, o poema – precisamente nessa ocasião – flui de forma mais livre... Versos [com] palavras fulgurantes ou significado amplo e profundo comprovam, então, que, de qualquer forma, o autor não está adotando nenhuma forma convencional, mas escrevendo com a mais profunda sinceridade de seu coração".[102]

(4) *O Cânone da Linguagem Figurada*. "A mente e as inclinações de Homero", afirma Keble,

podem ser inferidas não apenas de sua história, mas também de sua linguagem figurada e das comparações que ele extrai de cada região e da escolha que faz de ornamentos e beleza poéticos para ilustrar tanto a linguagem como os temas dos quais ele trata.[103]

Esse princípio da *"l'image est l'homme même"* é, sem dúvida, o que Caroline Spurgeon, há pouco tempo, tornou tão imensamente popular em sua busca de "personalidade, temperamento e qualidade da mente" de Shakespeare. A conjetura subjacente é que os veículos das metáforas e dos símiles articulados por personagens dramáticas são relativamente independentes de requisitos dramáticos externos e relativamente não censurados pelo decoro; daí serem condicionados de modo peculiar pelas noções preconcebidas do próprio autor.[104] A maneira como Keble aplica esse dispositivo fica bem ilustrada com a seguinte passagem:

Resta o que é, talvez, o campo mais fecundo de todos: as muitas espécies de pássaros e animais, domésticos e selvagens, cujos passatempo, alimento, lutas ferozes e toda

---

vazão aos seus mais íntimos sentimentos e modestamente expressa sua própria história" (Prefácio a *The Last Essays of Elia*, 1833, in *Works*, II, p.151).

102 Ibid., I, p.122, 147, 167-8; II, p.105. Cf. I, p.159.
103 Ibid., I, p.172. Cf. p.147-8. Esse estratagema foi sugerido por Robert Burrowes (cf. p.235); e mesmo antes, por Robert Wood, com o propósito específico de descobrir o ambiente com o qual um poeta estava familiarizado: cf., p. ex., *Essay on the Original Genius and Writings of Homer* (1769), Londres, 1824, p.23.
104 Caroline Spurgeon, *Shakespeare's Imagery* (Nova York, 1935), p.4: "O poeta, inconscientemente, revela seus mais recônditos gostos e aversões... nas – e através das – imagens, os retratos verbais que ele extrai para iluminar algo muito diferente no discurso e no pensamento de suas personagens".

a sua maneira e hábitos de vida oferecem uma esplêndida fonte de linguagem figurada... Disso tudo, sejam quais forem os exemplos que Homero utiliza, todos eles parecem apropriados a *caçadores* ou a *pastores*. E, assim, eles são exatamente o que se poderia procurar nesse homem, como nós, movidos por muitas razões independentes, inferimos que ele deve ter sido.[105]

(5) *O Cânone do Estilo*. O que anteriormente se considerava o único elemento de uma obra, que espelha mais o poeta do que o mundo, Keble relega à última posição e vê como o menos sugestivo da personalidade.

Mas eu insisto no assunto que deixei por último – o estilo de linguagem, adotada pelo autor da *Ilíada*. A razão é que, não menos por causa disso do que pelo seu modo de pensar e escolher comparações, percebo que ele se destaca, primeiro como um guerreiro, depois como um camponês, e finalmente como oriundo de uma posição social inferior.[106]

O quão extraordinariamente moderna foi a técnica de Keble torna-se aparente se a compararmos com a recente exposição que Donald A. Stauffer faz de seus dispositivos de interpretação das ideias morais de Shakespeare a partir de seu teatro; ou – no campo da psicologia – com o relato de Henry A. Murray sobre a mais meticulosa e bem elaborada tentativa já feita para estabelecer uma base experimental para o que ele denomina "a sutil matéria de dedução da personalidade de um autor a partir de seus escritos". Muitas das "variáveis de significação psicológica" de Murray correspondem aos cânones de Keble; por exemplo, "as motivações e ações das personagens principais", "repetições do estado de espírito, sentimento, ação,

---

105 *Lectures on Poetry*, I, p.190.
106 Ibid., I, p.190. Contemporâneos de Keble também tentaram, de forma muito mais superficial, identificar as pistas para a autoexpressão. C. A. Brown, escrevendo em 1838 sobre os sonetos de Shakespeare, sugeriu que mesmo em suas obras o poeta pode revelar, por meio da "seleção ou invenção de suas histórias, ou das personagens de suas obras, as inclinações de sua mente no tratamento dado a eles, a recorrência que ele faz a certas opiniões ou a suas aparentes preferências ou aversões" (*Shakespeare's Autobiographical Poems*, p.5). E Bulwer-Lytton afirmou que os sentimentos expressos pelos heróis de um autor "são dele naquele momento; se eles são predominantes em todas as suas obras, eles predominam em sua mente" [*The Student* (1835 e 1840), citado por W. J. Birch, in *An Inquiry into the Philosophy and Religion of Shakespeare* (Londres, 1848), p.i-ii]. Dessas referências, bem como das passagens citadas por Robert Burrowes, podemos extrair outros dois cânones da descoberta. Ambos também foram utilizados, embora não explicitamente notados, por Keble: 6. *O Cânone da Recorrência*. Um tema ou alusão persistente é a pista para uma obsessão pessoal do autor. 7. *O Cânone da Interpolação Gratuita*. Esse foi anunciado por Burrowes da seguinte forma (p.51): "Quando um homem desiste de uma trilha direta, é sempre para seguir por uma rota que ele prefere". Cf. Keble, II, p.105.

tema, trama" e "emoções ou ações de intensidade incomum".[107] De fato, Keble foi quase tão científico em seu método quanto o psicólogo moderno. Ele estava absolutamente cônscio, conforme afirmava, de que a reconstrução da personalidade literária, "com certeza, revela mais ou menos traços das visões peculiares da pessoa que a está conduzindo". Portanto, ele saudou a publicação de *Life of Walter Scott* [A vida de Walter Scott], de Lockhart, como uma espécie de *experimentum crucis* para validar, por meio de evidência externa independente, a personalidade do escritor, anteriormente inferida a partir de sua obra:

> O quanto para nossos propósitos, seja na forma de confirmação, seja na de correção, deve ser o surgimento de uma vida como essa... A biografia pode servir como um experimento verdadeiro de comprovação ou refutação das conclusões que a teoria, conforme aplicada aos poemas, produziria.[108]

Adaptado como está agora aos acres temperos da crítica freudiana, nosso paladar acha bastante insípida a descoberta feita por Keble de que Homero, como Miniver Cheevy*, nasceu tarde demais e foi dominado por uma nostalgia "daquilo que não foi"; que suas ocupações eram manuais e rurais; que ele era corajoso, embora benevolente, e amante da natureza, dos pássaros e dos animais; que reverenciava os deuses; e que, embora pobre, era conservador em política e defensor da aristocracia.[109] E, apesar de todo o seu cientificismo, Keble, como seus contemporâneos, acaba construindo um poeta claramente à sua própria imagem, ou, pelo menos, como resultado de seus próprios ideais. O Homero que emerge das

---

107 Donald A. Stauffer, *Shakespeare's World of Images* (Nova York, 1949), p.362-9; Henry A. Murray, "Personality and Creative Imagination", *English Institute Annual*, 1942 (Nova York, 1943), p.139-62. As duas principais contribuições de Murray aos cânones românticos derivam respectivamente de Freud e Jung: (1) símbolos que refletem "a relação de uma criança com seus pais, especialmente com sua mãe" e (2) temas equiparando mito antigo e folclore, mais bem explicados pela expressão "disposições arquetípicas herdadas".
108 Resenha de *Life of Scott*, de Lockhart, in *Occasional Papers*, p.3, 25.
* Personagem do poema "Miniver Cheevy", do poeta norte-americano E. A. Robinson. (N.T.)
109 É interessante comparar a abordagem que Keble faz de Homero àquela do mais importante entre seus predecessores do século XVIII. Em seu *Enquiry into the Life and Writings of Homer* (1735), Blackwell tentou reconstruir a vida e a época de Homero acrescentando à tradição antiga elementos retirados das próprias épicas. Blackwell, porém, um quase completo determinista literário, enfatizou raça, momento e meio, e minimizou – na verdade, quase negou – o papel do que denominou "gênio" individual de Homero; ele é, portanto, um predecessor de Taine mais do que Keble. (Cf., p. ex., a 2.ed., Londres, 1736, p.345.) Robert Wood, em 1769, enfatizou não a personalidade de Homero, mas os fatos geográficos, institucionais e religiosos que ele conhecia (*An Essay on the Original Genius and Writings of Homer*, Londres, 1824, p.15).

páginas de Keble é um cavalheiro conservador, um romântico reacionário, um sentimental, um quase cristão. Ele acaba, na verdade, mostrando uma semelhança quase cômica com o retrato que Keble anteriormente havia feito de *Sir* Walter Scott. É justo, no entanto, aplicar a Keble o valor histórico e reconhecê-lo como o pai fundador do que é agora um dos mais celebrados e cuidadosamente desenvolvidos sistemas de premissas e procedimentos críticos.

Em discussões posteriores de literatura como autobiografia mascarada ou (para usar um termo encontrado em Keble) "inconsciente", o oxímoro original do Deus visivelmente invisível com bastante frequência manifesta sua presença continuada, embora com ênfase variável, de acordo com o crítico individual, na visibilidade ou invisibilidade do poeta em seu poema. Essa figura foi uma das favoritas de Flaubert, que claramente a associou ao analogismo-base entre o poeta e o Deus Criador:

> Em sua obra, o autor deve ser como Deus no universo: presente em toda parte e visível em parte alguma. Uma vez que a arte é uma segunda natureza, o criador dessa natureza deve agir de maneira análoga, de forma que se possa sentir, em todos os átomos que a constituem e em cada aspecto dela, uma indiferença secreta, infinita.[110]

Em uma conhecida palestra, George Lyman Kittredge reavivou a imagem de Shakespeare como uma deidade imanente, mas, como Schiller, de forma a estimular com essa interpretação maiores especulações. Shakespeare é subjetivo, porém inescrutável, "porque suas criaturas são como as criaturas de Deus". "Inquestionavelmente, o homem está lá, o Shakespeare verdadeiro está de alguma forma latente em suas peças; mas como extraí-lo de lá?" Ele "se infiltra e vivifica o todo, mas frustra a análise e desafia os que querem encontrá-lo..."[111] Entretanto, D. S. Savage, em um livro recente intitulado *The Personal Principle* [O princípio pessoal], emprega o mesmo paralelo para provar exatamente o ponto oposto. A seguinte analogia, declara Savage, "me parece aceitável".

> Deus permanece invisível e nós percebemos Sua criação, que é Sua criação e não Sua expressão ou corporificação. E, da mesma maneira, quando lemos um poema en-

---

110 Flaubert, *Correspondence*, org. Eugène Fasquelle (Paris, 1900), II, p.155; para passagens semelhantes, cf. ibid., II, p.379-80; IV, p.164; V, p.227-8; VII, p.280. Cf. a comparação de Stephen Dedalus entre "o mistério da estética" e "aquele da criação material". Na forma dramática, "o artista, como o Deus da criação, permanece invisível dentro, atrás, além ou acima de seu trabalho..." (James Joyce, *A Portrait of the Artist as a Young Man*, Modern Library ed., p.252).
111 *Shakespeare* (Cambridge, Mass., 1926), p.11, 47, 51.

tramos no mundo de experiências e percepções projetadas e estilizadas do poeta; sua criação, e não sua expressão ou corporificação. Porém, com certeza temos o direito de ver a marca da personalidade do poeta... dentro de sua obra, carimbando-a com sua imagem única, da mesma maneira como vemos a imagem de Deus impressa na criação divina.[112]

Afirmei antes que a mente se move do mais conhecido para o menos conhecido, assimilando novos materiais através da metáfora e da analogia. Podemos concluir com um interessante exemplo de como uma ideia, que uma vez foi tomada como termo-base, pode, no decorrer do tempo, se tornar um mistério e necessitar de clarificação analógica para si mesma. Em seu livro *God and the Astronomers* [Deus e os astrônomos], Dean W. R. Inge, ao considerar a questão de Deus e do cosmo, disse:

> Às vezes penso que a analogia entre um poeta e sua obra – digamos Shakespeare e suas peças – é extremamente útil para formarmos uma ideia da relação de Deus com o mundo... É a expressão de Sua mente... Tudo que aprendemos sobre a natureza nos ensina algo sobre Deus.[113]

Por uma ironia da história intelectual, é a relação de Deus com Sua obra que precisa agora ser explicada, e Dean Inge invoca o conceito do poeta criativo para iluminar o próprio analogismo a partir do qual ela foi um dia engendrada.

---

112 *The Personal Principle* (Londres, 1944), p.183-4.
113 W. R. Inge, *God and the Astronomers* (Londres, 1933), p.16. Dorothy L. Sayers, em *The Mind of the Maker*, publicado em 1941, desenvolveu detalhadamente o tema de que o conceito de Deus, o Criador, está ancorado na – e é iluminado pela – experiência criativa do artista. A mente de um autor humano, por exemplo, em relação a suas obras, "é ao mesmo tempo imanente a elas e transcendente"; embora também se possa dizer que em Sua criação, "Deus escreveu Sua própria autobiografia" (9.ed.; Londres, 1947), p.44, 70.

O CRITÉRIO DA FIDELIDADE À NATUREZA: FANTASIA, MITO E METÁFORA

> *O apetite ou gosto natural da mente humana é pela verdade;*
> *quer essa verdade resulte... da harmonia da representação de*
> *qualquer objeto com a coisa representada, quer seja das*
> *correspondências das várias partes de qualquer arranjo*
> *entre elas...*
> *Um quadro que é dissimilar é falso. A ordenação desproporcional*
> *de partes não é correta, pois não pode ser verdadeira enquanto*
> *não deixar de ser uma contradição afirmar que as partes não têm*
> *relação com o todo.*
> Joshua Reynolds, The Seventh Discourse

Se concebermos poesia como uma imitação ou representação da natureza, podemos esperar como requisito precípuo que ela seja "verdadeira", que esteja, de alguma forma, em consonância com a natureza que reflete. Na crítica neoclássica, a palavra "verdade" ou seu equivalente é, de fato, o padrão dos padrões estéticos; verdade (como Boileau disse em uma passagem que se tornou proverbial) é aquilo que é belo.

Rien n'est beau que le vrai: le vrai seul est aimable:
Il doit régner partout, et même dans la fable:
De toute fiction l'adroite fausseté
Ne tend qu'à faire aux yeux briller la verité.[1]

---

1 "Épitre IX", *Oeuvres complètes*, org. A. Ch. Gidel (Paris, 1872), II, 232. Sobre essa passagem, Voltaire comentou que o próprio Boileau "foi o primeiro a cumprir a lei que ele estabeleceu. Quase todas as suas obras exalam essa verdade; ou seja, elas são uma cópia fiel da natureza" ("Du vrai dans les ouvrages", citado em ibid., nota 2).

[Nada é belo senão o verdadeiro: apenas o verdadeiro é cativante;
Deve reinar em toda parte e mesmo na fábula ser determinante:
De toda ficção, a falsidade habilidosa
Nada faz além de levar a verdade aos olhos.]

Até mesmo o paladar, pode-se dizer, – não menos do que a razão – é um órgão de percepção da verdade. John Dennis asseverou:

> Aquilo que chamamos Decoro na Escrita nada mais é que um discernimento da Verdade. Porém, como a Verdade precisa ser sempre única e sempre a mesma para todos que têm Olhos para discerni-la, aquele que agrada alguém com um Gosto estético verdadeiro já no início, certamente irá, no fim, agradar a todos.[2]

A verdade pode, de fato, ser "sempre única e sempre a mesma", mas são muitos os sentidos estéticos em que o termo foi usado. Às vezes, o critério envolvia a exigência redobrada de que uma obra exibisse um decoro interno ou uma correspondência mútua de suas partes, assim como uma correspondência ao modelo na natureza externa. Por sua vez, a exigência de que uma obra correspondesse à natureza não era menos variável em sua significação do que a própria palavra "natureza". A despeito dessa variedade, entretanto, podemos discernir uma forte tendência a considerar que mesmo a natureza ideal refletida em um poema deve se harmonizar com o conteúdo e as leis do mundo vivenciado. Seria possível dizer que um poema imita, sobretudo, *"la belle nature"*, ou Ideias próximas das de Platão, ou conceitos universais vagamente aristotélicos, ou tipos genéricos. Contudo, para os críticos afeitos à tradição filosófica do empirismo (e isso quer dizer para a grande maioria dos críticos do século XVIII), todos esses ideais eram considerados derivados, de alguma maneira, do mundo da experiência sensorial, e ainda responsáveis, mesmo que indiretamente, pela constituição e pela ordem conhecidas da natureza.[3] Conforme George Campbell expressou sua posição em seu *The Philosophy of Rhetoric* [A filosofia da retórica] (1776):

---

[2] Dedicatória epistolar de *Liberty Asserted* (1704), in *Critical Works*, II, 392.
[3] O bispo Hurd elaborou uma versão neoplatônica da "verdade" poética em suas notas a *Art of Poetry*, de Horácio (*Works*, I, 255, 257): "*Verdade*, em poesia, significa uma expressão correspondente à natureza geral das coisas; *falsidade*, uma expressão que, embora seja adequada a um ponto de vista particular, não corresponde à *natureza geral*...
Ao abstrair da existência tudo aquilo que discrimina e diz respeito ao indivíduo, a percepção do poeta, por assim dizer... capta, tanto quanto possível, e reflete a ideia arquetípica divina, tornando-se então, ela própria, a cópia ou imagem da verdade".

Não, mesmo naquelas realizações em que a verdade com relação aos fatos individuais relatados não é nem buscada nem esperada, como em alguns tipos de poesia e em novelas de cavalaria, a verdade ainda é um objetivo da mente – as verdades gerais relativas a personagens, costumes e incidentes. Quando essas são preservadas, a obra pode, com justiça, ser denominada verdadeira, considerada uma representação, embora falsa, da vida, considerada uma narrativa de eventos particulares. E mesmo esses eventos falsos devem ser imitações da verdade e devem produzir a sua imagem...[4]

O peso do princípio da imitação, conforme os críticos pós-Restauração normalmente interpretavam, pendia, portanto, para o mundo conhecido do homem esclarecido. Como resultado, muitos críticos se defrontaram com o problema de conciliar tais elementos poéticos tradicionais, como o mito clássico, a fantasia romântica, o folclore fantástico e até mesmo os desvios figurativos da fidelidade literal de uma afirmação, com o critério maior de fidelidade à natureza. As tentativas empreendidas no século XVIII para explicar e justificar esses materiais são interessantes em si mesmas e, em alguns casos, engendraram uma concepção de poesia nova e não mimética, destinada a ter consequências surpreendentes na teoria crítica de nosso século atual. Além disso, considerar as diferenças entre a administração desse problema por certos críticos do século XVIII e por teóricos posteriores, como Wordsworth e Coleridge, é adquirir um novo *insight* em algumas distinções fundamentais entre abordagens representativas neoclássicas e abordagens românticas da poesia.

A verdade e o poético maravilhoso

Após meados do século XVII, muitos leitores esclarecidos acreditavam que o conhecimento do homem acerca da constituição e ordenação da natureza havia sido drasticamente corrigido no passado mais recente. Se a nova filosofia colocava tudo em dúvida, ela não demorou para emergir com novas e inabaláveis certezas. Durante alguns milhares de anos, Abraham Cowley cantou, em sua ode "To the Royal Society" [À Sociedade Real], que "a filosofia... ainda foi mantida na Menoridade", até que "finalmente, Bacon, um homem Poderoso, se levantou" e, "como Moisés, nos conduziu adiante", para um vislumbre

These spacious countries but discover'd yet;
Countries where yet in stead of Nature, we
Her Images and Idols worship'd see ...

---

4 *The Philosophy of Rhetoric* (nova ed.; Nova York, 1846), p.55 (Cap. IV).

[Essas vastas plagas ainda não descobertas;
Onde, no lugar da Natureza, ainda são
Suas Imagens e Ídolos objetos de veneração...]

Não podemos confundir o que para os poetas da época foi a característica mais significativa dessa natureza recém-revelada. Não se trata, conforme se pode pensar depois da brilhante exposição feita por Alfred North Whitehead, do sistema abstrato da hipótese física – a ordem mecânica de partículas em movimento, dotadas apenas das qualidades sensoriais básicas postuladas por Descartes e Newton. Nem o crítico nem o poeta sucumbiram à falácia da concretude mal empregada e consideraram a natureza como "um evento tedioso, sem som, sem aroma, sem cor; meramente o alvoroço incessante e sem sentido da matéria"; também não acreditavam que "os poetas estão totalmente equivocados. Eles deveriam dirigir suas líricas a si mesmos e transformá-las em odes de autoelogio à excelência da mente humana".[5] Quando um poeta concebia "aquela grande descoberta moderna", como Addison a chamava, "de que luzes e cores... são apenas ideias na mente, e não qualidades que têm qualquer existência na matéria", ele geralmente estava inspirado, como Addison, a louvar não sua própria excelência, mas a presciência e a generosidade da Providência que O motivou a "acrescentar ornamentos excedentes ao universo e torná-lo mais agradável à imaginação".[6]

A nova natureza, que teve um impacto instantâneo e direto sobre a crítica e a prática de poetas, não foi o universo de abstração científica de alto nível, mas algo no nível concreto do senso comum. Desse ponto de vista, o empirismo alterou a face da natureza, principalmente porque aniquilou as fantasias da superstição e da ilusão clássica e pós-cristã. Em seu *Leviatã*, Hobbes desvia de seu caminho para apontar que foi apenas por ignorância "em como distinguir Sonhos e outras Fantasias de Visão e de Sentido" que surgiu o culto pagão a "Sátiros, Faunos, Ninfas e afins", assim como a visão atual "que pessoas incultas têm de Fadas, Fantasmas e Gnomos e do poder das bruxas".[7] Ou, como Thomas Sprat descreveu o novo

---

5 A. N. Whitehead, *Science and the Modern World* (Cambridge, 1932), p.68-9.
6 *Spectator* n.413. Sobre o tratamento poético acerca da distição entre qualidades primárias e secundárias, cf. Marjorie Nicolson, *Newton Demands the Muse* (Princeton, 1946), p.144-64.
7 (Cambridge, 1904), Pt. I, cap. II, p.7. Cf. também Hobbes, *Human Nature*, cap. XI. John Sheffield, conde de Mulgrave, com a tendência de sua época em localizar o início de todo conhecimento no passado imediato, escreveu em seu poema "On Mr. Hobbs and his Writings": "While in dark Ignorance we lay afraid/Of Fancies, Ghosts, and every empty Shade,/Great Hobbs appear'd, and by plain Reason's Light/Put such fantastick Forms to shameful Flight" [Enquanto, à noite, deitado eu temia/Espíritos, sombras ou outra terrível fantasia,/O grande Hobbs surgiu e com a pura luz da razão/Expulsou as fantásticas formas com um repelão].

mundo da ciência em *History of the Royal Society* [História da Sociedade Real], do qual a Ode de Cowley foi um preâmbulo: "Poetas antigos criaram milhares de falsas Quimeras".

> Mas, desde o momento em que a *Filosofia Verdadeira* surgiu, mal tem havido qualquer sussurro remanescente de tais *horrores...* As coisas seguem tranquilamente seu curso, em seu próprio e verdadeiro canal de *Causas e Efeitos Naturais.* Por isso, temos uma dívida de gratidão com os *Experimentos* que, embora ainda não tenham completado a Descoberta do mundo verdadeiro, mesmo assim já derrotaram aqueles habitantes selvagens do falso mundo que costumava atemorizar as mentes dos Homens.[8]

Assim, de forma contundente, o público tomou conhecimento de que o "mundo verdadeiro" do presente era totalmente diverso dos "falsos mundos" que haviam sido imitados pelos poetas do grandioso passado. Joseph Glanvill e outros tentaram salvaguardar o crédito da bruxaria como um elemento essencial da fé religiosa em um reino não material, mas a maioria dos homens esclarecidos da época não deixou espaço no mundo nem para os deuses de Homero, nem para o que *Sir* William Temple, com desdém, chamou de "a Tribo visionária de *Fadas, Duendes* e *Gnomos*, de *Espíritos* e de *Bichos-papões*"[9] dos romanceiros cristãos mais recentes.

Era esse "Mundo verdadeiro" que os poetas eram frequentemente exortados a retratar em sua poesia. Na verdade, a hostilidade cristã ao mito pagão há muito tempo havia invadido a província da poesia; além disso, os novos filósofos não foram os primeiros a suspeitar da magia e da bruxaria; eles haviam sido precedidos por vários escritores puritanos em seu antagonismo aos materiais das novelas de cavalaria.[10] Entretanto, um elemento particular na crítica após meados do século XVII foi a campanha sistemática empreendida para eliminar a discrepância entre poesia e realidade, conduzida sobretudo por homens que eram, eles próprios, poetas e que também estavam dentro – ou na periferia – do movimento da filosofia empírica. Um evento crucial nessa evolução foi a publicação de *Gondibert* (1651), o épico inacabado de Davenant, que surgiu equipado com um prefácio do próprio Davenant, uma réplica de Hobbes, e poemas prefaciais de Waller e Cowley. Esse conjunto, como Mark Van Doren observa, "prescreveu os materiais para a nova poesia" e compõe "quase um livro-texto da nova estética".[11] Davenant, de-

---

8 *The History of the Royal Society of London* (Londres, 1667), p.339-41.
9 "Of Poetry" (1690), *Critical Essays of the Seventeenth Century*, org. Spingarn, III, 96.
10 Cf., p. ex., *Elizabethan Critical Essays*, org. G. G. Smith, I, p.xxviii-ix, 341 e ss.
11 *John Dryden* (3.ed.; Nova York, 1946), p.23. O prefácio de Davenant e *Answer* de Hobbes haviam sido publicados separadamente do poema no ano anterior em Paris.

clarando que o ofício dos poetas é "representar a real imagem do Mundo", censurava a prática de Tasso em sua épica

> porque, quando examinados, seus erros, que são derivados dos Antigos, crescem em grande proporção, perdoáveis neles próprios, mas por serem dele, não admitem desculpa. Tal é o caso de seu Conselho reunido no Paraíso, as Viagens de suas Bruxas pelo Ar e pelas Florestas encantadas, habitadas por Fantasmas.[12]

Tanto Waller como Cowley louvaram Davenant por ele renunciar em sua própria épica ao reino encantado de deuses, monstros e fadas. *Answer to Davenant* [Resposta a Davenant], de Hobbes, corroborando tanto suas opiniões quanto sua prática, tem a cadência e o caráter final de um manifesto crítico. A estrutura de um poema, afirma ele, deve ser "da maneira como requer uma imitação da vida humana".

> Poetas são Pintores [...]. Há alguns que não se sentem satisfeitos com ficção, a menos que ela seja audaciosa, não apenas a ponto de superar a *obra*, mas também a *possibilidade* da natureza: eles teriam Armaduras impenetráveis, Castelos Encantados, corpos invulneráveis, Homens de Ferro, Cavalos voadores... [Mas] da mesma forma como a verdade é a fronteira do Histórico, a Semelhança com a verdade é o limite máximo da Liberdade Poética... Um Poeta pode se encaminhar agora para além das obras verdadeiras da natureza; mas ultrapassar as possibilidades planejadas pela natureza, jamais.[13]

Foi Aristóteles, é evidente, quem tornou a discussão da possibilidade e da probabilidade um elemento padrão na teoria poética. No entanto, para ele, a probabilidade poética havia sido menos um efeito de conformidade com a ordem externa das coisas do que das relações das partes dentro da própria obra; probabilidade, concebida dessa forma, pode assimilar até mesmo o empiricamente impossível, de maneira que "uma impossibilidade provável é sempre preferível a uma possibilidade refutável". Para Hobbes, verdade e probabilidade em poesia tornaram-se simplesmente uma questão de correspondência com a ordem conhecida da natureza. A poesia deve imitar o mundo exterior como ele é; ela deve representar

---

12 Prefácio a Gondibert, *Critical Essays of the Seventeenth Century*, II, 3, 5. Para avanços semelhantes em teorias épicas francesas contemporâneas, cf. René Bray, *La Formation de la doctrine classique*, especialmente p.235-8.
13 *Critical Essays of the Seventeenth Century*, II, p.61-2. Bishop Sprat, depois de comentar a fuga dos espíritos diante da Royal Society, observou que "a *Perspicácia* contida nas *Fábulas* e *Religiões* do *Mundo Antigo*... já serviu aos Poetas por tempo suficiente; está na hora de deixá-la de lado" (*History of the Royal Society*, p.414).

não eventos particulares do passado, ou poesia seria história, e o direito da poesia à ficção não está em questão aqui, mas os *tipos* de objetos que sabemos existirem e os *tipos* de eventos que sabemos serem possíveis, com base em um conhecimento empírico da natureza e das leis da natureza.

Diversos críticos no século seguinte ecoaram ou se equipararam a Hobbes em sua interpretação do princípio da imitação. O sobrenatural especificamente cristão, que tinha a vantagem dupla de ser tanto maravilhoso quanto verdadeiro, foi, obviamente, descartado para poesia, embora alguns críticos também reprovassem tais materiais pelo motivo de eles não serem suscetíveis de tratamento poético apropriado. Alguns críticos justificavam o maravilhoso pagão como essencial para o poema épico pelos efeitos de "assombro" e "admiração" que eram suas características indispensáveis, mas condenavam seu uso nas outras formas poéticas. Assim, Addison louvou o sistema de Homero e de Virgílio, mas desdenhou a ocorrência de seres míticos nos gêneros menores de poetas modernos, nos quais "nada pode ser mais ridículo do que recorrer aos nossos Júpiteres e Junos".[14] Outros escritores se recusaram a permitir qualquer exceção que fosse do critério de fidelidade ao mundo real, pois "a Poesia, sendo uma Imitação da Natureza", escreveu Sir Richard Blackmore, autor de *Prince Arthur* [Príncipe Artur], aquele épico impossível de ser lido, "que jamais poderá ser uma Realização regular que representa Coisas que nunca existiram ou que não podem existir". Sua própria interpretação torna a probabilidade uma questão de frequência estatística e realismo cotidiano, em que "não se admite nada que não caia frequentemente sob Observação, e não seja o Resultado comum de Causas Físicas e Morais".[15]

Algumas das vozes mais potentes do período levantaram-se contra o afastamento da poesia de seu modelo inspirado na natureza empírica. "Desenhar quimeras", disse Hume, "não é, falando adequadamente, copiar ou imitar. Perde-se a precisão da representação e a mente não se satisfaz em encontrar uma figura que não tenha qualquer semelhança com qualquer original".[16] Lord Kames desenvolveu uma elaborada interpretação psicológica com a intenção de demonstrar que mesmo em um poema épico, "nenhum incidente impossível deveria ser admitido; isto é, nenhum incidente contrário à ordem e curso da natureza"; e ele utilizou esse argumento para ridicularizar não apenas os românticos "seres imaginários" de Tasso, mas até mesmo as divindades de Homero, que "não fazem honra aos

---

14 *Spectator*, n.315, 523. Cf. também *The Letters of Sir Thomas Fitzosborne* (6.ed.; Londres, 1763), carta LVII.
15 "Essay on... Epick Poetry", *Essays upon Several Subjects* (Londres, 1716), I, 33, 25.
16 "Of Simplicity and Refinement in Writing", *Essays*, org. Green and Grose, I, 240.

seus poemas".[17] Foi dr. Johnson, é claro, quem declarou a mais obstinada guerra contra os falsos deuses na poesia. "Todo leitor", diz ele, "acha a mitologia dos poetas antigos tediosa e opressiva". Na poesia moderna, ele permite "uma breve alusão ou uma leve ilustração", e admite que, embora em *Paraíso perdido* essas alusões nem "sempre tenham sua futilidade notada... elas contribuem com variedade à narrativa e produzem um exercício alternado de memória e fantasia";[18] mas ele não poupa nem *Lycidas*, de Milton, nem *Ode ao dia de Santa Cecília*, de Pope, ou as odes de Gray, pelo seu grau de violação da verdade por meio das "puerilidades de uma mitologia obsoleta".[19]

A lógica do distanciamento da verdade empírica

Entretanto, os críticos que, em nome da verdade, propuseram banir da poesia todos os deuses, espíritos e impossibilidades, lutavam contra uma das mais significativas das tradições poéticas. Com base no exemplo de *Ilíada* e *Eneida*, confirmado pelo comentário de Aristóteles de que o maravilhoso é necessário na épica, muitos críticos sustentavam, com Pope, que os deuses de Homero "continuam até os dias atuais os Deuses da Poesia"; alguns até mesmo argumentam que a estrutura mitológica é a essência, a própria "alma" de um poema épico.[20] Até mesmo mais adequada, no longo prazo, foi a crescente paixão pelo que Joseph Warton, com muito entusiasmo, chamou de "o romântico, o maravilhoso, o selvagem" – isto é, os materiais de bruxaria e encantamento que estavam se tornando extravagantemente admirados em poetas renascentistas como Tasso, Spenser e Shakespeare. Para os adeptos do *merveilleux* – pagão ou romântico –, o problema era: como justificar para a poesia, que é uma imitação da natureza, a representação de materiais e acontecimentos que não existem na natureza? Tipicamente, o procedimento era reter o critério da verdade ou da probabilidade empírica, mas ajustá-lo de forma a permitir ao poeta, na expressão memorável do padre Bouhours, mentir com habilidade. O mundo fabuloso, como disse o jesuíta, é flagrantemente falso, mas *"il est permi; il est même glorieux à un Poète*

---

17 *Elements of Criticism*, I, 86 (cap. II, parte i, item 7); II, 305 (cap. XXII).
18 "Life of Waller", *Lives of the Poets*, I, p.295; "Life of Milton", I, p.178-9.
19 "Life of Butler", ibid., I, 213; "Life of Milton", I, 163-4; "Life of Gray", III, 439.
20 Pope, *Prefácio a The Iliad*; Bray, *La Formation de la doctrine classique*, p.232. Cf. também R. C. Williams, *The Merveilleux in the Epic* (Paris, 1925); e H. T. Swedenberg Jr., *The Theory of the Epic in England, 1650-1800* (Berkeley e Los Angeles, 1944).

*de mentir d'une manière si ingenieuse"*²¹ [é permitido; é até mesmo glorioso a um Poeta mentir de uma maneira tão engenhosa].

O raciocínio que validou o distanciamento da ordem da natureza encontrou respaldo no princípio neoclássico quase universal de que poesia é, de fato, imitação da natureza, mas apenas como um meio para o propósito derradeiro de instigar e agradar o leitor. "Pois presumo, o que há muito tempo era evidente", escreveu James Beattie, "que a finalidade da Poesia é deleitar";

– que se, de acordo com a verdadeira natureza, ela não pudesse oferecer prazer maior do que a história, que é uma transcrição da natureza real; – aquele prazer maior, entretanto, espera-se dela, porque a ela conferimos licença suprema em relação à ficção, e à escolha de palavras...²²

De acordo com esse modelo básico, prodígios poéticos, antigos ou modernos, poderiam ser defendidos em várias áreas de discussão. Por exemplo, com referência aos elementos que compõem um poema, a dualidade de meios (imitação) e fim (deleite) sempre se refletiu na distinção entre substância e ornamento; a verdade constitui a matéria básica, mas o mito e outras impossibilidades literais são necessários para adornar a verdade e resgatá-la da languidez. Referindo-se aos elementos fabulosos no poema épico, Boileau disse:

Ainsi, dans cet amas de nobles fictions,
Le poète s'égaye en mille inventions,
Orne, élève, embellit, aggrandit toutes choses...
Sans tous ces ornemens le vers tombe en langueur...²³

[Assim, nessa abundância de nobres ficções,
O poeta alegra-se com mil invenções,
Adorna, eleva, embeleza, engrandece tudo que existe...
Não fossem esses ornamentos, o verso é só torpor...]

Alternativamente, quando o assunto dizia respeito a normas gerais de excelência literária, a discussão com frequência era conduzida em termos de medita-

---

21 *La Manière de bien penser dans les ouvrages d'esprit* (1687) (nova ed.; Lyon, s.d.), p.13, 16.
22 *Essays on Poetry and Music*, p.86.
23 *L'Art poétique*, III, p.174-6, 189. Ele acrescenta (p.237-8): "La fable offre à l'esprit mille agrémens divers;/Là tous les noms heureux semblent nés pour les vers" [A fábula oferece ao espírito mil encantos;/Nela, todas as felizes palavras parecem ter nascido para os versos].

ção entre extremos. "De fato", como Hugh Blair resumiu o conceito, "não conheço nada mais difícil em poesia épica do que ajustar adequadamente a combinação do maravilhoso com o provável, de forma que fiquemos satisfeitos e gratificados com uma, sem sacrificar a outra".[24]

Porém, progressivamente, a crítica, calcada na lógica da definição de poesia como instrumento para a obtenção de efeitos, transferiu o *locus* da discussão da natureza externa para a natureza humana – o *locus* do público do poeta – e interpretou verdade ou probabilidade como afinidade com as expectativas ou receptividade do leitor. Os termos franceses indicam esse deslocamento. O requisito básico não é *le vrai*, mas *le vraisemblable*, não a verdade, mas a verossimilhança; e "*le vraisemblable*", de acordo com Rapin, "*est tout ce qui est conforme à l'opinion du public*"[25] [é tudo que está de acordo com a opinião do público]. No decurso da teoria do século XVIII, portanto, a discussão do poético maravilhoso envolveu uma análise cada vez mais elaborada da psicologia da ilusão poética, ou o "sonhar acordado", para usar a expressão de Kames. Nessa área de investigação, a diferença entre os simpatizantes e os antipatizantes do maravilhoso em poesia tornou-se, sobretudo, uma diferença de opinião acerca da espécie e grau de impossibilidade empírica que o leitor comum acha plausível. Em um extremo estão os críticos que concordavam com Hume, no sentido de que "a mente sente-se insatisfeita de encontrar um retrato que não tem semelhança com qualquer original". No outro extremo, encontramos Thomas Twining, que concordava abertamente com o que pensava ser a opinião de Aristóteles, de que a finalidade da poesia é o deleite e que, portanto, precisamos justificar na poesia "não apenas impossibilidades, mas até mesmo absurdos, em que essa finalidade parece ser mais bem alcançada com eles do que o seria sem eles". "Se temos interesse em ser enganados, então ela tem o dever de nos enganar."[26]

Até mesmo radicais como Twining, contudo, admitiam que o leitor comum necessita de qualidades especiais em ficções poéticas, antes que seja incitado, pela

---

24 *Lectures on Rhetoric and Belles Lettres*, Conferência XLII, p.583. Cf. também Addison, *Spectator* n.315.
25 In Bray, *La Formation de la doctrine classique*, p.208. Uma passagem de Condillac ilustra o modo como, na orientação pragmática, o critério de "verdade" era geralmente interpretado como verdade de acordo com as inclinações do público. A imaginação pode se valer das mais absurdas quimeras, "sejam elas falsas ou não, se estivermos inclinados a vê-las como verdadeiras. O principal ponto que a imaginação tem em vista é o deleite; ela não está, porém, em contradição com a verdade. Suas ficções são todas legítimas, uma vez que estejam de acordo com a analogia de nossa natureza, com nosso conhecimento, e com nossas predisposições" (*An Essay on the Origin of Human Knowledge*, trad. para o inglês de [Thomas] Nugent, Londres, 1756, p.90).
26 *Aristotle's Treatise on Poetry* (Londres, 1789), Prefácio, p.xv-xvi.

promessa do prazer, a renunciar a uma verdade sem lastro. Entre essas qualidades, destacam-se como fundamentais:

(1) *Adequação entre ficção e crença popular*. Entre os críticos modernos, os racionalistas, de acordo com Twining, nem sempre viam "o poder da *opinião* popular e da *crença* sobre a plausibilidade poética".[27] Algumas décadas após a publicação de *Gondibert* e seu texto prefacial, Dryden, explicitamente, refutara os princípios de Davenant, Cowley e Hobbes, defendendo como base suficiente para ficção poética a existência de uma crença ampla quanto a questões que "não dependem de sentido":

> E se qualquer homem fizer objeção às improbabilidades de que um espírito apareça, ou de que um palácio se erga por um passe de mágica, eu diria com toda a confiança a ele que um poeta destemido não está atado a uma representação crua do que é verdadeiro ou que ultrapassa o provável... É suficiente que, em todas as épocas e religiões, a maior parte da humanidade tenha acreditado no poder da magia e no surgimento de espíritos e espectros. Isso, afirmo, é base suficiente para poesia...[28]

Dryden sugere o argumento do uniformitarianismo de que a universalidade e a permanência de opinião são uma evidência válida de possibilidade em várias questões de fato. Essa aquiescência ampla, afirma Dryden, é suficiente para provar que, com relação a espectros e magia, "pelo que sabemos, eles podem estar na natureza".[29] No entanto, mais tarde, autores que concordavam integralmente com os filósofos quanto a fantasmas e encantamentos serem simplesmente uma ilusão disseminada, invocaram a força dessa crença popular como suplemento ao princípio-prazer em demolir no leitor cético a resistência a ficções. Feiticeiras, magias e fadas, argumentava Addison, foram em grande parte produto dos embustes religiosos praticados por moralistas "antes de o mundo se tornar esclarecido pelo saber e pela filosofia". Não obstante, essas coisas ainda oferecem probabilidade de poesia, porque "pelo menos temos ouvido tantas referências a favor delas que não nos importamos de ver através do falso e, de boa vontade, nos dispomos a aceitar esse engodo tão agradável".[30]

(2) *Autoconsistência*. A verossimilhança sempre foi considerada dependente em grande parte da habilidade de um artista em tornar uma personagem sobrenatural (usando a expressão de Beattie), "consistente consigo mesma e associada a

---

27 Ibid., p.xv. Cf. Aristóteles, *Poetics* 25. 1460^b, p.32-9.
28 "Of Heroic Plays" (1672), *Essays*, I, p.153.
29 Ibid., p.154.
30 *Spectator*, n.419. Para argumentos semelhantes, cf. Bray, op. cit. p.208 e ss.

circunstâncias prováveis".³¹ Richard Payne Knight argumentava que *"probabilidade poética* não surge tanto da semelhança entre ficções e eventos reais como da congruência da linguagem com os sentimentos, dos sentimentos e ações com as personagens, e das diferentes partes da fabulação entre si".³² Thomas Twining propôs que, no caso de seres imaginários e eventos falsos, a "probabilidade, a natureza ou a verdade" poética depende do processo dedutível inconsciente, em que o leitor é induzido tacitamente a aceitar postulados contrários a fatos, do que tudo o mais decorre como consequência natural.³³

Apesar dessas tentativas por parte dos aficionados do sobrenatural de justificar seu uso por um sistema de concessão e licença limitada, a poesia do mito e da magia não foi o ponto forte dos escritores do século XVIII. Embora ele argumentasse que "eles – os que enganam – são mais honestos do que os que não enganam", até mesmo um admirador de prodígios poéticos como Richard Hurd "não aconselharia a nenhum poeta moderno resgatar esses contos de fadas" em sua própria época de descrença.³⁴ As fantasias das novelas de cavalaria foram, na maior parte, banidas da poesia séria para levar uma desalentada meia-vida no romance gótico. As melhores realizações dessa forma, as histórias de Anne Radcliffe, fornecem, na prática, uma contrapartida às tentativas de conciliar ficção e verdade, com seus inevitáveis desenlaces para dar garantia de que, afinal de contas, as aparentes maravilhas estavam em perfeita harmonia com as leis da ciência. E na época clássica, os deuses clássicos foram, com poucas e excelentes exceções, encontrados em Collins e Gray, reduzidos a uma subsistência pouco menos insossa do que aquela de "Inoculation! Heavenly Maid" [Inoculação! Criada Celestial] e outras personificações engendradas sobretudo por uma letra maiúscula.³⁵ Ou seja, exceto no gênero permitido do burlesco; a estrutura mais ágil do período encontra-se no épico-cômico de Pope, *O rapto da madeixa*.³⁶

---

31 *Essays on Poetry and Music*, p.36.
32 *Analytical Inquiry into the Principles of Taste* (2.ed.; Londres, 1805), p.260-70.
33 *Aristotle's Treatise on Poetry*, notas, p.487. Posteriormente, Walter Scott adotou esse conceito ao analisar *Frankenstein*, de Mary Shelley: "Admitimos os postulados extraordinários... apenas com a condição de que eles deduzam as consequências com precisão lógica" (*The Prose Works*, Edimburgo e Londres, 1834-6, XVIII, p.254).
34 *Letters on Chivalry and Romance*, org. Edith J. Morley (Londres, 1911), p.143-4.
35 Cf. Douglas Bush, *Mythology and the Renaissance Tradition in English Poetry* (Minneapolis, 1932), p.244-7.
36 Opositores da estruturação dos poemas da época geralmente faziam exceção ao burlesco, no qual um propósito, como afirmou Addison, era aquele de "ridicularizar tais tipos de estruturação nos autores modernos" (*Spectator*, n.523). Cf. Johnson, "Life of Pope", *Lives of the Poets*, III, p.232-4; Kames, *Elements*, I, p.86-7; Fitzosborne, *Letters*, p.303.

O poema como heterocosmo

Também encontramos na crítica do século XVIII o início de uma solução mais radical ao problema de ficções poéticas, uma solução que iria cindir totalmente a poesia sobrenatural do princípio da imitação e de qualquer responsabilidade com o mundo empírico. O evento-chave nesse avanço foi a substituição da metáfora do poema como imitação, um "espelho da natureza", pela metáfora do poema como heterocosmo, "uma segunda natureza", criada pelo poeta em um ato análogo à criação do Mundo por Deus. No capítulo anterior, descobrimos que esse paralelo entre Deus e o poeta e entre a relação de Deus com o seu mundo e do poeta com seu poema estimularam o surgimento precoce da doutrina – tão difundida hoje – de que um poema é uma autorrevelação disfarçada, em que seu criador, "visivelmente invisível", ao mesmo tempo se exprime e se esconde. O mesmo paralelo ajudou a gerar uma concepção da obra de arte que parece igualmente moderna e amplamente aceita, e (tendo em grande parte perdido as marcas de sua origem) com frequência é apresentada em oposição explícita à tese cognata de que um poema é a expressão da personalidade. Esse é o conceito no cerne de muito do *"new criticism"* [nova crítica] de que declaração poética e verdade poética são completamente diferentes de declaração científica e verdade científica, no sentido de que um poema é um objeto em si mesmo, um universo de discurso fechado em si mesmo, do qual não podemos exigir que seja fiel à natureza, mas apenas que seja fiel a si mesmo.

O termo "criar", aplicado à invenção literária, tornou-se uma metáfora descorada, quase extinta e, conforme comentou Logan Pearsall Smith, o chapéu mais recente tem até mais probabilidade do que o poema mais recente de ser proclamado como "uma nova criação". Ainda assim, esse termo comum é o resíduo de uma metáfora que, há apenas quatro séculos, era nova, vital, e – porque equiparava o poeta a Deus em sua singular e mais típica função – talvez à beira da blasfêmia. A ideia de que existe alguma conexão entre o artista e a divindade é, obviamente, tão antiga quanto a crença de que a poesia é patrocinada e inspirada pelos deuses; e em épocas clássicas, a origem divina do mundo era, às vezes, ilustrada por meio de referência à atividade de um escultor ou de outro artesão humano. Porém, a referência explícita da criação do poeta à atividade de Deus na criação do universo parece ter sido produto de autores florentinos do final do século XV. Cristoforo Landino, membro da "Academia" Platônica de Ficino, em seu *Commentary on Dante* [Comentário sobre Dante] (1481), aludiu a *Íon* e *Fedro*, de Platão, bem como à evidência no termo latino *vates*, para argumentar que o poeta é um visionário, e continuou seus comentários juntando essas ideias pagãs a especulações judaicas e cristãs sobre o ato da gênese praticado por Deus:

E os gregos dizem "poeta", do verbo "piin" [sic], que é meio caminho entre "criar", que é peculiar a Deus quando do nada ele dá vida a qualquer coisa, e "fazer", que se aplica aos homens quando compõem com matéria e forma em qualquer arte. É por isso que, embora o fingimento do poeta não surja inteiramente do nada, ele, ainda assim, parte do fazer e se aproxima muito do criar. E Deus é o poeta supremo, e o mundo é Seu poema.[37]

Afirmações semelhantes tornaram-se bastante comuns entre os teóricos de literatura do *cinquecento*. Posteriormente, Shelley citou repetidas vezes o que descreveu como "as palavras corajosas e verdadeiras de Tasso: *Non merita nome di creatore, se non Iddio ed il Poeta*"; o sentido, embora não a forma da oração, é, na verdade, encontrado em Tasso,[38] e também em vários de seus predecessores e contemporâneos. A afirmação mais reveladora foi feita por Scaliger em 1561, que mencionou em seu confuso latim que a poesia é superior a todas as outras artes, no sentido de que, enquanto essas "representam as coisas como elas mesmas são, de alguma maneira como em um quadro que fala, o poeta representa uma outra natureza e acasos variados, e ao fazê-lo, torna-se, ele próprio, por assim dizer, um outro Deus". Como a arte poética "cria imagens mais bonitas do que a realidade daquelas coisas que são, e também imagens de coisas que não são", ela não parece, "como no caso das outras artes, narrar as coisas como um ator, mas como um outro Deus, para produzir as coisas elas mesmas [*res ipsas... velut alter deus condere*]".[39]

O conceito foi introduzido na crítica inglesa por *Sir* Philip Sidney. O termo romano para poeta, diz ele, era *vates*, um profeta, e o termo grego era *poeta*, de

---

37 *Opere di Dante degli Alighieri... col Comento di Cristoforo Landini* (Vinegia, 1484), Prefácio, fol. a [vii]ᵛ. Para uma concepção neoplatônica anterior sobre invenção poética, cf. Boccaccio, *Genealogia deorum gentilium* XIV. vii.
38 Shelley, "Defence of Poetry" *Shelley's Literary Criticism*, p.156; cf. "On Life", ibid., p.53, e a carta a Peacock, 16 ago. 1818, ibid., p.164. No terceiro livro de seu *Discorsi del poema eroico* (1594), Tasso escreveu que as operações da arte "aparentam ser quase divinas e imitar o primeiro Artesão". "O poeta da excelência (que é chamado de divino por nenhuma razão senão pelo fato de que, assemelhando-se em suas obras ao Artesão, ele passa a participar de Sua divindade) pode fazer um poema" que é como "um pequeno mundo" (*Opere*, Pisa, 1823-5, XII, p.65-6, 90. Esses trechos estão incluídos em A. H. Gilbert, *Literary Criticism Plato to Dryden*, p.492, 500). Cf. também *Il mondo creato*, de Tasso, "Giornata prima", ibid., XXVII; o Argumento (p.1) afirma que "l'arte umana, operando intorno alle cose create, imita l'arte divina". Sobre Leonardo, a respeito da "criação" do pintor, cf. Anthony Blunt, *Artistic Theory in Italy 1450-1600* (Oxford, 1940), p.37.
39 *Poetics libri septem* (4.ed.; 1607), p.6 (I. 1). Para outras comparações entre a criação de um poema e a criação do mundo, cf. Giambattista Guarini, "Il compendio della poesia tragicômica" (1599), *Il pastor fido*, org. G. Brognoligo (Bari, 1914), p.220; e Giordano Bruno, citado em Oskar Walzel, *Grenzen von Poesie und Unpoesie* (Frankfurt, 1937), p.13.

poiein, "fabricar, fazer". O incomparável termo fabricante é apropriado porque, enquanto todas as outras artes têm as obras da natureza como seu objeto principal,

> apenas o poeta, desdenhando qualquer ligação com qualquer sujeição desse tipo, erguendo-se com o vigor de sua própria criação, cresce em efeito constituindo-se uma outra natureza, fazendo coisas ou melhores do que a natureza as faz, ou formas completamente novas como nunca se viu na Natureza, como *Heróis, Semideuses, Cíclopes, Quimeras, Fúrias* e afins...

E ele acrescenta: "vamos dar a honra merecida ao Criador dos criadores que... colocou [o homem] além e acima de todas as obras daquela segunda natureza; a qual ele em nenhum outro meio mostra tanto quanto na Poesia, quando, com a força de um sopro divino, ele produz coisas que superam em muito os atos dessa segunda natureza".[40] A essa ideia, George Puttenham, contemporâneo de Sidney, juntou a portentosa palavra "criar"; no latim eclesiástico, *creare* era o termo rotineiro para conotar o conceito ortodoxo de que Deus fez o mundo "a partir do nada". Se os poetas, afirma Puttenham, "são capazes de planejar e fazer todas essas coisas por si mesmos, sem qualquer questão de veracidade" então "eles são (por assim dizer) como deuses criadores".[41]

O excerto de Sidney mantém em suspenso muitas das ideias que buscamos, mas elas ocupam uma posição marginal, não decisiva, no ensaio de Sidney. A tarefa a que ele se propõe é defender a poesia e, ao alarmar Gosson e outros detratores puritanos com sua evidência etimológica de que, entre todos os homens, é o poeta que está mais próximo de Deus em dignidade, Sidney prossegue para imediatamente chegar a uma menos honrosa, porém "mais comum abertura de sua parte: a verdade pode ser a mais palpável". A definição resultante, em torno da qual revolve a essência de sua teoria, abandona as metáforas teológicas em favor das metáforas críticas tradicionais, e introduz a referência convencional de um poema a este mundo e ao público para quem ele é composto. Poesia é "a arte da imitação", uma "mimese, isto é, uma representação, um similar ou uma figuração... com a finalidade de instruir e deleitar". Mais tarde, a noção rudimentar de que o artista é um criador de uma segunda natureza à imagem

---

40 *Elizabethan Critical Essays*, org. G. G. Smith, I, p.156-7.
41 *Art of English Poesy*, in *Elizabethan Critical Essays*, org. G. G. Smith, II, 4. O tratado de Puttenham foi publicado em 1589; o de Sidney fora escrito por volta de 1583 e circular em manuscrito antes de ter sido publicado postumamente, em duas versões separadas, em 1595. Sobre o uso em inglês de *"create"* [criar] em relação à atividade literária, cf. L. P. Smith, "Four Romantic Words", *Words and Idioms*, p.90-5.

de Deus foi mantida viva pelos neoplatônicos italianos e ingleses, e o termo "criação" foi mais ou menos casualmente aplicado à poesia por escritores como Donne, Dennis e Pope.[42] As potencialidades dessa comparação, entretanto, foram desenvolvidas principalmente por aqueles críticos que pretendiam explicar e justificar os elementos sobrenaturais em um poema que não poderiam ter sido copiados da vida real. Gradativamente, tornou-se evidente que era possível resgatar esses seres do limbo, argumentando que o sobrenatural poético não imita a natureza criada por Deus, mas constitui uma segunda supernatureza, criada pelo próprio poeta.

O germe dessa noção já estava presente no comentário de Sidney de que o poeta cresce e se transforma "em uma outra natureza", sobretudo ao produzir "formas que nunca existiram na natureza, como os heróis, semideuses, cíclopes, monstros fabulosos". Cowley recolheu e expandiu essa passagem[43] e, mais tarde, Dryden aplaudiu a invenção de Shakespeare porque em Calibã ele parece "ter criado uma pessoa que não existia na Natureza".[44] Entretanto, os créditos por ter composto essas sugestões e torná-las muito efetivas na tradição crítica devem ir para Addison, com seus ecléticos mas infinitamente sugestivos ensaios sobre "The Pleasures of Imagination" [Os prazeres da imaginação]. Na "mágica forma de escrever", Addison diz na *Spectator* 419, "o poeta praticamente perde a natureza de vista" e apresenta criaturas – fadas, bruxas, mágicos, demônios – que "não têm outra existência senão aquela que ele lhes concede". Longe de ser desprezí-

---

42 Para declarações neoplatônicas de que o artista imita Deus ao criar "um novo mundo", cf., p. ex., Federico Zuccari, *L'idea d'pittori, scuttori ed architetti* (1604), in Erwin Panofsky, *Idea*, p.48-50; e Peter Sterry, *Discourse of the Freedom of the Will* (1675), in F. J. Powicke, *The Cambridge Platonists*, p.185-6. Para algumas aplicações do termo "criar" ao poeta e rápidas comparações entre invenção poética e criação de Deus, cf. Donne, Sermão XXVI, de *Eighty Sermons* (1640), in *Complete Poetry and Selected Prose*, org. John Hayward (Londres, 1932), p.615. Temple, "Of Poetry" (1690), *Critical Essays of the Seventeenth Century*, III, 74-5; John Dennis, *Advancement and Reformation of Poetry*, in *Critical Works*, I, p.202-3, 335; Pope, *An Essay on Criticism*, II, p.484-93. Referente a esse assunto, cf. o excelente estudo de A. S. P. Woodhouse, "Collins and the Creative Imagination", *Studies in English by Members of University College*, Toronto (Toronto, 1931), p.59-130.

43 Cowley, em sua ode pindárica, "The Muse", descreveu aquela deusa como deambulando até mesmo para além das obras de Deus: "Thou hast thousand Worlds too of thine own./Thou speak'st, great Queen, in the same Stile as he/And a new World leaps forth when thou say'st, Let it be" [Milhares de mundos tens somente para ti,/Majestosa rainha, falas como ele – é o que almejas/Um novo mundo emerge quando dizes: que seja]. Ele explicou seu próprio excerto da seguinte forma: "Significa que a Poesia trata não apenas de todas as coisas que são, ou que podem ser, mas cria Criaturas dela própria, como Centauros, Sátiros, Fadas etc. e as transforma em Sistemas ou Mundos de Invenção" (*Works*, 11.ed.; Londres, 1710, I, p.220).

44 Prefácio a *Troilus and Cressida* (1679), in *Essays*, I, p.219 (grifos meus).

vel, esse tipo de escrita é mais difícil do que qualquer outro porque o poeta "não tem qualquer modelo para seguir, e precisa trabalhar a partir de sua própria invenção". E o mundo de espíritos e monstros fabulosos que Sprat havia proscrito como "um mundo falso", em oposição ao mundo verdadeiro da ciência, Addison exalta como um segundo mundo, válido em si mesmo e apenas análogo ao que devemos a Deus. Em tal poesia "somos, por assim dizer, conduzidos a uma nova criação, e vemos as pessoas e os costumes de uma outra espécie!" Dessa forma, a poesia não está limitada à imitação do mundo dos sentidos; "ela tem não apenas todo o círculo da natureza como sua província, mas faz novos mundos de si mesma", e "nos mostra criaturas que não são encontradas em existência".[45]

Dessas passagens, desenvolveram-se várias ideias importantes que, em geral, são consideradas radicalmente inovadoras por historiadores da crítica do século XVIII. Seguindo a sugestão de Addison, analistas subsequentes, implementando rapidamente a psicologização da *ars poetica* tradicional, que é peculiar a seu século, trouxe especificamente o ato criativo para dentro de casa e o confiou à faculdade da imaginação. Uma fonte básica do conceito da "imaginação criativa" – que eleva a imaginação acima da razão e todas as outras faculdades por sua pretensão oculta de que esse é o processo mental que restabelece Deus – foi a tentativa de explicar as personagens poéticas fantásticas como absolutamente "originais", porque elas tiveram de ser inventadas sem a assistência de formas prévias na mente. Um mérito supremo típico de Shakespeare, Joseph Warton escreveu em 1753, é sua "vívida imaginação criativa".

> De todas as peças de Shakespeare, *A tempestade* é o exemplo mais notável de seu poder criativo. Lá ele deu rédeas à sua imaginação ilimitada, e levou o romântico, o maravilhoso e o selvagem à extravagância mais agradável.

Nessa peça, o poeta é "muitíssimo bem-sucedido" na criação de uma personagem "totalmente original", pois "o monstro Calibã é uma criatura de sua própria

---

45 *Spectator* n.419; cf. também n.421, 279. Depois de Addison, as referências à poesia sobrenatural como segunda criação se tornaram frequentes. Edward Young levou essa ideia, assim como fez com outras publicadas no *Spectator*, a um extremo: "No mundo imaginário da fantasia, o gênio pode divagar livremente; lá ele possui uma força criativa e pode reinar arbitrariamente sobre seu próprio império de quimeras". A mente humana, "no grande vazio existente para além da experiência real... pode evocar seres sombrios e mundos desconhecidos" (*Conjectures on Original Composition*, org. Morley, p.18, 31). Cf. também, p. ex., Pope, Prefácio a *Ilíada*, in *Works* (Londres, 1778), III, p.246; Johnson, *Lives of the Poets* (org. Hill) I, p.177-9, III, p.337; J. Moir, *Gleanings* (1785), I, p.31. Para uma objeção a considerar a "criação" como sendo oposta, em qualquer sentido, à "imitação", cf. Batteux, *Les Beaux Arts*, p.31-3.

imaginação, para cuja formação ele não poderia obter qualquer assistência com base em observação ou experiência".[46]

O comentário de Warton sugere outra circunstância. A criatividade do poeta reside especialmente em suas invenções não realistas; é nelas, portanto, que ele se aproxima de Deus; e a atitude adequada perante a Divindade, é claro, é de adoração. Shakespeare, admitiu-se também, é superlativo entre os poetas nesse modo de criação. Conforme disse Addison, "Shakespeare excedeu incomparavelmente todos os outros" na sua maneira imaginativa de escrever, "o que mostra que o seu gênio foi maior na construção de Calibã do que na construção de Hotspur, ou de Júlio Cesar: um foi produzido por sua própria imaginação, enquanto o outro pode ter se constituído com base na tradição, na história e na observação".[47] Dr. Johnson argumentava que "o grande mérito de Shakespeare é que seu teatro é o espelho da vida", mas, para leitores com outra inclinação, o maior mérito de Shakespeare foi que algumas de suas peças mostram seres que não poderiam ter sido representações desta vida. Uma influência poderosa na gênese da idolatria a Shakespeare, no sentido mais literal possível de "idolatria", foi a reverência ao homem que emulou Deus na "criação" de Calibã, Oberon, das feiticeiras de Macbeth, e não Hamlet, que, afinal de contas, foi um homem como qualquer outro que pode ser encontrado na vida real, mas o fantasma do pai de Hamlet.[48]

---

46 *Adventurer* n.93, 97. William Duff falou da "imaginação criativa" como "a característica distintiva do gênio verdadeiro", e se referiu à invenção do sobrenatural como "a maior das conquistas e a mais pregnante prova do gênio verdadeiramente original" (*Essay on Original Genius*, Londres, 1767, p.48, 143; cf. p.89). Em seu *Essays on Song-Writing* (2.ed.; Londres, 1774, p.6-8), John Aikin afirmou que a imaginação não pode se contentar por muito tempo com "os limites da visão natural" – "ela povoa o mundo com novos seres, ela corporifica ideias abstratas... ela primeiro cria e depois governa sua criação com absoluto controle".

47 *Spectator* n.419, 279. Nicholas Rowe já havia afirmado em 1709 que "a grandeza do gênio desse Autor não aparece tanto em nenhum lugar como aparece onde ele dá total liberdade à sua imaginação e deixa sua fantasia voar para além da humanidade e dos limites do mundo visível". São essas suas tentativas em *A tempestade*, *Sonhos de uma noite de verão*, *Macbeth* e *Hamlet* (*Some Account of the Life of Mr. William Shakespeare*, in *Eighteenth Century Essays on Shakespeare*, org. D. N. Smith, Glasgow, 1903, p.13-4).

48 Outros exemplos da grande exaltação da imaginação sobrenatural de Shakespeare: bispo Warburton escreveu em 1747 que *A tempestade* e *Sonhos de uma noite de verão* são "as maiores proezas daquela sublime e maravilhosa imaginação própria de Shakespeare, que voa sobre os limites da Natureza sem abandonar o Sentido". Esse trecho foi citado por Griffith em *The Morality of Shakespeare's Drama* (Dublin, 1777), I, 1, que acrescentou: "ele de fato criou, nessas duas obras, seres fora de toda existência visível". Cf. também o capítulo de Elizabeth Montagu sobre os "Seres Preternaturais" de Shakespeare, aqueles elementos dos quais a "poesia deriva sua maior distinção", in *An Essay on the Writings and Genius of Shakespeare* (4.ed.; Londres, 1777), p.135 e ss. Até mesmo dr. Johnson, em seu "Drury Lane Prologue", parece fazer eco à opinião de que o especial poder criativo de Shakespeare é demonstrado no sobrenatural – "Each

Nosso interesse, entretanto, está em outro derivado da analogia básica entre Deus e o poeta. Se a composição de um poema – ou melhor, no presente contexto, a composição de certos elementos poéticos – é uma segunda criação, então, poetizar dessa maneira é recapitular a cosmogonia original. Daí, torna-se importante para a teoria crítica quais das teorias concorrentes da criação do mundo são transferidas da filosofia para a psicologia da invenção poética: se a narrativa hebraica de uma criação *ex nihilo* por ordem e (nas palavras de Sidney) "pela força de um sopro divino"; ou a teoria em *Timeu*, de Platão, revelando um demiurgo que copiou de um modelo eterno; ou o princípio da emanação de um Uno em perpétuo transbordamento; ou a tradição estoica e neoplatônica de uma Alma constantemente geradora na própria Natureza.

Ecos de todas essas ideias são encontrados em um ou outro crítico do século XVIII, como acessórios ao analogismo-raiz do poeta como criador. A mais abrangente e respeitada aplicação da cosmogonia à poesia, contudo, ocorre nos escritos dos amigos e companheiros suíços de trabalho, Johann Bodmer e Johann Breitinger. *Critische Dichtkunst* [Arte poética crítica], de Breitinger, publicado em 1740, dedica-se na maior parte ao problema de conciliar o "maravilhoso", que ele considera elemento essencial em poesia, com o menos essencial critério da "probabilidade". A íntegra da obra complementar, de Bodmer, publicada no mesmo ano sob o sucinto título de *Critical Treatment of the Marvelous in Poetry and its Relation with the Probable in a Defence of John Milton's Poems of Paradise Lost* [Tratamento crítico do maravilhoso na poesia e sua relação com o provável em uma defesa do poema *Paraíso perdido*, de John Milton], dedica-se à mesma tarefa. Ambos os críticos dependem muito dos artigos que Addison publicou na *Spectator*; na verdade, o trabalho de Bodmer é sobretudo uma expansão do tratamento que Addison dá à "fantasiosa forma de escrever", e à sua detalhada análise de *Paraíso perdido*. Nesses escritores, a principal novidade está na ênfase sobre os poderes produtivos do poeta e, em especial, na elaboração do devir imaginativo do poético maravilhoso sobre o paradigma da descrição de Leibniz da maneira como Deus criou o mundo em que vivemos.

Resumindo, segundo Leibniz, Deus tinha diante de si no ato da criação um número infinito de "possíveis", ou essências exemplares. Ele não poderia dar exis-

---

change of many-colored life He Drew,/Exhausted worlds, and then imagined new" [Cada contorno de vida multicor ele esboçou,/Exauriu mundos e novos mundos imaginou] –, um tributo que foi reproduzido por Garrick em sua Ode a Shakespeare: "Not limited to human kind,/He fir'd his Wonder-teeming mind,/Rais'd other worlds, and beings of his own!" [Ele foi além da espécie humana,/A mente sempre maravilhada ele inflamou/ Ele próprio outros mundos e seres criou!].

tência a todos esses possíveis, porque a existência somente pode ser concretizada por um conjunto de "compossíveis" – isto é, por um sistema de essências que podem coexistir, pois não são nem contraditórias entre si, nem incompatíveis. Dos conjuntos alternativos de tais "compossíveis" ou mundos modelares, Deus, em sua superioridade, selecionou para execução o melhor de todos os mundos possíveis.[49]

Os críticos suíços traduziram essa estrutura de ideias em uma teoria do processo poético; obviamente, a distinção metafísica entre o número infinito de espécies "possíveis" e o número finito de espécies existentes neste mundo foi muitíssimo conveniente para explicar como é que a poesia, usando as palavras de Addison, cria "outra espécie". O maravilhoso, afirmou Breitinger, seguindo Addison muito de perto, surge quando o poeta, "através do poder de sua imaginação [*Phantasie*], cria seres inteiramente novos", seja personificando abstrações, seja animando seres inanimados ou humanizando animais, ou, na esteira de Milton e dos poetas antigos, materializando o mundo invisível de deuses e espíritos. E já que a poesia é "uma imitação da criação e da natureza não apenas no real, mas também no possível", sua composição, emulando esse poder de Deus, é, em si mesma, "uma espécie de criação".[50] Conforme Bodmer expressou o mesmo conceito, a façanha de dar forma visível e corpórea a espíritos invisíveis Milton conseguiu realizar "por meio de uma espécie de criação que é específica da poesia". Essa operação do poeta é

> exatamente a mesma daquela pela qual as coisas meramente possíveis são retiradas dessa condição e revertidas à condição de existência real... Esse modo de criação é a principal tarefa da poesia, que se distingue da história e da ciência por esse mesmo fato, – ela sempre prefere retirar do possível o material de imitação a fazê-lo do mundo existente.[51]

Bodmer convida-nos, portanto, a abordar a obra de Milton com a humildade e reverência apropriadas àquele que se coloca "mais alto entre os homens na Ladder

---

49 A cosmologia de Leibniz é descrita e comentada de forma adequada em Lovejoy, *The Great Chain of Being* (Cambridge, 1936), cap. V; cf. também Bertrand Russel, *The Philosophy of Leibniz* (nova ed.; Londres, 1937), especialmente p.36-9, 66-9.

50 *Critische Dichtkunst*, parte 6, in *Deutsche National Literatur*, org. Joseph Kürschner, XLII, p.161, 165, 175.

51 *Vom dem Wunderbaren* (Zurique, 1740), p.31-2; cf. também p.19-21. Em seu *Critische Betrachtungen über die poetischen Gemähide* (Zurique, 1741), Bodmer escreve, p.13-4: "Todos esses incontáveis sistemas de mundo possíveis repousam sob o domínio da imaginação [*Einbildungskraft*]". E à p.573: "O modo de criação no qual o possível é executado pelo poder da imaginação é particularmente o território do poeta em virtude de seu ofício, por isso ele é um criador, *poetes*".

of Being" [Escada do ser], apenas um pouco abaixo dos anjos, e que demonstra em suas produções um poder insondável equivalente apenas ao do próprio Deus.[52]

A tarefa do poeta, então, não é apenas imitar a natureza real, mas (como afirma Bodmer) "imitar os poderes da natureza na tradução do possível para uma condição de realidade".[53] Esse paralelo entre o processo poético e a cosmogonia de Leibniz é prontamente expandido em um paralelo entre o produto poético e a cosmologia de Leibniz. O poema-que-é é um poema em si mesmo e, como tal, precisa apenas revelar essas relações internas que determinam a compossibilidade de qualquer conjunto de entidades modelares, sejam elas concretizadas por Deus em sua criação, sejam pelo poeta no seu processo também criador. No sentido mais abrangente, diz Breitinger, "tudo pode ser considerado provável, ou seja, o que é possível por meio do infinito poder do Criador da natureza; portanto, tudo que não contradiz esses princípios básicos e universais sobre os quais repousa todo o conhecimento da verdade". E a probabilidade de um poema "consiste no fato de que os detalhes se harmonizam com a intenção, de que eles estão fundados um no outro, e de que eles não mostram qualquer contradição entre si".[54]

Nessas passagens, a probabilidade poética foi liberada de toda e qualquer referência à realidade exterior e transformada inteiramente em uma questão de coerência interna e de não contradição. E, ao separar o universo poético do universo empírico, atingimos uma distinção lógica entre dois tipos, ou "universos", da verdade – entre aquele que Breitinger denominou "verdade racional" e "verdade imaginativa" e Bodmer denominou "verdade racional" e "verdade poética". "O poeta", segundo Bodmer, "não se perturba de maneira alguma com a verdade racional [*das Wahre des Verstandes*]", mas apenas com a verdade poética. Isso

> não deixa de ter uma certa razão e uma certa ordem – para a imaginação e para os sentidos, ela tem razões suficientes; não possui contradição interna e uma parte dela está fundamentada nas outras... De nossa parte, procuraremos metafísica entre os professores de metafísica, mas exigimos do poeta apenas poesia; nesse sentido, ficaremos satisfeitos com a probabilidade e com a razão que repousa na sua coerência consigo mesma.[55]

---

52 *Vom dem Wunderbaren*, p.5-11.
53 Ibid., p.165.
54 *Critische Dichtkunst*, p.160-2. Exemplos do tipo de contradição impossível até para a criação de Deus, diz Breitinger (p.160), são aqueles em que algo ao mesmo tempo é e não é, em que a parte é tão grande quanto o todo etc.
55 *Von dem Wunderbaren*, p.47, 49; cf. p.144, 151; cf. também seu *Betrachtungen über die poetischen Gemählde*, p.594-5, em que ele atribui verdade poética e plausibilidade à regularidade de um "Sistema de Mundo" possível.

Em suma, encontramos nos críticos de 1740 (embora em meio a ideias mais tradicionais e algumas vezes conflitantes) essas importantes consequências estéticas do analogismo-base entre o poeta e o criador: o poema do maravilhoso é uma segunda criação e, portanto, não uma réplica, nem mesmo um fac-símile razoável deste mundo, mas de seu próprio mundo, *sui generis*, sujeito apenas às suas próprias leis, cuja existência (fica sugerido) é um fim em si mesma.

O diálogo de Goethe "On Truth and Probability of the Work of Art" [Sobre a verdade e a probabilidade da obra de arte], escrito meio século mais tarde, mostra algumas das potencialidades dessa abordagem dos problemas da arte. Um tipo de verdade é irrelevante à opera, já que ela não tem a função de "representar de maneira provável o que imita"; entretanto, não podemos negar-lhe "uma verdade interior" de autoconsistência, "que emana do fato de ela ser uma obra de arte".

> Se a ópera é boa, ela se constitui em um pequeno mundo em si mesma, em que tudo progride segundo leis positivas, que serão julgadas conforme as suas próprias leis, e sentidas conforme as suas próprias qualidades peculiares.

Segue-se, então, que "verdade artística e a verdade natural são inteiramente distintas". Não obstante, uma obra de arte perfeita dá a ilusão de ser uma obra da natureza porque, como uma obra do espírito humano, ela está "acima da natureza, mas não fora da natureza"; e "o aficionado genuíno da arte vê não apenas a verdade do que é imitado, mas também... o que é sobrenatural [*das Überirdische*] no pequeno mundo-arte". Ou, conforme Goethe expressou o conceito um ano depois:

> O artista, grato à natureza que o produziu, devolve-lhe uma segunda natureza, porém uma que foi sentida, considerada e aperfeiçoada humanamente.[56]

Na Inglaterra, Richard Hurd, sem a subestrutura metafísica detalhada ou elaborada dos teóricos alemães, enfrentou problemas semelhantes e chegou a conclusões equivalentes. Em seu *Letters on Chivalry and Romance* [Cartas sobre cavalaria e aventuras amorosas], de 1762, Hurd propõe-se explicitamente a defender o maravilhoso romântico de poetas como Tasso contra os ataques nos ensaios de Davenant e Hobbes. Esses documentos, diz ele, "abriram o caminho" para um

---

56 "Über Wahrheit und Wahrscheinlichkeit der Kunstwerke" (1797), *Sämtliche Werke*, XXXIII, p.87-91; "Diderot's Versuch über die Malerei" (1798-9), ibid., p.215. Cf. também Eckermann, *Conversations of Goethe* (18 abr. 1827), Everyman ed., p.196.

"novo tipo de crítica"; e, com perspicácia histórica, Hurd atribui o declínio dos deuses pagãos e das "Fadas Góticas" ao crescente racionalismo do século XVII, que finalmente espantou "os portentosos espectros da imaginação" até que a "fantasia, que dela havia se aproveitado por tanto tempo no mundo da ficção, foi então compelida contra sua vontade a se aliar à verdade rígida, se quisesse ganhar aceitação em companhia razoável".[57] Porém, insiste ele, a máxima de "seguir a Natureza", no sentido de equiparar a natureza ao mundo da experiência, embora válida para gêneros realistas como o dramático, não é relevante ao épico, uma "poesia mais sublime e criativa", que se dirige "unicamente e sobretudo à Imaginação". Hurd cita do artigo da *Spectator* acerca da maneira fantasiosa de escrever, e expande o conceito de Addison sobre essa poesia como uma "nova criação", de forma a distinguir o mundo da poesia do mundo da experiência, e a verdade poética (ou autoconsistência) da verdade filosófica (ou correspondência com a natureza empírica).

> Em tão pouca conta [diz ele ironicamente] essa poesia malvada leva a verdade filosófica ou histórica; tudo que ela nos permite procurar é a *verdade poética*; algo muito tênue e sobre que o olho do poeta, quando flutua no êxtase mais completo, mal consegue manter controle mínimo. Falando na linguagem filosófica do sr. Hobbes, é algo muito *além dos limites reais, e apenas dentro da possibilidade concebida da natureza.*
> ...Um poeta, dizem, deve seguir a Natureza; e por Natureza devemos supor apenas o curso conhecido e vivenciado dos *affaires* deste mundo, ao passo que o poeta tem o seu próprio mundo, onde a experiência tem menos a fazer do que a imaginação consistente.
> Ele tem, além disso, um mundo sobrenatural no qual pode divagar. Ele tem Deuses, Fadas e Bruxas sob seu comando...[58]

Richard Hurd – como Bodmer e Breitinger – equiparou o poeta ao Criador com o intuito de explicar e validar as criaturas sobrenaturais em um poema. Em uma aplicação variante da mesma analogia, o conceito de criação foi aplicado para

---

57 *Letters on Chivalry and Romance*, p.131, 144, 153-4. Cinco anos depois, William Duff também opôs o "outro mundo" da poesia sobrenatural à "probabilidade verdadeira ou estrita" que rege os gêneros realistas (*Essay on Original Genius*, p.142-3).

58 Ibid., p.137-9. Com base no princípio tradicional do decoro poético de partes, John Pinkerton reverteu totalmente o pensamento de Hobbes ao ceticamente negar que haja qualquer "verdade de fato ou verdade histórica que seja conhecida pelo homem", e defender como verdade válida "a verdade universal que pode ser encontrada na poesia e em obras de ficção", consistindo na "propriedade e consistência" das partes componentes. Assim, Calibã é mais verdadeiro que qualquer possível declaração de fato, pois sua personagem "*é verdadeira para ela mesma*, não transgride nenhuma ideia de conduta, ainda que não esteja na natureza" (*Letters of Literature*, Londres, 1785, p.216-8).

explicar personagens que, embora criadas pelo poeta, parecem convincentemente naturais e são dotadas da autoconsistência das criaturas na própria criação de Deus. Nesse avanço realista, o platonista inglês Shaftesbury ocupa mais ou menos a posição central que Addison ocupa entre os teóricos do poético maravilhoso. *Advice to an Author* [Conselhos a um autor], publicado pela primeira vez em 1710, ridiculariza Shakespeare e outros poetas que empregam material sobrenatural, seja na forma do maravilhoso romântico ou dos prodígios da Sagrada Escritura Cristã.[59] O que Shaftesbury recomenda é a criação de personagens como aquelas que encontramos na vida real. Para explicar esse empreendimento, Shaftesbury revitaliza o analogismo renascentista, porém com duas inovações importantes: a criação não é do cosmos, mas, especificamente, do homem; e ele é concebido com base no modelo grego e não no mito hebraico:

> Somente o homem que verdadeiramente e em justa medida merece o nome de poeta, e que, como um mestre genuíno, ou arquiteto nesse gênero, pode descrever tanto os homens como os costumes e dar a uma ação suas justas proporções e forma, será considerado, salvo equívoco meu, uma criatura muito diferente. Tal poeta é, na verdade, um segundo *Criador*; um Prometeu justo sob as ordens de Júpiter. Da mesma forma como o artista soberano ou a natureza plástica universal, ele forma um todo coerente e proporcional a si mesmo, com a devida sujeição e subordinação das partes constitutivas... O artista moral... pode, dessa forma, imitar o Criador...[60]

Esse excerto parece ter tido um efeito surpreendentemente insignificante na crítica inglesa, mas esteve muito em voga na Alemanha, conforme Oskar Walzel mostrou em seu artigo "Das Prometheussymbol von Shaftesbury zu Goethe" [O símbolo de Prometeu, de Shaftesbury a Goethe].[61] Em 1767, Lessing descreveu o sobrenatural poético de personagens realistas em termos comparáveis à descrição de Breitinger do sobrenatural no maravilhoso. Ele não teria, disse, feito nenhuma objeção à decisão de Marmontel de partir dos modelos históricos em seu Solimán e Roxelana –

---

59 *Characteristics*, org. J. M. Robertson (Londres, 1900), I, p.222-3, 231.
60 Ibid., I, p.135-6.
61 *Neue Jahrbücher für das klassische Altertum*, XXV (1910), p.40-71; 133-65. Cf. Akenside, *The Pleasures of Imagination*, III, ll. p.397-427: Na gênese de um poema na mente do poeta, as imagens da memória se encaixam em uma ordem lúcida, como "from Chaos old the jarring seeds/ Of Nature, at the voice divine". "Then, with Promethean art/ Into its proper vehicle he breathes/ The fair conception..."/ [do caos de outrora as sementes vibrantes/da Natureza, diante da voz divina... Então, com artimanha prometeica/ Para dentro de seu próprio meio ele aspira/a concepção do belo...] E então "mortal man aspires/To tempt creative praise" [aspiram os humanos mortais/ Para instigar louvor criativo].

se eu apenas tivesse descoberto que, embora não sejam desse mundo real, eles ainda pertencessem a um outro mundo; a um mundo cujos eventos estão conectados de uma maneira diferente, mas da mesma forma íntima como [estão] neste... em resumo, ao mundo de um gênio que – permita-me, sem nomeá-lo, indicar o Criador através de sua criatura mais nobre – que, digo, a fim de imitar em miniatura o Gênio Superior, transpõe, troca, diminui, aumenta os elementos do mundo presente, para fazer dele um todo separado...

Consistência: – não deve haver nada que contradiga a si mesmo nas personagens...[62]

Algumas vezes, o recurso explícito ao mito shaftesburiano de Prometeu teve consequências adversas aos paralelos anteriores – normalmente reverenciados como competentes – que o poeta faz a Jeová. Os rebeldes do *Genieperiode* [Período do gênio] exploraram o elemento da insubordinação de Prometeu diante da autoridade investida, para atacar o código de regras poéticas. A despeito de "todos os franceses e alemães contaminados", o jovem Goethe lançou este desafio: "Natureza! Natureza! Nada mais completamente natureza do que as personagens de Shakespeare... Ele emulou Prometeu, formou sua gente com base em seu modelo, característica por característica, em dimensões colossais... e depois animou-as todas com o sopro de seu espírito".[63] Posteriormente, Goethe desenvolveu Prometeu em um símbolo do doloroso mas necessário isolamento do poeta em sua criatividade – isolamento tanto dos homens como dos deuses.[64] Mesmo antes de Goethe, Herder havia adotado o símile de Prometeu e modificado a heterocosmologia leibniziana de ensaístas anteriores, transformando-a na suposição de que uma peça de Shakespeare – nas complexas inter-relações de suas personagens e ações, e em suas bruscas mudanças de tempo, espaço e cena – é, como a própria criação primordial, um todo grande e vital.[65] Seja na discussão do maravilhoso criativo ou do realismo criativo, Shakespeare continuou o exemplo capital do poeta como divindade.

Vários desses desdobramentos da analogia entre o poeta e o Criador foram reunidos nas Palestras de Berlim daquele sistematizador eclético, August Schlegel.

---

62 *Hamburgische Dramaturgie*, n.34, in *Sämtliche Schriften*, org. Karl Lachmann (Stuttgart, 1893), IX, p.325; cf. n.79, ibid., X, p.120. Para análises da criação pelo poeta de um outro mundo que combina as afirmações de Shaftesbury e Addison, cf. J. G. Sulzer, *Allgemeine Theorie*, artigos: "Einbildungskraft", "Erdichtung", "Gedicht", "Ideal".

63 "Zum Shakespeare's Tag" (1771), *Sämtliche Werke* (Jubiläums-Ausgabe), XXXVI, p.6.

64 Cf. Walzel, *Das Prometheussymbol*, p.133 e ss., e *Dichtung und Wahrheit*, Livro XV, em que Goethe descreve a origem de sua ode a "Prometeu". Veio-lhe à mente, de forma muito viva, diz ele, a fábula de Prometeu, "que, afastado dos deuses, povoou um mundo... Senti claramente que uma criação de valor verdadeiro só poderia ocorrer quando seu autor se isolasse a si mesmo".

65 *Kritischen Wäldchen* (1769), in *Sämtliche Werke*, III, 103; cf. também ibid., V, p.238-9; XII, 7.

Nelas, ele atacou a visão de que a arte precisa imitar a natureza, que é usada para banir da arte, em nome da probabilidade, "tudo que for ousado, grandioso, maravilhoso e extraordinário". Da poesia podemos, com legitimidade, exigir apenas a aparência de verdade; essa aparência pode ser assumida por coisas "que jamais poderão ser reais", e "depende simplesmente do fato de que um poeta, pela magia de sua apresentação, sabe como nos transportar para um mundo estranho, em que ele pode reinar de acordo com suas próprias leis".[66] Pode-se notar que Shaftesbury combinou a ideia de que o poeta é um modelador de homens, como Prometeu, com a ideia totalmente dissociada (baseada no analogismo do espírito universal gerador) de que o poeta forma um todo igual à "natureza plástica universal". Nas conferências de Schlegel, essa curiosa conjunção é mantida e expandida. A Natureza como um todo, diz ele, é organizada, e a arte precisa imitar a força produtiva da natureza.

> Isso significa que ela precisa – criando de forma autônoma como a natureza, ela própria organizada e organizadora – formar obras vivas que não são colocadas em movimento através de um mecanismo forâneo, como um relógio de pêndulo, mas através de uma força interna... Foi dessa maneira que Prometeu imitou a natureza, quando ele modelou o homem com o barro da terra e deu-lhe vida com uma fagulha roubada do Sol...[67]

Nessa versão romântica, o conceito do heterocosmo compreende não apenas elementos poéticos selecionados, sejam eles naturais, sejam sobrenaturais, mas um grande poema em sua totalidade. E através do deslocamento como princípio criativo – tanto de Jeová, como do demiurgo e de Prometeu por meio de uma Alma da Natureza que vive internamente –, o papel de um artista supervisor deliberado, seja ele *deus* ou *alter deus,* diminui; tanto o mundo real quanto o mundo poético tornam-se auto-originários, autônomos e autopropulsionados, e ambos tendem a *se desenvolver* em suas formas orgânicas.

---

66 *Vorlesungen über schöne Literatur und Kunst (1801-4), Deutsche Litteraturdenkmale* (Stuttgart, 1884), XVII, p.94-8. Cf. também p.261: Poesia, em geral, significa "a descoberta artística, o maravilhoso ato por meio do qual ela enriquece a natureza; como o nome indica, uma criação e uma produção verdadeiras".

67 Ibid., p.102. Ele acrescenta (p.103), incorporando a esse contexto a concepção de Leibniz sobre a alma como uma mônada que espelha o universo: "A plenitude, a totalidade com que o universo se reflete na alma humana... determina o grau de seu gênio artístico e o coloca em posição de criar um mundo dentro do mundo". Para uma distinção entre a criação prometeica de Shakespeare de personagens realísticas e o caráter imaginativo sobrenatural de seus espíritos e bruxas, cf. Schlegel, *Lectures on Dramatic Art and Literature,* p.363; cf. também p.378.

Para escritores ingleses do início do século XIX, "criar" havia se tornado, prevalentemente, um termo crítico rotineiro, mas em alguns usos continuou a manifestar sua vitalidade metafórica. Shelley, por exemplo, que empregou o termo em suas várias formas gramaticais inúmeras vezes em seu "Uma defesa da poesia", retornou a uma interpretação do método de criação próximo ao dos neoplatônicos do Renascimento. Poesia, "criada por aquela faculdade majestosa" da imaginação, é "a criação de ações conforme as formas imutáveis da natureza humana, como existe na mente do Criador, que é, ela própria, a imagem de todas as outras mentes". Repetindo dessa forma o ato primordial da criação, a poesia produz um novo mundo:

> Ela nos torna habitantes de um mundo ao qual o mundo familiar parece um caos... Ela cria novamente o universo, depois de ele ter sido aniquilado em nossas mentes pela recorrência de impressões embotadas pela reiteração.[68]

Carlyle reanimou a tentativa renascentista de revelar o segredo da poesia pelo caminho da etimologia. O poeta é o *Vates*, um profeta ou visionário "da Ideia Divina do Mundo"; porém, tendo em vista que ver profundamente dessa maneira é também criar, o latim *Vates* e o grego *Poeta* se harmonizam – "Criativo, dissemos: criação poética – o que é isso senão ter uma *visão* suficiente da coisa?"[69]

Somente na filosofia e na crítica de Coleridge, entretanto, é que a criação é uma metáfora indispensável e absolutamente funcional. Podemos nos aproveitar da perspectiva oferecida pela história desse termo para observar novamente a passagem-chave na *Biographia Literaria* que tem confundido e irritado tantos críticos:

> Considero a IMAGINAÇÃO primária como o Poder vital e Agente maior de toda a Percepção humana e como uma repetição na mente finita do eterno ato da criação no infinito EU SOU. Considero a imaginação secundária como um eco da anterior... diferindo apenas em *grau* e no *modo* de operação. Ela dissolve, dispersa, dissipa, com o intuito de recriar...

À analogia existente entre o poeta e o Deus criador, Coleridge acrescentara um terceiro termo – a mente em percepção. O resultado é um paralelo triplo. Na

---

68 *Shelley's Literary and Philosophical Criticism*, p.125, 128, 156; cf., especialmente, p.137, 140, 143-4. Cf. também a interpretação platônica sobre a "fabricação" pelo artista de uma "segunda criação" como sendo, em alguns sentidos, superior à natureza criada por Deus, in Victor Cousin, *Lectures on the True, the Beautiful, and the Good* (1853), trad. para o inglês de O. W. Wight (Nova York, 1858), p.155-7.
69 *Heroes and Hero-Worship*, in *Works*, V, p.80, 104; cf. "Characteristics", ibid., XXVIII, p.16.

base está a incessante autoproliferação de Deus no universo sensível. Esse processo criativo reflete-se na imaginação primária por meio da qual todas as mentes individuais se desenvolvem, formando sua percepção deste universo, e ela ecoa novamente na imaginação secundária ou recriadora, que somente o poeta de talento possui. Já em 1801, Coleridge havia escrito que a mente perceptiva não é passiva, mas "construída à Imagem de Deus e também, no sentido mais sublime, à *Imagem do Criador*". Três anos mais tarde, ele acrescentou que a imaginação poética é também "um tênue analogismo da criação – nem tudo em que podemos *acreditar,* mas tudo que podemos *apreender* da criação".[70] (Conforme o professor Muirhead disse, o mundo da imaginação de Coleridge é o mundo renascido dos sentidos.) Na cosmogonia de Coleridge, portanto, as Formas fixas dos Platônicos Renascentistas e os "possíveis" estáticos de Bodmer e Breitinger, subsistindo perenemente em seu espaço ideal, entram em movimento, e tornam-se Ideias-embrião internas e autoevolutivas do mundo; e as operações dessa natureza plástica universal são reiteradas, dentro da mente humana, no procedimento da imaginação "esemplástica", quando cria um poema.

Na crítica inglesa, diferentemente da crítica romântica alemã, o analogismo heterocósmico – o paralelo entre escrever poesia e criar o universo – foi utilizado para elucidar o processo mais do que o produto da criação literária. Mais tarde, no mesmo século, restou aos críticos ingleses explorar as plenas possibilidades do paralelo como uma base para o conceito de que o poema-que-*é* é seu próprio mundo – com autossuficiência total. A conferência de A. C. Bradley em Oxford, "Poetry for Poetry's Sake" [A poesia pela poesia], publicada em 1901, é um documento revelador dessa tradição. Por um lado, ela epitomiza o que havia sido mais defensável na doutrina estética de Arte pela Arte (que, em sua forma comum, havia realmente sido uma doutrina moral da Vida pela Arte). Por outro lado, ela formula o que desde então se tornou a posição crucial dos críticos atuais que (sem notar a incongruência) citam como verdade a afirmação poética de MacLeish de que um poema não declara a verdade, mas simplesmente existe:

A poem should be equal to:
Not true...

---

70 Carta a Thomas Poole, 23 mar. 1801, *Letters*, I, p.352; carta a Richard Sharp, 15 jan. 1804, ibid., II, p.450. "Criar" também foi uma das metáforas favoritas de Wordsworth para a mente perceptiva; cf., p. ex., *The Prelude* (1805), II, p.271-3; III, p.171-4; cf. também cap. III, parte iii. Para o uso frequente que Wordsworth faz do termo "criar" aplicado à produção poética, cf. ser Prefácio de 1815.

A poem should not mean
But be.

[Um poema deve ser igual a:
Inverdade...

Um poema não deve significar,
Mas ser.]

Poesia, apontou Bradley cinquenta anos atrás, não é imitação, mas "um fim em si mesmo", e seu "valor *poético* é apenas esse valor intrínseco".

> Porque sua natureza é ser não uma parte, nem mesmo uma cópia, do mundo real... mas um mundo em si mesmo, independente, completo, autônomo; e para se apoderar dele plenamente é necessário que você adentre aquele mundo, adeque-se às suas leis e ignore por algum tempo as crenças, objetivos e condições particulares que lhe pertencem no outro mundo da realidade...
> [Vida e poesia] são eventos paralelos que em lugar algum se encontram, ou, usando livremente um termo, que mais tarde será útil, são analogismos... Eles têm diferentes *tipos* de existência.

Atrás desse conceito de poema como seu próprio mundo, não assoma de forma ofuscada, mas reconhecível, o analogismo gerador do *Deus Creator?* Poesia pura, afirma Bradley, "emerge do impulso criativo de uma massa imaginativa vaga, premente de desenvolvimento e definição... E essa é a razão por que tais poemas nos surpreendem como criações, não manufaturas".[71] A metáfora renascentista do heterocosmo, plenamente desenvolvida, surge agora como uma metáfora dos sistemas concorrentes que reivindicam o escopo ilimitado na província da estética – como uma forma daquele sistema que, no capítulo introdutório, denominei teoria objetiva da arte.

Dois de nossos mais prudentes críticos praticantes podem servir de exemplos finais de que a metáfora heterocósmica continua uma metáfora vital. Em seu recente livro *Rage for Order* [Fúria por ordem], Austin Warren apresenta a seguinte

---

71 *Oxford Lectures on Poetry* (Londres, 1926), p.4-6, 23-4. David Masson utilizou a noção de que poesia é "*poesis* ou criação" – a produção imaginativa de "um concreto novo ou artificial" – para estabelecer uma total antítese entre poesia e ciência, e para instaurar a liberdade do poeta – na continuação da "tarefa da criação" – de condicionar "novamente o universo de acordo com seu capricho e prazer" (*The North British Review*, XIX, 1853, p.308-9; o artigo foi republicado em Masson, *Essays Biographical and Critical*, Cambridge, 1856).

afirmação de sua perspectiva crítica: A "criação final" do poeta é "uma espécie de mundo ou cosmo; um mundo concretamente verbalizado, sinoticamente sentido; um ícone ou imagem do 'mundo real'". E o crítico, em seu desejo de descobrir "a visão sistemática do mundo que é construção do poeta", precisa fazer a suposição de que "o cosmo de um poeta sério é, intuitiva e dramaticamente, coerente".[72] Elder Olson, membro da segunda geração de críticos neoaristotélicos da Universidade de Chicago, anuncia que a meta de sua teoria do gênero lírico é lidar com uma obra de arte *qua* obra de arte" – um modo de crítica ao qual "somente um tratado – a *Poética* de Aristóteles – é relevante". Quando passa a tratar do problema da verdade poética, ele ilustra o conceito de Aristóteles referente à probabilidade com um analogismo de proveniência muito mais recente do que os escritos do mestre grego. "Afirmações poéticas" não são proposições, e "já que não são afirmações sobre coisas que existem fora do poema, não teria sentido avaliá-las como verdadeiras ou falsas..."

> Em um certo sentido, cada poema é um microcosmo, um universo separado e independente, com suas leis fornecidas pelo poeta; a decisão dele é absoluta; ele pode fazer coisas boas ou más, grandes ou pequenas, poderosas ou frágeis, tudo conforme sua vontade; ele pode fazer homens mais altos do que montanhas ou menores do que átomos; ele pode erguer cidades inteiras no ar, pode destruir a criação ou reformá-la; dentro de seu universo o impossível torna-se possível, o necessário torna-se contingente – basta ele querer.[73]

Aqui a descrição da criatividade do poeta é modelada, não no Deus de Leibniz, cujas ações, afinal de contas, são limitadas pela lógica da contradição e das leis da "compossibilidade", mas em um protótipo mais antigo – o decreto peremptório e absoluto de Jeová no Livro do Gênesis.

Verdade e metáfora poéticas

A questão dos seres míticos não foi o único problema que o critério de fidelidade à natureza apresentou para teóricos literários. Havia, por exemplo, um anti-

---

72 (Chicago, 1948), p.v-vi.
73 "'Sailing to Byzantium': Prolegomena to a Poetics of the Lyric", *The University of Kansas City Review* (Primavera, 1942), VIII, n.3, p.210-1, 216-7. Para uma advertência contra a prudência da liberdade absoluta, à maneira de um milagre, tanto para o poeta criativo quanto para o Deus Criador, cf. Dorothy Sayers, *The Mind of the Maker*, p.62-3.

go comentário de que as declarações tradicionais de poetas – propensos a chamar um homem de leão e uma mulher de deusa e a se valerem de todo e qualquer instrumento para exageros e distorções – não correspondiam aos fatos da experiência. No final do século XVII, a necessidade geral de sondar e justificar essa linguagem figurada tornou-se intensa, com ataques vigorosos lançados de várias direções. Autores de textos de oratória civil e de púlpito às vezes culpavam a eficácia de fanáticos religiosos e mesmo a recente guerra civil pelas ilusões inerentes à metáfora e exigiam remédio drástico. "Se tivéssemos um Ato do Parlamento para impedir o uso por pregadores de Metáforas maliciosas e de mau gosto", escreveu Samuel Parker em 1670, "poderíamos talvez encontrar uma Cura efetiva para toda a nossa Intemperança mental atual".[74] Além disso, a Nova Filosofia na Inglaterra, de Bacon em diante, muito apropriadamente incorporou um programa de reforma semântica que eliminaria da natureza "ídolos" verbais e também pagãos, e desenvolveria uma linguagem rigidamente adaptada à descrição e à manipulação do fato puro. Falando perante a Royal Society, Thomas Sprat (que, lembramos, também celebrou o triunfo do experimento sobre os "falsos Mundos" de superstições milenares) empregou os velhos conceitos retóricos de *res* e *verba* para recomendar que filósofos naturais ajustassem suas combinações de palavras precisamente à combinação das coisas na natureza. "Figuras e Tropos ilusórios", por mais justificáveis que tenham sido no passado, deveriam agora ser banidos "de todas as *Sociedades civis*, como algo fatal à Paz e aos bons Costumes". Uma vez que eles também trazem "névoa e incertezas ao nosso conhecimento", a Royal Society resolveu "voltar à pureza primitiva è a brevidade" – quando os homens expressavam *tantas coisas* em um número quase igual *de palavras* – e criou "uma maneira de falar precisa, simples, natural... tão perto da clareza matemática quanto possível".[75]

Acadêmicos recentes têm mostrado certa tendência em supor que essas eram recomendações linguísticas de âmbito universal, e em exagerar no imediatismo e no alcance de sua influência sobre a linguagem da poesia. O fato é que muitos dos reformadores deixaram explícita a exceção à poesia, além de certas formas de prosa, como modos de discurso cuja diferença de propósito necessitava de uma técnica de linguagem diferente. Reconheceu-se que, embora a poesia pudesse dispen-

---

74 *A Discourse of Ecclesiastical Politie* (Londres, 1671), p.74-6. Cf. R. F. Jones, "The Attack on Pulpit Eloquence in the Restoration", *JEGP*, XXX (1931), p.188-217; cf. também "Science and English Prose Style in the Third Quarter of the Seventeenth Century", *PMLA*, XLV (1930), p.977-1009.

75 *History of the Royal Society*, in *Critical Essays of the Seventeenth Century*, org. Spingarn, II, p.116-8.

sar a representação de seres que carecem de um protótipo na mente, ela mal poderia sobreviver sem o privilégio do distanciamento metafórico da verdade literal. Hobbes, que negava aos poetas o uso de seres fabulosos "além das possibilidades da natureza" e que baniu a metáfora de todo discurso cujo propósito fosse "a rigorosa busca da verdade", argumentava, não obstante, que quando o objetivo é mais "agradar e deleitar a nós e aos outros, brincando inocentemente com nossas palavras por prazer ou por ornamento", um bom talento pode, com a máxima adequação, fornecer

> similitudes que irão agradar, não apenas como ilustração do discurso e adorná-lo com metáforas novas e competentes, mas também com a excepcionalidade de sua invenção.[76]

A exigência de um discurso literal e matematicamente simples na ciência e em sermões teve uma influência clara, porém indireta na poesia; uma das consequências foi estimular tanto poetas como críticos a que reexaminassem e redefinissem os limites permissíveis da metáfora na linguagem de um poema.

Uma justificativa da aparente falsidade da linguagem figurada era muitas vezes associada à defesa do poético maravilhoso. Ao analisar a licença para a metáfora e para a hipérbole, em seu "Heroic Poetry and Poetic License" [Poesia heroica e licença poética] (1677), Dryden propõe a seguinte pergunta: "Se poesia é imitação", então, como hipocentauros, anjos e substâncias imateriais, que são "coisas bastante estranhas à natureza", devem ser representados e como podem ser autorizados? Em resposta, ele alega a "licença poética", ou "a liberdade que poetas, em todas as épocas, assumem para si mesmos de dizer coisas em verso que vão além do rigor da prosa". Com relação ao "pensamento ou imaginação de um poeta", essa licença consiste no uso de fantasia, e com relação à expressão desse pensamento, em tropos e figuras de linguagem.[77] Desvios da verdade literal, por meio de linguagem figurada, então, da mesma forma como desvios sobrenaturais do curso da natureza, devem ser justificados por uma concessão especial, mas sujeitos a restrições especiais. "A imagem lhe agrada", dizia Dryden, "e você não é enganado pela fantasia". Conforme Hume, mais tarde, discutiu o caso da metáfora, com sua típica clareza mental:

> Grande parte da beleza da poesia e até mesmo da eloquência está fundada em falsidades e ficção, em hipérboles, metáforas e no abuso ou distorção do significado natural

---

76 *Leviathan* (Cambridge, 1904), p.14-5, 25, 42. Cf. Locke, *Essay Concerning Human Understanding*, III, x, parte 34.

77 *Essays of John Dryden*, I, p.185-9.

de certos termos. Examinar os ímpetos da imaginação e reduzir cada expressão à exatidão e à verdade geométrica seria totalmente contrário às leis da crítica, porque produziria uma obra que, por experiência universal, tem sido considerada a mais insípida e desagradável. Porém, embora a poesia jamais possa se submeter à verdade exata, ela precisa ser delimitada por regras de arte.[78]

Na discussão desse problema, críticos do século XVIII costumavam evocar *La Manière de bien penser* [A Maneira de bem pensar] (1687), do padre Bouhours, cujas teorias equilibradas tornaram-no particularmente útil na defesa de liberdade linguística e no ataque aos excessos, ou "falsa inteligência" – que ocorreram simultaneamente – dos poetas do século anterior.[79] O critério básico de Bouhours para validar "pensamentos" em poesia é a verdade. "Julgue como lhe aprouver", diz Eudóxio, falando pelo autor, "mas eu não posso admirar aquilo que não é verdadeiro". Considera-se que esse critério envolve uma correspondência entre palavras e pensamentos, pensamentos e coisas e é derivado especificamente da antiga analogia do espelho mimético. À pergunta "Qual é a Noção exata de um pensamento verdadeiro?", Eudoxe responde:

> Pensamentos... são as Imagens das coisas, como as palavras são as Imagens dos Pensamentos; e, falando de maneira geral, pensar é Formar dentro do próprio eu a Figura de algum Objeto espiritual ou sensível. Então, as Imagens e as Figuras são verdadeiras somente daquilo a que se assemelham: assim, um Pensamento é verdadeiro quando ele representa coisas de maneira fiel; e é falso quando as faz parecer diferentes daquilo que realmente são.

Philanthe, o interlocutor, opõe-se à observação de que a inteligência "geralmente, volta-se para Ficções, Ambiguidades, Hipérboles, que nada são além de muitas Mentiras". Em sua resposta, o padre Bouhours adapta a esse tópico a noção medieval de que, em poesia, as divindades pagãs e a ficção em geral são (na metáfora comum) apenas um véu cobrindo a verdade oculta. O mundo fabuloso de Apolo e das musas, diz ele, é uma mentira admissível porque apenas esconde e adorna a verdade. De forma paralela, "o que é figurado não é falso, e as Metáforas têm sua Verdade assim como suas Ficções". Elas "não enganam ninguém", e po-

---

78 "Of the Standard of Taste", *Essays*, I, p.269-70.
79 Addison, escrevendo sobre "Verdadeiro e Falso Talento" (*Spectator* n.62), definiu Bouhours como "o mais perspicaz de todos os críticos franceses", e Johnson afirmou que ele fez crítica verdadeira ao mostrar que "toda beleza depende da verdade" (Boswell, *Life*, 16 out. 1769). Cf. também A. F. B. Clark, *Boileau and the French Classical Critics in England* (Paris, 1925), p.262 e ss.

demos afirmar "que as Metáforas são como Véus transparentes, através dos quais vemos o que elas cobrem".[80] Conforme George Granville expressou o conceito em seu curioso *rifacimento* do primeiro diálogo de Bouhours, intitulado "An Essay upon Unnatural Flights in Poetry" [Ensaio sobre arroubos artificiosos em poesia] (1701):

> As Veils transparent cover, but not hide,
> Such metaphors appear, when right apply'd;
> When, thro' the phrase, we plainly see the sense,
> Truth, when the meaning's obvious, will dispense.[81]

> [Como diáfanos véus cobrem sem ocultar,
> Essas metáforas surgem, com o correto usar;
> Quando, pela frase, atinamos seu pleno sentido
> A verdade, se bem apresentada, nos terá atingido.]

Os vários modos de discussão da linguagem figurada – cada um tentando reter, enquanto mitiga, o requisito da verdade ao fato – equiparam-se às várias defesas do sobrenatural poético, até mesmo nos detalhes. A principal diferença foi uma menor atenção aos meios de tornar esses instrumentos poéticos aceitáveis ao leitor (com base na suposição de que não haja resistência à distorção da linguagem figurada que há com relação a seres e eventos impossíveis) e a maior ênfase no tropo e na metáfora como ornamentos e variações do sentido literal, impostos pelo requisito pragmático de que um poema sensibilize e agrade ao leitor. James Beattie resumiu essa lógica:

---

80 *The Art of Criticism*, trad. para o inglês por pessoa qualificada (Londres, 1705), p.5-12. Para a justificativa das hipérboles como trazer "à Mente a Verdade por uma Mentira", cf. p.18. A antiga doutrina de que todas as variedades de "ficção" são o véu místico da verdade pode ser encontrada resumida de forma adequada no Livro XIV de *Genealogia deorum gentilium*, de Boccaccio.

81 *Critical Essays of the Seventeenth Century*, III, p.293. Como condição para admitir verso em seu popular livro de citações, Edward Bysshe ecoa Bouhours: "Como nenhum pensamento pode ser com justiça considerado bom, salvo se for verdadeiro, eu tive muito respeito pela Verdade" (*The Art of English Poetry*, 1702, Prefácio). A discussão de Trapp sobre esse assunto em seu *Lectures on Poetry* (1711) baseia-se amplamente em Bouhours, e de forma semelhante deriva o critério de verdade do princípio de que "Pensamentos são Imagens de Coisas, como as Palavras são Imagens dos Pensamentos..." (Londres, 1742, p.101 e ss). Como no caso do poético maravilhoso, o termo "verdade" era utilizado para conveniência interna, bem como correspondência ao fato; cf., p. ex., Bouhours, *Art of Criticism*, p.29-30.

Se parece que, por meio de Figuras, a Linguagem pode se tornar mais *agradável*...
conclui-se que para a Linguagem Poética, cujo propósito seja *agradar* por meio da imitação da *natureza*, as Figuras de Linguagem devem ser não apenas ornamentos, mas uma necessidade.[82]

O propósito agradável da poesia não apenas justifica um desvio em linguagem figurada de uma imitação literal da natureza; ele se impõe.

Em algumas discussões importantes do século XVIII, a correspondência entre o tratamento de matéria sobrenatural e da linguagem figurada estendeu-se até mesmo ao emprego da analogia entre poeta e Criador. Certos tipos de desvios da linguagem literal chegaram a ser tratados não como ornamentos ou reflexões veladas da verdade, mas como exemplos de criação poética de outro universo, habitado por seu próprio tipo de entes não empíricos. No texto e nas notas à sua ode pindárica, "The Muse", Cowley já havia incluído a animação e a personificação de "Feras, Árvores, Águas e outras coisas irracionais e insensíveis", com centauros e fadas, como elementos na criação – à maneira de Deus – que um poeta faz de "um novo Mundo". Em seu artigo sobre os prazeres da imaginação, Addison falou da personificação da "paixão, do apetite, da virtude ou do vício" – incluindo a Fama de Virgílio, o Pecado e a Morte de Milton, e "toda a criação de entes de aparência fantasmagórica de Spenser" – como exemplos da forma como a poesia "fabrica seus próprios mundos novos, mostra-nos entes que não são encontrados na existência". De fato, é possível falar da invenção de todas as "similitudes, metáforas e alegorias":

> Nela há algo como criação. Ela concede uma espécie de existência e desenha para o leitor vários objetos que não são encontrados na vida real. Ela faz acréscimos à natureza e dá mais variedade às criações de Deus.[83]

E tanto Bodmer quanto Breitinger seguiram fielmente Addison quando incluíram a personificação tanto de abstrações quanto da natureza inanimada entre os produtos do ato criador pelo qual um poeta, emulando a Divindade, traz a possibilidade para dentro do domínio do ser.

Somente alguns anos após o surgimento dos artigos no *Spectator*, John Hughes publicou o ensaio "On Allegorical Poetry" [Acerca de poesia alegórica] como parte da introdução à sua edição de *The Fairy Queen* (1715). Seguindo o método etimológico dos críticos renascentistas, Hughes afirmou que, em alegoria,

---

82 *Essays on Poetry and Music*, p.234.
83 *Spectator* n.419, 421.

o Poder de erguer Imagens ou Semelhanças de coisas, dando-lhes Vida e Ação, e de apresentá-las, por assim dizer, diante dos Olhos, era considerado algo semelhante à Criação; e foi provavelmente por essa parte fictícia que os primeiros Autores de Obras desse tipo foram chamados de *Poetas ou Criadores.*

Em vista do fato de ser meramente o tipo e a sombra de uma verdade oculta, a alegoria "mais do que qualquer outro tipo de Escrita é gratificada com uma liberdade especial. Alegoria é, na verdade, o *Mundo encantado* da Poesia, habitado pela Imaginação". Sua fantasia "consiste na maior parte de Entes ou Seres fictícios, Criaturas extraídas do Intelecto do Poeta, e Ações surpreendentes e sem os limites da Probabilidade ou da Natureza".[84]

A concepção da prosopopeia como uma segunda criação não apenas acompanhou a ascensão de Spenser a um *status* mais elevado, mas também serviu para justificar aquele exemplo cardinal da nova poesia na época de Collins, Gray e dos Warton – a ode alegórica e "sublime". Conforme afirmou Joseph Warton em 1753:

> É privilégio peculiar da poesia... conceder Vida e movimento a seres imateriais; e forma, e cor, e ação, até mesmo a ideias abstratas; incorporar as Virtudes e os Vícios e as Paixões... A Prosopopeia, portanto, ou personificação, conduzida com dignidade e adequação, pode ser com justiça considerada um dos maiores esforços do poder criativo de uma imaginação intensa e vivaz.[85]

Assim, em meados do século, o que fora uma figura puramente retórica tornou-se um ato de criação, resultado de um processo mental, tendo seu analogismo na colonização que Deus fez neste mundo, cujo efeito sobre o leitor é, naturalmente, uma perplexidade sublime e uma expansão da alma. Como consequência, a personificação poética, com o estilo delicado de escrita, foi elevada à condição de mais alta realização da imaginação poética "Graças ao vigoroso esforço de uma Imaginação criativa", disse William Duff acerca da poesia visionária e alegórica, o

---

[84] Critical Essays of the Eighteenth Century, org. W. H. Durham (New Haven, 1915), p.89-92. Hughes cita a teoria da Addison (p.95), e enaltece as visões alegóricas nos próprios artigos de Spectator (p.104).

[85] *Adventurer* n.57. Warton escreve sobre a personalidade assumida por Longino. Cf. Thomas Warton, *Observations on the Faerie Queene* (Londres, 1754), p.13: *The Faerie Queene* é um poema "em que as faculdades da imaginação criativa encantam... porque estão independentes e livres das faculdades do juízo deliberado". Spenser está em sua melhor forma como alegorista "quando sua imaginação representa coisas insubstanciais, dá a elas um contorno... como em suas descrições de medo, inveja, fantasia, desespero e assim por diante". Sobre a relação dessas ideias à voga das odes alegóricas, cf. A. S. P. Woodhouse, "Collins and the Creative Imagination".

poeta "dá existência a substâncias nebulosas e objetos irreais". Para a imaginação do gênio verdadeiramente original, o fato de "não encontrar, na criação visível, objetos suficientemente maravilhosos e novos, ou objetos que possam dar pleno escopo para o exercício do seu poder, naturalmente invade o mundo ideal", onde o sucesso "será proporcional ao poder plástico que ela detém".[86]

Personificação e mito para Wordsworth e Coleridge

De acordo com a estrutura mais vital de referência neoclássica, a linguagem é "a roupagem" do pensamento e as figuras de linguagem são os "ornamentos" da própria linguagem, em função da emoção agradável que distingue um discurso poético de um discurso meramente didático. Esses elementos devem juntar-se para formar um todo consistente conforme o princípio neoclássico unificador básico do decoro ou da proporcionalidade das partes – um requisito complexo, envolvendo adequação ao gênero poético e ao material significado, assim como a personalidade e o estado emocional do orador representado. Esse terceiro requisito levou teóricos a cuidar, sobretudo, do papel da paixão do orador ao justificar a linguagem figurada. Tudo isso, disse Dryden, fundindo os princípios de Horácio e Longino,

> deve sobretudo ser utilizado com paixão, quando falamos mais intensamente, e com mais arrebatamento do que em outras ocasiões, porque, então, *si vis me flere, dolendum est primum ipsi tibi*; o poeta precisa vestir a paixão que ele se esforça em representar... Essa ousadia de expressão não deve ser condenada, se for administrada com o distanciamento e a discrição necessários a um poeta.[87]

À medida que a crítica do século XVIII tornava-se mais longiniana e psicológica, as causas das figuras de linguagem na paixão do orador eram exploradas cada vez em mais detalhes, e a ênfase passou das emoções das personagens que eram imitadas – ou das emoções que um poeta assumia a fim de retratar tais personagens mais efetivamente – para as emoções "naturais" e espontâneas do próprio poeta. Nos escritos críticos de Wordsworth, uma parte torna-se o todo. A referência genética ao próprio estado efetivo do poeta, juntamente com a referência às

---

86 *An Essay on Original Genius*, p.177-9. Cf. John Aikin, *Essays on Song-Writing*, p.6-8. Para outras passagens sobre a criatividade da prosopopeia, cf. E. R. Wasserman, "The Inherent Values of Eighteenth-Century Personification", *PMLA*, LXV (1950), p.435-63.
87 "Heroic Poetry and Heroic License", *Essays*, I, p.185-6.

operações criadoras da mente do poeta, são agora a única justificativa para todas as figuras de linguagem poética válidas.

Uma vez que Wordsworth argumentava com insistência que a poesia genuína é a linguagem natural à qual os pensamentos e os sentimentos a eles associados espontaneamente se integram, ele achou necessário sanar a brecha entre pensamento e expressão, linguagem e figura, substituindo por um analogismo integrativo os analogismos separatórios mais frequentes na retórica anterior. Pensamentos e sentimentos, afirma ele, precisam ter uma "união vital", e não ser "conectados artificialmente". Nos "artifícios que vêm devastando nossas composições em verso desde os tempos de Dryden e Pope",

> aqueles sentimentos que são emanações puras da Natureza, aqueles pensamentos que têm a infinitude da verdade e aquelas expressões que não são o que a roupagem é para o corpo senão o que o corpo é para a alma... tudo isso é deixado de lado por seus opostos... Se as palavras não são (recorrendo a uma metáfora já utilizada) uma encarnação do pensamento, mas apenas uma roupagem dele, então, seguramente, elas se constituirão em um dom nocivo...[88]

Dessa forma, ao opor o corpo e a alma da filosofia e da religião tradicionais, ao corpo e vestimentas, vestimentas e ornamento da retórica tradicional, Wordsworth fora antecedido por alguns críticos alemães,[89] e foi seguido por vários críticos ingleses. De Quincey creditou a Wordsworth a distinção que ele próprio elaborou com alguma minúcia entre estilo como "ornamento separável" ou "roupagem", e estilo como "a encarnação de pensamentos".[90] E, desde o período romântico, formulações metafóricas sugerindo a integridade viva de pensamento e expressão, assunto e estilo, conteúdo e forma têm sido lugares-comuns da crítica literária.

Em sua discussão acerca do estilo de poesia válida, Wordsworth fez objeção especial às personificações de ideias abstratas, "um instrumento mecânico de es-

---

88 "Upon Epitaphs", *Wordsworth's Literary Criticism*, p.126-9.
89 Cf. Herder, *Ueber die neuere deutsche Litteratur*, in *Sämtliche Werke*, I, p.396-7; e Schiller, *Ueber naive und sentimentalische Dichtung*, in *Werke*, VIII, p.125-6. Para um uso anterior da metáfora corpo-e-alma como sendo compatível com o conceito de linguagem matéria-e-ornamento, cf., p. ex., Ben Jonson, *Timber*, in *Critical Essays of the Seventeenth Century*, org. Spingarn, I, p.36-8.
90 "Style", *Collected Writings*, X, p.229-30; e "Language", ibid., p.259-62. Cf. Carlyle, *Sartor Resartus*, in *Works*, I, p.57: "A linguagem é chamada de Veste do Pensamento; entretanto, deveria ser: a Linguagem é a Veste Carnal, o Corpo, do Pensamento". Cf. também o artigo "Real and Ideal Beauty", *Blackwood's Magazine*, LXXIV (1835), p.750; e G. H. Lewes, *Principles of Success in Literature* (1865), org. T. S. Knowlson (Camelot Series, Londres, s.d.), p.118-9, 125.

tilo", exceto (essa, como sempre, é sua sanção predominante) quando elas são "ocasionalmente inspiradas pela paixão".[91] "Quão ridículo", disse Coleridge, "seria, em um estado de insensibilidade, empregar uma figura usada apenas por alguém sob a mais intensa emoção, tal como a personificação de um ser abstrato!" Lendo com a expectativa de encontrar paixão por detrás de tais figuras, Coleridge deparou, em "diferentes odes e apóstrofes a termos abstratos" do século XVIII, apenas com "a insensatez preconcebida da pseudopoesia ou a alarmante *histeria* da debilidade, que se esforça para além dos seus limites".[92]

Todavia, o que perturbou esses dois leitores ainda mais na poesia do século anterior foi o uso simplista daquele outro tipo de personificação – hostilmente identificado, desde os tempos de Ruskin, como "a falácia patética" – que anima, não abstrações, mas particularidades concretas, atribuindo vida, emoção e fisiognomia a objetos do mundo físico. Os excertos de Dryden, Gray e Cowper, que Wordsworth cita como exemplos de dicção poética condenável, invariavelmente incluem o que a ele parecem versos "reluzentes e insensíveis" que imputam humanidade à natureza: a manhã "sorri", os prados estão "contentes", as montanhas "parecem acenar com sua cabeça sonolenta", e os vales e rochas

> Ne'er sighed at the sound of a knell,
> Or smiled when a sabbath appeared.[93]
>
> [Jamais suspiraram ao dobrar do sino,
> Ou se alegraram pelo dia do descanso.]

A indignação de Wordsworth é oriunda do fato de que ele próprio via com uma reverência religiosa aquelas experiências em que ele conferia uma vida moral e um sentimento "a cada forma natural, rocha, fruto ou flor"; esses eram os nobres resultados de sua "sensibilidade criativa" e o recurso soberano de sua própria poesia em suas melhores passagens. O pecado imperdoável do poeta do século XVIII, portanto, foi usar esse tipo de personificação como uma convenção retórica. Do ponto de vista de Wordsworth, isso presumia alterar um objeto natural a sangue frio, sem justificativa no poder que a paixão natural e espontânea tinha de penetrar nos fatos que ela percebe e, assim, refazê-los. E por uma curiosa reviravolta das circunstâncias, Wordsworth, condenando esse recurso utilizado pelos

---

91 Prefácio a Lyrical Ballads, *Wordsworth's Literary Criticism*, p.17-8.
92 *Shakespearean Criticism*, II, p.103; *Biographia Literaria*, II, p.65-6. Cf. também *Letters*, I, p.373-4.
93 *Wordsworth's Literary Criticism*, p.19-20, 45-6, 185.

compositores de odes do século XVIII, propõe a própria licença para o uso legitimado que eles haviam desenvolvido para ele. Joseph Warton, recordamos, havia dito que "dar vida e movimento a coisas materiais" por meio da prosopopeia é produto "da força criativa de uma imaginação intensa e vivaz". Wordsworth disse coisa semelhante: não é em vão que poetas "Convocam as colinas e os riachos a velar/E rochas insensíveis" – contanto apenas que expressem

> In these their invocations, with a voice
> Obedient to the strong *creative* power
> Of human passion.[94]

[Neles seus apelos com uma voz
Obediente ao intenso poder *criativo*
Da paixão humana.]

De maneira mais completa e sistemática do que Wordsworth, Coleridge transferiu a discussão dessa e de outras figuras de linguagem para a província dos poderes e dos processos criativos da mente. Não foi, penso eu, adequadamente notado que quase todos os exemplos da imaginação secundária ou "recriadora" que Coleridge cita explicitamente em sua crítica cairiam sob as categorias tradicionais de símile, metáfora e (nos exemplos supremos) personificação. Os produtos da imaginação que Coleridge cita com mais frequência são exemplos do poder que tem o poeta de animar e humanizar a natureza, fundindo sua própria vida e paixão com aqueles objetos do sentido que, como objetos, "são essencialmente fixos e estáticos". A imaginação age "imprimindo a marca de humanidade, de sentimento humano a objetos inanimados". Os objetos não são "fielmente copiados da natureza", mas "uma vida humana e intelectual é transferida a eles do próprio espírito do poeta",

Which shoots its being through earth, sea, and air.

[Que projeta seu ser na terra, no mar e no ar.]

Nesse poder de conferir dignidade, paixão e vida aos objetos que apresenta, Shakespeare "em suas primeiras – como nas últimas – obras suplanta todos os outros poetas".

---

94 *The Excursion*, I, p.475-81 (grifos meus).

Full many a glorious morning have I seen
Flatter the mountain tops with soverign eye.

[Infinitas manhãs gloriosas já testemunhei
Saudando a cimeira das montanhas com majestoso olhar.]

E, na sua forma mais elevada, esse modo de imaginação revela-se em *O rei Lear*, "no qual a profunda angústia de um pai dissemina o sentimento de ingratidão e crueldade sobre os próprios elementos do paraíso".[95] Coleridge, não menos do que Wordsworth, desdenhava o uso real da personificação na poesia dos Warton e dos contemporâneos deles. Não obstante, o conceito inicial que eles elaboram dessa figura como produto da imaginação criativa – apropriadamente modificada para se harmonizar com sua própria teoria da recriação imaginativa conciliando os opostos da mente e da matéria, sujeito e objeto, o vital e o estático – ocupa posição crucial em sua própria filosofia da poesia.

Na obra de Wordsworth e Coleridge, a questão do mito e do sobrenatural, como também a dos desvios em linguagem figurada da fala literal, é, de maneira geral, examinada geneticamente, com referência às emoções e aos poderes do poeta. Esses críticos não mais se sentiam incomodados com a verdade da mitologia em relação à "ordem conhecida e ao curso da natureza", ou com relação a instrumentos para torná-la aceitável ao leitor cético, pois, do ponto de vista romântico, o problema principal acerca dos deuses pagãos passou a ser sua adequação, como símbolos e meios de expressão, ao próprio poeta. Esse é o tema da tradução expandida que Coleridge fez de um fragmento de *Os Piccolomini*, de Schiller:

> The intelligible forms of ancient poets,
> The fair humanities of old religion...
>   ...all these have vanished.
> They live no longer in the faith of reason!
> But still the heart doth need a language, still
> Doth the old instinct bring back the old names...[96]

---

95 *Shakespearean Criticism*, I, p.212-3; *Biographia*, II, p.16-8.
96 *The Piccolomini*, II, iv, p.123-31. Para a versão de Schiller, cf. seu *Die Piccolomini*, III, iv, p.1635 e ss. Coleridge trabalhou a partir de uma transcrição feita por Schiller especialmente para a tradução; essa transcrição pode ser diferente da versão publicada da peça. Cf. D. V. Bush, *Mythology and the Romantic Tradition* (Cambridge, Mass., 1937), p.54n.

[As formas inteligíveis de antigos poetas,
A serena humanidade de velha religião...
    ...Tudo é pretérito.
Não mais têm elas o crédito da razão!
Porém, ainda o coração reclama uma linguagem,
Ainda o antigo instinto revivifica os nomes de outrora...]

Em *Excursão*, no curso de seu ataque ao empirismo cético do século precedente, Wordsworth descreveu a gênese do mito nos sentimentos e na imaginação da mente primitiva com suas "extenuantes repetições de sentido/Onde a alma está morta, e o sentimento não tem lugar". Em tempos antigos

The imaginative faculty was lord
Of observations natural,

[A faculdade imaginativa era senhora
de percepções naturais]

de forma que, quando o pastor solitário da Grécia pagã por acaso ouviu

A distant strain, far sweeter than the sounds
Which his poor skill could make, his fancy fetched,
Ever from the blazing chariot of the sun,
A beardless Youth, who touched a golden lute,
And filled the illumined groves with ravishment.[97]

[Uma longínqua melodia, mais doce do que aquela
Que ele podia compor, sua fantasia lhe trouxe,
Da longínqua carruagem incandescente do sol,
Um Jovem imberbe que, dedilhando um alaúde dourado,
Arrebatou os bosques com o esplendor de seus acordes.]

Aproximadamente na mesma época Wordsworth revitalizou o uso sério do mito pagão em seu "Laodamia" e em outros poemas. Embora, conforme disse ele a Miss Fenwick, por motivo de aversão ao "uso banal e apático" da mitologia no final do século XVII e no século XVIII,

---

97 *The Excursion*, IV, p.620-860. Para a versão mais elaborada de Keats sobre a origem do mito, cf. "I Stood Tiptoe", ll. p.163 e ss; cf. também Byron, *Childe Harold's Pilgrimage*, canto IV, estrofes CXV, CXXI.

Em meus escritos anteriores, abstive-me de introduzir qualquer fantasia pagã – com certeza, mesmo em sua forma simples, ela pode aliar-se ao sentimento verdadeiro – como posso afirmar com segurança que foi o que ocorreu no presente caso.[98]

E em um elegante – porém pouco original – ensaio, "On the Poetical Use of the Heathen Mythology" [Do uso poético da mitologia pagã] (1822), Hartley Coleridge (citando as passagens relevantes tanto de *Os Piccolomini* como de *Excursão*), mencionou a revitalização do mito em Keats, Shelley e Wordsworth; atribuiu sua gênese a "um instinto" que induzia nações "a fabricar um tecido de fantasia, ajustado às necessidades e anseios de suas próprias mentes"; e previu seu uso continuado na poesia por causa da "eloquência dos símbolos, da facilidade plástica com que ele se acomoda à fantasia e aos sentimentos da humanidade".[99]

Como se poderia esperar, S. T. Coleridge, no final, relega o problema da poesia não realista – como também da personificação poética – à consideração do processo imaginativo. Em *Biographia*, ele prometeu um ensaio "sobre os usos do sobrenatural na poesia e os princípios que regem sua introdução", que trataria dos "poderes e privilégios da imaginação".[100] Ele não cumpriu essa promessa. Sabemos de seus outros escritos, entretanto, que, de acordo com sua maneira de pensar, o panteão grego mostra uma limitação intrínseca que o associava mais com a personificação alegórica do que com a imaginação estimulante e criativa de um Shakespeare. Em 1802, ele escreveu uma carta admirável ao poeta Sotheby, que sinaliza uma profunda mudança em seu pensamento crítico e fornece uma pista para sua filosofia posterior tanto em relação à poesia quanto em relação à mente. Alguns anos antes, Coleridge reverenciara e emulara os sonetos de William Bowles. Agora, ele condena o instrumento recorrente de Bowles (na convenção rotineira do poema meditativo e descritivo do século anterior) de estabelecer uma cena natural meramente como uma ocasião para um paralelo com a vida humana – com os sentimentos e a moralidade.

A natureza tem seu próprio interesse e aquele que acredita e sente que tudo tem vida própria, e que somos todos *Uma Vida*, saberá qual é esse interesse. O coração e o

---

98 Nota a *Ode to Lycoris*, in *Poetical Works*, org. De Selincourt e Darbishire, IV, p.423. Até mesmo a austera situação de um memorial em uma igreja cristã, diz Wordsworth, pode permitir "modos de ficção", se forem aqueles "que a própria força da paixão criou" ("Upon Epitaphs", *Wordsworth's Literary Criticism*, p.118). Sobre os vários aspectos do emprego romântico do mito, cf. Bush, *Mythology and the Romantic Tradition*, e Edward B. Hungerford, *Shores of Darkness* (Nova York, 1941).
99 *Essays and Marginalia*, org. Derwent Coleridge (Londres, 1851), I, p.18 e ss.
100 *Biographia*, I, p.202.

intelecto de um poeta devem se *fundir*, devem se juntar e se unir intimamente às grandes expressões da natureza e não apenas serem mantidos em uma solução e mistura acidental com elas, sob o formato de símiles formais.

A análise dos limites dessa equação formal, mais do que a fusão imaginativa entre *ethos* e objeto, leva Coleridge a considerar o que ele reputa como os limites análogos à mitologia grega quanto à faculdade da mente envolvida em sua gênese:

> Todos os objetos naturais estavam *mortos*, meras estátuas ocas, mas havia um deus ou uma deusa menores *incluídos* em cada um... Na melhor das hipóteses é apenas fantasia, ou a faculdade agregadora da mente, não imaginação ou a faculdade *modificadora* e coadunante. É isso que os poetas hebraicos a mim parecem ter possuído acima de todos os outros, e, depois deles, os ingleses. Nos poetas hebraicos cada coisa tem sua vida própria, e ainda assim elas são todas nossa vida.[101]

Como dr. Johnson e outros críticos de mente empírica, portanto, Coleridge deprecia a narrativa alegórica antiga, mas por novas e diferentes razões. O mito helênico, como ele afirma, converte ideias em "finitos", e é "em si mesmo fundamentalmente alegórico"; e, em outra parte, ele define alegoria como "nada mais do que uma tradução de noções abstratas em uma linguagem-figura", e como "ecos vazios que a fantasia arbitrariamente associa com manifestação de matéria".[102] Quando utilizado, de acordo com o termo de Coleridge, "como linguagem *poética*",[103] os deuses míticos demonstram algo como as deficiências das abstrações personificadas dos poetas do século XVIII. Porque Vênus e Apolo, Proteu e o velho Tritão foram, desde sua origem primeira, emblemas acabados, fixados e finitos, eles podem, na melhor das hipóteses, ser apenas os objetos – as "fixidades e as delimitações" – manipulados pela faculdade inferior, a fantasia, em oposição aos "símbolos" – "deduções vivas da imaginação", Coleridge os define – da Bíblia Hebraica.[104] E, na descrição de Coleridge da imaginação "coadunante" dos salmistas e profetas hebraicos, que tudo anima, reconhecemos a mesma faculda-

---

101 Carta a Sotheby, 10 set. 1802, *Letters*, I, p.403-6; cf. a carta escrita a J. Wedgewood em 1799, *Unpublished Letters*, I, p.117. Para uma correlação perceptiva entre a teoria de Coleridge e sua própria poesia descritiva, cf. W. K. Wimsatt Jr., "The Nature of Romantic Nature Imagery", *The Age of Johnson* (New Haven, 1950), p.293-8.
102 *Miscellaneous Criticism*, p.148, 191; *The Statesman's Manual*, in *Lay Sermons*, p.33. Para reverberações de A. W. Schlegel em Coleridge, em algumas de suas discussões posteriores sobre mito, cf. *Miscellaneous Criticism*, p.148n.
103 *Biographia*, II, p.58-9.
104 *Statesman's Manual*, p.31-3.

de criadora que permitiu a Shakespeare fundir mente e percepto, vida e natureza, projetando seu ser "pela terra, pelo mar e pelo ar".

Apesar do grande respeito que nutria pela narrativa helênica, Wordsworth concordou com a afirmação acerca das deficiências que ela continha. O grandioso repositório da imaginação poética, disse ele em 1815, são "as seções proféticas e líricas das Sagradas Escrituras" e as obras de Milton e Spenser; na Grécia e em Roma,

> o antropomorfismo da religião pagã sujeitou demais as mentes dos maiores poetas à servidão da forma definida; disso os hebreus foram poupados por abominarem a idolatria.[105]

Concomitantemente com a teoria romântica da personificação, do símbolo e do sobrenatural, encontramos poetas românticos empregando esses elementos com uma liberdade inventiva, uma vitalidade e uma pujança sem precedentes na literatura. William Blake, que, como alguns de seus contemporâneos alemães, considerava mitologia essencial em poesia, sentiu que precisava "Criar um Sistema" ou seria "escravizado por outro Sistema criado pelo Homem",[106] e construiu um panteão fundindo suas próprias visões com fragmentos de sistemas existentes. Shelley, como Blake, explorou as possibilidades do simbolismo; e sua admirável "Ode to the West Wind" [Ode ao vento oeste], embora ainda reconhecidamente dentro da tradição da prosopopeia e da alegoria representadas pela "Ode to Evening" [Ode à noite], de Collins, entrelaça ao redor da imagem central do vento que destrói e preserva o círculo completo dos mitos de morte e regeneração – vegetantes, humanos e divinos. Coleridge, seguido de Keats, descobriu o poder do poema moldado no folclore e na lenda popular, que, no século XVIII – apesar da insistência ocasional de alguns na criatividade de uma imaginação sobrenatural semelhante à criatividade de Deus –, havia sido vagamente pressagiado nos terrores factícios da narrativa gótica. E muitos escritores românticos compartilhavam a capacidade da imaginação (conforme Coleridge empregava o termo) de cancelar a distinção entre vivo e sem vida, e de perceber o universo como animado, tanto como um todo como em suas partes.

A realização especial de Wordsworth é quase única, pois em algumas de suas mais efetivas criações ele não apenas vivifica a cena natural, como parece retomar

---

105 *Wordsworth's Literary Criticism*, p.162.
106 *Jerusalem*, I, p.10. Sobre a necessidade que tem a poesia moderna de uma "mitologia" como ponto central e unificador, e a opinião de que tal mitologia estava então se desenvolvendo a partir do idealismo filosófico e das revelações da física da época, cf. Friedrich Schlegel, *Gespräch über die Poesie* (1800), in *Jugendschriften*, II, p.358-63.

os verdadeiros padrões de pensamento e sentimento celebrados em mitos comunais e no folclore. De maneira explícita, Coleridge argumentava que, quanto à força de imaginação, Wordsworth, "de todos os escritores modernos, está mais próximo de Shakespeare e de Milton; e ainda assim de uma forma inteiramente sua – não copiou ninguém".[107] Essa força característica e muito própria dele é encontrada não nos poemas mitológicos formais de Wordsworth, mas nas muitas passagens (das quais várias são citadas por Coleridge), em que sua imaginação, rejeitando todos os símbolos hereditários, e sem agredir a verdade da percepção, opera como mito em processo mais do que como mito que é. Nessas ocasiões, sob o agenciamento da culpa e do temor, objetos naturais são metamorfoseados em "formas imensas e poderosas que não vivem como homens vivos", e homens de vida solitária são reduzidos à condição de fenômenos naturais, até que, como Coleridge afirma acerca do efeito visionário:

The simplest, and the most familiar things
Gain a strange power of spreading awe around them.[108]

[As coisas mais simples e mais comezinhas
Adquirem o estranho poder de irradiar assombro ao seu redor.]

O simbolismo, o animismo e a mitopeia, em formas ricamente variadas – explícitas ou submersas –, eram tão difundidos nessa época que se constituíram no atributo mais pertinente para definir "poesia romântica".[109] Os principais críticos, conforme já vimos, não mais defendiam esses materiais como ornamentos do sentido literal que servem à necessidade de sensibilizar e agradar ao leitor sem violar o requisito da verdade. Em vez disso, eles os tornaram, como todos os materiais essenciais da poesia, a expressão natural da imaginação quando ela recria o mundo dos sentidos sob o estímulo da paixão. Mas o conflito inicial entre "o mundo verdadeiro" da ciência e do alegado "falso mundo" da poesia não deixou de existir por causa disso; ele simplesmente deslocou seu território e alargou seu escopo; e encontramos poetas românticos confrontados com a acusação de que, pelo critério abrangente da ciência, as paixões são ilusórias, e os produtos da imaginação, enganadores; por isso, a poesia é falsa não somente em suas partes, mas em sua totalidade.

---

107 *Biographia*, II, p.124.
108 Ibid., II, p.54-5.
109 Sobre esse assunto, cf. René Wellek, "The Concept of 'Romanticism' in Literary History", Pt. II, *Comparative Literature*, I, (1949), p.147-72.

CIÊNCIA E POESIA NA CRÍTICA ROMÂNTICA

Audrey: – Não sei o que significa "poético". É coisa honesta em ação e palavra? É coisa verdadeira?
Touchstone: – Na verdade, não, porque a poesia mais verdadeira é a poesia mais falsa.
Shakespeare, Como gostais, III, iii.

Estaremos seguros enquanto tivermos consciência de que a virtude e a beleza estão tão intimamente ligadas e são tão eternamente distintas quanto a beleza e a verdade.
Harry Levin, Literature as an Institution.

O esquema tradicional subjacente a muitas discussões da relação entre poesia e outras formas de discurso no século XVIII pode ser resumido da seguinte maneira: poesia é verdade adornada com fantasia e figuras de linguagem para deleitar e sensibilizar o leitor; a representação da verdade, e nada mais do que a verdade, é não poesia; o uso de ornamentos ilusórios ou inadequados significa poesia de má qualidade. Para Wordsworth e para os wordsworthianos, por outro lado, o paradigma equivalente era este: poesia é o transbordamento ou expressão de sentimento em uma linguagem plena e naturalmente figurada; a representação de fato não modificado pelo sentimento é não poesia; a expressão simulada ou convencional de sentimentos é poesia de má qualidade. O critério de primeira ordem agora se torna a relação do poema com os sentimentos e o estado de espírito do poeta; e a exigência de que poesia seja "verdadeira" (no sentido de correspondência com a "ordem conhecida e o curso das coisas") cede lugar à exigência de que poesia seja "espontânea", "genuína" e "sincera". Se a poesia não é "obviamente o espontâneo irrompimento do sentimento mais profundo do poeta", declarou John Keble, então ela "não é poesia de forma alguma".[1]

Um indicador dessa mudança é o tipo de discurso não poético mais frequentemente estabelecido como a antítese, ou o oposto lógico, da poesia. Desde Aristóteles, era comum iluminar a natureza da poesia, compreendida como imitação de uma ação, contrapondo-a com a história. A história, dizia-se com frequência, representa ações particulares do passado, ao passo que poesia representa formas típicas e recorrentes de ações, ou, então, representa eventos não como eles são, mas como eles poderiam ou deveriam ser. Entretanto, para Wordsworth, a função apropriada da poesia é "tratar de coisas não como elas *são*... mas como elas *parecem* se apresentar aos *sentidos* e às *paixões*", e como afetam "o espírito da imaginação genuína".[2] A matéria mais típica da poesia não mais consiste de ações que nunca aconteceram, mas de coisas modificadas pelas paixões e pela imaginação daquele que as percebe; e no lugar da história, o oposto mais adequado da poesia, compreendido dessa forma, é a descrição racional e objetiva típica das ciências físicas. Wordsworth, portanto, substituiu a "oposição entre Poesia e Prosa" por aquela "mais filosófica entre Poesia e Matéria de Fato, ou Ciência",[3] e formulações análogas tornaram-se um ponto de partida convencional nas discussões românticas de poesia. É a "união da paixão com o pensamento e o prazer", afirmou Coleridge, em sua fusão característica do novo com o velho, "que constitui a essência de toda a poesia, em contraste com a ciência, e distinta da história civil ou natural";[4] ou como John Stuart Mill se expressou, a "lógica oposta" da poesia "não é a prosa, mas a matéria de fato ou ciência".[5]

Tais asserções constituem apenas instrumentos lógicos para isolar e definir a natureza do discurso poético. A prevalência do positivismo filosófico, entretanto, que propunha que o método das ciências naturais era a única porta de acesso à verdade, inclinava-se à conversão dessa oposição lógica em uma oposição

---

1 *Lectures on Poetry*, II, 37.
2 Ensaio complementar ao Prefácio (1815), *Wordsworth's Literary Criticism*, p.169, 185.
3 Prefácio de 1800, ic, p.21n.
4 *Coleridge's Miscellaneous Criticism*, p.277; cf. suas discussões sobre a distinção entre um poema e uma obra da ciência em *Biographia Literaria*, II, 9-10, e em *Coleridge's Shakespearean Criticism*, I, 163 e ss.
5 "What Is Poetry?", *Early Essays*, p.202. Para outras antíteses entre poesia e ciência, cf.: Hazlitt, *Complete Works*, V, 9, 13; De Quincey, *Collected Writings*, X, 46-8, XI, 54-5; George Moir, "Poetry", *Encyclopaedia Britannica* (7.ed., 1842), XVIII, 140; Keble, *Occasional Papers*, p.4; [Anon.], "On the Application of the Terms Poetry, Science and Philosophy", *Monthly Repository* (não especificado), VIII (1834), 325-6. J. H. Newman, *The Idea of a University* (Londres, 1907), p.268, 273-5; [G. H. Lewes], "Hegel's Aesthetics", *British and Foreign Review*, XIII (1842), 9-10.

combativa. Para alguns autores, parecia que poesia e ciência não são apenas antitéticas, mas incompatíveis, e que se a ciência é verdadeira, a poesia precisa ser falsa, ou, de qualquer forma, trivial. O crítico do século XVIII preocupava-se sobretudo em justificar os ocasionais desvios da possibilidade empírica nos componentes sobrenaturais e figurados de um poema. Para vários críticos do século XIX, o problema tornou-se mais crucial e abrangente. Se a poesia como um todo não é "verdadeira", da maneira como a ciência o é, como podemos demonstrar que ela faz um uso legítimo da língua e que ela serve a qualquer propósito útil na vida das pessoas? E, em uma época de crescente interesse científico, que segurança há de que a poesia irá sobreviver? Essas continuam a ser as questões capitais de muitas especulações estéticas nos dias atuais. O que R. S. Crane recentemente chamou de "obsessão mórbida [dos "novos críticos"] pelo problema da justificação e preservação da poesia em tempos de ciência"[6] é um legado dos preconceitos e preocupações de alguns dos novos críticos do início do século XIX.

Positivismo *versus* poesia

Para uma sóbria e rígida asserção acerca dos pontos básicos em questão, podemos começar com Jeremy Bentham. Ele representa o ápice de uma tendência da nova filosofia na Inglaterra – empírica em pretensão e prática em orientação – de detrair a poesia em comparação com a ciência. A distorção da realidade é elemento inato da poesia; e essa distorção, já se afirmou, justifica-se na medida em que induz ao prazer e ao proveito, (espera-se) de uma maneira não perniciosa. Bacon admitia que "parece que a poesia concede e confere magnanimidade, moralidade e deleite", mas lembrava que "dificilmente a imaginação produz ciências; a poesia (que, no início, era chamada de imaginação) deve ser vista mais como prazer ou atividade do intelecto do que como ciência".[7] Trazemos de volta à memória Thomas Hobbes, que, com alguma generosidade, poderia ser considerado poeta, e que achava aconselhável aproximar mais a poesia do fato, argumentando que "a Semelhança com a verdade é o limite máximo da Liberdade Poética". Embora Locke, seguindo Hobbes, isente a poesia da condenação que ele faz da ilusão contida na "linguagem figurada e nas alusões", ele o faz de má vontade. "Devo confessar que em discursos nos quais buscamos mais prazer e deleite do que esclare-

---

6 "Cleanth Brooks; or, The Bankruptcy of Critical Monism", *Critics and Criticism*, p.105.
7 *The Advancement of Learning*, in *Critical Essays of the Seventeenth Century*, org. Spingarn, I, p.6; e *De augmentis scientiarum*, in *The Works of Francis Bacon*, org. Spedding, Ellis e Heath (Nova York, 1864), IX, p.62.

cimento e progresso, tais ornamentos... dificilmente podem ser tomados como defeitos." Em seu *Thoughts Concerning Education* [Reflexões sobre educação], Locke (ecoando a opinião dos elizabetanos puritanos de que poetas são libertinos, além de inúteis) não esconde o desprezo pela falta de lucratividade de uma carreira poética, seja para o próprio poeta, seja (por implicação) para os outros. O Parnaso tem "um Ar agradável, mas um Terreno árido", e "Poesia e Entretenimento, que geralmente andam lado a lado, são semelhantes nesse sentido também, ou seja, raramente trazem qualquer Vantagem, exceto para aqueles que não têm mais nada com o que viver".[8] Indagado sobre sua opinião acerca de poesia, Newton respondeu: "Vou lhe contar o que disse Barrow: – ele disse que poesia era uma espécie de asneira inventiva".[9]

Bentham levou ao extremo dois aspectos do empirismo em sua origem: (1) a determinação de todo e qualquer valor pelo "cálculo felicífico" na medição de prazeres em oposição às dores, e (2) a reforma da linguagem, sobretudo pela eliminação ou controle de "entidades fictícias", de forma que sua função primária de afirmar a verdade objetiva pudesse ser mais plenamente alcançada. Consequentemente, Bentham fez duas perguntas relativas ao discurso poético: "Tem alguma utilidade?" e "É verdadeiro?"

À primeira pergunta Bentham respondeu que poesia é, sem dúvida, útil, porque ela concede prazer a alguns seres humanos. Conforme ele afirma, talvez na mais inusitada de todas as definições de poesia, um poema é uma composição

> puramente, comumente e reconhecidamente fictícia, fundida e posta para fora com o propósito de gerar o que se chama entretenimento; entretenimento – isto é, um conjunto de prazeres de um tipo especial, comumente designados prazeres da imaginação.

Na medida em que concede prazer, sugere Bentham, a poesia é tão valiosa quanto *push-pin** – ou, se menos valiosa, somente porque concede prazer a um número menor de pessoas, pois "todo mundo pode brincar de *push-pin*; são muito poucos os que apreciam poesia e música".[10]

Com base no requisito da verdade, contudo, Bentham descobriu na poesia uma falha fatal: ao abrir caminho para aflições extremas, ela mais do que cancela o pra-

---

8 *Essay Concerning Human Understanding*, III, x, p.34 (cf. II, xi, 2); *Some Thoughts Concerning Education* (10.ed.; Londres, 1783), item 174, p.267-8.
9 Conforme citado por Douglas Bush, *Science and English Poetry* (Nova York, 1950), p.40.
* Jogo infantil com alfinetes, popular na Inglaterra entre os séculos XVI e XIX. (N.T.)
10 *Essay on Logic*, in *Works*, org. John Bowring (Edimburgo, 1843), VIII, p.272; *The Rationale of Reward* (1825), ibid., II, p.253.

zer imediato. John Stuart Mill nos diz que Bentham não se afinava com poesia, porque ele acreditava que as palavras "tinham sua função apropriada pervertida quando eram empregadas na expressão de qualquer coisa que não fosse a verdade lógica e precisa"; um dos aforismos de Bentham era "Toda poesia é distorção".[11] Com base em seu próprio testemunho, o jogo de *push-pin* é sempre inocente, mas o prazer poético está fundado em falsidades na narração, na descrição, na alusão e no julgamento moral – tudo com a finalidade de incitar a emoção contra a razão.

> De fato, entre poesia e verdade há uma oposição natural: falsa moralidade, natureza fictícia. O poeta necessita sempre de alguma coisa falsa. Quando ele simula estabelecer sua base na verdade, os ornamentos de sua estrutura são fictícios; sua tarefa consiste em estimular nossas paixões e provocar nossos preconceitos. A verdade, a exatidão de qualquer espécie, é fatal à poesia.[12]

Então, depois de tantos séculos, encontramos Jeremy Bentham seguindo o exemplo de Platão, ao banir os mentirosos poetas de sua sociedade, a qual, como aquela de Platão, deveria ser planejada e administrada por filósofos. Ele se lembra até mesmo da acusação a Homero por ele degradar os deuses. "Homero é o maior dos poetas... É possível extrair alguma grande vantagem da imitação de seus deuses e heróis?"[13]

Esses aspectos do pensamento de Bentham foram explorados por um grupo muitíssimo articulado, qualificado e polêmico de seguidores, sobretudo naquela seção do periódico utilitarista, o *Westminster Review* (estabelecido em 1824) a que Bentham, de má vontade, se rendeu no que ele chamou de "insignificâncias literárias". Para a primeira edição da revista, Peregrine Bingham escreveu um artigo que, segundo John Mill, "contribuiu muito para associar a noção de aversão à poesia aos que publicavam na *Review*".[14] Bingham expressou a opinião de que, pelo exercício da imaginação, a poesia degrada a razão, ao passo que "a verdade não pode ser alcançada de nenhuma outra forma que não por um exame minucioso e abrangente de todos os detalhes de um assunto". A isso ele acoplou a alegação de que a revitalização medieval em literatura é um sintoma – e um estímulo – de reação política, incitando-nos de volta a um tempo em que "a mente do homem ainda era embalada em uma fragilidade pueril".[15] Como a felicidade mais supre-

---

11 "Bentham" (1838), *Early Essays*, p.379-80.
12 *The Rationale of Reward*, in *Works*, II, p.253-4.
13 Ibid., II, p.213.
14 *Autobiography of John Stuart Mill*, p.78.
15 *Westminster Review*, I (1824), p.19.

ma da maioria das pessoas identificava-se cada vez mais com o progresso tecnológico, o crescimento material e a reforma social, até mesmo a modesta utilidade hedonística que Bentham não havia negado à Poesia, era às vezes usurpada dela. "Livros de registro contábeis não se prestam a rimas", escreve um resenhista, "nem navios de guerra são construídos com canções, como eram as cidades de outrora"; e de que maneira deve a busca da poesia "contribuir para a fiação de algodão, ou para abolir as leis de assistência aos destituídos?"[16] Somado a isso havia um ataque à cultura literária como um exemplo do que um expoente posterior da tradição iria chamar de "desperdício conspícuo". A aquisição de literatura, dizia-se, serve principalmente como um emblema de riqueza e de isenção de qualquer emprego útil. O resenhista de *Tale of a Traveller* [História de um viajante], de Washington Irving, por exemplo, sustentava a ideia de que para identificar seu círculo e rechaçar usurpadores, a classe superior "tem cuidadosamente evitado cultivar o gosto por qualquer coisa que sugira empenho ou utilidade; eles buscam justamente a direção oposta". Encaminham os filhos para aprenderem a compor versos latinos e adquirir estilos arcaicos por nenhuma outra razão que não seja "distingui-los daqueles que não podem gastar alguns milhares de libras nesse aprendizado".[17]

Nesse contexto, o esboço de Peacock sobre o *status* da poesia em *Four Ages of Poetry* pode ser visto como uma aplicação da teoria utilitária convencional por um autor que foi amigo de James Mill, e o mais qualificado dos colaboradores literários da *Westminster Review* – embora o leitor nunca tenha a confortável certeza se a voz é a de Peacock ou a do sr. MacQuedy, de Peacock, *habitué* do castelo de Crochet e representante da Steam Intellect Society [Sociedade do Intelecto de Vapor]. A poesia emprega uma linguagem figurada e ornamental para provocar emoções à custa da verdade, pois "razão pura e verdade desapaixonada seriam absolutamente ridículas em verso". "Como as ciências da moralidade e da mente avançam em direção à perfeição", e "como a razão, em relação a elas, ganha preponderância sobre a imaginação e o sentimento", a poesia, necessariamente, é deixada para trás. "Podemos aqui ver como um traço muito leve de verdade histórica é suficiente para dissipar todas as ilusões da poesia"; e, infelizmente para o poeta, sabemos "que não há dríades no Hyde Park nem náiades no canal de Regents Park". Peacock vai além de Bentham e rejeita a poesia, vendo-a como totalmente inútil nesses tempos. "Ela não pode reivindicar a mais ínfima participação em qualquer um dos lenitivos e utilidades da vida, da qual testemunhamos tantos e

---

16 Ibid., IV (1825), p.166.
17 Ibid., II (1824), p.335-6. Para o escárnio que Bentham faz em relação a uma educação devotada a "línguas mortas", cf. seu *Works*, II, p.258.

tão rápidos avanços"; e o poeta "no estado atual da sociedade é... um dissipador de seu próprio tempo e um gatuno que rouba o tempo dos outros".[18]

Como aponta John Mill em sua *Autobiografia*, de forma alguma foram os utilitaristas inimigos da poesia, e G. L. Nesbitt, em seu *Benthamite Reviewing*, lembra-nos também que homens profundamente devotados à reforma, que perceberam que o grande volume de literatura erudita era dedicado ao *status quo*, "estavam justificadamente preocupados em viver do pão de cada dia, já que, como eles sempre apontavam, o pão era tão caro que muitas pessoas não podiam comprá-lo".[19] Porém, os vários autores que, de fato, seguiram o exemplo de Bentham, selecionaram e afiaram as duas questões fundamentais para apologistas da poesia. Primeiro, como justificar seu afastamento da verdade do fato? E, segundo, como demonstrar sua utilidade para a raça humana?

O arco-íris de Newton e o arco-íris do poeta

Keats foi um dos aficionados por poesia para os quais parecia que fato ou ciência é não apenas o oposto, mas o inimigo da poesia, em uma guerra em que o triunfo – até mesmo a sobrevivência – da poesia está longe de ser uma certeza. As declarações de Keats acerca de poesia estão registradas com a informalidade não filosófica e a volatilidade do estado de espírito apropriado a uma carta pessoal; é difícil interpretar muitas delas e arriscado tomar qualquer um de seus julgamentos como definitivo. Entretanto, está claro que em uma estrutura mental recorrente, Keats não poderia acatar a opinião de Wordsworth de que o objetivo válido de poesia é tratar as coisas "como elas *parecem*". Para o poeta mais jovem, ou a poesia trata as coisas como elas são ou ela é um engodo.

"Kean! Kean!",* exclamou Keats, resenhando uma apresentação shakesperiana em dezembro de 1817. "Zele por sua saúde... nesses tempos de indiferença e desalento!... pois aventuras românticas só existem em livros. O gnomo foi expulso da lareira e o arco-íris teve seu mistério roubado."[20] Apenas uma semana depois, no "jantar imortal" na residência de Benjamin Haydon, Charles Lamb, por um mero

---

18 "The Four Ages of Poetry", *The Works of Thomas Love Peacock*, VIII, p.11-2, 19, 21-2. O último parágrafo, com seu rol heroico-cômico de "matemáticos... moralistas, metafísicos... economistas políticos, que construíram uma pirâmide na estratosfera da inteligência", tem indubitavelmente o tom de MacQuedy.
19 *Benthamite Reviewing* (Nova York, 1934), p.93.
* Edmund Kean é o nome de um ator de peças shakespearianas que, devido a problemas de saúde, esteve ausente do palco por um período prolongado. (N. T.)
20 *Complete Works*, org. H. B. Forman (Glasgow, 1901), III, p.232.

acaso, introduziu o mesmo assunto. Em um "rompante de humor que desafia a descrição", Lamb destratou o pintor por colocar a cabeça de Newton em seu quadro "Christ's Entry into Jerusalem". "E, em seguida, ele e Keats concordaram que [Newton] havia destruído toda a poesia do arco-íris, reduzindo-o às cores prismáticas."[21] Se o brinde de "confusão à matemática" que fizeram naquela ocasião foi uma extravagância báquica, a ideia, entretanto, perseguiu Keats, e cerca de dezoito meses mais tarde ele a apresentou novamente, de forma integral e com muita seriedade, em *Lamia*. A figura central da mulher-serpente naquele poema é um símbolo complexo e ambíguo, mas a conhecida passagem acerca do arco-íris de Newton demonstra que, em parte, ela significa a visão do poeta em oposição ao exame cuidadoso da "insensível filosofia" que, afirma Keats, "esvaziará a sinistra atmosfera" e "desentrelaçará o arco-íris". A opinião de que a análise de Newton em seu *Optica* é de especial interesse para o poeta teve uma longa história, mas a opinião de que essa análise foi uma ameaça à poesia surgiu muito depois. Um resumo das casualidades poéticas do arco-íris de Newton esclarecerá tanto as ideias de Keats quanto o deslocamento romântico no conceito de poesia.

Diversos teóricos do século XVII admitiam que a nova filosofia havia eliminado do mundo do poeta os materiais de mito e superstição; mas acreditava-se que, se por um lado a ciência retirou alguma coisa da literatura, por outro, deu a ela algo mais valioso em troca. Já passou do tempo, como disse Thomas Sprat, de descartar a brincadeira da fabulação e da religião antigas, sobretudo porque "elas eram, no início, apenas Fantasias, enquanto a *Verdade* nunca é tão bem exprimida ou ampliada quanto o é por aqueles Ornamentos que são *Veros* e *Reais* por si mesmos". Ele acrescenta:

> Agora, portanto, é oportuno que o *Conhecimento Natural* se apresente e nos possibilite *entender* as novas *Virtudes* e *Qualidades* das coisas... Essa assistência generosa será em breve concedida pelos *Experimentos*.[22]

Diferentes autores do século subsequente concordaram com ambas as observações. Em 1777, por exemplo, John Aikin escreveu *An Essay on the Application of Natural History to Poetry* [Ensaio sobre a aplicação da história natural à poesia], em que, com base no princípio de que "nada pode ser realmente belo se não tem a verdade como fundamento", ele condenou o uso moderno das "repetitivas e banais fabulações dos poetas antigos", e recomendou, em vez disso, "o estudo acurado e

---

21 *The Autobiography and Memoirs of Benjamin Haydon*, org. Aldous Huxley (Londres, 1926), I, p.269.
22 *The History of the Royal Society*, p.414, 416.

científico da natureza".²³ Portanto, as descobertas físicas de Newton, longe de serem vistas como inimigas da poesia, foram reconhecidas como uma rica fonte de material poético que fundia as raras vantagens da inovação com a melhor ratificação científica. Em *Newton Demands the Muse* [Newton exige a musa], Marjorie Nicolson mostra o nível em que os poetas do século XVIII alegremente pilharam o *Optica* de Newton. Os poucos mais esclarecidos, escreveu James Thomson em *The Seasons* [As estações], estão acima de "horrores supersticiosos", e a poesia, felizmente, está agora sob a tutela da filosofia, "efusiva fonte de evidência e verdade".²⁴ Nesses tempos, somente o camponês ignorante vê o arco-íris como uma "Magia fulgurante", pois, graças a Newton, o olho instruído do sábio o vê como um "Prisma chuvoso", desdobrando-se nos vários "Fios de Luz".²⁵ E em seu poema "To the Memory of *Sir* Isaac Newton" [À memória de *Sir* Isaac Newton], Thomson declara que o arco-íris é ainda mais poético agora que seu mistério se rendeu ao intelecto, com base no princípio aparente de que somente Newton observou a beleza desnudada:

> Did ever poet image ought so fair,
> Dreaming in whispering groves by the hoarse brook?
> . . . . . .
> How just, how beauteous the refractive law.²⁶

> [Algum poeta já descreveu de forma tão bela
> Sonhando em bosques sussurrantes à beira do rouco regato
> . . . . . .
> Quão verdadeira, quão bela é a lei refrativa?]

No mesmo poema, o próprio Thomson exemplifica o processo de transformação da lei refrativa de Newton em poesia. Newton havia escrito:

> Essa Imagem ou Espectro PT era colorida, sendo o vermelho a sua extremidade menos refratada T, o violeta sua extremidade mais refratada P, e o verde amarelado e o azul nos Espaços intermediários.²⁷

---

23 (Warrington e Londres, 1777), p.25, 32-3.
24 "Summer" (ed. de 1746), ll. p.1711-3, 1730-54.
25 "Spring" (ed. de 1746), ll. p.208-15.
26 "To the Memory of *Sir* Issac Newton", ll. 96-124. Cf. Akenside, *Pleasures of Imagination* (1744), I, ll. p.103 e ss; cf. também Marjorie H. Nicolson, *Newton Demands the Muse*, p.30-3.
27 *Opticks* (3.ed.; Londres, 1721), p.27. Para uma exposição do modo como um poeta pode "recrutar a Imaginação sob a bandeira da Ciência", por meio da conversão de termos abstratos em

Poetizado, isso se torna: Newton "Desentrelaçou toda a esplêndida vestimenta do dia", e

> To the charm'd eye educed the gorgeous train
> Of parent-colours. First the flaming Red
> Sprung vivid forth; the tawny Orange next...
> ...and then, of sadder blue,
> Emerged the deepen'd Indigo, as when
> The heavy-skirted evening droops with frost;
> While the last gleamings of refracted light
> Die in the fainting Violet away.

> [Ao olhar mesmerizado revelou-se a sublime cadeia
> De cores cognatas. Primeiro o Vermelho chamejante
> Saltando vívido adiante; em seguida o fulvo Laranja...
> ...e depois, do azul mais triste
> Emergiu o profundo Índigo, como quando
> A noite pesada se dobra com a geada;
> Enquanto os últimos lampejos da luz refratada
> Se apagam no esmaecido Violeta.]

A verdade torna-se poesia com o recurso à estratégia de "ornamentação" de afirmações por meio do símile, da personificação e da alegoria incipiente. Dessa forma, Thomson devolve aos fenômenos prismáticos a sensibilidade e o drama – até mesmo por meio da figura implícita do cientista como mágico, do mistério e do encantamento – que Newton havia meticulosamente excluído de suas observações experimentais.

Entretanto, alguns entusiastas das novelas de cavalaria, reconhecendo a eficácia da nova filosofia em descartar o que é reconhecidamente ilusão, não tinham tanta certeza de que os ganhos compensavam as perdas. Por "uma boa dose de bom senso", escreveu o bispo Hurd em 1762, nós trocamos "um mundo de fabulação magnífico, cuja ilusão é tão grata ao Espírito encantado".[28] Thomas Warton argumentava que o avanço da sociedade em geral ocorre à custa da poesia, pois a "ignorância e a superstição... são os pais da imaginação"; e pela "força da razão e da investigação", a poesia ganhou "muito bom senso, bom gosto e boa crí-

---

visuais por meio de instrumentos como a personificação e a alegoria, cf. Erasmus Darwin, *The Botanic Garden* (4.ed.; Londres, 1799), I, "Advertisement", e II, p.63, 65.

28 *Letters on Chivalry and Romance*, Carta XI, p.154-5.

tica", mas ao preço de seu rompimento com "incredibilidades que são mais aceitáveis do que a verdade, e de fantasias que são mais valiosas do que a realidade".[29]

Antes do final do século XVIII, começam também a surgir ideias de que não apenas o ceticismo científico, mas a descrição científica de fenômenos naturais são mais inimigos do que benfeitores da poesia. Em 1769, a Sra. Montagu concordou com Hurd no sentido de que a nova filosofia, rejeitando a fabulação, destruiu a idade de ouro da poesia; ela também manifestou sua dúvida a respeito da afirmação de Thomson de que ao "desemaranhar" a luz e o arco-íris, Newton havia mostrado novos materiais para a poesia.

"O eco de uma ninfa apaixonada gradualmente se transforma em voz e nada mais; os próprios fios do lenço de Íris são desemaranhados".[30] Vinte anos mais tarde, um autor que assinou "GHM", definindo poesia como "a linguagem da paixão e dos sentimentos", atribuiu seu declínio tanto à perda de uma "forte propensão ao maravilhoso" quanto à incompatibilidade entre as percepções habituais do cientista e as do poeta. Em uma declaração antevendo excertos de Wordsworth e Keats, ele afirmou que, em oposição à descrição poética,

> a descrição filosófica mostra objetos como eles realmente são; suas razões e causas, não como elas parecem ser... Assim, um botanista ignora a beleza de uma flor e se interessa apenas por sua construção interna.

Por essa razão, a poesia teve seu apogeu quando os escritores descreviam a "beleza das obras da natureza, antes de Newton descobrir o verdadeiro sistema do mundo". "Tão logo os homens começam a filosofar, eles se tornam menos dispostos aos exercícios da imaginação."[31]

No século seguinte, os opositores utilitaristas da poesia, como já vimos, aceitaram a proposição de que o progresso da razão e da imaginação, da ciência e da poesia, deveria ser relacionado de maneira inversa, e simplesmente modularam a trenodia em uma canção de ação de graças. Alguém que era tanto historiador quanto poeta colocou essa teoria da história cultural em sua forma mais pura e explícita pela simples razão de que as descrições poéticas e científicas do mundo sensível não são conciliáveis. "Achamos", escreveu Macaulay em 1825, "que, à medida que a civilização avança, a poesia quase que necessariamente retrocede". O avan-

---

29 *The History of English Poetry* (ed. de 1824), III, p.284-6. Cf. também William Duff, *Critical Observations* (Londres, 1770), p.303n.
30 *An Essay on the Writings and Genius of Shakespear* (4.ed.; Londres, 1777), p.149-50.
31 "Thoughts on Ancient and Modern Poetry", *The General Magazine and Impartial Review*, III (1789), p.532-4.

ço do conhecimento é de "imagens particulares para termos gerais", e da percepção concreta para a generalização, mas a "análise não é ofício do poeta. Seu ofício é retratar, não dissecar". Desse modo apodítico, Macaulay não nos deixa qualquer alternativa. Ninguém nesses tempos esclarecidos pode escrever ou mesmo desfrutar de poesia "sem uma certa insensatez mental". A verdade da poesia é "a verdade do desvario. As suposições são justas, mas as premissas são falsas".

Não podemos unir vantagens incompatíveis de realidade e ilusão, o claro discernimento da verdade e o supremo prazer da ficção.[32]

Nesse contexto histórico, podemos distinguir os fios da acusação que Keats faz à ciência em *Lamia*.

> Do not all charms fly
> At the mere touch of cold philosophy?
> There was an awful rainbow once in heaven:
> We know her woof, her texture; she is given
> In the dull catalogue of common things,
> Philosophy will clip an Angel's wings,
> Conquer all mysteries by rule and line,
> Empty the haunted air, and gnomed mine –
> Unweave a rainbow, as it erewhile made
> The tender-person'd Lamia melt into a shade.

> [Não se desvanecem todos os encantos
> Ao mais simples toque da árida filosofia?
> Outrora um esplêndido arco-íris o espaço adornara:
> Conhecemos sua trama, sua textura; o registro o instaura
> No frio catálogo de tudo o que é habitual
> E a filosofia irá cortar as asas do Anjo
> Conquistar todos os mistérios com regras e linhas
> Esvaziar o ar sombrio e a mina dos gnomos –
> Desentrelaçar um arco-íris, como um dia fez
> A doce e terna Lamia se esvanecer em uma sombra.]

Primeiro, a impassível filosofia rejeita a magia do mito e do folclore concernente às fadas – ela exaure a "atmosfera lúgubre e a mina habitada por gnomos" –, mas, como Hurd e Warton, Keats não concorda com James Thomson quando

---

32 "Milton", *Critical and Historical Essays*, I, p.153-6.

este afirma que tais materiais podem ser facilmente descartados. Ademais, a filosofia separa o arco-íris em seus componentes físicos e suas causas; "conhecemos sua trama, sua textura", e esse conhecimento "destece" o arco-íris e substitui por algo embotado e abstrato a beleza e o mistério da percepção concreta. Ao sustentar, juntamente com Lamb, que Newton "havia destruído toda a poesia do arco-íris, *reduzindo*-o às cores prismáticas", Keats admite a falácia (no que se uniram a ele vários filósofos profissionais) de que, quando um fenômeno perceptivo é explicado pela sua correlação com alguma coisa mais elementar do que ele próprio, a explicação desconsidera e substitui a percepção – que apenas a explicação é real; a percepção é ilusória. E para Keats, se não para Thomson, a habilidade de versificar e dramatizar as novas "verdades" científicas não era pagamento adequado para a "vida das sensações", e para a rendição "indolente" ao concreto sensório que é parte integrante de sua poesia típica.

Como consequência, o presumido conflito entre a visão do poeta e o exame minucioso do cientista levanta a questão não apenas, como em Hurd e Warton, do declínio da poesia, mas, como em Macaulay, da sobrevivência da poesia. Em seus momentos de depressão, Keats aceita a disjunção exclusiva de alguns de seus contemporâneos positivistas: ou ciência ou poesia; se Newton descreve a realidade, então o arco-íris do poeta é uma ilusão; se a ciência em geral é verdadeira, então a poesia em geral é falsa. O tema básico de *Lamia*, como em tantos outros dos principais poemas de Keats, é o tema da ilusão contra a realidade. E, afinal de contas, como o próprio Keats organiza a história, Apolônio, o contido filósofo, estava certo. Lamia era, de fato, uma serpente; e tudo que ela possuía, de acordo com a passagem de *Anatomy of Melancholy* [Anatomia da melancolia], de Burton, que Keats citou com sua fonte, "nenhuma substância, exceto meras ilusões". Na medida em que Lamia e seu palácio fictício simbolizam a visão que o poeta tem do mundo, eles refletem a oposição de Keats entre a "autenticidade da imaginação", e "raciocínios consecutivos", e seu temor recorrente de que a matéria de sua poesia seja o vestígio de uma visão fantasiosa do mundo, vulnerável ao olhar indiferente da razão.

Keats ilustra uma tendência romântica em deslocar o debate sobre a discrepância entre ciência e poesia da questão do mito poético e da fabulação para a diferença entre o universo visível da observação imaginativa concreta e o universo da análise e explicação científicas. Se concordaram ou não com as conclusões de Keats, muitos escritores seguiram seus passos, designando um objeto tradicionalmente consagrado a poetas – se não o arco-íris, então o vagalume, o lírio, a estrela ou a nuvem – a fim de contrastar a descrição poética tradicional desse objeto com a descrição que ele recebe da ciência da ótica, da biologia, da astronomia ou da meteorologia.

No mesmo ano em que *Lamia* foi publicado (1820), "To the Rainbow" [Ao arco-íris], de Thomas Campbell, forneceu mais evidência de que a feliz união da poesia com *Optica*, de Newton, estava chegando ao fim com recriminações e divórcio. "Não peço à arrogante Filosofia", bradou Campbell, "Que me ensine o que és".

> Can all that optics teach, unfold
>   Thy form to please me so,
> As when I dreamt of gems and gold
>   Hid in thy radiant bow?
>
> When Science from Creation's face
>   Enchantment's veil withdraws,
> What lovely visions yield their place
>   To cold material laws!

[Pode tudo o que a ótica ensina, revelar
    Tua forma para me agradar,
Como quando eu sonhava com gemas e ouro
    Ocultos em teu arco radiante?

Quando a Ciência retira da face da Criação
    O mágico véu que a protege,
Que visões deslumbrantes cedem posição
    à fria lei material que agora rege!]

Nove anos mais tarde, o "Soneto à Ciência", de Poe, ecoou expressões de *Lamia*, e até mesmo apresentou de maneira mais amarga o conflito entre as "realidades sombrias" da Ciência com seus "olhos perscrutadores", e a consagração e o sonho do poeta.

> Hast thou not torn the Naiad from her flood,
> The Elfin from the green grass, and from me
> The summer dream beneath the tamarind tree?[33]

---

33 Cf. "Arcturus is his other name", de Emily Dickinson, e também: "I pull a flower from de woods, –/A monster with a glass/Computes the stamens in a breath/And has her in a class" [Do bosque recolho uma flor,/Um monstro com uma botelha/Avalia os estames em um só alento/E a apreende como parte de um ordenamento].

[Por acaso não arrancaste a Náiade de seu regato,
O pequeno Elfo da verde relva, e nem a mim poupaste
Meu sonho de verão sob o tamarindo também arrancaste?]

Quase todos os teóricos românticos importantes comentaram sobre a disparidade entre a percepção imaginativa e a científica, e deploraram o avanço desproporcional da última nos últimos tempos. É importante reconhecer, no entanto, que, sem dúvida, um número muito maior recusou-se a admitir que haja qualquer conflito inerente e inescapável entre ciência e poesia, ou que o progresso científico necessariamente implique o declínio da poesia. O procedimento mais comum era considerar esses, quando adequadamente empregados, como meios paralelos e complementares de ver, e sustentar a opinião de que enquanto a análise engendra verdade, essa não é a verdade por inteiro e não pode, em mentes vigorosas e flexíveis, desemaranhar o arco-íris do poeta.

Wordsworth, por exemplo, participara do famoso jantar na residência de Haydon, mas com sua costumeira prudência recusara-se, até melhor investigação, a brindar com Keats. "E você não se lembra", escreveu Haydon a Wordsworth muitos anos após o evento, "Keats propondo 'Caos à memória de Newton', e diante de sua insistência em uma explicação antes de aceitar o brinde, ele disse: 'Porque ele destruiu a poesia do arco-íris reduzindo-o a um prisma'".[34] A advertência é compreensível em um poeta que tinha uma sensibilidade renascentista pela grandeza da exploração intelectual do universo pelo homem, e também estava a par das contribuições que o "estudo da natureza", estimulado pela ciência, oferecia no sentido de aumentar a eficácia de descrições precisas, que ele considerava como uma condição necessária, se não suficiente, para a poesia. Posteriormente, Wordsworth iria expandir uma breve alusão à estátua de Newton em Cambridge em três linhas, superando todos os pomposos panegíricos do século anterior –

Newton with his prism and silent face,
The marble index of a mind for ever
Voyaging through strange seas of Thought alone.[35]

[Newton – com seu prisma e seu plácido semblante,
Índice de mármore de uma mente, para sempre
Navegando sozinha por estranhos mares do Pensamento.]

---

34 16 out. 1842, in *Correspondence and Table-Talk*, com Memorial de Frederick Wordsworth Haydon (Londres, 1876), II, p.54-5.
35 *Prelude* (ed. de 1850), III, 61-3. A passagem foi acrescentada após 1830.

Não podemos confundir o desdém de Wordsworth, em suas *Lyrical Ballads*, pelo "intelecto intruso", que mata para dissecar, e pelo "filósofo", que fica à espreita e estuda as plantas da sepultura de sua mãe para um ataque geral à ciência. Outras seções deixam claro que essas linhas devem ser lidas apenas como o seu juízo crítico contra a falácia da abstração mal aplicada, e contra o cientista cujos hábitos de laboratório são tão resistentes que ele continua a lançar mão de análises em que apenas a imaginação e os sentimentos são relevantes.[36] No Prefácio a *Ballads*, Wordsworth disse que a poesia, uma vez fundada na natureza emocional do homem, incorpora e nada tem a temer do "conhecimento" mais estreito da ciência: "A poesia é o primeiro e o último de todos os conhecimentos – ela é tão imortal quanto o coração do homem". Nesse fragmento de eloquência justificada, ele não apenas ecoa a opinião de Sprat e dos entusiastas do século XVIII de que a poesia assimilará "as mais remotas descobertas do Químico, do Botânico ou dos Mineralogistas", mas vai além deles para anunciar a poesia do *machinisme* e da revolução industrial. "Se o labor dos Homens da ciência puder criar qualquer revolução material... em nossa condição", o poeta "estará ao seu lado, levando sensações para junto dos objetos da própria ciência".[37] Devo acrescentar o comentário que Wordsworth fez a Isabella Fenwick, que pode ser lido como uma refutação tardia do brinde de Keats por ocasião do jantar com Haydon:

> Alguns são da opinião de que o hábito de analisar, decompor e anatomizar é inevitavelmente adverso à percepção do belo... Somos inclinados a atribuir a eles aquela insensibilidade da qual eles são, na verdade, o efeito e não a causa... O belo na forma de uma planta ou animal torna-se mais evidente como um todo quando compreendemos profundamente suas propriedades e poderes constitutivos.[38]

Os comentários publicados de Wordsworth estabeleceram o padrão comum de sua época para solucionar o suposto conflito entre poesia e ciência. Shelley, que estava tão saturado de fato científico quanto qualquer outro versejador de física ou botânica, não mantinha relações com a ideia de que aquilo a que ele chamava "Ciência e sua irmã, a Poesia", precisam se estranhar. Os avanços científicos, ad-

---

36 "The Tables Turned", "The Poet's Epithaph"; cf. *The Excursion*, IV, p.961-2; cf. também IV, p.620 e ss, 1251 e ss. E cf. Douglas Bush, *Science and English Poetry* (Nova York, 1950), p.88-97.
37 *Wordsworth's Literary Criticism*, p.27-8. Para o comentário de Wordsworth sobre os bons e maus efeitos da industrialização na Inglaterra, cf. *The Excursion*, VIII, p.87 e ss; e para uma de suas tentativas de fazer poesia da máquina, cf. o soneto intitulado "Steamboats, Viaducts, and Railways".
38 Nota a "This Lawn, a carpet all alive", in *Poetical Works*, org. De Selincourt, IV, p.425.

mite ele, separaram momentaneamente a capacidade assimilativa de nossa imaginação e faculdade criativa; mas ele acompanha Wordsworth, embora por outras razões filosóficas, ao visionar poesia como a categoria mais ampla "que abarca toda a ciência e à qual toda a ciência deve se referir".[39] E, na América, William Cullen Bryant, escrevendo em 1825, recusou-se a deplorar a substituição de "mistérios", mitos e superstições pelas "novas maravilhas e glórias da ciência", e também a concordar com a ideia de que, "porque o químico pratica sua ciência com sucesso, o poeta deveria perder sua inspiração".[40]

Para Coleridge, a ameaça da ciência à poesia encontrava-se mais profundamente nas pretensões equivocadas e ilimitadas do atomismo e do mecanicismo; para ele, era uma hipótese operacional útil à pesquisa física que havia sido ilicitamente convertida primeiro em fato e depois em uma visão de mundo total. Em sua declaração alternativa em termos das faculdades e de suas funções: o que produziu os diferentes erros e *malaises* do mecanicista século XVIII, em política, valores morais e artes foi "a alienação crescente e a autossuficiência do entendimento", que, como a faculdade da "ciência dos *fenômenos*", é empregada apenas "como uma ferramenta ou órgão".[41] Todavia, Coleridge, que era, ele próprio, um biólogo diletante, evidentemente propõe não o disjuntivo, "Ou poesia ou ciência", mas o conjuntivo, "Tanto poesia como ciência". Embora um poema se oponha em propósito a "obras da ciência", a poesia mais elevada é a expressão mais ampla, mais inclusiva – "a alma inteira do homem [em] atividade" – incluindo tanto os elementos emocionais quanto os racionais, e envolvendo a faculdade produtora da ciência como uma parte integral embora subordinada da operação total da mente: "com a subordinação das faculdades umas às outras, de acordo com seu valor relativo e sua dignidade".[42]

De interesse especial para nós são autores que, como Keats, contrastam as descrições poética e científica do mesmo objeto natural, mas usam o exemplo para demonstrar que as duas perspectivas são compatíveis e mutuamente invulneráveis. Em um fragmento de que Keats provavelmente se lembrou enquanto escrevia *Lamia*, Hazlitt admitiu que, como questão de fato histórico, "não se pode ocultar" que o avanço do conhecimento e da filosofia experimental "tendem a circunscrever os limites da imaginação e a cortar as asas da poesia"; não obstante, acrescentou ele,

---

39 *The Revolt of Islam*, ll. p.2254-5; "Defence of Poetry", *Shelley's Literary and Philosophical Criticism*, p.151-2.
40 *Lectures on Poetry*, in *Prose Writings*, org. Parke Godwin (Nova York, 1889), I, p.27-31. Cf. George Moir, artigo "Poetry", *Encyclopaedia Britannica* (7.ed.; 1830), XVIII, p.145.
41 *Aids to Reflection*, p.268-9; *Lay Sermons*, p.63, 71-2; 80 e ss.
42 *Biographia*, II, p.10-2.

a observação científica e poética não são alternativas exclusivas. Ele dá o exemplo do vaga-lume, que o naturalista leva para casa para descobrir que ele "nada mais é do que uma pequena larva cinza". O poeta vai até ela à noite quando

> ele construiu para si um palácio de luz da cor da esmeralda. Isso também é uma parte da natureza – o surgimento do vaga-lume – e que não é menos interessante; assim, a poesia é uma parte da história da mente humana, embora não seja nem ciência nem filosofia.[43]

Leigh Hunt preferiu o lírio como exemplo:

> Poesia começa onde a matéria de fato ou da ciência deixa de ser meramente matéria e mostra uma verdade ulterior; isto é, a conexão que ela tem com o mundo da emoção e seu poder de produzir prazer imaginativo. Perguntando a um jardineiro, por exemplo, "que flor é aquela que vemos ali", ele responde, "um lírio". Isso é matéria de fato. O botanista declara que ele pertence à ordem da "*Hexandria Monogynia*". Isso é matéria da ciência...
>
> The plant and flower of *light,* [A planta e a flor de *luz,*]

diz Ben Jonson; e a poesia então nos mostra a beleza da flor em todo seu mistério e esplendor.

Hunt mostra que o espírito de *Optica,* de Newton, continua a perseguir esse assunto, e ele se propõe a provar, através de um argumento extremamente questionável, que como a "luz, não decomposta, é branca; e como o lírio é branco... as duas coisas, por enquanto, não são meramente semelhantes, mas idênticas".[44] Ele retornou à questão repetidas vezes em seus ensaios, e sua defesa de Keats não o impediu de, no ano seguinte à morte de seu amigo, discordar do excerto sobre o arco-íris em *Lamia*. Ele não concorda, afirma Hunt, "que a experimentação moderna tenha sido fatal à poesia", pois o homem que pensa que não é poeta, "tão logo descobre a causa física do arco-íris... não precisa se alarmar; ele não era poeta antes".[45]

---

43 "On Poetry in General" (1818), *Complete Works*, V, p.9.
44 "What Is Poetry?" (1844), *Imagination and Fancy* (Nova York, 1848), p.3.
45 Resenha de *Lamia*, in *The Indicator* (2 ago. 1822); in Edmund Blunden, *Leigh Hunt's "Examiner" Examined* (Londres, 1928), p.147. Em um ensaio escrito em 1824, Hunt novamente atacou a "o comentário favorito de vários grupos de escritores" de que o conhecimento da natureza das delusões ópticas havia posto a poesia em suspenso (*Men, Women, and Books*, Londres, 1876, p.3-4).

Citando outro exemplo: logo depois de sua própria conversão a Wordsworth e à poesia, John Stuart Mill enfrentou o argumento de John Roebuck, o benthamista, de que cultivar sentimentos através da imaginação "era apenas cultivar ilusões". "Em vão tentei persuadi-lo", diz-nos Mill, "de que a emoção imaginativa que uma ideia, quando concebida vividamente, instiga em nós não é uma ilusão, mas um fato, tão real quanto quaisquer das outras qualidades dos objetos". Para demonstrar a possibilidade de perspectivas alternativas, conforme cada uma se torna relevante, Mill escolheu a nuvem como seu exemplo representativo.

> O sentimento mais intenso da beleza de uma nuvem iluminada pelo sol poente não oferece qualquer obstáculo para que eu saiba que a nuvem é vapor d'água, sujeita a todas as leis dos vapores em estado de suspensão; e é muito provável que eu considere e aja com relação a essas leis físicas sempre que houver ocasião para fazê-lo, como se eu tivesse sido incapaz de distinguir entre o que é belo e o que não é.[46]

Validar o objeto natural visto pelo poeta, em oposição ao objeto descrito pelo cientista natural, tornou-se quase rotina na crítica vitoriana. "A diferença", escreveu Ruskin, "entre o conhecimento que um simples botanista tem de plantas e o conhecimento que delas tem o grande poeta ou o pintor", é que "um nota as discrepâncias pensando em ampliar seu herbário, o outro, pensando que ele pode torná-las veículos de expressão e de emoção".[47] Na versão de Mathew Arnold:

> Não é Lineu, nem Cavendish, nem Cuvier quem nos mostra o verdadeiro sentido dos animais, ou da água, ou das plantas; quem apreende o segredo disso tudo para nós e nos faz participar da sua vida; é Shakespeare, com seus
>
> > "daffodils
> > That come before the swallow dares, and take
> > The winds of March with beauty..."[48]
>
> ["narcisos
> Que chegam antes da andorinha e recebem
> A brisa de março com beleza..."]

---

46 *Autobiography*, p.106-7.
47 Prefácio a *Modern Painters*, 2.ed., 1844, *The Complete Works of John Ruskin*, org. Cook e Wedderburn (Londres, 1903), III, p.36.
48 "Maurice De Guérin", *Essays in Criticism* (Londres, 1891), p.82.

Entretanto, persiste a crença, até mesmo em nossos dias, de que os avanços da ciência devem encolher a província da poesia; e ainda ouvimos os ecos da falácia de Keats, ou seja, que a descrição científica desautoriza os fenômenos que se supõe que ela pretende explicar. Da mesma forma como Keats lamentou o arco-íris e a atmosfera lúgubre, também D. H. Lawrence lamentava:

> O "conhecimento" matou o sol, transformando-o em uma bola de gás com manchas; "o conhecimento" matou a lua... Como podemos recuperar Apolo e Átis, Demétrio, Perséfone e as salas de Dis?[49]

Verdade e sinceridade poéticas

A tarefa do historiador teria sido simplificada se os teóricos românticos tivessem cedido a palavra "verdade" à ciência e adotado um termo diferente para caracterizar a poesia. (I. A. Richards, sem ser discriminatório, recentemente se lançou em uma tentativa nessa direção, propondo uma distinção entre a "sinceridade (*troth*) da poesia" e a "verdade [*truth*] da ciência".) Entretanto, é claro, o poder e o prestígio da "verdade" eram grandes demais para tornar o termo dispensável, e os críticos do século XIX, como seus predecessores neoclássicos, continuaram a usar "verdade" como norma poética, mas com trocas semânticas implícitas que refletem as mudanças na sua teoria subjacente. Um procedimento dialético frequente era conceder verdade à ciência, mas indicar um tipo de verdade diferente e até mesmo mais substancial e significativa para a poesia. Será útil esboçar as áreas de significação em asserções românticas sobre verdade poética – naqueles usos, de qualquer forma, em que o contexto é, pelo menos minimamente, definitivo.[50] Deve-se observar que, na prática, os sentidos da palavra – que estão a seguir – não eram nem fixos nem mutuamente exclusivos. Neste, que é um dos mais desorganizados temas filosóficos, um crítico nem sempre prosseguia sistematicamente a partir de definições precisas e estáveis, mas

---

49 *À Propos of Lady Chatteley-s Lover* (Londres, 1931), p.86-7.
50 Quando Wordsworth, por exemplo, ao citar Aristóteles como evidência, disse que o objeto da poesia "é a verdade, não individual e local, mas geral e operativa, não baseada em evidência externa, mas mantida viva no coração pela paixão, a verdade que é sua própria evidência", podemos justificadamente inferir um pouco mais do que aquela verdade poética é em um sentido geral, e que sua aceitação é um efeito emocional mais do que uma correspondência demonstrável como algo externo a ela mesma (*Wordsworth's Literary Criticism*, p.25. Wordsworth devia ter em mente uma passagem de Davenant, bem como de Aristóteles; cf. o Prefácio a Gondibert, in *Critical Essays of the Seventeenth Century*, org. Spingarn, II, p.11).

aplicava o termo aproximadamente e de forma variada ao significado mais adequado à questão que tinha em mãos no momento.

(1) Poesia é verdadeira porque ela corresponde a uma Realidade que transcende o mundo dos sentidos.

De acordo com Blake, poesia é o veículo da Visão, e "Visão ou Imaginação é uma Representação do que Existe Eternamente, Realmente e Imutavelmente", fora das "coisas de Natureza Vegetativa ou Gerativa".[51] Para Shelley, uma das formas em que "um poema é a própria imagem da vida exprimida em sua verdade eterna" é que ela está em harmonia com as "formas imutáveis da natureza humana" e com o "belo desnudado e adormecido" das "formas" do mundo material.[52] O poeta, proclama Carlyle, penetra "no mistério sagrado do Universo", revelando a Ideia que se esconde por trás da aparência, o Infinito atrás do finito, a Eternidade observando através do tempo; e os poemas de Shakespeare são "mais verdadeiros do que a própria realidade, já que a essência da realidade pura está corporificada neles sob símbolos mais expressivos".[53]

Afirmações em vocabulário semelhante podem ser ocasionalmente encontradas em outros críticos, sobretudo em momentos de clímax retórico, e foram muito enfatizadas por críticos posteriores. Um autor recente até mesmo produziu um livro sobre a poesia romântica inglesa envolvendo a tese de que os maiores poetas "concordavam em um ponto vital: que a imaginação criativa está intimamente ligada a um *insight* peculiar na ordem invisível que se esconde atrás das coisas visíveis".[54] Está claro que um aspecto óbvio e relevante da teoria romântica foi o apelo à imaginação (e a outros poderes e transformações da mente) para os princípios do fazer e julgar poesia; essa é, na verdade, a tese sobre a qual estruturei esta pesquisa da crítica romântica. Porém, penso eu, é, no final das contas, enganoso colocar Blake e Shelley, em vez de Wordsworth e Coleridge, no centro intelectual do romantismo inglês e, consequentemente, ver como pedra fundamental da estética romântica o conceito de que a imaginação poética é o órgão da intuição que está além da experiência, e que a poesia é um modo de discurso que revela as verdades eternas. Pode-se, por exemplo, citar o pensamento de Wordsworth em *Prelude*, de que a Imaginação

---

51 *The Poetry and Prose of William Blake*, p.637-8.
52 "Defence of Poetry", *Shelley's Literary and Philosophical Criticism*, p.128, 155.
53 *Heroes and Hero-Worship*, in *Works*, V, p.80-1; "State of German Literature", ibid., XXVI, p.51.
54 C. M. Bowra, *The Romantic Imagination* (Cambridge, Mass., 1949), p.271; e XXVI, p.51.

Is but another name for absolute power
And clearest insight, amplitude of mind,
And Reason in her most exalted mood.

[É apenas outro nome para poder absoluto
E inteligência mais perspicaz, amplitude de mente
E Razão em seu estado mais exaltado.]

Quaisquer que possam ser suas implicações tácitas para a poesia, entretanto, esse fragmento é único em Wordsworth, que, nesse assunto, foi um herdeiro honesto da secular tradição inglesa do empirismo. Em seus explícitos comentários em prosa, ele diz, ao contrário, que "a imaginação é um termo subjetivo: ela opera com objetos não como eles são, mas como eles se apresentam à mente do poeta";[55] e sua análise ampliada da imaginação poética, no Prefácio de 1815, está em pleno acordo com a surpreendente psicologia inglesa. Coleridge, traduzindo quase literalmente de Schelling, diz que a arte imita a *natura naturans*, o "espírito da natureza"; mas no contexto, isso acaba sendo uma forma de dizer que a "ideia", ou elemento gerador na composição poética, adequa-se àquele da natureza externa, de forma a assegurar uma semelhança entre o princípio evolutivo de um poema e o que é vital e orgânico na natureza. Coleridge não faz reivindicações cognitivas especiais para a poesia. Em sua filosofia, é especificamente a razão, não a imaginação secundária, "o órgão do supersensível", com "o poder de se familiarizar com realidades invisíveis ou objetos espirituais".[56] O resultado é que religião e poesia permanecem distintas. A razão pode cooperar com a imaginação de tal forma que algumas afirmações religiosas sejam poéticas, e a verdade das "realidades invisíveis" algumas vezes encontra expressão na poesia; mas essa é uma questão incidental de assunto e não uma questão de essência da poesia. Quanto a Keats, ele estava ocupado demais com o sólido mundo dos objetos concretos para achar apropriada qualquer filosofia estética de uma realidade além dos sentidos. As distinções de Keats entre "a autenticidade da imaginação" e aquela que "pode ser conhecida como verdade por raciocínio consecutivo",[57] bem como as diversas declarações acerca da equivalência entre o belo e a verdade que tanto confundiram

---

55 *The Prelude* (ed. de 1850), XIV, p.189 e ss.; *Wordsworth's Literary Criticism*, p.259.
56 "On Poesy or Art", *Biographia*, II, p.257-9; *The Friend*, Ensaio V, in *The Complete Works*, II, p.145. Um poema, de acordo com Coleridge, pode incidentalmente conter verdades, mas "é oposto às obras da ciência, ao propor como seu objeto imediato o prazer, não a verdade" (*Biographia*, II, p.9).
57 Carta a Benjamin Bailey, 22 nov. 1817, *The Letters of John Keats*, p.67-8.

os críticos, não justificam uma explicação em termos de "uma ordem invisível atrás de coisas visíveis". Se alguém se aventurasse a encontrar uma interpretação, poderia registrar o uso típico que Keats faz da "verdade" poética como mais livremente adequada à classificação seguinte, em que a verdade torna-se sobretudo uma atribuição de valor:

(2) A poesia é verdadeira no sentido de que poemas existem, são muito valiosos e são produto e causa de experiências imaginativas e emocionais verdadeiras.

O que Keats escreveu naquela extraordinária carta a Benjamim Bailey foi:

> Não tenho certeza de nada, exceto da natureza sagrada das afeições e da verdade da Imaginação – O que a imaginação apreende como Belo deve ser verdade – quer tenha existido anteriormente ou não – pois a visão que tenho de nossas Paixões é a mesma que tenho do Amor; estão todos em sua Beleza essencial, sublime, criadora... A Imaginação pode ser comparada ao sonho de Adão – ele despertou e viu que era verdade.[58]

(A alusão é, com certeza, ao Adão, de Milton, que sonhou com Eva e, ao despertar, percebeu que ela existia.) Em um ensaio que Leigh Hunt, amigo de Keats, escreveu três anos mais tarde com a intenção de provar "as Realidades da Imaginação", a asserção torna-se uma tautologia virtual – "Este poema é verdadeiro" equivale a "Este poema existe e produz efeitos":

> "O que tem que ser é." O que quer que nos toque, o que quer que nos mova, de fato, nos toca e nos move. Reconhecemos a realidade disso, como reconhecemos a de uma mão no escuro...
> Os poetas são chamados criadores porque, com suas palavras mágicas, apresentam aos nossos olhos as imagens abundantes e belas da criação... Porém, sejam elas apresentadas a nós ou descobertas... lá elas estão... Se uma passagem em *O rei Lear* nos emociona até as lágrimas, ela é real como o toque de uma mão pesarosa. Se o fluxo de uma canção de Anacreonte nos inebria, ela é tão fiel a uma vibração dentro de nós quanto o vinho que ele bebeu.[59]

(3) A poesia é real no sentido de que ela corresponde a objetos que contêm os sentimentos e a imaginação do observador, ou que foram alterados por ele.

O olho do cientista recebe passivamente, enquanto o olho do poeta recebe aquilo que ele próprio complementou ou modificou; o discurso científico reflete informações, mas o discurso poético reflete informações com acréscimos emocio-

---

58 Ibid.
59 Leigh Hunt, *Essays*, org. Arthur Symons (Camelot Series, Londres, s.d.), p.67, 71-2.

nais. Como Wordsworth afirmou, habilidade de descrever fielmente "as coisas como elas são em si mesmas... não modificadas por qualquer paixão ou sentimentos existentes na mente daquele que descreve", embora um poder "indispensável a um Poeta seja um poder que ele emprega apenas em submissão à necessidade e nunca por uma continuidade de tempo".[60] Aqui encontramos a diferenciação mais comum entre a verdade poética e a científica, fundada no conceito da mente projetiva e modificadora para a qual as muitas formulações alternativas foram arroladas no Capítulo "Analogismos românticos entre arte e mente". Aos excertos citados aqui, acrescento apenas o de Hazlitt. Poesia, diz ele, "é estritamente a linguagem da imaginação".

> Essa linguagem não é menos fiel à natureza, porque ela, de fato, é falsa; mas tão mais verdadeira e natural, se ela comunica a impressão que o objeto sob a influência da paixão produz na mente.[61]

(4) A poesia é verdadeira no sentido de que ela corresponde a uma experiência concreta e a objetos inteiros, dos quais a ciência abstrai qualidades para fins de classificação e generalização.

Essa visão é o reverso da anterior. Em vez de originar-se de acréscimos emocionais aos fatos com os quais lida a ciência, considera-se poesia como a representação do fato absoluto do qual a ciência, para seus propósitos especiais, extrai um número limitado de atributos estáveis e, portanto, controláveis. Considera-se que o mundo imediatamente experienciado inclui não apenas as qualidades primárias e secundárias – tamanho, formato, cor, odor – mas também as "qualidades terciárias" de beleza, emoção e aspectos de sentimento; e, desse ponto de vista, os supostos "dados" da ciência acabam sendo abstrações de alta ordem.

A base desse conceito foi a ênfase, ao final do século XVIII, na necessidade de poesia descritiva para representar os aspectos particulares e detalhados, mais do que os gerais ou abstratos da natureza. Joseph Warton, que advertiu contra as evidências encontradas na poesia de sua época, a qual estava se distanciando de representações "*verdadeiras, vivazes* e *meticulosas* da Natureza, e *habitando generalidades*", estabeleceu uma distinção entre poesia e história que inverteu a asserção de Aristóteles de que "afirmações poéticas são da natureza de universalidades, enquanto afirmações da história são da natureza de particularidades". Conforme o pensamento de Warton:

---

60 Prefácio a *Poems* (1815), in *Wordsworth's Literary Criticism*, p.150.
61 "On Poetry in General", *Complete Works*, V, p.4.

Uma enumeração especial e meticulosa de circunstâncias criteriosamente selecionadas é o que mais distingue a poesia da história e, por essa razão, torna a primeira uma representação mais próxima e fiel da natureza do que a última.[62]

Quando Macaulay escreveu seu ensaio sobre Milton (1825) essa distinção entre poesia e história foi convertida na distinção entre poesia e ciência. A linguagem, escreveu Macaulay, é mais adequada ao poeta por se apresentar em seu estado mais elementar, uma vez que as sociedades "primeiro percebem e depois abstraem. Elas avançam de imagens particulares para termos gerais". Trata-se de

uma mudança com a qual a ciência ganha e a poesia perde. A generalização é necessária ao avanço do conhecimento, mas a particularidade é indispensável às criaturas de imaginação.[63]

Um bem fundamentado artigo – "On the Application of the Terms Poetry, Science, and Philosophy" [Da aplicação dos termos poesia, ciência e filosofia] –, publicado anonimamente em *The Monthly Repository* em 1834, elabora e sistematiza esse ponto de vista. O autor, demonstrando aprovação, cita Wordsworth acerca da oposição entre "Poesia e Matéria de Fato ou Ciência", mas interpreta a oposição à sua própria maneira. O "atributo essencial de toda Poesia verdadeira" implica aderir "à realidade individual", e "evitar o abstrato e o geral". Seu intuito está "na demonstração de objetos em suas propriedades individuais, conforme eles agem sobre os sentidos e sentimentos, para provocar emoção". No outro extremo da poesia está a ciência:

Ciência é qualquer conjunto de proposições gerais, exprimindo fatos importantes relativos a classes extensivas de fenômenos e, quanto mais abstrata a forma de expressão, mais puramente ela representa o fato geral, com a total exclusão de peculiaridades individuais que ela não incorpora – e mais perfeita a linguagem científica se torna.[64]

---

62 *Essay on the Genius and Writings of Pope*, II (Londres, 1782), p.230; I (Londres, 1772), p.47. Cf. cap. II, item ii. Posteriormente, Erasmus Darwin disse que a principal diferença entre poesia e prosa, próxima do metro, era "que a Poesia admite apenas algumas palavras expressando ideias muito abstratas, enquanto a Prosa é repleta delas" (*The Botanic Garden*, 4.ed.; Londres, 1799, II, p.62-3).
63 Macaulay, *Critical and Historical Essays*, I, p.153-4. Para uma antecipação dessa ideia em Giambattista Vico, cf. cap. IV, item iii.
64 *The Monthly Repository*, New Series, VIII (1834), p.324-7. Em seu *Dissidence of Dissent* (Chapel Hill, N.C., 1944), p.419, com base na legenda manuscrita geralmente confiável do British Museum sobre a autoria dos artigos do *Repository*, Francis E. Mineka atribuiu esse artigo a J. S.

Asserções poéticas, então, representam a realidade mais plena, porém, da mesma maneira mais restrita, e asserções científicas representam uma realidade mais parca, porém uma realidade que inclui um número e uma variedade muito maiores de exemplos individuais.

> A poesia nos apresenta esboços parciais e vislumbres transitórios da natureza como ela realmente existe; a Ciência é o esforço da razão para superar a multiplicidade de impressões com as quais a natureza a oprime, distribuindo-as em classes e concebendo formas de expressão que compreendam em uma única visão uma variedade infinita de objetos e eventos.[65]

Ao final dessas elaborações, podemos incluir uma seção da resenha de *História da Revolução Francesa*, de Carlyle, que John S. Mill escreveu em 1837, quatro anos após publicar seus dois artigos sobre a natureza da poesia. Em lugar de termos como "particular", Mill adota o velho e escolástico termo "concreto", e descreve o objeto concreto, considerando que ele inclui qualidades afetivas como parte da experiência vivida. Em poesia e em história poética,

> não se pretende a falsificação da realidade, nem a representação dela como qualquer coisa que ela não seja; apenas uma compreensão mais profunda do que é; o poder de imaginar e representar, não a mera superfície externa e as vestes da coisa, nem a mera definição lógica e sua *caput mortuum* –, mas uma imagem da coisa em si mesma no concreto, com tudo o que nela e nas coisas que estão sugeridas nelas é louvável ou detestável ou admirável ou deplorável ou triste ou solene ou patético.[66]

Nem é necessário acrescentar que essa diferença entre o concretamente pleno e o abstratamente parcial tornou-se a distinção mais popular entre poesia e ciência entre aqueles críticos que argumentam que ambos os modos de discurso geram conhecimento. Poesia, disse John Crowe Ransom, é "conhecimento por imagens, relatando a plenitude ou a particularidade da natureza", ao passo que a verdade científica "é o aspecto abstraído ou universal da figura"; e a poesia "é provavel-

---

Mill, e nele há semelhanças com algumas doutrinas de Mill. Entretanto, Mineka agora concorda, por várias razões, que aquele texto provavelmente foi escrito por outro autor.

65 Ibid., p.326, 328.
66 *Early Essays*, p.278; cf. p. 271, e p.310: "O Sr. Carlyle nos apresenta a coisa no concreto". Para a discriminação de Mill entre os opostos geral/individual e concreto/abstrato, cf. seu *System of Logic*, I, ii, p.3-4.

mente verdadeira no senso mais comum de verdadeiro: verificável, baseada em observação".[67]

(5) A poesia é verdadeira no sentido de que corresponde ao estado mental do poeta: ela é "sincera".

Esse uso foi o corolário natural de uma poética expressiva. Ela professa a verdade pelo drástico expediente de reversão do critério, de forma que a verdade poética seja para o poeta o que a verdade científica é para o mundo exterior. Com essa manobra, Wordsworth conseguiu atingir o paradoxo de que poesia, embora "oposta" à ciência, é em si mesma uma espécie de ciência.

> As palavras, mais particularmente as palavras de um Poeta, deveriam ser medidas na escala do sentimento... Pois o Leitor não pode ser lembrado com muita frequência que Poesia é paixão: ela é a história ou a ciência dos sentimentos...[68]

Posteriormente, em sua reformulação da importante distinção de Wordsworth, Walter Pater revelou a tática semântica lá incluída. Na ciência, o objetivo total é "a transcrição do fato", mas a arte literária "é a representação de tal fato conforme ele se conecta à alma, de uma personalidade específica em suas preferências, volição e poder", porque para ambos os modos de linguagem, o padrão único é a verdade; mas a verdade de Pater tem dupla face; olha para fora e para dentro:

> Assim, tanto na literatura mais elevada quanto na mais inferior, o belo absolutamente indispensável é, afinal de contas, a verdade: – verdade em relação ao fato puro na última, ou em relação a algum sentido pessoal do fato, distanciado... do senso comum que o homem tem dela na primeira; lá, a verdade como exatidão, aqui, a verdade como expressão, essa forma mais íntima e refinada de verdade, a *vraie vérité* [verdade verdadeira].[69]

Nesse segundo senso, a "verdade" de Pater aproxima-se da "sinceridade" que, curiosamente, começou sua carreira no início do século XIX como critério fundamental – se não o critério *sine qua non* – de excelência em poesia. O termo, tudo indica, havia se tornado popular na época da Reforma Protestante para conotar a

---

67 *The World's Body*, p.158, 156; cf., p. ex., Donald Stauffer, *The Nature of Poetry* (New York, 1946), p.125.
68 Nota a "The Thorn", acrescentada em 1800; *Poetical Works*, org. De Selincourt, II, p.513.
69 "Style", *Appreciations* (Nova York, 1905), p.3-5, 7, 31-2. Cf. p.6: "E além disso, toda beleza é, a longo prazo, apenas uma sutileza da verdade, ou o que denominamos expressão, a mais bela adaptação do discurso à visão de dentro".

doutrina cristã genuína e legítima, e, de forma secundária, a ausência de falsidade ou corrupção naquele que professa um sentimento religioso e moral.[70] Uma ponte que esse padrão atravessou – da ética moral à crítica literária – foi a discussão da poesia religiosa. Em seu ensaio "Upon Epitaphs" [Acerca de epitáfios], Wordsworth especificou como um de seus objetivos "estabelecer um critério de sinceridade, pelo qual um autor possa ser julgado".

> Nesse tipo de composição, acima de qualquer outro, nossas sensações e julgamentos dependem de nossa opinião e do sentimento do estado mental do Autor. Aqui, a literatura identifica-se tanto com a moral... que nada pode nos satisfazer, por mais bem executada que seja em seu gênero, se nos persuadimos de que faltam as virtudes básicas da sinceridade, do fervor e de um interesse moral no objetivo principal.[71]

John Keble, que via toda poesia com base na analogia com a religião, propôs a sinceridade, não menos do que o caráter moral, como marca identificadora de "poesia primária". "De fato, uma mente simples e sincera se declara por meio de quase exatamente as mesmas manifestações, seja em poesia seja na fala comum da vida diária." O primeiro requisito é que "teu próprio eu seja verdadeiro"; esse é um dos vários critérios para a "emoção genuína e profundamente sentida, bem como para a poesia com sinceridade transparente".[72] Em um excerto de Carlyle, podemos seguir o movimento da "verdade" conforme ela se volta abruptamente para se equiparar à "sinceridade":

> A excelência de Burns está em... sua *Sinceridade*, sua incontestável expressão de Verdade... A paixão que se delineia diante de nós lampejou em um coração pulsante... A cada poeta, a cada escritor, podemos dizer: Sê verdadeiro, se queres que acreditem em ti. Que o homem expresse apenas com a mais genuína sinceridade o pensamento, a emoção e o estado real de seu próprio coração...[73]

---

70 Cf. "sincere" e "sincerity" no *Oxford English Dictionary*; cf. também G. W. Allport e H. S. Odbert, *Trait-Names, a Psycholexical Study*, Psychological Monographs, XLVII (1936), p.2.
71 *Wordsworth's Literary Criticism*, p.108, 115-6. Cf. também p.112-3, 125. Para um uso anterior, porém muito limitado, do padrão na crítica literária, cf. a *Nona Epístola de Boileau*, na qual ele discute a falsa bajulação em poemas: "Rien n'est beau, je reviens, que par la vérité:/C'est par elle qu'on plaît, et qu'on peut longtemps plaire./ L'esprit lasse aisément, si le coeur n'est sincère" [Nada é bonito, repito, senão pela verdade./É através dela que nos encantamos, e que continuamos por muito tempo encantados./O espírito se cansa facilmente se o coração não é sincero]. *Oeuvres complètes*, II, p.236; cf. também p.233-4.
72 *Lectures on Poetry*, I, p.68-9, 73.
73 "Burns", *Works*, XXVI, p.267-8.

Para Carlyle, a sinceridade era a medida maior de seu herói, seja no avatar do profeta, do sacerdote ou do poeta. "É, afinal, o primeiro e último mérito em um livro"; e, julgada dessa maneira, a *Comédia*, de Dante, torna-se "na sua essência, o mais sincero de todos os Poemas; sinceridade, aqui também, encontramos como medida de valor. Ela emergiu do mais profundo do coração do autor".[74]

Em todos esses excertos, a sinceridade retém suas conotações morais, mesmo em seu uso como norma estética: poesia de valor é um teste de personalidade. Porém, o termo "sincero" também poderia ser empregado – com suas implicações morais reprimidas – como o equivalente próximo de "espontâneo" e "natural", em oposição ao que é enganoso ou artificial. É assim que Leigh Hunt louva "a sinceridade ardente em geral dos grandes poetas antigos, como Homero e Chaucer, que... não se desnortearam com uma pilha de noções e opiniões ou com dúvidas sobre como a emoção deve ser exprimida". Em um comentário sobre Keats, Hunt invoca ao mesmo tempo a espontaneidade e a sinceridade para condenar o ardil neoclássico. E, embora ele retenha os padrões neoclássicos de verdade e adequação, esses também são revertidos de forma a significar competência do estado mental espontâneo do poeta:

> O estudioso da poesia deve observar que em toda a magnificência de Eve of St. Agnes não há nada da destreza convencional de falsos autores... não há qualquer substituição de sentimentos ou espontaneidade por leitura ou pensamentos engenhosos; não há qualquer irrelevância ou inadequação de qualquer espécie. Tudo emana da sinceridade e da paixão. O escritor está tão entusiasmado com a heroína quanto está o herói; sua descrição da janela pintada, por mais bela que seja, não contém uma única palavra inexata ou supérflua...[75]

A sinceridade, juntamente com implicações morais e caracterológicas persistentes, tornou-se o teste vitoriano favorito da virtude literária. Em *The Principles of Success in Literature* [Princípios do sucesso em literatura], George Henry Lewes postulou "O princípio da sinceridade", que compreendia as "qualidades de coragem, paciência, honestidade e simplicidade" como uma das três leis da literatura; e mesmo para Matthew Arnold, a condição essencial do "sucesso poético supre-

---

74 *Heroes and Hero-Worship*, in *Works*, IV, p.67, 91.
75 *Imagination and Fancy*, p.4, 233. Carlyle utilizou a sinceridade como um sinal do desenvolvimento espontâneo e orgânico de uma obra de arte. A arte de Shakespeare "não é um Artifício... Ela nasce das profundezas da Natureza, através dessa alma nobre e sincera que é a voz da Natureza" (*Heroes and Hero-Worship*, in *Works*, IV, p.108).

mo" era "a alta seriedade que advém da sinceridade absoluta".[76] Em reação, um artífice ponderado como Henry James (seguindo o exemplo de proponentes da *l'art pour l'art* [arte pela arte]) separou a sinceridade de suas associações com espontaneidade e com moralidade, e tornou-a um atributo indispensável de uma consciência e de uma integridade especificamente estéticas. Esquivando-se da "enfadonha controvérsia sobre o tema 'imoral' e moral", James propôs como "medida única do valor de um determinado tema... se é ele válido, em suma, é ele genuíno, é ele sincero, é o resultado de alguma impressão direta ou de uma percepção da vida?" Ou, como esse critério foi posteriormente definido em um sentido intencionalmente antirromântico por T. E. Hulme:

> Se é sincero no sentido preciso do termo, quando o todo da analogia é necessário para remover a curva do sentimento ou da coisa que se deseja expressar – é aí que me parece estar o teu verso supremo, mesmo que o assunto seja trivial e as emoções do infinito, muito distantes.[77]

Poesia: nem verdadeira nem falsa

A maior parte dos exemplos arrolados até o momento envolve a suposição de que há dois usos válidos do termo "verdade" – um aplicável à ciência e outro, à poesia –, cada um deles fazendo referência a diferentes elementos ou aspectos da realidade. Monistas empíricos rígidos como Bentham, por outro lado, reconheciam apenas uma espécie de realidade e apenas um significado válido de verdade e, portanto, afirmavam que a única alternativa à verdade científica é a falsidade. Em alguns autores, os quais desejavam preservar tanto as premissas do positivismo quanto a validade da poesia, podemos detectar a emergência de uma teoria alternativa. Poesia, propõem eles, não é nem verdadeira nem falsa, porque, como expressão do sentimento, ela não se vale de quaisquer asserções sobre a realidade, e está, portanto, fora da jurisdição do critério de verdade. Reportando-nos ao capítulo anterior, lembremo-nos que alguns críticos haviam anteriormente liberado o poema de gênero fantástico da obrigação de se ajustar à ordem empírica da natureza, com base na premissa filosófica de que esse poema é seu próprio mundo, criado com seus próprios seres e suas próprias leis. Assim sendo, por razões se-

---

76 G. H. Lewes, *The Principles of Success in Literature*, p.87-8; Arnold, "The Study of Poetry", *Essays in Criticism*, segunda série (Londres, 1898), p.48.
77 Henry James, *The Art of the Novel* (Londres, 1934), p.45; T. E. Hulme, *Speculations*, p.138.

mânticas e lógicas, percebemos uma tentativa de dissociar todas as afirmações poéticas, mesmo aquelas que pretendem descrever objetos existentes no mundo empírico, de qualquer necessária correspondência com fato externo.

John Stuart Mill viu-se na inusitada situação de julgar a solidez das opiniões de Bentham acerca de poesia. Para testar para a posteridade a eficácia dos princípios que defendiam, James Mill e Bentham introduziram – ou melhor, forjaram – o garoto que ele próprio denominou "mera máquina de raciocínio". Como resultado, conta-nos John Mill, ele permanecia "teoricamente indiferente" à poesia, e a lia apenas como veículo para verdades em versos.[78] Com a idade de vinte e um anos, Mill sofreu um colapso nervoso, e a leitura da poesia de Wordsworth ajudou-o a se recuperar. "Se John Mill fosse levado aos céus", comentou Carlyle, "ele dificilmente se contentaria enquanto não compreendesse como tudo aconteceu".[79] Tendo descoberto há pouco tempo a importância tanto dos sentimentos quanto da poesia, ele imediatamente se propôs a remodelar as bases de sua filosofia total para acomodar ambos esses fenômenos. Como auxílio nessa reconstrução, Mill dedicou-se aos escritos de Goethe, Coleridge e Wordsworth. Mill incorporou os resultados mais significativos de suas especulações aos dois artigos sobre poesia e publicou-os em 1833. Lá ele empreende a grande tarefa de refutar a opinião do teórico benthamista de que poesia é coisa trivial, e talvez até perniciosa, porque não é verdadeira.

Ele inicia contrastando poesia e ciência em termos de diferença em objetivo. A ciência "se dirige à crença", a poesia "aos sentimentos". Porém, não menos do que em poesia, a eloquência exprime e apela para as emoções. Para reabilitar a poesia, Mill faz um enorme esforço para estabelecer uma melhor distinção entre esses dois modos de discurso, pois em Bentham, como em filósofos anteriores, a descrença na retórica como método para guiar as paixões contra a razão havia fluído para uma descrença na poesia.[80] O que Mill quer dizer é que o orador exprime sentimento como meio de causar crença ou ação, enquanto o poeta exprime sentimento como um fim em si mesmo. Assim, quando o poeta

> se volta para o outro lado e se dirige a outra pessoa; quando o ato da verbalização não é em si mesmo um fim, mas um meio para se atingir um fim – ou seja, por meio dos sentimentos que ele próprio exprime para operar sobre os sentimentos ou sobre

---

78 *Autobiography of John Stuart Mill* (Nova York, 1924), p.76, 79.
79 Caroline Fox, *Memories of Old Friends*, org. H. N. Pym (2 vols.; Londres, 1882), I, p.309.
80 Sobre a relação entre as opiniões de Bentham acerca da retórica e da poesia, cf. Mill, *Autobiography*, p.78.

a crença, ou a vontade de outrem... então não se trata mais de poesia; trata-se de eloquência.[81]

Se o objetivo do discurso poético não é fazer proposições ou instigar princípios, mas a expressão por si mesma, onde está seu caráter lógico? Embora Mill já tenha começado a trabalhar com seu *Sistema de Lógica*, o tratamento que ele dá a essa questão em seus artigos sobre poesia é indefinido e variável. Entretanto, ele sugere que a poesia difere da ciência por ser isenta do critério de verdade; a ciência afirma uma ideia para aceitação ou recusa, mas a poesia meramente apresenta um objeto para contemplação estética. Nas palavras do próprio Mill, a primeira "dirige-se à crença", e "age apresentando uma proposição ao entendimento e a segunda, oferecendo à sensibilidade objetos interessantes para contemplação". Poesia pode envolver descrições de objetos ou incluir "uma verdade que pode preencher um espaço em um tratado científico", mas, mesmo assim, "a poesia não está no objeto nem na verdade científica em si, mas no estado mental em que um e outro podem ser contemplados". Ele prossegue e afirma (embora não com a clareza ideal):

> Se um poeta pretende descrever um leão, ele não começará a descrição como se fosse um naturalista, nem mesmo como um viajante interessado em mostrar a verdade, a verdade completa e nada mais do que a verdade. Ele descreve o leão pela sua *imagística*, isto é, sugerindo as similaridades e contrastes mais marcantes que podem ocorrer a uma mente que contempla um leão, em estado de arrebatamento, surpresa ou terror, que o espetáculo pode naturalmente instigar, ou que se supõe, instiga nessa ocasião. Então, isso é descrever o leão declaradamente, não propriamente o estado de entusiasmo do espectador. O leão pode ser descrito falsamente ou em cores exageradas, e a poesia, ser muito melhor; mas se a emoção humana não for pintada com a verdade mais escrupulosa, a poesia não será de boa qualidade, isto é, não será poesia de forma alguma; será um fracasso.[82]

Na base da dificuldade do relato de Mill está o uso que ele faz da mesma palavra, "descrever", tanto para o que a linguagem transmite das qualidades do leão como para o que ela transmite dos sentimentos do orador que contempla o leão. O leitor de Mill pergunta-se com propriedade por que, se o objetivo subjacente do poeta é descrever seus próprios sentimentos, ele deveria escolher complicar as coisas introduzindo um leão. O artigo de Alexander Smith, de Banff, "The Philosophy of Poetry", que, em sua abordagem, se equipara ao texto de Mill, evi-

---

81 "What Is Poetry?" *Early Essays*, p.202, 209.
82 Ibid., p.202, 206-7.

ta a ambiguidade, claramente distinguido entre "a descrição da emoção, ou da afirmação que é sentida", e a "expressão da emoção" ou "da linguagem em que aquela emoção se liberta". A diferença, como Smith indica, está entre a afirmação "Sinto dor" e um gemido.[83] Tipicamente, a poesia expressa, mais do que descreve, a emoção do poeta; e embora ela descreva fatores externos de fato ou faça referência a eles, não é seu ofício fazer asserções sobre eles. Assim, Smith consegue estabelecer uma diferença mais acentuada e mais consistente do que Mill entre linguagem assertiva e linguagem expressiva: prosa afirma proposições de fato, enquanto poesia alude a fatos como um meio indispensável para especificar e transmitir sentimentos. "Em prosa, o propósito fundamental do autor ou orador é informar, ou mostrar a verdade... Em poesia, por outro lado, a informação fornecida é meramente subsidiária à transmissão da emoção." Portanto, para o poeta e para o leitor, poesia é propriamente não proposicional e sua declarada verdade ou sua falsidade não é uma consideração relevante.

> O poeta – o leitor de poesia – não busca conhecer a verdade como distinta da falsidade ou do erro – para racionalizar ou extrair inferências – para generalizar–para classificar–para distinguir; ele busca o que pode tocar seu arrebatamento–admiração–piedade––ternura... Se essas cenas ou esses incidentes são reais ou imaginários, a ele não interessa... Observe... o investigador filosófico, cujo objetivo é *conhecer* – descobrir e comunicar a verdade... Compare... o poeta, cujo objetivo é sentir e transmitir seu sentimento.[84]

Já tivemos precedente crítico anterior para a remoção de sentenças poéticas do domínio da asserção. "Bem, quanto ao Poeta", segundo afirmou Philip Sidney em resposta aos Bentham de sua época, "ele nada afirma, e, portanto, nunca mente, pois, de acordo com meu entendimento, mentir é afirmar ser verdadeiro aquilo que é falso". Porém, como é frequente na história da crítica, uma similaridade superficial oculta uma diferença fundamental. Ao conceber poesia como "a arte de imitação", com o propósito de "instruir e deleitar", Sidney pretendia validar a ficção narrativa, ou "simular", demonstrando a intenção moral e a eficácia desse gênero. Seguindo a lógica de afirmações poéticas que ele apresenta, portanto, o poeta agrega uma "noção geral" verdadeira a um "exemplo específico" e assim, sob a forma transparente de asserções históricas declarativas, realmente propõe ao leitor uma afirmação implícita – optativa ou imperativa – em que o poeta "não se esforça para afirmar o que é ou não é, mas o que deve ou não deve ser".[85] Tanto

---

83 *Blackwood's Magazine*, XXXVIII (1835), p.828. Para a identidade do autor, cf. cap. VI, item iv.
84 Ibid., p.829, 835.
85 "An Apology for Poetry", *Elizabethan Critical Essays*, I, p.158, 164, 184-5.

para John Mill quanto para Alexander Smith, a essência da poesia não é ficção narrativa (que, pelo contrário, como Mill propõe, é simplesmente um elemento não poético frequentemente combinado com poesia, embora "perfeitamente diferenciável");[86] enquanto a mínima evidência da intenção de influenciar a vontade do leitor é suficiente para demonstrar que o discurso não é poesia, mas "eloquência". A essência e a finalidade da poesia é meramente a expressão do sentimento do poeta; portanto, em suas sentenças componentes, a poesia é independente de qualquer juízo de verdade ao fato.

De maneira diferente de Smith, Mill também considerou o assunto do ponto de vista do leitor, e aqui a questão torna-se não uma questão da intenção do poeta, nem do *status* lógico do texto poético, mas do papel da crença ou da aceitação da experiência estética. Em seu Diário, Mill anotou:

> Aqueles que pensam que são chamados, em nome da verdade, a declarar guerra contra ilusões, não percebem a diferença entre uma ilusão e uma delusão. Uma delusão é uma opinião equivocada – é acreditar em uma coisa que não é. Uma ilusão, pelo contrário, é uma questão unicamente de sentimento e pode existir completamente separada da delusão. Ela consiste em extrair de uma concepção que se sabe não ser verdadeira, mas que é melhor do que a verdade, o mesmo benefício aos sentimentos que dela seriam extraídos se fosse realidade.[87]

Extrair "o mesmo benefício aos sentimentos que dela seriam extraídos se fosse realidade": aqui, em um estágio mais do que embrionário, encontra-se a distinção importante de I. A. Richards entre "afirmação científica, onde a verdade é, basicamente, uma questão de verificação", e a "expressão emotiva" do poeta, que se compõe de sentenças que parecem afirmações, mas são, de fato, "pseudodeclarações". Como Richards coloca o assunto, "não é ofício do poeta fazer declarações verdadeiras", pois "uma pseudodeclaração é "verdadeira" se ela se adequa e serve a algum ponto de vista". "Pseudodeclarações às quais não atribuímos qualquer crédito e afirmações propriamente ditas tais como as que a ciência fornece, não podem ser conflitantes."[88]

---

86 "What Is Poetry?", *Early Essays*, p.205; cf. Smith, "The Philosophy of Poetry", p.836.
87 Registro de 11 jan. 1854, in *Letters of John Stuart Mill*, II, p.358.
88 *Science and Poetry* (Londres, 1926), p.56, 58-9, 61; cf. também a discussão de "Poetry and Beliefs", em *Principles of Literary Criticism*, de Richard, cap. XXXV. Poemas líricos, também diz Rudolph Carnap, expressam sentimentos e "não são verdadeiros nem falsos, pois não afirmam nada"; eles residem completamente "fora da discussão da verdade e da falsidade" (*Philosophy and Logical Syntax*, Londres, 1935, p.29).

Ao diferenciar ilusão (*illusion*) de delusão (*delusion*), ou "acreditar em uma coisa que não é", Mill, com toda a probabilidade, tinha em mente a descrição que Coleridge faz na *Biographia Literaria* "daquela *ilusão*, em oposição a *delusão*, aquela fé *negativa* que simplesmente permite que as imagens apresentadas operem por suas próprias forças, sem qualquer negação ou afirmação de sua existência real pelo juízo".[89] Os princípios de Coleridge da suspensão voluntária da descrença são citados por proponentes modernos da visão de que verdade ou falsidade é irrelevante para a afirmação poética;[90] e, de fato, os conceitos lógico e psicológico são correlatos naturais.

No século XVIII, as discussões acerca da crença em relação à poesia haviam gravitado ao redor de dois problemas – o estado de espírito do público em uma apresentação teatral[91] e as condições psicológicas que tornariam o conteúdo sobrenatural aceitável ao leitor.[92] Coleridge seguiu essas tradições, aplicando sua análise da atitude estética tanto ao teatro quanto aos poemas do sobrenatural. O efeito das apresentações teatrais é "uma espécie de meia fé temporária", uma "crença negativa", sustentada voluntariamente; o estado de espírito é análogo àquele de um sonho, onde "nem acreditamos, nem desacreditamos", já que "qualquer ato de julgamento, seja de afirmação, seja de negação, é impossível".[93] Na *Biographia Literaria*, Coleridge aplicou a famosa expressão "aquela suspensão voluntária de descrença momentânea, a qual constitui a crença poética", especificamente à recepção pelo público de personagens poéticas que são "sobrenaturais ou, pelo menos, românticas".[94] Contudo, está claro que Coleridge também ampliou sua teoria para explicar a atitude do leitor com relação a personagens e eventos realísticos. Na citação com que esta seção se iniciou, por exemplo, a fé negativa "sem negação ou afirmação" é apresentada em uma discussão, mostrando em Wordsworth "adesão ao *pragmático* em personagens e incidentes" e a atitude do

---

89 *Biographia*, II, p.107.
90 Cf., p. ex., I. A. Richards, *Practical Criticism* (Londres, 1930), p.277.
91 Cf.: "Preface to Shakespeare", *Johnson on Shakespeare*, p.25-8; Farquhar, *A Discourse upon Comedy*, in *Critical Essays of the Eighteenth Century*, org. Durham, p.281; DuBos, *Critical Reflections*, I, p.349-50; A. W. Schlegel, *Lectures on Dramatic Art and Literature*, p.246, e *Sämtliche Werke*, VI, p.24. Walter Scott expandiu a teoria de Johnson em seu "Essay on the Drama" (1819), *Prose Works*, VI, p.308-12.
92 Cf.: Kames, *Elements of Criticism*, II, i, p.7 (I, p.77-9, 86); Hume, *A Treatise of Human Nature*, I, iii, 10 (p.123); Hartley, *Observations on Man*, I, iv, I (p.270); Hurd, *Letters on Chivalry and Romance*, Carta X; Twining, *Aristotle's Treatise on Poetry*, p.487 (nota 222).
93 *Coleridge's Shakespearean Criticism*, I, p.199-203. Cf. também sua carta a Daniel Stuart, 13 mai. 1816, Letters, org. E. H. Coleridge, II, p.663-4.
94 *Biographia*, II, p.6.

leitor com relação a épicos baseados na história bíblica. Posteriormente, na *Biographia Literaria*, Coleridge utiliza o mesmo conceito para explicar a eficácia de personagens tais como o Satã, de Milton, e Iago e Edmundo, de Shakespeare.[95]

Na teoria de Coleridge, então, as representações teatrais e as personagens e eventos apresentados em poesia narrativa – sobrenatural ou realista –, quando adequadamente conduzidas pelo autor, agradam sem afirmar ou negar sua relação com fatos. Discussões recentes do *locus* da crença em poesia, entretanto, têm convergido seu foco maior para o estado da mente, em que lemos afirmações ou generalizações aparentes – particularmente afirmações teológicas (por exemplo, em Dante: "Em Vossa vontade está nossa paz"), ou generalizações morais e filosóficas básicas (em Shakespeare: "Maturidade é o que há de maior valor"). Teria Coleridge também sustentado a visão de que afirmações poéticas desses eternos princípios religiosos e filosóficos são adequadamente lidas sem negação ou afirmação?

Há evidência de que ele o tenha feito, mas dentro de certos limites. Coleridge definiu um poema como sendo "propor como seu objetivo *imediato* o prazer, não a verdade", e ele repreendeu Wordsworth por destruir, em alguns de seus poemas, a distinção fundamental "não apenas entre poema e prosa, mas até mesmo entre filosofia e obras de ficção", propondo como objetivo imediato a verdade em vez do prazer.[96] De relevância especial é a discussão que Coleridge faz da ode à imortalidade, de Wordsworth. Quatro décadas após sua composição, o próprio Wordsworth protestou contra a conclusão que ele lá pretendia dar, ou seja, a de inculcar uma crença em "um estado prévio de existência".

> Arquimedes disse que poderia mover o mundo se tivesse um ponto onde pudesse colocar sua máquina. Quem não sentiu as mesmas aspirações com relação ao mundo de sua própria mente? Tendo que empregar alguns dos elementos nela contidos quando fui impelido a compor este Poema sobre a "Imortalidade da alma", agarrei-me à noção da preexistência como passível de fornecer fundamento suficiente na humanidade para, com meu propósito em mente, me autorizar a dar a ela o melhor uso possível como Poeta.[97]

Para Wordsworth, há uma diferença entre uma asserção dogmática direta e uma "noção" tomada por alguém como seu propósito especial "como Poeta" – uma diferença que, aparentemente, não é nem afirmada nem negada, mas utilizada como um postulado poético para, sobre ele, erguer uma estrutura que incorpo-

---

95 Ibid., II, p.103, 186-9.
96 Ibid., II, p.10-1, 104.
97 *Poetical Works*, org. De Selincourt e Darbshire, IV, p.464.

re elementos tomados da experiência interior do poeta. Cerca de quinze anos antes, no curso de uma análise da composição de Wordsworth, Coleridge havia dito coisa muito semelhante; Wordsworth sentiu-se muito incomodado.

> Mas a ode foi escrita apenas para os leitores que estavam acostumados... a sentir um interesse profundo por modos de ser os mais íntimos possíveis, aos quais eles sabem que os atributos de tempo e espaço são estranhos e inaplicáveis, mas que, ainda assim, não podem ser transmitidos senão em símbolos de tempo e espaço. Para tais leitores, o sentido é suficientemente claro e eles estarão tão pouco dispostos a acusar o sr. Wordsworth de acreditar na preexistência platônica da interpretação comum das palavras como estou eu em acreditar que o próprio Platão jamais pretendeu ou ensinou isso.[98]

Portanto, ao menos existem alguns elementos doutrinários aparentes em poesia que são lidos como asserções apenas por equívoco, e que são acolhidos mais do que propriamente aprovados ou refutados. Não obstante, ao contrário de alguns entusiastas mais recentes, Coleridge estabeleceu limites rígidos à aplicação desse princípio. Poucas páginas antes ele havia incidentalmente atacado aquelas sentenças da Ode que tratam uma criança de seis anos como "o melhor Filósofo" e o "Vaticinador abençoado",

> On whom those truths do rest,
> Which we are toiling all our lives to find.
>
> [Sobre quem repousam aquelas verdades
> Que, durante toda a vida, lutamos para encontrar.]

"Em que sentido", Coleridge deseja saber, "uma criança dessa idade é um *filósofo*? Em que sentido ela *lê* 'as profundezas eternas'?"[99] Coleridge propõe que suspendamos nossa descrença do postulado da metempsicose, que é, no mínimo, inteligível como teoria, embora não necessitemos creditá-la para além do poema. Entretanto, aparentemente, ele não concederá absolvição a doutrinas poéticas que, como essas, não têm bases suficientes para que nelas a mente possa repousar,

---

98 *Biographia*, II, p.120-1.
99 Ibid., II, 111. I. A. Richards critica Coleridge pelo que ele considera como um literalismo inconsistente nesse caso. Podemos, diz ele, "tomar todos os supostos atributos da criança de Wordsworth como ficções, como parte do mito" exemplificado na noção da preexistência (*Coleridge on Imagination*, Londres, 1934, p.135-7). A opinião de Richard é corroborada por Cleanth Brooks em *The Well-Wrought Urn* (New York, 1947), p.129 e ss.

mesmo que temporariamente, para o acesso aos planejados "modos do ser mais íntimos do poeta".

O uso da poesia romântica

A necessidade de justificar a existência de poetas e a leitura de poesia acentua-se em tempos de pressão social. A era romântica inglesa, que ocorreu pouco depois da Revolução Francesa, em meio à guerra e a rumores de guerra, e sob a pressão de ajustes sociais e políticos à Revolução Industrial, foi comparável ao próprio período entre as duas Grandes Guerras. Ainda assim, foi essa exatamente a época em que os teóricos da poesia, abandonando definições tradicionais de poesia como espelho da verdade ou como uma arte para produzir efeitos em um público, coincidiram nas referências que fizeram da poesia a intenções, emoção e imaginação do poeta como indivíduo. Se poesia é o transbordamento do sentimento do poeta, ou é expressão por si mesma – acima de tudo, se poesia, usando o termo de Mill, é "solilóquio", ou, como dizia Shelley, é o produto de um poeta cantando com sons melodiosos "para aliviar [sua] própria solidão" – poderia parecer que a comunicação torna-se displicente e o público apenas ouve às escondidas. Ocorre, então, um problema: que utilidade tem essa atividade para alguém que não seja o próprio poeta? Quando os utilitaristas atacaram a poesia por ela ser um comércio de luxo fora de moda ou um vestígio sem função de uma mentalidade primitiva, eles, de forma grosseira, fizeram uma acusação à qual os apologistas românticos, pela natureza de suas premissas, eram peculiarmente vulneráveis.

Como introdução às considerações de suas ligações com esse problema, façamos a divisão das teorias de valor poético em duas classes genericamente distinguíveis:

(1) Poesia tem valor intrínseco, e como poesia, apenas valor intrínseco. Ela deve ser avaliada pelo crítico literário apenas e exclusivamente como poesia, como um fim em si mesma, sem referência aos seus possíveis efeitos no pensamento, sentimento ou atitude de seus leitores.

(2) Poesia tem valor intrínseco e também valor extrínseco, como um meio para efeitos morais e sociais que vão além dela mesma. Os dois não podem (ou, pelo menos, não devem) ser separados pelo crítico na avaliação de seu valor poético.

A primeira proposição é o elemento comum nas formulações diversificadas de arte pela arte. Várias tendências na crítica alemã do final do século XVIII convergiam para esse ponto de vista. A analogia entre uma obra de arte e um organismo natural abriu a possibilidade de que seu fim pudesse ser considerado simplesmente como a existência do todo; conforme Goethe afirmou, "uma obra de arte precisa ser tratada como uma obra da natureza", no sentido de que "o valor da cada uma deve surgir de si mesma e ser considerado em si mesmo".[100] A analogia heterocósmica, originalmente desenvolvida para liberar o poema da necessidade de se adequar às leis deste mundo, imaginando-o como seu próprio mundo, com suas próprias leis, sugeriu a alguns críticos que ele é também seu próprio fim. Já em 1788, Karl Philipp Moritz, escrevendo "On the Formative Imitation of the Beautiful" [Sobre a imitação formadora do belo], argumentou que uma obra de arte é um microcosmo com uma estrutura paralela à da natureza e, como ela, "um todo autossuficiente" e belo apenas enquanto "não tem necessidade de ser útil". Utilidade é coisa supérflua, acidental, e não pode nem aumentar nem diminuir o belo; isso "não necessita de qualquer fim, qualquer propósito para sua presença fora de si mesma, mas tem seu valor integral e a finalidade de sua existência em si mesma", pois a energia do artista

> cria para si mesma seu próprio mundo, em que nada isolado possui um lugar, mas cada coisa é à sua própria maneira um todo autossuficiente.[101]

Em *Crítica da faculdade de julgar*, de Kant, escrito dois anos mais tarde, a tendência é separar as faculdades do conhecimento, da vontade e do sentimento e, portanto, isolar um do outro os domínios da verdade, da bondade e do belo. E como Kant negava a teleologia à natureza, a mesma coisa ele fez com o analogismo a ela – a obra de um gênio nato. Beleza é propósito (*Zweckmässigkeit*) apreendido em um objeto "separado da representação de um fim"; e a observação do belo é inteiramente "contemplativa", "desinteressada", indiferente à realidade do objeto, e livre de qualquer "representação de sua utilidade".[102] A partir dos escritos de Kant, Schiller desenvolveu sua própria teoria de que a arte é o resultado de um "impulso lúdico", um jogo livre das faculdades sem motivações ulteriores; que a aparência é apenas estética na medida em que "renuncia expressamente a toda pretensão de realidade"; e que essa aparência deve ser apreciada sem desejo e sem "indagação de seu propósito".[103] No decorrer do século XIX, autores franceses, seguidos de autores ingleses, reagiram de maneira provocativa à indiferença ou hostilidade de uma sociedade utilitarista, ao cultivarem esses elementos na fórmula *l'art pour l'art*. "A humanidade nos odeia", escreveu Flaubert, "não iremos

---

100 *Kampagne in Frankreich*, in *Sämtliche Werke*, XXVIII, p.122.
101 *Ueber die bildende Nachahmung des Schönen*, in *Deutsche Litteraturdenkmale des 18. und 19. Jahrhunderts*, XXXI, p.10-2, 16.
102 *Critique of Aesthetic Judgement*, org. J. C. Meredith (Oxford, 1911), p.48-9, 69, 80.
103 *Ueber die ästhetische Erziehung des Menschen*, in *Werke*, VIII, p.92-5.

servi-la; iremos odiá-la"; e ele anunciou um afastamento deste mundo e dedicação à *"la religion de la beauté"*.[104] Os vários *slogans* desse movimento – todos eles – anunciavam que o valor de uma obra de arte termina nela mesma. A finalidade de um poema não é instruir, nem mesmo deleitar. A finalidade de um poema é simplesmente existir, ou ser belo; e toda arte, como disse Wilde, é totalmente inútil.

A segunda proposição, que nega que o juízo de valor poético deva ser separado da consideração dos efeitos sobre o leitor, é uma proposição que fora considerada, com poucas exceções, por críticos gregos antigos durante o século XVIII. Na Inglaterra, com muito menos competência do que na Alemanha, ela continuou a ser defendida por poetas e críticos durante o período romântico. "Se o romântico inglês é um sacerdote da arte", conforme Hoxie N. Fairchild comentou, "ele continua um pároco de aldeia que cura almas".[105] Keats, em seu culto à beleza e sua quase sacerdotal consagração à sua arte, bem como na constituição de muitos de seus poemas, chegou muito próximo da teoria e da prática de proponentes posteriores da arte pela arte. Em suas cartas, ele declarou que a abordagem que o poeta faz do bem e do mal termina apenas "em especulação"; advertiu Shelley que se considerarmos o propósito como o Deus de poesia, então *"an artist* precisa servir Mamon"; e ele também criticou as composições de Wordsworth pela razão de que "detestamos poesia que mostra uma intenção palpável sobre nós".[106] Outros de seus comentários, porém, deixam claro que Keats se opunha mais à maneira como Shelley e Wordsworth buscavam seus efeitos morais e sociais do que à inclusão desses efeitos no juízo da grandeza poética. Para Keats, a oposição entre beleza e utilidade, como aquela entre beleza e verdade, parece ter sido mais um aspecto da divisão contra ele próprio que foi resolvida somente com sua morte prematura. Ele é o primeiro grande poeta e manifestar aquela enfermidade estranhamente moderna – um conflito persistente e consciente entre as exigências da responsabilidade social e do distanciamento estético. Em seu primeiro poema significativo, Keats havia previsto que um dia ele iria abandonar o reino da Flora e do velho Pan para "encontrar as agonias, a discórdia/Dos corações humanos". Em seu último poema, ele reiterou que ninguém pode usurpar a altura, "Exceto aqueles para os quais as infelicidades do mundo/São um sofrimento". Sua própria poesia foi confessa-

---

104 *Correspondence*, III, p.294; I, p.225.
105 "The Romantic Movement in England", *Romanticism: A Symposium*, in PMLA, LV (1940), p.26.
106 Carta a Wordsworth, 27 out. 1818, *Letters*, p.228; carta a Shelley, 16 ago. 1820, p.507; carta a Reynolds, 3 fev. 1818, p.96. Entretanto, apenas três semanas antes (ibid., p.79), Keats havia definido *Excursion* de Wordsworth (que A. C. Bradley havia, com justeza, definido como "metade poema e metade conferência") como uma das "três coisas para se regozijar nessa época".

damente a poesia de um visionário e um sonhador, sem benefício "ao vasto mundo", mas a arte mais nobre não pode ser julgada unicamente pelos padrões da arte:

> Sure not all
> Those melodies sung into the world's ear
> Are useless; sure a poet is a sage;
> A humanist, physician to all men.[107]

> [Certamente nem todas
> Essas melodias entoadas no ouvido do mundo
> São inúteis; certamente o poeta é um sábio;
> Um humanista, o médico de toda a humanidade.]

Todavia, se os escritores do início do século XIX manifestaram a tradicional pretensão de que a arte válida tem utilidade para além da beleza, foi com uma importante e peculiar diferença. Críticos anteriores haviam definido poemas sobretudo como uma maneira agradável de mudar a mente do leitor; e o crítico wordsworthiano, principalmente como uma maneira de expressar a sua própria mente. O produto efetua aprimoramento humano, mas apenas por meio da expressão – e, portanto, da evocação – desses estados de sentimento e de imaginação que são as condições essenciais da felicidade humana, da decisão moral e da conduta. Ao colocar o leitor em seu próprio estado mental afetivo, o poeta, sem inculcar princípios, forma diretamente o caráter.

A natureza da mudança de perspectiva torna-se clara se colocarmos um comentário de dr. Johnson acerca de Shakespeare ao lado de um comentário de Wordsworth acerca de si mesmo. De acordo com Johnson, o defeito básico de Shakespeare está no fato de que ele

> é tão mais preocupado em agradar do que em instruir, que ele parece escrever sem qualquer intenção moral... Seus preceitos e axiomas afloram casualmente dele... ele conduz suas personagens indiferentemente através do certo e do errado, e no final... deixa que os exemplos delas operem por acaso.[108]

O autor deve partir deliberadamente para a realização de um propósito moral, através da afirmação de princípios e da apresentação de exemplos morais; e o pressuposto é, como Pope asseverou, que o público

---

107 "Sleep and Poetry" (1816), ll. p.124-5; "The Fall of Hyperion" (1819), canto I, ll. p.147-59; p.166-7; p.187-90. Cf. Keats, *Letters*, p.134-5.
108 "Preface to Shakespeare", *Johnson on Shakespeare*, p.20-1. Cf. *Rambler* n.4.

Live o'er each scene, and be what they behold.[109]

[Viverá cada cena, e será aquilo que ele próprio observa.]

Por sua vez, Wordsworth desenvolveu uma concepção acerca da função social do poeta que não foi menos solene do que a dada por Spenser ou Milton antes dele. Ele escreveu para *Sir* George Beaumont: "Todo grande Poeta é Mestre; eu gostaria ou de ser considerado um Mestre ou nada".[110] "O poeta", diz ele, escreve sob a premência "de conceder prazer"; e em sua defesa de Robert Burns, Wordsworth atribuiu à poesia um objetivo duplo que, em uma expressão que já era arcaica, ele definiu como "agradar e instruir".[111] E cada um de seus poemas, conta-nos ele no Prefácio a *Lyrical Ballads*, "tem um propósito digno". Porém, esse propósito, Wordsworth esclarece, no ato da composição em si mesmo, não é deliberado nem doutrinário, "pois toda poesia de valor é o transbordamento espontâneo de sentimentos intensos", o que, em pensamento anterior, associou-se de forma tão habitual a temas importantes que,

> ao obedecer cega e mecanicamente aos impulsos desses hábitos, podemos descrever e articular sentimentos de tal natureza e em tal conexão um com o outro que o entendimento do Leitor deve necessariamente ser em algum nível iluminado e suas afeições, fortalecidas e purificadas.[112]

Em contraposição a Johnson, Wordsworth sustenta a ideia de que, em vez de contar e demonstrar o que fazer para se tornar melhor, a poesia, ao sensibilizar, purificar e fortalecer os sentimentos, nos *torna* imediatamente melhores. Um grande poeta, disse ele, deve "retificar os sentimentos dos homens... torná-los mais saudáveis, puros e permanentes". E, mais uma vez: um homem é superior a outro contanto que "seja instigado sem a aplicação de estimulantes desmesurados e violentos", de forma que "esforçar-se para gerar ou expandir essa capacidade é um dos melhores serviços a que, em qualquer época, um autor pode se dedicar". Na afirmação que segue, Wordsworth apontou sua justificativa explícita para a função da poesia – "ciência dos sentimentos" – no mundo de sua época, um mundo

---

109 "Prologue to Mr. Addison's Tragedy of Cato", l, p.4.
110 Jan. ou fev. 1808, in *The Letters of William and Dorothy Wordsworth: The Middle Years*, I, p.170.
111 *Wordsworth's Literary Criticism*, p.25, 213; cf. também p.217. Disse Coleridge: "O poeta deve sempre visar o prazer como seu meio específico; mas... todos devem visar algo mais nobre como seu fim, a saber, o cultivar e predispor o coração do leitor..." (*Coleridge's Miscellaneous Criticism*, p.321).
112 *Wordsworth's Literary Criticism*, p.15-6.

de crises internacionais e desordem social. Tal serviço, disse ele, nunca foi mais necessário "do que nos tempos atuais", quando o impacto dos "grandes eventos nacionais" e "a uniformidade de... ocupações" resultantes do "crescente acúmulo das pessoas nas cidades" tendem a reduzir a mente "a um estado de estupor quase selvagem".[113] Também, nessa substituição de uma cultura predominantemente doutrinária por outra predominantemente emocional o poeta não perde absolutamente nada de sua glória renascentista. O poeta de Wordsworth, "levando consigo a toda parte relações humanas e amor, une pela paixão e pelo saber o vasto império da sociedade humana, espalhada por toda a terra, todo o tempo". Ele articula sentimentos que, por "compaixão imediata e natural", nos conectam "uns com os outros", de forma que, enquanto o "Homem da ciência" confabula com "partes especiais da natureza", o poeta "confabula com a natureza em geral". Como consequência, Wordsworth (de uma maneira que antecipa, mas de forma reversa, a figura que Shelley construiu do poeta como um rouxinol solitário) pode argumentar que é o cientista quem acalenta a verdade "em solidão", e é o poeta quem canta "uma canção em que todos os seres humanos se juntam a ele".[114]

O conceito moral aqui implícito – a mudança da ética racional e prudente de Bentham e de Godwin, quando jovem, para a de outros teóricos do século XVIII que colocaram sensibilidade e compaixão no centro da moralidade – surge claramente, mesmo que de forma primária, em um discípulo de Wordsworth: Thomas De Quincey. "A literatura do poder" opõe-se à "literatura do saber". "O que se aprende com *Paraíso perdido*? Absolutamente nada." Não obstante, a poesia como uma espécie de ginástica emocional retém uma eficácia moral não cognitiva:

> Não fosse pelo fato de que as sensibilidades humanas são examinadas e continuamente convocadas para exercício pela... literatura conforme ela recombina esses elementos nos arremedos da poesia, do romance etc., é certo que como qualquer força animal ou energia muscular que cai em desuso, todas essas sensibilidades gradativamente se enfraqueceriam e definhariam. É em relação a essas grandes capacidades *morais*... que a literatura do poder... vive e tem seu campo de ação... E, por essa razão, a supremacia do autor mais comum que *emociona* ou que ensina – se é que o faz – indiretamente *provocando emoção*, dentre todos os autores que meramente *ensinam*.[115]

Para Platão, poesia era ruim porque provocava as emoções, e, para Aristóteles, poesia (ou, pelo menos, a tragédia) era boa porque purificava as emoções.

---

113 Carta a John Wilson, ibid., p.7; Prefácio a *Lyrical Ballads*, ibid., p.16-7. Cf. p.202.
114 Prefácio a *Lyrical Ballads*, ibid., p.27-8.
115 "The Poetry of Pope", *Collected Writings*, XI, p.55-7.

Para o wordsworthiano, poesia, ao fortalecer e refinar as emoções, está entre os bens supremos.

"Uma defesa da poesia", de Shelley, foi de longe a mais notável e bem fundamentada de todas as declarações românticas acerca do valor moral da poesia. Em seu *Four Ages of Poetry*, Peacock pode ter utilizado argumentos utilitaristas apenas como norma satírica, mas suas ponderações foram tomadas muito seriamente por Shelley, que ansiava por unir as funções do poeta e do reformador. Enquanto ainda muito jovem, Shelley insistira em que "beleza poética deve estar subordinada à moral inculcada", e que poesia deve ser "um instrumento agradável de instrução proveitosa e significativa".[116] Os prefácios aos seus poemas mais longos, entretanto, revelam uma crescente depreciação do conceito do ensinar por proposição moral até que, no prefácio a *Prometheus Unbound* [Prometeu libertado], ele diz abertamente: "A poesia didática merece toda a minha repulsa". Ele admite, todavia, que não abandonou sua "paixão pela reforma do mundo".[117]

Alguns anos mais tarde, em "Uma defesa da poesia", Shelley mostrou como a poesia pode levar ao aperfeiçoamento moral e social sem afetar diretamente "um objetivo moral", ou tentar "ensinar certos princípios". Em parte, ele explica esse efeito de forma platônica. Visto que as "formas imutáveis" sobre cujas bases um poema é modelado incorporam não apenas o belo, mas também o verdadeiro e o bom, poemas que são belos automaticamente ensinam por contágio moral. Assim, o público de Homero admirava, "até que, da admiração, passou a imitar, e da imitação passou a identificar-se com os objetos de sua admiração".[118] Porém, conforme seu costume, Shelley então passa da discussão de formas platônicas para a discussão dos conceitos de psicologia. Ele definira poesia como "expressão da imaginação", e a imaginação é o órgão pelo qual o indivíduo se identifica com outras pessoas. "O grande segredo da moralidade é o amor; ou um sair de nossa própria natureza e nos identificar com o belo que existe em pensamento, ação ou pessoa que não seja a nossa própria pessoa."[119]

A teoria de Shelley está fundamentada, de fato, no mito de Eros tal como apresentado em *O banquete*, de Platão – "O amor", declara Shelley no mesmo ensaio, "encontrou um poeta digno em Platão, e somente nele, entre todos os antigos"[120] –, mas esse é, evidentemente, um Platão interpretado de acordo com a psicologia in-

---

116 Carta a Elizabeth Hitchener, 5 jun. 1811, *The Complete Works*, org. Ingpen e Peck, VIII, p.100.
117 *Complete Poetical Works*, org. Thomas Hutchinson, p.207.
118 *Shelley's Literary and Philosophical Criticism*, p.129-30, 132, 136.
119 Ibid., p.121, 130-1.
120 Ibid., p.144. Shelley traduziu "Symposium" em 1818, três anos antes de escrever "Defence of Poetry".

glesa da imaginação compassiva corrente na época. O fenômeno do *Mitfühlung* [Compaixão] havia sido assunto de intensa especulação durante um século, não apenas por parte de sentimentalistas, mas também pelas mentes filosóficas mais argutas da Inglaterra, incluindo Hume, Hartley, Adam Smith e Godwin. Por essa teoria, esses estudiosos haviam procurado preencher o vazio entre o individualismo atomista (postulado pela filosofia empírica) e a possibilidade de altruísmo – em termos de século XVIII, o vazio entre "amor próprio e amor social".[121] E o desfecho da mistura que Shelley faz de Platão e do empirismo inglês foi, com efeito, a antítese da recomendação de Diotima em *O banquete*: que nos desembaracemos das pessoas e coisas deste mundo e, por uma escada que nos conduza a abstrações, alcancemos o bem supremo em uma "contemplação da beleza absoluta"[122] em outro mundo. Em oposição radical, Shelley imagina que o bem supremo está na completa anulação do autodesapego e da autossuficiência, culminando na identificação do homem individual com todos os outros homens.

> Um homem, para ser realmente bom, precisa fantasiar de forma intensa e abrangente; precisa se colocar no lugar do outro e de muitos outros; as dores e os prazeres de sua espécie precisam se tornar suas também. O grande instrumento de bondade moral é a imaginação; e a poesia contribui para esse efeito, agindo sobre a causa.

Para Shelley, como para Wordsworth e De Quincey, a importância da poesia como instrumento moral estava em sua capacidade de exercitar e fortalecer a subestrutura da ação moral, embora, na visão dele, isso não fosse tanto uma questão de sentimento quanto de solidariedade. É, acima de tudo, ao transmitir seu poder de compaixão e compreensão universal que os poetas, embora cantando em solidão, se tornam "os hierofantes de uma inspiração não apreendida" e "os legisladores não reconhecidos do mundo".[123]

Dirigindo-se, em seguida, especificamente ao argumento dos benthamistas de que poesia não tem utilidade, Shelley admite a validade do critério, mas amplia seu significado. A utilidade do conhecimento científico e tecnológico, que "bane a importunação dos desejos de nossa natureza animal" e dissemina "as fantasias da superstição", é real, porém transitória. A utilidade maior, adverte Peacock, consiste de um prazer "duradouro, universal e permanente"; nesse sentido, "o

---

121 Para a análise de Godwin sobre a compaixão como conceito ético, cf. seu *Enquiry Concerning Political Justice*, org. F. E. L. Priestley (Toronto, 1946), I, 421-38; e, para uma discussão sobre as referências de Shelley à teoria de Godwin, cf. ibid., Introdução, III, p.108 e ss.
122 "Symposium", trad. para o inglês de Jowett, p.211.
123 "Defence of Poetry", *Shelley's Literary and Philosophical Criticism*, p.159; cf. p.131.

que quer que fortaleça e purifique as afeições, expanda a imaginação e acrescente espírito aos sentidos, é útil"; e "aqueles que produzem e preservam esse prazer são poetas ou filósofos-poetas". E Shelley, agora atacando os utilitaristas, põe a culpa das mazelas progressivas da sociedade na grande desproporção entre o progresso da ciência e o da imaginação poética e moral no homem. O fragmento a seguir é o ponto alto de seu ensaio, e permanece uma clássica denúncia de nossa sociedade tecnológica, materialista e aquisitiva

> O desenvolvimento das ciências, que tem expandido os limites do império do homem sobre o mundo externo, tem, pela ausência da faculdade poética, circunscrito proporcionalmente aquelas do mundo interior; e o homem, tendo escravizado os elementos, continua ele próprio um escravo... O desenvolvimento da poesia nunca é mais desejado do que em períodos quando, por um excesso de princípio egoísta e calculista, a acumulação dos materiais da vida exterior excede a quantidade do poder de assimilação deles às leis internas da natureza humana.[124]

Cabe bem fechar esse assunto com o depoimento de um utilitarista que, em palavras medidas, atribuiu à poesia uma parte fundamental na restauração de sua capacidade de ser feliz. Ao dizer que encontrou nos poemas de Wordsworth "a própria cultura dos sentimentos" de que ele necessitou quando de seu esgotamento nervoso, John Stuart Mill juntou-se a vários excelentes leitores – inclusive Coleridge, Arnold e Leslie Stephen[125] – que atestam o "poder de cura" de Wordsworth; e se parece a muitos modernos aficionados de poesia que isso significa avaliar seus poemas pelo que é extrínseco, e não verdadeiramente poesia, ainda assim é o cumprimento que Wordsworth buscou e ao qual teria dado o mais alto valor.

Bentham, o primeiro mentor de Mill, ensinara que, "com relação à paixão... a repressão, e não o estímulo", é o objetivo a ser buscado; e James Mill, relata seu filho, "considerava como uma aberração do padrão moral dos tempos modernos... a grande pressão colocada sobre o sentimento".[126] Após descobrir a poesia no final da década de 1820, John Mill não abandonou a teoria utilitarista de valor, mas, como fizera Shelley, expandiu-a para incluir a área para a qual sua percepção

---

124 Ibid., p.148-52. Para a réplica de William Hazlitt à depreciação utilitarista da poesia, cf. *The Plain Speaker*, in *Complete Works*, p.161-2, 245-8.
125 J. S. Mill, *Autobiography*, p.104; Coleridge, "To William Wordsworth", ll. p.61 e ss.; Arnold, "Memorial Verses"; Stephen, "Wordsworth's Ethics", *Hours in a Library* (Londres, 1907), II, p.276, 299. Cf. também John Morley, Introdução a *The Complete Poetical Works of William Wordsworth* (ed. Globe; Londres, 1926), p.lxvi-lxvii.
126 Bentham, *Language*, in *Works*, VIII, p.301; J. S. Mill, *Autobiography*, p.34.

havia despertado. O novo utilitarismo, escreveu ele a Lytton Bulwer, "considera o sentimento, no mínimo, como tão valioso quanto o pensamento, e equipara a Poesia a qualquer Filosofia verdadeira e abrangente, além de considerar a primeira também como condição necessária da segunda".[127]

Como Wordsworth, a quem ele se voltou para fazer crítica e poesia, Mill atribuía ao poeta "o cultivo dos sentimentos" e a assistência "na formação do caráter". Suas razões psicológicas são que "a capacidade de sentimento intenso", que se supõe perturbar o julgamento, "é também material do qual todas as *motivações* são feitas", de forma que "a energia do caráter é sempre o resultado de um sentimento intenso".[128] Um poema é um solilóquio, mas o próprio fato de que o poeta está obliterado em relação a um público, porque isso lhe garante expressar sentimentos "exatamente como ele os sentiu",[129] garante ainda mais a integridade do efeito emocional. E embora o ímpeto da reação de Mill o tenha levado primeiramente a criar uma oposição indefensável entre o papel da intelecção e do sentimento em poesia, ele logo alcançou uma visão mais equilibrada. "Todo grande poeta... é um grande pensador", escreveu ele em 1835; e somente ao preencher suas faculdades emocionais pela "cultura sistemática do intelecto" pode um poeta alcançar

> o fim mais nobre da poesia como uma busca intelectual, aquela de atuar sobre os desejos e atributos da humanidade através de suas emoções; de erguê-los a caminho da perfeição de sua natureza.[130]

Essa é a visão de uma crítica literária humanista, e Mill tinha um excelente motivo para protestar contra Matthew Arnold pelo fato de este tê-lo incluído "na lista dos inimigos da cultura".[131] Com efeito, depois de dizer adeus ao partidarismo mais bem representado por seus notáveis ensaios sobre Bentham e Coleridge, pode-se dizer que Mill, tanto quanto qualquer inglês, anunciou e sancionou os princípios fundamentais do humanismo de Arnold – oposição à estreiteza mental e à complacência dos ingleses; recomendação do que de melhor se pensou e disse em todas as épocas; denúncia da influência desumanizadora de uma sociedade comercial e industrial; e insistência em valores individuais contra pressões crescentes na direção da conformidade com as massas.[132]

---

127 23 nov. 1836, *Letters of John Stuart Mill*, I, p.104.
128 *Autobiography*, p.106; *Early Essays*, p.234.
129 *Early Essays*, p.209.
130 "Tennyson's Poems", ibid., p.260-1.
131 Carta a Alexander Bain, 4 nov. 1867, *Letters*, II, p.93.
132 Cf., p. ex., Os ensaios de Mill "Civilization" (1836) e "Inaugural Address Delivered as St. Andrews" (1867), e outros ensaios reunidos em seu *Dissertations and Discussions*.

O paralelo entre esses escritores, tão diferentes em temperamento e treinamento intelectual – e por esse fato, tão amplamente representativos das principais linhas do pensamento vitoriano – pode ser investigado ainda com mais profundidade. Na era vitoriana, finalmente ficou claro para os homens prudentes que se os métodos e descrições da ciência natural são usados para exaurir as possibilidades da verdade, as afirmações da religião tradicional tornam-se não menos ficções e ilusões do que aquelas da poesia tradicional. Sujeitos à crítica "científica", os assuntos relativos à revelação começaram a se reduzir ao *status* daquelas invenções de mito e superstição cuja fuga diante da marcha do experimento havia alegrado o bispo Sprat e outros devotos positivistas do século XVII. No tempo de Arnold, a guerra entre a ciência e a poesia estava se transformando ostensivamente em uma guerra entre ciência e religião; e para salvar o que ele considerava essencial na religião, Arnold estendeu até aquela área uma estratégia que já havia sido aplicada à teoria. Já observamos a tendência anterior a conceder a verdade da asserção à ciência e a fazer da poesia um campo de discurso emocional independente de verdade factual ou de crença; nesse discurso, haveria uma concepção reconhecida como "não verdadeira" da qual extrairíamos "o mesmo benefício aos sentimentos que dela seria extraído se fosse realidade". A inovação de Arnold (no que, em nossos dias, ele é seguido por I. A. Richards) foi colocar na poesia, com esse manifesto poder de alcançar efeitos independentemente de aprovação, a tremenda responsabilidade das funções que, uma vez, foram realizadas pelos desacreditados dogmas da religião e da filosofia religiosa. "O futuro da poesia", disse ele, e depois citou a si mesmo como tendo dito, "é imenso".

> Nossa religião materializou-se no fato, no suposto fato; ela anexou sua emoção ao fato, e agora o fato a está desapontando. Mas para a poesia, a ideia é tudo... A poesia junta sua emoção à ideia; a ideia *é* o fato.

E Arnold invocou as declarações de Wordsworth acerca das relações entre poesia e ciência e conhecimento, a fim de confirmar sua própria opinião de que a humanidade terá de se voltar cada vez mais para a poesia "para interpretar a vida para nós, para nos consolar, para nos confortar. Sem poesia, nossa ciência parecerá incompleta; e a maior parte do que agora vemos como religião e filosofia será substituída por poesia".[133]

---

133 "The Study of Poetry", *Essays in Criticism*, segunda série (Londres, 1898), p.1-3. (F. E. Mineka me mostrou que Arnold, ao citar parte desse material de sua própria introdução ao primeiro volume de *The Hundred Greatest Men*, Londres, 1879, fez alterações interessantes no texto original.) *Science and Poetry*, de I. A. Richards, no qual parte dessa passagem de Arnold consta

Por sua vez, John Mill nos conta que, quando jovem, Bentham lhe oferecera "um credo, uma doutrina, uma filosofia; ou, para usar uma palavra no melhor dos sentidos, uma religião".[134] Quando ficou mais velho, entretanto, ele descobriu que poesia "é a melhor parte de toda arte, qualquer que seja, e da vida real também"; e seu amigo e biógrafo benthamista Alexander Bain conta com algum assombro que "ele parecia contemplar poesia como uma religião, ou melhor, como religião e filosofia combinadas em um só domínio".[135]

Essa não fora a atitude da primeira geração de críticos românticos, apesar de sua nobre avaliação da natureza da poesia e do seu lugar entre as principais preocupações da vida. Arnold citou Wordsworth em seu próprio favor; mas Wordsworth, embora fizesse da poesia o Alfa e Ômega da ciência – "o primeiro e o último de todo o conhecimento" –, não estendeu, em sua crítica, essa reivindicação à província da religião. Com muita cautela, Coleridge manteve a ciência, a poesia e a religião separadas, atribuindo a cada uma sua faculdade apropriada de conhecimento, imaginação e razão. Foi somente no início do período vitoriano, quando todo discurso era explícita ou tacitamente projetado nos dois vastos modos do imaginativo e do racional, do expressivo e do assertivo, que a religião se uniu à poesia em oposição à ciência, e que a religião, como consequência, foi convertida em poesia, e a poesia, em uma espécie de religião.

---

como epígrafe, é uma forma expandida da teoria de que a poesia nos permite preservar a eficácia moral e emocional sem os compromissos cognitivos da religião tradicional. Cf. também seu *Science and Poetry*, p.60-1.

134 *Autobiography*, p.47.

135 J. S. Mill, *Early Essays*, p.201; Alexander Bain, *John Stuart Mill* (Londres, 1882), p.154.

REFERÊNCIAS BIBLIOGRÁFICAS

AGOSTINHO. *De Trinitate.* Bloud et Barral, Livro II, 1881.
AIKIN, J. *Essay on Song-Writing.* Londres, 1810 (nova ed.) [1772].
AINSLIE, D. *The Essence of Aesthetic.* Croce [trad]. Londres, 1921.
AKENSIDE, M. *The Pleasures of Imagination.* Londres: v.I e III, 1744.
ALLEN, G. W.; CLARK, H. H. *Literary Criticism, Pope to Croce.* Nova York, 1941.
ALLPORT, G. W.; ODBERT, H. S. *Trait-Names, a Psycho-lexical Study, Psychological Monographs,* v.47, n. 211, 1936.
ALTERTON, M.; CRAIG, H. (Org.). The Poetic Principle/The Philosophy of Composition. In: Edgar Allan Poe, *Representative Selections.* Nova York, 1935.
ARISTÓTELES. *Parva Naturalia* [trad. do grego por B. G. Teubneri], 1898.
ARISTÓTELES. *Poetics.* Forgotten Books, 1927.
ARISTÓTELES. *Rhetoric.* [trad. para o inglês por W. Rhys Robert]. Oxford, 1954 [1924].
ARISTÓTELES. *Aristotle's Treatise on Poetry.* Londres, 1789.
ARNOLD, M. The study of poetry. In: *Essays in Criticism.* Segunda série. Londres, 1898.
BABBITT, I. *The New Laokoon.* Boston e Nova York, 1910.
BACON, F. *De Augmentis,* v.V, 1623.
BAIN, A. *John Stuart Mill.* Londres, 1882.
BAKER, C. D. Certain religious elements in the English doctrine of the inspired poet during the renaissance. In: *ELH.* New York: The Johns Hopkins University Press, v.VI, n.4, dec. 1939.
BAKER, J. M. *Henry Crabb Robinson.* Londres, 1937.
BALDWIN, J. M. (Org.). *Dictionary of Philosophy and Psychology.* Oxford, v.II, 1899.
BARNES, T. On the Nature and Essential Characters of Poetry (1781). In: *Memoirs of the Literary and Philosophical Society of Manchester.* Manchester, 1785.

BARSTOW, M. L. *Wordsworth's theory of poetic diction.* In: *Yale Studies in English,* New Haven, v.LVII, 1917.
BATE, W. J. The Sympathetic Imagination in Eighteenth-century English Criticism. In: *ELH.* Nova York: The Johns Hopkins University Press, v.XII, 1945.
BATTEUX, C. *Les Beaux Arts réduits à un même principle.* Paris, 1747.
BEACH, J. W. *The Concept of Nature in Nineteenth-Century English Poetry.* New York, 1936.
BEATTIE, J. *Essays on Poetry and Music.* 1779.
BEECHY, H. W. (Org.). Terceiro discurso. In: *The Literary Works.* Londres, v.I, 1855.
BENSON, A. C. *Walter Pater.* Nova York, 1906.
BENTHAM, J. Language. 11v. In: *Works.* Edinburgh: W. Tait, 1838-1843.
BENTHAM, J. *Early Essays,* 1838.
BENZIGER, J. Organic Unity: *Leibniz to Coleridge.* In: *PMLA.* v.LXVI, 1951.
BERGIN, T. G.; FISCH, M. H. [trad.] *Autobiography of Giambattista Vico.* Nova York: Ithaca, 1944.
BERNARD, J. H. *Kant, Critique of Judgement.* Londres, 1914.
BLACK, M. *Language and Philosophy.* Nova York: Ithaca, 1949.
BLACKMORE, R. sir. *Essays upon Several Subjects.* Londres, v.I, 1716.
BLAIR, H. *Lectures on Rhetoric.* Conferências VI e XXXVIII, 1783.
BLAIR, H. Critical Dissertation on the Poems of Ossian. In: *The Poems of Ossian.* Nova York, s.d. [1763].
BLAKE, W. Carta a Thomas Butts, 25 abr. 1803. In: *Poetry and Prose of William Blake,* 2008.
BLUNDEN, E. *Leigh Hunt's "Examiner" Examined.* Londres, 1928.
BLUNT, A. *Artistic Theory in Italy* 1450-1600. Oxford, 1940.
BOCCACCIO. *Genealogia deorum gentilium,* v.XIV, 1360.
BÖCKING, E. (Org.). *Sämtliche Werke.* Leipzig, v.VII, 1846.
BODMER, J. J. *Betrachtungen über die poetischen Gemählde,* 1741.
BODMER, J. J. *Critische Betrachtungen über die poetischen Gemählde.* Zurique, 1741.
BOILEAU, N. *L'Art poétique,* v.II, 1674.
BOND, D. F. Neo-classic theory of the imagination. In: *ELH,* v.IV, p.248, 1937.
BORGERHOFF, E. B. O. *The Freedom of French Classicism.* Princeton, 1950.
BOSWELL, J. *Life.* 16 out. 1769.
BOUHOURS, D. *Art of Criticism.* Londres, 1705.
BOWRA, C. M. *The Romantic Imagination.* Cambridge: Mass, 1949.
BOWRING, J. (Org.) Essay on Logic. In: *Works.* Edimburgo, v.VIII, 1843.
BOWRING, J. Resenha sobre *Poems,* de Tennyson. In: *Westminster Review,* v.XIV, n.223, 1831.
BRAY, R. *La formation de la doctrine classique em France.* Lausanne, 1931.
BREDVOLD, L. I. The tendency toward platonism in neo-classical esthetics. In: *ELH,* v.I, p.91-119, 1934.

BRETT-SMITH, H. F. B.; JONES, C. E. (Orgs.). *The Works of Thomas Love Peacock*. Londres, v.VIII, 1934.
BROOKS, C. *Modern Poetry and the Tradition*. Chapel Hill, 1939.
BROOKS, C. *The Well-Wrought Urn*. New York, 1947.
BROWN, C. A. *Shakespeare's Autobiographical Poems*. London, 1838.
BROWN, J. *A Dissertation on the Rise… and Corruptions of Poetry and Music*. Londres, 1763.
BRYSON, G. *Man and Society:* The Scottish Inquiry of the Eighteenth Century. Princeton, 1945.
BÜCHMANN. *Geflügelte Worte*. 23.ed. 1907.
BULLITT, J. W. Hazlitt and the romantic conception of the imagination. *Philological Quarterly*, v.XXIV, p.354-61, 1945.
BUNDY, M. W. The Theory of Imagination in Classical and Mediaeval Thought. *Estudos de Língua e Literatura da Universidade de Illinois*, v.XII, 1927.
BURNS, J. *Works*, v.XXVI, 1828.
BURTT, E. A. *The Metaphysical Foundations of Modern Physical Science*. Londres, 1925.
BUSH, D. *Mythology and the Renaissance Tradition in English Poetry*. Mineápolis, 1932.
BUSH, D. *Mythology and the Romantic Tradition*. Cambridge, 1937.
BUSH, D. *Science and English Poetry*. Nova York, 1950.
BYRON. *Childe Harold's Pilgrimage*, 1812-1818.
CAMPAGNAC, E. T. (Org.). *The Cambridge*. Platonists. Oxford, 1901.
CAMPBELL, G. *Philosophy of Rhetoric*, 2v. Edimburgo, v.I, 1808.
CARLYLE, T. *Works*. Oxford: Oxford University, 1985, v.I, IV, V.
CARRITT, E. F. (Org.). *Philosophies of Beauty*. Oxford, 1931.
CHARLTON, H. B. *Castelvetro's Theory of Poetry*. Manchester, 1913.
CÍCERO, M. T. *Ad M. Brutum Orator*. University Press, 1885.
CÍCERO, M. T. *De oratore*. Methuen and Co., 1904.
CÍCERO. *Pro Archia*. W. B. Clive & Co., 1892.
CLARK, A. F. B. *Boileau and the French Classical Critics in England*. Paris, 1925.
CLARKE C.; CLARKE, M. C. Recollections of Writers. Londres, 1878.
COBURN, K. (Org.). *Inquiring Spirit*. Londres, 1951.
COBURN, K. (Org.). *The Philosophical Lectures of Samuel Taylor Coleridge*. Nova York, 1949.
COLERIDGE, D. *(Org.). Essays and Marginalia. Londres, 1851.*
COLERIDGE, D. (Org.). *Lay Sermons*. 3.ed. Londres, 1852.
COLERIDGE, E. H. (ed.). *Anima Poetae*. Boston e Nova York, 1895.
COLERIDGE, E. H. (Org.). *Works of Lord Byron*. 13v., 1898
COLERIDGE, E. H. (Org.). *Letters of Samuel Taylor Coleridge*, v.I e II, 1895.
COLERIDGE, J. T. *Memoir of the Reverend John Keble*. 4.ed. Oxford, 1874.
COLERIDGE, S. T. *Aids to Reflection*. Londres, 1913.

COLERIDGE, S. T. Church and State. In: SHEDD (Org.). *The Complete Works of Samuel Taylor Coleridge*. Harpers & Brothers, v.VI, 1854.
COLERIDGE, S. T. *Table Talk*. Oxford, 1917.
CONDER, J. Resenha de The Star in the East. In: *Quarterly Review*, v.XXXII, 1825.
CONDILLAC, E. B. de. *An Essay on the Origin of Human Knowledge*. [trad. para o inglês por Thomas Nugent]. Londres, 1756.
COOK, W. (Org.). Prefácio a Modern Painters. 2.ed. 1844. In: *The Complete Works of John Ruskin*. Londres, v.III, 1903.
COUSIN, V. *Lectures on the True, the Beautiful, and the Good*. 1853 [trad. para o inglês de O. W. Wight. Nova York, 1858].
COWLEY, A. *The Works of Mr. Abraham Cowley*. 11.ed. Londres, v.I, 1710.
CRANE, R. S. (Org.). *Critics and Criticism, Ancient and Modern*. Chicago: The University of Chicago Press, 1952.
DARWIN, E. *The Botanic Garden*. 4.ed. Londres, 1799.
DAVENANT, W. Prefácio a Gondibert. In: *Critical Essays of the Seventeenth Century*, v.II, 1950.
DE GUÉRIN, M. *Essays in Criticism*. Londres, 1891.
DENNIS, J. Advancement and reformation of poetry. In: *The Critical Works of John Dennis*. Baltmore, The John Hopkins Press, v.I., 1939.
DENNIS, J. *The Critical Works of John Dennis*. Baltimore, The John Hopkins Press, v.I., 1939.
DE QUINCEY, T. Charles Lamb. In: *Collected Writings*. A & C Black: v.V, 1897.
DONNE, J. Sermão XXVI, de *Eighty Sermons* (1640), In: HAYWARD, J. (Org.). *Complete Poetry and Selected Prose*. Londres, 1932.
DRAPER, J. W. Poetry and music in eighteenth century aesthetics. In: *Englische Studien*, v.LXVII, 1932-3.
DUBOS, J. B. *Critical Reflections on Poetry Painting and Music*. [trad. para o inglês por Thomas Nugent]. Londres, v.I e II, 1748 [1719].
DUFF, W. *Critical Observations*. Londres, 1770.
DUFF, W. *An Essay on Original Genius*. Londres, 1767 [1744].
DU FRESNOY, C. A. *De arte graphica* [trad. para o inglês de Dryden.] 2.ed. Londres, 1716.
DURHAM, D. H. *Critical Essays of the Eighteenth Century*. New Haven, 1915.
DYSON, H. V. D.; BUTT, J. *Augustans and Romantics*. Londres, 1940.
ELLEDGE, S. The Background and Development in English Criticism of the Theories of Generality and Particularity. In: *PMLA*. p.147-82, 1947.
ELLIOT, H. S. R. (Org.). *Letters of John Stuart Mill*. Londres, 1910.
ELWIN, W; COURTHOPE, W. J (Orgs.). *The Works of Alexander Pope*. Londres, v.II, 1871.
EMMET, D. M. *The Nature of Metaphysical Thinking*. Londres, 1945.
ERHARDT-SIEBOLD, E. V. Some inventions of the pre-romantic period and their influence upon literature. In: *Englische Studien*, v.LXVI, 1931-2.

ERNST, J. *Der Geniebegriff der Stürmer und Dränger und der Frühromantik.* Zurique, 1916.
EWING, J. C. (Org). *Robert Burn's Commonplace Book.* Glasgow, 1938.
FARQUHAR, A. Discourse upon Comedy. In: DURHAM, W. H. (Org.). *Critical Essays of the Eighteenth Century,* v.32, 1917.
FASQUELLE, E. (Org.). *Flaubert,* Correspondence. Paris, v.II, 1900.
FERGUSON, A. *An Essay on the History of Civil Society.* 7.ed. Boston, 1809 [1767].
FERGUSON, J. D. L. (Org.). Carta a Moore, 2 ago. 1787. In: *The Letters of Robert Burns.* Oxford: v.I, 1931.
FERRIER (Org.). Christopher North (John Wilson). In: *Works.* Edimburgo e Londres, v.IX, 1857.
FERRIER (Org.). *The Works of Professor Wilson.* Edimburgo, v.VI, 1856.
FICHTE *Popular Works.* [trad. para o inglês de William Smith] Londres, 1873.
FIESEL, E. *Die Sprachphilosophie der deutschen Romantik.* Tübingen, 1927.
FINSLER, G. *Homer in der Neuzeit.* Leipzig e Berlim, 1912.
FORMAN, H. B. (Org.). *Complete Works.* Glasgow, v.III, 1901.
FORMAN, M. B. (Org.). *Letters.* Edimburgo, v.III, 1811.
FOX, W. J. Sobre Tennyson. In: *Monthly Repository,* nova série, v.VII, 1833.
FOX, W. J. *Monthly Repository,* v.LXIII, 1833.
FRASER, A. C (Org.). Principles of Human Knowledge. In: *Works.* Oxford, v.I, 1901.
FRASER, A. C. *Locke, Essay Concerning Human Understanding.* Oxford, v.I e II, 1894.
FRÉART, R. *Sieur de Chambray.* An Idea of the Perfection of Painting. [trad. para o inglês de J. E(velyn)]. Londres, 1668.
FREIMARCK, V. *The Bible in Eighteenth-Century English Criticism.* [Dissertação de doutorado não publicada.] Cornell University Library, 1950.
FULLER, B. A. G. *The Problem of Evil in Plotinus.* Cambridge, 1912.
GERARD, A. *An Essay on Taste.* Londres, 1759.
GERARD, A. *An Essay on Genius.* Londres, 1774 [1759].
GIBBS, J. W. (Org.). British magazine. In: *The Works of Oliver Goldsmith,* v.I, 1762.
GIBBS, J. W. M. (Org.). *Early Essays by John Stuart Mill.* Londres, 1897.
GIBBS, J. W. M. (Org.). On the cultivation of taste. In: *The Works of Oliver Goldsmith.* Londres, v.I, 1884.
GIDEL, A. C. (Org.) Épitre IX. *In: Oeuvres completes.* Paris, v.II, 1872.
GILBERT, A. H. *Literary Criticism Plato to Dryden.* Detroit: Wayne State UP, 1962.
GILBERT, K. E.; KUHN, H. *A History of Esthetics.* Nova York, 1939.
GOETHE. *Autobiography.* [trad. para o inglês de John Oxenford]. Londres, Bohn, v.I, 1903.
GOETHE. *Works.* V.XXVI, 1828.
GREEN, T. H.; GROSE, T. H. (Orgs.). Of simplicity and refinement in writing. In: *Essays Moral, Political and Literary.* Londres, v.I, 1882.

GREENBERG, S. (trad.) Bruno Concerning the Cause, Principle, and One. In: *The Infinite in Giordano Bruno*. Nova York, 1950.
GRIFFITH, E. *The Morality of Shakespeare's Drama*. Dublin, v.I, 1777.
GUARINI, G. Il compendio della poesia tragicômica (1599). In: BROGNOLIGO, G. (Org.). *Il pastor fido*. Bari, 1914.
HALLAM, H. *Introduction to the Literature of Europe in the Fifteenth, Sixteenth, and Seventeenth Centuries (1837-9)*. Nova York, v.II, 1880.
HARDY, B. Distinction without difference; Coleridge's fancy and imagination. In: *Essays in Criticism*, v.I, 1951.
HARTLEY, D. *Observations on Man*. 6.ed. Londres, v.I e III, 1834.
HAYDON, R. B. *Correspondence and Table-Talk*, com Memorial de Frederick Wordsworth Haydon. Londres, v.II, 1876.
HAYLEY, W. *The Life of John Milton*. Londres, 1835.
HAZLITT, W. *Complete Works*. Londres e Toronto, v.XIX, 1930-34.
HILDYARD, M. C. (Org.). *Lockhart's Literary Criticism*. Oxford, 1931.
HILL, B. (Org.). *Dryden, Lives of the English Poets*. Oxford, 1905.
HOBBES, T. *Leviathan*, Cambridge: A. B. Waller, 1904.
HOBBES, T. *Treatise of Human Nature*. Londres, 1812.
HOLT, S. A grace beyond the reach of art. In: *Journal of the History of Ideas*, v.V, 1944.
HOME, H.; KAMES, L. *Elements of Criticism*. Boston, 1796.
HOOKER, E. N. (Org.). The Advancement and Reformation of Modern Poetry (1701). In: *The Critical Works of John Dennis*. Baltimore, 1939.
HORÁCIO. Ars Poética. [trad. para o inglês de E. H. Blakeney] In: GILBERT, A. H. (Org.). *Literary Criticism, Plato to Dryden*. Nova York, 1940.
HOWARD, W. G. (Org.). LESSING, *Laokoon*. Nova York, 1910.
HOWARD, W. G. Ut Pictura Poesis. In: *PMLA*, v.XXIV, 1909.
HOWE, P. P. (Org.). Biographia Literaria. In: *Complete Works of William Hazlitt*. J. M. Dent and Sons Ltd., v.XVI, 1934.
HOWE, P. P. *The Life of William Hazlitt*. Londres, 1922.
HULME, T. E. *Speculations*. Londres, 1936.
HUME, D. An enquiry concerning the principles of morals. In: *Essays, Moral, Political and Literary*, v.II, 1742.
HUNGERFORD, E. B. *Shores of Darkness*. Nova York, 1941.
HUNT, L. An answer to the question: what is poetry? In: *Imagination and Fancy*. Nova York, 1848.
HUNT, L. *Essays*. Londres [s.d.].
HUXLEY, A. (Org.). *The Autobiography and Memoirs of Benjamin Haydon*. v.I, Londres, 1926.
INGE, W. R. *God and the Astronomers*. Londres, 1933.
INGPEN, R; PECK, W. E. (Orgs.). *Complete Works of Percy Bysshe Shelley*. Londres, 1926.

JACOB, H. *Of the Sister Arts.* Londres, 1734.
JAENISCH, E. *Die Entfaltung des Subjektivismus von der Aufklärung zur Romantik* Königsberg, 1929.
JAMES, H. *The Art of the Novel.* Londres, 1934.
JEFFREY, F. *Contributions to the Edinburgh Review.* Londres, v.I e III, 1844.
JONAS, L. *The Divine Science.* Nova York, 1940.
JONES, R. F. The Attack on Pulpit Eloquence in the Restoration. In: *JEGP,* v.XXX, 1931.
JOYCE, J. *A Portrait of the Artist as a Young Man.* [s.l.] Modern Library, 1961.
JUNG, C. G. *Modern Man in Search of a Soul.* Nova York, 1934.
KALLICH, M. *ELH,* v.XII, p.290-315, 1945.
KAUFMAN, P. The reading of Southey and Coleridge. *In: Modern Philology,* v.XXI, 1924.
KEAST, W. R. Johnson's Criticism of the Metaphysical Poets. In: *ELH,* v.XVII, 1950.
KEAST, W. R. *Philological Quaterly,* v.XXVII, 1948.
KEATS, J. *The Letters of John Keats.* Montana: Kessinger Publishing, 1895.
KEBLE, J. *Enquiry into the Life and Writings of Homer* (1735). 2.ed. Londres, 1736.
KEBLE, J. *Lectures on Poetry.* 1832-41 [trad. para o inglês de E. K. Francis]. Oxford, 1912, I,
KER, W. P. Parallel of Poetry an Painting (1695). In: *Essays.* v.II, p.138, Oxford, 1926.
KEYNES, G. (Org.). *Poetry and Prose of William Blake.* Londres e Nova York, 1939.
KNIGHT, R. P. *Analytical Inquiry into the Principles of Taste.* 2.ed. Londres, 1805.
KNOWLSON, T. S. (Org.). LEWES, G. H. *Principles of Success in Literature* (1865). Londres [s.d.].
KRAKEUR, L. G. Aspects of Diderot's Aesthetic Theory. In: *Romanic Review,* v.XXX, 1939.
KUEHNER, P. *Theories on the Origin and Formation of Language in the Eighteenth Century in France.* Filadélfia: University of Pennsylvania, 1944.
KUTSCHER, A. (Org.). Über naive und sentimentalische Dichtung. In: *Schiller's Werke.* Berlim, [s.d.].
LA DRIÈRE, J. C. Expression. In: SHIPLEY, J. T. (Org.) *Dictionary of World Literature.* Nova York, 1943.
LAMB, C. On the Tragedies of Shakespeare (1811). In: LUCAS, E. V. (Org.). *The Works of Charles and Mary Lamb,* v.I. Londres [s.d.].
LAMB, C. *The Sanity of True Genius.* 1826.
LAWRENCE, D. H. *À Propos of Lady Chatteley's Lover.* Londres, 1931.
LEAVIS, F. R. Wordsworth. *Revaluations.* Londres, 1949.
LEE, R. W. Ut pictura poesis: the humanistic theory of painting. In: *Art Bulletin,* v.XXII, 1940.
LEIBNIZ, G. The Monadology. In: *The Monadology and Other Philosophical Writings.* [trad. para o inglês de Robert Latta]. Oxford, 1898.

LEVIN, H. *James Joyce*. Norfolk: Conn., 1941.
LEWES, G. H. Hegel's Aesthetics. *British and Foreign Review*, v.XIII, 1842.
LEWES, G. H. *The Principles of Success in Literature*. 1865.
LOCK, W. *John Keble*. 3.ed. Londres, 1893.
LODGE, T. *Elizabethan Critical Essays*, v.I, 1904.
LOMAZZO, G. *Idea del tiempo della pittura*, 1590.
LONGINO. *On the Sublime* [trad. para o inglês de W. Rhys Roberts]. Cambridge University Press, v.VII, 1935.
LOVEJOY, A. O. *Essays in the History of Ideas*. Baltimore, 1948.
LOVEJOY, A. O. Kant and the english platonists. In: *Essays Philosophical and Psychological in Honor of William James*. Nova York, 1908.
LOVEJOY, A. O. *The Great Chain of Being*. Cambridge, 1936.
LOVEJOY, A. O; BOAS, G. *Primitivism and Related Ideas in Antiquity*. Baltimore, 1935.
LOWELL, A. *John Keats*. Boston e Nova York, 1925.
LUCAS, E. V. (Org.). On the Genius and Character of Hogarth. *In: The Works of Charles and Mary Lamb*. Londres, 1903-05. I.
LUCAS, F. L. *The Decline and Fall of the Romantic Ideal*. Nova York, 1936.
LUCRÉCIO. *De rerum natura* [trad. para o inglês por W. H. D. Rouse]. v.IV, Londres, 1924.
LUSSKY, A. E. *Tieck's Romantic Irony*. Chapel Hill: The University of North Carolina Press, 1932.
MACAULAY, M. *Critical and Historical Essays*, v.I, 1825.
MACKAIL, R. W. *Introdução a Coleridge's Literary Criticism*. Oxford, 1908.
MACLEAN, N. From Action to Image: Theories of the Lyric in the Eighteenth Century. In: CRANE, R. S. (Org.) *Critics and Criticism, Ancient and Modern*. Chicago, The University of Chicago Press, 1952.
MACPHERSON, J. A critical dissertation on the poems of Ossian. In: *The Poems of Ossian*. Nova York [s.d.].
MANN, E. L. The problem of originality in English literary criticism, 1750-1800. In: *Philological Quaterly*, v.XVIII, 1939.
MANN, O. (Org.). *Romantische Welt: Die Fragments*. Leipzig, 1939.
MCCURDY, E. (Org.). *Leonardo Da Vinci's Notebooks*. Londres, 1906.
MCELDERRY Jr., R. B. Common Elements in Wordsworth's "Preface" and Shelley's "Defence of Poetry". In: *Modern Language Quarterly*, v.V, 1944.
MCKENZIE, G. *Organic Unity in Coleridge*. Univ. of California, v.VII, 1939.
MCKEON, R. Literary Criticism and the Concept of Imitation in Antiquity. In: CRANE, R. S. (Org.). *Critics and Criticism, Ancient and Modern*. Chicago, The University of Chicago Press, 1952.
MCKEON, R.; Philosophic Bases of Art and Criticism. In: CRANE, R. S. *Critics and Criticism, Ancient and Modern*. Chicago: The University of Chicago Press, 1952.

MEREDITH, J. C. (Org.). *Critique of Aesthetic Judgement*, Oxford, 1911.
MILL, J. S. *Autobiography.* Nova York, 1924.
MILL, J. S. *Early Essays.* Londres, 1897.
MILL, J. S. (Org.) Prefácio a James Mill. In: *Analysis of the Phenomena of the Human Mind.* Londres, v.I, 1869.
MILL, J. S. *An Examination of* Sir *William Hamilton's Philosophy.* 6.ed. Londres, 1889.
MILTON, J. *English Institute Essays.* Nova York, 1947.
MINEKA, F. E. *Monthly Repository The Dissidence of Dissent.* Chapel Hill, 1944.
MINOR, J. (Org.). *Prosaiche Jugendschriften.* Viena, 1882.
MOIR, G. Poetry. In: *Encyclopaedia Britannica.* 7.ed., v.XVIII, 1842.
MOIR, J. *Gleanings.* 1785.
MONK, S. H. *The Sublime: A Study of Critical Theories in XVIII-Century England.* Nova York, 1935.
MONTAGU, E. *An Essay on the Writings and Genius of Shakespeare.* 4.ed. Londres, 1777.
MORLEY, E. J. (Org.). *Letters on Chivalry and Romance.* Londres, 1911.
MORLEY, H. (Org.). *Memoirs.* Londres, 1891.
MORLEY, J. Introdução a *The Complete Poetical Works of William Wordsworth.* Londres: Globe, 1926.
MURPHY, A. *Gray's Inn Journal*, n.87, 1754.
MURRAY, H. A. Personality and Creative Imagination. In: *English Institute Annual*, 1942. Nova York, 1943.
NESBITT, G. L. *Benthamite Reviewing.* Nova York, 1934.
NEWBERY, J. *The Art of Poetry on a New Plan.* Londres, v.I, 1767.
NEWMAN, C. John Keble. *Essays Critical and Historical*, v.II, 1846.
NEWMAN, J. H. The Idea of a University. Londres, 1907.
NEWTON, T. *Paradise Regained... To which is added Samson Agonistes.* 2.ed. Londres, 1753.
NEWTON, I. *The Mathematical Principles of Natural Philosophy.* Nova York, 1846.
NICOLSON, M. *Newton Demands the Muse.* Princeton, 1946.
NIDEKER, H. Notes Marginales de S. T. Coleridge In: *Revue de litterature comparée*, v.VII, 1927.
NOTOPOULOS, J. A. *The Platonism of Shelley.* Durham, 1949.
OGDEN, C. K.; RICHARDS, I. A. *The Meaning of Meaning.* 3.ed. Londres, 1930.
OGDEN, H. V. S. The rejection of the antithesis of nature and art in Germany, 1780--1805. In: *Journal of English and Germanic Philology*, v.XXXVIII, 1939.
OGILVIE, J. *Philosophical and Critical Observations on the Nature Characters, and Various Species of Composition.* Londres, v.I, 1774.
OLSON, E. The Argument of Longinus' On the Sublime. CRANE, R. S. (Org.) *Critics and Criticism, Ancient and Modern.* Chicago: The University of Chicago Press, 1952.

OTTO, A. *Die Sprichwörter und sprichwörtlichen Redensarten der Römer*. Leipzig, 1890.
PARKER, S. *A Discourse of Ecclesiastical Politie*. Londres, 1671.
PANOFSKY, E. *Idea*. Leipzig, 1924.
PATER, W. *"Coleridge" Appreciations:* with an essay on style. Nova York, 1905.
PATTON, L. Coleridge and the Enquirer Scries. *Review of English Studies*, v.XVI, 1940.
PEACOCK, M. L. *The Critical Opinions of William Wordsworth*. Baltimore, 1950.
PEPPER, S. C. *World Hypotheses*. Berkeley e Los Angeles, 1942.
PINKERTON, J. *Letters of Literature*. Londres, 1785.
PLATÃO. *Laws*. 1892.
PLATÃO. *Phaedrus*.
PLATÃO. *Republic*. [trad. para o inglês de Jowett]. Claredon Press, 1881.
PLUTARCO. De Pythiae oraculis. In: *Scripta Moralia*. 1885.
POPE. Prefácio a *Ilíada*. In: *Works*. Londres, v.III, 1778.
PRIESTLEY, F. E. L. (Org.). *Enquiry Concerning Political Justice*. Toronto, 1946.
PRIESTLEY, J. *Hartley's Theory of the Human Mind*. 2.ed. Londres, 1790.
PROTHERO, R. E. *Letters and Journals*, v.V. Londres e Nova York, 1898-1904.
PUTTENHAM, G. The Art of English Poesie. In: SMITH, G. G. (Org.) *Elizabethan Critical Essays*. Oxford, v.II, 1904.
PYM, H. N. (Org.) *Memories of Old Friends*. 2v. Londres, 1882.
QUINTILIANO. *Institutes*, v.VI, 1873.
RADOUANT, R. (Org.). *Entretiens d'Ariste et d'Eugène, 1671*. Paris, 1920.
RALEIGH, W. (Org.). *Johnson on Shakespeare*. Oxford, 1908.
RAND, B. (Org.). *Locke, An Essay Concerning the Understanding*. Cambridge, 1931.
RANSOM, J. C. *The World's Body*. Nova York, 1938.
RAYSOR, T. M. (Org.). *Coleridge's Miscellaneous Criticism*. Cambridge, 1936.
RAYSOR, T. M. Coleridge's Criticism of Wordsworth. In: *PMLA*, v.LIV, 1939.
RICHARDS, I. A. *Coleridge on Imagination*, Londres, 1934.
RICHARDS, I. A. Introdução de *The Portable Coleridge*. Nova York, 1950.
RICHARDS, I. A. *Principles of Literary Criticism*. 5.ed. Londres, 1934.
RICHTER, J. P. F., *Works*. Londres, 1905 [1827].
RIEMER, F. W. (Org.). Carta a Zelter, de 29 de janeiro de 1830. In: *Briefwechsel zwischen Goethe und Zelter*. Berlim, v.V, 1834.
RINGLER, W. Poeta Nascitur Non Fit. In: *Journal of the History of Ideas*, v.II, 1941.
ROBB, N. *Neoplatonism of the Italian Renaissance*. 1935.
ROBERTSON, J. M. (Org.). *Characteristics*. Londres, 1900.
ROBINSON, H. C; SADLER, T. (Orgs.). *Diary, Reminiscences, and Correspondence*. Boston, v.II, 1898.
ROBINSON, R. (trad.) *Aristotle*. Oxford, 1934.
ROELLINGER, F. X. E. S. Dallas on Imagination. *Studies in Philology*, v.XXXVIII, 1941.

ROLLINS, H. E. *New Variorum Shakespeare.* v.II, Filadélfia, 1944.
ROSS, J. D. (Org.). *Early Critical Reviews of Robert Burns.* Glasgow e Edimburgo, 1900.
ROTH, W. (Org.) *Schriften.* Berlim, 1821-43.
ROUSSEAU, J. J. *Oeuvres completes.* Paris, 1826.
RUFFHEAD, O. *Life of Pope.* Londres, 1769.
RUSSEL, B. *The Philosophy of Leibniz.* (nova ed.) Londres, 1937.
SAYERS, D. L. *The Mind of the Maker.* 9.ed. Londres, 1947.
SCHIELE, F. M. (Org.). *Hermann Mulert Monologen (1800) de Scheleiermarcher.* 2.ed. Leipzig, 1914.
SCHLEGEL, A. W. *Vorlesunger über schöne Literatur und Kunst* (1801-4), Deutsche Litteraturdenkmale des 18. und 19. Jahrhunderts, XVII, 91. Stuttgart, 1883.
SCHLEGEL, F. Gespräch über die Poesie (1800). In: *Jugendschriften*, v.II.
SCHLEIERMACHER. *Soliloquies.* [trad. para o inglês de H. L. Friess]. Chicago, 1926.
SCHNEIDER, E. *The Aesthetics of William Hazlitt.* Philadelphia, 1933.
SCHOEN-RENE, O. *Shakespeare's Sonnets in Germany*: 1787-1939 [Tese de doutorado não publicada]. Harvard University, 1941.
SCHUELLER, H. M. Literature and music as sister arts: an aspect of aesthetic theory in eighteenth-century britain. In: *Philological Quarterly*, v.XXVI, 1947.
SCOTT, W. Resenha de *Lady of the Lake* (1810). In: *Quarterly Review*, v.III.
SCOTT, W. Essay on the Drama (1819). In: *Prose Works*, v.VI.
SELBY-BIGGE, L. A. (Org.) *A Treatise of Human Nature.* Oxford, 1896.
SELINCOURT, E. (Org.) *Letters of William and Dorothy Wordsworth.* The Middle Years. Oxford, 1937.
SÊNECA, L. A. *Epistle*, v.LXV, 1786.
SHAKESPEARE, W. *Poems and Essays.* Boston e Nova York, 1886.
SHAWCROSS, J. (Org.). *Shelley's Literary and Philosophical Criticism.* Londres, 1909.
SHEARER, E. A. Wordsworth and Coleridge Marginalia. In: *Huntington Library Quaterly*, v.I, 1937-8.
SHEDD (Org.). The friend. In: *The Complete Works of Samuel Taylor Coleridge.* v.II, Nova York, 1858.
SIDNEY, S. P. An Apology for Poetry. In: SMITH, G. G. (Org.). *Elizabethan Critical Essays.* Londres, 1904.
SMITH, A. *Selections from the Correspondence of the Late Macvey Napier.* Edimburgo, 1879.
SMITH, A. Of the nature of that imitation which takes place in what are called the imitative arts. In: *Essays Philosophical and Literary.* Londres [s.d.].
SMITH, A. The philosophy of poetry. In: *Blackwood's*, v.XXXVIII, 1835.
SMITH, D. N (Org.). Some account of the life of Mr. William Shakespeare. In: *Eighteenth Century Essays on Shakespeare.* Glasgow, 1903.

SMITH, G. G. (Org.). *Elizabethan Critical Essays*. Oxford, 1904.

SMITH, N. C. (Org.). *Lyrical Ballads, Wordsworth's Literary Criticism*. Londres, 1905.

SMITH, N. K. *Dialogues Concerning Natural Religion*. Oxford, 1935.

SMITH, N. K. *The Philosophy of David Hume*. Londres, 1941.

SNYDER, A. D. (Org.). *Coleridge's Treatise on Method*. Londres, 1934.

SNYDER, A. D. *Coleridge on Logic and Learning*. New Haven, Yale University Press, 1919.

SNYDER, A. D. The critical principle of the reconciliation of opposites as employed by Coleridge. In: *Ann Arbor*. Michigan, 1918.

SOMMER, R. *Grundzüge einer Ge-schichte der deutschen Psychologie und Aesthetik*. Wurzburg, 1892.

SPEDDING, J.; ELLIS, R.; HEATH, D. (Org.). *The Works of Francis Bacon*. v.IX, Nova York, 1864.

SPERDUTI, A. The divine *nature of poetry in antiquity. Transactions and Proceedings of the American Philological Association*, v.LXXXI, 1950.

SPINGARN, J. E. (Org.). *Critical Essays of the Seventeenth Century*, 1908-9.

SPURGEON, C. *Shakespeare's Imagery*. Nova York, 1935.

STALLKNECHT, N. P. Boehme. In: *Strange Seas of Thought*. Durham, 1945.

STAUFFER, D. (Org.). Criticism as Pure Speculation. In: *The Intent of the Critic*. Princeton, 1941.

STAUFFER, D. *Shakespeare's World of Images*. Nova York, 1949.

STAUFFER, D. *The Nature of Poetry*. New York, 1946.

STEPHEN. Wordsworth's ethics. In: *Hours in a Library*. Londres, 1907.

STERRY, P. Discourse of the Freedom of the Will (1675). In: POWICKE, F. J. *The Cambridge Platonists*. Universidade da Califórnia, J.M. Dent, 1926.

STEVENSON, C. L. *Ethics and Language*. New Haven, 1944.

STRABO, A. M. *Geographica*. Teubneri, 1866.

STYLE. *Appreciations*. Nova York, 1905.

SULZER, G. J. *Allgemeine Theorie der schönen Künste*. 2.ed. Leipzig, 1792.

SWEDENBERG Jr., H. T. *The Theory of the Epic in England*, 1650-1800. Berkeley e Los Angeles, 1944.

SWIFT. *On Poetry and Music*. 1762.

TASSO. *Discorsi del poema eroico*. v.3, 1594.

TASSO. Il mondo creato. In: *Giornata prima*. 1608.

TEMPLE, S. W. Of poetry. In: SPINGARN (Org.). *Critical Essays of the Seventeenth Century*, 1908-9.

THORPE, C. D. Coleridge as aesthetician and critic. In: *Journal of the History of Ideas*, v.V, 1944.

THORPE, C. D. The Aesthetic Theory of Thomas Hobbes. In: *Ann Arbor*. Michigan, 1940.

THRALL, W. F.; HIBBARD, A. *A Handbook to Literature*. Nova York, 1936.

TIECK. *Franz Sternbold's Wanderungen* (1798). In: *Deutsche National-Literatur*. Leipzieg, 1873.
TINKER, C. B.; LOWRY, H. F. (Orgs.). *The Poetical Works of Matthew Arnold*. Oxford, 1950.
TRAPP, J. *Lectures on Poetry* (1711-15) [trad. para o inglês de William Bowyer]. Londres, 1742.
TROWBRIDGE, H. Platonism and *Sir* Joshua Reynolds. In: *English Studies*, v.XXI, 1939.
TROWBRIDGE, H. The place of rules in Dryden's criticism. In: *Modern Philology*, v.XLIV, 1946.
TROWBRIDGE, H.; HURD, B. A Reinterpretation. In: *PMLA*, v.LVIII, 1943.
TUCKER, A. *The Light of Nature Pursued*. Cambridge, 1831.
TUMARKIN, A. *Der Ästhetiker Johann Georg Sulzer*. Leipzig, 1933.
TWINING, T. (Org.). *Aristotle's Treatise on Poetry*. Londres, 1789.
TYTLER, A. F. *Memoirs of the Life and Writings of the Honourable Henry Home of Kames*. 3v. Edimburgo, 1814.
USHER, J. *Clio: or, a Discourse on Taste*. 2.ed. Londres, 1769.
VAN TIEGHEM, P. La Notion de vraie poéfie dans lê préromantisme Européen. In: *Le Préromantisme*. Paris, 1924.
VERKOREN, L. *A Study of Shelley's "Defence of Poetry"*. Amsterdam, 1937.
VERY, J. "Epic Poetry" (1836). In: *Poems and Essays*. Boston e Nova York, 1886.
VIGNY, A. *Dissertations and Discussions*. Boston, 1864.
VIRGÍLIO. *Enneads*. [trad. para o inglês de Stephen MacKenna] Londres, 1926 [1924].
WALLERSTEIN, R. *Studies in Seventeenth-Century Poetic*. Madison, 1950.
WALTER, A. B. (Org.). *Leviathan*. Cambridge, 1904.
WALZEL, O. *Grenzen von Poesie und Unpoesie*. Frankfurt, 1937.
WARREN, A. *Rage for Order*. Chicago, 1948.
WARTON, J. *An Essay on the Genius and Writings of Pope*. Londres, v.I e II, 1806 [1772].
WARTON, T. *Observations on the Faerie Queene*. Londres, 1754.
WASSERMAN, E. R. The inherent values of eighteenth-century personification. *In: PMLA*, v.LXV, 1950.
WATSON, S. B. (Org.). *Theory of Life*. Londres, 1848.
WEBB, D. *Remarks on the Beauties of Poetry*. Londres, 1762.
WEISINGER, H. English treatment of the classical-romantic problem. In: *MLQ*, v.VII, 1946.
WELLEK, R. The Concept of "Romanticism" in Literary History. In: *Comparative Literature*, 1949.
WELLEK, R. *The Rise of English Literary History*. Chapel Hill, 1941.
WHITEHEAD, A. N. *Science and the Modern World*. Cambridge, 1932.

WHITNEY, L. English Primitivistic Theories of Epic Origins. In: *Modern Philology*, v.XXI, 1924.

WHITNEY, L. Thomas Blackwell, A Disciple of Shaftesbury. In: *Philological Quaterly*, v.V, 1926.

WILLIAMS, R. C. *The Merveilleux in the Epic*. Paris, 1925.

WIMSATT Jr., W. K. The Nature of Romantic Nature Imagery. In: *The Age of Johnson*. New Heaven, 1950.

WOOD, R. *Essay on the Original Genius and Writings of Homer*. Londres, 1824 [1769].

WOODHOUSE, A. S. P. Collins and the Creative Imagination. In: *Studies in English by Members of University College*. Toronto, 1931.

YOUNG, E. *Conjectures on Original Composition*. Manchester, 1918.

YOUNG. *Poetical Works*. Boston, 1870.

YRJÕ HIRN. *Origins of Art*. Londres, 1900.

ÍNDICE REMISSIVO

Os livros repetidamente citados no texto estão listados ao final do nome do autor. A referência seguinte ao título abreviado diz respeito à nota que identifica a edição utilizada.

Abernethy, John, 229
Addison, Joseph, 185n.33, 191n.52, 264-5, 332, 358n.24, 360n.36, 365n.45, 371-3n.62, 381n.79, 384n.84
　figuras de linguagem como criação, 383
　gênio nato e artificial, 250-2n.8, 262
　ideias como imagens visuais, 216
　poeta como criador de mundo novo, 364-8
　poético maravilhoso, 355, 359
　qualidades secundárias de sentido, 94n.69, 352
　"regras mecânicas", 267
Agostinho, Santo, 217n.15, 318n.44
Aikin, John, 191n.52, 366n.46, 385n.86, 402
Akenside, Mark, 94n.69, 96, 126, 225n.38, 372n.61, 403n.26
Alberti, Leon Battista, 53, 60n.22
Alison, Archibald, 96n.74
Allport, G. W., 422n.70
analogismo heterocósmico (o poema como "segunda natureza"), 57
　aplicado a figuras de linguagem, 383-5
　e reinterpretação da probabilidade, 361-78
　e teoria objetiva, 47-8, 377-8
　na crítica moderna, 346-7, 376-8
　o poema como fim em si mesmo, 432-3
　Ver também Criador como metáfora estética
anima mundi
　na filosofia antiga, 248
　no século XVIII, 97, 248
animação. *Ver* personificação
Aquino, Tomás de, 318
Aristóteles, 19-20, 30-3, 42-3, 49, 54, 56, 61n.25, 69n.47, 73, 84, 85, 88, 106n.2, 107, 110, 112, 115, 117, 123, 127, 129-31, 133, 139-40, 145, 147, 184, 188-90, 199, 212, 215, 219, 230, 249, 259, 291-2, 356, 358, 359n.27, 378, 414n.50, 437-2
　conceito de imitação, 26-9
　contribuições à teoria organicista, 247-8

crítica a arte como arte, 26-7
demência poética, 251-2
distinção entre poesia e história, 396, 418-9
forma e unidade, 220-1
metáforas da mente, 85
música como imitação, 132
o universal na poesia, 59
objetivos da oratória, 106
probabilidade poética, 354-5
teoria objetiva, 47, 58
Arnold, Matthew, 197, 305, 342, 440
descrição científica *versus* descrição poética, 413
fragmento como referência em, 188-9
poesia e religião, 441-3
sinceridade como critério, 423-4
Art of Poetry on a New Plan, The, 50
Arte pela Arte, 48, 376, 424
desenvolvimento do conceito, 432, 434
associação de ideias
na psicologia do século XVIII, 219-20
no período romântico, 238-46
por vínculos emocionais, 239-40
autorrevelação
antes do período romântico, 298-9, 303-4, 308-13
e "o estilo é o homem", 304-13
literatura como, em Lowth, 113-4
na Alemanha no século XVIII, 313-20
no período romântico, 298-9, 303-4
tipos de teoria, 302-4
Avison, Charles, 133
Babbit, Irving, 55, 135n.44, 136, 298
Bacon, Francis, 85n.49, 176, 191, 194, 212-3, 222, 232n.60, 351-2
"beatitude" na invenção, 258
poesia e "desejos da Mente", 191
poesia em relação à imaginação, 211-2
poesia *versus* ciência, 397
Bailey, Benjamin, 417
Bain, Alexander, 443
Baker, C. D., 254n.12

Barclay, Alexander, 54
Barnes, Thomas, 128n.60
Barstow, Marjorie L., 139n.91
Bate, W. J., 320n.61
Batteux, Charles, 43, 60n.21, 123n.50, 131, 139, 365n.45
comparado a Hurd, 37
imitação e regras, 29-30
"la belle nature", 57-8
Les Beaux Arts, 30n.19, 37n.40
Baudelaire, Charles, 44
Beach, J. W., 218n.20
Beattie, James, 50, 60n.21, 347n.24-5, 70n.49, 133n.77, 311n.23
figuras de linguagem, 382
imitação, 58
música, 133, 136
poético maravilhoso, 357
propósitos da poesia, 34
sobre ciência da mente, 215
teoria pragmática, 36
Essays on Poetry and Music, 34n.34
Beaumont, *Sir* George, 436
Beaumont e Fletcher, 237, 266
"Belle nature, la", 30, 37, 57-8, 350
Bentham, Jeremy, 193, 202, 211, 424-5, 427, 437, 443
sobre a natureza da poesia, 397-401, 440-1
Benziger, James, 270n.46
Berkeley, George, 92n.65, 216-7n.14
Bíblia como polissêmica, 318, 332-3
Bíblia, poesia da, na teoria de Coleridge, 392-3
como poesia primitiva, 120
e gênio natural, 250-1
efeito na teoria crítica, 112-3, 125
Bingham, Peregrine, 399
Birch, W. J., 342n.106
Black, John, 327
Black, Max, 206n.100
Blackmore, *Sir* Richard, 70n.49, 308, 332, 355

Blackwell, Thomas, 117-8, 120n.39, 135, 345n.109
Blair, Hugh, 118-9n.34, 138-9, 179
  poesia primitiva, 120-3, 136-7
  poético maravilhoso, 358
  primitivismo, 149
  teoria expressiva em, 136-8
  uniformidade como critério em, 148
Blake, William
  ideias orgânicas em, 287-8
  interpretação de *Paradise Lost*, 332-3, 335
  mitologia de, 393
  poesia e "as Realidades Permanentes", 180-1, 415-6
  sobre a composição inspirada, 287-8
  sobre *Discourses*, de Reynolds, 83-94
  Poetry and Prose, 83n.42
Bloomfield, Robert, 77n.25
Blunt, Anthony, 362n.38
Boccaccio, Giovanni, 319, 362n.37, 382n.80
Bodmer, Johann, 367-9, 371, 376, 383
Boehme, Jakob, 89n.57, 165n.59, 287, 290
Boileau, Nicholas, 124, 160, 236, 381n.79
  emoções em poesia, 107-8
  poético maravilhoso, 357
  tradução de Longino, 110, 259-60
  verdade poética, 349
Bond, D. F., 86n.52
Borgerhoff, E. B. O., 258n.22
Boswell, James, 306
Bouhours, Dominique
  "le je ne sais quoi", 258-60
  sobre a linguagem figurativa, 381-2
  verdade na poesia, 357, 381n.79, 382n.81
Bowles, William Lisle, 391
Bowra, C. M., 415n.54
Bowring, John, 49n.68
Bowyer, Rev. James, 172
Boyle, Robert, 221
Bradley, A. C, 140, 376-7, 434n.106

Bray, René, 30n.21, 354n.12, 356n.20, 358n.25, 359n.30
Bredvold, L. I., 69n.46, 69n.48
Breitinger, Johann, 367-9, 371-2, 376, 383
Brooks, Cleanth, 165n.58, 295, 431n.99
Brown, Charles Armitage, 327, 344n.106
Brown, John, 119, 134
Bruno, Giordano, 165n.59, 248, 273n.50, 290, 362n.39
Bryant, William Cullen, 411
Bryson, Grace, 119n.34
Buffon, G. L. L., sobre "o estilo é o homem", 307n.13
Bullitt, W. J., 325n.63
Bulwer, Henry Lytton, 344n.106, 441
Bundy, M. W., 217n.15
Burke, Edmund, 204, 205n.95, 216-7n.14, 219n.21, 288n.82
Burnet, Thomas, 164
Burns, Robert, 108, 197, 329, 422, 436
  como poeta primitivo, 122n.16, 149
  composição como catarse, 190-1
  defesa de Wordsworth de, 149
  sobre Satã como herói, 332
Burrowes, Robert, sobre o estilo como revelação da personalidade, 311-2, 341, 343n.103, 342n.106
Burton, Robert, 407
Burtt, E. A., 214n.5, 221n.30, 248
Bush, Douglas, 338, 360n.35, 389n.96, 391n.98, 398n.9, 410n.36
Butt, John, 309n.19
Byron, Lorde, 98-9n.77, 141, 197, 200, 256, 323, 328, 390n.97
  poesia como catarse, 190
  poesia como expressão, 67
  Works, 73n.8
Bysshe, Edward, 382n.81
Cameron, K. N., 175n.4
Campbell, George, 215n.9, 350
Campbell, Thomas, 408
Carlyle, Thomas, 50, 72, 186n.34, 268, 305, 320, 337, 420, 425

a linguagem como "Adorno do Corpo" do pensamento, 386n.90
inconsciente, 287-9
literatura como autorrevelação, 328-30, 340-1
mudança como essência das coisas, 291
natural *versus* artificial, 289
poeta como criador, 375
poeta como profeta, 180-1, 414-5
poeta *versus* público, 46
sinceridade como critério, 108, 423
sobre crítica contemporânea, 301
teoria organicista em, 287-9
Works, 325n.62
Carnap, Rudolph, 205, 428n.88
Castelvetro, 117, 255
catarse, poesia como, 189-91
Caxton, William, 54
Cervantes, 319
Chateaubriand, 141
Chaucer, Geoffrey, 324-5, 423
Chesterfield, Lorde, 332
Cícero, 33, 54, 147, 212, 224
   imitação de ideias, 67-70
   objetivos da oratória, 33, 106
   oposição ao atomismo de Epicuro, 221
ciência
   como complemento da poesia, 407-14
   como oponente da poesia, 419-21
   como oposto lógico da poesia, 107, 395-7
   fonte de novos temas para a poesia, 402-3
   Ver também linguagem emotiva *versus* linguagem descritiva
ciência da mente, no século XVIII, 214-5
Clark, A. F. B., 381n.79
Clarke, Charles Cowden, 186
Clarke, Charles e Mary Cowden, 186n.35, 326n.64
clássico e romântico como distinção crítica, 316-2, 320-1
Coburn, Kathleen, 294n.97
Coldicutt, Dorothy, 138n.90
Coleridge, Hartley, 226, 327, 391
Coleridge, Samuel Taylor, 49-50, 69-70, 98-9n.77, 118n.31, 136, 138n.89, 138n.90, 181n.20, 220n.26, 244n.99, 305, 330, 436n.111, 440-1
   abstrações personificadas, 386-7
   associação de ideias, 240n.86
   "a suspensão voluntária da descrença", 429-30
   como psicólogo, 192-3
   conciliação de opostos em, 84, 164-6, 293, 295
   conciliação entre arte e natureza, 164-8
   critério orgânico de valoração em, 292-5
   crítica da espontaneidade como critério, 168-70
   crítica da teoria wordsworthiana da dicção, 162-72
   crítica fundada na atividade mental, 161-2
   "Desalento: uma ode", 100-2
   distinção entre poema e poesia, 163-9
   dom natural do poeta, 146
   e os platonistas de Cambridge, 87-8
   efeito da paixão na percepção, 81-3
   em comparação às teorias contemporâneas da imaginação, 238-46
   ênfases em excertos curtos, 184
   gênio *versus* talento, 237, 237n.76, 281n.69
   imaginação como elemento fundamental da teoria crítica, 82
   imaginação e mito, 389-94
   imaginação não é "o órgão do supersensível", 416
   imaginação primária *versus* imaginação secundária, 166, 375-6
   interior e exterior em poesia, 78-9
   juízo crítico e intenção, 232-3
   juízo crítico em poesia, 298-9
   leis orgânicas *versus* regras, 295-9
   linguagem figurativa, 167-71
   lírica, 140

metáfora da planta, 102-3, 273n.50
metáforas da mente, 87-9, 92, 101-2, 212-4, 233n.68
Milton autorrevelado, 334-5
"natura naturans" e "naturata", 181, 324, 416
o inconsciente, 233-4, 295n.102
"Sobre poesia ou arte", 78
oposição ao mecanicismo, 97-8, 216, 228-9
origem da poesia, 144-5
poesia como expressão, 73
poesia como ideal, 84
poesia contrastada com ciência, 396
preservação dos princípios neoclássicos, 160-1, 171-2
razão, 236-7, 416
relação com a filosofia alemã, 229, 290, 89n.57
relação com A. W. Schlegel, 232, 284, 392n.102
relação com Schelling, 78, 165n.59, 181n.20, 234, 416
relação entre ciência e poesia, 411
relação próxima entre crítica e metafísica, 161
sincretismo, 236-7
sobre analogia, 56-7
sobre fatos e premissas, 53
sobre ideias seminais, 230, 240
sobre imaginação e fantasia, 217-8, 226-8, 235-7
sobre imaginação e inanimação, 82, 102, 387-91
sobre métrica, 163-4, 167-8
sobre o gênio orgânico, em comparação a Edward Young, 274
subjetividade de Shakespeare, 323-5
subjetivo e objetivo, 320-1
teoria organicista em, 172, 292n.94
unidade orgânica, 234-5
visão revolucionária da mente, 213
Biographia Literaria, 79n.30
Complete Works, 84n.45

Lay Sermons, 103n.80
Miscellaneous Criticism, 73n.5
Table Talk, 53n.3
Collier, Mary, Poeta-Lavadeira, 149
Collins, William, 125, 140, 360, 384, 393
compaixão como conceito estético, 324-5, 327-8, 439
conceitos freudianos
  e polissemia romântica, 320
  em Hazlitt, 192-3
  em Keble, 197-202, 344-6
Condillac, Étienne de, 119-20n.39, 358n.25
Cousin, Victor, 390n.68
Cowley, Abraham, 107, 125n.55, 305n.8, 308, 353-4, 359, 364
  importância na teoria e composição de odes, 124-5
  poesia como criação, 364n.43, 383
  sobre a nova filosofia, 351
Cowper, William, 387
Crane, Ronald S., 40n.48, 63, 164n.57, 397
Critics and Criticism, 23n.3
crença, problema da, na poesia, 427-32
criação inconsciente
  em Shelley, 257
  em Young, 267
  na crítica romântica inglesa, 284-90
  na teoria alemã, 232-5, 271-74, 278-84
Criador como metáfora da mente, 92-5, 97-8, 102-3, 218-9
Criador como metáfora estética, 66, 259n.24
  aplicado a figuras de linguagem, 382-5
  e o poema como "segunda natureza", 361-71, 373-5
  e o poeta como Prometeu, 371-5
  em relação com a teoria da poesia como autorrevelação simulada, 317-9, 339-41, 344-7, 361
  Ver também analogismo heterocósmico
crítica
  critérios de validade na, 20-2

dedutiva e indutiva, 28-31, 36-7, 41-3
não é ciência, 20-1
orientações na, 22-4
valor da diversidade na, 21
crítica alemã
importância da música na, 131-2, 134-36
influência no século XVIII, 128
crítica impressionista
em Hazlitt, 184-6
em Longino, 108-10, 184-6
em Pater, 185-87
crítica neoclássica
conceito de imitação na, 27-8
contrastada à crítica romântica, 49-50, 136, 350-1, 396-7
fiel à natureza, 349-51
generalidade *versus* particularidade, 61-5
padrão de gosto, 153-4
sobre a questão das emoções na poesia, 106-7
teoria da música, 131-5
uniformidade como critério, 147-9
crítica romântica
comparada à crítica neoclássica, 49-50, 135-6, 350-1, 395-6
doutrinas convencionais na, 144-7
elementos tradicionais e inovadores na, 105-7
ênfase no fragmento poético, 184-8
exceções à orientação expressiva, 48-9
orientação expressiva, 23-4
preocupação com a "ordem invisível atrás de coisas visíveis", 414-7
variedade de métodos e recursos, 143-4
Ver também teoria expressiva
críticos de Chicago, 48
Croce, Benedetto, 147, 195n.66
Culverwel, Nathanael, 88-9n.57, 100n.79
Dante, 176, 178, 180, 192, 237, 318, 333, 423, 430
Darwin, Erasmus, 80, 403-4n.27, 419n.62
Davenant, William, 251, 260n.27, 360, 370, 414n.50

oposição ao poético maravilhoso, 353-4
prefácio a *Gondibert*, 212
De Quincey, Thomas, 112n.16, 136, 184, 199, 320-1n.50, 396n.5, 439
conceitos orgânicos em, 288n.82
e a teoria crítica de Wordsworth, 196
efeito da paixão na percepção, 80
estilo como encarnação do pensamento, 386
"literatura do poder", 196-7
sobre sonhos, 194n.60, 282n.71
uso da poesia, 436-7
Collected Writings, 80n.33
decoro na teoria neoclássica, 385
Demóstenes, 108, 183
Dennis, John, 122, 188, 260n.26, 332, 364
entusiasmo, 256n.18
imitação da Ideia, 69
lírica, 123-5
origem emocional da poesia, 115
papel no desenvolvimento da crítica expressiva, 110-2
regras e ordem, 35
verdade em poesia, 350
Critical Works, 36n.37
Descartes, René, 29, 97, 228, 249, 352
De Selincourt, Ernest, 141n.94
Dickinson, Emily, 189, 408n.33
"dom" em obras de arte, 258. Ver também "je ne sais quoi, le"
Donne, John, 364
Dowden, Edward, 330
Draper, J. W., 133n.75
Dryden, John, 108n.4, 188, 236, 267n.39, 364, 385-87
"beatitude" na invenção, 258
Essays, 32n.36
figuras como produto da paixão, 385-6
intenção em poesia, 221-2
invenção de seres mitológicos, 217
literatura como autoexpressão, 308-9
poético maravilhoso, 359
regras, 34-5
sobre *Paradise Lost*, 331-2

Du Bos, J. B., 132
Du Fresnoy, C. A., 307n.15
Duck, Stephen, Poeta-Debulhador, 149
Duff, William, 29n.17, 96n.74, 118, 216n.21, 267n.39, 371n.57, 405n.29
   gênio original, 123
   imaginação criativa, 366n.46
   personificação como criativa, 384
   poesia primitiva, 121
   Essay on Original Genius, 29n.17
Dyson, H. V. D., 309n.19
Eisler, Rudolf, 315n.33
El Greco, 68
Eliot, T. S., 44-5, 48, 188n.42
Elledge, Scott, 64n.34
Elliott, Ebenezer, 74n.14
emanação, metáfora da, 87. *Ver também* transbordamento como metáfora estética
Emerson, R. W., 330n.74
Emmet, Dorothy M., 346n.2
emoções
   efeitos das, nos objetos da percepção, 79-84
   na teoria de Longino, 108-9
   na crítica do século XVIII, 106-15
"Enquirer, The" (William Enfield), 136-9
enredo, teoria de, em Aristóteles *versus* J. S. Mill, 42-4
Erhardt-Siebold, Erika von, 77n.25, 91n.64
espelho como analogismo, 36-7, 53-7, 66, 361
   como metáfora da mente, 84-5, 87-8, 215-6, 381
   na crítica de Shelley, 175-6, 179-80
   no início do século XIX, 75-6
espontaneidade como critério, 44, 145, 423
Ésquilo, 56, 178
estética, problemas e métodos na história da, 19-22

estética organicista
   desenvolvimento no século XVIII, 249-84
   e o poema como fim em si mesmo, 432-3
   leis orgânicas *versus* regras, 295-300
   principais características da, 295-300
estética platônica
   imitação de ideias na, 66-9
   no início do século XIX, 180-2
   tende a ignorar distinções, 175-7
estilo como ornamento e encarnação do pensamento, 385-7
estilo é o homem
   em Buffon, 307n.13
   história do conceito, 304-13, 340n.96, 344
Estrabão, 116, 304
Fairchild, Hoxie N., 434
falácia patética, 387-8. *Ver também* personificação
fantasia, teoria de Coleridge sobre, 225-8, 236-7. *Ver também* imaginação
fantasia do desejo como motivo de composição, 191-201
Farquhar, George, 429n.91
Faulkner, William, 158
Fenwick, Isabella, 390, 410
Ferguson, Adam, 118-9n.34, 122
Fichte, J. G., 93n.67, 361
Ficino, Marsílio, 68n.43, 361
Fiesel, Eva, 120n.40
figuras de linguagem
   como encarnação do pensamento, 385-7
   como expressão de emoção, 145-6, 207-8, 385-6
   como modo de criação, 382-5
   como ornamento, 382-3, 385-6
   e critério de verdade, 378-85
   justificações para, na teoria neoclássica, 380-3
Finsler, Georg, 339n.91

Fitzosborne, Thomas, 355n.14, 360n.36
Flaubert, Gustave, 346, 433
Fontenelle, Bernard de, 264
Fox, W. J., 74n.14, 75, 81n.35, 146n.12, 381n.50
France, Anatole, 161
Fréart, Roland, 307n.15
Freimarck, Vincent, 113n.17
Fricker, Sara, 335
Fuller, B. A. G., 87
Garrick, David, 366-7n.48
Gascoigne, George, 54
gêneros, teoria dos
    distinção entre gêneros subjetivo e objetivo, 320-3, 341-2
    em Alexander Smith, 205-6
    em J. G. Sulzer, 129-30
    em Keble, 197-200
    em Sir P. Sidney, 32-3, 44
    na crítica expressiva, 42-4, 201-2
    na crítica mimética e pragmática, 199
Gênesis, Livro do 108, 112, 378
gênio, distinto de talento, 236-7, 281n.69
gênio nato
    comparado à planta, na Alemanha, 271-84
    comparado à planta, na Inglaterra, 265-8
    e imitação, 29
    e instinto animal, 263-4
    no desenvolvimento da teoria organicista, 250-2, 261-9, 276-8, 298-9
Gerard, Alexander, 219n.23, 227n.43, 239
    analogismo da planta em, 225, 269
    ciência da mente, 215
    imaginação criativa, 217
    importância de Essay on Genius, 212
    inspiração, 256-7
    "intenção" em poesia, 221-5
    Essay on Genius, 215n.9
GHM, autor de "Thoughts on Ancient and Modern Poetry", 405
Gibbon, Edward, 185, 307
Gifford, William, 209n.105

Gilbert, A. H., 371n.38
Glanvill, Joseph, 353
Godwin, William, 175, 437, 439
Goethe, J. W., 78n.29, 135n.84, 141, 186n.34, 278, 288, 305, 320, 322, 328, 425
    criação inconsciente, 280-1
    poema como fim em si mesmo, 432-3
    poeta como Prometeu, 373-4
    poeta e público, 130
    sobre a teoria mecanicista de Holbach, 249
    teoria organicista de, 274-7
    verdade artística versus verdade natural, 370-1
    Os Sofrimentos do Jovem Werther, 68, 195
Goldsmith, Oliver, 60, 115n.23, 311
Gosson, Stephen, 363
Granville, George, 382
Gray, Thomas, 120, 125-6, 140, 255, 356, 360, 385, 387
    "Elegy in a Country Churchyard", 64, 208
Griffith, Sra. Elizabeth, 366n.48
Guarini, Giambattista, 362n.39
Hallam, Henry, 324n.56
Haller, Albrecht, 272
Hamann, J. G., 119
Hamilton, William, 284
Handel, G. F., 133
Hardy, Barbara, 245n.101
Hardy, Thomas, 158
harpa eólica, analogismo da, 57, 77, 91-2n.66, 101, 179
Harris, Frank, 330
Harris, James, 31, 262
Hartley, David, 220n.26, 223-4n.37, 238, 240n.86, 429n.92, 439
    associação de ideias, 219-20
    ciência da mente, 214
    Observations on Man, 96n.73
Hartmann, Eduard von, 385

Haydon, Benjamin, 401, 409-10
Hayley, William, 331n.77
Hazlitt, William, 50, 76n.20, 81n.36, 146n.12, 199-200, 206, 320, 325, 440n.124
  como psicólogo, 193-6
  criação inconsciente, 286-7
  "dom", 267n.39
  efeitos das emoções na percepção, 81-3
  espelho e lâmpada como analogismos poéticos em, 78
  gusto e intensidade, 184-5
  ideal na arte, 84
  imaginação, 241-2
  impressionismo como método crítico em, 184-5
  "On Poetry in General", 81
  oposição ao subjetivismo de seu tempo, 197
  poesia como expressão, 72-6, 78
  poesia motivada por desejos não realizados, 192-4
  sobre a "compaixão intuitiva" de Shakespeare, 325
  sobre a autorrevelação de Milton, 336-7
  sobre a semelhança entre poesia e música, 76
  sobre ciência e poesia, 396n.5, 411
  todas as emoções são poesia, 209
  verdade poética, 418
  Complete Works, 76n.20
Herder, J. G., 272, 275n.54, 288, 386n.89
  e bispo Lowth, 115
  expressão de sentimento, 131
  música, 134
  poesia como criação, 372
  relativismo estético, 291-2
  sobre a origem da poesia, 119-20
  sobre literatura como autoexpressão, 303, 313
  teoria organicista em, 272-4
  "Vom Erkennen und Empfinden", 303, 313
Heron, Robert (John Pinkerton), 296
Herrick, Robert, 254
Hirn, Yrjö, 195n.66
história como o contrário da poesia, 144
historiografia organicista, 290-2
Hobbes, Thomas, 40, 87-8, 97, 193, 212, 217, 219n.22, 220n.26, 222, 223n.34, 242, 352n.7, 359, 371, 397
  e psicologia da criação, 211-2
  inspiração, 255
  linguagem figurativa, 380
  oposição ao poético maravilhoso, 351-5
  sobre linguagem emotiva, 204
Hoffman, E. T. A., 136
Holbach, Barão de, 220, 223
Homero, 54, 56, 108, 120, 183, 250, 252, 262, 291, 308, 321, 323-4, 353, 355, 423, 438
  objetividade, 316
  personalidade, interpretada por Keble, 347-1
  subjetividade, 338-40
Hooker, E. N., 112n.16
Horácio, 33-5, 69, 106, 108, 123n.50, 147, 251n.7, 385
  poesia como arte, 221
  "si vis me flere", 106, 108
  teoria pragmática de, 34
  "ut pictura poesis", 55
Hoskins, John, 340n.96
Housman, A. E., 189
Howard, W. G., 51n.11
Hughes, John, 306n.10, 383
Hugo, Victor, 160
Hulme, T. E., 44, 424
Hume, David, 214, 217-8, 227n.43, 239n.84, 355, 358, 429n.92, 439
  a mente como projetiva, 95-6
  associação de ideias, 219
  ciência da mente, 212, 214
  intenção na composição, 222
  "*la belle nature*", 58
  Essays Moral, Political and Literary, 58n.15
  Treatise of Human Nature, 95n.72
Hungerford, Edward B., 391n.98

Hunt, Leigh, 50, 184, 187
  ciência e poesia, 411
  imaginação e fantasia, 244
  poesia como expressão, 73
  sinceridade como critério em, 423
  verdade poética, 417
  Imagination and Fancy, 73n.10
Hunter, John, 229
Hurd, Richard, 43, 64, 139, 191, 212, 347n.28, 315n.35, 350n.3, 406-7, 429n.92
  imitação, 28-9, 54, 59, 69
  individualidade no estilo, 306-7
  perda para a poesia devido à nova filosofia, 404
  poesia pura, 126n.56
  poético maravilhoso, 360
  teoria pragmática de, 37
  verdade poética *versus* verdade filosófica, 370-1
  Works, 28n.16
Hutchinson, Sara, 335
ideal
  interpretação empírica de, 57-66
  interpretação transcendental de, 66-70
  na teoria neoclássica, 57
  na teoria romântica, 79-80, 83-4
ideias teológicas aplicadas à estética
  a criação, 362-4, 366-7
  Deus visivelmente invisível, 317-20, 339-41, 344-7
  "dom", "beatitude", "mistério", 258-61
  em Keble, 200-2
ilusão poética, 427-8
ilusão poética, teoria da
  no período romântico, 429-31
  no século XVIII, 358-60, 429-30
imaginação
  como capacidade de compaixão, 179-80
  como criativa, 41-2, 364-6, 366, 368, 373-4
  e personificação, 82-3, 96-7
  na filosofia de Schelling, 278-80
  na teoria de Coleridge, 165-7, 226-8, 35-7, 373-5

  na teoria romântica, 238-46
  psicologia do século XVIII da, 217-20
  Ver também compaixão como conceito estético
imagística como índice para a personalidade, 312, 343-4
imitação
  como oposto da expressão, 72-3
  papel na teoria expressiva, 44-5, 127-8
  verdade da, 349-51
  Ver também teoria mimética; espelho como analogismo
Inge, Dean W. R., 347
inspiração, teoria da
  fatos e hipóteses na, 253-8
  no desenvolvimento da estética orgânica, 251-8, 266-7, 271-3, 278-80, 289
intensidade como critério estético
  em J. G. Sulzer, 131
  em Longino, 108-10
  história da, 180-9
  influência de Longino na, 184-9
Irineu, Santo, 340
ironia romântica, 295, 317
Irving, Washington, 400
Isaías, 164
Jacob, Hildebrand, 115n.23
Jaeger, Werner, 248
James, Henry, 423-4
"je ne sais quoi, le", 259-62, 268-9, 271-2n.49, 278-80
Jeffrey, Francis, 49, 74n.43
Jenisch, Erich, 93n.67, 131n.71
Jó, Livro de, 112, 178
Johnson, Dr. Samuel, 50, 58n.16, 61n.25, 124-5n.54, 139, 203, 210, 265n.35, 332, 360n.36, 365n.45, 366, 381n.79, 392, 429n.91
  comparado a Wordsworth, 147-60
  confiança no leitor comum, 153
  "elegâncias inexplicáveis", 261
  emoções na poesia, 106-8
  geral *versus* particular, 60-4
  imaginação na fantasia dos desejos, 192
  inspiração, 255

oposição à mitologia na poesia, 356
poesia como espelho em, 54, 58
poesia e pintura, 55
princípios críticos no *Preface to Shakespeare*, 38-9, 151
propósito moral da poesia, 435-6
relação entre literatura e personalidade, 309-11
sobre Dryden como crítico, 35-6
sobre individualidade no estilo, 306
uniformidade da natureza humana, 61
Johnson on Shakespeare, 38n.41
Lives of the English Poets, 35n.35
Works, 40n.47
Jonas, Leah, 373n.12
Jones, Henry, Poeta-Sapateiro, 149
Jones, R. F., 379n.74
Jones, *Sir* William, no desenvolvimento da teoria expressiva, 126-9
Jonson, Ben, 22, 237, 386n.89
  linguagem como imagem da mente, 305n.9
  "o bom poeta é um bom homem", 305
  sobre comédia, 54
Joyce, James, 346n.110
Jung, Carl, sobre inconsciente coletivo, 281-2
Kallich, Martin, 219n.23
Kames, Henry Home, Lorde, 49, 219n.23, 239n.84, 360n.36, 429n.92
  ciência da mente, 215
  imagens visuais, 215-8
  imitação, 31
  o improvável, 355
  padrão de gosto, 154
  "sonhar acordado", 358
  unidade orgânica, 269n.44
  Elements of Criticism, 344n.25
Kant, Immanuel, 21, 131, 234n.69, 283, 289, 314-5
  atitude estética como "desinteressada", 433
  contribuições à teoria organicista, 276-8

  e teoria objetiva da arte, 48
  relações organicistas, 234
  "revolução copernicana" na epistemologia, 87
Kaufman, Paul, 138n.89
Keast, William Rea, 40n.47, 63n.30, 153n.21, 153n.27, 310
Keats, John, 136, 141, 187, 339n.93, 390n.97, 391, 393, 405, 410-2, 423
  "a verdade da imaginação", 416-7
  e Longino, 186-7
  efeito catártico da composição, 190
  empatia, 98-9n.77
  intensidade como critério em, 186-7
  "Lamia", 401-2, 406-8, 411-2
  "momento mais feliz" na composição, 285
  sobre o público do poeta, 46
  temor de poesia, desilusão, 401, 406-10, 414
  "universalidade inata" de Shakespeare, 325-6
  uso da poesia, 434-5
  Letters, 46n.60
Keble, John, 45n.58, 50, 81n.35, 127n.59, 135n.83, 145n.5, 203-4, 323
  análise da teoria crítica, 197-202
  autoexpressão em vários gêneros, 142
  cânones para uso da literatura como índice de personalidade, 341-4
  comparado a Freud, 198, 200-2
  disfarçada como autoexpressão, 201, 319, 339-41
  e bispo Lowth, 115
  espontaneidade como critério, 395
  imitação e expressão, 72
  psicologia do leitor, 201
  semelhança entre poesia e música, 76
  sinceridade como critério, 395-6
  sobre *Paradise Lost*, 333-5
  Lectures on Poetry, 45n.58
Kircher, Athanasius, inventor da "*camera obscura*", 91
  e harpa eólica, 77, 91

Kittredge, George Lyman, 330, 346
Knight, Richard Payne, 149n.19, 360
Knowlton, E. C., 138n.89
Krakeur, L. G., 134n.79
Krutch, Joseph Wood, 309-10
Kuehner, Paul, 119n.36
La Bruyère, Jean de, 64
La Drière, J. C., 72n.1
La Rochefoucauld, François, 193
Lamb, Charles, 184, 298n.110, 324n.57, 401-2, 407
　autoexpressão no romance, 342n.101
　imaginação, 240-1
lâmpada, como analogismo da mente poética, 78, 81, 86-9, 100-1
Landino, Cristoforo, 361
Lawrence, D. H., 414
Leavis, F. R., 158
Lee, R. W., 55n.11
Leibniz, G. W., 271n.48, 272n.49, 282-3, 378
　contribuições à teoria organicista, 270-2, 290
　influência na teoria da "criação" poética, 367-9, 344n.67
　sobre ideação inconsciente, 270
Leonardo da Vinci, 53, 68, 362n.38
Lessing, G. E.
　imitação, 30-1
　poesia como sobrenatural, 372
Levin, Harry, 194n.60
Lewes, George Henry, 386n.90, 396n.5, 423
linguagem emotiva *versus* linguagem descritiva
　em "The Enquirer", 138-9
　em Alexander Smith, 202-5
　em Carnap, 205
　em I. A. Richards, 204-5
　em J. S. Mill, 202-3
　em Lowth, 112-4
　em Vico, 116-7
　história da distinção entre, 203-6
　na crítica romântica, 144
lira eólica. *Ver* harpa eólica, analogismo da

lírica
　como imitação, 123n.50
　importância no desenvolvimento da teoria expressiva, 123-7, 132, 135, 140-2
　papel comparativo nas teorias neoclássica e romântica, 123-4
　papel da emoção na, 107
literatura como autoexpressão
　cânones para interpretação da, 341-4
　circularidade na aplicação do conceito, 334-7
Locke, John, 40, 85, 87, 91, 95-6, 181, 204-5, 212, 216n.14, 218, 287, 289
　crítica de Coleridge a, 231
　desdém pela poesia, 397-8
　influência na psicologia do século XVIII, 214-6
　metáforas da mente, 85-6
　sobre qualidades secundárias, 93-5
Lockhart, John Gibson, 49n.68, 198, 320, 345
Lodge, Thomas, 252n.8
Lomazzo, Giovanni, 68n.43
Longino, 112n.16, 114-5, 118n.32, 148, 185n.33, 188n.42, 190, 230n.56, 256n.18, 343, 384n.85, 385
　e os longinianos, 108-15
　importância no desenvolvimento da teoria expressiva, 107-10
　impressionismo em, 184-6
　intensidade como critério, 182-3
　literatura como autoexpressão, 301, 303-4
　teoria crítica de, 41
Lovejoy, Arthur O., 61n.23, 64, 89n.57, 148, 153n.25, 265, 294n.99, 316, 368n.49
　Essays in the History of Ideas, 61n.23
Lowth, Robert, 114-5, 120, 122, 204
　no desenvolvimento da teoria expressiva, 112-4
Lucas, F. L., 245n.101, 246, 303
Lucrécio, 116, 118n.32, 217
Lussky, A. E., 317, 319

Lyrical Ballads, Prefácio a
　análise de argumento em, 150-1
　como manifesto romântico, 143
　na história da teoria expressiva, 41-3
Macaulay, Thomas Babington, 322n.52, 335n.85
　imitação, 49
　poesia e civilização inversamente relacionadas, 405-7
　poesia *versus* ciência, 419
　Critical and Historical Essays, 49n.67
MacKail, R. W., 161n.46
Maclean, Norman, 124n.51
MacLeish, Archibald, 48, 376
Mann, Elizabeth L., 65n.37, 306n.10, 307n.15
Marlowe, Christopher, 303
Masson, David, 73, 330, 377n.71
McElderry, R. B., Jr., 175n.4
McKenzie, Gordon, 235n.72
McKeon, Richard, 22n.2, 24n.5, 26n.10, 34, 59
mecanicismo
　na cosmologia, 97, 227-9
　na teoria da mente, 214-25
　versus organicismo, 247-8
metáforas biológicas
　em Carlyle, 288-9
　em Coleridge, 226-8
　em Goethe, 275-6
　em Herder, 272-4
　na estética, 80-1, 171-2
metáforas da mente
　conjugal e familiar, 98-101
　distinção entre determinadas e projetadas, 90-2, 417-8
　na teoria romântica, 92-5
　no século XVIII *versus* no século XIX, 84-104, 417-8
metáforas de expressão, 72-9
metáforas no discurso estético, 203-4
metro
　como expressão emocional, 145, 207-8
　teoria de Coleridge de, 163-4, 168
　teoria de Wordsworth de, 162-3

Mill, James, 238, 400, 425, 440
Mill, John Stuart, 50, 122, 128, 135n.83, 203, 284n.75, 341, 399, 401, 419-20n.64
　a poesia descreve coisas "como elas parecem", 80
　ciência e poesia, 396, 413-4, 425
　como humanista, 441
　comparado a Keble, 202-3
　depreciação da imitação na arte, 128
　ilusão poética, 427-8
　imaginação associativa, 238-40
　intensidade como critério, 187
　lírica, 140
　poesia como concreta, 420
　poesia como expressão, 72-4
　poesia como não declaratória, 424-8
　poesia como solilóquio, 45, 432, 440
　poesia distinta da retórica, 425-6
　"poeta por natureza", 145-6
　teoria crítica analisada, 42-5
　uso da poesia, 440-3
　Early Essays, 43n.50
Milton, John, 126, 141, 176, 180, 183-4, 186, 190n.45, 235n.73, 237, 242, 251, 255, 285, 287, 324-5, 356, 383, 393-4, 417, 419, 430, 436
　autorrevelado em sua poesia, 330-8
　como poeta subjetivo, 321
　e poético maravilhoso, 367-8
　poesia como "simples, sensível, veemente", 111, 321
　sobre as notas selvagens de Shakespeare, 263
　sobre Deus visivelmente invisível, 318
Mineka, F. E., 74n.14, 75n.16, 321n.53, 419-20n.64, 442n.133
Minturno, 106n.2
Moir, George, 396n.5, 411n.40
Moir, Rev. J., 80n.34, 83n.42, 126n.56, 365n.45
　originalidade e imitação, 29
　variedade *versus* uniformidade, 65
　Gleanings, 29n.18
Monk, Samuel H., 109n.9, 258n.22
Montagu, Sra. Elizabeth, 366n.48, 405

Montaigne, M. E., 169
Moore, G. E., 234n.70
Moore, Thomas, 73
Moritz, Karl Philipp, 433
Morley, John, 440n.125
Morris, Charles, 31
Muirhead, John Henry, 376
Müller, Max, 119
Murdoch, Patrick, 310
Murphy, Arthur, 215n.9
Murray, Henry A., 344
Murry, Middleton, 337
música
   comparada à poesia, 76-8, 134-36
   importância na teoria expressiva, 132-6
natureza como norma
   em Coleridge, 162, 167, 171-2
   em Wordsworth, 148-51, 155-7
natureza *versus* arte
   em J. S. Mill, 44
   em Wordsworth, 156-9
   na teoria do gênio natural, 251-2, 265, 288-90
Nesbitt, G. L., 401
Newbery, John, 115n.23, 125n.54
Newman, John Henry, 201n.85, 323, 396n.5
Newton, *Sir* Isaac, 29, 220n.24, 220n.26, 249, 287, 350
   argumento a partir de intenção, 221
   Deus imanente, 97, 248-9
   influência na psicologia do século XVIII, 214-25
   sobre poesia, 397-8
   teoria óptica, em poesia e crítica, 401-14
Newton, Thomas, 331n.77
Nicolson, Marjorie, 94n.69, 222n.31, 352n.6, 403
North, Christopher (John Wilson), 49n.68, 90, 150, 152, 209, 352
Notopoulos, James A., 175n.4
Novalis (Friedrich von Hardenberg), 65n.36, 68n.44, 75, 131, 135, 160, 194n.60, 284n.74
Odbert, H. S., 422n.70

Ogden, H. V., 170n.69
Ogilvie, John, 29n.17, 218
Olson, Elder, 69n.48, 109n.6, 378
"On the Application of the Terms Poetry, Science, and Philosophy" (*Monthly Repository*, 1834), 321n.50, 396n.5, 419
Ong, Walter J., 214n.5
oposição utilitarista à poesia, 397-5, 405-6, 411-4
orientações na crítica, 22-4, 143
origem da linguagem e da poesia, teorias de, 115-20
   na crítica romântica, 144-5
Origen, 318n.44
ornamentos, teoria dos, 55-6, 385-6
   e figuras de linguagem, 382-3
   e poético maravilhoso, 356-8
Ossian como poeta primitivo, 120-2
Otto, A., 305-6n.9
padrão de gosto
   na teoria de Wordsworth, 154-6
   na teoria neoclássica, 153-4
Panofsky, Erwin, 56n.20, 67-8n.43, 364n.42
Paracelso, 287
Paradise Lost, questão do herói em, 330-3, 335-6
Parker, Samuel, 379
particularidade *versus* generalidade na poesia, 60-5
Pater, Walter
   impressionismo, 186
   literatura como índice para a personalidade, 313, 342
   sobre Coleridge como crítico, 297-8
   verdade poética *versus* verdade científica, 421-2
Patrizzi, 117
Patton, Lewis, 138n.90
Paulo, São, 318, 340
Peacock, Thomas Love, 177n.10, 257, 439
   como utilitarista, 400-1
   "Four Ages of Poetry", 173-4, 438
   Works, 173n.1

Pemberton, Henry, 255n.16
pensamento analógico em estética, 51-4, 57, 79-80, 346-7. *Ver também* analogismo heterocósmico; emanação, metáfora da; espelho como analogismo; harpa eólica, analogismo da; lâmpada, como analogismo da mente poética; metáforas biológicas; metáforas da mente; metáforas de expressão; planta; plástico como metáfora estética; Prometeu, o poeta como; transbordamento como metáfora estética
pensamento analógico em psicologia, 204
Pepper, Stephen C., 50
personificação
  como modo de criação, 382-5, 387-90
  preocupação central da poesia e teoria romântica, 80-3, 96-102
"Philosophy of Poetry, The". *Ver* Smith, Alexander
Píndaro, 123n.50, 125, 250
Pinkerton, John. *Ver* Heron, Robert
pintura comparada à poesia. *Ver* "Ut pictura poesis"
planta
  como analogismo da criação poética, 271-2, 286-7, 289
  como metáfora da mente, 102-3, 225
  como metáfora estética, 57, 228-36, 250, 252-3, 265, 269-84
  em Coleridge, 102-3
plástico como metáfora estética, 88-90, 218, 373-5
Platão, 49, 53, 58, 66, 69n.47-48, 87-8, 108, 117, 164, 181-2, 228, 230, 251, 257, 268, 304n.6, 361, 367, 399, 431
  analogismo do espelho em, 52, 55
  conceito de imitação, 24-26
  e teoria organicista, 248
  inspiração, 251
  metáforas da mente, 85

na teoria crítica de Shelley, 175-7
não escreveu qualquer estética como tal, 25-6
restrições sobre o artista, 55-6
platonistas de Cambridge, metáforas da mente dos, 87-8
Plínio, 60
Plotino, 176, 182, 248, 290
  metáfora básica da "emanação", 86-8, 75-97
  sobre imitação de ideias, 66-8
pluralismo cultural, na teoria organicista, 291-2
Plutarco, 55, 116
Poe, Edgar Allan
  ciência inimiga da poesia, 408
  e Longino, 188
  "poema *per se*", 48
  sobre fragmentos poéticos intensos, 186-8
poesia e religião no século XIX, 441-3
poesia oriental como poesia primitiva, 126-7
poesia primitiva, teorias de, 119-23
poesia pura, 183
poesia romântica
  definição de Fr. Schlegel, 316n.37
  relação com a teoria romântica, 140-2
  uso de simbolismo, animismo e mito, 393-4
poeta, papel do, nas várias orientações críticas, 27-8, 46, 50
  conceito do dom natural, 147-8
  na crítica de Wordsworth, 151-2
  na teoria romântica, 136-7, 141-2
poético maravilhoso, em poesia
  ataque e defesa no século XVIII, 351-60
  como segunda criação, 365-71
  na teoria de Coleridge, 389-93
  na teoria de Wordsworth, 389-93
polissemia romântica, 303-5, 318-20, 332-4, 337-41

Pope, Alexander, 38, 54, 160, 188n.42, 237, 265, 267n.39, 309, 356, 364-5n.45, 386, 435
  "agudeza intelectual verdadeira", 62-4
  antipatia por, na crítica, 183, 188-9
  "dons" poéticos, 259-60
  e relatividade das regras, 291-2
  gênio nato, 252-3, 262-4
  na crítica de Joseph Warton, 125-7
  ornamento, 157-8
  regras, 261
  O rapto da madeixa, 360
Powicke, F. J., 364n.42
Prall, D. W., 20-1
prazer e instrução como objetivos da poesia, 32-9
Priestley, F. E. L., 439n.121
Priestley, Joseph, 227n.43
Primaudaye, Pierre de la, 340n.96
primitivismo na crítica teórica, 147-9
  no século XVIII, 120-2
  paródia de Peacock de, 173-4
probabilidade na poesia
  como coerência, 359-60, 369-78
  como correspondência, 354-6
  como o que será aceito pelo leitor, 356-60
  em Aristóteles, 354
  Ver também verdade como critério estético
Proclo, 70
Prometeu, o poeta como, 372-4
prosopopéia. *Ver* personificação
psicologia da arte
  associação de ideias, 218-20
  ênfase em imagens virtuais, 215-6
  história primitiva da, 212-4
  influência da mecânica de Newton na, 214-25
  mecânico *versus* orgânico, 213
  memória, fantasia, imaginação, 217-20
  no século XVIII, 213-25

  problema de juízo crítico e intenção, 220-5
  teoria organicista de Coleridge de, 226-36
  Ver também imaginação; ilusão poética, teoria da; poético maravilhoso em poesia
público
  em Wordsworth, 153-5
  na crítica de Goethe, 130-1
  na teoria expressiva, 45-6
  na teoria pragmática, 32-3
Puttenham, George
  estilo como autoexpressão, 304-6
  estilo como ornamento, 304-5
  "fantasia" como espelho, 85n.49
  o poeta como criador, 362-4
  sobre a elegia como homeopatia, 190
Quintiliano, 106n.2, 147, 199, 212, 224
Racine, John, 139
Radcliffe, Anne, 360
Ransom, John Crowe, 48, 420
Rapin, René
  imitação seletiva, 59
  inspiração, 256
  lírica, 124
  probabilidade poética, 358
  sobre "dons" poéticos, 259
Raysor, T. M., 161, 167n.63
"Real and Ideal Beauty" (*Blackwood's Magazine*, 1853), 181-2, 386n.90
reconciliação de opostos
  em Coleridge, 164-7
  na crítica moderna, 165, 294-5
regras
  baseadas em uma "ciência da mente", 214-5
  e gênio nato, 262-3
  na crítica pragmática, 34-7
  versus leis orgânicas, 294-9
Reid, Thomas, 218, 223n.34-5
Reiff, P. F., 68n.44

retórica, teoria da
  fusão com poesia, 49
  no desenvolvimento da teoria expressiva, 40, 106
  origem da teoria pragmática, 33-4
Reynolds, Joshua, 50, 61n.24, 62n.27, 83, 188, 191n.52, 215n.9, 267n.39
  "forma central", 60
  gênio natural e regras, 262-3
  ideal na arte, 69-70
  inspiração, 255
  particularidade e generalidade na arte, 62-4
  Literary Works, 60n.22
Richards, I. A., 147, 164n.58, 228, 233n.68, 431n.99, 442
  caos das teorias críticas, 20
  linguagem emotiva, 205-6
  pseudoafirmações, 428-9
  teoria da imaginação de Coleridge, 245
  verdade científica *versus* verdade poética, 414, 429n.90
Richter, Jean Paul Friedrich, 194n.60, 268, 288, 329
  comparado a Carl Jung, 281-3
  o inconsciente na arte, 281-3
Ringler, William, 251n.7
Robb, Nesca, 68n.43
Robinson, Henry Crabb, 320, 322
Robortello, 110
Roebuck, John, 413
Roellinger, F. X., 245n.101
romance gótico, 360
Rousseau, J. J., 120n.39, 134n.79, 153n.25
  imitação dramática, 55
  Júlia ou a Nova Heloísa, 141, 195
  origens da linguagem e da poesia, 119-20
Rowe, Nicholas, 366n.47
Ruffhead, Owen, 219n.21
Ruskin, John, 305, 387
  descrição científica *versus* poética, 413
  subjetivo e objetivo, 321
Russel, Bertrand, 368n.49

Rymer, Thomas, 267n.39
Safo, 108, 183
Sainte-Beuve, Charles-Augustin, 302, 342
Santayana, George, 20
Saumarez, Richard, 229
Saurat, Denis, 337
Savage, D. S., 346
Savage, Richard, 311
Sayers, Dorothy L., 347n.113, 378n.73
Scaliger, Julius Caesar, 117, 362
Schelling, F. W. J. von, 68n.44, 135n.84, 281n.69, 283, 290, 293
  relação com Coleridge, 78, 234, 416
  teoria organicista, 249, 278-80
  tese-antítese-síntese, 234
Schiller, J. C. F. von, 160n.85, 274, 288, 291, 320, 322, 324, 326, 330, 346, 386n.89, 389
  criação inconsciente, 280-1
  impulso lúdico, 433
  poesia como expressão, 131
  poesia ingênua e sentimental, 316-7
Schlegel, A. W., 68n.44, 120n.40, 131, 135n.83, 290, 292n.94, 299, 320-2, 374n.67, 392n.102, 429n.91
  inconsciente e deliberado em Shakespeare, 284
  música, 135
  poesia como expressão, 72, 131
  poesia como mundo próprio, 373-4
  sonetos de Shakespeare, 326
  teoria organicista em, 282-4
Schlegel, Friedrich, 68n.44, 135n.83-4, 141, 283, 295, 320-3, 339, 393n.106
  comparação entre poesia e música, 76
  história organicista em, 291
  literatura antiga *versus* literatura moderna, 314-7
  poesia romântica, 316
  Prosaische Jugendschriften, 76n.22
  Wilhelm Meister, 278
Schleiermacher, F. E. D., 90n.60, 302, 314n.31

Schneider, Elizabeth, 193n.58
Schoen-René, Otto, 326n.66
Schueller, H. M., 133n.75
Scott, Sir Walter, 49, 345, 360n.33, 429n.91
  arte como comunicação, 74
  composição involuntária, 285
  The Prose Works, 74n.12
semântica da poesia
  em Alexander Smith, 202-8
  em J. S. Mill, 202-3
  Ver também linguagem emotiva *versus* linguagem descritiva
Sêneca, 67n.41
Seward, Anna, 126n.56
Shaftesbury, terceiro Conde de, 272
  anima mundi, 248
  o poeta como "segundo Criador", 267-9, 373n.62
  o poeta como Prometeu, 372-4
Shakespeare, William, 54, 61, 63, 81n37, 176, 186, 212, 230, 268, 284n.74, 290-2, 296-8, 322n.51, 324n.58, 331, 339n.93, 343, 356, 372, 374n.67, 388-9, 392-4, 413, 415, 423n.75, 430
  avaliação de Coleridge de, 294-5
  como "criador", 364-7
  como autorrevelado nos sonetos, 322-9
  como poeta primitivo, 121
  crítica de Johnson a, 38-9, 107-8, 151
  em teorias do gênio nato, 250-2, 262-5, 273, 281, 284, 286-9
  problema da subjetividade ou objetividade, 316-9, 322-30, 336, 346-7
  refutação do primitivismo em, 169
Shearer, E. A., 149n.19
Sheffield, John, 352n.7
Shelley, Percy Bysshe, 44, 50, 91n.62, 98-9n.77, 136, 178n.12, 240-1n.88, 285-6, 305, 362, 391, 434, 437, 440
  a poesia como refletora de formas, 83, 415
  ciência e poesia, 410-1
  e a filosofia empírica inglesa, 175, 178-9, 438-9
  elementos expressivos em, 73, 178-81
  harpa eólica como analogismo em, 77-8
  imaginação, 179-81
  inspiração poética, 257-8
  interpretação de *Paradise Lost*, 333, 335, 338
  metáforas da mente, 91-2
  platonismo, 174-9, 437-9
  poesia como autorrevelação, 333
  poesia como criação, 375
  público do poeta, 46, 432
  sensibilidade do poeta, 146
  "Uma Defesa da Poesia" analisada, 174-81
  "Uma Defesa da Poesia" como resposta a Peacock, 174-8
  uso da poesia, 437-40
  uso do mito, 393
  Literary and Philosophical Criticism, 46n.61
Si vis me flere, 106-8
Sidney, Sir Philip, 34-5, 66, 124-5n.55, 175n.4, 367
  o poeta "nunca mente", 427
  sobre o "uma outra natureza", 361-4
  teoria pragmática de, 32-3
Simônides, sobre "poesia é pintura que fala", 30, 55, 76
sinceridade como critério, 395-6, 419-24
Smith, Adam, 31n.24, 133, 439
Smith, Alexander, 127n.59, 143-4, 146n.12
  comparado a I. A. Richards, 205-7
  expressão, 72-3
  identificado como autor de "The Philosophy of Poetry", 202-3
  poesia como não declaratória, 426-8
  teoria crítica analisada, 202-10
Smith, G. Gregory, (org.) *Elizabethan Critical Essays*, 32n.27
Smith, Logan Pearsall, 281n.69, 361, 363n.41
Smith, N. K., 214n.6, 222n.31
Snyder, Alice, D., 166n.62, 234n.70

Sófocles, 291, 294
Sommer, Robert, 129n.61, 271n.48
Southey, Robert, 162, 243
Spence, Joseph, 112
Spenser, Edmund, 186, 356, 383, 393, 436
    como poeta criativo, 384
    como poeta primitivo, 121
    sobre inspiração, 252
Sperduti, Alice, 253n.11
Sprat, Thomas
    banimento de tropos e figuras, 379
    estilo é a imagem da mente, 308
    experimentos fornecem novos temas à poesia, 402, 410
    "mundo verdadeiro" da ciência, 352, 365, 354n.13, 442
Spurgeon, Caroline, 327, 343
Staël, Mme de, 131-2, 132n.84, 320
Stallknecht, Newton P., 89n.57, 98n.77
Stauffer, Donald A., 344-5, 421n.67
Steele, Sir Richard, 115
Steevens, George, 326
Steffens, Henrik, 293
Stephen, Leslie, 440
Sterling, John, 202, 322n.52, 337
Sterry, Peter, 89, 364n.42
Stevenson, Charles L., 205n.97, 206
Stewart, Dugald, 218, 243
Stoll, Elmer Edgar, 330
subjetivo e objetivo
    em críticos americanos e ingleses, 196-7, 320-3
    na teoria alemã, 313-20
    variações de aplicações dos termos, 320-3
sublime
    em Longino, 108-9
    em Lowth, 112-3
    qualidades do, 292-3
Sulzer, J. G., 135n.80, 273, 307n.14, 373n.62
    criação inconsciente, 271-3
    no desenvolvimento da teoria expressiva, 128-31
    planta como analogismo em, 271-3
Swedenborg, Emanuel, 161n.59, 287, 332
Swift, Jonathan, 309-10
Tasso, Torquato, 354-6, 362, 370
Taylor, Jeremy, 164
temas religiosos na poesia, 112
tempestade e ímpeto, 69, 130, 269
Temple, William, 124, 264, 252n.8, 353, 364n.42
Tennyson, Alfred, 45, 209
teoria expressiva
    característica da crítica romântica, 23-4, 144
    da música, 133-4
    definição e pesquisa da, 41-3
    favorece ideia da literatura como autorrevelação, 301-3
    na crítica moderna, 19-20
    papel das emoções na, 79-84
    Ver também metáforas de expressão
teoria mimética
    definição e pesquisa da, 20-32
    e gênio original, 28-9
    Ver também espelho como analogismo
teoria objetiva, definição e pesquisa da, 47-9
teoria organicista
    desenvolvimento na Alemanha, 269-84
    em Carlyle, 287-9
    em Coleridge, 171-2, 226-38
    origens da, 247-50
    versus mecanicismo, 249-50
teoria pragmática da arte, 41
    definição e pesquisa da, 32-41
    em John Dennis, 110-2
Tertuliano, 318n.44
Thomson, James, 63-4n.34, 310-1
    sobre o arco-íris de Newton, 403-7
Thorpe, Clarence D., 212n.1, 298

Tieck, Ludwig, 75, 93n.67, 135n.81, 135n.84, 136, 141, 295
Tieghem, Paul Van, 126n.56
Tillyard, W. M. W., 337
Tinker, C. B., 149n.18
transbordamento como metáfora estética, 57, 71-2, 87-8, 395
Trapp, Joseph, 124n.51, 125n.54, 126, 139, 382n.81
Trowbridge, Hoyt, 35n.36, 37n.39
Tucker, Abraham, 227n.43
Tumarkin, Anna, 129n.61
Twining, Thomas, 31, 123n.50, 133n.77, 358-60, 429n.92
   Aristotle's Treatise on Poetry (org.), 31n.26
Tyler, Alexander Fraser, 215n.8
uniformidade como critério crítico, 61, 63-4, 147-9, 159-60
Usher, James, 80n.34
uso da poesia
   em teóricos utilitaristas, 397-401, 438
   na teoria romântica inglesa, 146-7, 433-41
   Ver também arte pela arte
"Ut pictura poesis", 55, 76, 85-6, 134, 305n.8
valores orgânicos na arte, 292-5
Van Doren, Mark, 353
verdade como critério estético, 55-6
   e linguagem figurada, 378-85
   e poético maravilhoso, 351-60
   e sinceridade, 396-7, 419-24
   na teoria neoclássica, 349-51, 356-60
   poesia independente de, 424-32, 441-2
   significados na crítica romântica, 414-24
   usada para condenar a poesia, 396-400
   verdade racional *versus* verdade poética, 369-71, 377-8
Verkoren, Lucas, 175n.4
Véron, Eugene, 147
Very, Jones, 46n.63, 321n.50, 322n.52, 327-8

Vico, Giambattista, 134, 419n.63
   sobre as origens da linguagem e da poesia, 116-134
Vida, M. G., 35
Virgílio, 54, 251, 306, 308, 355, 383
Voltaire, 349n.1
Vossius, G. J., 139
Wackenroder, W. H., 76, 135-6
Waller, Edmund, 353-4
Wallerstein, Ruth, 318n.44
Walzel, Oskar, 362n.39, 372-3n.64
Warburton, William, 54, 261, 307, 366n.48
Warren, Austin, 48, 165n.58, 377
Warton, Joseph, 188, 264
   "criação" poética, 366
   imitação, 29n.17
   "o romântico... o selvagem", 213-4, 356
   particularidade e generalidade na poesia, 62, 64, 418
   personificação como criativa, 384, 388
   "poesia pura", 183
   sobre Pope como poeta, 125-6, 183
Warton, Thomas, 121, 384, 406
   personificação como criativa, 384n.85
   sobre poesia e nova filosofia, 404
Wasserman, E. R., 385n.86
Webb, Daniel, 265n.36
Weisinger, Herbert, 320n.47
Wellek, René, 48, 119n.35, 120n.42, 320-1n.47, 394n.109
Welsted, Charles, 267n.39
Whitehead, A. N., 228, 244, 352
Whitney, Lois, 119n.34, 120n.39
Wilde, Oscar, 434
Williams, R. C., 356n.20
Wilson, Dover, 330
Wilson, Edmund, 303
Wimsatt, W. K., Jr., 392n.101
Wither, George, 254n.12
Wood, Robert, 29n.17, 343n.103, 345n.109
Woodhouse, A. S. P., 364n.42, 384n.85

Wordsworth, Dorothy, 159
Wordsworth, William, 43, 49-50, 77n.26, 81-2n.37, 97-9, 115, 122, 138n.89, 139n.91, 143-4, 159n.43, 175, 179, 196-9, 202, 228, 241n.88, 340, 351, 409, 439
  animação do inanimado, 82-3, 96-7, 387-9
  comparado a Coleridge sobre imaginação, 242-4
  dom natural do poeta, 145-6
  e "The Enquirer", 136-40
  e Hugh Blair, 136-40
  e John Dennis, 112
  e os platonistas de Cambridge, 87-8
  efeito de emoções na percepção, 80, 396
  elementos do primitivismo cultural em, 149-50, 158
  elementos tradicionais na crítica de, 148
  figuras como expressão de sentimento, 145, 155
  importância da crítica, 158-9
  influência na crítica de J. S. Mill, 42-3
  "Intimations Ode", 100-1
  metáforas da mente, 86-95
  mitopeia, 394
  "natureza" uniforme como critério em, 147-60
  objetivo da poesia, 147, 436-7
  "observar constantemente meu assunto", 71-2
  papel no desenvolvimento da teoria expressiva, 41-2
  paródia feita por Peacock de sua crítica, 173-4
  "poder de cura", 440
  poesia autocentrada, 141-2
  poesia contrastada com a ciência, 395-6, 421-2
  poesia e crença, 430
  poesia trata das coisas como elas parecem ser, 80, 396, 401, 416
  Prelude, 86
  público do poeta, 46
  relações entre ciência e poesia, 409-10, 436-7
  sinceridade como critério poético, 421-2
  sobre a mitologia grega, 392-4
  sobre a origem da poesia, 144
  sobre dicção em poesia, 155-7, 387-8
  sobre espontaneidade, 145, 149, 152, 158-9, 285-6
  sobre imaginação, 416, 245n.93
  sobre mente criativa, 97-100, 376n.70
  sobre métrica, 163-4
  sobre os sonetos de Shakespeare, 327
  teoria analisada por Coleridge, 162-72
  "transbordamento espontâneo de sentimento", 41, 44, 71, 140, 285, 436
  "Upon Epitaphs", 156
  "verdade" poética, 81-2, 414n.50
  Wordsworth's Literary Criticism, 46n.59
Young, Edward, 94n.69, 272-3, 296, 307, 313
  a mente como projetiva, 93-4
  gênio nato, 265-8
  influência de *Conjectures* na Alemanha, 269-72
  inovação *versus* uniformidade, 65
  ode, 126
  originalidade e imitação, 29, 160
  poesia como criação, 395n.45
  Conjectures on Original Composition, 29n.17
Zeuxis, 60
Zuccari, Federico, 364n.42

SOBRE O LIVRO

Formato: 16 x 23 cm
Mancha: 28,5 x 45 paicas
Tipologia: Horley Old Style MT 10,5/14
Papel: Off-white 80 g/m² (miolo)
Cartão Supremo 250 g/m² (capa)

EQUIPE DE REALIZAÇÃO

Edição de Texto
Monalisa Neves (Preparação de original)
Gabriela Trevisan e Renata Gonçalves (Revisão)

Capa
Estúdio Bogari

Imagem da capa
© Floral / Dreamstime.com

Editoração Eletrônica
Studio Lume

Impressão e Acabamento
FARBE DRUCK
gráfica e editora ltda.